U0907066

中国电力建设集团有限公司

2018

中国电力建设集团有限公司年鉴编辑委员会

中国电力出版社
CHINA ELECTRIC POWER PRESS

图书在版编目(CIP)数据

中国电力建设集团有限公司年鉴.2018/中国电力建设集团有限公司年鉴编辑委员会编.—北京：中国电力出版社，2019.7

ISBN 978-7-5198-3341-1

Ⅰ.①中… Ⅱ.①中… Ⅲ.①电力工业-企业集团-中国-2018-年鉴 Ⅳ.①F426.61-54

中国版本图书馆 CIP 数据核字(2019)第 130712 号

出版发行：中国电力出版社
地　　址：北京市东城区北京站西街 19 号(邮政编码 100005)
网　　址：http://www.cepp.sgcc.com.cn
责任编辑：杨伟国　安小丹(010-63412367)　姜　萍　孙建英
责任校对：黄　蓓　朱丽芳　闫秀英
装帧设计：张俊霞
责任印制：吴　迪

印　　刷：北京盛通印刷股份有限公司
版　　次：2019 年 7 月第一版
印　　次：2019 年 7 月北京第一次印刷
开　　本：889 毫米×1194 毫米　16 开本
印　　张：29.5　21 插页
字　　数：1176 千字
定　　价：**300.00** 元

2017年8月16日，国务院国资委党委书记郝鹏一行到中国电建调研指导工作

2017年6月13日，中国电建党委书记、董事长晏志勇向国务院国资委主任肖亚庆介绍中国电建援藏情况

2017年6月8日，水利部部长陈雷一行到广西大藤峡水利枢纽工程调研

2017年2月22日，中国电建党委书记、董事长晏志勇拜会新疆维吾尔自治区党委书记陈全国、主席雪克来提·扎克尔

2017年9月13日，甘肃省省委书记林铎到兰州城区防洪工程施工现场调研

2017年5月22日，中国电建总经理孙洪水拜会山西省省长楼阳生

黑龙江省省长陆昊视察省政府站PBA暗挖施工现场

2017年4月21日，中国电建党委书记、董事长晏志勇在石家庄拜会河北省委副书记、省长许勤

2017年4月2日，国务院国资委副主任、党委委员徐福顺一行到水电六局承建的安徽金寨抽水蓄能电站通风兼安全洞、地下厂房系统工程调研

2017年6月5日，水利部副部长陆桂华到访辛克雷电厂，辛克雷电厂厂长莫拉雷斯先生向陆桂华一行介绍电厂运行情况

2017年9月13日，水利部副部长周学文到水电三局承建的黄河甘肃段防洪工程兰州河道项目调研

2017年1月10日，由中南院设计，水电十二局、水电五局、水电六局、水电三局、水电一局等承建的溧阳抽水蓄能电站首台机组正式投产发电

2017年3月15日，中国电建设计施工的海南首个抽水蓄能电站——琼中抽水蓄能电站下水库工程成功下闸蓄水

2017年4月16日，由中国电建援建的西藏新荣水电站投入运行

2017年6月22日，由成都院设计、水电七局承建的世界第一高坝——双江口水电站经受住洪峰考验

2017年5月，水电基础局承建的新疆吐鲁番大河沿引水工程水库大坝防渗墙全面建成，总成墙面积24500m^2，并再次刷新国内防渗墙成槽深度纪录（186.15m）

2017年7月26日，由华东院设计、水电八局负责施工、水电七局负责机电安装的国内单机容量最大的灯泡贯流式机组——沙坪二级水电站首台（1号）机组顺利投产发电

2017年8月3日，全球在建规模最大的水电工程——金沙江白鹤滩水电站举行建设动员大会，全面开工建设

2017年8月16日，由华东院总承包的浙江曹娥江河道综合整治工程完工验收

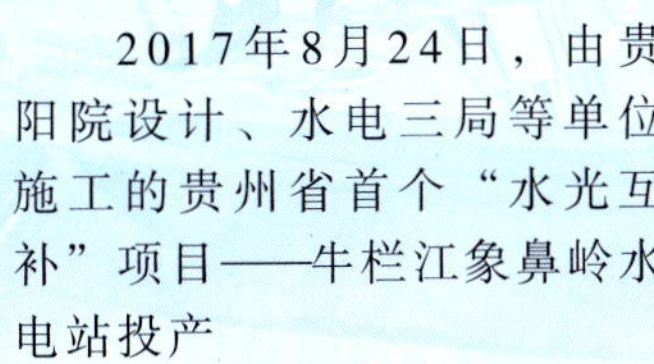

2017年8月24日，由贵阳院设计、水电三局等单位施工的贵州省首个“水光互补”项目——牛栏江象鼻岭水电站投产

2017年11月16日，由水电十一局建设的雄安新区生态水源保障工程——引黄入冀补淀工程全线通水

2017年11月24日，世界第三高坝——雅砻江两河口水电站大坝心墙填筑至2648米高程

2017年11月28日，由中国电建建设的拥有世界在建最高碾压混凝土重力坝的黄登水电站下闸蓄水

2017年12月1日，由成都院设计，水电五局、水电七局、水电十四局承担施工的深厚覆盖层上世界在建最高坝工程——长河坝水电站进行商业运行

2017年12月27日，由水电八局、水电十四局、水电一局承建的我国首个城市内大型抽水蓄能电站——深圳抽水蓄能电站首台机组投产发电

中国电建建设的世界第一高混凝土拱坝——锦屏一级水电站大坝(305米)

贵州省黔西南布依族自治州兴义市马岭水利枢纽工程PPP+EPC模式项目是第一批国家层面联系的社会资本参与重大水利工程建设运营的12个示范性项目之一

由水电十六局承建的丰满水电站大坝（重建）工程施工全景

2017年12月，由华东院承担勘测设计的锦屏二级超深埋特大引水隧洞发电工程关键技术获国家科技进步二等奖

2017年4月14日，由电建核电公司承建的马来西亚曼绒电厂4号1×1000兆瓦燃煤电站项目取得履约证书

2017年8月30日，由电建湖北公司设计、河南工程公司承建的吉尔吉斯斯坦比什凯克2×150兆瓦热电厂改造项目举行竣工投产仪式

2017年10月27日，由电建核电公司总承包的巴基斯坦萨希瓦尔燃煤电站进入商业运营

巴基斯坦当地时间2017年11月29日，由中国电建投资建设的"中巴经济走廊"首个落地能源项目——巴基斯坦卡西姆港燃煤电站首台机组发电仪式在电站隆重举行

由福建院设计和参与总承包的孟加拉国希拉冈杰225兆瓦工程2号机组首次点火试验成功

由山东电建三公司承建的沙特利雅得PP14 2122兆瓦联合循环燃机电站项目

由山东电建公司承建的四川白马600兆瓦CFB示范电站

2017年4月10日，由中国电建设计的世界海拔最高的输变电工程在西藏普玛江塘乡开工建设

当地时间2017年8月17日，由中国电建承建的安哥拉最大的输变电工程——索约—卡帕瑞输变电建设项目正式送电投产

2017年12月21日，由中国电建承建的巴西美丽山特高压输电项目投运

2017年1月8日，金沙江最大跨度悬索桥——金东大桥钢桁梁成功合龙

2017年6月2日，由中国电建承建的成都地铁4号线二期工程举行开通试运营仪式

2017年6月8日，由水电八局承建的深圳地铁5号线南延线盾构区间全线贯通

2017年6月27日，由中国电建承建的武汉地铁11号线东段BT项目工程实现全线贯通

2017年7月4日，由中国电建承建的西安小寨区域海绵城市建设工程开工

2017年6月27日，由电建路桥公司承建，水电八局负责具体施工的福州绕城高速项目原青口互通立交桥（跨沈海高速B匝道第三联连续曲面梁主跨）实现一次性整体拆除。这是全国首例跨高速线大型桥梁一次性整体移动拆除工程，采用自制千吨级智能模块化多功能移动拆桥装置进行

2017年9月20日，由电建路桥公司投资，水电十局、水电七局、水电四局、水电九局参建的渝广高速公路一期全线顺利通车

2017年10月20日，由中国电建承建的连接滇中两大核心城市昆明、玉溪间的重要交通物流通道——晋红高速公路全线贯通

2017年12月6日，中国电建参建的我国首条穿越秦岭高速铁路——西安—成都客运专线正式通车营运

2017年12月15日，由水电九局承建的世界上单跨最大的钢筋混凝土拱式渡槽——黔中水利枢纽总干渠龙场渡槽通过单位工程验收

2017年1月20日，水电七局参建的成都凤凰山高架桥正式开通试运行

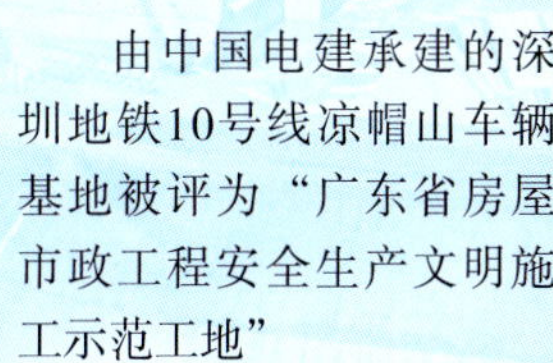

由中国电建承建的深圳地铁10号线凉帽山车辆基地被评为“广东省房屋市政工程安全生产文明施工示范工地”

由中国电建承建的郑州东三环（107辅道）工程获评“2017年工程建设行业信息化推荐案例工程”

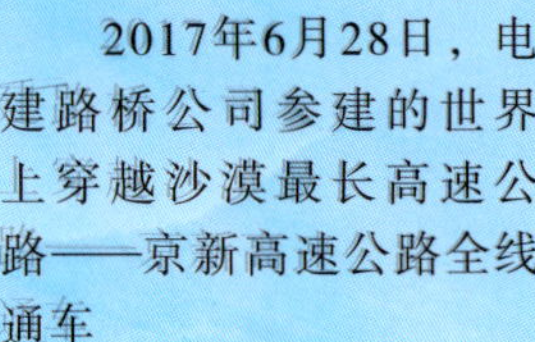

2017年6月28日，电建路桥公司参建的世界上穿越沙漠最长高速公路——京新高速公路全线通车

水电十六局为国产大飞机C919首飞提供优质跑道

2017年12月，水电十一局参建的深圳地铁7号线BT项目荣获“国家优质工程金质奖”

2017年4月，由水电十一局承建的郑州农业路中州大道互通立交项目整体施工完成

2017年4月11日，由水电八局承建的南昌梅湖景区花博园及景区提升改造工程全面完成

2017年7月4日，由水电七局承建的日喀则新区（樟木新镇）项目完成首期新房交付入住工作

2017年7月22日，由水电九局承建的国家AAAAA级荔波大小七孔景区游客集散中心工程竣工

2017年8月29日，由中国电建投资建设的湖南最大装配式住宅——长沙蓝天保障房完成集中交付

2017年9月27日，由中国电建承建的老挝南欧江项目二期一级水电站拉塔亥、惠娄移两个移民新村正式移交

由水电三局承建的卡塔尔主题公园

2017年6月23日，由江西电建公司承建的国内单体容量最大沙漠集中光伏电站——陕西榆林300兆瓦万亩光伏发电项目成功并网发电

2017年6月29日，由华东院投资建设的建德三都镇20兆瓦漂浮式光伏电站示范项目成功并网发电

2017年12月10日，由山东电建一公司承建的全球最大水面漂浮光伏电站——安徽淮南150兆瓦水面漂浮光伏项目正式并网发电

2017年12月29日，由水电新能源公司投资建设的天津分布式光伏发电项目并网发电

2017年6月30日，由贵州工程公司承建的西藏日喀则30兆瓦光伏电站成功并网

由江西电建公司承建的东部沿海地区单体容量最大风电项目——大唐集团青岛海西250兆瓦风电场

2017年2月26日，玻利维亚总统莫拉莱斯到水电十一局承建的玻利维亚圣何塞水电站项目视察

2017年3月21日，由水电八局承建的美纳斯水电站引水隧洞TBM段全线贯通

2017年4月10日，华东院在巴基斯坦的萨察尔风电总承包项目正式进入商业运行

2017年4月12日，中国电建党委书记、董事长晏志勇在钓鱼台拜会圣多美和普林西比总理特罗瓦达

2017年5月16日，在“一带一路”国际合作高峰论坛期间，中国电建党委书记、董事长晏志勇在北京拜会阿根廷总统毛里西奥·马克里

2017年5月17日，作为商务部组织的“2017年一带一路国家产能合作部级官员研讨班”的重要活动内容之一，包括阿塞拜疆、阿尔巴尼亚、保加利亚、塞浦路斯、吉布提、黎巴嫩、尼日利亚、土耳其、乌干达九个国家的部长级政府官员23人来到上海电建公司，与中国电建展开互动交流

2017年5月25日，由电建核电公司EPC总承包、山东电建一公司承担建设的中巴经济走廊首个大型能源项目——萨希瓦尔燃煤电站1号机组投产发电

2017年6月21日，中国电建总经理孙洪水会见来访的加纳副总统巴武米亚博士及代表团一行

2017年6月30日，肯尼亚总统乌胡鲁·肯雅塔、副总统威廉·鲁托一行到水电十三局承建的肯尼亚基布韦济—乌苏埃尼公路（330公路）项目第一标段查看施工进展情况

2017年7月1日，水电十三局布隆迪农田水利整治项目获颁“特殊贡献”奖，成为基隆多省唯一获此殊荣的外国公司

2017年7月25日，坦桑尼亚总统马古富力为中国电建承建的马尼奥尼—伊蒂吉—恰亚公路项目竣工剪彩

2017年7月28日，由水电八局牵头承建的委内瑞拉巴里纳斯重油电厂项目隆重举行竣工典礼，委内瑞拉总统马杜罗通过视频系统视察和见证了重油电厂竣工剪彩仪式

2017年7月31日，由水电九局承建的白俄罗斯“三峡”工程——维捷布斯克水电站通过竣工验收

2017年8月17日，由水电四局承建的安哥拉共和国境内第一条高速公路——恩泽托—索约高速公路右幅正式通车

2017年9月7日，由中国电建承建的斯里兰卡东西古城项目举行奠基暨祈福仪式。斯里兰卡总统迈特里帕拉·西里塞纳、中国驻斯里兰卡大使易先良等出席。项目将成为斯里兰卡文化三角地区的主要城镇，是“一带一路”倡议落地的又一惠民成果

2017年9月25日，由华东院勘测设计、水电八局施工的亚洲第一长坝、柬埔寨最大的水电工程——桑河二级水电站大坝和厂房工程下闸蓄水

2017年10月17日，规划总院联合国际可再生能源署发布《全球可再生能源发展报告》《2016中国可再生能源发展报告》

2017年10月23日，由中国电建承建的被誉为巴基斯坦“三峡电站”的尼鲁姆—杰鲁姆水电工程下闸蓄水

2017年10月25日，由中国电建EPC总承包的科特迪瓦最大水电站——苏布雷水电站3台机组全部并网发电

2017年11月29日，中国电建党委书记、董事长晏志勇拜会巴基斯坦总理沙希德·哈坎·阿巴西

2017年12月18日，利比里亚总统埃伦·约翰逊·瑟利夫、中国驻利比里亚大使张越等出席水电九局承建的利比里亚罗伯茨国际机场跑道修复工程竣工剪彩仪式

2017年12月22日，中国电建党委书记、董事长晏志勇拜会冈比亚共和国总统阿达玛·巴罗

2017年12月31日，由水电十四局承建的斯里兰卡有史以来最大规模的水利枢纽工程——莫若嘎哈勘达水库工程（M坝）4台机组全部投产发电

由中国电建承建的马来西亚曼绒电站工程获评美国《电力》杂志“最佳工程项目奖”

由中国电建承建的厦门大学马来西亚分校全景

2017年3月1～7日，中国电建2017 年第一期企业领导人员高级研修班在中国延安干部学院成功举办

2017年6月6日，中国电建总部举行"畅谈十八大以来新变化、展望十九大胜利召开"和"建言十九大"活动座谈会

2017年7月27日，赞比亚中资企业党建工作座谈会在水电十一局下凯富峡水电站举行

2017年8月10日，中国电建党委召开中心组学习会议，专题学习研讨习近平总书记在省部级主要领导干部专题研讨班上的重要讲话精神

2017年10月18日，中国电建党委组织党员干部职工收看十九大开幕盛况

2017年3月31日，电建租赁公司组织党员到浙江桐庐县凤凰山革命烈士纪念碑开展“缅怀革命先烈，重温入党誓词”祭扫活动

2017年4月9日，中国电建总部机关工会组织开展义务植树活动

2017年5月4日，中国电建团委开展“我的电建青春”五四青年节主题活动

2017年6月6日，中国电建启动“安全生产活动月”

2017年8月17日，水电九局等37家企业荣获贵州省"履行社会责任五星级企业"称号

2017年9月22日，中国电建2017年度扶贫开发工作会议在北京召开

山东电建一公司焊工苏东振荣获2017年度"全国技术能手"称号

2017年11月10日，中国电建党委书记、董事长晏志勇当选2017中国能源年度人物

2017年11月29日，中国电建党委书记、董事长晏志勇获巴基斯坦政府“特殊贡献奖”

2017年5月11日，江西电建公司劳模创新工作室授牌

《中国电力建设集团有限公司年鉴》编辑委员会

庞　可　郑声安　宗敦峰　赵宏伟　郝荣国

荣其富　茹彩江　侯　磊　洪　坤　姚　飞

贺鹏程　骆家聪　耿金富　贾志杰　夏　进

徐银林　徐鹏程　高建民　郭　玮　唐定乾

陶　楠　陶永庆　黄　河　黄华波　黄利民

曹春江　盛玉明　常满祥　梁向峰　随守信

彭　程　蒋健麟　程道俊　靳世林　雷建容

廖元庆　廖福流　潘继录　穆青华

《中国电力建设集团有限公司年鉴》编　辑　部

主　编　孙德高

副主编　魏立军

编　辑　邴颂东　李霞林

编辑说明

一、《中国电力建设集团有限公司年鉴（2018）》是由中国电力建设集团有限公司（以下简称中国电建）主办，中国电建总部各部门、事业部、各企业（单位）共同参与编辑的大型资料性工具书。本卷年鉴全面系统地载录了2017年中国电建以习近平新时代中国特色社会主义思想为指导，深入学习贯彻党的十九大精神，认真落实中央经济工作会议和中央企业、地方国资委负责人会议精神，深入贯彻“五大发展理念”，围绕“五大重点任务”，把握大势，坚定信心，全面改革创新，着力提质增效，为建设具有较强国际竞争力的质量效益型世界一流企业做出新贡献的历程。

本卷年鉴所载资料翔实，内容准确，具有权威性、综合性、史料性。

二、本卷年鉴采用分类编辑法，按篇目、栏目、条目结构设计。全书按内容横分篇目，各篇细分若干栏目，顺时纪事。各栏目中的条目标题加【】表示。本卷年鉴在内容上根据中国电建工作特点，全书设11个篇目：“特载”“文献·文件”“专论”“概况”“大事记”“企业管理”“党群工作和企业文化建设”“检查监督”“成员企业要览”“人物及先进集体”“附录”。11个篇目设栏目38个，载录条目200个，收录大事64条。全卷共117余万字，彩版42页。

三、中国电建年鉴中，单位名称首次出现均使用全称，再次出现则使用规范简称。如中国电力建设集团有限公司简称为“中国电建”或“电建集团”；中国电力建设股份有限公司简称为“电建股份”或

“股份公司”；中国水电工程顾问集团公司简称为“水电顾问”；中国水利水电第一工程局有限公司，简称为“水电一局”；中国电建集团北京勘测设计研究院有限公司简称为“北京院”；中国电建集团河北省电力勘测设计研究院有限公司简称为“河北院”；中国电建集团山东电力建设第一工程有限公司简称为“山东电建一公司”；中国电建集团上海能源装备有限公司简称为“上海装备公司”。

四、中国电建年鉴编纂工作实行三审制。总部各部门、事业部、各企业（单位）提供的文稿、图片由供稿部门、单位审定；每个条目、每项资料后均在括号内注明撰稿人或供稿单位，实行文责自负；各篇目内容的编辑由相关篇目责任编辑审定，主编负责总纂；编辑委员会终审定稿。

五、中国电建年鉴的编纂得到了中国电建各级党政领导和各单位的关心和支持，得到中国版协年鉴工作委员会、北京地方志办公室和中国电力出版社的热情帮助，在此谨一并表示感谢！

编纂中国电建年鉴，力求做到资料翔实、语言规范、文字精炼。尽管非常努力，但仍有疏漏不当之处，诚请读者批评指正。

中国电力建设集团有限公司年鉴编辑委员会

2018年12月

篇　　目

目 录

第一篇 特 载

第二篇 文献·文件

第三篇 专 论

第四篇　概　况

第五篇　大　事　记

第六篇　企 业 管 理

第七篇　党群工作和企业文化建设

第八篇　检 查 监 督

第九篇　成 员 企 业 要 览

第十篇　人物及先进集体

第十一篇　附　　录

Contents

The Almanac of Power Construction Corporation of China (2018)

Chapter Ⅰ　Special Articles

Chapter Ⅱ　Literature & Documents

Chapter Ⅲ　Monograph

Chapter Ⅳ Overview

Chapter Ⅴ　Chronicle of Events

Chapter Ⅵ　Business Management

Chapter Ⅶ Party Work and Corporate Culture Construction

Chapter Ⅷ Inspection and Supervision

Chapter Ⅸ List of Member Enterprises

Chapter Ⅹ Characters and Advanced Collectives

Chapter Ⅺ Appendix

第一篇

特　　载

集团（股份）公司 2018 年工作会议

集团（股份）公司党委书记、董事长晏志勇讲话

集团（股份）公司总经理、党委副书记孙洪水作工作报告

集团（股份）公司 2018 年工作会议在北京召开

晏志勇董事长与各单位签订 2018 年经营业绩责任书

晏志勇书记与各单位签订 2018 年党风廉政建设责任书

孙洪水总经理与各单位签订 2018 年安全生产责任书

深入贯彻落实党的十九大精神 全力推动公司开启新征程实现新发展迈上新台阶

——在中国电力建设集团（股份）有限公司 2018年工作会议上的讲话

晏 志 勇

（2018年1月28日）

同志们：

这次会议是在公司认真学习贯彻党的十九大精神，进入新时代、实现新作为、展示新气象的开局之年召开的一次重要会议，主要任务是：以习近平新时代中国特色社会主义思想为指导，深入贯彻落实党的十九大和中央经济工作会议精神、中央企业地方国资委负责人会议精神，总结2017年工作，部署2018年工作，凝心聚力，努力奋斗，全力推动公司开启新征程、实现新发展、迈上新台阶，高质量稳步建设具有全球竞争力的质量效益型世界一流综合性建设投资集团，为决胜全面建成小康社会、夺取新时代中国特色社会主义伟大胜利做出新的更大贡献。

下面，我代表公司党委、公司讲两个方面的意见。

一、2017年工作回顾

过去的一年，在以习近平同志为核心的党中央坚强领导下，公司以迎接党的十九大胜利召开和学习贯彻党的十九大精神为动力，认真落实国务院国资委的各项决策部署，坚持稳中求进工作总基调，扎实推动落实公司“十三五”规划和“12358”战略方针，紧紧围绕加强党建、深化改革、精益管理、提质增效等中心工作，因势利导，攻坚克难，较好地完成了全年改革发展党建的各项任务目标，总体工作取得新进展，重点领域实现新突破。

（一）公司发展能力进一步提升

一年来，公司积极应对复杂严峻的经营形势和跌宕起伏的市场环境，担当有为，真抓实干，公司经营业绩和发展能力继续保持稳中有进。一是经营发展持续向好。公司全年营业收入、新签合同等规模经营指标继续保持两位数增长，市场份额持续扩大；利润总额、经济增加值等质量经营指标较好实现年初预定目标，继续创历史新高。公司能源电力、基础设施、水资源与环境三大核心主业齐头并进，相继中标辽宁清原抽水蓄能电站、深圳地铁12号线和埃及燃油炼化厂、沙特延布三期电站等一批国内外大型重点项目，市场竞争力不断提升。深圳茅洲河综合治理以先进的理念与技术、良好的项目执行与履约表现，促进各方冲破了一些束缚，公司获得50亿元的后续项目，实现了全流域综合治理，创造了行业领先的治水提质实施模式。公司境内外57个项目荣获国家级优质工程荣誉表彰，交付投运的深圳地铁7号线获得国家优质工程金质奖，是全国第二个获此殊荣的地铁项目。巴基斯坦卡西姆港燃煤电站经过艰苦努力先后实现首台机组比计划工期提前50天一次性顺利投产发电、2号机组圆满完成168小时满负荷试运行，标志着项目全面建设完成，受到巴基斯坦政府和社会各界的高度赞扬。公司火电板块主要经营指标逆势强劲增长，市场认可度稳步提高，经营发展总体成效显著。二是综合实力持续提升。公司在2017年《财富》世界500强企业排名上升至第190位，较2016年提升10位。连续五年获得国务院国资委中央企业负责人经营业绩考核A级企业称号。股份公司荣获第七届中国证券金紫荆“最佳上市公司”奖，孙洪水总经理荣获“最佳上市公司CEO奖”；董事会荣获中国上市公司口碑榜“最佳董事会奖”。圆满完成2017年A股市场及建筑板块央企上市公司规模最大的非公开发行项目，成功募集资金120亿元。履行社会责任成果丰硕，海外社会责任发展指数在业界名列前茅。精准扶贫和援疆援藏工作成效显著，中国电建的综合实力、影响力和美誉度得到了进一步彰显。

（二）公司发展路径进一步明晰

一年来，公司深入贯彻落实新发展理念，突出核心业务，面向两个市场，大力推动供给侧结构性改革，加快调结构转方式，加快全球化步伐，不断拓展发展空间、增强发展动能。一是结构调整成效明显。公司设立了50亿元规模的结构调整基金，为推动调结构提供了强大资金支持。全面加强与地方政府、相关央企等各层面战略合作，区域市场开拓力度不断加大；积极参与雄安新区建设、军民融合发展，市场和业务领域不断拓宽，为公司各板块、各企业调结构提供了更大空间、更多机会和更强动能，较好实现了能源电力业务持续巩固、基础设施业务加快转化、水资源与环境业务快速成长、战略性新兴业务孵化成型的结构布局。EPC总承包、施工总承包模式项目和新能源、城市轨道交通、水污染治理项目订单稳步增长、占比持续扩大，充分体现了公司近年来调结构所取得的可喜成果。二是国际经营稳中向好。国际资源整合工作基本收官，“三步走”战略有力落地，国际业务集团化取得重大阶段性成果，属地化经营迈出坚实步伐，全球化发展正在积极酝酿策划。制定出台了35项国际经营管理制度，国际经营的体制机制、管控模式、业务流程持续优化，“五个统一”原则在国际经营中得到全面体现，推动国际经营较好较快渡过调整期，实现恢复性增长和发展。目前，公司在全球120个国家执行2586个项目合同、在“一带一路”沿线42个国家执行1499个项目合同。阿根廷高查瑞光伏电站、厄瓜多尔辛克雷水电站等项目的签约或竣工仪式获得习近平总书记的亲自见证和参加；老挝南欧江梯级电站全流域投资开发模式和巴基斯坦卡西姆港燃煤电站投资模式创新，成为中资企业参与“一带一路”建设的范式，得到国家有关部委的肯定。公司的全球市场布局、国际经营理念、商业模式创新、海外经营指数继续保持在中资企业前列，国际业务对公司稳步持续发展起到了重要支撑作用。三是转型升级步伐加快。公司大力推进供给侧结构性改革，着力推动价值链向高技术含量高附加值转移、产业链向中高端一体化迈进。公司加快突破简单再生产和自我积累式发展路径，积极稳健开展海外并购。基于获得核心技术收购的德国TLT公司整合运营效果良好，基于健全产业链收购的意大利吉泰公司已完成交割，对德国垃圾处理及生物制气发电技术的收购有序推进，公司全球优势资源整合能力和产业链一体化发展能力进一步增强。

（三）公司发展活力进一步增强

一年来，公司聚焦制约企业健康可持续发展的瓶颈问题，勇于深化改革、释放活力，敢于创新调整、增强动力，不断推动改革向纵深发展、创新向价值转化。一是深化改革不断释放发展活力。集团公司、股份公司全面实现党建工作总体要求进章程，修订了议事规则，明确了党组织在公司法人治理结构中的法定地位，实现了加强党的领导和完善公司治理体系的有机结合、有序运转。不断完善董事会治理，健全董事会决策流程和授权决策事项报告制度，董事会决策的质量和效率持续提升，决策事项有效落实。不断深化管理体制改革，全年新立及修订规章制度112项，简政放权工作、分级授权管理推进速度加快。火电板块全民所有制企业坚持“重组上市”标准不变，全力推进公司制改制工作，较公司原定计划提前半年全面完成，实现了国务院提出的2017年底中央企业完成公司制改建这一改革目标和要求，为建立现代企业制度、规范公司治理、对接资本市场奠定了基础。推动完成4组8户子企业跨地域、跨业务重组整合，“小、散、弱”局面持续改善，资源布局更趋合理。积极申请国有资本经营预算支持，完成了剩余9家“僵尸企业”和特困企业专项治理，提前一年达到国务院国资委三年处置治理工作标准。持续推进法人机构压减、厂办大集体改革、关联企业和自然人持股清理规范等综合配套改革，瘦身健体、提质增效实现阶段性目标。二是创新驱动持续增强发展动力。公司不断完善创新体制机制，加大研发资源整合投入，创新型企业建设步伐明显加快。智能建造、智慧城市、高端装备等创新实践和成果在党的十九大召开前后举办的“央企创新成就展”中广受各界好评。传统业务关键技术、新兴业务领先技术加快转化应用，在引领市场开发、服务项目营销、支撑履约经营等方面发挥了明显作用。商业模式创新成效显著，通过资本引入、产融结合、项目合作等途径有效放大了国有资本功能；在抽水蓄能、风光新能源、基础设施建设领域积极推广以设计为龙头的EPC模式，强化了公司全产业链一体化独特优势。

（四）公司发展基础进一步夯实

一年来，公司坚持质量效益导向，通过加强战略引导、市场协调、要素统筹、风险防控等关键举措，持续提升管理精益化水平，不断夯实经营发展基础。一是集团管控成效明显。以公司发展战略和“十三五”规划为指引，制定了多层级、全方位的战略规划体系，形成了制定执行监督评价奖惩全流程闭环管理，战略规划执行落地良好。公司内部产权和管理关系得到调整优化，各业务板块、子企业定位更加明确，优势更加突出，内部统筹机制更加科学，市场协调、产业合作、业务协同全面加强，利益共享、风险共担成为共识。业绩考核的杠杆作用、全面预算管理的分配考核控制作用有力发挥，质量效益导向更加突出。公司产融结合平台成效突出，融资担保规模得到有效控制，资金集中度连创新高，集中采购品种类别不断丰富，统筹资源降本增效作用明显，给子企业带来了实实在在的好处。二是风险管控取得进展。全面风险管理和内部控制工作深入推进，重大风险处置工作有效开展，部分风险项目扭亏减亏成效初显，重大经营风险受控可控。“法治电建”建设有序推进，主体责任落到实处，依法治理、依法经营能力明显提升。国际业务合规体系建设步伐明显加快，合规管理向纵深有力推进。三是质量安全环保形势较好。工程质量稳中向好，对在建工程的全生命周期管控有效落地。安全责任体系日渐完善，安全管理制度基本健全，安全履责能力日益提高，风险管控能力逐步提升。企业安全发展的理念得到全面强化，无事故、无害员工健康、无损环境的QHSE标准化管理体系正在形成，国务院国资委下达的年度指标圆满完成。

（五）公司党的建设进一步加强

一年来，公司各级党委围绕“中央企业党建工作落实年”总体要求，以落实党建重点任务为抓手，以基层党组织和党员队伍建设为重点，全面从严治党，为公司改革发展提供坚强保障。一是深入学习贯彻党的十九大精神。制定并认真落实学习贯彻十九大精神的实施意见，深入学习贯彻习近平新时代中国特色社会主义思想，用十九大精神武装头脑、指导实践、推动工作的自觉性和坚定性进一步强化。二是党建重点任务全面完成。党建工作总体要求纳入公司章程、规范“三重一大”决策事项、修订公司党委议事规则等一系列重点任务落地。78项党建重点措施已落实到位并持续推进，总体落实率达94%。开展国务院国资委巡视反馈意见整改落实情况“回头看”，圆满完成中央企业巡视整改自查自纠任务。三是“两学一做”实现常态化长效化。实施《“两学一做”学习教育常态化制度化的具体方案》，加强各层级党员干部培训、轮训，抓好带头人队伍和执行人队伍专题学习，探索推广支部主题党日、党员固定活动日和网上组织生活，健全落实学习教育从关键少数向全体党员拓展、从集中性教育向经常性教育延伸的体制机制。四是党的组织建设水平进一步提升。坚持“四同步、四对接”，进一步规范了子企业党组织的建立与按期换届，实现党的组织和党的工作全覆盖。形成主体明晰、责任明确、有机衔接的党建工作机制；加强对境外党建和项目党建工作的统筹管理；严肃党内政治生活，严格落实“三会一课”制度，建立起党员队伍基本信息档案库，推动全面从严治党不断向基层延伸。五是企业领导人员队伍建设得到进一步加强。认真落实习近平总书记“20字”国企好干部标准，持续加强企业领导人员政治素质和能力培养，优化班子结构功能，深化日常管理监督，全年调整101名领导人员、新提任39人、培养领导人员及后备干部409人。进一步落实年度综合考核结果运用，强化了对个人事项填报不实问题的处理，“从严治党”要求在选人用人环节得到了有效落实。六是党风廉政建设与反腐败工作成效显著。紧密围绕“思想引领、责任担当、正风肃纪、执纪审查、制度建设、监督检查、队伍建设”等主业主责，定目标、抓重点、建机制、明分工、强措施、筑合力，综合运用监督执纪“四种形态”，强化廉洁风险防控，加强监督检查，深化标本兼治，持之以恒抓紧抓实作风建设，坚定不移整风肃纪反腐，着力构建“不能腐”体制机制，各项工作取得新进展新成效，反腐败工作压倒性态势已经形成并巩固发展。公司纪委全年约谈子企业党政负责人43人次、纪委书记20人次；两级纪委立案审查28件，给予党政纪处分65人、组织处理66人；推进政治巡视，全面落实从严治党要求，强化巡视问题整改，公司党委全年巡视35家子企业，圆满完成巡视全覆盖目标。七是群团组织桥梁纽带作用有效发挥。进一步强化工会组织建设，完成公司工会换届选举工作；创新多种方式推动职工队伍技能素质提升、丰富企业文化生活、加强困难帮扶、强化青年理想信念教育，全方位营造关爱职工的和谐氛围。

同志们，总结过去一年所取得的成绩，最根本的是得益于习近平新时代中国特色社会主义思想的科学指引，得益于党中央、国务院和国务院国资委的坚强领导，得益于国有重点大型企业监事会的有力监督和独立董事、外部董事的指导把关，得益于公司各级领导人员和广大干部职工的艰苦奋斗。在此，我代表公司党委、公司向所有关心、支持公司发展的各级领导和同志们表示衷心的感谢！向公司全体职工、离退休老同志和广大职工家属致以崇高的敬意！

成绩来之不易，在令人欣慰的同时切不可沾沾自喜，必须时刻保持警醒，深刻认识到当前公司改革发展仍存在一些不可忽视的重大问题。一是新业务领域的核心竞争力尚未完全建立。公司具有核心竞争能力和绝对优势的能源电力市场需求严重萎缩，

生产经营管理的各个方面，确保监督没有死角、不留空白。深化政治巡视，坚持发现问题、形成震慑不动摇；开展专项巡视、机动式巡视，做好巡视“回头看”。综合运用巡视成果，狠抓整改落实。以巡视带动巡察工作，建立巡视巡察上下联动的监督网，促进巡视监督向基层延伸。要特别加强PPP项目和“一带一路”项目廉洁风险防控，试点开展大江东项目、中老铁路项目联合党工委、联合纪工委工作，推进廉洁风险防控由“各自为战”转为“协同作战”，提高监督检查和联防联控效能。

在此，我再强调几点。一是加强领导人员自身建设。各级领导人员要深入学习习近平总书记“1·5”重要讲话精神，读懂新时代考卷，迎接新时代考验，交出新时代答卷；要坚持三个“一以贯之”，强化“三种意识”，落实“五个过硬”，尤其要增强道路意识、自我革命意识和忧患意识，增强主动学习能力、科学发展能力、改革创新能力、驾驭风险能力，切实把自己锻造成为信得过、靠得住、用得上的“关键少数”；要切实转变领导和工作作风，多到市场前沿走一走，多下基层项目看一看，多和一线职工聊一聊，深度了解实际、发现问题、倾听心声、形成意见、作出决策，真正成为满足新时代要求的党和国家事业、公司发展事业的“领头雁”，以时不我待、只争朝夕的精神投入工作。二是全力做好所承担的精准扶贫工作。按照地方政府的统一安排，认真履行我们的责任，要把打赢精准扶贫攻坚战放在重要位置。坚持因地制宜、因人施策，坚持输血与造血、资金与产业、扶贫与扶智相结合，确保公司所承担的扶贫县和贫困人口如期精准脱贫不返贫。年内要进一步巩固民丰县脱贫成果，争取剑川县实现脱贫，提前完成公司精准扶贫目标任务。要按照中央要求和国务院国资委安排开展扶贫领域作风问题专项治理，重点治理“四个意识”不强、责任落实不到位、工作措施不精准、工作作风不扎实、资金管理使用不规范等问题，以打赢作风战确保打赢扶贫攻坚战。三是深入贯彻以人为本理念。始终坚持以人为本的发展理念，情系职工生活，心系职工发展。要切实维护职工的合法权益，充分让职工群众分享企业改革发展成果，特别是确保困难职工和困难离退休人员在全面建成小康社会的道路上不掉队不落后；要大力弘扬劳模精神和工匠精神，树立辛勤劳动、诚实劳动、创造性劳动理念，把每一位职工都打造成爱岗敬业、艰苦奋斗、精益求精、有所创新的行家里手。要切实关心和爱护青年职工，尽最大可能为青年职工创造良好的工作平台、学习条件和生活环境，力所能及地帮助他们解决成长过程中的实际困难，引导他们自觉爱党爱国爱企、坚定理想信念追求，鼓励他们脚踏实地、志存高远、健康向上，不负青春年华创造出彩业绩。

同志们，新春佳节即将来临，我们一定要高度重视稳定工作，进一步强化信访维稳工作责任机制，加强风险研判，加强源头治理，认真排查梳理、管控消除不稳定因素，引导职工依法理性表达利益诉求，确保不发生重大群体性不稳定事件，努力营造和谐稳定的内部环境。要做好离退休老同志的管理和服务工作，确保离退休职工的政治和生活待遇落实到位。要坚守农民工工资按时足额支付这一底线，清理旧账，不增新欠，履行好中央企业保和谐的政治责任。一定要严格落实公司纪委下发的关于2018年春节期间巩固和拓展落实中央八项规定精神成果的有关通知文件，不折不扣地执行“十五个严禁”，积极营造风清气正的氛围，共同度过一个欢乐祥和、文明节俭的春节。

同志们，新思想引领新时代，新使命开启新征程，我们重任在肩、使命光荣。让我们更加紧密地团结在以习近平同志为核心的党中央周围，在国务院国资委的坚强领导下，在国有重点大型企业监事会的监督指导下，在股份公司独立董事和外部董事的帮助支持下，不忘初心，牢记使命，以更加坚定的信念、更加昂扬的姿态、更加扎实的工作、更加优异的成绩全力推动公司开启新征程、实现新发展、迈上新台阶，为决胜全面建成小康社会、夺取新时代中国特色社会主义伟大胜利、实现中华民族伟大复兴的“中国梦”做出新的更大贡献！

深化改革促转型　精益管理创效益
高质量稳步建设新时代世界一流企业集团

——在中国电力建设集团（股份）有限公司2018年工作会议上的工作报告

孙　洪　水

（2018年1月28日）

同志们：

根据会议安排，我向大会作工作报告。

一、2017年主要生产经营工作回顾

2017年是党的十九大胜利召开之年和供给侧结构性改革深化之年，也是公司实施“十三五”规划、落实“12358”发展方针的重要一年。一年来，公司深入学习贯彻习近平新时代中国特色社会主义思想，认真落实党中央、国务院和国务院国资委决策部署，坚持稳中求进工作总基调，外拓市场，内强管理，全面深化改革，着力提质增效，圆满完成了各项生产经营改革发展任务。公司综合实力进一步提升，位列2017年世界500强企业第190位、中国企业500强第42位，在ENR全球工程设计企业150强中排名第2位、全球工程承包商250强中排名第5名。股份公司市值管理卓有成效，资本市场表现优异，股票被纳入A股“上证50”指数，深受广大投资者和社会各界的好评。

（一）稳增长任务全面完成，主要经营指标再创新高

2017年，公司积极落实“保增长”目标，大力开拓市场、调整结构、强化履约，提质增效，较好完成了主要经营业绩指标，生产经营继续保持良好态势。公司全年完成营业收入3550亿元，同比增长9.36%；实现利润总额130.03亿元，同比增长7.04%；新签合同5718亿元，同比增长11.7%；实现经济增加值50.49亿元；全员劳动生产率达到190.8万元/（人·年），同比增长10.4%。年末资产负债率79.87%，较年初下降1.52个百分点；资产总额达到7098.67亿元，同比增长17.83%；合同存量11250亿元，同比增长16.5%。

（二）结构调整步伐加快，各业务板块协同共进

一是营销履约成果进一步显现。公司积极发挥“懂水熟电、擅规划设计、长施工建造、能投资运营”核心能力和独特优势，围绕三大核心主业，积极主动与广西、内蒙古、西藏、西安等10个市场潜力巨大的省（区、市）和华电、诚通、国新等8家产业链关联大型产学研机构建立了战略合作关系；积极参与各级地方政府产业对接、项目推介活动和“一带一路”国际合作高峰论坛、“世界水电大会”等行业高峰会议论坛，全方位推介公司能力优势和品牌实力，持续拓展市场空间。公司主动服务国家战略，积极参与“一带一路”倡议、雄安新区建设、军民融合发展和新城镇化、京津冀协同发展、长江经济带发展战略，取得了较好的市场营销效果，在水利电力、轨道交通、高速公路等多个业务领域中标一系列“大单”，特别是深圳地铁12号线的中标创公司有史以来单项合同承包额最大的一个项目。白鹤滩、杨房沟、乌东德水电站、巴基斯坦卡西姆燃煤电站、中老铁路、科特迪瓦苏布雷水电站、赞比亚下凯富峡水电站、深圳茅洲河综合治理项目、池州骨料项目等重点大型特大型项目进展顺利，彰显公司在各行业领域的能力和优势。

二是电力能源业务进一步巩固。公司不断增强全产业链一体化综合服务能力，在主营业务领域向全球客户提供一揽子整体解决方案，优势地位持续提升。2017年，新签国内外水利电力合同2860亿元，国内成功中标签约辽宁清原抽水蓄能电站、木里河固增水电站、丰宁抽水蓄能电站机电安装项目等一批重大项目；辽宁清原抽水蓄能电站EPC总承包项目是公司承建的第一个含机电设备成套服务在

内、完整EPC总承包模式的抽水蓄能电站项目，在抽水蓄能领域开启了设计——施工一体化履约新模式；山西大同左云地面光伏项目成为利用光伏发电治理煤矿沉陷区的典范。公司开展了10个省（区）抽水蓄能规划调整，完成了海水抽水蓄能资源普查成果发布，继续引领抽水蓄能行业发展。

三是国内基础设施业务进一步壮大。基础设施业务全年新签合同1792亿元，同比增长36.3%；完成营业收入1150亿元，同比增长20.2%。先后中标了成都地铁18号线、深圳地铁12号线、云南红河州高速公路、蒙自市地下管廊、新疆第十师北屯市公路、郑州航空港经济综合试验区城市基础设施等一批代表性项目。已实施的67个BT项目进展顺利，累计回款676.5亿元，回购完成率70%，四川成简快速路、天津武清新区等项目回购已全部完成，并拓展带动了其他项目的市场营销。经过艰苦努力，公司在轨道交通领域取得了长足发展，国内外承建的含高铁在内的铁路里程达到2000公里，以地铁为主的城市轨道已覆盖9个城市，在建和竣工线路里程超过380公里。

四是水资源与环境业务进一步发展。着力强化“规划先行、综合统筹、专业突出”的水环境系统治理营销理念，积极构建并完善水环境业务营销体系，全年新签水资源与环境业务合同超过300亿元。在顺利规划实施深圳茅洲河治理项目的基础上，中标光明新区、东莞市管网河道工程，探索推动全流域水环境整治。中标成都李家岩水库、安徽阜阳城区水系统综合整治、河南郑州贾鲁河综合治理PPP项目及其他省市中小型项目。继发起成立“水环境治理产业技术创新战略联盟”后，挂牌成立了中国电建水环境治理研究实验中心，着力打造水资源与环境治理新技术、新设备、新模式的研发平台及专业技术人才科学实验平台。

五是投资业务进一步稳健。不断健全投资管理体制，完善投资项目评审决策、建设运营管理制度，着力提升投资专业化能力。根据国家政策调整和市场形势变化，及时调整投资方向、结构和项目，最大限度保障预期效益实现。2017年，公司稳步推进以水电、风电、太阳能等清洁能源为核心的电力投资业务，全年投资总额1234亿元，投资计划完成率102.8%；年末控股运营总装机达到1368万千瓦，其中水电625万千瓦、风电418万千瓦、火电227万千瓦、光伏98万千瓦。固定资产及经营性投资实现总收入387亿元，同比增长52.28%，实现利润21亿元，同比增长15%。同时，通过投资特别是小比例股权投资，累计拉动施工总承包业务收入981.57亿元，同比增长22.86%，有力推动了市场营销、调整转型、提质增效和业绩积累、资质获取。房地产业务严格贯彻中央提出的“房住非炒”政策，不断加大土地筹备、加强项目管理、加速库存去化，全年累计签约销售298亿元，为年度预算的135.4%；实现利润15亿元，为年度预算的111.12%，销售额名列2017年全国房地产公司100强第55位；累计实现去化率77.5%，经营质量稳步提升。

（三）全球化战略有力执行，海外业务集团化成效显著

一是国际业务管理体系更加完善。召开国际业务工作会议，系统总结了海外经营发展所取得的成绩和经验，分析了面临形势和存在问题，宣贯了海外经营发展战略，部署了重点工作，国际经营发展“三步走”战略规划、“五个统一”管控原则深入人心。六大区域总部挂牌成立步入正轨，“五个中心”功能有效发挥，“大国际”格局基本成型，推动了国际业务全面发力、多点突破、纵深推进。国际业务制度建设卓有成效，以重组整合方案为纲领，以市场营销和履约管理为主线，全年制定印发了区域总部运行指导意见、品牌管理办法、市场布局管理办法、履约能力评价管理办法等35项管理制度，国际业务集团化制度体系基本建立。海外项目管理能力持续提高，建立了以QHSE为核心的履约标准体系、以履约能力为核心的评价体系和集团化海外综合风险防范和公共安全体系。2017年，公司海外项目履约总体良好，质量、安全和环保等均符合有关标准和合同条款。

二是国际市场开拓能力有效提升。公司全面融入全球产业合作，积极参与中蒙俄、新亚欧大陆桥等六大经济走廊建设，积极推动项目纳入国家规划，积极争取亚投行、丝路基金等资金支持，深耕核心市场，充分挖掘潜力市场，准确把握机会市场，在以亚、非、拉为重点的全球市场全面布局、深度营销、规范竞争。目前，公司在109个国家设立了330个驻外机构，在“一带一路”42个国家设有150个驻外机构，构建了覆盖全球、区域、国别的集团化、立体式国际市场培育开发和营销竞争体系。公司海外市场订单呈现“以我为主、多方合作”的特点，直接与国际项目业主或总包方签约的“一手单”继续增加，海外火电市场得到有效巩固。2017年，公司实际新签国际业务合同2331.68亿元，同比增长15.24%，比同期行业增速高出6.54个百分点，是同期行业增速的1.75倍；完成营业收入875.24亿元，同比增长13.03%，比同期行业增速高约7.23个百分点，是同期行业增速的2.25倍。公司内部共有67

家子企业开展国际经营，年末执行项目合同2586份，合同总金额8499.37亿元，同比增长8.45%；存量合同总金额4366.10亿元，同比增长5.93%。

三是国际业务经营模式不断优化。公司主动顺应国际建筑市场变化，突出发挥优势，不断扬长补短，大力加强与全球产业链、供应链合作伙伴特别是产业投资人、财务投资人的战略务实合作，共同参与项目开发、建设和运营。在巴基斯坦卡西姆燃煤电站项目开发营销中，创造性实现了中国设计、技术、设备、标准和部分国外高端资本、资源的有效整合，实现了中国要素和国际要素的良好协同，保证了项目经济可行、顺利实施及首台机组提前交付，成为“中巴经济走廊”上的中国亮点和中资企业开展国际合作的范例。作为主要投资方和施工单位参与的中老铁路进展顺利。沙特阿美石油天然气加压站工程良好履约，推动公司成功进入国际油气建设领域。继成功收购德国TLT、哈萨克斯坦水利设计院后，完成了对意大利吉泰公司的并购，完善了公司地铁、铁路业务产业链，为开拓发达国家市场储备了设计资源。新能源、房地产等业务正在有序加快“走出去”。搭建技术设备物资“走出去”的综合服务平台，正式启动了工程相关国际贸易综合服务业务。

（四）改革不断深入推进，管理能力持续提升

一是“十三五”规划逐步落地。编制了公司总体战略和“十三五”规划、12项业务规划、17项职能规划，子企业规划基本编报完成，形成统筹协调、相互衔接、互为支撑的战略规划体系，公司及子企业的战略定位和发展思路更加明确清晰。建立了年度战略实施程序，引入先进战略管理工具，有效地推动战略规划落地见效，公司主要经营指标总体上在发展规划的框架内稳步运行。

二是改革任务有序推进。积极推进内部金融分业发展，电建财务公司、电建基金公司有序运营，经纪保险业务积极推进。电力勘测设计、电力工程建设和装备制造板块全民所有制企业公司制改建工作有力推进，按照“重组上市”标准圆满完成，企业市场化基础进一步筑牢。推动4组8家子企业实现内部重组整合，公司子企业户数减至73家，资源更加集中，布局更趋合理。“僵尸企业”和特困企业专项治理工作卓有成效，提前一年实现了三年处置治理目标任务。累计压减法人机构148家，142户厂办大集体企业改革方案已批复96.5%，完成率为57%；358家需清理规范的关联企业和自然人的改革方案已批复86.3%，完成率为56.1%，相关阶段性目标任务顺利实现。“三供一业”分离移交等工作有序进行，获得财政资金支持2.58亿元，部分区域总体解决了接收问题，为后期工作开展提供了有利条件。

三是经营管理亮点突出。公司96%以上的新开工施工项目纳入PRP项目管理系统运行，以进度为主线、成本为核心的工程项目全生命周期管控全面加强，管理系统被中国电力企业联合会授予“中国电力创新奖一等奖”。研究编制了水电工程设计采购施工总承包项目招标和合同文件范本，进一步理顺了行业EPC商业模式履约规则。搭建了公司“一库一平台”，公共资源交易系统平台荣获中国质量认证中心三星级证书，装备制造产品率先在该平台展示销售，公司“互联网+”营销取得实质性进展，内部交易活动更加公开、公平与公正。两级集中采购上下结合、有机互动，年度框架采购基本实现通用施工设备的全覆盖；深入探索大宗物资区域集中联采实现模式，全年设备物资集中采购率达到82%，同比提高3.9%；上网采购率达到75%，同比提高4%。

四是财务资金管理富有成效。圆满完成了年度非公开发行股票工作，成功募集资金120亿元，拓展了多元化融资方式和渠道。累计向35家子企业注入资本金139.26亿元，建立了资本金有偿使用机制，明确了资本金配置额度标准，有效引导资本流动，提升资本创效能力，并为能力培育、产业孵化提供了支撑。有力发挥全面预算管理功能，推进“两金”压控、亏损企业治理、债务风险管控、提质增效等重点工作统筹协调开展。资金一体化管控取得突出成效，达到行业领先水平。金融服务体系建设迈出新步伐，推出了内部保函、异地分离式保函和内部信用证明等多样化、定制化产品。通过内部存款利率上浮、贷款利率下浮、减免手续费、汇兑收益让利等措施，公司整体财务成本大幅降低。

五是法律合规与风险内控管理不断强化。公司对所承建项目的履约经营情况开展了全面系统排查、科学识别和评估风险，有效推动了重大风险项目专项管控处置。公司层面关注和督导的59个重大经营风险项目管控处置取得阶段性成效，越南松邦4水电站、马里塔乌萨水电站等项目的风险问题得到有效化解。认真开展国家审计署、国有重点大型企业监事会对公司审计意见和指出的整改，深究问题根源，建立长效机制。针对过往审计整改及巡视整改落实情况开展后续审计，强化管控和风险提示，推动监督整改力度不断加大。围绕重大项目和经营薄弱环节开展效能监察和专项治理，管理漏洞得到有效堵塞。不断完善法律风险防范机制，重大经营活动、重大投融资决策事项的法律审核把关不断加强，重

第二篇

文献·文件

中国电力建设股份有限公司章程

（2017 年版）

（2017 年 6 月 5 日经中国电力建设股份有限公司 2016 年年度股东大会审议通过）

第一章 总 则

第一条 为维护中国电力建设股份有限公司（以下简称“公司”）、股东和债权人的合法权益，规范公司的组织和行为，根据《中华人民共和国公司法》（以下简称“《公司法》”）、《中华人民共和国证券法》（以下简称“《证券法》”）、《上市公司章程指引》和其他有关规定，制订本章程。

第二条 公司系依照《公司法》《证券法》和其他有关规定成立的股份有限公司。

公司经国务院国有资产监督管理委员会《关于中国水利水电建设集团公司整体改制并境内上市的批复》（国资改革〔2008〕183 号）批准，以发起方式设立；在国家工商行政管理总局注册登记。

第三条 公司经中国证券监督管理委员会（以下简称“中国证监会”）以《关于核准中国水利水电建设股份有限公司首次公开发行股票的批复》（证监许可〔2011〕1413 号）核准，首次向社会公众发行人民币普通股 300000 万股，于 2011 年 10 月 18 日在上海证券交易所上市。

经中国证监会以《关于核准中国电力建设股份有限公司向中国电力建设集团有限公司发行股份购买资产并募集配套资金的批复》（证监许可〔2015〕983 号）核准，公司向控股股东中国电力建设集团有限公司发行 4154633484 股人民币普通股购买资产，并非公开发行 20000000 股优先股募集本次发行股份购买资产的配套资金；发行完成后，公司的股本总额为 13754633484 股（普通股），优先股为 20000000 股。

经中国证监会以《关于核准中国电力建设股份有限公司非公开发行股票的批复》（证监许可〔2017〕85 号）核准，公司非公开发行 1544401540 股人民币普通股；发行完成后，公司的股本总额为 15299035024 股（普通股）。

第四条 公司注册名称：

中文全称：中国电力建设股份有限公司，中文简称：中国电建；英文名称：Power Construction Corporation of China，Ltd 或者 POWERCHINA Ltd.

第五条 公司住所：北京市海淀区车公庄西路 22 号，邮政编码：100048。

第六条 公司注册资本为人民币 1529903.5024 万元。

第七条 公司为永久存续的股份有限公司。

第八条 董事长为公司的法定代表人。

第九条 公司全部资产分为等额股份，股东以其认购的股份为限对公司承担责任，公司以其全部资产对公司的债务承担责任。

第十条 根据《中国共产党章程》规定，公司设立中国共产党的组织，党委发挥领导核心和政治核心作用，把方向、管大局、保落实。公司要建立党的工作机构，配备足够数量的党务工作人员，保障党组织的工作经费。

依照《中国共产主义青年团章程》和有关规定，公司设立共青团组织并开展相关活动。

第十一条 本章程自生效之日起，即成为规范公司的组织与行为、公司与股东、股东与股东之间权利义务关系的具有法律约束力的文件，对公司、股东、董事、监事、高级管理人员具有法律约束力的文件。依据本章程，股东可以起诉股东，股东可以起诉公司董事、监事、总经理和其他高级管理人员，股东可以起诉公司，公司可以起诉股东、董事、监事、总经理和其他高级管理人员。

依据本章程，公司规范董事会议事规则，严格实行独立表决、个人负责的职责机制，不断提高公司治理水平。

第十二条 本章程所称其他高级管理人员是指公司的副总经理、总会计师、董事会秘书以及其他由董事会明确聘任为公司高级管理人员的人员。

第二章 经营宗旨和范围

第十三条 公司的经营宗旨：诚信守诺，合作共赢，科技领先，管理图强，为股东创造财富，为社会创造价值。

第十四条 经依法登记，公司的经营范围：水利、电力、公路、铁路、港口、航道、机场、房屋、市政工程设施、城市轨道工程施工、设计、咨询和监理；相关工程技术研究、勘测、设计、服务及设备制造；电力生产；招标代理；房地产开发经营；实业投资及管理；进出口业务；人员培训。

经营范围最终以公司审批机关和登记机关核准的范围为准。

第三章 股 份

第一节 股份发行

第十五条 公司的股份采取股票的形式。公司发行的股份分为普通股和优先股。

第十六条 公司股份的发行，实行公开、公平、公正的原则。普通股每一股份具有同等权利。

同次发行的同种类股票，每股的发行条件和价格应当相同；任何单位或者个人所认购的股份，每股应当支付相同价额。

同次发行的相同条款优先股，每股发行的条件、价格和票面股息率应当相同；任何单位或者个人认购的股份，每股应当支付相同价额。

第十七条 公司发行的股票，以人民币标明面值；普通股每股面值人民币1元，优先股每股面值人民币100元。

第十八条 公司发行的股份，在中国证券登记结算有限责任公司上海分公司集中存管。

第十九条 公司设立时的发起人、认购的普通股股份数、持股比例、出资方式为：

序号	发起人	认购股份	持股比例	出资方式
1	中国水利水电建设集团公司	653400万股	99%	包括但不限于货币、股权等经营性资产
2	中国水电工程顾问集团公司	6600万股	1%	货币资金
合计		660000万股	100%	

第二十条 公司股本结构由普通股及优先股构成，其中：普通股（A股）1529903.5024万股，优先股2000万股。

第二十一条 公司或公司的子公司（包括公司的附属企业）不以赠与、垫资、担保、补偿或贷款等形式，对购买或者拟购买公司股份的人提供任何资助。

第二节 股份增减和回购

第二十二条 公司根据经营和发展的需要，依照法律、法规的规定，经股东大会分别作出决议，可以采用下列方式增加资本：

（一）公开发行股份。

（二）非公开发行股份。

（三）向现有股东派送红股。

（四）以公积金转增股本。

（五）法律、行政法规规定以及中国证监会批准的其他方式。

公司已发行的优先股不得超过公司普通股股份总数的50%，且筹资金额不得超过发行前净资产的50%，已回购、转换的优先股不纳入计算。

公司不得发行可转换为普通股的优先股。

第二十三条 公司可以减少注册资本。公司减少注册资本，应当按照《公司法》以及其他有关规定和本章程规定的程序办理。

第二十四条 公司在下列情况下，可以依照法律、行政法规、部门规章和本章程的规定，收购本公司的普通股股份：

（一）减少公司注册资本。

（二）与持有本公司普通股股票的其他公司合并。

（三）将普通股股份奖励给本公司职工。

（四）普通股股东因对股东大会作出的公司合并、分立决议持异议，要求公司收购其普通股股份的。

除上述情形外，公司不进行买卖本公司普通股股份的活动。

公司可根据发行条款并在符合相关法律、法规、规范性文件的前提下回购注销本公司的优先股股份；公司与持有本公司优先股的其他公司合并时，应回购注销相应的优先股股份。

公司发行的优先股的赎回权为公司所有，且不设置投资者回售条款。

公司发行优先股赎回期为自首个计息起始日起（分期发行的，自每期首个计息日起）期满5年之日起，至全部赎回之日止。公司有权自首个计息起始日起（分期发行的，自每期首个计息日起）期满5年之日起，于每年的该期优先股股息支付日全部或部分赎回注销公司发行的该期优先股。公司决定执行部分赎回时，应对所有该期优先股股东进行等比例赎回。除法律法规要求外，公司发行优先股的赎回无须满足其他条件。

公司发行的优先股的赎回价格为优先股票面金额加当期已决议支付但尚未支付的股息。

股东大会授权董事会，根据相关法律法规及优先股发行方案的要求，全权办理与优先股赎回相关的所有事宜。

第二十五条 公司收购本公司股份，可以选择下列方式之一进行：

（一）上海证券交易所集中竞价交易方式。

（二）要约方式。

（三）中国证监会认可的其他方式。

第二十六条 公司因本章程第二十四条第（一）项至第（三）项的原因收购本公司股份的，应当经股东大会决议。公司依照第二十四条规定收购本公司股份后，属于第（一）项情形的，应当自收购之日起10日内注销；属于第（二）项、第（四）项情形的，应当在6个月内转让或者注销。

公司依照第二十四条第（三）项规定收购的本公司股份，将不超过本公司已发行股份总额的5%；用于收购的资金应当从公司的税后利润中支出；所收购的股份应当1年内转让给职工。

公司按本条规定回购优先股后，应当相应减记发行在外的优先股股份总数。

第三节 股份转让

第二十七条 公司的股份可以依法转让。

第二十八条 公司不接受本公司的股票作为质押权的标的。

第二十九条 发起人持有的本公司股份，自公司成立之日起1年内不得转让。公司公开发行股份前已发行的股份，自公司股票在证券交易所上市交易之日起1年内不得转让。

除非转让双方存在实际控制关系或均受同一实际控制人控制，且自本公司股票上市之日起1年后，经控股股东和实际控制人申请并经上海证券交易所同意，否则自本公司股票上市之日起三十六个月内，控股股东和实际控制人不得转让或者委托他人管理其直接和间接持有的本公司首次公开发行股票前已发行股份；本公司亦不得回购该部分股份。

公司董事、监事、高级管理人员在任职期间拟买卖本公司股票应当按照相关规定提前报上海证券交易所备案；在任职期间所持本公司股份（含优先股股份）发生变动的，应当及时向公司报告并由公司在上海证券交易所网站公告，每年转让的股份不得超过其所持有本公司同一种类股份总数的25%；所持本公司股份自公司股票上市交易之日起1年内不得转让。上述人员离职后半年内，不得转让其所持有的本公司股份。

第三十条 公司董事、监事、高级管理人员、持有本公司普通股股份（含表决权恢复的优先股股份）5%以上的股东，将其持有的本公司普通股股票在买入后6个月内卖出，或者在卖出后6个月内又买入，由此所得收益归本公司所有，本公司董事会将收回其所得收益并及时披露相关情况。但是，证券公司因包销购入售后剩余普通股股票而持有5%以上普通股股份的，卖出该普通股股票不受6个月时间限制。

公司董事会不按照前款规定执行的，普通股（含表决权恢复的优先股）股东有权要求董事会在30日内执行。公司董事会未在上述期限内执行的，普通股（含表决权恢复的优先股）股东有权为了公司的利益以自己的名义直接向人民法院提起诉讼。

公司董事会不按照第一款的规定执行的，负有责任的董事依法承担连带责任。

第四章 股东和股东大会

第一节 股 东

第三十一条 公司依据证券登记机构提供的凭证建立股东名册。股东名册是证明股东持有公司股份的充分证据。股东按其所持有股份的种类享有权利，承担义务；持有同一种类股份的股东，享有同等权利，承担同种义务。

第三十二条 公司召开股东大会、分配股利、清算及从事其他需要确认股东身份的行为时，由董事会或股东大会召集人确定股权登记日，股权登记日收市后登记在册的股东为享有相关权益的股东，本章程另有规定的从其规定。

第三十三条 公司股东按照所持股份类别不同享有不同的权利。

公司普通股股东享有下列权利：

（一）依照其所持有的股份份额获得股利和其他形式的利益分配。

（二）依法请求、召集、主持、参加或者委派股东代理人参加股东大会，并行使相应的表决权。

（三）对公司的经营进行监督，提出建议或者质询。

（四）依照法律、行政法规及本章程的规定转让、赠与或质押其所持有的股份。

（五）查阅本章程、股东名册、公司债券存根、股东大会会议记录、董事会会议决议、监事会会议决议、财务会计报告。

（六）公司终止或者清算时，按其所持有的股份份额参加公司剩余财产的分配。

（七）对股东大会作出的公司合并、分立决议持异议的股东，要求公司收购其股份。

（八）法律、行政法规、部门规章或本章程规定的其他权利。

公司优先股股东享有下列权利：

（一）依照其所持优先股的条款及份额获得股利。

（二）优先股股东不出席股东大会会议，所持股份没有表决权，但出现以下情况之一的，优先股股东有权出席股东大会，公司应遵循《公司法》及本章程通知普通股股东的规定程序履行通知等相应义务：

1. 修改本章程中与优先股相关的内容。

2. 一次或累计减少公司注册资本超过10%。

3. 公司合并、分立、解散或者变更公司形式。

4. 发行优先股。

5. 本章程规定的其他情形。

（三）查阅本章程、股东名册、公司债券存根、股东大会会议记录、董事会会议记录、监事会会议记录、财务会计报告。

（四）公司累计三个会计年度或连续两个会计年度未按约定支付优先股股息，自股东大会批准当年取消优先股股息支付的次日或当年未按约定支付优先股股息的付息日次日起，优先股股东有权出席股东大会并与普通股股东共同表决。每股优先股股份可按本章程规定享有表决权。上述优先股股东表决权恢复应持续有效，直至公司全额支付当期应付股息之日止。

（五）依照法律、法规及本章程的规定转让、赠与、质押其所持公司股份，但相关股份受让方为有关法律、法规规定的合格投资者，且非公开发行的相同条款的优先股经转让后投资者不得超过200人。

（六）公司终止或者清算后，按其所持有的股份种类、条款及份额优先于普通股股东参加公司剩余财产的分配。

第三十四条 股东提出查阅前条所述有关信息或者索取资料的，应当向公司提供证明其持有公司股份的种类及持股数量的书面文件，公司经核实股东身份后按照股东的要求予以提供。

第三十五条 公司股东大会、董事会决议内容违反法律、行政法规的，股东有权请求人民法院认定无效。

股东大会、董事会的会议召集程序、表决方式违反法律、行政法规或者本章程，或者决议内容违反本章程的，股东有权自决议作出之日起60日内，请求人民法院撤销。

第三十六条 董事、高级管理人员执行公司职务时违反法律、行政法规或者本章程的规定，给公司造成损失的，连续180日以上单独或合并持有公司1%以上股份的股东有权书面请求监事会向人民法院提起诉讼；监事会执行公司职务时违反法律、行政法规或者本章程的规定，给公司造成损失的，股东可以书面请求董事会向人民法院提起诉讼。

监事会、董事会收到前款规定的股东书面请求后拒绝提起诉讼，或者自收到请求之日起30日内未提起诉讼，或者情况紧急、不立即提起诉讼将会使公司利益受到难以弥补的损害的，前款规定的股东有权为了公司的利益以自己的名义直接向人民法院提起诉讼。

他人侵犯公司合法权益，给公司造成损失的，本条第一款规定的股东可以依照前两款的规定向人民法院提起诉讼。

第三十七条 董事、高级管理人员违反法律、行政法规或者本章程的规定，损害股东利益的，股东可以向人民法院提起诉讼。

第三十八条 公司股东承担下列义务：

（一）遵守法律、行政法规和本章程。

（二）依其所认购的股份和入股方式缴纳股金。

（三）除法律、法规规定的情形外，不得退股。

（四）不得滥用股东权利损害公司或者其他股东的利益，不得滥用公司法人独立地位和股东有限责任损害公司债权人的利益。

公司股东滥用股东权利给公司或者其他股东造成损失的，应当依法承担赔偿责任。

公司股东滥用公司法人独立地位和股东有限责任，逃避债务，严重损害公司债权人利益的，应当对公司债务承担连带责任。

（五）法律、行政法规及本章程规定应当承担的其他义务。

第三十九条 持有公司5%以上有表决权股份的股东，将其持有的股份进行质押的，应当自该事实发生当日，向公司做出书面报告。

第四十条 公司的控股股东、实际控制人不得利用其关联关系损害公司利益。违反规定的，给公司造成损失的，应当承担赔偿责任。

公司控股股东及实际控制人对公司和公司社会公众股股东负有诚信义务。控股股东应严格依法行使出资人的权利，控股股东不得利用利润分配、资产重组、对外投资、资金占用、借款担保等方式损害公司和公司社会公众股股东的合法权益，不得利用其控制地位损害公司和公司社会公众股股东的利益。

第二节　股东大会的一般规定

第四十一条　股东大会是公司的权力机构，依法行使下列职权：

（一）决定公司总体发展战略、总体中长期发展规划、总体经营方针和投资计划。

（二）选举和更换非由职工代表担任的董事、监事，决定有关董事、监事的报酬事项。

（三）审议批准董事会的报告。

（四）审议批准监事会报告。

（五）审议批准公司的年度财务预算方案、决算方案。

（六）审议批准公司的利润分配政策、利润分配方案（包括普通股股东的利润分配方案及优先股股东的利润分配方案）和弥补亏损方案。

（七）对公司增加或者减少注册资本作出决议。

（八）对发行公司债券或其他证券及上市方案作出决议。

（九）对公司合并、分立、解散、清算或者变更公司形式作出决议。

（十）修改本章程。

（十一）对公司聘用、解聘会计师事务所作出决议。

（十二）审议批准第四十二条规定的担保事项。

（十三）审议批准公司在一年内购买、出售重大资产超过公司最近一期经审计总资产30%的事项。

（十四）审议批准变更募集资金用途事项。

（十五）审议批准股权激励计划。

（十六）审议批准法律、行政法规、部门规章或本章程规定应当由股东大会决定的其他事项。

第四十二条　公司下列对外担保行为，须经股东大会审议通过：

（一）公司及公司控股子公司的对外担保总额，达到或超过最近一期经审计净资产的50%以后提供的任何担保。

（二）公司的对外担保总额，达到或超过最近一期经审计总资产的30%以后提供的任何担保。

（三）为资产负债率超过70%的担保对象提供的担保。

（四）单笔担保额超过最近一期经审计净资产10%的担保。

（五）按照担保金额连续十二个月内累计计算原则，超过公司最近一期经审计净资产的50%，且绝对金额超过5000万元以上。

（六）对股东、实际控制人及其关联方提供的担保。

（七）上海证券交易所或者本章程规定的其他担保。

公司下属全资、控股子公司开展房地产业务的，为购房客户提供按揭担保不包含在本章程所述的对外担保范畴之内。

第四十三条　股东大会分为年度股东大会和临时股东大会。年度股东大会每年召开1次，应当于上一会计年度结束后的6个月内举行。

第四十四条　有下列情形之一的，公司在事实发生之日起2个月以内召开临时股东大会：

（一）董事人数不足《公司法》规定人数或者本章程所定人数的2/3时。

（二）公司未弥补的亏损达实收股本总额1/3时。

（三）单独或者合计持有公司10%以上股份的股东请求时。

（四）董事会认为必要时。

（五）监事会提议召开时。

（六）法律、行政法规、部门规章或本章程规定的其他情形。

计算本条第（三）项所称持股比例时，仅计算普通股和表决权恢复的优先股。

第四十五条　公司召开股东大会的地点为：公司住所或股东大会通知中明确的其他地点。

股东大会应设置会场，以现场会议形式召开；如有必要，可以网络视频方式或其他方式召开。股东通过上述方式参加股东大会的，视为出席。

第四十六条　公司召开股东大会时将聘请律师对以下问题出具法律意见并公告：

（一）会议的召集、召开程序是否符合法律、行政法规、本章程。

（二）出席会议人员的资格、召集人资格是否合法有效。

（三）会议的表决程序、表决结果是否合法有效。

（四）应公司要求对其他有关问题出具的法律意见。

第三节　股东大会的召集

第四十七条　独立董事有权向董事会提议召开临时股东大会。对独立董事要求召开临时股东大会的提议，董事会应当根据法律、行政法规和本章程的规定，在收到提议后10日内提出同意或不同意召开临时股东大会的书面反馈意见。

董事会同意召开临时股东大会的，将在作出董事会决议后的5日内发出召开股东大会的通知；董事会不同意召开临时股东大会的，将说明理由并公告。

第四十八条 监事会有权向董事会提议召开临时股东大会，并应当以书面形式向董事会提出。董事会应当根据法律、行政法规和本章程的规定，在收到提案后10日内提出同意或不同意召开临时股东大会的书面反馈意见。

董事会同意召开临时股东大会的，将在作出董事会决议后的5日内发出召开股东大会的通知，通知中对原提议的变更，应征得监事会的同意。

董事会不同意召开临时股东大会，或者在收到提案后10日内未做出反馈的，视为董事会不能履行或者不履行召集股东大会会议职责，监事会可以自行召集和主持。

第四十九条 单独或者合计持有公司10%以上股份的股东有权向董事会请求召开临时股东大会，并应当以书面形式向董事会提出。董事会应当根据法律、行政法规和本章程的规定，在收到请求后10日内提出同意或不同意召开临时股东大会的书面反馈意见。

董事会同意召开临时股东大会的，应当在作出董事会决议后的5日内发出召开股东大会的通知，通知中对原请求的变更，应当征得相关股东的同意。

董事会不同意召开临时股东大会，或者在收到请求后10日内未做出反馈的，单独或者合计持有公司10%以上股份的股东有权向监事会提议召开临时股东大会，并应当以书面形式向监事会提出请求。

监事会同意召开临时股东大会的，应在收到请求5日内发出召开股东大会的通知，通知中对原提案的变更，应当征得相关股东的同意。

监事会未在规定期限内发出股东大会通知的，视为监事会不召集和主持股东大会，连续90日以上单独或者合计持有公司10%以上股份的股东可以自行召集和主持。

计算本条所称持股比例时，仅计算普通股和表决权恢复的优先股。

第五十条 监事会或股东决定自行召集股东大会的，须书面通知董事会，同时向公司所在地中国证监会派出机构和上海证券交易所备案。

在股东大会决议公告前，召集股东持股比例不得低于10%。

召集股东应该在发出股东大会通知及股东大会决议公告时，向公司所在地中国证监会派出机构和上海证券交易所提交有关证明材料。

计算本条所称持股比例时，仅计算普通股和表决权恢复的优先股。

第五十一条 对于监事会或股东自行召集的股东大会，董事会和董事会秘书应予配合。董事会应当提供股权登记日的股东名册。

第五十二条 监事会或股东自行召集的股东大会，会议所必需的费用由公司承担。

第四节 股东大会的提案与通知

第五十三条 提案的内容应当属于股东大会职权范围，有明确议题和具体决议事项，并且符合法律、行政法规和本章程的有关规定。

第五十四条 公司召开股东大会，董事会、监事会以及单独或者合并持有公司3%以上股份的股东，有权向公司提出提案。

单独或者合计持有公司3%以上股份的股东，可以在股东大会召开10日前提出临时提案并书面提交召集人。召集人应当在收到提案后2日内发出股东大会补充通知，公告临时提案的内容。

除前款规定的情形外，召集人在发出股东大会通知公告后，不得修改股东大会通知中已列明的提案或增加新的提案。

股东大会通知中未列明或不符合本章程第五十三条规定的提案，股东大会不得进行表决并作出决议。

计算本条所称持股比例时，仅计算普通股和表决权恢复的优先股。

第五十五条 召集人将在年度股东大会召开20日前以公告方式通知各股东，临时股东大会将于会议召开15日前以公告方式通知各股东。

第五十六条 股东大会的通知包括以下内容：

（一）会议的时间、地点和会议期限。

（二）提交会议审议的事项和提案。

（三）以明显的文字说明：全体普通股股东（含表决权恢复的优先股股东）均有权出席股东大会，并可以书面委托代理人出席会议和参加表决，该股东代理人不必是公司的股东。

（四）有权出席股东大会股东的股权登记日。

（五）会务常设联系人姓名、电话号码。

第五十七条 股东大会拟讨论董事、监事选举事项的，股东大会通知中将充分披露董事、监事候选人的详细资料，至少包括以下内容：

（一）教育背景、工作经历、兼职等个人情况。

（二）与本公司或本公司的控股股东及实际控制人是否存在关联关系。

（三）披露持有本公司股份数量。

（四）是否受过中国证监会及其他有关部门的处

罚和证券交易所惩戒。

除采取累积投票制选举董事、监事外，每位董事、监事候选人应当以单项提案提出。

第五十八条 发出股东大会通知后，无正当理由，股东大会不应延期或取消，股东大会通知中列明的提案不应取消。一旦出现延期或取消的情形，召集人应当在原定召开日前至少2个工作日公告并说明原因。

第五节 股东大会的召开

第五十九条 本公司董事会和其他召集人将采取必要措施，保证股东大会的正常秩序。对于干扰股东大会、寻衅滋事和侵犯股东合法权益的行为，将采取措施加以制止并及时报告有关部门查处。

第六十条 股权登记日登记在册的所有普通股股东（含表决权恢复的优先股股东）或其代理人，均有权出席股东大会。并依照有关法律、法规及本章程行使表决权。

股东可以亲自出席股东大会，也可以委托代理人代为出席和表决。

第六十一条 个人股东亲自出席会议的，应出示本人身份证或其他能够表明其身份的有效证件或证明、股票账户卡；委托代理他人出席会议的，应出示本人有效身份证件、股东授权委托书。

法人股东应由法定代表人或者法定代表人委托的代理人出席会议。法定代表人出席会议的，应出示本人身份证、能证明其具有法定代表人资格的有效证明；委托代理人出席会议的，代理人应出示本人身份证、法人股东单位的法定代表人依法出具的书面授权委托。

第六十二条 股东出具的委托他人出席股东大会的授权委托书应当载明下列内容：

（一）代理人的姓名。

（二）代理人代表的股份数。

（三）是否具有表决权。

（四）分别对列入股东大会议程的每一审议事项投赞成、反对或弃权票的指示。

（五）委托书签发日期和有效期限。

（六）委托人签名（或盖章）。委托人为法人股东的，应加盖法人单位印章。

第六十三条 委托书应当注明如果股东不作具体指示，股东代理人是否可以按自己的意思表决。

第六十四条 代理投票授权委托书由委托人授权他人签署的，授权签署的授权书或者其他授权文件应当经过公证。经公证的授权书或者其他授权文件，和投票代理委托书均需备置于公司住所或者召集会议的通知中指定的其他地方。

委托人为法人的，由其法定代表人或者董事会、其他决策机构决议授权的人作为代表出席公司的股东大会。

第六十五条 出席会议人员的会议登记册由公司负责制作。会议登记册载明参加会议人员姓名（或单位名称）、身份证号码、住所地址、持有或者代表有表决权的股份数额、被代理人姓名（或单位名称）等事项。

第六十六条 召集人和公司聘请的律师将依据证券登记结算机构提供的股东名册共同对股东资格的合法性进行验证，并登记股东姓名（或名称）及其所持有表决权的股份数。在会议主持人宣布现场出席会议的股东和代理人人数及所持有表决权的股份总数之前，会议登记应当终止。

第六十七条 股东大会召开时，本公司全体董事、监事和董事会秘书应当出席会议，总经理和其他高级管理人员应当列席会议。

第六十八条 股东大会由董事长主持。董事长不能履行职务或者不履行职务的，由副董事长主持；副董事长不能履行职务或者不履行职务的，由半数以上董事共同推举一名董事主持。

监事会自行召集的股东大会，由监事会主席主持。监事会主席不能履行职务或不履行职务时，由半数以上监事共同推举的一名监事主持。

股东自行召集的股东大会，由召集人推举代表主持。

召开股东大会时，会议主持人违反议事规则使股东大会无法继续进行的，经现场出席股东大会有表决权过半数的股东同意，股东大会可推举一人担任会议主持人，继续开会。

第六十九条 公司制订《股东大会议事规则》，详细规定股东大会的召开和表决程序，包括通知、登记、提案的审议、投票、计票、表决结果的宣布、会议决议的形成、会议记录及其签署等内容，以及股东大会对董事会的授权原则，授权内容应明确具体。股东大会议事规则作为本章程的附件，由董事会拟定，报股东大会批准。

第七十条 在年度股东大会上，董事会、监事会应当就其过去一年的工作向股东大会做出报告。每名独立董事也应做出述职报告。

第七十一条 董事、监事、高级管理人员在股东大会上就股东的质询和建议做出解释和说明。

第七十二条 会议主持人应当在表决前宣布现场出席会议的股东和代理人人数及所持有表决权的股份总数，现场出席会议的股东和代理人人数及所持有表决权的股份总数以会议登记为准。

第七十三条 股东大会应有会议记录，由董事会秘书负责。会议记录记载以下内容：

（一）会议时间、地点、议程和召集人姓名或名称。

（二）会议主持人以及出席或列席会议的董事、监事、总经理和其他高级管理人员姓名。

（三）出席会议的股东和代理人人数、所持有表决权的股份总数及占公司全部有表决权股份总数的比例。

（四）对每一提案的审议经过、发言要点和表决结果。

（五）股东的质询意见或建议以及相应的答复或说明。

（六）律师及计票人、监票人姓名。

（七）本章程规定应当载入会议记录的其他内容。

第七十四条 召集人应当保证会议记录内容真实、准确和完整。出席会议的董事、监事、董事会秘书、召集人或其代表、会议主持人应当在会议记录上签名。会议记录应当与现场出席股东的签名册及代理出席的委托书、网络及其他方式表决情况的有效资料一并保存，保存期限不少于10年。

第七十五条 召集人应当保证股东大会连续举行，直至形成最终决议。因发生突发事件或不可抗力等特殊原因导致股东大会中止、不能正常召开或不能作出决议的，应采取必要措施尽快恢复召开股东大会或直接终止本次股东大会，并及时公告。同时，召集人应向公司所在地中国证监会派出机构及证券交易所报告。说明原因并披露相关情况以及律师出具的专项法律意见书。

第六节　股东大会的表决和决议

第七十六条 股东大会决议分为普通决议和特别决议。

股东大会作出普通决议，应当由出席股东大会的股东（包括股东代理人）所持表决权的1/2以上通过。

股东大会作出特别决议，应当由出席股东大会的股东（包括股东代理人）所持表决权的2/3以上通过。

第七十七条 下列事项由股东大会以普通决议通过：

（一）董事会和监事会的工作报告。

（二）董事会拟定的利润分配方案和弥补亏损方案。

（三）董事会和监事会成员的任免及其报酬和支付方法。

（四）公司年度预算方案、决算方案。

（五）公司年度报告。

（六）除法律、行政法规规定或者本章程规定应当以特别决议通过以外的其他事项。

第七十八条 下列事项由股东大会以特别决议通过：

（一）公司增加或者减少注册资本。

（二）公司的分立、合并、解散和清算。

（三）本章程的修改。

（四）公司在一年内购买、出售重大资产或者担保金额超过公司最近一期经审计总资产30%的。

（五）股权激励计划。

（六）利润分配政策的调整或变更。

（七）法律、行政法规或本章程规定的，以及股东大会以普通决议认定会对公司产生重大影响的、需要以特别决议通过的其他事项。

股东大会就以下事项作出特别决议，除须经出席会议的普通股股东（含表决权恢复的优先股股东，包括股东代理人）所持表决权的2/3以上通过之外，还须经出席会议的优先股股东（不含表决权恢复的优先股股东，包括股东代理人）所持表决权的2/3以上通过：

（一）修改公司章程中与优先股相关的内容。

（二）一次或累计减少公司注册资本超过10%。

（三）公司合并、分立、解散或变更公司形式。

（四）发行优先股。

（五）法律、行政法规、部门规章及本章程规定的其他情形。

第七十九条 股东（包括股东代理人）以其所代表的有表决权的股份数额行使表决权。普通股股东所持每一股份享有一票表决权。优先股股东所持每一股份在其对本章程第三十三条第三款第二项规定的事项进行表决时享有一票表决权。优先股股东依据表决权恢复的情形行使表决权时，每股优先股表决权恢复比例＝优先股每股发行价格÷模拟转股价格（模拟转股价格为公司审议优先股发行方案的首次董事会决议公告日前二十个交易日公司股票均价）。若公司在公司审议优先股发行方案的首次董事会决议公告日至优先股全部赎回期间，发生因派送股票股利、转增股本、增发新股（不包括因公司发行的带有可转为普通股条款的融资工具转股而增加的股本）或配股等情况使公司普通股股份发生变化时，将按下述公式进行表决权恢复时模拟转股价格的调整：

送红股或转增股本：$P_1=P_0/(1+n)$

增发新股或配股：$P_1=P_0[N+Q(A/M)]/(N+Q)$

其中：P_0 为调整前有效的模拟转股价格；n 为该次送股率或转增股本率；Q 为该次增发新股或配股的数量；N 为该次增发新股或配股前公司普通股总股本数；A 为该次增发新股价或配股价；M 为增发新股或配股新增股份公告前一交易日 A 股普通股收盘价；P_1 为调整后有效的模拟转股价格。

公司出现上述普通股股份变化的情况时，将对表决权恢复时的模拟转股价格进行相应的调整，并按照规定进行相应信息披露。当公司发生普通股股份回购、公司合并、分立或任何其他情形使公司股份及股东权益发生变化从而可能影响优先股股东的权益时，公司将按照公平、公正、公允的原则，充分保护及平衡优先股股东和普通股股东权益的原则，视具体情况调整表决权恢复时的模拟转股价格，有关表决权恢复时的模拟转股价格调整内容及操作办法将依据国家有关法律法规制订。

优先股表决权恢复时的模拟转股价格不因公司派发普通股现金股利的行为而进行调整。

股东大会审议影响中小投资者利益的重大事项时，对中小投资者表决应当单独计票。单独计票结果应当及时公开披露。

公司持有的本公司股份没有表决权，且该部分股份不计入出席股东大会有表决权的股份总数。

董事会、独立董事和符合相关规定条件的股东可以征集股东投票权。

征集股东投票权应当向被征集人充分披露具体投票意向等信息。禁止以有偿或者变相有偿的方式征集股东投票权。公司不得对征集投票权提出最低持股比例限制。

第八十条 股东大会审议有关关联交易事项时，关联股东不应当参与投票表决，其所代表的有表决权的股份数不计入有效表决总数；股东大会决议的公告应当充分披露非关联股东的表决情况。

第八十一条 公司应在保证股东大会合法、有效的前提下，通过各种方式和途径，优先提供网络形式的投票平台等现代信息技术手段，为股东参加股东大会提供便利。

公司就发行优先股事项召开股东大会的，应当提供网络投票，并可以通过中国证监会认可的其他方式为股东参加股东大会提供便利。

第八十二条 除公司处于危机等特殊情况外，非经股东大会以特别决议批准，公司将不与董事、总经理和其他高级管理人员以外的人订立将公司全部或者重要业务的管理交予该人负责的合同。

第八十三条 董事、监事候选人名单以提案的方式提请股东大会表决。

股东大会就选举董事、监事进行表决时，根据本章程的规定或者股东大会的决议，可以实行累积投票制。

前款所称累积投票制是指股东大会选举董事或者监事时，每一股份拥有与应选董事或者监事人数相同的表决权，股东拥有的表决权可以集中使用。董事会应当向股东公告候选董事、监事的简历和基本情况。

第八十四条 除累积投票制外，股东大会应对所有提案进行逐项表决，对同一事项有不同提案的，应按提案提出的时间顺序进行表决。除因不可抗力等特殊原因导致股东大会中止或不能作出决议外，股东大会不得对提案进行搁置或不予表决。

第八十五条 股东大会审议提案时，不得对提案进行修改，否则，有关变更应当被视为一个新的提案，不能在本次股东大会上进行表决。

第八十六条 同一表决权只能选择现场、网络或其他表决方式中的一种。同一表决权出现重复表决的以第一次投票结果为准。

第八十七条 股东大会采取记名方式投票表决。

第八十八条 股东大会对提案进行表决前，应当推举两名股东代表参加计票和监票。审议事项与股东有利害关系的，相关股东及代理人不得参加计票、监票。

股东大会对提案进行表决时，应当由律师、股东代表与监事代表共同负责计票、监票，并当场公布表决结果，决议的表决结果载入会议记录。

通过网络或其他方式投票的公司股东或其代理人，有权通过相应的投票系统查验自己的投票结果。

第八十九条 股东大会现场结束时间不得早于网络或其他方式，会议主持人应当宣布每一提案的表决情况和结果，并根据表决结果宣布提案是否通过。

在正式公布表决结果前，股东大会现场、网络及其他表决方式中所涉及的公司、计票人、监票人、主要股东、网络服务方等相关各方对表决情况均负有保密义务。

第九十条 出席股东大会的股东，应当对提交表决的提案发表以下意见之一：同意、反对或弃权。证券登记结算机构作为沪港通股票的名义持有人，按照实际持有人意思表示进行申报的除外。

未填、错填、字迹无法辨认的表决票、未投的表决票均视为投票人放弃表决权利，其所持股份数的表决结果应计为“弃权”。

第九十一条 会议主持人如果对提交表决的决议结果有任何怀疑，可以对所投票数组织点票；如果会议主持人未进行点票，出席会议的股东或者股东代理人对会议主持人宣布结果有异议的，有权在宣布表决结果后立即要求点票，会议主持人应当立即组织点票。

第九十二条 股东大会决议应当及时公告，公告中应列明出席会议的股东和代理人人数、所持有表决权的股份总数及占公司有表决权股份总数的比例、表决方式、每项提案的表决结果和通过的各项决议的详细内容。

第九十三条 提案未获通过，或者本次股东大会变更前次股东大会决议的，应当在股东大会决议公告中作特别提示。

第九十四条 股东大会通过有关董事、监事选举提案的，新任董事、监事在股东大会结束后立即就任。

新一届董事会中的职工代表董事、新一届监事会中的职工代表监事的民主选举产生之日若早于新一届董事会、新一届监事会产生之日，该职工代表董事、职工代表监事的就任时间为新一届董事会、新一届监事会产生之日；除此之外，职工代表董事、职工代表监事的就任时间为其民主选举产生之日。

第九十五条 股东大会通过有关派现、送股或资本公积转增股本提案的，公司将在股东大会结束后2个月内实施具体方案。

第五章 党　委

第九十六条 公司设立党委。党委设书记1名，其他党委成员若干名。董事长、党委书记原则上由一人担任，设立主抓企业党建工作的专职副书记。符合条件的党委成员可以通过法定程序进入董事会、监事会、经理层，董事会、监事会、经理层成员中符合条件的党员可以依照有关规定和程序进入党委。同时，按规定设立纪委。

第九十七条 公司党委根据《中国共产党章程》等党内法规履行职责：

（一）保证监督党和国家方针政策在公司的贯彻执行，落实党中央、国务院重大战略决策，国资委党委以及上级党组织有关重要工作部署。

（二）坚持党管干部原则与董事会依法选择经营管理者以及经营管理者依法行使用人权相结合。党委对董事会或总经理提名的人选进行酝酿并提出意见建议，或者向董事会、总经理推荐提名人选；会同董事会对拟任人选进行考察，集体研究提出意见建议。

（三）研究讨论公司改革发展稳定、重大经营管理事项和涉及职工切身利益的重大问题，并提出意见建议。

（四）承担全面从严治党主体责任。领导公司思想政治工作、统战工作、精神文明建设、企业文化建设和工会、共青团等群团工作。领导党风廉政建设，支持纪委切实履行监督责任。

第六章 董 事 会

第一节 董　事

第九十八条 公司董事为自然人，有下列情形之一的，不能担任公司的董事：

（一）无民事行为能力或者限制民事行为能力。

（二）因贪污、贿赂、侵占财产、挪用财产或者破坏社会主义市场经济秩序，被判处刑罚，执行期满未逾5年，或者因犯罪被剥夺政治权利，执行期满未逾5年。

（三）担任破产清算的公司、企业的董事或者厂长、经理，对该公司、企业的破产负有个人责任的，自该公司、企业破产清算完结之日起未逾3年。

（四）担任因违法被吊销营业执照、责令关闭的公司、企业的法定代表人，并负有个人责任的，自该公司、企业被吊销营业执照之日起未逾3年。

（五）个人所负数额较大的债务到期未清偿。

（六）被中国证监会处以证券市场禁入处罚，期限未满的。

（七）法律、行政法规或部门规章规定的其他内容。

违反本条规定选举、委派或者聘任董事的，该选举、委派或者聘任无效。董事在任职期间出现本条情形的，公司解除其职务。

第九十九条 董事由股东大会选举或更换，任期三年。董事任期届满，可连选连任。董事在任期届满以前，股东大会不能无故解除其职务。

董事任期从就任之日起计算，至本届董事会任期届满时为止。董事任期届满未及时改选，在改选出的董事就任前，原董事仍应当依照法律、行政法规、部门规章和本章程的规定，履行董事职务。

董事可以由总经理或者其他高级管理人员兼任，但兼任总经理或者其他高级管理人员职务的董事以及由职工代表担任的董事，总计不得超过公司董事总数的1/2。

第一百条 董事应当遵守法律、行政法规和本章程，对公司负有下列忠实义务：

（一）不得利用职权收受贿赂或者其他非法收入，不得侵占公司的财产。

（二）不得挪用公司资金。

（三）不得将公司资产或者资金以其个人名义或者其他个人名义开立账户存储。

（四）不得违反本章程的规定，未经股东大会或董事会同意，将公司资金借贷给他人或者以公司财产为他人提供担保。

（五）不得违反本章程的规定或未经股东大会同意，与本公司订立合同或者进行交易。

（六）未经股东大会同意，不得利用职务便利，为自己或他人谋取本应属于公司的商业机会，自营或者为他人经营与本公司同类的业务。

（七）不得接受与公司交易的佣金归为己有。

（八）不得擅自披露公司秘密。

（九）不得利用其关联关系损害公司利益。

（十）法律、行政法规、部门规章及本章程规定的其他忠实义务。

董事违反本条规定所得的收入，应当归公司所有；给公司造成损失的，应当承担赔偿责任。

第一百零一条 董事应当遵守法律、行政法规和本章程，对公司负有下列勤勉义务：

（一）应谨慎、认真、勤勉地行使公司赋予的权利，以保证公司的商业行为符合国家法律、行政法规以及国家各项经济政策的要求，商业活动不超过营业执照规定的业务范围。

（二）应公平对待所有股东。

（三）及时了解公司业务经营管理状况。

（四）应当对公司定期报告签署书面确认意见。保证公司所披露的信息真实、准确、完整。

（五）应当如实向监事会提供有关情况和资料，不得妨碍监事会或者监事行使职权。

（六）法律、行政法规、部门规章及本章程规定的其他勤勉义务。

第一百零二条 董事连续两次未能亲自出席，也不委托其他董事出席董事会会议，视为不能履行职责，董事会应当建议股东大会予以撤换。

第一百零三条 董事可以在任期届满以前提出辞职。董事辞职应向董事会提交书面辞职报告。董事会将在2日内披露有关情况。

如因董事的辞职导致公司董事会低于法定最低人数时，在改选出的董事就任前，原董事仍应当依照法律、行政法规、部门规章和本章程规定，履行董事职务。

除前款所列情形外，董事辞职自辞职报告送达董事会时生效。

第一百零四条 董事辞职生效或者任期届满，应向董事会办妥所有移交手续，其对公司和股东承担的忠实义务，在任期结束后并不当然解除，在本章程规定的合理期限内仍然有效。

董事对公司商业秘密保密的义务在其任职结束后仍然有效，直至该秘密成为公开信息；其他义务的持续期间应当根据公平的原则决定，视事件发生与离任之间时间的长短，以及与公司的关系在何种情况和条件下结束而定。

第一百零五条 未经本章程规定或者董事会的合法授权，任何董事不得以个人名义代表公司或者董事会行事。董事以其个人名义行事时，在第三方会合理地认为该董事在代表公司或者董事会行事的情况下，该董事应当事先声明其立场和身份。

第一百零六条 董事执行公司职务时违反法律、行政法规、部门规章或本章程的规定，给公司造成损失的，应当承担赔偿责任。

第一百零七条 公司董事会成员中应当至少包括1/3以上独立董事。

独立董事应按照法律、行政法规及部门规章的有关规定执行。

第二节 董 事 会

第一百零八条 公司设董事会，对股东大会负责。

第一百零九条 董事会由9名董事组成，设董事长1人，副董事长1人，职工代表董事1名。董事会中除职工代表董事以外的董事，由股东大会选举产生；职工代表董事由公司通过职工代表大会、职工大会或者其他形式民主选举产生，直接进入董事会。

第一百一十条 董事会决定公司重大问题，应事先听取公司党委的意见。董事会行使下列职权：

（一）召集股东大会，并向股东大会报告工作。

（二）执行股东大会的决议。

（三）决定公司的经营计划和投资方案。

（四）制订公司的投资计划。

（五）制订公司的年度财务预算方案、决算方案。

（六）制订公司的利润分配方案和弥补亏损方案。

（七）制订公司增加或者减少注册资本、发行债券方案或其他证券及上市方案。

（八）拟订公司重大收购、收购本公司股票或者合并、分立、解散及变更公司形式的方案。

（九）在股东大会授权范围内，决定公司对外投资、收购出售资产、资产抵押、对外担保事项、委托理财、关联交易等事项。

（十）决定公司内部管理机构的设置。

（十一）聘任或者解聘公司总经理、副总经理、总会计师、董事会秘书及其他高级管理人员，并决定其报酬事项和奖惩事项。

（十二）制订公司的基本管理制度。

（十三）制订本章程的修改方案。

（十四）制订公司的股权激励计划方案。

（十五）管理公司信息披露事项。

（十六）向股东大会提请聘请或更换为公司审计的会计师事务所。

（十七）听取公司总经理的工作汇报，并检查总经理的工作。

（十八）决定公司二级全资、控股子公司的设置及重组。

（十九）决定公司的工资水平和福利奖惩方案。

（二十）监督公司内部的风险管理体系，包括风险评估、财务控制、内部审计、法律风险控制等内部控制制度的建立和实施情况。

（二十一）决定董事会专门委员会的设置，聘任或者解聘董事会各专门委员会主任及组成成员。

（二十二）根据股东大会的授权，在股东大会审议通过的框架和原则的情况下，按照优先股发行方案的约定，宣派、调整和支付优先股的股息。

（二十三）法律、行政法规、部门规章或股东大会授予的其他职权。

董事会作出前款决议事项，除第（七）、第（八）、第（十三）项必须经全体董事的三分之二以上表决同意，第（九）项规定的由股东大会授权董事会审议通过的对外担保必须经全体董事过半数且经出席董事会三分之二以上的董事表决同意外，其余应经全体董事过半数表决同意。

董事会应对其决策项目的落实情况发挥指导、检查及监督作用，同时公司经理层定期向董事会报告决策事项的执行情况及效果。

第一百一十一条 公司董事会应当就注册会计师对公司财务报告出具的非标准审计意见向股东大会做出说明。

第一百一十二条 董事会制定《董事会议事规则》，以确保董事会落实股东大会决议，提高工作效率，确保科学决策。《董事会议事规则》需经股东大会批准，为本章程的附件。

第一百一十三条 股东大会授权董事会决定公司下列对外投资、委托理财、收购出售资产、资产抵押、对外担保、关联交易等事项。具体如下：

（一）单项交易金额占公司最近一期经审计净资产5%以上且50%以下的对外投资事项。

（二）单笔发生额在10亿元人民币以上且30亿元人民币以下的委托理财事项。

（三）单项交易金额占公司最近一期经审计净资产5%以上且连续12个月内累计计算金额不超过公司最近一期经审计净资产50%的购买资产、出售资产、置换资产事项。

（四）单项交易涉及的资产额（同时存在账面值与评估值的，以较高者为准）占公司最近一期经审计净资产5%以上且10%以下的资产抵押事项。

（五）单项交易金额占公司最近一期经审计净资产15%以上且连续12个月内累计计算金额不超过公司最近一期经审计净资产50%的竞拍购置土地事项。

（六）审议公司对外担保事项，并决定除股东大会审议批准以外的对外担保事项。

（七）公司与关联人发生的金额占公司最近一期经审计净资产的比例在0.5%以上且不足5%的关联交易。

（八）单笔金额超过1亿美元或等值外币（含）且连续12个月内累计金额超过5亿美元或等值外币（含）的远期结汇、购汇业务。

（九）公司年度对外捐赠或赞助预算。

上述事项在董事会审议之前均需经公司总经理办公会议研究通过。

对于上述第（一）项至第（五）项的事项，董事会可根据实际情况通过董事会决议的形式授权由董事长或公司下属各级全资、控股子公司决定。

第一百一十四条 董事会设董事长1人，副董事长1人，由董事会以全体董事的过半数选举产生。

第一百一十五条 董事长行使下列职权：

（一）主持股东大会和召集、主持董事会会议。

（二）督促、检查董事会决议的执行。

（三）签署公司发行的股票、公司证券及其他有价证券。

（四）签署董事会重要文件和应由公司法定代表人签署的其他文件，行使法定代表人的职权。

（五）在发生特大自然灾害等不可抗力的紧急情况下，对公司事务行使符合法律规定和公司利益的特别处置权，并在事后向董事会和股东大会报告。

（六）组织制订董事会运作的各项制度，协调董事会的运作。

（七）提名公司董事会秘书人选名单。

（八）以不同形式定期或不定期听取公司的工作汇报，对董事会决议的执行提出指导性意见。

（九）法律法规或公司章程规定以及董事会授予的其他职权。

第一百一十六条 董事长有权决定下列对外投资、收购出售资产、资产抵押、委托理财及有关经营事项：

（一）单项交易金额不超过公司最近一期经审计净资产5%的对外投资事项。

（二）单笔发生额不超过10亿元人民币的委托理财事项。

（三）单项交易金额不超过公司最近一期经审计净资产5%的购买资产、出售资产、置换资产事项。

（四）单项交易涉及的资产额（同时存在账面值与评估值的，以较高者为准）不超过公司最近一期经审计净资产5%的资产抵押事项。

（五）单项交易金额占公司最近一期经审计净资产15%以下且在年度土地储备投资计划以内的竞拍购置土地事项。

（六）以公司名义投标的国际承包项目中按外方要求需要提交和签署的相关文件及事项。

（七）单笔金额不超过1亿美元或等值外币（含）且连续12个月内累计金额不超过5亿美元或等值外币（含）的远期结汇、购汇业务。

上述事项在董事长行使决策权前，需经总经理办公会议研究通过。

对于上述第（一）项至第（五）项的事项，董事长可根据实际情况或由总经理提议，通过董事长决定的形式授权由公司下属各级全资、控股子公司决定。

对上述授权董事长决策事项范围内涉及公司非主营业务的投资项目，须经公司经理层研究通过后，专题报送董事会进行审议。

每一年度董事长要对行使上述事项的决策权的情况和效果以及董事会通过决议形式授权董事长行使决策权的情况和效果作专题书面报告。

第一百一十七条 公司副董事长协助董事长工作，董事长不能履行职务或者不履行职务的，由副董事长履行职务；副董事长不能履行职务或者不履行职务的，由半数以上董事共同推举一名董事履行职务。

第一百一十八条 董事会每年至少召开三次会议，由董事长召集，于会议召开10日以前书面通知全体董事和监事。

第一百一十九条 董事长、代表1/10以上表决权的股东、1/3以上董事、监事会可以提议召开董事会临时会议。董事长应当自决定或接到提议后10日内，召集和主持董事会临时会议。

第一百二十条 董事会召开临时董事会会议的通知方式为：书面通知（包括但不限于电子邮件等），包括专人送达、特快专递及经确认收到的传真、电子信息等。通知时限为：会议召开前5日应送达各董事和监事。事关公司重大利益的紧急会议，可不受此通知时限的限制。

第一百二十一条 董事会会议通知包括以下内容：

（一）会议日期和地点。

（二）会议期限。

（三）事由及议题。

（四）发出通知的日期。

第一百二十二条 董事会会议应有过半数的董事出席方可举行。董事会作出决议，必须经全体董事的过半数通过。

董事会决议的表决，实行一人一票。

第一百二十三条 董事与董事会会议决议事项所涉及的企业有关联关系的，不得对该项决议行使表决权，也不得代理其他董事行使表决权。该董事会会议由过半数的无关联关系董事出席即可举行，董事会会议所作决议须经无关联关系董事过半数通过。出席董事会的无关联董事人数不足3人的，应将该事项提交股东大会审议。

第一百二十四条 董事会决议表决方式为：书面表决方式。

董事会临时会议在保障董事充分表达意见的前提下，可以用传真方式、电子邮件等通信方式进行并作出决议，由参会董事签字。

第一百二十五条 董事会会议，应由董事本人出席；董事因故不能出席，可以书面委托其他董事代为出席，委托书中应载明代理人的姓名，代理事项、授权范围和有效期限，并由委托人签名或盖章。代为出席会议的董事应当在授权范围内行使董事的权利。董事未出席董事会会议，亦未委托代表出席的，视为放弃在该次会议上的投票权。

第一百二十六条 董事会应当对会议所议事项的决定做成会议记录，出席会议的董事、董事会秘书、记录员应当在会议记录上签名。在会议表决中曾表明异议的董事，有权要求在该会议记录中做出其在表决过程中表明异议的记载，应当在会议记录上签名。

董事会会议记录作为公司档案保存，保存期限不少于10年。

第一百二十七条 董事会会议记录包括以下内容：

（一）会议召开的日期、地点和召集人姓名。

（二）出席董事的姓名以及受他人委托出席董事会的董事（代理人）姓名。

（三）会议议程。

（四）董事发言要点。

（五）每一决议事项的表决方式和结果（表决结果应载明赞成、反对或弃权的票数）。

第三节　董事会专门委员会

第一百二十八条　董事会设专门委员会，为董事会重大决策提供咨询、建议。公司董事会设立战略委员会、审计与风险管理委员会、人事薪酬与考核委员会。各专门委员会对董事会负责。

董事会就各专门委员会的职责、议事程序等另行制定董事会专门委员会议事规则。

第一百二十九条　董事会战略委员会的主要职责为：

（一）对公司中长期发展战略规划、总体规划进行研究并提出建议。

（二）对公司的产业结构调整、重大资产、业务重组方案进行研究并提出建议。

（三）对本章程规定须经董事会批准的投资、融资计划进行研究并提出建议。

（四）对本章程规定须经董事会批准的重大资本运作、重大对外投资、资产经营项目进行研究并提出建议。

（五）对以上事项的实施情况进行检查、评价，并适时提出调整建议。

（六）董事会授予的其他职权。

第一百三十条　董事会审计与风险管理委员会的主要职责为：

（一）监督及评估外部审计机构工作。

（二）指导内部审计工作。

（三）审阅公司的财务报告并对其发表意见。

（四）履行公司关联交易控制的职责。

（五）评估内部控制的有效性。

（六）协调管理层、内部审计部门及相关部门与外部审计机构的沟通。

（七）董事会授权的其他事宜及相关法律法规中涉及的其他事项。

第一百三十一条　董事会人事薪酬与考核委员会的主要职责为：

（一）拟订公司董事、总经理及其他高级管理人员的选择标准、程序及方法，提交董事会审议。

（二）听取和审议董事候选人和总经理人选及其他高级管理人员人选的考察情况并提出意见，并向董事会提出推荐意见。

（三）对全资子公司、控股子公司、参股子公司股东代表和董事、监事等的候选人提出建议，并向董事会提出推荐意见。

（四）广泛征集合格的董事、总经理及其他高级管理人员的人选。

（五）研究制定公司董事及高级管理人员的履职考核标准，对公司非独立董事及高级管理人员履职情况进行年度考核，并向董事会提出建议。

（六）审查公司董事、高级管理人员、员工的薪酬政策与方案，并监督其执行情况，并向董事会提出建议。

（七）研究公司激励约束机制，包括但不限于：

1. 审查长期激励基金使用和分配计划，并核查其使用情况。

2. 审查股权激励计划及其实施情况。

3. 安排激励股份解除锁定相关事宜并组织实施。

（八）董事会授权办理的其他事宜。

（九）监督公司内设部门、分支机构及子公司负责人的绩效考核及薪酬水平评估。

（十）确保任何董事或其任何联系人不得自行制定薪酬。

（十一）董事会交办的其他工作。

如有必要，人事薪酬与考核委员会可以聘请外部专家或中介机构为其提供专业咨询服务。

第七章　总经理及其他高级管理人员

第一百三十二条　公司设总经理1名，副总经理若干名，总会计师、董事会秘书等，由董事会聘任或解聘。

总经理、副总经理、总会计师、董事会秘书以及其他由董事会明确聘任为公司高级管理人员的人员，为公司高级管理人员。

第一百三十三条　本章程第九十八条关于不得担任董事的情形、同时适用于高级管理人员。

本章程第一百条关于董事的忠实义务和第一百零一条（四）至（六）关于勤勉义务的规定，同时适用于高级管理人员。

第一百三十四条　在公司控股股东、实际控制人单位担任除董事以外其他职务的人员，不得担任公司的高级管理人员。

第一百三十五条　总经理每届任期三年，总经理连聘可以连任。

第一百三十六条　总经理对董事会负责，行使下列职权：

（一）主持公司的生产经营管理工作，组织实施董事会决议，并向董事会报告工作。

（二）组织实施董事会制定的年度经营计划、投资方案和计划、融资计划和委托理财方案。

（三）根据董事会的指示，拟订公司年度财务预算方案、决算方案。

（四）拟订公司二级全资、控股子公司合并、分立、重组、成立等方案。

（五）拟订公司内部管理机构设置方案。

（六）拟订公司分支机构设置方案。

（七）拟订公司的基本管理制度。

（八）制定公司的具体规章。

（九）提请董事会聘任或者解聘除董事会秘书以外的公司其他高级管理人员。

（十）聘任或者解聘除应由董事会决定聘任或者解聘以外的其他人员。

（十一）拟订公司员工的工资、福利、奖惩方案。

（十二）本章程或董事会授予的其他职权。

总经理列席董事会会议。

第一百三十七条 总经理应制订总经理工作细则，报董事会批准后实施。

第一百三十八条 总经理工作细则包括下列内容：

（一）总经理会议召开的条件、程序和参加的人员。

（二）总经理及其他高级管理人员授权规则及各自具体的职责及其分工。

（三）公司资金、资产运用，签订重大合同的权限，以及向董事会、监事会的报告制度。

（四）董事会认为必要的其他事项。

第一百三十九条 总经理可以在任期届满以前提出辞职。有关总经理辞职的具体程序和办法由总经理与公司之间的劳务合同规定。

第一百四十条 其他高级管理人员协助总经理工作，并可根据总经理的委托行使职权。

第一百四十一条 公司设董事会秘书一名，负责公司股东大会和董事会会议的筹备、文件保管以及公司股东资料管理，办理信息披露等事宜。董事会秘书为公司的高级管理人员，由董事长提名，董事会聘任或解聘。

董事会秘书应遵守法律、行政法规、部门规章及本章程的有关规定。

第一百四十二条 高级管理人员执行公司职务时违反法律、行政法规、部门规章或本章程的规定，给公司造成损失的，应当承担赔偿责任。

第八章 监 事 会

第一节 监 事

第一百四十三条 本章程第九十八条关于不得担任董事的情形，同时适用于监事。

董事、总经理和其他高级管理人员不得兼任监事。

第一百四十四条 监事应当遵守法律、行政法规和本章程，对公司负有忠实义务和勤勉义务，不得利用职权收受贿赂或者其他非法收入，不得侵占公司的财产。

第一百四十五条 监事的任期每届为三年。监事任期届满，连选可以连任。

第一百四十六条 监事任期届满未及时改选，或者监事在任期内辞职导致监事会成员低于法定人数的，在改选出的监事就任前，原监事仍应当依照法律、行政法规和本章程的规定，履行监事职务。

第一百四十七条 监事应当保证公司披露的信息真实、准确、完整。

第一百四十八条 监事可以列席董事会会议，并对董事会决议事项提出质询或者建议。

第一百四十九条 监事不得利用其关联关系损害公司利益，若给公司造成损失的，应当承担赔偿责任。

第一百五十条 监事执行公司职务时违反法律、行政法规、部门规章或本章程的规定，给公司造成损失的，应当承担赔偿责任。

第二节 监 事 会

第一百五十一条 公司设监事会，由5名监事组成，包括股东代表和适当比例的公司职工代表，其中股东代表监事为3人，由公司股东大会选举产生；职工代表监事为2人，由公司职工通过职工代表大会、职工大会或者其他形式民主选举产生。

监事会设主席1人，由全体监事过半数选举产生。监事会主席召集和主持监事会会议；监事会主席不能履行职务或者不履行职务的，由半数以上监事共同推举一名监事召集和主持监事会会议。

第一百五十二条 监事会对公司股东大会负责，行使下列职权：

（一）应当对董事会编制的公司定期报告进行审核并提出书面审核意见。

（二）检查公司财务。

（三）对董事、高级管理人员执行公司职务的行为进行监督，对违反法律、行政法规、本章程或者股东大会决议的董事、高级管理人员提出罢免的建议。

（四）当董事、高级管理人员的行为损害公司的利益时，要求董事、高级管理人员予以纠正。

（五）提议召开临时股东大会，在董事会不履行《公司法》规定的召集和主持股东大会职责时召集和主持股东大会。

（六）向股东大会提出提案。

（七）提议召开董事会临时会议。

（八）依照《公司法》第一百五十二条的规定，对董事、高级管理人员提起诉讼。

（九）发现公司经营情况异常，可以进行调查；必要时，可以聘请会计师事务所、律师事务所等专业机构协助其工作，费用由公司承担。

第一百五十三条 监事会每6个月至少召开一次会议。监事可以提议召开临时监事会会议。

监事会决议应当经半数以上监事通过。

第一百五十四条 监事会制定监事会议事规则，明确监事会的议事方式和表决程序，以确保监事会的工作效率和科学决策。

监事会议事规则由监事会拟订，报股东大会批准，作为本章程的附件。

第一百五十五条 监事会应当将所议事项的决定做成会议记录，出席会议的监事应当在会议记录上签名。

监事有权要求在记录上对其在会议上的发言做出某种说明性记载。监事会会议记录作为公司档案至少保存10年。

第一百五十六条 监事会会议通知包括以下内容：

（一）举行会议的日期、地点和会议期限。

（二）事由及议题。

（三）发出通知的日期。

第九章 财务会计制度、利润分配和审计

第一节 财务会计制度

第一百五十七条 公司依照法律、行政法规和国家有关部门的规定，制定公司的财务会计制度。

第一百五十八条 公司应当在每一会计年度终了时编制财务会计报告，并依法经会计师事务所审计。

财务会计报告应当依照法律、行政法规和国务院财政部门的规定制作。

公司在每一会计年度结束之日起4个月内向中国证监会和上海证券交易所报送年度财务会计报告，在每一会计年度前6个月结束之日起2个月内向中国证监会派出机构和上海证券交易所报送半年度财务会计报告，在每一会计年度前3个月和前9个月结束之日起的1个月内向中国证监会派出机构和上海证券交易所报送季度财务会计报告。

第一百五十九条 公司的年度财务会计报告应在召开年度股东大会的二十日以前置备于公司供股东查阅。

第一百六十条 公司除法定的会计账簿外，将不另立会计账簿。公司的资产，不以任何个人名义开立账户存储。

第一百六十一条 公司分配当年税后利润时，应当提取税后利润的10%列入公司法定公积金。公司法定公积金累计额为公司注册资本的50%以上的，可以不再提取。

公司的法定公积金不足以弥补以前年度亏损的，在依照前款规定提取法定公积金之前，应当先用当年利润弥补亏损。

公司从税后利润中提取法定公积金后，经股东大会决议，还可以从税后利润中提取任意公积金。

公司弥补亏损和提取公积金后所余税后利润，按照股东持有的股份比例分配，但本章程规定不按持股比例分配的除外。

股东大会违反前款规定，在公司弥补亏损和提取法定公积金之前向股东分配利润的，股东必须将违反规定分配的利润退还公司。

公司持有的本公司股份不参与分配利润。

第一百六十二条 公司的公积金用于弥补公司的亏损、扩大公司生产经营或者转为增加公司资本。但是，资本公积金将不用于弥补公司的亏损。

法定公积金转为资本时，所留存的该项公积金将不少于转增前公司注册资本的25%。

第一百六十三条 公司股东大会对利润分配方案作出决议后，公司董事会须在股东大会召开后2个月内完成股利（或股份）的派发事项。

第一百六十四条 公司利润分配政策应保持一定连续性和稳定性，同时兼顾公司的长远利益、全体股东的整体利益及公司的可持续发展。

公司可以现金分红或发放股票股利的方式（或同时采取两种方式）分配股利，公司优先采用现金分红的利润分配方式。

公司充分考虑对投资者的回报，每年按当年实现的公司合并口径报表可供分配利润的一定比例向股东分配股利。

不同次发行的优先股在股息分配上具有相同的优先顺序。优先股股东分配股息的顺序在普通股股东之前，在确保完全派发优先股约定的股息前，公司不得向普通股股东分配利润。公司应当以现金的形式向优先股股东支付股息。

第一百六十五条 公司发行的优先股采用附单次跳息安排的固定股息率，具体计算方法如下：第1～5个计息年度优先股的票面股息率由股东大会授

权董事会结合发行时的国家政策、市场状况、公司具体情况以及投资者要求等因素，通过询价方式或监管机构认可的其他方式经公司与独立财务顾问（主承销商）按照有关规定协商确定并保持不变；自第6个计息年度起，如果公司不行使全部赎回权，每股股息率在第1～5个计息年度股息率基础上增加200个基点，第6个计息年度股息率调整之后保持不变。

票面股息率确定的具体方式和定价水平提请股东大会授权董事会，根据相关政策法规、市场利率水平、投资者需求和公司的具体情况等因素，采取合法合规的询价方式，在发行时与独立财务顾问（主承销商）协商确定。

优先股每一期发行时的票面股息率均将不高于该期优先股发行前公司最近两个会计年度的年均加权平均净资产收益率；跳息调整后的票面股息率将不高于调整前两个会计年度的年均加权平均净资产收益率；如调整时点的票面股息率已高于调整前两个会计年度的年均加权平均净资产收益率，则股息率将不予调整；如增加200个基点后的票面股息率高于调整前两个会计年度的年均加权平均净资产收益率，则调整后的票面股息率为调整前两个会计年度的年均加权平均净资产收益率。

第一百六十六条 公司股东大会有权决定优先股是否每年支付股息。股东大会授权董事会，在股东大会审议通过的框架和原则的情况下，依照发行文件的约定，宣派、调整和支付优先股的股息，宣派日为优先股付息日前的第五个交易日当天；但在全部或部分取消优先股股息支付的情况下，仍需提交股东大会审议，且该决议应在每期优先股股息宣派日前作出。

公司在依法弥补亏损、提取公积金后有可分配利润的情况下，通过执行必要的重要子公司分红政策后，可以向本次优先股股东派发股息。

除非发生强制付息事件，公司股东大会有权决定取消支付部分或全部优先股当期股息，且不构成公司违约。

强制付息事件是指计息支付日前12个月内发生以下情形之一时，公司须向优先股股东进行本期优先股股息支付：向普通股股东支付股利（包括现金、股票、现金与股票相结合及其他符合法律法规规定的方式）；减少注册资本（因股权激励计划导致需要赎回并注销股份的，或通过发行优先股赎回并注销普通股股份的除外）。

公司发行的优先股采用每年支付一次股息的方式。首个计息起始日为公司优先股发行的缴款截止日。自优先股发行的缴款截止日起每满一年为一计息年度。

每年的股息支付日为优先股发行的缴款截止日起每满一年的当日（例如，4月1日为缴款截止日，则每年4月1日为股息支付日），如该日为法定节假日或休息日，则顺延至下一个工作日，顺延期间应付股息不另计孳息。

优先股股东所获得股息收入的应付税项由优先股股东根据相关法律法规承担。

公司发行的优先股股息不累积，即在之前年度未向优先股股东足额派发股息的差额部分，不累积到下一年度。

公司发行的优先股的股东按照约定的票面股息率分配股息后，不再同普通股股东一起参加剩余利润分配。

第一百六十七条 公司采用现金、股票或者现金与股票相结合的方式分配股利。在有条件的情况下，公司可以进行中期利润分配。

公司董事会应当综合考虑所处行业特点、发展阶段、自身经营模式、盈利水平以及是否有重大资金支出安排等因素，按照本章程规定的程序，提出差异化的现金分红政策，确定现金分红在当年利润分配中所占的比重，所占比重应符合法律、法规、规范性文件及上海证券交易所的相关规定。

除特殊情况外，公司在当年盈利且累计未分配利润为正并且能满足实际派发需要的情况下，应当采取现金方式分配股利，每年以现金方式分配的利润不少于当年公司合并报表可供分配利润的10%，且任意三个连续会计年度内，公司以现金方式累计分配的利润不少于该三年实现的年均可分配利润的30%。

前款所述“特殊情况”包括以下情形：

（一）公司当年实现的合并报表可供分配利润不足以实际派发。

（二）公司有重大投资计划或重大现金支出等事项发生（募集资金项目除外）。

重大投资计划或重大现金支出包括但不限于：公司当年已经实施或未来十二个月内拟对外投资、收购资产、购买设备的累计支出达到或超过公司最近一期经审计总资产的30%。

公司在经营情况良好，并且董事会认为公司股票价格与公司股本规模不匹配、发放股票股利有利于公司全体股东整体利益时，可以在满足上述现金分红的条件下，提出股票股利分配预案。

第一百六十八条 公司的利润分配方案由公司总经理办公会提出建议后提交公司董事会、监事会审议。董事会就利润分配方案的合理性进行充分讨论，形成专项决议后提交股东大会审议。

公司根据前述第一百六十七条的规定不进行现金分红时，董事会就不进行现金分红的具体原因、公司留存收益的确切用途及预计投资收益等事项进行专项说明，经独立董事发表意见后提交股东大会审议，并在公司指定媒体上予以披露。

第一百六十九条 在发生以下情形时，公司可对利润分配政策进行调整：

（一）遇到战争、自然灾害等不可抗力。

（二）国家有关主管部门对上市公司的利润分配政策颁布新的法律法规或规范性文件。

（三）公司外部经营环境发生变化并对公司生产经营造成重大影响。

（四）公司自身经营状况发生较大变化时，需要对利润分配政策进行调整的。

（五）从保护股东权益或维护公司正常持续发展的角度出发，需要对公司利润分配政策进行调整的。

公司调整利润分配政策应由董事会做出专题论述，详细论证调整理由，形成书面论证报告并经独立董事审议后提交股东大会特别决议通过。审议利润分配政策变更事项时，公司为股东提供网络投票方式。

第一百七十条 公司应当在定期报告中详细披露利润分配政策的制定及执行情况，说明是否符合公司章程的规定或股东大会决议的要求，分红标准和比例是否明确和清晰，相关的决策程序和机制是否完备，独立董事是否尽职履责并发挥了应有的作用，中小股东是否有充分表达意见和诉求的机会，中小股东的合法权益是否得到充分维护等。对现金分红政策进行调整或变更的，还要详细说明调整或变更的条件和程序是否合规和透明等。

第二节 内部审计

第一百七十一条 公司实行内部审计制度，配备专职审计人员，对公司财务收支和经济活动进行内部审计监督。

第一百七十二条 公司内部审计制度和审计人员的职责，应当经董事会批准后实施。审计负责人向董事会负责并报告工作。

第三节 会计师事务所的聘任

第一百七十三条 公司聘用取得“从事证券相关业务资格”的会计师事务所进行会计报表审计、净资产验证及其他相关的咨询服务等业务，聘期1年，可以续聘。

第一百七十四条 公司聘用会计师事务所必须由股东大会决定，董事会不得在股东大会决定前委任会计师事务所。

第一百七十五条 公司保证向聘用的会计师事务所提供真实、完整的会计凭证、会计账簿、财务会计报告及其他会计资料，不得拒绝、隐匿、谎报。

第一百七十六条 会计师事务所的审计费用由股东大会决定。

第一百七十七条 公司解聘或者不再续聘会计师事务所时，提前30日事先通知会计师事务所，公司股东大会就解聘会计师事务所进行表决时，允许会计师事务所陈述意见。

会计师事务所提出辞聘的，应当向股东大会说明公司有无不当情形。

第十章 通知和公告

第一节 通 知

第一百七十八条 公司的通知以下列形式发出：

（一）以专人送出。

（二）以邮件方式送出。

（三）以公告方式送出。

（四）本章程规定的其他形式。

第一百七十九条 公司发出的通知，以公告方式进行的，一经公告，视为所有相关人员收到通知。

第一百八十条 公司召开股东大会、董事会和监事会的会议通知，以第一百七十八条所列方式进行。

第一百八十一条 公司通知以专人送出的，由被送达人在送达回执上签名（或盖章），被送达人签收日期为送达日期；公司通知以邮件送出的，自交付邮局之日起第5个工作日为送达日期。公司通知以传真或电子邮件或网站发布方式发出的，发出日期为送达日期；公司通知以公告方式送出的，第一次公告刊登日为送达日期。有关公告在公司网站和符合有关规定的报刊上刊登。

第一百八十二条 因意外遗漏未向某有权得到通知的人送出会议通知或者该等人没有收到会议通知，会议及会议作出的决议并不因此无效。

第二节 公 告

第一百八十三条 公司在中国证监会指定的法定信息披露媒体和上海证券交易所网站为刊登公司公告和其他需要披露信息的媒体。

第十一章 合并、分立、增资、减资、解散和清算

第一节 合并、分立、增资和减资

第一百八十四条 公司合并可以采取吸收合并或者新设合并。

一个公司吸收其他公司为吸收合并，被吸收的公司解散。两个以上公司合并设立一个新的公司为新设合并，合并各方解散。

第一百八十五条 公司合并，应当由合并各方签订合并协议，并编制资产负债表及财产清单。公司应当自作出合并决议之日起 10 日内通知债权人，并于 30 日内在符合有关规定的报纸上公告。债权人自接到通知书之日起 30 日内，未接到通知书的自公告之日起 45 日内，可以要求公司清偿债务或者提供相应的担保。

第一百八十六条 公司合并时，合并各方的债权、债务，由合并后存续的公司或者新设的公司承继。

第一百八十七条 公司分立，其财产作相应的分割。

公司分立，应当编制资产负债表及财产清单。公司应当自作出分立决议之日起 10 日内通知债权人，并于 30 日内在符合有关规定的报纸上公告。

第一百八十八条 公司分立前的债务由分立后的公司承担连带责任。但是，公司在分立前与债权人就债务清偿达成的书面协议另有约定的除外。

第一百八十九条 公司需要减少注册资本时，必须编制资产负债表及财产清单。

公司应当自作出减少注册资本决议之日起 10 日内通知债权人，并于 30 日内在符合有关规定的报纸上公告。债权人自接到通知书之日起 30 日内，未接到通知书的自公告之日起 45 日内，有权要求公司清偿债务或者提供相应的担保。

公司减资后的注册资本将不低于法定的最低限额。

第一百九十条 公司合并或者分立，登记事项发生变更的，应当依法向公司登记机关办理变更登记；公司解散的，应当依法办理公司注销登记；设立新公司的，应当依法办理公司设立登记。

公司增加或者减少注册资本，应当依法向公司登记机关办理变更登记。

第二节 解散和清算

第一百九十一条 公司因下列原因解散：

（一）本章程规定的营业期限届满或者本章程规定的其他解散事由出现。

（二）股东大会决议解散。

（三）因公司合并或者分立需要解散。

（四）依法被吊销营业执照、责令关闭或者被撤销。

（五）公司经营管理发生严重困难，继续存续会使股东利益受到重大损失，通过其他途径不能解决的，持有公司全部股东表决权 10%以上的股东，可以请求人民法院解散公司。

第一百九十二条 公司有本章程第一百九十一条第（一）项情形的，可以通过修改本章程而存续。

依照前款规定修改本章程，须经出席股东大会会议的股东所持表决权的 2/3 以上通过。

第一百九十三条 公司因本章程第一百九十一条第（一）项、第（二）项、第（四）项、第（五）项规定而解散的，应当在解散事由出现之日起 15 日内成立清算组，开始清算。清算组由董事或者股东大会确定的人员组成。逾期不成立清算组进行清算的，债权人可以申请人民法院指定有关人员组成清算组进行清算。

第一百九十四条 清算组在清算期间行使下列职权：

（一）清理公司财产，分别编制资产负债表和财产清单。

（二）通知、公告债权人。

（三）处理与清算有关的公司未了结的业务。

（四）清缴所欠税款以及清算过程中产生的税款。

（五）清理债权、债务。

（六）处理公司清偿债务后的剩余财产。

（七）代表公司参与民事诉讼活动。

第一百九十五条 清算组应当自成立之日起 10 日内通知债权人，并于 60 日内在符合有关规定的报纸上公告。债权人应当自接到通知书之日起 30 日内，未接到通知书的自公告之日起 45 日内，向清算组申报其债权。

债权人申报债权，应当说明债权的有关事项，并提供证明材料。清算组应当对债权进行登记。

在申报债权期间，清算组不得对债权人进行清偿。

第一百九十六条 清算组在清理公司财产、编制资产负债表和财产清单后，应当制定清算方案，并报股东大会或者人民法院确认。

公司财产在分别支付清算费用、职工的工资、社会保险费用和法定补偿金，缴纳所欠税款，清偿

公司债务后的剩余财产，公司按照股东持有的股份比例分配。

清算期间，公司存续，但不能开展与清算无关的经营活动。公司财产在未按前款规定清偿前，将不会分配给股东。

公司因解散、破产等原因进行清算时，公司财产在按照《公司法》和《中华人民共和国破产法》有关规定进行清偿后的剩余财产，公司按照股东持有的股份类别及比例进行分配，在向股东分配剩余财产时，应当优先向优先股股东支付票面金额与当期已决议支付但尚未支付的股息之和，剩余财产不足以全额支付的，按照优先股股东持股占全部优先股的比例分配。

公司在向优先股股东支付完毕应分配剩余财产后，方可向普通股股东分配剩余财产。

第一百九十七条 清算组在清理公司财产、编制资产负债表和财产清单后，发现公司财产不足清偿债务的，应当依法向人民法院申请宣告破产。

公司经人民法院裁定宣告破产后，清算组应当将清算事务移交给人民法院。

第一百九十八条 公司清算结束后，清算组应当制作清算报告，报股东大会或者人民法院确认，并报送公司登记机关，申请注销公司登记，公告公司终止。

第一百九十九条 清算组成员应当忠于职守，依法履行清算义务。

清算组成员不得利用职权收受贿赂或者其他非法收入，不得侵占公司财产。

清算组成员因故意或者重大过失给公司或者债权人造成损失的，应当承担赔偿责任。

第二百条 公司被依法宣告破产的，依照有关企业破产的法律实施破产清算。

第十二章　劳动管理和民主管理

第二百零一条 公司应按照法律法规及本章程的规定建立工资管理制度和劳动管理制度，有权决定处理公司内部劳动人事、工资事宜。

第二百零二条 公司实行劳动合同制度，并在劳动合同中对公司职工的聘任、录用、辞退、奖惩、工资、福利、社会保险、劳动纪律、劳动保护等予以规定。

第二百零三条 公司依照宪法和有关法律、法规、规章、政策的规定，贯彻完善职代会的各项制度，落实职代会的各项职权，依法通过职工代表大会或者其他形式，实行民主管理。公司维护职工合法权益。

第二百零四条 公司根据《中华人民共和国工会法》的规定，健全各级工会组织，为工会活动提供必要的活动条件，并向工会拨付经费，由工会按照有关规定使用。

第十三章　修 改 章 程

第二百零五条 有下列情形之一的，公司应当修改章程：

（一）《公司法》或有关法律、行政法规修改后，章程规定的事项与修改后的法律、行政法规的规定相抵触。

（二）公司的情况发生变化，与章程记载的事项不一致。

（三）股东大会决定修改章程。

第二百零六条 股东大会决议通过的章程修改事项应经主管机关审批的，须报主管机关批准；涉及公司登记事项的，依法办理变更登记。

第二百零七条 董事会依照股东大会修改章程的决议和有关主管机关的审批意见修改本章程。

第二百零八条 章程修改事项属于法律、法规要求披露的信息，按规定予以公告。

第十四章　附　　则

第二百零九条 释义

（一）控股股东，是指其持有的普通股（含表决权恢复的优先股）占公司股本总额50%以上的股东；持有股份的比例虽然不足50%，但依其持有的股份所享有的表决权已足以对股东大会的决议产生重大影响的股东。

（二）实际控制人，是指虽不是公司的股东，但通过投资关系、协议或者其他安排，能够实际支配公司行为的人。

（三）关联关系，是指公司控股股东、实际控制人、董事、监事、高级管理人员与其直接或者间接控制的企业之间的关系，以及可能导致公司利益转移的其他关系。但是，国家控股的企业之间不仅因为同受国家控股而具有关联关系。

第二百一十条 董事会可依照章程的规定，制订章程细则；章程细则不得与章程的规定相抵触。

第二百一十一条 本章程以中文书写，其他任何语种或不同版本的章程与本章程有歧义时，以在国家工商行政管理总局最近一次核准登记后的中文版章程为准。

第二百一十二条 本章程所称“以上”“以内”“以前”“以下”，都含本数；“不满”“以外”“超过”“低于”“不足”“多于”“少于”不含本数。

第二百一十三条 本章程由公司董事会负责解释。

第二百一十四条 本章程附件包括《股东大会议事规则》、《董事会议事规则》和《监事会议事规则》。

中国电力建设股份有限公司
董事会议事规则

（2017年版）

（2017年6月5日经中国电力建设股份有限公司2016年年度股东大会审议通过）

第一章 总 则

第一条 为了进一步规范中国电力建设股份有限公司（以下简称"公司"）董事会的议事方式和决策程序，促使董事和董事会有效地履行其职责，提高董事会规范运作和科学决策水平，根据《中华人民共和国公司法》《中华人民共和国证券法》《上市公司治理准则》《上海证券交易所股票上市规则》（以下简称"《上市规则》"）、《上海证券交易所上市公司董事会议事示范规则》等有关规定以及《中国电力建设股份有限公司章程》（以下简称"《公司章程》"），制订本规则。

第二条 董事会是公司的决策机构，负责经营和管理公司的法人财产，对股东大会负责，维护公司和全体股东的利益，负责公司发展目标和重大经营活动的决策。

第三条 董事会应当有认真履行国家有关法律、法规和《公司章程》规定的职责，确保公司遵守国家法律法规，公平对待全体股东，并关注利益相关者的利益。

第四条 本规则对公司全体董事、董事会秘书；列席董事会会议的监事、公司其他高级管理人员都具有同等的约束力。

第五条 董事会下设董事会办公室，负责处理董事会日常事务。

第二章 董事会组织机构及其职责

第六条 董事会由9名董事组成，设董事长1人，副董事长1人，由董事会以全体董事的过半数选举产生。

第七条 董事会决定公司重大问题，应事先听取公司党委的意见。董事会行使下列职权：

（一）召集股东大会，并向股东大会报告工作；

（二）执行股东大会的决议；

（三）决定公司的经营计划和投资方案；

（四）制订公司投资计划；

（五）制订公司的年度财务预算方案、决算方案；

（六）制订公司的利润分配方案和弥补亏损方案；

（七）制订公司增加或者减少注册资本、发行债券方案或其他证券及上市方案；

（八）拟订公司重大收购、收购本公司股票或者合并、分立、解散及变更公司形式的方案；

（九）在股东大会授权范围内，决定公司对外投资、收购出售资产、资产抵押、对外担保事项、委托理财、关联交易等事项；

（十）决定公司内部管理机构的设置；

（十一）聘任或者解聘公司总经理、副总经理、总会计师、董事会秘书及其他高级管理人员，并决定其报酬事项和奖惩事项；

（十二）制订公司的基本管理制度；

（十三）制订《公司章程》的修改方案；

（十四）制订公司的股权激励计划方案；

（十五）管理公司信息披露事项；

（十六）向股东大会提请聘请或更换为公司审计的会计师事务所；

（十七）听取公司总经理的工作汇报，并检查总经理的工作；

（十八）决定公司二级全资、控股子公司的设置及重组；

（十九）决定公司的工资水平和福利奖惩方案；

（二十）监督公司内部的风险管理体系，包括风险评估、财务控制、内部审计、法律风险控制等内部控制制度的建立和实施情况；

（二十一）决定董事会专门委员会的设置，聘任或者解聘董事会各专门委员会主任及组成成员；

（二十二）根据股东大会的授权，在股东大会审议通过的框架和原则的情况下，按照优先股发行方案的约定，宣派、调整和支付优先股的股息；

（二十三）法律、行政法规、部门规章或股东大会授予的其他职权。

董事会作出前款决议事项，除第（七）、第（八）、第（十三）项必须经全体董事的三分之二以上表决同意，第（九）项规定的由股东大会授权董事会审议通过的对外担保必须经全体董事过半数且经出席董事会三分之二以上的董事表决同意外，其余应经全体董事过半数表决同意。

董事会应对其决策项目的落实情况发挥指导、检查及监督作用，同时公司经理层定期向董事会报告决策事项的执行情况及效果。

第八条 股东大会授权董事会决定公司下列对外投资、委托理财、收购出售资产、资产抵押、对外担保、关联交易等事项。董事会有权决定的事项具体如下：

（一）单项交易金额占公司最近一期经审计净资产5%以上且50%以下的对外投资项目；

（二）单笔发生额在10亿元人民币以上且30亿元人民币以下的委托理财事项；

（三）单项交易金额占公司最近一期经审计净资产5%以上且连续12个月内累计计算金额不超过公司最近一期经审计净资产50%的购买资产、出售资产、置换资产事项；

（四）单项交易涉及的资产额（同时存在账面值与评估值的，以较高者为准）占公司最近一期经审计净资产5%以上且10%以下的资产抵押事项；

（五）单项交易金额占公司最近一期经审计净资产15%以上且连续12个月内累计计算金额不超过公司最近一期经审计净资产50%的竞拍购置土地事项；

（六）公司对外担保事项，并决定除股东大会审议批准以外的对外担保事项；

（七）公司与关联人发生的金额占公司最近一期经审计净资产的比例在0.5%以上且不足5%的关联交易；

（八）单笔金额超过1亿美元或等值外币（含）且连续12个月内累计金额超过5亿美元或等值外币（含）的远期结汇、购汇业务。

（九）公司年度对外捐赠或赞助预算。

上述事项在董事会审议之前均需先经公司总经理办公会议研究通过。

对于上述第（一）项至第（五）项的事项，董事会可根据实际情况通过董事会决议的形式授权由董事长或公司下属各级全资、控股子公司决定。

第九条 董事长行使下列职权：

（一）主持股东大会和召集、主持董事会会议；

（二）督促、检查董事会决议的执行；

（三）签署公司发行的股票、公司证券及其他有价证券；

（四）签署董事会重要文件和应由公司法定代表人签署的其他文件，行使法定代表人的职权；

（五）在发生特大自然灾害等不可抗力的紧急情况下，对公司事务行使符合法律规定和公司利益的特别处置权，并在事后向董事会和股东大会报告；

（六）组织制订董事会运作的各项制度，协调董事会的运作；

（七）提名公司董事会秘书人选名单；

（八）以不同形式定期或不定期听取公司的工作汇报，对董事会决议的执行提出指导性意见；

（九）法律法规或《公司章程》规定以及董事会授予的其他职权。

第十条 董事会授权董事长决定下列对外投资、收购出售资产、资产抵押、委托理财及有关经营事项：

（一）单项交易金额不超过公司最近一期经审计净资产5%的对外投资事项；

（二）单笔发生额不超过10亿元人民币的委托理财事项；

（三）单项交易金额不超过公司最近一期经审计净资产5%的购买资产、出售资产、置换资产事项；

（四）单项交易涉及的资产额（同时存在账面值与评估值的，以较高者为准）不超过公司最近一期经审计净资产5%的资产抵押事项；

（五）单项交易金额占公司最近一期经审计净资产15%以下且在年度土地储备投资计划以内的竞拍购置土地事项；

（六）以公司名义投标的国际承包项目中按外方要求需要提交和签署的相关文件及事项；

（七）单笔金额不超过1亿美元或等值外币（含）且连续12个月内累计金额不超过5亿美元或等值外币（含）的远期结汇、购汇业务。

上述事项在董事长行使决策权前，需经公司总经理办公会议研究通过。

对于上述第（一）项至第（五）项的事项，董事长可根据实际情况或由总经理提议，通过董事长决定的形式授权由公司下属各级全资、控股子公司决定。

对上述授权董事长决策事项范围内涉及公司非主营业务的投资项目，须经公司经理层研究通过后，专题报送董事会进行审议。

每一年度董事长要对行使上述事项的决策权的情况和效果以及董事会通过决议形式授权董事长行使决策权的情况和效果作专题书面报告。

第十一条 公司副董事长协助董事长工作，董事长不能履行职务或者不履行职务的，由副董事长履行职务；副董事长不能履行职务或者不履行职务的，由半数以上董事共同推举一名董事履行职务。

第三章 董事会会议的召开

第十二条 董事会会议分为定期会议和临时会议。

董事会每年至少召开三次定期会议。

第十三条 在发出召开董事会定期会议通知前，董事会办公室应当逐一征求各董事的意见，初步形成会议提案后交董事长拟订。

董事长在拟订提案前，应当视需要征求总经理和其他高级管理人员的意见。

第十四条 有下列情形之一的，董事会应当在接到提议后十个工作日内召开临时会议：

（一）董事长提议时；

（二）代表十分之一以上表决权的股东提议时；

（三）三分之一以上董事联名提议时；

（四）监事会提议时；

（五）二分之一以上独立董事提议时。

第十五条 按照第十三条规定提议召开董事会临时会议的，应当通过董事会办公室或者直接向董事长提交经提议人签字（盖章）的书面提议。书面提议中应当载明下列事项：

（一）提议人的姓名或者名称；

（二）提议理由或者提议所基于的客观事由；

（三）提议会议召开的时间或者时限、地点和方式；

（四）明确和具体的提案；

（五）提议人的联系方式和提议日期等。

提案内容应当属于《公司章程》规定的董事会职权范围内的事项，与提案有关的材料应当一并提交。

董事会办公室在收到上述书面提议和有关材料后，应当于当日转交董事长。

董事长认为提案内容不明确、具体或者有关材料不充分的，可以要求提议人修改或者补充。

第十六条 董事会会议由董事长召集和主持。董事长不能履行职务或者不履行职务的，由副董事长主持；副董事长不能履行职务或者不履行职务的，由半数以上董事共同推举一名董事主持。

第十七条 召开董事会定期会议和临时会议，董事会办公室应当分别提前十日和五日将盖有董事会办公室印章的会议通知，通过书面直接送达（包括挂号信以及经确认收到的传真）或电子邮件方式等提交全体董事和监事以及总经理、董事会秘书。非直接送达的，还应当通过电话或信息方式进行确认并作相应记录。

情况紧急，需要尽快召开董事会临时会议的，可以随时通过电话、电子邮件或者其他方式发出会议通知，可以不必提前五日发出通知，可以通信方式召开，但召集人应当在会议上做出说明。

第十八条 书面会议通知应当至少包括以下内容：

（一）会议的时间、地点；

（二）会议的召开方式；

（三）拟审议的事项（会议提案）；

（四）会议召集人和主持人、临时会议的提议人及其书面提议；

（五）董事表决所必需的会议材料；

（六）董事应当亲自出席或者委托其他董事代为出席会议的要求；

（七）联系人和联系方式。

口头会议通知或电子信息通知至少应包括上述第（一）、第（二）、第（三）项内容，以及情况紧急需要尽快召开董事会临时会议的说明。

第十九条 董事会定期会议的书面会议通知发出后，如果需要变更会议的时间、地点等事项或者增加、变更、取消会议提案的，应当在原定会议召开日之前三日发出书面变更通知，说明情况和新提案的有关内容及相关材料。不足三日的，会议日期应当相应顺延或者取得全体与会董事的书面认可后按原定日期召开。

董事会临时会议的会议通知发出后，如果需要变更会议的时间、地点等事项或者增加、变更、取消会议提案的，应当事先取得全体与会董事的认可并做好相应记录。

第二十条 董事会会议应当有过半数的董事出席方可举行。有关董事拒不出席或者怠于出席会议导致无法满足会议召开的最低人数要求时，董事长和董事会秘书应当及时向监管部门报告。

监事可以列席董事会会议；总经理和董事会秘书未兼任董事的，应当列席董事会会议。会议主持人认为有必要的，可以通知其他有关人员列席董事会会议。

第二十一条 董事原则上应当亲自出席董事会会议。因故不能出席会议的，应当事先审阅会议材料，形成明确的意见，书面委托其他董事代为出席。

委托书应当载明：

（一）委托人和受托人的姓名、身份证号码；

（二）委托人不能出席会议的原因；

（三）代理事项和有效期限；

（四）委托人对每项提案的简要意见；

（五）委托人的授权范围和对提案表决意向的指示；

（六）委托人和受托人的签字、日期等。

委托其他董事对定期报告代为签署书面确认意见的，应当在委托书中进行专门授权。

受托董事应当向会议主持人提交书面委托书，在会议签到簿上说明受托出席的情况。

第二十二条 委托和受托出席董事会会议应当遵循以下原则：

（一）在审议关联交易事项时，非关联董事不得委托关联董事代为出席；关联董事也不得接受非关联董事的委托；

（二）独立董事不得委托非独立董事代为出席，非独立董事也不得接受独立董事的委托；

（三）董事不得在未说明其本人对提案的个人意见和表决意向的情况下全权委托其他董事代为出席，有关董事也不得接受全权委托和授权不明确的委托；

（四）一名董事不得接受超过两名董事的委托，董事也不得委托已经接受两名其他董事委托的董事代为出席。

第二十三条 董事会会议以现场召开为原则。必要时，在保障董事充分表达意见的前提下，经召集人（主持人）、提议人同意，也可以通过视频、电话、传真或者电子邮件表决等方式召开。董事会会议也可以采取现场与其他方式同时进行的方式召开。

非以现场方式召开的，以视频显示在场的董事、在电话会议中发表意见的董事、规定期限内实际收到传真或者电子邮件等有效表决票，或者董事事后提交的曾参加会议的书面确认函等计算出席会议的董事人数。

第四章 董事会会议审议及决议程序

第二十四条 会议主持人应当逐一提请出席董事会会议的董事对各项提案发表明确的意见。

对于根据规定需要独立董事事前认可的提案，会议主持人应当在讨论有关提案前，指定一名独立董事宣读独立董事达成的书面认可意见。

董事就同一提案重复发言，发言超出提案范围，以致影响其他董事发言或者阻碍会议正常进行的，会议主持人应当及时制止。

除征得全体与会董事的一致同意外，董事会会议不得就未包括在会议通知中的提案进行表决。董事接受其他董事委托代为出席董事会会议的，不得代表其他董事对未包括在会议通知中的提案进行表决。

第二十五条 董事应当认真阅读有关会议材料，在充分了解情况的基础上独立、审慎地发表意见。

董事可以在会前向董事会办公室、会议召集人、总经理和其他高级管理人员、各专门委员会、会计师事务所和律师事务所等有关人员和机构了解决策所需要的信息，也可以在会议进行中向主持人建议请上述人员和机构代表与会解释有关情况。

第二十六条 提案经过充分讨论后，主持人应当适时提请与会董事对提案逐一分别进行表决。

会议表决实行一人一票，以记名和书面方式进行。

第二十七条 董事的表决意向分为同意、反对和弃权。与会董事应当从上述意向中选择其一，未做选择或者同时选择两个以上意向的，会议主持人应当要求有关董事重新选择，拒不选择的，视为弃权；中途离开会场不回而未做选择的，视为弃权。

第二十八条 与会董事表决完成后，证券事务代表和董事会办公室有关工作人员应当及时收集董事的表决票，交董事会秘书在一名独立董事或者监事的监督下进行统计。

现场召开会议的，会议主持人应当当场宣布统计结果；其他情况下，会议主持人应当要求董事会秘书在规定的表决时限结束后下一工作日之前，通知董事表决结果。

董事在会议主持人宣布表决结果后或者规定的表决时限结束后进行表决的，其表决情况不予统计。

第二十九条 董事会审议通过会议提案并形成相关决议，必须有超过公司全体董事人数之半数的董事对该提案投赞成票。法律、行政法规和《公司章程》规定董事会形成决议应当取得更多董事同意的，从其规定。

董事会根据《公司章程》的规定，对担保事项做出决议。除应当经全体董事的过半数通过外，还应当经出席董事会会议的三分之二以上的董事同意。

不同决议在内容和含义上出现矛盾的，以时间上后形成的决议为准。

第三十条 出现下述情形的，董事应当对有关提案回避表决：

（一）《上市规则》规定董事应当回避的情形；

（二）董事本人认为应当回避的情形；

（三）《公司章程》规定的因董事与会议提案所涉及的企业有关联关系而须回避的其他情形。

在董事回避表决的情况下，有关董事会会议由过半数的无关联关系董事出席即可举行，形成决议须经无关联关系董事过半数通过。出席会议的无关联关系董事人数不足三人的，不得对有关提案进行表决，而应当将该事项提交股东大会审议。

第三十一条 董事会应当严格按照股东大会和《公司章程》的授权行事，不得越权形成决议。

第三十二条 董事会会议需要就公司利润分配、资本公积金转增股本事项做出决议，但注册会计师尚未出具正式审计报告的，会议首先应当根据注册会计师提供的审计报告草案（除涉及利润分配、资本公积金转增股本之外的其他财务数据均已确定）做出决议，待注册会计师出具正式审计报告后，再就相关事项做出决议。

第三十三条 提案未获通过的，在有关条件和因素未发生重大变化的情况下，董事会会议在一个月内不应当再审议内容相同的提案。

第三十四条 二分之一以上的与会董事或两名以上独立董事认为提案不明确、不具体，或者因会议材料不充分等其他事由导致其无法对有关事项做出判断时，会议主持人应当要求会议对该议题进行暂缓表决。

提议暂缓表决的董事应当对提案再次提交审议应满足的条件提出明确要求。

第三十五条 董事会秘书应当安排董事会办公室工作人员对董事会会议做好记录。会议记录应当包括以下内容：

（一）会议届次和召开的时间、地点、方式；

（二）会议通知的发出情况；

（三）会议召集人和主持人；

（四）董事亲自出席和受托出席的情况；

（五）关于会议程序和召开情况的说明；

（六）会议审议的提案、每位董事对有关事项的发言要点和主要意见、对提案的表决意向；

（七）每项提案的表决方式和表决结果（说明具体的同意、反对、弃权票数）；

（八）与会董事认为应当记载的其他事项。

第三十六条 董事会会议采用现场形式的，董事会秘书应安排董事会办公室工作人员根据统计的表决结果形成会议决议。若无特殊情况，会议决议应由与会董事在会议结束之前当场签署。会议记录中应当记载董事未在会议决议上签字的情况。

第三十七条 董事会会议采用非现场形式的，董事会秘书负责组织董事会办公室在会议结束后三日内将会议记录整理完毕并形成会议决议，并将会议记录和决议送达出席会议的董事。董事应在收到会议记录和决议后在会议记录和决议上签字，并在三日内将会议记录和决议送交董事会秘书。

第三十八条 若董事对会议记录和决议有任何意见或异议，可不予签字，但应将其书面意见在三日内送交董事会秘书。必要时，董事应当及时向监管部门报告，也可以发表公开声明。

若确属董事会办公室工作人员记录错误或遗漏，记录人员应做出修改，董事应在修改后的会议记录和决议上签名。

董事既不按前两款规定进行签字确认，又不对其不同意见做出书面说明或者向监管部门报告、发表公开声明的，视作完全同意会议记录和决议的内容。

第三十九条 董事应当对董事会的决议承担责任。董事会的决议违反法律法规或者《公司章程》，致使公司遭受严重损失的，参与决议的董事对公司负赔偿责任；但经证明在表决时曾表明异议并记载于会议记录的，该董事可以免除责任。董事投弃权票并不免除董事对董事会决议应承担的责任。

如果董事不出席会议，也未委托代表、也未在会议召开之日或之前对所议事项提出书面异议的，应视作投弃权票，不免除责任。

第四十条 董事会决议公告事宜，由董事会秘书根据《上市规则》的有关规定办理。在决议公告披露之前，与会董事和会议列席人员、记录和服务人员等负有对决议内容保密的义务。

第四十一条 董事长应当督促经理层及有关人员落实董事会决议，检查决议的实施情况，并在以后的董事会会议上通报已经形成的决议的执行情况。

第四十二条 董事会秘书在董事会、董事长的领导下，应掌握董事会决议的执行进展情况，对实施中的重要问题，定期和及时向董事会和董事长报告并提出建议。

第四十三条 董事会会议档案，包括会议通知和会议材料、会议签到簿、董事代为出席的授权委托书、会议录音资料、表决票、经与会董事签字确认的会议记录、决议记录、决议公告等，由董事会秘书负责保存。

董事会会议档案的保存期限为十年以上。

第五章 董事会专门委员会

第四十四条 董事会设专门委员会，为董事会重大决策提供咨询、建议。公司董事会设立战略委员会、审计与风险委员会、人事薪酬与考核委员会。各专门委员会对董事会负责。

董事会就各专门委员会的职责、议事程序等另行制定董事会专门委员会工作规则。

第六章　董事会经费

第四十五条　公司设立董事会经费，董事会秘书负责董事会经费年度预算，经批准后列入公司年度经费开支预算，计入管理费用。

第四十六条　董事会经费用途：

（一）董事的津贴；

（二）董事会会议的费用；

（三）中介机构咨询费；

（四）以董事会名义组织的各项活动经费；

（五）董事会的其他支出。

第四十七条　董事会经费的各项支出由董事长或董事长授权董事会秘书审批。

第七章　附　　则

第四十八条　除非有特别说明，本规则所使用的术语与《公司章程》中该等术语的含义相同。

第四十九条　本规则未尽事宜或与本规则生效后颁布、修改的法律、法规、上海证券交易所股票上市规则或《公司章程》的规定相冲突的，按照法律、法规、上海证券交易所股票上市规则、《公司章程》的规定执行。

第五十条　本规则及其修订自股东大会决议通过之日起生效，并作为《公司章程》的附件。

第五十一条　本规则修改时，由董事会提出修正案，提请股东大会审议批准。

第五十二条　本规则由董事会解释。

中国电力建设股份有限公司
股东大会议事规则

（2017年版）

（2017年6月5日经中国电力建设股份有限公司
2016年年度股东大会审议通过）

第一章　总　　则

第一条　为维护中国电力建设股份有限公司（以下简称“公司”）和股东的合法权益，明确股东大会的职责和权限，保证股东大会规范、高效运作及依法行使职权，根据《中华人民共和国公司法》（以下简称“《公司法》”）、《中华人民共和国证券法》《上市公司章程指引》《上市公司股东大会规则》《上海证券交易所股票上市规则》（以下简称“《上市规则》”）等有关规定及《中国电力建设股份有限公司章程》（以下简称“《公司章程》”）的有关规定，制定本规则。

第二条　本规则适用于公司股东大会，对公司、股东、股东授权代理人、公司董事、监事、高级管理人员以及列席股东大会的其他有关人员均具有约束力。

第三条　股东大会分为年度股东大会和临时股东大会。年度股东大会每年召开一次，应当于上一会计年度结束后的6个月内举行。临时股东大会不定期召开，出现《公司法》第一百零一条规定的应当召开临时股东大会的情形时，临时股东大会应当在2个月内召开。

公司在上述期限内不能召开股东大会的，应当报告公司所在地中国证监会派出机构和上海证券交易所，说明原因并公告。

第四条　公司董事会应严格遵守《公司法》及其他法律、法规中有关股东大会召开的各项规定，切实履行职责，认真、按时组织股东大会。公司全体董事应当勤勉尽责，确保股东大会正常召开和依法行使职权。

第五条　合法有效持有公司股份的股东均有权出席或授权代理人出席股东大会，并依法及依本规则享有知情权、发言权、质询权和表决权等各项权利。

出席股东大会的股东或股东授权代理人，应当遵守有关法律法规、《公司章程》及本规则的规定，自觉维护会议秩序，不得侵犯其他股东的合法权益。

第六条 公司董事会秘书负责落实召开股东大会的各项筹备和组织工作。

第七条 公司召开股东大会，应当聘请律师对以下问题出具法律意见并公告：

（一）会议的召集、召开程序是否符合法律、法规、本规则和《公司章程》的规定；

（二）出席会议人员的资格、召集人资格是否合法有效；

（三）会议的表决程序、表决结果是否合法有效；

（四）应上市公司要求对其他有关问题出具的法律意见。

第二章 股东大会的职权

第八条 股东大会是公司的权力机构，依法行使下列职权：

（一）决定公司总体发展战略、总体中长期发展规划、总体经营方针和投资计划；

（二）选举和更换非由职工代表担任的董事、监事，决定有关董事、监事的报酬事项；

（三）审议批准董事会的报告；

（四）审议批准监事会报告；

（五）审议批准公司的年度财务预算方案、决算方案；

（六）审议批准公司的利润分配政策、利润分配方案（包括普通股股东的利润分配方案及优先股股东的利润分配方案）和弥补亏损方案；

（七）对公司增加或者减少注册资本作出决议；

（八）对发行公司债券或其他证券及上市方案作出决议；

（九）对公司合并、分立、解散、清算或者变更公司形式作出决议；

（十）修改《公司章程》；

（十一）对公司聘用、解聘会计师事务所作出决议；

（十二）审议批准本规则第九条规定的担保事项；

（十三）审议批准公司在一年内购买、出售重大资产超过公司最近一期经审计总资产 30%的事项；

（十四）审议批准变更募集资金用途事项；

（十五）审议批准股权激励计划；

（十六）审议批准法律、行政法规、部门规章或《公司章程》规定应当由股东大会决定的其他事项。

第九条 公司下列对外担保行为，须经股东大会审议通过：

（一）公司及公司控股子公司的对外担保总额，达到或超过最近一期经审计净资产的 50%以后提供的任何担保；

（二）公司的对外担保总额，达到或超过最近一期经审计总资产的 30%以后提供的任何担保；

（三）为资产负债率超过 70%的担保对象提供的担保；

（四）单笔担保额超过最近一期经审计净资产 10%的担保；

（五）按照担保金额连续 12 个月内累计计算原则，超过公司最近一期经审计净资产的 50%，且绝对金额超过 5000 万元以上；

（六）对股东、实际控制人及其关联方提供的担保；

（七）上海证券交易所或者《公司章程》规定的其他担保。

公司下属全资、控股子公司开展房地产业务的，为购房客户提供按揭担保不包含在本规则所述的对外担保范畴之内。

第十条 股东大会授权董事会决定公司下列对外投资、收购出售资产、资产抵押、对外担保、委托理财、关联交易等事项。具体如下：

（一）单项交易金额占公司最近一期经审计净资产 5%以上且 50%以下的对外投资事项；

（二）单笔发生额在 10 亿元人民币以上且 30 亿元人民币以下的委托理财事项；

（三）单项交易金额占公司最近一期经审计净资产 5%以上且连续 12 个月内累计计算金额不超过公司最近一期经审计净资产 50%的购买资产、出售资产、置换资产事项；

（四）单项交易涉及的资产额（同时存在账面值与评估值的，以较高者为准）占公司最近一期经审计净资产 5%以上且 10%以下的资产抵押事项；

（五）单项交易金额占公司最近一期经审计净资产 15%以上且连续 12 个月内累计计算金额不超过公司最近一期经审计净资产 50%的竞拍购置土地事项；

（六）审议公司对外担保事项，并决定除股东大会审议批准以外的对外担保事项；

（七）公司与关联人发生的金额占公司最近一期经审计净资产的比例在 0.5%以上且不足 5%的关联交易；

（八）单笔金额超过 1 亿美元或等值外币（含）且连续 12 个月内累计金额超过 5 亿美元或等值外币（含）的远期结汇、购汇业务；

（九）公司年度对外捐赠或赞助预算。

上市事项在董事会审议之前均需经公司总经理

办公会议研究通过。

对于上述第（一）项至第（五）项的事项，董事会可根据实际情况通过董事会决议的形式授权由董事长或公司下属各级全资、控股子公司决定。

第三章　股东大会的召集

第十一条　董事会应当在本规则第三条规定的期限内按时召集股东大会。

第十二条　独立董事有权向董事会提议召开临时股东大会。对独立董事要求召开临时股东大会的提议，董事会应当根据法律、法规和《公司章程》的规定，在收到提议后10日内提出同意或不同意召开临时股东大会的书面反馈意见。

董事会同意召开临时股东大会的，应当在做出董事会决议后的5日内发出召开股东大会的通知；董事会不同意召开临时股东大会的，应当说明理由并公告。

第十三条　监事会有权向董事会提议召开临时股东大会，并应当以书面形式向董事会提出。董事会应当根据法律、法规和《公司章程》的规定，在收到提议后10日内提出同意或不同意召开临时股东大会的书面反馈意见。

董事会同意召开临时股东大会的，应当在做出董事会决议后的5日内发出召开股东大会的通知，通知中对原提议的变更，应当征得监事会的同意。

董事会不同意召开临时股东大会，或者在收到提议后10日内未做出书面反馈的，视为董事会不能履行或者不履行召集股东大会会议职责，监事会可以自行召集和主持。

第十四条　单独或者合计持有公司10%以上股份的普通股股东（含表决权恢复的优先股股东）有权向董事会请求召开临时股东大会，并应当以书面形式向董事会提出。董事会应当根据法律、法规和《公司章程》的规定，在收到请求后10日内提出同意或不同意召开临时股东大会的书面反馈意见。

董事会同意召开临时股东大会的，应当在做出董事会决议后的5日内发出召开股东大会的通知，通知中对原请求的变更，应当征得相关股东的同意。

董事会不同意召开临时股东大会的，或者在收到请求后10日内未做出反馈的，单独或者合计持有公司10%以上股份的普通股股东（含表决权恢复的优先股股东）有权向监事会提议召开临时股东大会，并应当以书面形式向监事会提出请求。

监事会同意召开临时股东大会的，应在收到请求5日内发出召开股东大会的通知，通知中对原请求的变更，应当征得相关股东的同意。

监事会未在规定期限内发出股东大会通知的，视为监事会不召集和主持股东大会，连续90日以上单独或者合计持有公司10%以上股份的普通股股东（含表决权恢复的优先股股东）可以自行召集和主持。

第十五条　监事会或股东决定自行召集股东大会的，应当书面通知董事会，同时向公司所在地中国证监会派出机构和上海证券交易所备案。

在股东大会决议公告前，召集普通股股东（含表决权恢复的优先股股东）持股比例不得低于10%。

监事会和召集股东应在发出股东大会通知及发布股东大会决议公告时，向公司所在地中国证监会派出机构和上海证券交易所提交有关证明材料。

第十六条　对于监事会或股东自行召集的股东大会，董事会和董事会秘书应予配合。董事会应当提供股权登记日的股东名册。董事会未提供股东名册的，召集人可以持召集股东大会通知的相关公告，向证券登记结算机构申请获取。召集人所获取的股东名册不得用于除召开股东大会以外的其他用途。

第十七条　监事会或股东自行召集的股东大会，会议所必需的费用由公司承担。

第四章　股东大会的提案与通知

第十八条　提案的内容应当属于股东大会职权范围，有明确议题和具体决议事项，并且符合法律、法规和《公司章程》的有关规定。

单独或者合计持有公司3%以上股份的普通股股东（含表决权恢复的优先股股东），可以在股东大会召开10日前提出临时提案并书面提交召集人。召集人应当在收到提案后2日内发出股东大会补充通知，公告临时提案的内容。

第十九条　除第十八条规定外，召集人在发出股东大会通知后，不得修改股东大会通知中已列明的提案或增加新的提案。

股东大会通知中未列明或不符合本规则第十八条规定的提案，股东大会不得进行表决并做出决议。

第二十条　召集人应当在年度股东大会召开20日前以公告方式通知各普通股股东（含表决权恢复的优先股股东），临时股东大会应当于会议召开15日前以公告方式通知各普通股股东（含表决权恢复的优先股股东）。

第二十一条　股东大会通知和补充通知中应当充分、完整披露所有提案的具体内容，以及为使股东对拟讨论的事项做出合理判断所需的全部资料或解释。拟讨论的事项需要独立董事发表意见的，发出股东大会通知或补充通知时应当同时披露独立董事的意见及理由。

第二十二条 股东大会拟讨论董事、监事选举事项的，股东大会通知中应当充分披露董事、监事候选人的详细资料，至少包括以下内容：

（一）教育背景、工作经历、兼职等个人情况；

（二）与上市公司或其控股股东及实际控制人是否存在关联关系；

（三）披露持有上市公司股份数量；

（四）是否受过中国证监会及其他有关部门的处罚和证券交易所惩戒。

除采取累积投票制选举董事、监事外，每位董事、监事候选人应当以单项提案提出。

第二十三条 股东大会通知中应当列明会议时间、地点，并确定股权登记日。股权登记日与会议日期之间的间隔应当不多于7个工作日。股权登记日一旦确认，不得变更。

第二十四条 发出股东大会通知后，无正当理由，股东大会不得延期或取消，股东大会通知中列明的提案不得取消。一旦出现延期或取消的情形，召集人应当在原定召开日前至少2个工作日公告并说明原因。

第五章　股东大会的召开

第二十五条 公司应当在公司住所地或《公司章程》规定的地点召开股东大会。

股东大会应当设置会场，以现场会议形式召开，并应当按照法律、行政法规、中国证监会或公司章程的规定，采用安全、经济、便捷的网络和其他方式为股东参加股东大会提供便利。股东通过上述方式参加股东大会的，视为出席。

股东可以亲自出席股东大会并行使表决权，也可以委托他人代为出席和在授权范围内行使表决权。

第二十六条 个人股东亲自出席会议的，应出示本人身份证或其他能够表明其身份的有效证件或证明、股票账户卡；委托代理人出席会议的，代理人应出示本人有效身份证件、授权委托书。

法人股东应由法定代表人或者法定代表人委托的代理人出席会议。法定代表人出席会议的，应出示本人身份证、能证明其具有法定代表人资格的有效证明；委托代理人出席会议的，代理人应出示本人身份证、法人股东单位的法定代表人依法出具的授权委托书。

第二十七条 股东应当以书面形式委托代理人。股东出具的委托他人出席股东大会的授权委托书应当载明下列内容：

（一）代理人的姓名；

（二）是否具有表决权；

（三）分别对列入股东大会议程的每一审议事项投同意、反对或弃权票的指示；

（四）委托书签发日期和有效期限；

（五）委托人签名。委托人为法人股东的，应当加盖法人印章并由法定代表人签署；

（六）列明股东代理人所代表的委托人的股份数额；

第二十八条 任何由公司董事会发给股东用于任命股东代理人的授权委托书的格式，应当让股东自由选择指示股东代理人投同意票或反对票或弃权票，并就会议每项议题所要做出表决的事项分别做出指示。授权委托书应当注明如果股东不作具体指示，股东代理人是否可以按自己的意思表决。

第二十九条 表决前委托人已经去世、丧失行为能力、撤回委任、撤回签署委任的授权或者有关股份已被转让的，只要公司在有关会议开始前没有收到该等事项的书面通知，由股东代理人依委托书所做出的表决仍然有效。

第三十条 公司股东大会采用网络或其他方式的，应当在股东大会通知中明确载明网络或其他方式的表决时间以及表决程序。

股东大会网络或其他方式投票的开始时间，不得早于现场股东大会召开前一日下午3：00，并不得迟于现场股东大会召开当日上午9：30，其结束时间不得早于现场股东大会结束当日下午3：00。

第三十一条 董事会和其他召集人应当采取必要措施，保证股东大会的正常秩序。对于干扰股东大会、寻衅滋事和侵犯股东合法权益的行为，应当采取措施加以制止并及时报告有关部门查处。

第三十二条 股权登记日登记在册的所有普通股股东（含表决权恢复的优先股股东）或其代理人，均有权出席股东大会，公司和召集人不得以任何理由拒绝。

优先股股东不出席股东大会会议，所持股份没有表决权，但出现以下情况之一的，公司召开股东大会会议应当通知优先股股东，并遵循《公司法》及公司章程通知普通股股东的规定程序。优先股股东出席股东大会会议时，有权与普通股股东分类表决，其所持每一优先股有一表决权，但公司持有的本公司优先股没有表决权：

（一）修改公司章程中与优先股相关的内容；

（二）一次或累计减少公司注册资本超过百分之十；

（三）公司合并、分立、解散或变更公司形式；

（四）发行优先股；

（五）《公司章程》规定的其他情形。

上述事项的决议，除须经出席会议的普通股股东（含表决权恢复的优先股股东）所持表决权的三分之二以上通过之外，还须经出席会议的优先股股东（不含表决权恢复的优先股股东）所持表决权的三分之二以上通过。

第三十三条 召集人和律师应当依据证券登记结算机构提供的股东名册共同对股东资格的合法性进行验证，并登记股东姓名或名称及其所持有表决权的股份数。在会议主持人宣布现场出席会议的股东和代理人人数及所持有表决权的股份总数之前，会议登记应当终止。

第三十四条 股东大会召开时，本公司全体董事、监事和董事会秘书应当出席会议，总经理和其他高级管理人员应当列席会议。

第三十五条 股东大会由董事长主持。董事长不能履行职务或者不履行职务的，由副董事长主持；副董事长不能履行职务或者不履行职务的，由半数以上董事共同推举一名董事主持。

监事会自行召集的股东大会，由监事会主席主持。监事会主席不能履行职务或不履行职务时，由半数以上监事共同推举的一名监事主持。

股东自行召集的股东大会，由召集人推举代表主持。

公司召开股东大会时，会议主持人违反议事规则使股东大会无法继续进行的，经现场出席股东大会有表决权过半数的股东同意，股东大会可推举一人担任会议主持人，继续开会。

第三十六条 在年度股东大会上，董事会、监事会应当就其过去一年的工作向股东大会做出报告，每名独立董事也应做出书面述职报告。

第三十七条 董事、监事、高级管理人员在股东大会上应就股东的质询做出解释和说明。

第六章 股东大会的表决和决议

第三十八条 会议主持人应当在表决前宣布现场出席会议的股东和代理人人数及所持有表决权的股份总数，现场出席会议的股东和代理人人数及所持有表决权的股份总数以会议登记为准。

第三十九条 股东与股东大会拟审议事项有关联关系时，应当回避表决，其所持有表决权的股份不计入出席股东大会有表决权的股份总数。

股东大会审议影响中小投资者利益的重大事项时，对中小投资者的表决应当单独计票。单独计票结果应当及时公开披露。

上市公司持有自己的股份没有表决权，且该部分股份不计入出席股东大会有表决权的股份总数。

公司董事会、独立董事和符合相关规定条件的股东可以公开征集股东投票权。征集股东投票权应当向被征集人充分披露具体投票意向等信息。禁止以有偿或者变相有偿的方式征集股东投票权。公司不得对征集投票权提出最低持股比例限制。

第四十条 股东大会就选举董事、监事进行表决时，根据《公司章程》的规定或者股东大会的决议，可以实行累积投票制。

前款所称累积投票制是指股东大会选举董事或者监事时，每一普通股（含表决权恢复的优先股）拥有与应选董事或者监事人数相同的表决权，股东拥有的表决权可以集中使用。

第四十一条 除累积投票制外，股东大会对所有提案应当逐项表决。对同一事项有不同提案的，应当按提案提出的时间顺序进行表决。除因不可抗力等特殊原因导致股东大会中止或不能做出决议外，股东大会不得对提案进行搁置或不予表决。

股东大会就发行优先股进行审议，应当就下列事项逐项进行表决：

（一）本次发行优先股的种类和数量；

（二）发行方式、发行对象及向原股东配售的安排；

（三）票面金额、发行价格或定价区间及其确定原则；

（四）优先股股东参与分配利润的方式，包括：股息率及其确定原则、股息发放的条件、股息支付方式、股息是否累积、是否可以参与剩余利润分配等；

（五）回购条款，包括回购的条件、期间、价格及其确定原则、回购选择权的行使主体等（如有）；

（六）募集资金用途；

（七）公司与相应发行对象签订的附条件生效的股份认购合同；

（八）决议的有效期；

（九）公司章程关于优先股股东和普通股股东利润分配政策相关条款的修订方案；

（十）对董事会办理本次发行具体事宜的授权；

（十一）其他事项。

第四十二条 股东大会审议提案时，不得对提案进行修改，否则，有关变更应当被视为一个新的提案，不得在本次股东大会上进行表决。

第四十三条 同一表决权只能选择现场、网络或其他表决方式中的一种。同一表决权出现重复表决的以第一次投票结果为准。

第四十四条 出席股东大会的股东，应当对提交表决的提案发表以下意见之一：同意、反对或弃权。证券登记结算机构作为沪港通股票的名义持有人，按照实际持有人意思表示进行申报的除外。

未填、错填、字迹无法辨认的表决票或未投的表决票均视为投票人放弃表决权利，其所持股份数的表决结果应计为“弃权”。

第四十五条　股东大会对提案进行表决前，应当推举两名股东代表参加计票和监票。审议事项与股东有关联关系的，相关股东及代理人不得参加计票、监票。

股东大会对提案进行表决时，应当由律师、股东代表与监事代表共同负责计票、监票。

通过网络或其他方式投票的上市公司股东或其代理人，有权通过相应的投票系统查验自己的投票结果。

第四十六条　股东大会会议现场结束时间不得早于网络或其他方式，会议主持人应当在会议现场宣布每一提案的表决情况和结果，并根据表决结果宣布提案是否通过。

在正式公布表决结果前，股东大会现场、网络及其他表决方式中所涉及的上市公司、计票人、监票人、主要股东、网络服务方等相关各方对表决情况均负有保密义务。

第四十七条　股东大会决议应当及时公告，公告中应列明出席会议的股东和代理人人数、所持有表决权的股份总数及占公司有表决权股份总数的比例、表决方式、每项提案的表决结果和通过的各项决议的详细内容。

发行优先股的公司就本规则第三十二条第二款所列情形进行表决的，应当对普通股股东（含表决权恢复的优先股股东）和优先股股东（不含表决权恢复的优先股股东）出席会议及表决的情况分别统计并公告。

第四十八条　提案未获通过，或者本次股东大会变更前次股东大会决议的，应当在股东大会决议公告中作特别提示。

第四十九条　股东大会会议记录由董事会秘书负责，会议记录应记载以下内容：

（一）会议时间、地点、议程和召集人姓名或名称；

（二）会议主持人以及出席或列席会议的董事、监事、董事会秘书、总经理和其他高级管理人员姓名；

（三）出席会议的股东和代理人人数、所持有表决权的股份总数及占公司股份总数的比例；

（四）对每一提案的审议经过、发言要点和表决结果；

（五）股东的质询意见或建议以及相应的答复或说明；

（六）律师及计票人、监票人姓名；

（七）《公司章程》规定应当载入会议记录的其他内容。

出席会议的董事、董事会秘书、召集人或其代表、会议主持人应当在会议记录上签名，并保证会议记录内容真实、准确和完整。会议记录应当与现场出席股东的签名册及代理出席的委托书、网络及其他方式表决情况的有效资料一并保存，保存期限不少于10年。

第五十条　召集人应当保证股东大会连续举行，直至形成最终决议。因不可抗力等特殊原因导致股东大会中止或不能做出决议的，应采取必要措施尽快恢复召开股东大会或直接终止本次股东大会，并及时公告。同时，召集人应向公司所在地中国证监会派出机构及上海证券交易所报告。

第五十一条　股东大会通过有关董事、监事选举提案的，新任董事、监事按《公司章程》的规定就任。

第五十二条　股东大会通过有关派现、送股或资本公积转增股本提案的，公司应当在股东大会结束后2个月内实施具体方案。

第五十三条　公司以减少注册资本为目的回购普通股公开发行优先股，以及以非公开发行优先股为支付手段向公司特定股东回购普通股的，股东大会就回购普通股作出决议，应当经出席会议的普通股股东（含表决权恢复的优先股股东）所持表决权的三分之二以上通过。

公司应当在股东大会作出回购普通股决议后的次日公告该决议。

第五十四条　公司股东大会决议内容违反法律、法规的无效。

公司控股股东、实际控制人不得限制或者阻挠中小投资者依法行使投票权，不得损害公司和中小投资者的合法权益。

股东大会的会议召集程序、表决方式违反法律、法规或者《公司章程》，或者决议内容违反《公司章程》的，股东可以自决议做出之日起60日内，请求人民法院撤销。

第七章　会后事项及公告

第五十五条　公司董事会应执行证券监管部门和上海证券交易所有关信息披露的规定，全面、及时、准确地在指定媒体上的公告须予披露的股东大会所议事项或决议；涉及重大事项的信息应依据法律、法规向证券交易所报告，并向有关监管部门备案。

第五十六条　对股东提案做出的决议，应列明提案股东的姓名或名称、持股比例和提案内容。未将股东提案列入股东年会会议议程的，应将提案内容和董事会或大会主席在股东年会上的说明与股东年会决议一并公告。

股东大会决议公告应在规定的报刊上刊登。

第五十七条　参加会议人员名册、授权委托书、表决统计资料、会议记录、律师见证法律意见、决议公告等文字资料由董事会办公室负责保管。

第八章　附　　则

第五十八条　本规则未尽事宜或与本规则生效后颁布、修改的法律、法规、上海证券交易所股票上市规则或《公司章程》的规定相冲突的，按照法律、法规、上海证券交易所股票上市规则、《公司章程》的规定执行。

第五十九条　本规则所称公告或通知，是指在中国证监会指定报刊上刊登有关信息披露内容。公告或通知篇幅较长的，上市公司可以选择在中国证监会指定报刊上对有关内容作摘要性披露，但全文应当同时在中国证监会指定的网站上公布。

本规则所称的股东大会补充通知应当在刊登会议通知的同一指定报刊上公告。

第六十条　除非有特别说明，本规则所使用的术语与《公司章程》中该等术语的含义相同。

第六十一条　本规则及其修订自股东大会决议通过之日起生效，并作为《公司章程》的附件。

第六十二条　本规则修改时，由董事会提出修正案，提请股东大会审议批准。

第六十三条　本规则由董事会负责解释。

中国电力建设股份有限公司工作规则

（2017 年版）

中电建股〔2017〕139 号，2017 年 9 月 10 日

第一章　总　　则

第一条　为进一步完善中国电力建设股份有限公司（以下简称“公司”）治理结构的职能定位、相互关系和履职行权方式、组织管理规则，根据《中华人民共和国公司法》（以下简称《公司法》）、《中国共产党章程》（以下简称《党章》）、《中央组织部、国务院国资委党委关于中央企业党委在现代企业制度下充分发挥政治核心作用的意见》（中办发〔2013〕5 号）和《中国电力建设股份有限公司章程》（以下简称《公司章程》），特制订本工作规则。

第二条　公司以邓小平理论、“三个代表”重要思想、科学发展观为指导，全面贯彻党的十八大和十八届三中、四中、五中、六中全会精神，深入贯彻习近平总书记系列重要讲话精神和治国理政新理念新思想新战略，坚持党的领导，坚持发展导向，坚持深化改革，坚持依法治企，不断建立健全领导、决策、执行和监督体系，形成各司其职、各负其责、协调运转、有效制衡的公司治理结构和中国特色现代国有企业制度，推动公司加快建设成为具有国际竞争力的质量效益型世界一流建设投资公司。

第三条　公司严格遵守《中华人民共和国证券法》《上市公司治理准则》等法律法规和规范性文件要求，依法规范运作，保持上市公司的独立性，自觉维护股东的合法权益。

第四条　本工作规则适用于公司内部治理和运行管理。

第二章　公司治理结构的职能定位

第五条　公司治理结构主要有股东大会、党委、董事会、经理层、监事会、职工代表大会等。

第六条　股东大会是公司的权力机构，依照《公司法》《公司章程》行使职权，对董事会、监事会和董事、监事的履职情况进行评价和监督。

第七条　公司党委是公司的领导核心和政治核心，公司其他治理机构要自觉维护这个核心。公司党委在公司治理中要按照党中央的要求，充分发挥把方向、管大局、保落实的作用，依照《党章》等党内法规、党和国家方针政策及上级党组织要求履行职权。

第八条 董事会是公司的决策机构，对股东大会负责，依照法定程序和《公司章程》授权决定公司重大事项，接受股东大会、监事会监督。董事长是公司的法定代表人，行使法定代表人（公司负责人）的各项职权并承担相应的义务和责任。

第九条 经理层是公司的执行机构，接受董事会管理和监事会监督，依照《公司章程》及有关规定行使职权。总经理对董事会负责并报告工作，在董事会闭会期间向董事长汇报工作。

第十条 监事会是公司的监督机构，依照《公司章程》行使职权，对董事会、经理层成员的职务行为进行监督，对股东大会负责。

第十一条 职工代表大会是公司依照《中华人民共和国宪法》《公司法》《中华人民共和国工会法》等有关法律法规实行民主管理的机构，是公司民主管理制度的基本形式。职工代表大会由全体职工代表组成，依据公司职工代表大会的有关制度规定履行职权。公司工会委员会是职工代表大会的工作机构，负责职工代表大会的日常工作。

第十二条 公司股东大会、党委、董事会、经理层、监事会、职工代表大会依照职责、权限和规则、程序，根据《关于进一步推进国有企业贯彻落实“三重一大”决策制度的意见》（中办发〔2010〕17号）和《公司章程》《中国电力建设集团（股份）有限公司“三重一大”决策制度实施办法》等，分别审议决策公司改革发展事项、监督检查决策事项的落实情况。

第十三条 公司法人治理结构按照中央关于加强党对国有企业的领导、完善国有企业法人治理结构、建立具有中国特色国有企业现代企业制度的要求，准确把握定位，忠实勤勉履职，规范协调运行，优质高效决策，最大限度发挥公司治理、领导体制和运作机制的功能作用。

（一）公司党委全面加强对公司的政治领导、思想领导、组织领导，总揽全局、协调各方，积极支持股东大会、董事会、监事会、经理层和职工代表大会依法履行职责，保证监督党和国家方针政策在公司的贯彻执行。董事会、经理层在审议、决策重大问题时，必须经党委研究后，再由董事会、经理层作出决定，进入董事会的党委成员和党员要按照党委的决策在董事会发表意见并落实组织意图，进入经理层的党委成员和党员要落实党委决定。董事会要充分发挥在经营决策上的重要作用，切实维护出资人利益和公司利益。经理层要充分发挥在生产经营上的重要作用，确保董事会各项决策得到扎实有效落实。

（二）公司党委坚持党管干部、党管人才，完善双向进入、交叉任职的领导体制，确定选人用人标准，规范选拔任用程序，参与考察推荐，提出任用建议，加强监督管理，培养后备人才。董事会、经理层要按照不同职责，依法选聘经营管理人员和行使用人权。

（三）公司股东大会、党委、监事会、职工代表大会等应从不同层面切实履行监督职能，发挥监督作用；公司党委、董事会、经理层应自觉接受监督，确保党和国家方针政策在公司得到贯彻执行，确保股东意志在公司得到贯彻落实，确保公司依法合规决策及决策事项的执行落实。党委、董事会、经理层应积极支持职工代表大会依法履行职责，维护职工的合法权益。职工代表大会、工会应积极支持党委、董事会、经理层依法履行职责，组织动员广大职工为公司的科学可持续发展建功立业。

第十四条 公司治理结构应按照有关法律法规、《党章》和《公司章程》等，制定议事规则或工作细则，明确议事内容、组织方式和工作程序等，履行相应审批程序后实施。

第十五条 公司总部部门（含事业部，下同）按照相关国家法律法规、行业规范和公司规章制度履职担责，不断改进管理方式和工作作风，提高管理效能和价值创造。

第三章 公司治理结构相关会议制度

第一节 公司股东大会会议

第十六条 公司股东大会会议由董事长主持，特殊情况按照《公司章程》办理。股东及其代理人、全体董事、监事和董事会秘书出席会议，有关公司领导、高级管理人员列席会议。

第十七条 公司股东大会会议的议题根据《公司章程》第四十一条、第四十二条、第四十四条等规定的股东大会职权范围、需经股东大会审议通过的事项确定。

第十八条 年度股东大会会议一般每年召开一次。按照《公司章程》有关规定，可以召开临时股东大会。

第二节 公司党委会议

第十九条 公司党委会议由党委书记召集、主持，党委成员出席会议，列席人员由会议主持人根据会议议题需要确定。

第二十条 公司党委会议研究审议的事项根据《党章》等党内法规，上级党组织安排和要求，《公司章程》第十条、第九十七条、第一百一十条、第一百三十六条等和公司“三重一大”决策制度等确定。

第二十一条 党委会议对董事会、经理层拟决策的重大事项形成意见后，担任董事、经理层成员的公司党委成员应在董事会、经理层决策时按照该意见发表审议意见、进行审议表决。若发现董事会、经理层拟作出的决策不符合公司党委会议提出的意见时，要提出撤销或缓议该议题的意见，并在会后及时向公司党委报告；公司党委应就此形成明确意见，向董事会反馈，如得不到纠正，及时向上级党组织报告。

第二十二条 公司党委会议按照《中国电力建设集团（股份）有限公司党委议事规则》的规定召开。

第三节 公司董事会会议

第二十三条 公司董事会会议由董事长召集并主持，特殊情况按《公司章程》规定办理。全体董事出席会议，不任董事的总经理和董事会秘书列席会议，监事可列席会议，其他列席人员由董事长根据议题需要确定。

可邀请公司纪委书记列席董事会会议。

第二十四条 公司董事会会议的议题根据《公司章程》第一百一十条董事会行使的职权、第一百一十三条股东大会授权董事会决定的事项等确定。

第二十五条 公司董事会专门委员会对董事会负责，可就职责范围内的相关事项召开会议，为董事会重大决策提供咨询、建议。

第二十六条 董事长在召集和主持董事会会议及贯彻落实会议各项决议方面履行以下职责：

（一）根据《公司章程》的规定，确定年度董事会定期会议计划，在必要时召集董事会临时会议，确保满足董事会充分履行职责的实际需要。

（二）根据董事会职责对拟提交审议的议题和提案进行初步审核，并确定是否提交董事会审议。

（三）按时召集、主持召开董事会会议，确保需要董事会表决的重大事项不延误。

（四）与其他董事、总经理就董事会议题及相关事项进行沟通，充分听取意见和建议，形成共识。

（五）在董事会审议重大问题时，董事长应首先向出席会议的董事表述公司党委对该重大问题的意见。

（六）及时掌握董事会各项决议的执行情况，对发现的问题提出整改要求。

第二十七条 公司董事会会议一般每月召开一次，在当月的下旬召开，根据需要可由董事长按照《中国电力建设股份有限公司董事会议事规则》的规定确定及时召开。

第四节 公司总经理办公会议

第二十八条 公司总经理办公会议由总经理主持。总经理、副总经理、总会计师出席会议，可邀请公司纪委书记列席会议，董事会秘书、总经济师、总工程师、总法律顾问、总经理助理、办公厅主任列席会议，其他列席人员由总经理根据议题需要确定。

第二十九条 公司总经理办公会议的议题根据《公司章程》第一百三十六条总经理行使的职权和第一百一十条、第一百一十三条、第一百一十五条、第一百一十六条的授权与要求相关的事项等确定。

第三十条 公司总经理办公会议一般每月召开一次，在当月的中旬召开，根据需要可由总经理按照《中国电力建设股份有限公司总经理工作细则》的规定确定及时召开。

第五节 公司监事会会议

第三十一条 公司监事会会议由监事会主席主持，全体监事出席会议。董事会秘书和证券事务代表列席会议。

第三十二条 监事会会议的议题根据《公司章程》第一百五十二条规定的职权范围等确定。

第三十三条 监事会会议每半年至少召开一次。根据《公司章程》有关规定，可以召开临时监事会会议。

第六节 公司职工代表大会

第三十四条 公司职工代表大会由大会选举产生的主席团主持召开。

第三十五条 根据《企业工会工作条例（试行）》，公司职工代表大会的职权为：

（一）听取审议公司主要领导所作的工作报告。

（二）审议公司重大战略规划。

（三）审议企业改制职工安置方案，审查涉及职工切身利益的重要事项和企业规章制度。

（四）审议决定职工生活福利方面的重大事项。

（五）民主评议公司领导班子及成员。

（六）依法选举、监督和罢免公司职工董事、职工监事，选举职代会专门委员会（小组）成员，选举公司劳动争议调解委员会中的职工代表。

（七）法律法规规定的其他权利。

第三十六条 公司职工代表大会每年召开一次。

第七节　公司年度工作会议

第三十七条　公司年度工作会议与集团公司年度工作会议并行召开。集团公司领导、部门正副职负责人；公司领导、高级管理人员、副总师，总部部门正职负责人，公司的全资、控股子公司和管理的企业、单位（以下统称“子企业”）主要负责人参加会议。

第三十八条　年度工作会议的主要内容为：

（一）总结上年度工作，安排部署本年度工作。

（二）签订生产经营、安全生产和党风廉政建设责任书。

（三）表彰先进集体、劳动模范、先进个人。

第三十九条　公司年度工作会议每年召开一次，一般在当年1～3月间召开。

第四十条　根据工作需要，公司可召开年中工作会议，一般在当年7～8月间召开。会议的主要内容是总结上半年工作，对照检查上半年目标任务落实情况和存在问题，根据新形势新情况新要求安排部署下半年工作。

第四十一条　公司年度工作会议、年中工作会议的议程、文件等由公司党委会议研究决定、审定。

第八节　公司专项工作会议

第四十二条　公司专项工作会议包括党建、党风廉政建设和反腐败、市场、财务、投资、国际业务、审计、法治、安全生产、科技创新等专项工作会议。

第四十三条　专项工作会议由主管对应工作的公司领导主持召开。总部有关业务部门负责人、子企业主要负责人或主管领导参加。

第四十四条　专项工作会议的主要内容为：

（一）总结上年度专项工作，部署本年度专项工作。

（二）审议专项工作的重大管理方案、规章制度。

（三）其他需要列入的专项工作内容。

专项工作会议内容属于生产经营管理工作的，由总经理办公会议研究决定会议相关事项；属于党委、纪委、工会、群团工作的，由党委会议研究决定会议相关事项。

第四十五条　公司专项工作会议原则上每年召开一次。

第四十六条　公司对专项工作会议实行计划管理，每年年初制定专项工作会议计划，经主管领导审核、主要领导批准后召开。

第九节　会务组织工作

第四十七条　会务工作责任部门

（一）公司股东大会会议由董事会办公室负责会务工作。

（二）公司党委会议由党委工作部负责会务工作。

（三）公司董事会会议由董事会办公室负责会务工作。

（四）公司总经理办公会议由办公厅负责会务工作。

（五）公司监事会会议由监事会办公室负责会务工作。

（六）公司年度、年中工作会议由办公厅、党委工作部共同负责会务工作。

（七）公司职工代表大会由工会负责会务工作。

（八）公司专项工作会议由专项工作职能部门负责会务工作。

第四十八条　议题的征集与审定。

会务工作责任部门负责相关会议议题的征集，经主管领导审核后，报请会议主持人审定。

第四十九条　提案（或议题材料、会议文件等，下同）的起草与审定。

根据确定的会议议题，由会务工作责任部门通知议题主办部门起草提案。

主办部门在起草提案时，应认真调查研究，反复酝酿讨论，经过必要的论证程序。涉及相关部门的，应当充分协商；涉及子企业或外部单位的，应当事先征求意见。

提案经由相关部门会签、主管领导审核、会议主持人签批同意（或相关会议审定）后，送会务工作责任部门汇总。

第五十条　会议的通知、纪要（决议）及行文：

（一）会议前，由会务工作责任部门协调确定会议召开时间、地点，制订会议议程，梳理会议提案，经会议主持人同意（或相关会议审定）后，按照规定时限通知与会人员、送达提案。紧急会议通知和提案，一般情况下应至少在会议召开前半天通知和送达。涉及保密事项时，按照有关保密规定通知、送达。

（二）会务工作责任部门负责组织会议、做好会议记录、拟制会议纪要（决议）、整理会议文件。

（三）会议纪要（决议）和会议文件由主持人签发。

会务工作责任部门应保证所负责会议的会议通知、提案、记录、纪要（决议）等会议文件资料的完整性、准确性，并履行规定和必要的签字手续，尤其是对重大问题的审议意见、表决意见和纪要（决议）表述要准确、真实、清晰，并按照档案管理有关规定妥善保管、整理归档。

第五十一条　会议纪律

（一）应出席或列席会议的人员因故不能参加会议时，应向会议主持人请假。

（二）出席会议人员缺席时，应将自己对会议提案的意见和建议以书面形式告知会议主持人，由主持人代为转达。

（三）对因故缺席的出席会议人员，会议主持人应在会后向其通报会议情况，会务工作责任部门应及时向其送发会议文件。

（四）会议出席人员、列席人员和会务工作人员应严格遵守保密纪律和规定，凡涉密的会议内容、信息及讨论情况等，不得以任何方式向任何人泄露。

第五十二条　会议的落实和督办

公司总部部门应积极主动做好职责范围内的相关会议议定事项的落实工作，并在规定的时间内向负责该事项的公司主管、协管领导报告落实情况，同时将落实情况抄送会务工作责任部门。

会务工作责任部门要对会议议定事项进行督办，确保逐项落实到位，并将办理结果及时向会议主持人汇报。

第五十三条　公司年度工作会议提出的年度重点工作目标任务、计划安排、举措要求等，由办公厅牵头，及时梳理形成公司年度重点工作清单和分工安排并下发执行。

第四章　公司公文、公务活动及休假管理制度

第五十四条　公司公文处理工作应符合《党政机关公文处理工作条例》（中办发〔2012〕14号）等有关法律法规和行业标准，国务院国资委有关公文处理的规定和要求，公司内部治理、运行管理的机制、规则和改革发展党建工作需要，做到实事求是、精简高效、集中统一和及时、准确、安全、规范。由办公厅会同党委工作部制订公司公文处理办法，经公司党委会议研究批准后实施。

第五十五条　国务院国资委及有关部委安排公司领导参加会议或出席活动，按照国务院国资委及有关部委要求办理。

有关外部单位邀请公司领导出席活动或前来会见公司领导，由办公厅提出方案，其中重要会议或重要活动由党委书记、董事长批准，业务性会议或活动由总经理批准。

子企业邀请公司领导出席重要会议或重要活动，由办公厅按事项属性及领导分工统一协调并请示主要领导批准。

第五十六条　公司领导接受新闻单位采访、以公司名义正式公开发表文章等，由党委工作部统一协调并请示党委书记、董事长批准。

以公司名义进行宣传报道、开展各类社会活动、印制综合性公开出版物、举办各类展览展示活动等，由党委工作部统一协调，报党委书记、董事长批准。

第五十七条　公司各级领导人员要严格遵守领导干部出国（境）管理规定和外事纪律。

党委书记、董事长因公出国（境）由总经理审签，总经理因公出国（境）由党委书记、董事长审签，并按国务院国资委有关规定办理。其他公司领导因公出国（境），由总经理审核，党委书记、董事长批准。高级管理人员因公出国（境），由主管外事的副总经理审核，党委书记、董事长批准。副总师级人员、部门正副职负责人和子企业领导人员因公出国（境），按照公司外事管理制度执行。

公司领导及高级管理人员在国内的外事活动，由公司外事部门提出安排计划，一般性外事活动由总经理批准，重大外事活动由董事长批准。

第五十八条　公司各级领导人员要严格执行领导干部出差或休假、请假报告制度。

党委书记、董事长和总经理出差或休假、请假按国务院国资委有关规定办理。

总经理出差或休假、请假，应事前征求董事长意见。假期间应明确一位副总经理主持公司日常生产经营管理工作。

党委副书记、纪委书记出差或休假、请假，由党委书记批准。其他党委常委和副总经理、总会计师出差或休假、请假，应经总经理同意，由党委书记、董事长批准。

总经济师、总工程师、总法律顾问、总经理助理、安全总监出差或休假、请假，由总经理批准。董事会秘书出差或休假、请假，由董事长批准。工会主席出差或休假、请假，由主管领导批准。

副总经济师、副总工程师、安全副总监出差或休假、请假，应经主管领导同意，由总经理批准。纪委副书记出差或休假、请假，由纪委书记批准。

总部经营管理部门正职负责人出差或休假、请假，应经主管领导同意，由总经理批准；党群部门正职负责人出差或休假、请假，应经主管领导同意，由党委书记批准。总部部门副职负责人出差或休假、请假，应经部门正职负责人同意，由主管领导批准。总部部门正副职负责人原则上不能同时出差或休假、

请假，特殊情况下应指定一名部门临时负责人。

公司领导、高级管理人员、副总师和总部部门正职负责人出差或休假、请假，应在获得批准后及时告知办公厅主任。

出差或休假、请假期满返回工作岗位后，应及时报告相关领导并销假，因特殊情况确需延期或续假时，要及时说明理由并办理续假手续。如遇特殊情况，事先来不及办理请假手续时，可先电话或口头请假，事后补办请假手续。

出差和休假、请假期间，须保持通信畅通。

第五十九条 办公厅于每周五汇总下一周公司领导的主要公务活动计划，报党委书记、董事长和总经理审签后执行。

第五章 工作作风、纪律和廉洁从业规定

第六十条 公司各级领导人员要严格落实中央八项规定精神，自觉反对“四风”，切实加强作风建设，不断改进文风、会风和工作作风。要深入基层，调查研究，指导工作，注重研究和解决实际问题；到基层考察调研要轻车简从，减少陪同，简化接待。要严格遵守领导干部履职待遇和公务支出有关规定，规范公务接待活动，艰苦奋斗，勤俭节约。

第六十一条 公司各级领导人员要带头严格自律，严守中央有关国有企业领导人员廉洁从业各项规定，严格执行领导干部重大事项报告制度，不得利用职权和职务影响为本人或特定关系人谋取不正当利益。

第六十二条 公司各级领导人员要严格遵守政治纪律、组织纪律、廉洁纪律、群众纪律、工作纪律、生活纪律，有令必行，有禁必止，对职权范围内的事项要按照相关规定、程序和要求，坚持原则、主动担当、积极负责地办理；对不符合规定的事项要坚持原则不得办理。对因推诿、拖延等官僚作风及失职、渎职造成影响和损失的，要严肃追究责任；对越权办事、以权谋私等违规、违纪、违法行为，要严肃查处。

第六章 附　　则

第六十三条 本工作规则自印发之日起执行，原《中国电力建设股份有限公司工作规则》（中电建股〔2014〕2号）废止。

中国电力建设集团（股份）有限公司党委议事规则（2017年版）

中电建股党〔2017〕53号 2017年9月6日

第一章 总　　则

第一条 为全面落实全国国有企业党的建设工作会议精神，适应中国电力建设集团（股份）有限公司（以下简称“公司”）改革发展需要，依据《中国共产党章程》、《中华人民共和国公司法》、《中央组织部、国务院国资委党委关于中央企业在现代企业制度下充分发挥政治核心作用的意见》（中办发〔2013〕5号）、《关于在深化国有企业改革中坚持党的领导加强党的建设的若干意见》（中办发〔2015〕44号）、《中央企业党建工作责任制实施办法》（厅字〔2017〕14号）等有关规定精神和要求，结合公司实际，制定本规则。

第二条 公司党委要全面发挥领导核心和政治核心作用，把方向、管大局、保落实，坚持从严治党，坚持思想建党和制度治党紧密结合，加强对企业的政治领导、思想领导、组织领导。主要职责是：

（一）保证监督党和国家方针政策，党中央、国务院决策部署在企业贯彻执行；落实国务院国资委党委以及上级党组织有关工作要求；落实公司党委各项工作部署。

（二）研究讨论公司改革发展稳定、重大经营管理事项和涉及职工切身利益的重大问题。支持股东会、董事会、监事会和经理层依法行使职权。

（三）坚持党管干部原则和党管人才原则，加强企业领导班子建设和人才队伍建设。发挥党委在企业选人用人工作中的领导和把关作用，支持董事会依法选择经营管理者以及经营管理者依法行使用人权。

（四）履行企业党风廉政建设和反腐败主体责任，建立健全纪检监察机构，领导、支持纪检监察机构履行监督执纪问责职责，加强对企业各级领导

人员的监督。

（五）加强企业基层党组织和党员队伍建设，注重日常教育监督管理，充分发挥党支部战斗堡垒作用和党员先锋模范作用，团结带领干部职工积极投身企业改革发展。

（六）领导公司思想政治工作、精神文明建设、统战工作、企业文化建设和群团工作。

第三条 党委议事以会议方式为主，分为党委全体委员会议（以下简称“全委会”）、党委常务委员会议（以下简称“常委会”）和党委（书记）专题会议（以下简称“专题会”）。

第二章 议事原则

第四条 党委议事应坚持以下基本原则：

（一）维护中央权威原则。牢固树立政治意识、大局意识、核心意识、看齐意识，自觉在思想上政治上行动上同党中央保持高度一致，做到党中央提倡的坚决响应、党中央决定的坚决执行、党中央禁止的坚决不做。

（二）民主集中制原则。按照“个人服从组织，少数服从多数，下级服从上级，全党服从中央”和“集体领导、民主集中、个别酝酿、会议决定”的要求，坚持集体领导和个人分工负责相结合的制度，实行集体议事，以会议表决形式形成领导集体的决策意见。

（三）依法依规原则。党委讨论研究问题、做出决策，要遵守国家法律法规、党内法规和有关政策，保证决策合法合规。支持股东会、董事会、监事会和经理层依法行使职权。

（四）群众路线原则。坚持党的群众路线，对重大决策事项广泛听取意见，深入调查研究，科学评估论证，解放思想、实事求是、与时俱进，保证决策有坚实的群众基础，提高决策的科学性和正确性。

第三章 议事范围

第五条 全委会议事范围：

（一）研究审定贯彻执行党的路线、方针、政策的重大举措。

（二）研究审定加强党的建设、党风廉政建设和反腐败工作的重大问题。

（三）研究决定召开党员代表大会或党代表会议，听取和审议党委、纪委工作报告，选举党委常委和书记、副书记，审议通过纪委全体会议选举产生的纪委书记、副书记。

（四）研究审议公司发展战略、中长期规划、年度重点工作、年度改革发展重大目标和重点任务，以及涉及广大职工群众切身利益的重大问题。

（五）按照有关规定必须由全委会讨论决定的其他事项。

第六条 常委会议事范围：

（一）公司“三重一大”决策事项。

研究审议公司“三重一大”决策制度实施办法规定的重大决策事项。

（二）党建工作有关事项。

1. 传达落实党的路线方针政策、上级党组织重要文件及会议精神，讨论向上级党组织的报告、请示。

2. 研究审定党的建设、党风廉政建设和反腐败工作、巡视工作的规划、年度计划、重要活动部署、责任制考核等重要事项。

3. 研究审定党委、纪委工作规则和重要制度的制定、修订。

4. 研究审定党委换届重要事项和推选党的全国代表大会代表、委员候选人初步人选、出席上级党代会代表初步人选等有关事项。

5. 研究审定党的工作机构和党组织的设置、调整和成员企业、单位党委换届，以及直属党组织、部门请示的重要事项。

6. 研究审定思想政治工作、精神文明建设、统战工作和企业文化建设的重要事项。

7. 定期听取工会、共青团工作的汇报，研究审定工会、共青团等群团组织换届选举、年度重要工作以及职代会建设等重要事项。

（三）其他需要常委会议研究的重要事项。

第七条 专题会议事范围：

（一）研究协调解决全委会、常委会的决定（决议）和安排的有关工作执行过程中遇到的具体问题。

（二）根据党委的要求，组织有关专门事项的研究。

第四章 议事规则

第八条 会议召开。

（一）全委会由常委会召集，每年至少召开1次，有特殊情况可随时召开。常委会一般每月下旬召开一次，如需要可随时召开。专题会可根据需要不定期召开。

（二）全委会必须有三分之二以上委员到会方能召开。常委会必须有半数以上常委到会方能召开。其中，讨论干部任免等重要事项时，应有三分之二以上常委到会方能召开。专题会参加会议人员，由会议主持人根据会议议题决定。

（三）全委会、常委会由书记主持召开。书记不能参加会议时，可委托副书记主持召开。专题会由研究审议事项的书记、副书记或分管常委主持召开。

第九条 会议议题。

（一）全委会议题由常委会研究提出。

（二）常委会议题由党委常委提出或职能部门研究并报经分管党委常委同意后提出。

（三）专题会的会议议题由会议主持人确定。

（四）议题材料由职能部门起草，报分管党委常委审核同意后，由党委工作部汇总报送党委书记。党委书记审核同意后，作为提交会议审议的正式议题。

（五）提交全委会、常委会研究决定的重大议题，党委书记应与副书记、有关委员、常委充分酝酿沟通，也可由党委书记委托副书记与有关委员、常委进行酝酿沟通。但是，会前酝酿不得以任何形式代替会议决策。

第十条 会前准备。

（一）召开全委会、常委会和专题会的时间、地点、议题，应提前通知，会议材料一般应同时送达。

（二）需经全委会、常委会审议并作出专门决定（决议）的议题，有关职能部门应在会前拟出决定（决议）草案，报经分管常委、党委书记同意后提交会议审议。

（三）参加会议的委员和常委会前应认真研读议题材料，如有不同意见，应及时与党委书记沟通。因故不能参加会议时，应在会前请假，其意见可用书面形式表达。列席会议议题的参会人员会前应认真做好相关议题的汇报准备。

（四）专题会会前准备工作由会议主持人安排确定。

第十一条 会议讨论。

（一）全委会、常委会应在听取议题汇报或介绍后，充分发表个人的意见，深入开展讨论，然后进行表决。

（二）对于少数人的不同意见，应当认真考虑、研究。如对重要问题发生争论，双方人数接近，除了在紧急情况下必须按多数意见执行外，应当暂缓作出决定，进一步调查研究、交换意见，下次会议再研究表决。在特殊情况下，也可将争论情况向上级党组织报告，请求裁决。

第十二条 会议决定。

（一）全委会、常委会表决事项时，以超过应到会委员或常委人数的半数同意为通过。未到会委员、常委的书面意见不能计入表决票数。对上级组织有明确的通过标准规定的事项，按其规定形成决定。

（二）全委会、常委会的表决可根据议题的内容和相关规定，分别采取口头、举手、无记名投票或记名投票方式。

（三）全委会、常委会研究有关人事任免事项时，如原拟任人选被否定，应按照规定程序重新提出人选，下次会议再议。

（四）专题会的会议决定，由会议主持人按照上述要求的精神把握，如遇需要请示的重大问题，应及时报党委请示。

第十三条 会议记录与纪要印发。

党委工作部负责全程做好会议原始记录并存档。全委会、常委会、专题会作出决定（决议）后，由党委工作部根据会议情况形成会议纪要。会议纪要和会议通过的决议、决定、意见、文件，按规定的流程送审、印发或反馈到公司相关人员和机构。

第五章　会议执行与督办

第十四条 会议决定（决议）的执行。

（一）对全委会、常委会作出的决定（决议），由党委委员、常委按照分工在履职工作中贯彻落实和组织实施，或责成职能部门负责组织实施、抓好落实。遇有职责交叉的，由党委书记明确一名领导牵头负责。

（二）党委要发动各级党组织和全体党员团结带领职工群众，保证党委决策的贯彻实施。党委委员、常委要带头执行决策，确保决定（决议）事项得到贯彻执行。

（三）在执行过程中，如发现新情况、新问题，要及时修正完善，如遇无法执行原决策，或需调整全委会、常委会决定（决议）的重大问题，组织实施的委员、常委或责任部门应及时报告党委，按规定进行复议决策，按新的决策执行。

第十五条 会议决定（决议）的督办。

（一）党委书记全面负责对全委会、常委会决定（决议）的贯彻落实情况进行督促检查。党委副书记协助党委书记抓好全委会、常委会决定（决议）的组织实施、监督检查和责任追究。

（二）党委工作部、办公厅根据职责分工对全委会决定（决议）的执行进行督办、跟踪，发现重大问题应及时报告党委书记或副书记。每年年底前要对全委会决定、决议的执行情况进行总结，并在下一次全委会召开前向党委作出书面报告。

第六章　议 事 纪 律

第十六条 凡属全委会、常委会议事范围的事项，必须由集体讨论决定，任何个人或少数人无权决定。

第十七条 遇重大突发事件或紧急情况，来不及召开全委会、常委会研究审议，必须由个人或少数人作出决定时，相关当事人可先行处置，但事后应及时向党委报告。

第十八条 会议研究审议有关事项时，与会人员应实事求是、充分发表意见，防止和杜绝会上不说、会后乱说。

第十九条 党委委员、常委对全委会、常委会作出的决定（决议）必须坚决贯彻执行，一抓到底，不得违背集体决定自作主张、自行其是。如有不同意见，可以保留或向上一级党组织提出，但在上级或本级党组织改变决定以前，除执行决定会立即引起严重后果等紧急情况外，必须无条件执行已作出的决定。如果不遵守、不执行会议的决定（决议），或未能按照会议的决定（决议）和分工履行自己的职责，给工作造成损失的，按有关规定追究责任。

第二十条 实行会议回避制。研究有关人事任免或奖惩等涉及个人利益的相关事项时，凡涉及与会人员本人及其亲属的，本人必须回避。

第二十一条 对全委会、常委会、专题会讨论决定的重大问题，没有传达任务的，不得以任何方式泄露。会上讨论过程中个人的意见，不得向任何人员扩散。对违反保密规定造成工作被动或不良影响的，按有关规定追究责任。

第二十二条 党委委员、常委贯彻执行本规则的情况，要作为年度民主生活会的内容进行检查，并接受党员和职工群众的监督。

第七章 附 则

第二十三条 公司成员企业、单位党委应根据本议事规则，结合各自实际，制定本企业、单位党委的议事规则。

第二十四条 本规则由公司党委负责解释。

第二十五条 本规则自印发之日起施行。原《中国电力建设股份有限公司党委议事规则》（中电建股党〔2014〕43号）同时废止。

关于成立中国电力建设集团有限公司军民融合发展委员会的通知

（中电建股〔2017〕152号）

总部各部门、事业部，各企业、单位：

为积极贯彻习近平总书记和党中央战略部署，响应中央军民融合发展委员号召，切实履行“落实新发展理念的排头兵、创新驱动发展的排头兵、实施国家重大战略的排头兵”的央企责任，充分发挥公司“懂水熟电、擅规划设计、长施工建造、能投资运营”的独特优势和全产业链一体化能力，全面深度参与军民融合开发建设，经公司第一届党委常委会第四十三次会议和总经理办公会第五十八次会议研究决定，成立中国电力建设集团有限公司军民融合发展委员会。现将有关事项通知如下：

一、公司军民融合发展委员会组成和职责

主　任：晏志勇

副主任：孙洪水、王民浩

委　员：王斌、姚强、李跃平、宗敦峰、周建平、丁拯国、张建文、郑声安、杨忠

（一）负责与中央军委后勤保障部、国务院国资委、军事相关部委、协会对接。

（二）统筹组织中国电建优势资源积极主动参与军民融合建设发展。

（三）研究制定中国电建参与军民融合建设发展专项实施计划。

二、工作机构和职责

军民融合发展委员会下设办公室，承担军民融合建设发展的日常工作。

主　任：张建文（兼）

成　员：吴旭良、陶永庆、吴张建、吴新琪、苟达平、李志谦、刘毅、张维荣、张勇平、庞可、汪胡根、贾为国、石研、李斌、张传栋、邱志鹏、郝为华

（一）负责贯彻落实公司军民融合发展委员会工作安排。

（二）负责统筹军民融合市场营销工作、对外联络、开展经营活动等。

（三）负责子企业军民融合市场的资源调配等工作。

三、工作要求

（一）统一管理原则。军民融合发展业务，政治

原则性强、保密要求高，是公司特殊的经营活动，由军民融合委员会办公室（简称“军融办”）负责统筹、协调各子企业与军方有序开展市场经营活动，对外统一称谓“中国电建”。

各子企业若有单独接洽开展军民融合市场经营活动的需要，需征得军融办同意并做到事先沟通、事后报告。未经军融办同意，各子企业不得以中国电建名义与军方有关单位对接。特殊情况下进行的业务联系应及时报告。凡违反规定造成不良影响者，公司将严肃追究相关领导和人员的责任。

（二）档案管理原则。公司高度重视军民融合工作的特殊性要求，对开展的相关工作要求做到全面档案化管理，工作过程要记录完整清晰，可以追溯验证。

（三）保密管理原则。涉及军民融合工程的具体事项，需注意保密，包括但不限于项目名称、地点、用途、实施单位及人员、工程技术标准等，要严格按照保密工作要求进行管理。

请已开展和跟踪相关业务的单位全面梳理与军民融合相关的工作和业务联系情况，并按照保密工作原则，于11月15日前报送纸质材料，以便公司制订切实可行的计划助推军民融合战略全面落地实施，为强国梦、强军梦做出应有的贡献。

联系人：郝为华（市场经营部），邮寄地址：北京市海淀区车公庄西路22号海赋国际A座，电话：010-58368591。

中国电力建设股份有限公司

2017年11月1日

关于成都电力机械厂与都江电力设备厂重组整合的通知

（中电建〔2017〕137号）

成都电力机械厂，都江电力设备厂：

为优化配置内部资源，发挥优势企业的规模集聚效应，推动装备制造企业转型升级，经集团公司第一届党委常委会第三十三次会议研究，决定对成都电力机械厂（以下简称“成都机械厂”）和都江电力设备厂（以下简称“都江设备厂”）实施重组整合。现将有关事项通知如下：

一、指导思想

通过改革重组和体制机制创新，实现两家企业在战略、业务、管理、技术和文化等方面的协同和融合，促进转型升级和“走出去”，打造集团公司装备制造板块的骨干装备企业。

二、基本原则

（一）提升企业市场竞争力的原则。通过将两家公司重组整合，增强重组后企业的规模和实力，提升企业的整体市场竞争能力，促进企业转型升级，加快发展。

（二）优化资源配置的原则。重组整合后，实现两家公司在战略、业务、管理等全方位的融合，优化内部资源配置，实现资源的优势互补和经营的规模化。

（三）平稳过渡的原则。维持现有劳动关系和薪酬福利水平的稳定，职工不因重组而下岗，离退休人员不因重组而降低待遇。

三、重组方式

以2016年12月31日为基准日，集团公司将所持都江设备厂产权以净资产增资方式注入到成都机械厂，都江设备厂成为成都机械厂的子公司，不再列入集团公司（委托股份公司）直接管理的企业名单。成都机械厂作为都江设备厂的出资人和主管单位对其进行全方位管控。

四、配套措施

（一）注册资本

集团公司核定整合后的成都机械厂注册资本金为4亿元人民币。具体增资方案为：以2016年12月31日为基准日，集团公司将所持都江设备厂的股权按照经审计确认后的净资产注入到成都机械厂；集团公司对成都机械厂货币增资1亿元。

（二）干部安排

重组后，都江设备厂的领导班子由成都机械厂党委按照有关规定进行管理。都江设备厂主要负责人进入成都机械厂领导班子。集团公司对都江设备厂原领导班子其他成员保留原职级，实行任前备案制管理。

五、相关事项

2017年经营业绩考核仍按年初签订的经营责任

书由集团公司分别考核两家参与重组企业。从2018年起，集团公司与成都机械厂签订经营责任书。成都机械厂负责都江设备厂的经营计划、业绩考核等工作。

六、组织领导

集团公司全面深化改革领导小组办公室仍按照其工作规则承担与本项重组有关的督促、协调、服务工作。本次重组由装备制造事业部牵头组织实施，新的成都机械厂领导班子承担具体落实工作等职责。战略发展部、企业领导人员管理部、财务管理部、审计部等有关部门予以指导。由审计部聘请第三方审计机构对都江设备厂进行经济责任制审计。

特此通知。

中国电力建设集团有限公司

2017年6月7日

关于注销湖北省电力公司汉口电力设备厂的通知

（中电建〔2017〕140号）

总部各部门、事业部，各企业、单位：

鉴于湖北省电力公司汉口电力设备厂的业务及债权债务已由湖北省电力装备有限公司接续，经研究，就注销湖北省电力公司汉口电力设备厂事宜通知如下：

一、同意注销湖北省电力公司汉口电力设备厂（非法人）营业执照。

二、委托湖北省电力装备有限公司办理湖北省电力公司汉口电力设备厂的注销手续。

三、待注销完成后，请湖北省电力装备有限公司将注销企业的工商注销证明等相关资料（扫描件）及印信等处置结果说明（扫描件）上报公司战略发展部备案。

特此通知。

中国电力建设集团有限公司

2017年6月20日

关于山东电力建设第一工程公司重组整合河北省电力建设第二工程公司的通知

（中电建〔2017〕223号）

山东电力建设第一工程公司：

按照党中央、国务院和国务院国资委关于深化供给侧结构性改革、处置僵尸企业和特困企业专项治理的要求，集团公司在山东电力建设第一工程公司（以下简称“山东电建一公司”）托管河北省电力建设第二工程公司（以下简称“河北电建二公司”）取得一定进展的基础上，决定将集团公司持有的河北电建二公司国有产权整体无偿划入山东电建一公司，并进一步推进河北电建二公司的处僵治困工作。现将有关事项通知如下：

一、重组整合的必要性

（一）重组整合是贯彻落实党中央、国务院和国务院国资委有关部署的需要，有利于有关企业深化改革、瘦身健体、提质增效和优化结构。

（二）重组整合是保障职工合法权益的需要，有利于多渠道安置河北电建二公司职工，改善工作环境，解决遗留问题，促进职工职业发展。

（三）重组整合是防止利益相关方损失进一步扩大的需要，有利于堵住出血点、去除病灶，解决河北电建二公司长期存在的突出问题。

（四）重组整合是“处僵治困”的需要，有利于明确工作责任，稳定职工，发挥山东电建一公司作为实体经营企业在人员安置、项目管理、制度文化等方面的优势。

二、重组整合的原则

（一）注重结合、立足发展。把企业重组整合和处僵治困结合起来，统筹兼顾集团扶强扶优和处僵治困，既解决河北电建二公司存在的突出问题，更着眼于支持山东电建一公司进一步发展，增强其处置能力。充分发挥山东电建一公司作为优势企业在市场拓展、项目履约、人员安置、制度文化等方面的优势，加大融入京津冀协同发展战略的力度。

（二）明确主体、落实责任。通过重组整合，进一步强化山东电建一公司承担河北电建二公司处置工作的组织、领导和管控责任，山东电建一公司贯彻落实集团公司关于“处僵治困”的部署，向集团公司负责。河北电建二公司是处置工作的法律主体，落实山东电建一公司关于处置河北电建二公司的各项具体措施，向山东电建一公司负责。河北电建二公司对改革脱困期间的生产经营、质量安全、社会稳定、国有资产和党风廉政等承担直接责任。

（三）合法有序、风险可控。运用法治思维和法治方式推进改革，严格遵守国资监管的政策法规和集团公司的规章制度，依法依规、有序操作。重组后，山东电建一公司、河北电建二公司各自作为独立法人，独立承担民商事责任。跨法人主体之间的资产调拨、业务重组、人员调动，应当遵循市场化、法治化原则，避免出现公司混同、山东电建一公司承担连带责任的情况。

（四）以人为本、维护稳定。妥善处理保持稳定和推进改革的关系，用今天的“小震”化解未来的“大震”，以改革促发展，以发展保稳定。保障职工的合法权益，做好人员安置分流工作，解决职工群众关心的切身利益问题，使他们分享改革的成果。离退休和内退人员不因重组整合而降低待遇。依法维护出资人、债权人的合法权益，切实防止国有资产流失。

三、重组整合的目标

（一）2017年山东电建一公司平稳重组整合河北电建二公司，山东电建一公司圆满实现年度经营业绩考核目标。“十三五”规划期，山东电建一公司资产总额、净资产、营业收入、利润总额等主要经济指标持续稳定增长，巩固在火电、核电、新能源、相关特种装备及其调试、技改等传统优势，拓展相关基础设施业务，培育、强化国际EPC业务资源整合能力和投融资能力，成为具有较强综合实力的行业骨干企业。

（二）平稳、有序、高效推进河北电建二公司的人员安置、项目转接、债务清理等工作，实现河北电建二公司新能源施工、电厂电网检修运维及相关装备制造等业务进入山东电建一公司的新体制。力争2017年底前实现《中央企业处置“僵尸企业”和开展特困企业专项治理工作完成标准（试行）》（国资发财管〔2017〕3号）和集团公司关于处置僵尸企业有关部署及责任书的要求。

四、重组整合方案

（一）产权划转

以2016年12月31日为基准日，集团公司将所持河北电建二公司全部国有产权整体无偿划转给山东电建一公司。划转后，河北电建二公司成为山东电建一公司的全资子公司，纳入山东电建一公司合并财务报表。

（二）管理体制

产权划转后，山东电建一公司作为河北电建二公司的出资人和主管单位，对河北电建二公司全方位行使经营管理权并承担经营管理责任（包括重大决策、业绩考核、班子任免、人事调配、生产经营及人员安置等）。其中，依据集团公司规章制度需要集团公司审核批准的事项，由山东电建一公司履行内部决策程序后报集团公司审核批复后实施。

（三）干部管理

重组整合后，河北电建二公司的干部管理工作由山东电建一公司按有关规定使用、考核、薪酬分配和奖惩，河北电建二公司领导班子由山东电建一公司自行决定调整、任免（其中，原集团公司管理干部需报集团公司企业领导人员管理部备案）。负有经营管理责任的河北电建二公司干部到山东电建一公司工作的，原经营管理责任不因产权划转而改变，直至相关经营管理责任履行、考核完毕。

（四）业绩考核

重组整合后，集团公司对山东电建一公司、河北电建二公司按照母子公司模拟合并财务报表进行经营业绩考核和综合实力评价时，对河北电建二公司的当期经营亏损，在达到处僵治困阶段工作目标的情况下予以扣除。

（五）党的建设

重组整合和改革处置过程中，山东电建一公司、河北电建二公司党政工组织要切实履行好党建、党风廉政建设和维稳职责，同步接转党组织关系，建立健全或同步调整党组织。

五、重组整合后的工作

（一）产权划转后，山东电建一公司加快推进河北电建二公司人员安置分流等处置工作。按照国资委和集团公司的文件精神，依法依规履行民主管理程序，做好职工及离退休员工的政治思想工作。

（二）集团公司重点支持“山东电建一公司”品

牌，河北电建二公司不再承揽业务。原有业务（已进入收尾阶段的除外）可按照市场化、法治化原则规范、有序接转至山东电建一公司。

（三）河北电建二公司的最终处置方案由山东电建一公司拟订，报集团公司批复后实施。

六、配套支持措施

（一）资本金支持

产权划转时，集团公司对山东电建一公司酌情增资（具体方案另行文）。增资后，除专项改革措施外，河北电建二公司处置工作的改革成本由山东电建一公司按政策法规的规定帮助河北电建二公司解决。其中，符合财政部、国务院国资委《中央企业处置僵尸企业补助资金管理办法》（财资〔2016〕99号）规定的6项涉及人员安置的费用，由山东电建一公司统筹解决。原集团公司向河北电建二公司提供的金融债务担保责任由山东电建一公司承接，并由山东电建一公司自行酌情安排偿还或置换为优惠利率贷款。其他改革成本，由山东电建一公司依据政策法律的规定，按照市场化、法治化的原则自主决定。

（二）其他支持措施

集团公司通过境内外投融资项目，优先支持山东电建一公司参与京津冀（含雄安新区）及“一带一路”等基础设施建设。产权划转前，集团公司给予河北电建二公司的支持扶持政策措施（如920资金、困难职工慰问帮扶）继续有效。河北电建二公司“三供一业”分离移交中，对其中按政策应当由河北电建二公司承担的部分费用，由集团公司按僵尸企业另行解决。对河北电建二公司医疗保险纳入属地化管理时有可能发生的趸交费用，由集团公司按与地方医保协商的结果另行解决。

七、组织领导

集团公司全面深化改革领导小组办公室/“处僵治困”工作小组办公室仍按照其工作规则承担与本项重组有关的督促、协调、服务工作。

原集团公司河北电建二公司改革脱困指导小组职责不变，按新的改革处置思路、路径继续推进。指导小组办公室仍然设在电力工程事业部。

山东电建一公司是河北电建二公司改革处置工作的责任主体，向集团公司负责。河北电建二公司是改革处置的法律主体，向山东电建一公司负责。

八、工作要求

（一）统一思想，提高认识

重组整合是集团公司贯彻落实中央关于积极稳妥处置“僵尸企业”的重大部署，也是集团公司提高发展质量和效益的内在需求。要站在国家经济社会发展的战略高度和全局视野，在思想上、政治上、行动上自觉与党中央保持一致，打好处置“僵尸企业”的攻坚战。山东电建一公司发挥作为实体经营企业在人员安置、市场拓展、项目履约、制度文化等方面的优势，加大融入京津冀协同发展战略的力度，把处置“僵尸企业”的压力，变成自身进一步做强做优做大的动力，增强使命感、责任感，高度重视，坚定信心，提升能力，强化执行，做到自身发展和处置工作“两不误，两促进”。

（二）加强宣传，维护稳定

各级党工团组织要充分发挥保障监督、宣传引导、协调服务等作用，加强正面宣传、引导，争取广大职工群众对改革脱困工作的理解和支持，确保职工队伍稳定、项目安全履约、各项工作平稳过渡。工会要积极发挥维护职工权益、引导职工支持改革、关心特困职工群体等桥梁纽带作用，切实维护国家、企业、职工的合法利益。职工安置方案等要依法依规履行民主管理程序。山东电建一公司、河北电建二公司要认真梳理、评估、应对可能面临的各类风险，做好应急预案和应对措施，加强与地方政府等国家机关的沟通，确保企业和社会稳定。

（三）严明纪律，规范有序

严格执行政治纪律、组织纪律和财经纪律。严把人财物关口，确保现有项目及业务平稳运行，防止国有资产流失。工作未交接前，干部员工必须坚守现工作岗位，做好职责范围内的工作，不得失职、渎职、滥用职权或玩忽职守。加强对印鉴、授权、档案、文件、资料的管理，防止遗失、泄密，保证其完整性。处置过程中发现此前履行合同或其他经营管理行为存在违纪违法嫌疑的，及时移送纪检监察或司法机关，依法依规追究党纪政纪和法律责任。畅通检举渠道，加大审计、纪检、监察工作力度，对“处僵治困”工作进行全过程、全方位监督，确保本方案依法、合规、有序实施。

特此通知。

中国电力建设集团有限公司
2017年11月13日

第三篇

专　论

在中国电力建设集团（股份）有限公司 2017 年党风廉政建设和反腐败工作会议上的讲话

晏 志 勇

（2017 年 2 月 27 日）

同志们：

为了深入贯彻党的十八届六中全会、中央纪委七次全会、全国国有企业党建工作会议精神和习近平总书记系列重要讲话精神，认真落实中央企业党风廉政建设和反腐败工作会议部署要求，进一步加强公司党风廉政建设和反腐败工作，公司党委今天组织召开这一重要的会议。刚才，岳岩同志代表公司党委对公司党风廉政建设和反腐败工作进行了全面总结和部署，我完全赞同；等会中央纪委驻国资委纪检组李正义副组长还要作重要讲话。请大家会后认真组织学习，深刻领会，抓好落实。下面，就如何进一步加强党风廉政建设和反腐败工作，我代表公司党委讲三点意见。

一、以习近平总书记系列重要讲话精神为指导，准确把握党风廉政建设和反腐败工作形势，切实增强全面从严治党的政治自觉

党的十八大以来，习近平总书记发表了一系列有关党风廉政建设和反腐败工作的重要论述，把党风廉政建设和反腐败工作提高到治国理政、兴党兴国的新高度，充分展示了我们党坚定不移推进党风廉政建设和反腐败工作的意志和决心，为新形势下深入推进党风廉政建设和反腐败工作提供了思想武器和重要遵循。

在党的十八届六中全会、中央纪委七次全会和全国国有企业党建工作会议上，习近平总书记站在时代发展和战略全局的高度，围绕推进全面从严治党向纵深发展的主题，全面分析了党的建设面临的形势和任务，系统总结了十八大以来全面从严治党的理论和实践，深刻回答了事关国企改革发展和党的建设的重大问题，创造性地提出了一系列新思想新观点新要求，明确了当前和今后一个时期党风廉政建设和反腐败工作的总体要求和主要任务，是新形势下推进全面从严治党、开创党的建设新局面的思想武器，也是我们加强企业党风廉政建设和反腐败工作的行动指南。

2016 年，公司党委以习近平总书记系列重要讲话精神为指导，全面贯彻落实党的十八大、十八届历次全会精神和十八届中央纪委六次全会精神，从讲政治的高度学深悟透其精神实质，牢固树立“四个意识”，特别是核心意识、看齐意识，准确把握总书记关于党风廉政建设和反腐败形势的科学判断，准确把握总书记关于深入推进党风廉政建设和反腐败斗争的工作要求，准确把握总书记关于标本兼治深入推进全面从严治党的重大部署，充分认识党风廉政建设和反腐败工作的长期性、复杂性和艰巨性，切实增强全面从严治党的政治自觉，坚定不移抓好各项任务的落实，严肃党内政治生活，强化党内监督，深化政治巡视，扎实开展“两学一做”学习教育，持续加强党的纪律建设和作风建设，把握运用监督执纪“四种形态”，继续严抓中央八项规定精神落实和严防“四风”反弹，持续推进纪检体制改革，党风廉政建设和反腐败工作取得了新的成效，不敢腐的高压态势基本形成，不能腐的制度日益完善，不想腐的堤坝正在构筑，为促进公司改革发展提供了纪律保障。

但是，我们也要清醒看到，当前公司党风廉政建设和反腐败工作面临的形势依然严峻复杂，存在的问题不容忽视。主要表现在：一是部分企业仍存在管党治党责任落实不力问题，重视程度上热下冷，“两个责任”落实的力度和效果逐级递减，层层衰减。有的企业党委长期不研究党风廉政建设和反腐败工作，责任制没有完全落地，督促问题整改也不到位；有的基层党组织软弱涣散，形同虚设。部分企业纪委履职尽责不到位，监督执纪问责不严，个别纪委书记在监督上不到位，对于违规决策的问题，不但不制止，还参与其中；有的是执纪不敢动真碰硬，有案不查、有责不问、责任追究不力现象在不少企业依然存在，没有达到问责一个、警醒一片的效果。二是“不敢腐”的目标虽然初步实现，但“四风”问题禁而不绝，违法案件也还有发生，不收手、不收敛问题依然存在，有的是落实中央八项规定精神方面不整改甚至顶风违纪，也有的是自身存在腐败问题但不主动向组织交代，一些企业还依然存在违规决策、违规获取奖金或津贴、违规设立“小金库”，甚至个别领导干部贪污、收受贿赂等问题。需要强调的是，各企业党委特别是党政一把手要加强自我诊断、签字背书个人重大事项报告、开展“小金库”清查治理。三是“不能腐”的制度虽已基本完备，但制度不执行、变通执行的情况还不同程度存在，部分企业对制度的学习宣贯还不到位，制度执行缺少刚性，监督审核环节流于形式；或是对制度执行情况的监督检查不够，考核评价缺乏足够的刚性，跟踪监督和问责追究机制不健全，追责处理不及时，导致制度执行力层层衰减，完善制度体系和强化制度执行的任务还很繁重。有的领导干部甚至把自己凌驾于制度之上，在招标投标、工程分包、设备物资采购、财务资金管理等工作中违规操作。四是“不想腐”的效应虽已初步显现，但基础仍不牢固，部分党员干部政治敏锐性差，不讲政治、不守规矩，有的出国不报批、拿公司规章制度不当回事、拖延公司审计意见整改，有的违反“三重一大”决策制度、个人重大事项报告不实、选人用人不规范等。有的党员干部认为企业处于完全竞争型行业，应该主要抓营销、求生存、讲发展，担心反腐败影响市场订单，惯性思维没有扭转。有的党员干部理想信念淡薄，平时忽视甚至不愿学习，对党章党规党纪和法律法规学习不够、理解不透，修身律己不严，缺乏基本的法纪意识、底线意识。离真正的“不想”还有较大差距。

对于存在的问题和工作短板，我们要高度重视，举一反三，持续改进。既要看到十八大以来落实全面从严治党要求、扎实开展党风廉政和反腐败工作取得的成效，也要充分认识党风廉政建设和反腐败工作的长期性、复杂性和艰巨性，切实增强责任感、紧迫感。

当前和今后一个时期，公司各级党委、纪委在深入学习贯彻习近平总书记系列重要讲话精神，深入推进党风廉政建设和反腐败工作中，要做到“四个始终坚持”：

一是必须始终坚持高标准和守底线相统一。对我们党员特别是领导干部来说，首先必须坚持高标准要求，这是中国共产党的性质和奋斗目标所决定的。但实际上，不是所有党员和领导干部都能做到高标准严要求自己。高标准与守底线，给广大党员干部划定了两条关键线，一条是共产党人坚定价值信仰的精神高线，一条是党员干部恪守党纪国法的纪律底线。公司各级党委、纪委要教育引导全体党员、干部向善向上，自觉向着理想信念高标准努力，不断提升党性修养和思想境界，增强拒腐防变自觉性，同时提出明确的底线要求，以党的纪律为尺子，强化刚性约束，使党员、干部知敬畏、存戒惧、守底线。

二是必须始终坚持抓惩治和抓责任相统一。“抓惩治”表现的是制度的“强制措施”，彰显的是权威震慑作用，要坚持不懈贯彻中央八项规定精神，对“四风”问题露头就打、执纪必严；“抓责任”表现的是道德的“人文滋养”，强调的是责任担当，要坚持严惩贪腐与柔性化处置相结合，体现严管与厚爱，督促各级党组织和领导干部强化责任担当，对失职失责行为严肃问责，用责任的担子倒逼党员干部积极作为，不仅要自己“不腐败”，也要防止“他人腐”，营造风清气正的创业氛围。要以强力问责为抓手，全面落实主体责任和监督责任，一级抓一级，绝不能把层层传导压力变为层层推卸责任，运用各种问责方式，让失责必问、问责必严成为常态，传递管党治党越来越严、越来越紧的强烈信号。

三是必须始终坚持查找问题和深化改革相统一。要从问题入手，抽丝剥茧、查找根源，深化改革、破立并举，与时俱进推进制度创新，攻克体制机制的痼疾，确保权力公开透明运行。当前，公司的改革发展正处于一个转型升级的攻坚期，要实现全面从严治党的目标，必须始终把深化改革与查找问题结合起来，在深化改革中坚持问题导向，着力发现问题、解决问题，探讨产生问题的根源，针对问题及其根源完善制度，推动改革目标任务落地，让深化改革产生实实在在的效果。

四是必须始终坚持选人用人和严格管理相统一。之所以在“选人用人”之后还要严格“监督管理”，是因为“选人用人”的环节不可能百分之百保证人才质量，即使能百分之百保证人才质量，所选所用的都是德才兼备的好干部，也有可能在任职后变坏变懒变庸。因此，要把“选人用人”与严格监督管理结合起来，既把德才兼备的好干部选出来、用起来，又树立“崇尚实干、鼓励担当”的导向，加强监督管理，形成优者上、庸者下、劣者汰的良好局面。党委要坚持党管干部原则，严格执行组部关于党委讨论决定干部任免事项守则，落实好“凡提四必”“三个不上会”“两个不得”“五个不准”要求，严把政治关、品行关、能力关、廉洁关，选好配强领导班子特别是主要领导。纪委要严把选人用人"党风廉洁意见回复"关，加强人事安排决策环节的监督，强化对权力集中、资金密集、资源富集、资产聚集等重点部门和岗位的监管，特别是加强对主要负责人履职行权的监督约束，防止选人用人不正之风和干部带病提拔。

二、层层压紧压实"两个责任"，推动全面从严治党向纵深发展

全面从严治党是党章赋予各级党组织的重要政治责任，落实主体责任是党中央推动全面从严治党的重要制度性安排。只有真正把"两个责任"扛在肩上、落到实处，才能不断巩固和扩大党风廉政建设和反腐败工作成果，才能真正营造风清气正、干事创业的良好政治生态。公司各级党委要牢固树立"抓好党建是最大政绩"的理念，进一步明确任务清单、权力清单和责任清单，层层压紧压实党管治党责任，严禁以"层层分解责任"或"层层传导压力"来层层推卸责任，切实增强管党治党的自觉性和坚定性，推动全面从严治党向纵深发展。

（一）把责任体现在党组织增强管党治党的高度自觉上

党的十八大以来，习近平总书记多次就新形势下坚持全面从严治党提出了明确要求。公司各级党组织要严防党员干部思想滑坡，结合"两学一做"学习教育，加强党章党规党纪教育，引导广大党员干部真正把党章意识、纪律意识、规矩意识和组织意识扎根思想深处，把所学所悟转化为实际行动，规范日常言行，任何时候都不能、更不允许脱离纪律规矩的约束，切实增强管党治党的政治自觉和行动自觉，做到真管真严、敢管敢严、长管长严。各级党组织和党员干部都要牢固树立"四种意识"，特别是核心意识、看齐意识，自觉地、坚定地维护以习近平同志为核心的党中央权威，在立场态度、责任担当、防护措施、示范带动上向党中央看齐、向习近平总书记看齐、向党的理论和路线方针政策看齐，在任何情况下，都要在思想上政治上行动上与以习近平同志为核心的党中央保持高度一致。要明责知责，紧紧扭住主体责任这个"牛鼻子"，牢固树立"抓好党风廉政建设是本职、不抓党风廉政建设是失职"的理念，深刻认识党风廉政建设和反腐败工作取得的成效、面临的严峻复杂形势，细化各层级的管党治党责任，推动各级党组织和党员干部真正齐心协力抓党建、落实管党治党责任不放松，层层抓紧压实管党治党责任。

（二）把责任体现在严肃党内政治生活上

习近平总书记强调指出，严肃党内政治生活是全面从严治党的基础，党要管党，首先要从党内政治生活管起；从严治党，首先要从党内政治生活严起。公司各级党委要严格贯彻执行《关于新形势下党内政治生活的若干准则》，加强和规范党内政治生活，不断净化党内政治生态。党员领导干部特别是领导班子成员要做严肃党内政治生活的表率，切实维护中央权威，保证令行禁止。要严明政治纪律和政治规矩，提高党内政治生活的原则性和战斗性，形成发现问题、纠正偏差的有效机制，重点解决好党员领导干部理想信念不坚定、对党不忠诚、纪律松弛、滥用权力等突出问题。要用好批评和自我批评这个武器，认真落实民主生活会、组织生活会相关规定。要严格落实领导干部双重组织生活、民主评议党员、谈心谈话、个人重要事项报告等制度，推进咬耳扯袖、红脸出汗常态化，积极营造风清气正的政治生态。要加强对下级领导班子民主生活会的督促指导，提高质量和效果，努力形成严肃认真、民主团结、求真务实的党内生活氛围。

（三）把责任体现在落实党内监督上

《党内监督条例》规定，党委对党内监督负主体责任。党内监督的任务是：确保党章党规党纪在全党有效执行，维护党的团结统一。党内监督的主要内容是：遵守党章党规，维护党中央集中统一领导，坚持民主集中制，落实全面从严治党责任，落实中央八项规定精神，坚持党的干部标准，廉洁自律、秉公用权，以及完成中央和上级党组织部署的任务等方面的情况。党内监督的重点对象是：党的领导机关和领导干部特别是主要领导干部。因此，公司各级党委要切实强化党内监督，主动接受同级纪委的监督，建立完善党委全面监督、纪委专责监督、党的工作部门职能监督、党的基层组织日常监督、党员民主监督的监督体系，敢于动真碰硬，从点滴抓起，从具体问题管起，及时发现问题、纠正偏差。纪委作为党内监督专责机关，要坚守监督执纪问责的职能定位，维护党章、严明党纪，抓住"关键少数"，盯住"一把手"，加强对所辖范围内党组织和领导干部遵守党章党规党纪、贯彻执行党的路线方针政策情况的监督检查，重点监督领导班子成员特别是"一把手"落实主体责任、执行民主集中制、廉洁自律等情况。党的工作部门要加强职责范围内的党内监督，既加强对本部门本单位的内部监督，又强化对本系统的日常监督。保护好党员的民主监督权力，对于干扰妨碍监督、打击报复监督人的要依纪严肃处理。各职能部门要发挥职能监督作用，按照"大监督"管控模式，有效推进全面监督工作，着力构建“大监督”格局。

（四）把责任体现在锲而不舍推进作风建设上

作风建设是一场攻坚战，也是一场持久战，必须持之以恒落实中央八项规定精神，驰而不息纠正“四风”，常抓不懈，久久为功。要加大监督检查力度，既要紧盯违反中央八项规定精神问题，又要注意发现和纠正以形式主义、官僚主义对待公司党委决策部署等突出问题。要抓住作风建设中的重点问题，严肃问责查处，对顶风违纪的行为，发现一起坚决查处一起；紧盯重要节点，持续开展监督检查、问责追究和通报曝光；认真解决难点问题，既紧盯老把式，又关注新动向，让心存侥幸者付出代价。对执纪审查中发现的“四风”问题，要先于其他问题查处和通报；对被立案审查的党员干部违反中央八项规定精神问题要深挖细查，对同一参与违规行为的其他党员干部一律查清约谈，让党员干部意识到违规的高风险，形成有力震慑。要突出重点整治，持续开展“四风”整治情况“回头看”，从正反两方面典型入手，坚持正面激励和反面惩戒相结合，改进工作作风、狠抓工作落实。

（五）把责任体现在实践监督执纪“四种形态”上

监督执纪“四种形态”是全面从严治党的具体举措，是“两个责任”在纪律建设中的具体体现，不但需要纪委在执纪审查方面积极作为，更需要党委在全面从严治党中主动担当。各级党委要把落实主体责任贯穿于日常监督管理的全过程，带头执行党的政治纪律、组织纪律、廉洁纪律、群众纪律、工作纪律和生活纪律，切实让纪律成为管党治党的尺子，用纪律和规矩管住大多数党员干部。各级纪委要在全面从严治党中找准定位，督促同级和下级党委切实承担起从严治党的政治责任，把“四种形态”要求贯彻到党员干部日常教育、管理和监督之中，贯彻到线索处置、纪律审查、执纪审理的全过程。特别是要实践运用好第一、第二种形态，体现政策策略和方式方法的针对性、灵活性，惩前毖后、治病救人。各级党委、纪委在工作中要用好三大类、五种形式的谈话：第一类是教育提醒谈话，主要针对苗头性、倾向性问题的教育提醒，干部任职前的廉洁谈话；第二类是查证谈话，主要针对有举报反映的人员，通过谈话函询的方式了解核实情况；第三类是惩戒谈话，主要针对有关人员受到纪律处分后对其进行谈话，以及对违纪情节轻微、不需要给予党纪政纪处分的进行诫勉谈话。希望知错愿改、重建忠诚的同志越来越多，希望触犯法纪而且执迷不悟、一意孤行、我行我素的人越来越少。

三、坚持标本兼治，着力构建不敢腐不能腐不想腐的长效机制

习近平总书记多次强调，反腐败的目标是要建立不敢腐不能腐不想腐的有效机制，加强对权力运行的制约和监督，把权力关进制度的笼子里，形成不敢腐的惩戒机制、不能腐的防范机制、不想腐的保障机制。现在，“不敢腐”已经初见成效，但在一些基层企业还受着传统思维惯性的影响，个别干部陋习依然，要从“不敢腐”走向“不能腐”“不想腐”、营造风清气正的氛围还任重道远。我们必须从推进全面从严治党的高度，以治标推动治本，以治本巩固治标，通过惩防并举、标本兼治，努力实现不敢腐不能腐不想腐的目标。

（一）坚持治标不松劲，持续强化不敢腐的震慑氛围

中央纪委七次全会强调，只有抓住惩治这一手不放松，坚决铲除“污染源”，才能形成“不敢”、促进“不能”、强化“不想”。公司各级党委推进全面从严治党，必须坚持把纪律和规矩挺在前面，积极运用“四种形态”，持续保持高压态势。

一是坚持以零容忍态度惩治腐败，坚决遏制滋生蔓延。在反腐败问题上，公司党委的态度一直是明确的，始终坚持无禁区、全覆盖、零容忍。要在巩固不敢腐成效的基础上，进一步狠抓关键、重拳出击，坚决查处落实党的路线方针政策不坚决、不到位，有令不行、有禁不止，搞自由主义、阳奉阴违、拉帮结派的行为。惩治的重点还是要聚焦党的十八大后不收敛、不收手，问题线索集中、群众反映强烈，现在重要岗位且可能还要提拔使用的领导干部，其中三类情况同时具备的是重中之重。要持续保持高压态势，力度不减、节奏不变，不管涉及什么人，不论权力大小、职位高低，只要触犯党纪国法，都要严惩不贷，形成强大的震慑力，让抱有侥幸心理的人对“四风”和腐败望而生畏。要着力发现和严肃查处政治问题和经济问题相互交织的腐败问题，坚决查处侵吞国有资产的问题，严查关键岗位、重要领域、重点环节，特别对权力集中、资金密集、资源富集等重要领域和渎职侵权、商业贿赂等涉及面广、危害性大的严重违法违纪行为，切实解决发生在基层和职工身边的不正之风和腐败问题，推动全面从严治党向基层延伸。

二是强化政治巡视，充分发挥好巡视利剑作用。公司经过2015年、2016年七轮的巡视监督，着力发现问题，形成了震慑，较好地发挥了巡视利剑作用。今年的巡视工作已经开始，要统筹开展，实现对成员企业巡视全覆盖。要坚决贯彻中央巡视工作方针，

落实政治巡视要求，坚定政治方向、坚持问题导向、坚守价值取向，透过现象看本质，加强对党组织和党员领导干部坚定理想信念、落实党的路线方针政策，坚持党管干部原则、选对人用好人情况的监督检查，推动巡视工作规范化、见实效。加大巡视整改力度，深化巡视成果运用，被巡视企业党委要全面落实巡视整改主体责任，扎实做好巡视整改工作；纪检组织、监察部门对巡视发现的问题线索要及时跟进，依法依规分类处置，做到件件有着落，事事有回音，扩大巡视效应；对敷衍整改、整改不力、拒不整改的，要抓住典型，严肃问责。要系统总结、归纳提炼公司巡视工作成果，进一步完善巡视工作相关制度，把创新实践固化为制度成果。

（二）坚持治本不动摇，着力形成不能腐的体制机制

只有建好制度、立好规矩，坚持思想建党和制度治党相结合，把制度建设贯穿到反腐倡廉各个领域、落实到管权管人管事各个方面，才能真正从源头上遏制腐败。《党章》《廉洁自律准则》《纪律处分条例》《问责条例》《党内政治生活若干准则》《党内监督条例》的陆续出台，健全了全面从严治党党规党纪的顶层设计。我们要主动适应新形势、新要求，在推动“不能腐”上下工夫，认真查找梳理廉洁风险点，系统地有针对性地建立健全相关制度，真正把权力关进制度的笼子里，着力形成不能腐的体制机制。

一是坚持用制度管权，确保权力阳光运行。许多腐败和“四风”问题都与权力配置不科学、使用不规范、监督不到位有关。要把加强党的领导与公司治理结合起来，明确党组织在决策、执行、监督各环节的权责和工作方式，完善“双向进入、交叉任职”的领导体制，明确党组织研究探讨经理层重大问题的前置程序，落实“四同步”“四对接”要求，确保党组织领导核心和政治核心作用的充分发挥，确保党要管党、从严治党落到实处。要健全内部权力运用相关制度和程序，只要岗位负有权力，都要建立健全相对应的行权履职约束制度，保证所有行权都有制度规范来约束，不留死角、更加周延。要强化对行使权力的监督，形成有权必有责、用权必担责、滥权必追责的制度安排。加大信息公开力度，提高信息公开质量，确保权力在阳光下运行。

二是坚持用制度管人，营造遵章守纪氛围。要牢牢把握党管干部原则，树立正确的用人导向，严把动议提名关、考察考核关、程序步骤关，做到干部人事档案“凡提必审”，个人有关事项报告“凡提必核”，纪检监察部门意见“凡提必听”，反映违规违纪问题线索具体、有可查性的信访举报“凡提必查”从严选拔领导干部。要按照管人管党相统一的原则，加强对领导干部的监督管理，尤其是要加强对项目经理层的廉洁风险监督，完善经常性谈话、约谈、廉洁档案等日常监督制度。要建立企业领导干部插手重大事项记录制度，对违规过问下级有关事项的要如实登记和问责。要按照“三个区分开来”要求，健全完善容错纠错机制，最大限度调动广大党员干部干事创业的积极性、主动性和创造性。

三是坚持用制度管事，推进工作有章可循。从公司信访举报、案件查办、巡视和审计汇总的问题来看，容易滋生腐败和“四风”问题的大多集中在一些投标招标、工程分包与结算、设备物资采购、财务资金管理、选人用人等重点领域和关键环节。反腐倡廉制度建设，必须紧紧抓住这些领域和环节，强化廉洁风险防控。要完善领导班子议事制度和程序性安排，对集体讨论事项，每个班子成员必须亮明态度并记录在案，切实解决集体决策难以追责的问题。要高度关注重大资本运营风险，进一步完善推动企业重大事项决策监督机制，健全对外投资、改制重组、产权流转、收入分配等制度流程，规范国有资本运作，防止国有资产流失。要完善境外国有资产监管制度和投资监管制度，严格规范境外大额资金使用、集中采购和佣金管理，确保境外资产安全可控、有效运营。

四是狠抓制度完善和落实，强化制度执行力。构建“不能腐”的有效机制必须一手抓制度完善，一手抓制度执行。抓反腐倡廉制度执行，是各级党组织和领导干部的重要责任。要依据党的十八大以来制定和修订的准则、条例等党内法规，结合企业党风廉政建设和反腐败工作实际，抓紧清理、修订和完善各项制度，扎紧制度篱笆。要着力查找信访举报、执纪审查、巡视、审计反馈问题背后制度流程上的缺陷，认真剖析已查办典型案件的制度性原因，将纪检监察部门的意见建议、巡视整改措施和成果制度化。要加强制度执行的监督检查，用监督传递压力，用压力推动落实，确保各项制度落地生根。

（三）坚持思想建党不懈怠，努力筑牢不想腐的思想堤坝

深入推进全面从严治党，领导干部必须加强锤炼党性修养，带头正确对待权力、带头正确对待名利、正确对待监督、正确对待自我、正确对待亲情，教育引导广大党员干部坚守真理、坚守正道、坚守原则、坚守规矩，不断提高政治觉悟、党性修养和道德水平，筑牢拒腐防变自律基石，以思想之“堤”

阻挡贪腐浊流的侵袭。

一是坚定理想信念，拧紧思想“总开关”。理想信念动摇是最危险的动摇，理想信念滑坡是最危险的滑坡。广大党员干部特别是领导干部要加强政治理论学习，党章党规党纪党史学习，发挥党校和各类干部培训班的作用，以学习强志、以忠诚励志、以行动践志，依靠文化自信坚定理想信念，坚持共产党人价值观，自觉接受中华优秀传统文化、革命文化、社会主义先进文化的熏陶和滋养，补足精神之“钙”，筑牢思想之“魂”，解决好世界观、人生观、价值观这个“总开关”问题，不断提高执政觉悟和政治定力，始终把理想信念铭记于心、见诸于行，融入为党工作、履职尽责、修身律己的实际行动中，落实到生产经营管理各项工作中。

二是坚持为民宗旨，把正权力“方向盘”。权力是柄“双刃剑”，为公则壮党威，为私必斩自己。从全国和公司内部查处的一些典型案例来看，腐败问题几乎殊途同源，都由公权私用所致。每个党员干部要时刻保持“大道至简、有权不可任性”的自我警觉意识，做到秉公用权、依法用权、谨慎用权、高效用权，严守权力边界，把握好公与私的分界线，决不搞权力寻租、权钱交易，让权力的行使处于公开、透明的状态，防止以权谋私、权力滥用。各级党委、纪委要加强立权意识的灌输和监督制约，引导广大党员干部树立正确的权力观，确保广大党员干部在严以用权中担当责任、在清风正气中干事创业。

三是坚守从业底线，系牢廉洁“安全带”。党员领导干部如果没有高尚的品行操守，思想就容易出错、道路就容易走偏、行为就容易失范。习近平总书记指出：“干部廉洁自律的关键在于守住底线。”领导干部特别是领导班子成员都要把廉洁自律当作政治必修课，始终心存敬畏、手握戒尺，严格自律、慎独慎微，增强政治定力、纪律定力、道德定力、抵腐定力，始终不放纵、不越轨、不逾矩，经常对照党章党规党纪检查自己的言行，加强政治历练，积累政治经验，自觉把讲政治贯穿于党性锻炼全过程，永葆共产党人政治本色。广大党员干部特别是领导干部要严格遵守廉洁自律准则、纪律处分条例各项规定，对照规定检查自己的行为，凡是规定不准做的事绝对不做，在任何情况下都要稳得住心神、管得住言行、守得住清白，守住底线，不越红线，不碰高压线，坚决防止“破窗效应”和“温水煮青蛙”现象。要注重家庭、家教、家风问题，教育管理好亲属和身边工作人员，禁止利用职权或影响力为家属亲友谋求特殊照顾，切实在廉洁自律上作出表率，时刻系牢廉洁从业的“安全带”。

各级纪委作为党内监督的专责机关，要切实提高纪检监察队伍的向心力、战斗力和公信力，政治定力要强，业务能力要精，队伍管理要严，自觉用行动诠释忠诚，用责任书写担当。各级党委要一如既往、旗帜鲜明地支持纪检监察部门监督执纪问责，加强对纪委工作的领导，对纪检监察干部既要严格教育、严格管理、严格监督，督促落实监督执纪工作准则，又要在政治上、思想上、工作上、生活上关心爱护，为他们履职尽责创造良好环境和条件，统筹干部选拔、培养、交流、使用，让敢于坚持原则、敢于碰硬的好干部脱颖而出，真正建设一支忠诚干净担当的纪检监察干部队伍，为公司健康持续发展保驾护航。

同志们，全面从严治党是各级党组织和纪检组织的职责所在，也是全体党员干部应尽的义务。我们要紧密团结在习近平同志为核心的党中央周围，深入贯彻落实国资委党委、中央纪委驻国资委纪检组的工作部署，振奋精神、真抓实干，推动全面从严治党向纵深发展，开创党风廉政建设和反腐败工作新局面，为公司改革发展提供坚强政治保证和纪律保障，以优异成绩迎接党的十九大胜利召开。

苦干实干创佳绩 奋发有为促发展 全面完成年度目标任务喜迎党的十九大胜利召开

——在中国电力建设集团（股份）有限公司2017年年中工作会议上的讲话

晏　志　勇

（2017年7月27日）

同志们：

这次会议的主要任务是：深入学习贯彻习近平总书记系列重要讲话精神和治国理政新理念新思想新战略，学习贯彻全国国有企业改革经验交流会精神，贯彻落实中央企业、地方国资委负责人培训班精神，总结上半年工作，研究部署下半年重点工作任务，统一思想，奋发有为，确保圆满完成全年各项目标任务，以优异成绩迎接党的十九大胜利召开。

下面，我代表公司、公司党委讲两点意见。

一、上半年主要工作进展情况

今年以来，公司上下直面严峻复杂的经济形势，坚持稳中求进工作总基调，落实“12358”战略方针，全面加强党的建设，有效应对各种困难和挑战，改革发展党建工作取得明显成效。

1～6月，公司完成营业收入1572.73亿元，同比增长14.37%，为全年计划的45.57%；实现利润总额63.03亿元，同比增长8.59%，为全年计划的49.99%；新签合同3708亿元，同比增长37.2%，为全年计划的67.2%；实现增加值15.79亿元，同比增长0.61%。截至6月末，公司资产总额6687.5亿元，较年初增长11.01%；资产负债率79.96%，较年初下降1.43个百分点。

总体来看，公司上半年的主要经营指标基本实现时间任务“双过半”，均满足“十三五”规划的阶段要求。公司在2017《财富》世界500强企业排名上升至第190位，较去年提升10位；获得国务院国资委中央企业负责人2016年度经营业绩考核A级企业称号，这也是公司重组成立以来连续第五年获此殊荣，体现了国务院国资委对公司经营业绩的认可，是全体电建人砥砺奋进、不懈拼搏的最好见证。

（一）大力开拓市场，营销业绩稳中向好

上半年，我们较好把握国内外市场结构性调整机遇，不断优化营销体系，创新营销方式，年度营销计划得到较好落实，业务结构呈现新的特点。

营销能力不断增强。一是战略营销深入开展。公司紧随国家战略规划，主动融入雄安新区规划建设，首批与河北省政府和雄安新区筹备工作委员会实现高层对接，为参与白洋淀治理及雄安新区规划建设发展奠定了基础；积极参与“一带一路”建设等国家战略，着力开拓沿线国别市场，推动一系列国际合作协议及重点项目落地。二是高端营销持续发力。公司领导亲力亲为，组织带领公司总部部门和子企业负责人，深入重点区域市场调查研究，上半年与39个地方政府、重要合作伙伴建立战略合作关系、达成合作共识。在海外大力推行“高端切入，规划先行”理念，继续推动30多个国家的全国、区域或流域能源电力、水利水电、新能源发展规划的咨询服务，资源项目锚定力进一步增强。三是区域营销效果初步显现。六大海外区域总部初步建成并扎实落实“五个中心”职能作用，区域化本土化经营开局良好，营销和履约能力有所提升。

业务结构不断优化。一是国内传统业务稳步增长。1～6月，公司新签国内传统业务合同1209亿元，同比增长19%，占比32.6%。二是国内非传统业务迅猛增长。1～6月，公司新签国内基础设施、水资源与环境治理等非传统业务合同1505亿元，同比增长85.6%，占比40.6%。三是国际业务实现恢复性增长。1～6月，国际业务新签合同994亿元，同比增长13.6%，占比26.8%。

业务特色更加鲜明。一是竞争性市场营销成效

显著。上半年公司在国内抽水蓄能、火电和新能源总承包等传统业务领域，通过整合发挥“擅规划设计、长施工建造”独特优势，经过激烈市场竞争中标了合同额达64亿元的辽宁清原抽水蓄能电站EPC项目，标志着国内首批大型水电站和抽水蓄能电站EPC招标的三个项目均由公司获得。二是项目规模经济普遍提升。在上半年国内外新签项目中，一定规模以上项目总数达到108项，合同额共计2087亿元，占到上半年公司新签合同总额的56%。三是PPP项目持续快速增长。上半年公司新签PPP项目合同924亿元，同比增长162.5%，PPP已成为公司发挥“能投资运营”独特优势、加速转型升级的重要商业模式。

（二）着力提升管理，经营质量稳中有进

上半年，我们持续强化精益管理理念，不断完善项目履约管理体系，质量效益水平得到总体改善，部分管理领域提升明显。

战略引领作用有力发挥。科学分解公司“十三五”规划目标任务，公司总部层面制订了29项业务和职能规划，子企业全面完成了子规划制订工作，战略规划体系基本健全。国际业务在公司及海外业务“十三五”规划的指导下，不断深化改革整合成果，加快推进国际经营集团化管理体系建设，上半年制定发布国际业务品牌管理办法、国际业务市场布局管理办法、子企业国际工程履约能力评价管理办法等七项基本管理文件，国际经营的体制机制和管理体系的科学化、规范化、制度化及创新性有了较大提升。

项目履约能力稳步增强。全面推行QHSE管理体系，覆盖面不断扩大，国内外项目履约管理基础不断夯实。项目管理信息化建设有力推进，施工类子企业项目信息化管理系统在上半年全部建设完成，90%以上的新开工项目纳入系统管理。乌东德、白鹤滩等国内重大项目扎实开展创优活动，苏丹上阿特巴拉水利枢纽工程、科特迪瓦苏布雷水电站等国际重大项目顺利竣工移交，一系列国内外标杆工程的良好履约，向世界展示了精工良建、品臻致远的“中国电建”品质。

全面预算管理有力落地。公司按照年度总体经营部署和关键指标控制要求，严格预算安排，拧紧责任链条，强化“业财融合”，加强过程管控，年度全面预算的战略引领、价值导向、资源配置作用和经营管控、预警提示、绩效评价功能有效发挥。上半年主要经营指标基本实现阶段性预算控制目标，有力保障了经营业绩指标的实现。

“三资”管理成效显著。有力发挥金融服务平台功能，6月末公司资金集中度上升至66.72%，集中额达到618.64亿元，上半年内部调剂资金总额182亿元；通过内外部贷款置换和同业增收，为公司及子企业创效6.68亿元，金融服务实体能力显著增强。加大低效无效资产处置力度，上半年累计对外转让（出租）资产17项，盘活资金2.19亿元。加大资本运作力度，股份公司圆满完成上半年中央企业建筑板块上市公司规模最大的非公开发行，募集资金120亿元，为公司增强财务能力腾挪出了更大的空间。

审计与法务、风控工作扎实开展。上半年，公司积极配合审计署经济责任审计工作，扎实推进审计意见整改落实；组织开展了一系列经济责任审计、重组整合改革审计、项目常态审计，审计的“免疫系统”功能、风险防范功能有效发挥。法律事务全面融入中心工作，为改革改制、资本运作、项目投融资等重大经营改革活动提供了有力法律支持。编制发布了公司2017年度风险管理报告，制订了风险管理策略及应对方案，提高了公司防范重大风险能力。

提质增效扎实开展。公司制定了年度瘦身健体提质增效工作方案，聚焦关键环节明确6个方面48项重点任务，强化了提质增效工作的针对性和精准度。上半年对20家子企业开展了现场督导，约谈了部分落实不力的子企业领导。系统梳理国内外重大亏损和风险项目，制定了专项治理方案，着力从源头和根本上推动减亏扭亏，不断夯实提质增效基础。

安全环保形势总体平稳可控。公司重点加强安全环保管理策划与引领指导，继续做好重大安全环保隐患监督检查，构建了严密的事故防线。以评估结果为导向，着力强化应急能力建设，全面提升了突发事件处置能力。上半年，公司未发生重大及以上安全生产责任事故和有重大影响的环保、职业健康事件。

（三）持续深化改革，重大发展难题逐步破解

上半年，我们坚持问题导向，聚焦关键领域，以改革为总抓手，着力破解深层次难题，推动公司保持健康可持续发展。

中国特色现代国有企业制度进一步健全。按照党中央、国务院国资委党委的部署要求，依照法定程序修改了集团公司、股份公司章程，在中央企业中较早实现“党的建设进章程”，确立了党组织在公司法人治理结构中的法定地位，初步实现了加强党的领导和完善公司治理的统一。

股份制改革稳步推进。火电业务板块全民所有制企业公司制改建和清理规范工作加快开展，相关子企业的土地、房产权属完善率明显提高。通过非

公开发行成功引入大型国有企业、金融机构战略投资者，有效改善了股份公司的股权和股东结构。

“瘦身健体”成效显著。上半年压减企业法人户数29户，公司控股法人机构数量由去年9月的957户减少至870户，超额实现国务院国资委提出的工作目标。大力推进“处僵治困”，国务院国资委挂牌督办的两家“僵尸企业”处置工作取得重大进展。按照专业化、区域化、一体化目标，上半年推动完成了两家子企业的重组整合。

解决历史遗留问题稳步推动。紧盯地方配套政策，建立内部协同机制，加快“三供一业”分离移交，累计签订移交协议136项，完成移交12项。严格落实中央要求，截至6月末共有78户厂办大集体企业完成了改革任务，196户关联和自然人持股企业完成了清理规范，完成率均超过50%。

改革配套措施进一步健全。发布了子企业功能手册，支持鼓励子企业加快差异化发展，为更好实现公司全产业链一体化经营提供支撑。优化子企业管理评价体系，依据评价结果有针对性地扩大对子企业的放权授权，增强子企业自主发展活力动力。深入研究探索总部改革，为推动公司改革转型提供有力牵引。

（四）加快转型升级，供给侧结构性改革深入推进

上半年，我们深入贯彻“五大发展理念”，坚持创新驱动，大力推动供给侧结构性改革，公司可持续发展能力不断增强。

供给侧改革深入推进。加大市场发展趋势研究，大力推进传统优势业务转型升级，上半年火电业务板块子企业积极开发风电、光伏总承包市场，水电设计业务板块子企业加大水资源和环境治理、轨道交通和市政勘测设计、地下管廊和棚户区改造等市场开拓力度，平台公司类子企业积极参与基础设施市场和新商业模式项目，均取得良好的市场营销成效。火电设计板块、水电设计板块上半年新签合同同比分别增长29%、30.2%，平台公司新签合同同比增长64.7%。

产业投资稳健发展。上半年公司累计完成投资417.9亿元，带动工程总承包业务实现收入386.6亿元；固定资产经营型业务实现营业收入168.85亿元、利润总额7.34亿元，投资业务产生稳定现金流作用和业务带动能力不断提升。

产融结合快速推进。上半年首次采用MTN方式，成功引入境外低成本资金；启动了“水星Ⅲ”25亿元境外美元债MTN计划，首期发行票面利率锁定在3.5%的超低水平。财务公司在成都18号线地铁项目引入市场机制选择融资银行，实现还款期利息降低约27亿元。基金公司设立了50亿元额度的结构调整基金、100亿元规模的平安基金，为公司开拓市场、调整转型提供了有力的金融支撑。

科技创新取得一定成效。认真落实公司科技创新战略规划，推动开展了城市河流（茅洲河）水环境治理关键技术研究、水电工程勘测设计施工一体化信息技术应用等一批重大专项。着力引导科技创新资源向光伏、水资源与环境等战略新兴业务集中，上半年战略新兴业务和产业链上下游集成项目申报立项数量明显增加。“超深与复杂地质条件混凝土防渗墙关键技术”等一批科技成果达到国际领先和先进水平，“锦屏二级超深埋特大引水隧洞发电工程关键技术”获评国家科技进步二等奖，增强了公司的核心竞争力。

“双创”工作积极开展。着力强化创新创业意识，结合“互联网+”，大力推动网上众创共享空间建设，“世界水能资源分析与数字规划关键技术研究”等信息化平台项目加快成熟应用，“云计算和大数据安全应用试点示范项目”获得国家高技术产业发展项目资金补助支持。群众性“双创”活动持续开展，在焊接比武大赛等活动中取得较好成绩，职工技能水平获得有效提升。

（五）全面从严治党，核心作用充分发挥

上半年，我们认真学习贯彻十八届六中全会和全国国有企业党的建设工作会议精神，深入学习贯彻习近平总书记系列重要讲话精神和治国理政新理念新思想新战略，认真落实管党治党责任，党的建设不断深化，领导核心作用和政治核心作用充分发挥。

党的领导全面加强。公司党委认真学习贯彻全国国有企业党的建设工作会议精神，坚决落实两个“一以贯之”原则，推动实现集团公司、股份公司层面党建工作纳入公司章程。坚持把党委研究讨论作为董事会、经理层决策重大问题的前置程序，“把方向、管大局、保落实”作用有效发挥，党建工作与企业经营改革发展工作深度融合。

学习成效持续提升。不断完善、严格落实党委理论学习中心组学习制度和“三会一课”制度，认真开展专题组织生活会和民主评议，公司党员干部“四个意识”特别是核心意识、看齐意识进一步增强。

党建规划和年度重点工作有效落实。制定公司党的建设和企业文化建设“十三五”规划、全面监督“十三五”规划等，进一步强化了党建工作顶层设计。聚焦党委主业主责，建立年度党建工作重点

任务推进清单，强化全面从严治党和党建工作第一责任人责任。组织开展了2016年度子企业党委书记述职及年度党建工作责任制考核，其中优秀44家、良好34家、合格1家、不合格1家。

领导干部和人才队伍建设得到加强。公司党委将中央选人用人新规定新精神贯彻到领导干部的选拔任用、教育培训、管理监督、奖励惩戒等各个环节，坚持问题导向，严把干部标准和工作程序，认真研究子企业领导体制调整方案及工作部署，加强领导班子和领导人员考核奖惩工作，对14家子企业和单位的领导班子进行了补充调整。坚持选管育用并重，组织开展了3期企业领导人员培训，培训领导人员及后备干部154人，进一步提升了领导干部队伍的整体能力素质。

党风廉政建设和反腐败工作深入推进。多渠道开展廉洁教育和纪律教育，公司两级纪委先后组织近3万人次观看了《央企领导人员违纪违法警示录》等警示教育片，警示效果明显。加强反腐倡廉制度建设顶层设计，目前已出台反腐倡廉制度30项，搭建起了"不能腐"体制机制框架。认真落实中央八项规定精神，加强对驻外办事机构的监督管理，作风建设成果得到巩固。严格执纪审查，公司两级纪委对违纪违规人员给予党政纪处分18人，给予警示谈话、诫勉谈话、通报批评等组织处理28人。深入项目一线开展"两个责任"落实情况监督检查，约谈子企业党政主要负责人28人、纪委书记14人，推动"两个责任"向基层延伸。加强监督顶层设计，启动开展全面监督，出台全面监督"十三五"规划。加强廉政风险联防联控，在深圳市茅洲河整治工程项目试点开展廉政风险联防联控活动，在巴基斯坦卡西姆港燃煤电站项目试点成立联合纪工委。严把选人用人廉洁关，对50名拟提拔任用领导干部出具了党风廉洁意见书。聚焦从严治党和突出政治巡视，组织14个巡视组开展了两轮对18家子企业的巡视，巡视的震慑作用不断增强。

同志们，在国务院国资委的坚强领导下，在国有重点大型企业监事会的正确指导下，广大干部职工坚定信心、努力拼搏、攻坚克难、砥砺前行，公司上半年总体实现了平稳较快发展，在经济下行压力依然较大的形势下，取得这样的成绩实属不易。在此，我代表公司、公司党委向国务院国资委和国有重点大型企业监事会领导，各位独立董事、外部董事，公司广大党员干部职工表示衷心的感谢和诚挚的敬意！

在充分肯定成绩的同时，我们更要清醒地看到上半年工作中存在的一些突出问题。一是改革推进深度不够。主要表现在：公司顶层推动型改革在推进，但部分子企业主动探索实践型改革不主动，未能形成顶层设计与基层实践的良性互动，削弱了改革成效；"三项制度"改革进展缓慢，"三能"问题难以有效突破，内部市场化机制建设任重道远，企业和职工的活力、能力和潜力未能得到充分有效激发。二是质量效益水平不高。主要表现在：一些重要的经营指标没有得到有效、根本改善，普遍低于中央建筑企业平均水平；对于公司年度工作会议上提出的"三个0.5和一个0.1"硬性约束目标，部分子企业在实施中出现偏差，盈利能力继续下降；个别子企业为完成考核指标搞虚假业绩、账面利润，造成了严重不良影响。三是经营风险累积凸显。主要表现在：国内外一些项目履约不良，个别项目亏损潜亏数额巨大，子企业亏损额和亏损面均有所扩大；个别投资项目收益低下、经营不佳甚至长期亏损；各业务板块及子企业"两金"规模普遍增长过快，部分子企业资金链脆弱，在下半年及未来一个时期从紧的货币政策下将面临极大风险考验；合规经营意识和能力不足，个别子企业已遭到调查惩戒，企业名誉形象和市场开拓效果受到很大影响。四是产品质量管理体系不健全。主要表现在：对承接的中小型项目质量管理不重视甚至缺位，造成个别具有一流能力的子企业竟然在一些中小项目上出现令人扼腕的质量问题，加之分包管理粗放甚至放任，质量投诉有所增加。五是加强党的建设还存在明显不足。主要表现在：部分子企业党的领导和党的建设弱化、淡化、虚化、边缘化现象比较严重，党建、党风廉政建设的责任和压力没有完全传递到位，"一岗双责"没有完全落实，党内生活质量有待提升。有的子企业领导班子政治意识和规矩意识不强，学习不深、执行不严，面对新形势新情况缺乏改革的勇气和推动的能力，不同程度地存在不思进取、不敢担当、不善作为、不抓落实等问题。

对于上述突出问题，大家一定要有清醒认识。公司总部相关部门和子企业务必要高度重视，深入研究，尽快形成科学、系统、实用、有效的解决方案，在下半年工作中有针对性地加以解决。

二、下半年重点工作安排

下半年，我们党将召开第十九次全国代表大会，这是党和国家政治生活中的大事。公司上下一定要深入学习贯彻习近平总书记系列重要讲话精神和治国理政新理念新思想新战略，学习贯彻全国国有企业改革经验交流会精神，贯彻落实中央企业、地方国资委负责人培训班精神，坚持稳中求进工作总基调，落实加强党建、深化改革、精益管理、提质增效工作部署，克服各种困难与挑战，砥砺奋进，主动作为，确保全面完成全年改革发展党建目标任务，以更加奋发有为的精神状态、更加卓有成效的工作业绩迎接党的十九大胜利召开。

下半年要重点做好以下五个方面的工作：

（一）创新营销方式，着力开拓市场，确保实现全年生产经营目标

市场始终是我们的生命，要充分结合并有效发挥我们“懂水熟电、擅规划设计、长施工建造、能投资运营”的独特能力，适应新变化新要求，持续创新研究新营销方式，巩固扩大传统优势市场，培育开拓新兴业务市场，保障我们的生命工程长青。

服从服务国家战略，认真履行“三大责任”。全面履行好中央企业肩负的经济责任、政治责任、社会责任，进一步深入研究、系统分析、切实掌握包括“一带一路”建设、雄安新区建设在内的国家重大经济建设战略部署布局的内涵和要求，把握相应建设投资市场的新规律和新规则，与之相应地更好发挥我们的传统优势，加快培育形成新优势，定制风险可控的创新营销方式，突出我们在能源电力、水资源和环境、基础设施领域的特长。在服从服务国家战略的同时，更好地集中资源优化国内外市场布局，更有效地培育开拓市场。今年下半年，一定要采取有效措施，扎实推进国内重点跟踪的符合国家战略的重大项目落地生效。认真履行企业在安全质量、环境保护等方面的经营责任，在力所能及的范围内承担好就业慈善、精准扶贫等方面的社会责任；紧密结合利益相关方的实际需求，逐步推进共商、共建、共享，实现在目标市场区域的深度开拓、持续经营和长远发展。

优化深化市场布局，筑牢三大业务核心优势。能源电力业务要以“巩固市场，实现稳步增长”为原则，重点跟踪并很好参与金沙江、雅砻江、大渡河上重大水电项目竞标，密切跟踪落实新疆、陕西等省区和黄河干流上国家重点水利项目，在确保市场份额、项目中标的前提下，争取以内部联营合作形式、EPC总承包模式实施项目建设，推动公司全产业链一体化战略落地；进一步扩大火电总承包、输配电业务，稳健参与核电建设市场。基础设施业务要以“做强做优，实现带动放大”为原则，以源于充分竞争行业的市场意识、优质和更低且合理成本的施工能力，大力拓展公路、铁路、城市轨道交通、城市地下管廊和海绵城市、房建和钢结构与装配式建筑等市场；进一步创新商业模式，以完善的内部市场化投资和履约安排，超前的资本运作和资产运营设计，并匹配自身资源和风险承受能力来承接重大PPP项目，形成可持续发展的经营规模和业务结构。水资源与环境治理等业务要以“做专做大，实现行业领先”为原则，大力开发水生态环境综合治理及生态修复市场，积极培育工业环保业务，加快进入绿色智慧新城、特色小镇、城市应急、海岛经济、军民融合等相关市场，着力推动既有业务尽快成熟并发现和培育新业务增长点。

完善创新营销体系，实现三维营销协同发力。加快完善以战略营销为导向、高端营销谋布局、区域营销为抓手的营销网络体系，形成“上下结合、统筹协调，全面覆盖、优势互补”的营销管理体系。战略营销的主体责任在公司，关键是着力推动“12358”战略方针落地，引导子企业科学规划业务，找准目标市场，提升核心优势，有序参与竞争。高端营销的主体责任在公司和规划设计子企业、平台公司和特级、A级子企业，关键是有效落实“高端切入、规划先行，技术领先、融资推动”营销战略，激发市场需求，引领公司更好营销。下半年要着力发挥国际项目前期规划专项资金作用，扩大国别覆盖，深化已有成果，加快孵化转化。区域营销的主体责任在驻地子企业、区域优势子企业和平台公司，关键是扎根区域，强力推动精准营销、深度营销，打赢项目竞标攻坚战。下半年公司要加快制定发布区域市场营销规划，明确区域及市场划分、营销目标和责任主体，健全区域资源整合、营销管理和利益分配机制，避免同一区域内多个子企业无序盲目竞争；要规范和创新对外合作方式，坚决制止出借资质、挂靠等违法违规及影响公司品牌形象的行为。海外区域总部下半年要正式进入角色，进一步贯彻落实“五个统一”经营理念、充分发挥“五个中心”功能定位，调动优配区域资源，深耕细作国别市场。

在这里我要着重强调一下国际经营，大家一定要清醒认识自己，正确看待竞争对手，既要看到国际经营环境已经发生的重大变化以及随之改变的国际竞争态势和格局，又要看到近一个时期以来我们在一些传统区域和国别市场、在一些标志性重大项目上屡屡失手，以及一些前期国际业务高速发展中潜在遗留问题频发的现实，要以强烈的危机感、紧迫感和责任感，以自我革命、从零开始、二次创业的勇气、激情和干劲，在阵痛中主动适应变革，加快自我调整，顺应海外经营新形势新变化新要求，承担起推动公司战略转型、建设世界一流企业的历史责任和使命。下半年公司将召开国际经营工作会议，着力解决问题，统一思想认识，安排部署工作，打造国际化新优势，实现全球化新发展。

（二）实施精益经营，夯实管理基础，坚决打赢

提质增效攻坚战

提质增效不仅是中央和国务院国资委的明确要求，也是公司健康发展的必然要求，要紧紧依托项目，抓住履约和经营两个基础管理关键点，通过精益管理推动提升公司经营运行质量。

狠抓项目履约。树立项目全生命周期经营理念，以追求项目营销效果最优化、履约效益最大化为根本出发点，推动市场营销和履约经营一体化，进一步解决目前普遍存在的营销、履约“两张皮”问题。遵循“履约为先、管理为重、创效为本”原则，完善覆盖项目进度、成本和 QHSE 等要素的全方位管理体系，夯实精益化管理基础，推动项目管理信息化建设应用落地见效，切实提升项目履约管理水平；今年新开工的项目，必须全部纳入项目管理信息化系统进行管理。下半年要深入研究总承包项目签约主体、履约主体不一致带来的一系列法律和经营问题，梳理公司内部投、建、管各方的责、权、利，建立相应的管理机制并确保合法合规、科学高效。加强海外项目履约监管，强化以履约能力为评价核心、以在建项目为评价对象、以履约表现和结果为评价内容的国际业务履约能力评价体系，理顺调整和退出机制，让“有能者上、无能者退”，进一步夯实海外项目履约和经营基础。

狠抓成本管控。加快健全项目全面成本管控体系，设立成本台账，划小核算单位，确保每个单项工程、工序都算清、算细、算实成本账；按照效益优先原则倒推成本限额，建立节奖超罚激励机制并确保兑现。主动对标国内外行业优秀企业项目成本管理，引入先进的成本管理方法和工具，管好设计、生产、采购、人工等关键成本因素和环节，向精益管理要效益。公司所有项目一定要把账算清楚，知道盈在哪里、亏在何处；凡因成本不清造成经营亏损的“糊涂”项目，要坚决追究项目经理的经济责任；盈利项目成本算不清楚、说不明白的，也要在经营业绩考核中视情况予以相应减分直至追责，不能因盈利掩饰成本高企、效益流失等问题；切实加强对项目经营的过程监控、分析、预警，坚决杜绝出现短期内项目经济效益指标崩塌式下降甚至由盈转亏。公司及子企业总部要着重从“三资”管理精益化入手，加强资金集中、资产运营、资本运作，强化融资、投资和资金使用的成本管控，提升收支匹配度，从更高层面更大力度地降低成本、提升效益。持续加强资金集中管理，推进实现内部资金集约化、配置最优化、效益最大化，全面落实国务院国资委要求的中央企业资金集中度达到 70%以上的目标和要求。

狠抓合规经营。深刻吸取教训，痛定思痛，加快健全合规经营体系，持续推进“法治电建”建设、打造“阳光电建”。培育和树立大合规意识，确保企业生产经营行为和员工个人行为符合法律、符合党纪、符合规范，使合规成为公司的理念和文化、员工的习惯和准则。把合规建设与审计、纪检等工作结合起来，严肃问责，让发生违规行为的企业和个人承担相应责任、付出相应代价。把好法律风险审核关口，实现各层级“三重一大”事项法律审核全覆盖。国际经营要狠抓投标工程业绩证明材料和项目咨询顾问代理费两个高危环节，国内经营要狠抓分包管理问题多发点，制定专项治理方案，从经营管理模式、生产组织方式和管理体制机制上予以尽快解决。

狠抓风险防控。要下定决心压降“两金”规模，对相关账目逐笔鉴证甄别，实行分类管理，该销账的销账，该计提的计提，该回收的回收；要突出一把手的领导责任、企业总部的执行责任、项目经理的工作责任，加大约谈力度，强化奖惩兑现，优先对余额较大、账龄较长及逾期款项进行清欠，加快资金回笼，实现“应收尽收、颗粒归仓”。要下定决心控制带息负债规模，着力降低财务杠杆。固定资产类投资要坚守收益率底线，坚持有所为、有所不为，着力压规模、调结构；扩大对战略性前沿领域和新兴产业投资力度，提升增量资产的质量效益；PPP 投资带动类项目要坚持“能力可及、效益优先、风险可控”政策导向，优化投资安排和项目结构，防止“黑暗期”叠加；要深入研究资产运营问题，加快建立管理体系和运营平台，通过集中运营提升资产的管理效率和经营效益；要积极探索推动市场化债转股、资产证券化等，盘活存量资产，把资产规模及增速控制在合理范围内。要下定决心治理“三重项目”（重大风险项目、重大潜亏项目、重点关注项目），找准问题根源，制定有效措施，持续治理直至风险释放，确保不发生影响公司及子企业资金链安全、影响项目所在区域市场营销的重大经营性、系统性项目亏损风险。要坚决禁止开展融资性贸易及“空转”“走单”等无实质性贸易业务的商业往来，各子企业必须在 8 月底前完成自查并上报自查及处置整改情况；隐瞒不报或虚假报告的一经查实，对相关责任人一律严查严处。

狠抓安全生产。进一步强化安全生产红线意识，全面落实安全生产主体责任，切实履行“一岗双责”，严格执行责任追究和“一票否决”考核制度。进一步抓重点补短板，强基础促达标，不断完善规章制度，着力强化管理和执行。进一步加大安全监管力度，认真组织开展好安全大检查，以防范遏制重特大事故为重点，坚持标本兼治、综合治理、系统建设，推动实现本质安全，为公司健康发展提供安全保障。要正确处理好安全与工期、质量、效益的关系，难以协调时，坚决把安全放置在第一位。

狠抓质量管理。进一步强化质量管控体系建设，确保产品和服务质量满足履约要求。健全项目专项施工方案审批、技术交底、质量教育培训、质量验收“三检制”、试验检测、质量管理例会等基础性质量管理工作，加强全员、全过程、全方位质量管理。继续组织开展国家和行业优质工程推优工作，打造“中国电建”品质优势。

狠抓整改落实。要高度重视上半年及前一个时期国家审计署、国务院国资委、国务院国有重点大型企业监事会的审计、巡视、监察意见和公司内部审计、巡视、监察等部门提出的相关意见，加快整改落实，建立长效机制，堵塞经营管理漏洞，严防出现“屡改屡犯、屡教不改”现象，保障公司及子企业生产经营安全健康运行。

同志们，公司年度工作会议上提出并再三强调的压降“三个0.5和一个0.1”的质量效益约束指标在上半年没有阶段性实现，我相信公司有关部门和子企业肯定也想了很多办法，采取了很多措施，但现实效果并不理想，虽然可以找出看似充分合理的客观理由，但在同样的市场经营环境下，公正客观地横向对标，中央建筑板块兄弟企业相应的指标比我们好，这充分说明主观不努力是主要原因。针对这一问题，公司在上半年着手对2017年经营业绩考核指标体系进行了重大的适应性调整，新增“营业收入成本率”“应收账款、存货占营业收入比例”，更加强调降本增效、“两金”压控。大家一定要看到这几个指标的重要性和问题的严重性，认识到越往后拖，难度会越大，损失会越多，风险会更高，要强化责任，完善机制，采取措施，坚定不移地把相关工作往前推，确保年底给公司、给广大干部职工一个满意的交代。

（三）全面深化改革，推动战略落地，有效激发公司发展内在活力

当前中央企业改革进入“施工高峰期”，下半年我们的部分改革到了攻坚阶段，有的改革面临收官，公司及子企业一定要在巩固现有改革成果的基础上，打好组合拳，推动改革在重点领域和关键环节取得新的进展和突破。

持续完善中国特色现代国有企业制度。公司层面要遵照党中央和国务院国资委党委的要求，按照修订后的公司章程，修订完善公司治理机构工作和议事规则，明晰公司党委全面发挥领导核心和政治核心作用的方式和途径。持续加强股份公司董事会建设，不断提升董事会决策的规范性、有效性、科学性。加快研究推动子企业层面党建进章程及相关工作，子企业要结合实际认真研究，主动向公司提出建议和方案。着力深化内部三项制度改革，推进建立市场化选人用人机制，探索开展市场化选聘经营管理者和职业经理人，推动落实管理人员能上能下、职工能进能出、收入能增能减，激发广大干部职工干事创业积极性。

持续推进公司制改制工作。认真落实《中央企业公司制改制工作实施方案》，出台有力措施，确保年底前基本完成电力工程、电力勘测设计和装备制造业务板块全民所有制企业公司制改建。积极研究探索策划条件成熟的业务板块上市路径，打造国内国外多层次上市平台。

持续加大内部资源整合与外部兼并重组。加快制定东北、江西及河南片区子企业整合方案，年底前完成6组以上企业重组，基本完成火电业务板块企业重组整合，深入研究推进其他业务板块内部资源整合。眼睛向外，不断拓宽资源整合的思路、范围和对象，加大对地方国资国企的互补式兼并重组力度，深化区域市场开发和资源整合。

持续开展法人户数及管理层级压减工作。坚持“有保有压、总量下降，调整结构、腾挪空间”方针，大力清理存量，严格控制增量，确保新业务开展和特殊商业安排需要。下半年，公司一定要实现压减法人户数155家、子企业管理层级总体控制在四级以内的既定目标，完成国务院国资委下达的任务。

持续做好“处僵治困”专项治理工作。抓住处置僵尸企业和特困企业专项治理这个“牛鼻子”，一企一策，对症下药，采取内部重组、转型升级及管理提升等方式，力争基本完成年内处置治理9家“僵尸企业”及特困企业的工作目标。继续落实“僵尸企业”户数每年减少三分之一、特困企业亏损额每年下降20%、亏损面三年缩减50%的总体目标及实施方案，妥善做好人员分流安置工作。

持续推动解决历史遗留问题。用好用足中央政策，积极争取国家资金支持，为历史遗留问题的解决创造有利条件。主动加强与地方政府的沟通协调，加快分离移交，力争实现年底“三供一业”移交协议签订率达到70%。大力推动厂办大集体改革和职工持股企业清理规范工作，除公司批准进行产权界定、实施并购重组之外，其他一律彻底脱钩或关闭退出。要着眼长远发展，摒弃短期利益，做到应交尽交、应改尽改。

同志们，我们的发展任务越繁重、越艰巨，就越要坚定改革信念、厘清改革思路、把握好改革目标、完善好改革内容、谋划好改革方案、管控好改革过程，确保改革取得积极成效。公司及子企业下半年的改革，在内容上要突出改革机制体制、组织结构、经营管理方式、分配激励制度，在方案上要突出符合上级要求、结合实际情况、科学合理可行、全面评估风险，在落实上要突出领导有力、责任明确、执行到位、宣贯人心，在效果上要突出增强国际竞争力、提升质量效益、实现“三个有利于”、赢得广大职工群众满意，最终实现凝聚人心、激发活力、促进发展、惠及职工、回报国家、造福社会。

（四）落实创新驱动，推动供给侧改革，积极培育公司发展新动能

创新是发展的第一动力，是公司推进供给侧结构性改革、实现增长方式转型升级的根本途径。下半年要围绕公司战略定位，推动全面创新，提升和构建新的发展优势和动能。

着力推进业务创新。紧密结合公司业务经营与拓展，以清洁低碳能源开发建设、基础设施及地下空间建设、水资源与环境治理等为重点创新领域，充分发挥公司国家级、省级及公司级技术创新平台作用，加快形成一批推动公司长远战略发展、业务调整转型、质量效益提升的重大技术、关键装备研究成果。把数字化、网络化、智能化、绿色化作为业务创新的技术基点，强化原始创新、集成创新和引进消化吸收再创新，重视颠覆性技术创新，使传统产业焕发新的生机与活力，在新业务领域实现技术跨越与引领，为公司创造新的发展极、增长点、新动能。

着力推动模式创新。紧密结合公司全产业链一体化能力优势，进一步完善大型水电站、流域综合整治等EPC总承包项目运营机制与模式研究，推动公司由生产型向生产服务型转变、由提供单一产品向提供系统解决方案转变。围绕PPP等商业模式的市场切入点、利益结合点和项目推动点，创新产融结合模式，推动证券、信托、基金、融资租赁等金融工具与公司市场开发、项目撬动、资产运营、资本运作精准对接融合，形成符合公司实际、具有公司特色、承载公司能力、彰显公司优势的商业模式。

着力完善创新体制机制。坚持市场导向，着力发挥市场在科技创新资源配置中的决定性作用，推动科技创新始终围绕提升技术经济性、产品服务品质、价值创造能力开展。加速推动科技创新成果标准化、工程化、产业化，提高创新成果转化能力，形成科技投入与效益产出相匹配的稳定长效的良性增长机制。坚持问题导向，建立创新成果、知识产权归属和利益分享机制，探索股权、期权、分红和职业晋升等中长期激励措施，着力解决创新人才“意愿不强、动力不足”问题，激发科技创新人才的主动性、能动性，推动人才强企战略落地。

着力开展“双创”活动。大力支持职工创新工作室、劳模工作室建设，积极推动技能比武、QC小组等活动与“双创”相结合，形成企业搭台、全员参与的工作格局，营造良好创新文化和氛围。打造亮点，树立典型，加快推进“中电建海南‘互联网＋智能制造’双创示范园区”建设。结合“互联网＋”，构建职工众创共享空间和创新发明孵化平台，激发群众性创新热情，实现更多“双创”成果。

公司及各子企业领导人员一定要高度重视科技创新工作，充分认识到科技创新是提高供给质量、扩大有效需求进而保障公司可持续发展的动力源泉，务必作为一把手工程来认真对待，对于真正有效的技术和模式创新要在人、财、物上予以倾斜支持，努力多出成果，多见实效，更好地支撑我们加速市场开拓、提质增效，促进转型升级、稳步增长，实现持续发展、基业长青。

（五）坚持党的领导，加强党的建设，为改革发展稳定提供坚强的政治和组织保证

党的领导、党的建设是国有企业做强做优做大的根本保障。我们要进一步落实中央要求、健全党建体系，充分发挥领导核心和政治核心作用，确保党建工作在党的十九大召开前取得明显进展和得到实质性加强。

深入学习贯彻党的十九大和全国国有企业党的建设工作会议精神，认真落实管党治党责任。把学习两个会议精神纳入“两学一做”学习教育，列为各级党组织学习和党员干部培训内容，把学习教育融入日常、抓在经常，推动各级党组织和领导班子在武装头脑、指导实践、推动工作上取得新成效。抓好《贯彻落实全国国有企业党的建设工作会议精神重点任务》的督促检查，完善措施，确保全面从严管党治党责任有效落实。

强化体制机制建设，为党委充分发挥领导核心和政治核心作用提供保障。落实公司党建“十三五”规划，把党建工作纳入企业整体工作部署，推进子企业层面党建工作进章程，使党组织成为公司法人治理结构的有机组成部分。完善党组织研究讨论作为前置程序的制度流程，重点在“融入”上下工夫、在“内嵌”上做文章，既维护董事会重大问题决策权，又保证党组织的意图在重大问题决策中得到充分体现。

推进“两学一做”学习教育常态化制度化，确保基层党建重点任务落地。以“三会一课”为基本制度，以党支部为基本单位，把“两学一做”作为党员教育的基本内容，长期坚持、形成常态。积极推进学习教育问题整改，坚持严字当头、问题导向，加强督促检查和整改落实。制定公司加强海外机构党建工作实施意见，进一步健全完善海外机构党组织设置，确保海外党建“无盲区”和各项工作有序开展。进一步修订完善公司党建工作责任制实施办法和考核细则，强化子企业党委党建工作主体责任落实。加强基层党群工作部门和党务工作者队伍建设，逐步实现“按照不低于在岗职工人数1%的比例配备专职党务干部，按照不低于上年度职工工资总额1%的比例落实党建工作经费”。

严格执行干部选拔任用的要求和规定，进一步规范选人用人工作。坚持党管干部原则，落实选人用人工作要求，强化党委的领导和把关作用。做好子企业领导班子换届工作，完善企业“双向进入、交叉任职”领导体制，逐步推行党委书记、董事长（执行董事）由一人担任，推行大型子企业配备专职党委副书记。健全干部管理制度体系，扎实推进领导人员及后备干部领导力建设。结合座谈调研、谈心谈话、巡视反馈意见，有针对性地开展子企业选人用人相关工作现场监督检查。抓好公司人力资源（人才）“十三五”规划落实，加快实施院士后备人才培养计划，不断壮大技术和技能型人才队伍，为公司经营发展提供人才保障。

持续推进“不能腐”体制机制建设，形成持续有效监督。认真履行主体责任，强化党章党规党纪教育和廉洁教育，构筑拒腐防变的制度红线、思想道德防线。进一步完善反腐倡廉制度体系，完善权力运行和监督制约机制，争取在十九大前建成“不能腐”的体制机制框架。做好“一带一路”腐败风险国别研究，进一步推进国际业务党风廉政建设。持续推动中央八项规定精神落地生根，形成作风建设长效机制，对顶风违纪行为严肃查处，严防不正之风反弹回潮。高度重视不思进取、不接地气、不抓落实、不敢担当的“四不现象”，坚决反对和有效防范。严格纪律审查，准确把握好“三个区分开来”重要思想，实践运用好监督执纪“四种形态”，尤其是把第一种形态实践好、运用好，能做第一种形态的就先做第一种，能做第二种形态的就先做第二种，发现苗头性、倾向性或轻微违纪问题及时纠正，让“红脸出汗”成为常态。深入宣贯全面监督“十三五”规划，牢固树立“大监督”理念，加强职能监督，构建“大监督”工作格局。加强选人用人监督，把好“党风廉洁意见回复”关，防止选人用人不正之风和干部带病提拔。认真贯彻中央及国资委对巡视工作的有关精神，深化政治巡视，不断提升巡视工作质量，下半年完成对18家子企业的巡视，实现巡视全覆盖，持续发挥震慑和“利剑”作用。扎实抓好巡视整改工作，集团公司层面认真开展“回头看”，对照国务院国资委党委巡视组的巡视意见，高标准，严要求，举一反三，逐条检查整改落实情况，对存在的问题采取措施有效解决，同时督导子企业切实做好整改工作，严查有关违法违纪违规问题，严肃追究有关人员的责任。

加强和谐企业建设，营造良好发展环境。加强党对群团工作的领导，大力弘扬劳模精神、工匠精神，积极开展“送温暖”等帮扶活动，切实保障困难职工的基本生活，保护职工群众合法权益，使改革发展成果更多更公平地惠及职工群众。统筹宣传资源，加强新闻策划，抓好习近平总书记系列重要讲话精神的宣传，做好党的十九大精神专题报道，落实好“砥砺奋进新国企”主题宣传活动，充分展现公司改革发展党建工作丰硕成果。

最后，我特别再强调：做好下半年的安全生产工作、确保企业稳定极为重要，不得有丝毫马虎。公司及子企业各级领导人员一定要深入学习贯彻习近平总书记、李克强总理重要指示、批示精神，把安全稳定摆在经营改革发展的首要位置，提高站位，强化担当；认清形势，明确要求；加强领导，精心组织；完善措施，加大督查，从严从实从细，抓早抓小抓好，彻底消除安全稳定隐患苗头，严防重特大事故发生，确保职工群众生命财产安全；细致做好各项维稳工作，切实保障职工合法权益，严防发生群体性事件和进京闹访缠访现象，为党的十九大召开营造良好的环境氛围。此外，当前正值主汛期，我国多地发生强降雨过程，部分子企业遭受严重灾害和较大损失，大家一定要保持高度警觉，加强对极端天气的监测预警，提前制定应急行动方案，备足应急物资。遇到极端天气时，生产区该暂时停工的停工，生活区职工群众该撤离的尽早撤离；一旦汛情发生，要在第一时间有效处置，确保救援及时到位，把损失降到最低程度。

同志们，公司下半年的各项工作任务依然十分繁重艰巨，让我们更加紧密地团结在以习近平同志为核心的党中央周围，以拼搏为美，向行动致敬，一张蓝图绘到底，撸起袖子加油干，圆满完成全年各项目标任务，以良好的精神状态和优异的工作业绩迎接党的十九大胜利召开！

在中国电力建设集团（股份）有限公司2017年安全生产工作专题会议上的讲话

晏志勇

（2017年8月2日）

同志们：

我们召开这次安全生产专题会议，主要是为进一步深入贯彻习近平总书记、李克强总理关于安全生产的重要指示批示精神，全面落实全国安全生产电视电话会议的工作部署，紧密结合集团公司实际，进一步将安全生产工作抓得更实更有效，全面推进我们的安全生产工作，防止发生重特大生产安全事故，不断实现本质安全，以优异成绩迎接党的十九大胜利召开。集团公司7月27日刚刚召开年中工作会，对安全生产进行了总体部署，提出了总的要求，紧接着召开这次安全生产工作专题会，充分表明了集团公司、集团公司党委对抓好安全生产的高度重视，也充分显示了安全生产对集团公司改革发展的极端重要性。为开好本次会议，集团公司7月底召开了安委会、党委会对安全生产工作进行了研究。下面我代表集团公司、集团公司党委对安全生产工作提出要求、做出部署、促进落实，同时，也是作为企业主要负责人在全集团讲的一次安全生产公开课。

一、认清形势、提高认识

党的十八大以来，以习近平同志为核心的党中央把安全生产摆在前所未有的突出位置，习近平总书记、李克强总理多次做出重要批示指示，提出明确要求。习近平总书记特别强调“人命关天，发展决不能以牺牲人的生命为代价，这要作为一条不可逾越的红线”。习近平总书记提出的一系列新观点、新要求，作出的一系列新判断、新部署，为解决安全生产“摆位”问题提供了强大的思想理论武器，确立了新形势下安全生产的重要地位，体现了强烈的政治责任感、博大的为民情怀和坚定的历史担当。

今年下半年将召开党的十九大，这是我们党在全面建成小康社会决胜阶段召开的一次十分重要的会议，承担着总结过去5年的工作，明确今后党和国家前进方向、奋斗目标、行动纲领，选举新一届中央领导集体的重大使命，对于我们党带领全国人民实现“两个一百年”奋斗目标、实现中华民族伟大复兴中国梦，具有重大而深远的意义，是党和国家政治生活中的大事。习近平总书记强调：召开党的十九大，必须有一个和谐稳定的社会环境，各级党委和政府要从严从实从细抓好保稳定、护安全、促和谐的工作，抓重点、抓关键、抓薄弱环节，有效防控各类风险，确保不发生重大安全生产事故、重大公共安全事故、重大环境事故，确保国家政治安全。李克强总理强调：要持之以恒抓好安全生产工作，严格安全生产责任制，全面落实企业主体责任、地方属地管理责任、部门监管责任，坚决遏制重特大事故发生，切实保障人民群众生命财产安全，以经济社会发展的新成绩迎接党的十九大胜利召开。当前，全国各族人民正以更加奋发有为的精神状态和更加卓有成效的工作成绩迎接党的十九大胜利召开。作为中央企业，更要做履职担当、服务大局的“排头兵”。集团各单位、各级负责人要站在为党的十九大召开创造良好环境的政治高度，深刻认识安全生产工作在营造和谐社会环境中的突出重要地位，深刻认识做好当前安全生产工作的重大意义，深刻认识我们肩负的重大责任，切实把思想和行动提高到党中央、国务院的要求上来，提高到集团公司的部署要求上来，时刻牢记安全使命，倍加努力、倍加用心、倍加严格地抓好安全生产各项工作。这是当前安全生产工作的重大政治任务，是对各级党委、各级企业领导干部的重大考验。

当前，集团也进入了全面深化改革、转型升级的攻坚期和关键期，面临的安全形势也日益复杂多元，安全形势始终“依然严峻”。我们经济规模不断扩大，点多面广，管理跨度、管理范围越来越大，需要整合管理的社会资源越来越多，对我们的全面管控能力提出了更高的要求。集团所涉及的领域越来越多，进入了许多原来不太熟悉的业务领域，商业模式、经营模式、生产模式不断创新，海外业务遍布五大洲，有1500多个项目在同时执行，面临的传统和非传统安全形势更加复杂严峻。工程建设所处自然环境复杂，尤其今年遭受极端天气影响频次多、范围广、破坏程度更严重。

集团公司各级领导对当前的安全形势必须有一个清醒的认识，才不会出现“审美疲劳”。我们的领导干部在思想认识上不到位，就会缺乏目标，就会找不到工作的抓手和措施落实的着力点，就会导致我们的行为出现偏差。有的领导对安全文件“一阅了之”；有的对集团制度性规定不落实；重庆电建“由一名副经理同时兼任生产实施体系、技术保障体系、监督管理体系的责任人”，不符合集团四个责任体系责任人配置要求，2016年集团在检查时就已经指出了该问题，但今年检查时仍没有整改到位；路桥公司安全总监空置达一年半；子企业二级生产经营单位普遍存在安全管控弱化的问题。随着企业规模的扩大，二级生产经营单位管理力量与生产经营规模不匹配、“腰部乏力”问题突出；江西院宜春220kV线路改迁总包部，分包单位已进场施工，但分包合同和安全生产协议上分包方都还未签字；还有个别单位出了事故以后检查不严格，追责不严格。

我们必须把这些思想认识上的不到位当成必须首先根除的重大隐患，真正从思想认识深处切实强化“红线意识”和“底线思维”，牢固树立抓安全就是抓发展、抓效益、抓稳定的理念，堵塞安全管理漏洞，拧紧安全生产的“螺丝钉”。要充分认识安全生产工作的长期性、艰巨性、反复性，树牢安全生产主体责任观，始终把保护员工生命安全放在首位，带着感情抓好安全生产，绝不能要带血的效益，绝不能在发展中埋下隐患。做到思想认识警钟长鸣、制度体系严密有效、监督检查严格细致、事故处理严肃认真。

二、聚焦目标、强化措施

下半年的安全生产，要始终围绕为党的十九大胜利召开创造安全稳定社会环境这一主题主线，强化“四个意识”，聚焦“三个连续下降”目标，坚持焦点不移、力度不减，措施再加强、速度再加快、成效再提升，推动集团公司不断实现本质安全。

一要聚焦目标，强化领导。习近平总书记强调，安全生产既是经济和社会问题，也是重大的政治问题，要求党政一把手必须亲自抓，丝毫放松不得。各子企业党政主要负责人下来要及时召开班子会，研究安全生产工作，根据全国安全生产电视电话会议精神和集团公司的部署要求，对下半年的安全生产全面梳理总结，对安全生产中的重大问题做出安排，再动员、再部署、再检查、再落实。一定要做到横到边、纵到底，涵盖分包商、覆盖国内外，认真分析形势和存在的问题，提出对策，抓好抓紧全面实施。

二要聚焦目标，行动迅速。安全工作具有时效性强、不可逆转不可弥补的特点。对待安全问题，要有刻不容缓、只争朝夕的紧迫感，要有文不过夜、事不隔天的责任感。工作部署要迅速，注重抓早抓小，不能积少成多、积小患成大患，一点小疏忽、一个小隐患、一些小违章得不到迅速清除就可能会酿成大事故。要形成反应迅速的管理体系和运行机制，安全的人员、资金、技术、装备等各种资源保障要迅速，不能有“盲点”、不能有“断链”。任何情况下，都要以确保人的生命安全为首要任务，问题整改要迅速，对检查发现的问题，要坚决跟踪督促整改到位，采取突击检查、回头检查、交叉检查和挂牌督办等多种方式，强化整改效果，决不能养痈遗患，对任何拿生命冒险的行为，敢于亮剑、坚决查处。

三要聚焦目标，压实责任。要将“安全生产责任重于泰山”的理念贯穿到生产、经营、管理全过程，落实“党政同责、一岗双责、失职追责”，压实“明责，履责，督责，问责”的管理链条。各单位要对照全年工作任务，盘点清账，列出任务书、计划表、路线图，划分好各自的“责任田”，谁主管谁负责、谁实施谁负责，包保到人，不留死角、不留盲区。近两年有的事故就是发生在“小、偏、远”的项目上，甚至是子企业许多领导都不清楚、从来都没关注过的项目上，小项目闹出了“大事情”。特别要加强问责，加大问责力度，“动员千遍，不如问责一次”，用好执纪问责这个有力抓手。下半年，对责任不落实，监管不到位引发安全事故的，集团将按照规定从重处理，对事故责任人该处罚的必须按规定处罚，该撤职的必须撤职，我们绝不能姑息。培养一个干部不容易，但严惩一个不履职的干部能挽救很多人的生命。

四要聚焦目标，汇聚合力。突出“一岗双责、人人有责”，要将安全主体责任落实到各个环节、各个岗位、各个员工，杜绝责任盲区。通过正向激励和反向倒逼，激发广大干部员工安全履职尽责的积极性、主动性，构建“安全责任共同体”，不断建立持续改进、自我完善的安全生产内生机制。各级技术负责人要举办安全技术专题讲座，增强生产安全事故防范能力。要坚持面向一线，开展好班组安全活动，抓实每日班前会、班组“反三违”、深入班组讲案例等活动，切实由“要我安全”向“我要安全”“我懂安全”“我能安全”转变。要加大安全考核力度，在薪酬分配、职务晋升、推优评先等涉及员工切身利益的方面，加大安全工作绩效的权重。加大宣传力度，各项宣传活动要贴近实际、贴近员工、贴近生产，具有较强的吸引力、影响力和感染力，以调动全体员工参与的积极性，防止搞形式、走过场，加快形成安全生产人人参与、人人发力、人人共享的良好局面。

三、防控风险、抓住关键

要切实增强防控风险、消除隐患、遏制事故的政治自觉、责任自觉、使命自觉，吸取去年江西丰城"11·24"特别重大事故的教训，找准关键薄弱环节和重点难点，精准发力，全面防控，把安全生产的主动权牢牢抓紧在自己手里。

一要加强对安全风险的研判与防范。从经营投标开始，就要对有关项目做好安全风险的全面研判评估，对存在不能接受风险的项目，该放弃的必须果断放弃。保证安全投入，安全费用不得作为投标竞争性项目下调或削减。进入新的业务、新领域，首先要抓对安全风险的研判，通过学习对风险进行全面分析，提高风险防控水平。

二要抓紧分包队伍这个关键群体。我们的事故90%以上都与分包队伍有关。管理体系必须做好衔接，必须覆盖到底，在分包合同上要做出明确约定，对不具备资质不具备能力的绝对不允许分包。对分包队伍人员要坚持先培训后考核再上岗，考核不能停留在纸面上和分数上，要实操考核、实践检验合格，特别是对"新工人、班组长、农民工"，要把事故防范能力作为重点，使其真正掌握生产作业各流程环节中存在的人身伤害风险和防控措施。做好分包队伍人员信息动态掌握，管理实时到位。

三要抓住危险施工这个关键领域。对密闭空间、爆破、高空作业、隧道与地下洞室开挖、脚手架安拆、特种设备安拆与使用等高危项目，以及炸药库、危化品储存库等重点场所，要加强技防、物防、人防等措施的落实，全面增强系统防范能力，提高安全的"冗余度"和"抗风险能力"。要科学合理制定劳动力配置方案，严控施工作业人数，划出"红线"，严控"上限"，严禁超员组织施工作业，对风险高、人员多、空间大的作业场所要实施物理空间隔离，对超过9人以上的作业必须制定专项安全方案。严禁在危险范围区域内设置员工宿舍，严防非施工人员私自进入作业区域内。

四要筑牢隐患治理这个关键防线。明枪易躲，暗箭难防。隐患就是暗箭，与其事后伤心后悔，不如事前倍加小心。对各级检查提出问题的整改落实情况要作为重点进行验证治理。海外事业部、国际公司、海投公司以及海外有项目的单位也要全面排查，着力解决，对解决不了的要及时向有关部门反馈汇报。要突出现场，关口前移，重心下沉，进行拉网式安全隐患大排查，彻头彻尾查找隐患苗头，提前做好防范，抓好整改，将隐患扼制在萌芽状态。要突出重点，着力消除安全投入不足、盲目赶工期可能带来的事故隐患。积极探索应用信息化等先进技术，智能监测风险隐患，不断提高风险防范、应急响应和应急处理能力。

五要抓牢防汛防灾这个关键领地。"七下八上"主汛期已经来临，暴雨、洪水、泥石流等灾害因素增多。去年"5·8"泥石流灾害教训我们须时刻谨记。各单位要按照刚才马凯副总理讲话精神和公司的工作部署要求，严格落实各级防汛责任，切实强化极端天气防范应对措施，健全预警预报联动机制，严防突发事件的发生。

六要抓好非施工安全。勘测设计、装备制造、商贸等非施工企业，也有相应的安全生产问题，2016年湖北电力装备公司"8·15"事故，也给我们敲响警钟，切不可以为安全"与我无关"，时刻不能心存麻痹侥幸。有关单位要配齐配强安全管理力量，坚持更高的标准和要求，在安全教育培训、安全技术装备、基础业务管理、日常巡视监管等方面不断创新工作方式方法，常抓不懈、抓出特色。我们的办公楼、宿舍区、自有物业等要防止"灯下黑"，抓好用电安全、消防安全、电梯安全，对安全设备、电器线路全面检查更新，抓好车辆交通安全。

七要抓好业务相关的安全责任。设计、监理、咨询等单位要注意提高工作质量，不能因为自身工作失误或工作质量问题带来工程安全或者施工安全问题。提供合格产品，避免产品不合格引发安全事故。有关事业部要牵头研究产品召回相关的措施。各电厂要着力解决管理水平参差不齐的问题，以"规范化、标准化、信息化"为手段，全面提升安全水平，实现设备无缺陷、人员无违章、管理无漏洞的要求，确保安全稳定运行。

八要深刻认识和吸取有关安全事故的教训。吸取教训比分享经验更重要。要深入分析有关事故的原因，对症下药，研究如何避免。坚持内外有别，把原因分析透彻，使更多的人从中能吸取教训，发挥效力，争取把坏事变好事。

同志们，安全生产与我们所肩负的政治责任、经济责任、社会责任紧密相关，是事关生命安全、事关员工幸福的头等大事。我们要在以习近平同志为核心的党中央坚强领导下，认真贯彻落实党中央、国务院关于安全生产的决策部署，凝心聚力，开拓进取，狠抓落实，坚决防范遏制重特大事故，推动公司安全生产形势持续稳定向好，以优异的成绩迎接党的十九大胜利召开。

客观评估经营形势　强化重大风险管控 确保实现企业健康稳健可持续发展目标

——在中国电力建设集团（股份）有限公司重大经营风险项目管控处置工作专题会议上的讲话

晏　志　勇

（2017 年 9 月 19 日）

同志们：

今天召开公司成立以来第一次重大经营风险项目管控处置工作专题会议，是公司进一步贯彻第五次全国金融工作会议上习近平总书记重要讲话精神，进一步落实国务院国资委“中央企业降杠杆工作”视频会议要求的具体行动。公司积极响应，高度重视解决历史遗留问题和新形成的风险问题，争取在降杠杆减负债防风险方面实现重大突破、取得实际成效、夯实发展基础。自去年起，由公司四位党委常委牵头，组织开展了重大风险的国内项目、国际项目（包括投资项目）、国内投资项目（不含 PPP 项目）和重大财务资金及重大法律纠纷等专题研究，对公司经营中的重大风险进行了分类梳理分析，分别提出了专题报告，并报党委常委会作了整体研究。在此基础上，公司决定全面推进重大经营风险项目管控处置工作，成立了组织领导机构、办公室和专项工作组，制定了《公司重大经营风险项目管控处置工作实施方案》（以下简称《实施方案》）。这次管控处置工作充分考虑到公司生产经营有关方面暴露的突出问题，也充分反映出公司对抓好当前重大经营风险管控处置的高度重视，大家务必要强化履职担当，明确责任要求，加强统筹协调，采取强有力的措施，有效化解重大经营风险，确保公司持续健康发展。刚才孙璀总会计师就落实《实施方案》作了一个很全面的讲话，讲了《实施方案》的背景、内容和要求，并就下一步具体任务做了安排部署，我完全同意，请有关单位切实抓好落实。下面我就加强有关工作强调三点意见：

一、提高认识，高度重视重大经营风险管控

（一）开展重大经营风险管控处置是落实党中央、国务院、国资委要求的需要

在中央层面，以习近平同志为核心的党中央在对当前经济发展基本面的把握和宏观调控中，将“防风险”与“稳增长、促改革、调结构、惠民生”有机结合一并提出，足以显示防范风险作为基本保障的重要性。习近平总书记在党的十八届五中全会第二次会议上强调，“我们必须把防风险摆在突出位置，‘图之于未萌，虑之于未有’，力争不出现重大风险或在出现重大风险时扛得住、过得去。力争把风险化解在源头，不让小风险演化为综合风险，不让局部风险演化为区域性或系统性风险”。在今年 7 月 14 日召开的第五次全国金融工作会议上，总书记作重要讲话时又特别强调指出，金融风险的源头在高杠杆，去杠杆是防范系统性金融风险的关键手段，要把国有企业降杠杆作为去杠杆工作的重中之重。李克强总理在今年 8 月 23 日召开的第 183 次国务院常务会议上也着重部署了中央企业降杠杆减负债工作，总理指出，降低杠杆率对宏观经济平稳运行意义重大，对企业健康发展意义重大，要求中央企业主动作为，率先带头降杠杆，要抓住经济运行转降回升的有利时机，把前些年高速发展而积累的杠杆率降下来。公司目前的杠杆率偏高，是国资委重点关注的目标，我们要抓住这一有利时机，大力降杠杆。

国务院国资委 8 月 29 日召开中央企业降杠杆减负债专题会议，肖亚庆主任作了重要讲话，国资委也将印发《中央企业降杠杆减负债防风险指导意

见》，要求各央企编制降杠杆减负债工作方案。2016年国务院办公厅印发了国资委起草的《关于建立国有企业违规经营投资责任追究制度的意见》，年初国资委党委、中央纪委驻国资委纪检组召开关于国有资产重大损失案件通报会，进一步强调了国有企业经营管理有关人员履行职责要求和问责机制。

各级现任班子要防范风险增量，是使命使然；解决历史遗留问题，是责任所在，不能不作为！识别、评估、管控和处置风险，首先是止血，别让风险蔓延，努力不使风险变成现实，更不能让亏损进一步扩大。各级现任班子必须要把历史遗留问题扛起来，敢于担当、敢于攻坚克难，否则就是不作为。

我们要认真学习习近平总书记系列重要讲话精神，贯彻落实中央和国资委的有关精神和要求，不断提高认识，进一步增强风险意识、底线思维，强化履职责任，加强风险源头管控，做到早识别、早预警、早发现、早处置，高度重视这次重大经营风险管控处置工作。

（二）开展重大经营风险管控处置是把控国内外市场经营错综复杂局面的需要

从企业所处的国内外环境来看，今年7月24日，中共中央政治局在分析研究当前经济形势和经济工作时认为，经济运行中还存在不少矛盾和问题，要站在经济长周期和结构优化升级的角度，把握经济发展阶段性特征，保持头脑清醒和战略定力，坚定不移抓好供给侧结构性改革，妥善化解重大风险隐患，促进经济社会持续健康发展。强调做好下半年经济工作，要坚持稳中求进工作总基调，更好把握稳和进的关系，把握好平衡，把握好时机，把握好度。要坚定不移深化供给侧结构性改革，深入推进“三去一降一补”。

从企业面临的经营状况来看，目前，公司进入了全面深化改革、转型升级的攻坚期和关键期，面临的国内外市场形势也日益复杂、多元化，国内外建筑市场正在发生深刻变化，商业模式加速转变，市场竞争日益激烈，PPP及相关模式已成为政府和市场的趋同选择，低价竞争成为市场角逐和项目竞争取胜的重要因素，我们在业务方面的传统优势和成本方面的比较优势也呈减弱趋势，国际经营风险不断显现。这种严峻的国际国内经济和市场形势，不仅使国内外市场经营充满着不稳定性、不确定性，也给公司主要业务板块的市场拓展、商业模式创新带来了前所未有的挑战和压力。当前，市场竞争各要素，比如技术实力、管理模式、管理能力和经济能力等都在同步提高，如果我们自己不努力改变和提升，许多问题就不能很好的解决，就没有办法与竞争对手进行竞争。我们有些企业在竞争项目中，就是因为存在风险问题被竞争对手加以利用，导致竞争失利。因此，这些问题各企业必须要高度重视，努力提升管理能力和管理水平；必须真正强身健体，我们才能应对好所有的变化，才能响应好新的要求，才能与竞争对手同台竞技，才能在日益复杂的环境中竞争胜出。

各子企业应认清客观形势，及时把握并深入分析国内外形势变化，提高企业对国内外经营环境变化的敏锐性和发展趋势的预判能力，加强对市场经营不确定性因素的研判，将风险控制在可控范围；加强对生产经营不稳定性因素的管控，及时调整策略和措施，确保风险控制在可承受的范围，做到合理控制纯粹风险，稳妥把握机会风险，切实为实现生产经营目标提供支撑和保障。

（三）开展重大经营风险管控处置是公司持续健康发展的需要

在年初的工作会议上，我们在确定的2017年工作主要目标中提出，营业收入成本率和应收账款、存货分别占营业收入的比例较2016年下降0.5个百分点，资产负债率较2016年下降0.1个百分点，企业经营质量与效益实现明显提升。还相继部署了2017年度瘦身健体提质增效工作实施方案、2017年度“两金”压控工作方案等工作。

从年中情况看，很多企业没有实现这个目标，不降反升。这里需要强调的是，既然确定了考核目标，考核肯定要兑现的。这三个0.5和一个0.1的目标，是绝不允许讲条件的，今年没完成，明年是叠加关系。还要特别提出，各子企业要对未完施工进行认真清理，核实未完施工数额，要确保未完施工账表物一致，防止未完施工形成黑洞，给企业埋下巨大潜在风险隐患。

当前，公司在狠抓“三个下降0.5%”的目标过程中，利润总额增长幅度低于营业收入增长幅度5.78个百分点，这与公司年初布置的工作、确立的目标是相悖的。这种情况有可能形成新的隐患、新的风险。各子企业主要负责人、总会计师、负责经营的班子成员要加强分析研究。

从公司上半年经营情况来看，实现利润总额63亿元，同比增长8.6%，完成营业收入1573亿元，同比增长14.4%，完成新签合同3708亿元，同比增长37.2%；资产负债率79.96%，较年初下降1.43个百分点，公司保持了平稳较快发展的良好态势，但在企业经营管理过程中还存在着不容忽视的问题和薄弱环节，国资委监事会在给集团公司的监督检查反馈中明确指出了企业运营质量、效率以及经营风险方面的问题。国家审计署及公司2016年内部控制审计发现，在海外项目经营、项目管理、工程分包、采购业务、投资业务、应收账款及存货、双方履约等方面，还存在一些重大风险控制缺陷，反映出公司在实施转型升级、结构调整、开拓新业务等方面面临的管理压力增大、合规管理任务繁重。部分企业未能真正领会提质增效、转型升级、压控“两金”和减负债等要求的真正内涵，一味追求规模效应，忽略了企业利润最大化目标，增加了生产经营风险和资金风险，企业资金回收困难和项目运营亏损显现，进一步加剧了现金流风险和项目运营风险。我们既要关注经济增加值占净利润的比重，也要关注现金流潜在的风险，一定要确保现金流不断裂，要在经营过程中注重能力匹配。

我们要确保完成年度工作目标和任务，促进公司持续稳健发展，必须从重大经营风险源头抓起，孙总会刚才说过，重大经营风险项目、负债率、资金流和项目纠纷问题，以及近期出现的信用下降问题，成为了公司的主要风险来源，这个重大风险综合体若不加以管控处置，让其发展下去，将会演化为公司的全局性风险。我们作为世界500强的中央企业，犹如一艘巨轮在大海航行，风险的管控处置就是压舱石，如果管控处置不好，很有可能带来巨轮倾覆的大风险。所以，必须要提高认识，强化风险意识，抓好当下的重大经营风险管控处置，完善长效机制，防患于未然。

（四）开展重大经营风险管控处置是企业完善风险管理与内部控制长效机制的需要

近年来，公司各子企业经营规模持续扩大，业务涉及的区域、领域也越来越广，同时也面临着管理层次多、链条长，业务复杂程度高，管控难度大，以及市场经营风险因素不断增多，企业管理挑战和压力与日俱增等问题，对我们的全面管控能力提出了更高的要求。随着企业规模的扩大，普遍出现了推高企业负债率、资金链供给脆弱、风险管控弱化等问题，二级生产经营单位管理力量与生产经营规模不匹配、管控松散等问题相当突出。

各子企业要对所有投资项目进行全生命周期现金流分析，特别要分析黑障期风险（指项目建设好后，在项目有收入前这段时间所面临的风险），要对各个投资项目的黑障期风险进行综合考虑，防止形成“灰犀牛”事件。各项目要先止血，再减亏，然后再扭亏为盈。同时自身体制机制不活、管理水平亟待提高、安全生产基础薄弱、资源效率配置不高等因素，也制约公司的整体生产经营活动的有效组织管理，难以满足企业生产经营、战略目标实现的需要。

公司各级领导对当前生产经营所面临的突出问题、存在的经营风险，必须有一个清醒的认识。不能只顾签订单，轻履约实施；只顾“救火”忙于应付，忽视管控长效机制的建设；只顾眼前利益，缺乏应有的发展目标；发展找不到目标，工作找不到抓手，措施找不到着力点，导致生产经营目标出现严重偏差。为此，必须把这些思想认识上的不到位当成首先根除的重大隐患，真正从思想认识深处切实强化风险意识，落实风险主体责任，强化生产经营风险管理，绝不能在发展中埋下隐患、制造未来的重大风险。要切实查出形成风险的原因，找出制度存在的缺陷，找准问题根源，完善管理制度，进行自我完善、自我修复。要通过重大经营风险管控处置工作，进一步完善管理有效和行为规范的全面风险管理和内部控制长效机制，保证企业决策、执行、监督机制的有效落实，不断提高企业运行质量。

二、突出重点，认真落实管控处置工作安排

为认真落实这次重大经营风险管控处置工作安排，在此强调以下几个方面的重点工作：

（一）加强重大经营风险项目的管控处置

公司已经明确，要下定决心开展重大经营风险项目管控处置，刚才孙总会讲过，公司领导、有关部门经过系统分析、全面梳理，在《实施方案》中将重大经营风险项目划分为三个层面：一是公司总部牵头负责的项目，共18个；二是公司总部督办的项目，共38个；三是各子企业自我认定的重大项经营风险项目。在前两个层面的56个项目中，有些项目是老大难，已拖了较长时间，且每次上级审计、检查中都会提及，这其中既有可能会出现巨大潜亏的项目，也有已出现重大经营风险苗头的项目。这些项目若不及时加强管控处置，问题会积累成影响全局性发展的系统性重大风险；而有的项目再拖就会增加成本、会花费掉更多精力，更会影响企业整体的生产经营和发展，必须下决心解决、处置。

各相关子企业要增强重大经营风险项目管控处置的信心，对公司总部牵头负责和督办的项目要制定“一项目一方案”，项目管控处置策略应有侧重点和突破点，且要与企业实际情况统筹考虑，有针对性地采取措施。在此需要特别强调：第一，由公司总部牵头负责的项目，并不是说项目法人单位就免责少责，而是项目法人单位更应高度重视，要配置更强有力的资源，公司发挥全集团优势和影响力，对共性问题进行统筹策划，项目法人单位要与公司专项工作组共同研究管控处置目标和措施。第二，由公司总部督办的项目，公司专项工作组应积极给予具体指导，确保工作的落实，各项目法人单位要积极采取措施，对涉及项目开展行之有效的管控处置工作，同时要进一步完善项目管控的长效机制建设。第三，对于已定论为亏损的项目，本着“尊重历史、着眼长远”的原则，进行妥善处置消化，结合企业生产经营情况、财务状况，在能力可及情况下统筹安排实施，亏损项目的消化处置可能会对年度经营业绩考核产生影响，但要从企业发展大局考虑，敢于责任担当，处理好经营与发展关系。

（二）加强投资项目重大经营风险的管控处置

近年来，投资项目拉动了企业的经营业绩，促进了企业的快速发展，但随着投资规模的扩大，企业管控难度加大，企业本身的承受压力增大，风险亦逐步显现，出现了投资规模过大、在建项目投资增加和投入运营项目效益低下且部分陷入亏损等现象，如国内能源电力投资收益出现下滑，已投运的BOT高速公路处于亏损状态，部分PPP项目资本金存在资金短贷长投情况，融资环境趋紧后，前后贷款无法衔接，存在违约风险。还有些方面的风险尚未揭示出来，各子企业要进行全面梳理分析，着眼于三年、五年以后，进行大摸底、大起底。上述问题不仅引起公司领导的高度重视，而且公司独立董事、监事和外部监管机构也都很关注。

为此，对于投资拉动的生产经营性业务，特别是商业模式创新和国际化业务，必须加强对不确定性风险因素的研判。一要加强评估，充分评估该项业务该不该做，该市场能不能进，新的业务模式能不能用，对项目效益预期、市场预期能不能实现，有没有可能受到重大影响，影响程度多大，是否可以承受。二要严控风险，严格防控纯粹风险，审慎处置机会风险，特别是在资金流需求、负债率的问题上要有长远的平衡与规划；对资产运营单位运营亏损、经营困难的处置，要引起高度重视，积极压降财务费用、有效控制运营成本，先解决好当期问题；要探索进行资产证券化改革，特别是在市场化债转股、引入战略投资者等方面积极研究和推进。三要强化管理，要以市场化为导向，改革内部经营管理机制，科学制定股权结构，更好地激发企业经营活力，促进企业长远发展。

（三）加强“两金”压控工作

公司年初确定了“两金”整体压控年度目标，编制了“两金”压控实施方案，要求积极落实压控“两金”措施，创新压控方式，通过金融手段促进资金回流和风险转移。但是上半年应收账款增幅高于营业收入增幅、逾期应收账款占应收账款总额比重居高不下的趋势仍未见好转。同时，多数企业仍存在应收账款增速较快、数额较大、周转速度较慢等问题，个别企业6月末应收账款额甚至超过上一年度营业收入总额。部分单位盲目垫资执行项目，投入资金无法按时回收，资金安全难以保证。部分项目结算不到位、不及时，甚至无法顺利结算，项目现金流严重不足，资金链紧张，只能依靠垫资来维持生产经营，产生较大的资金风险。这里要强调，各子企业盲目垫资项目的行为必须得刹车了，在垫资前一定要认真分析项目条件，一定要量力而行。

“两金”压控是重大经营风险管控处置的重点工作，应在已有工作基础上，进一步统筹策划，进一步梳理细化完成压控“两金”目标的措施和计划安排。首先，各企业要全面排查“两金”存量，加大力度催收存量应收账款，清理低效无效存货。对于余额大、账龄长以及接近诉讼时效的款项，要将其列为重点清收对象，积极采取法律保全措施，依法处置变现抵债资产，减少拖欠损失、尽快回笼资金。对存在较大损失风险、恶意拖欠款项的项目和业主，应组织认真分析，必要时尽快采取法律诉讼等手段予以清收。其次，要梳理管理流程，改善管控制度，科学合理控制“两金”增量，对年初应收账款回收所采取的措施落实情况和效果，进行检查、跟踪，及时调整处置策略和措施，加大未完施工管控力度，积极采取措施降低潜亏风险；针对未完施工金额较大、问题较为突出、拖延结算时间较长的重点项目，应纳入到重大经营风险项目进行管控处置，并实施有效的监督。另外，要强化跟踪督导，严格考核奖惩，要求各子企业严格落实“两金”压控实施方案中设定的工作目标和工作原则，加强组织领导，公司制定“两金”压控考核细则，与全面预算、业绩考核、薪酬激励紧密挂钩，并将各子企业“两金”压控工作情况在公司内部通报。

（四）加强债务风险管控

今年公司资产负债率的控制目标是在2016年基础上下降0.1个百分点以上，上半年公司负债率控制总体情况还是不错的，这与完成非公开定向增发120亿元有密切的关系，但有些单位负债率还是高企，形势仍然严峻，需引起高度重视。部分子企业经营不善，企业经营活动现金净流量持续呈现净流出状态，资金周转十分困难，生产经营活动主要依靠融资来维持，在运作PPP项目拉动规模时，出现只能通过银行贷款解决资本金等问题，加剧经营风险，同时面临较为严重的资金链断裂风险。

近期国务院和国资委部署了降杠杆减负债工作任务，对我们来说必须加强带息负债规模控制，做好债务总量和资产负债率的双重管控。就总体情况而言，要进一步合理控制投资及债务融资规模。加大对 PPP 等项目的投资评审力度，引导子企业大力开拓小比例参股投资撬动 EPC 总承包项目，并积极引入各类股权资金参与 PPP 项目，严禁直接或间接以银行债务融资作为投资项目资本金。完善债务风险动态监测和预警机制，合理安排长短期债券比重，统筹平衡资金余额和融资规模，优化融资结构，加强债券管理和债务风险管控，加快资金周转，提高资金使用效率。就部分子企业而言，利用负债经营加速发展，必须从加强管理、加速资金周转上下工夫，努力降低资金占用额，尽力缩短生产周期，提高产销率，降低应收账款，增强对风险的防范意识，在充分考虑影响负债各项因素的基础上，谨慎负债。从管控债务风险而言，对存在债务风险问题的子企业，公司将进行定向指导，督促相关企业主动应对，按照市场化、法治化原则，采取多种措施积极化解债务风险，确保企业健康发展。

（五）加强重大法律纠纷案件处置

随着公司改革发展步伐加快，经营规模持续扩张，新业务领域、市场领域不断拓展，因交易履约、内部管理等方面引发的纠纷案件逐步增多，法律风险逐步增大。截至目前，公司已发生且正在诉讼之中的 1000 万元以上的重大法律纠纷案件有所增加，建设工程合同及分包合同纠纷大量存在；投资项目引发的纠纷涉案金额不断攀升；国际业务法律纠纷逐步增多，合规风险增大；因独立保函兑付止付及融资租赁引发的金融类法律纠纷凸显；部分子企业法律风险尤其突出；部分子企业诉讼案件形成损失的可能性大、风险大，有的子企业的纠纷案件甚至被国家审计署关注到。

各子企业尤其是涉案数量和金额较高的企业，务必要高度重视重大法律纠纷案件的处置。一是要进一步强化对重大法律纠纷案件的管理，积极组织配置诉讼资源，尽快化解影响企业健康发展的重大案件。二是要积极推进海外业务法律合规与风险内控体系建设，总结推广保函止付、委托代理等国际业务纠纷的处理经验，防范海外业务重大法律风险。三是要进一步加强法律与经营管理的深度融合，继续完善重大决策合法性审查机制，防风险于未然。四是要落实重大法律纠纷损失责任追究机制，对于因违法违规行为而引发重大法律纠纷并给企业造成重大损失的，以及在处理重大法律纠纷案件过程中，因玩忽职守给企业造成损失的，强化考核问责。五是要加强法律风险管控的能力建设，优化资源配置，健全完善法律风险管控机构，配齐配强法律顾问和风险内控工作人员，明确专项债权催收、重大法律风险处置专业事项的奖励机制，对于做出显著成绩的法律事务机构和企业法律顾问予以表彰和奖励。

三、强化措施，确保管控处置工作取得成效

为确保重大经营风险管控处置工作取得成效，提出以下要求：

（一）加强领导，压实责任

各子企业要充分认识到，开展重大经营风险管控处置工作是企业提质增效的重要举措，是解决生产经营中存在的突出问题，化解企业当前面临的重大经营风险的重要途径。各子企业作为重大经营风险项目的责任主体，应将管控处置工作作为经营班子重要经营任务，要有强烈的责任感、使命感。主要领导要亲自部署、指挥，要站在企业全局的高度，主动担责、主动作为。分管领导负责抓落实，完善工作机制，层层压实责任。对于公司总部牵头负责和督办的重大风险项目，各专项工作组也要强化组织领导责任，与项目主体单位形成共同的使命、共同的目标、共同的责任，分层分级落实管控处置措施。公司领导小组工作办公室要统筹协调，推动工作机制有效运转，抓好调研、督导，确保《实施方案》全面落实，管控措施推进到位，一抓到底力求实效。

（二）迅速组织，狠抓落实

各子企业要迅速组织落实公司印发的《实施方案》，特别是由公司总部牵头负责和督办的重大经营风险项目涉及的单位，在公司专项工作组指导下，务必编制好“一项目一方案”。各子企业应系统分析、梳理企业重大经营风险的实际情况，针对国际国内项目、财务、资金、法律等方面存在的重大经营风险问题，迅速组织编制企业重大经营风险管控的实施方案。在编制方案中，对已经发生亏损、存在巨额潜亏的项目和国家审计署审计意见提及的项目，实施分类管控处置，该消化的亏损应做好统筹策划，做到计划可行，解决措施有针对性、操作性，管控处置重点难点要有突破，确保各项措施落地见效。

（三）通力合作，抓出成效

要充分发挥集团公司、子企业、项目部三级责任主体作用，按照管控处置方案的目标，落实各层级任务和要求，通力合作，做好上下衔接和协作，共同积极寻求管控处置突破口，紧抓关键环节，及时沟通有关情况，做到信息共享，处置效果互动，相互促进。对南水北调工程、辽西北引水等多企业承担的项目，对共性和处置重点环节，公司专项工作组要主动统筹策划，统一行动，确保有一揽子解决方案与计划。各子企业和公司各专项工作组要充分认识到时间、时机也是宝贵的资源，充分利用各项有利政策，创造性地抓住有利时机开展工作，力争今年底初见成效。

（四）总结提升，完善机制

各子企业要通过全面梳理、系统分析重大经营风险成因，紧密结合日常生产经营管控需要，实现重大经营风险管控与企业年度重大风险管理的高度衔接，与年度生产经营目标关键控制指标相融合，进一步完善项目事前风险分析机制，建立重大经营风险信息动态监测，实现项目重大风险提示、重大风险预警。要通过全面落实审计发现的缺陷和问题的整改，进一步完善管理制度和业务管控程序，确保风险管理与内部控制体系持续改进和有效运行。要通过总结重大经营风险管理过程的好做法，进一步归纳、提炼，形成可推广的内部控制机制，狠抓整改提升，提高重大风险防范能力，推动完善重大经营风险防控长效机制。

同志们，重大经营风险项目管控处置工作是企业提质增效、提高经济运行质量的关键性工作，也是一项任务艰巨和系统性很强的工作，对公司夯实基础，推进企业转型升级具有非常重要的现实意义，希望大家坚定信心，以干克难，把工作抓紧、抓实、抓细、抓出成效，确保企业健康可持续发展，为建设具有国际竞争力的质量效益型世界一流建设投资集团贡献新的智慧和力量，以优异成绩喜迎党的十九大胜利召开！

贯彻党的十九大精神　坚定实施三步走战略
创新推动集团国际业务可持续发展

——在中国电力建设集团（股份）有限公司国际业务工作会议上的讲话

晏　志　勇

（2017 年 12 月 4 日）

同志们：

本次会议是集团公司组建以来的第一次国际业务工作会议。本次会议的主要任务是：深入学习贯彻党的十九大精神，落实集团国际业务“十三五”发展规划，总结近年来集团公司国际业务与经营工作，分析面临的形势，进一步明确发展目标、发展理念、发展思路、发展路径，研究部署今后一个时期重点工作，统一认识、形成共识、聚合力量，创新驱动集团公司国际业务与经营更好更快发展，为把集团公司建设成为具有全球竞争力的质量效益型世界一流建设投资集团夯实基础、创造条件、提供保证。

下面，我代表公司和公司党委讲四个方面的意见。

一、砥砺前行的集团公司国际业务

党的十八大以来，公司深入贯彻“五大发展理念”，积极服从服务国家战略，坚持国际业务优先发展，克服了因国际市场环境发生巨大变化、竞争日益激烈而产生的重重困难，统筹国内国外两个市场，着力深化改革、创新发展、转型升级，国际新签合同额、营业收入和利润在公司业绩总量中平均占比为 36.7%、25.68%和 44.36%。海外经营指数稳居中央建筑企业前列，国际业务成为公司稳增长、可持续发展的重要支柱。

（一）服从服务国家战略，国际业务发展稳中向好

公司积极服从服务“一带一路”建设以及国际产能和装备制造合作等国家战略，坚持和平合作、开放包容、互学互鉴、互利共赢，坚持共商共建共享，充分发挥“懂水熟电、擅规划设计、长施工建造、能投资运营”的全产业链优势，全球市场布局不断优化。

公司坚持深耕核心市场、挖掘潜力市场、把握机会市场，形成了以亚洲、非洲和拉美为重点的全球市场布局，东欧也获得了较好突破。目前，公司在 109 个国家设有 330 个驻外机构，在 115 个国家执

行 2390 份合同，总额达 8215 亿元。公司积极投身"一带一路"建设，紧抓"一带一路"国际合作高峰论坛契机，在习近平总书记等党和国家领导人见证下签署了阿根廷高查瑞光伏电站、肯尼亚拉姆燃煤电站等项目。目前，公司在"一带一路"沿线 42 个国家设有 150 个驻外机构，在 57 个国家执行 1311 份合同，总额达 4900 亿元，牢固树立了"一带一路"建设主力军和骨干力量的地位。

公司致力打造"风险共担、成果共享、合作共赢"的全球生命共同体，整合资源、提升能力。近两年，习近平总书记亲自按下厄瓜多尔科卡科多辛克雷（CCS）水电站的按钮，点名表扬我们承建的印尼佳蒂格德大坝、老挝南累克水电站为当地作出的贡献。公司近期签订了赞比亚合作备忘录的最后两个项目——下凯富峡水电站、路西瓦西水电站的贷款协议，用跨越十年的坚守树立了诚实守诺的企业形象。公司承建的第一个欧盟基础设施项目——波兰弗洛茨瓦夫防洪项目顺利完工，良好的社会声誉使中资企业形象得到了切实改观。成功并购德国 TLT 公司和意大利吉泰（Geodata）公司，与 GE 等知名企业建立战略合作，提升全产业链一体化能力。与国内外多家金融机构紧密合作，提升产融结合能力。与宁夏自治区等地方政府合作，联合推动沙特新城和高耗能工业园区等项目。

公司紧贴市场脉搏、创新商业模式，逐步形成投资项目、融资＋EPC 项目、竞标项目三大模式相互支撑的格局。公司投资的巴基斯坦大沃风电成为中巴经济走廊的第一个投产项目；与国际资本联合投资的卡西姆港燃煤电站首台机组已经投入运行；作为主要投资方和施工单位参与的雅万高铁和中老铁路是国内外高度关注的"一带一路"建设战略性项目；老挝南欧江流域梯级电站成为"一带一路"建设的全流域投资开发的新典范。第一个使用优买的投资项目——津巴布韦旺吉燃煤电站已经关闭融资；小比例投资拉动 EPC 的孟加拉达卡机场高速公路和艾萨拉姆燃煤电站即将关闭融资。第一个无主权、无信保的延期付款项目——墨西哥奇瓜森水电站顺利开工；中标了第一个年金融资模式项目——肯尼亚公路；以政府预算担保延付方式中标了在南美的第一个疏浚类工程项目——秘鲁亚马逊河道疏浚工程。商业模式创新为公司向综合性建设投资集团转型升级打下了重要的基础。

公司积极、慎重研究拓展新业务。经过近两年的审慎论证和试验，启动开展了工程相关国际贸易综合服务业务。公司成功进入油气领域，沙特阿美石油天然气加压站工程进展顺利；伊拉克萨玛沃石油炼化厂、埃及苏赫纳燃油炼油厂等项目正在融资过程中。公司还成功进入 LNG 相关业务、光热发电、石油沥青炼化、装配式集成住房、砂石料产业化等新业务领域，在电力项目运维业务方面取得了长足进展。

2017 年，公司上升至世界 500 强企业第 190 名；位列 ENR 全球工程设计企业 150 强第 2、全球工程承包商 250 强第 5；ENR 国际承包商排名首次进入前 10、国际工程设计位列第 17，为中资企业之首；在电力建设领域多年保持全球第一。

（二）创新业务管控模式，深化改革成效显著

2016 年，面对国内外市场新形势和新变化，公司审时度势，在战略层面提出从传统承包商向综合性建设投资集团转型升级的目标。公司编制了集团国际业务"十三五"规划，将国际业务定位为公司战略转移的重要承担者，将国际业务优先发展战略升级为公司全球化发展"三步走"战略，并以强力推进国际业务集团化为其实施拉开了序幕。

国际业务集团化已初步形成、属地化开始实施、全球化启动策划。作为国际业务集团化的最重要组织措施，2016 年公司决定将原海外事业部、水电国际公司、顾问国际公司重组整合成为"两块牌子、一套人马"的海外事业部/电建国际公司，承担集团国际业务引领、管控和实施的职责。重组整合顺利，海外事业部/电建国际公司很快融合并形成新的动力。将全球市场分为六大区域，将区域总部设在海外并实施事业部制管理，区域总部均已正常运行。在区域总部的引领协调下，在不少国别，成员企业齐心协力联合办公初具规模，过去"各自为战、内部竞争"的现象得到有效改观。同时，通过在境外设立区域总部、投资实业等方式开始实施属地化。

为保障"三步走"战略特别是集团化建设的实现，公司确立了国际业务"统一战略规划、统一品牌管理、统一市场布局和营销、统一履约监管、统一风险防范"等"五个统一"原则；明确将区域总部定位成"市场统筹与营销中心、风险防范与履约监管中心、资源协调与信息中心、能力建设与社会责任中心和海外党建中心"等"五个中心"。对国际业务制度体系进行系统梳理、补充和完善，已经印发 20 多项国际业务推动与管控制度。国际业务集团化制度体系已基本健全，待在实践中进一步完善。

（三）创新国际经营理念，合作共赢协调发展

坚持"高端切入、规划先行"。公司主动对接"一带一路"建设总体规划，积极参与"六大经济走廊"合作，主动参与各国家部委和政策性金融机构组织的国别、区域、行业规划研究。对 126 个国别进

行了能源电力、基础设施的行业规划研究，完成规划研究报告131份，其中包括“一带一路”45个重点国别的38份规划研究报告，为推动集团国际业务更好发展提供了更好的促进作用。

坚持“技术先进、质量优良”。公司依托一流规划设计、施工建造技术和能力，为业主提供世界一流的解决方案和产品。公司始终坚持诚实守诺的经营理念，严格遵从行业标准，着手建立更高的企业标准。公司视质量如生命，加纳布维水电站、赞比亚卡里巴北岸水电站扩机工程等10项工程获得中国境外工程鲁班奖、2项工程获得中国境外优质工程金奖。几内亚凯乐塔水电站、老挝南累克水电站图案成为其本国货币背景；科特迪瓦苏布雷水电站图案印上该国邮票。2004年以来，公司在海外承担的电力项目总装机容量达到1.08亿千瓦，为所在国的经济社会发展发挥了重大作用。

坚持“风险可控、效益保障”。公司视履约能力为安身立命之本，实行分类监管、分级授权、全过程覆盖、常态化管理；公司形成了健全、完善的风险管理体系，确保国际业务风险总体受控；建设并发布涵盖识别、预警、规避、处理、善后等全过程管理的公共安全管理体系，实现前后方无缝对接、国内外分级管控。公司以世界一流企业的使命感和责任感，不仅关注企业自身的风险和效益，同时高度关注、很好地解决项目所在国的经济、社会、环境的效益和风险，积极分享发展中的经验和教训。在巴基斯坦，卡西姆、哈维利电站科学回应业主要求，在确保安全的前提下精确超前发电。在保证质量效益的同时，追求实现共商、共建、共享，有力推动了当地经济社会的协调发展。

（四）创新海外党建工作，践行优秀社会责任

公司深入学习宣传贯彻党的十八大及历次全会精神，近期也在深入学习宣传贯彻党的十九大精神和全国国有企业党的建设工作会议精神，修订了《关于加强境外机构党建工作的指导意见（2017年版）》。坚持“四同步、四对接”，区域总部同步设立党工委，加强对区域内全部基层党组织的统筹管理。卡西姆项目联合党工委的成功做法得到中组部、国资委党委的肯定和推广。在海外党组织和党员中深入开展“两学一做”学习教育，强化“四个意识”；深入开展党风建设和反腐败工作，压实“两个责任”。将海外党建与集团化建设紧密结合，加强党组织在国际业务中的政治核心和领导核心作用，牢牢把稳国际业务发展方向。

公司履行全球优秀企业公民责任，注重分享共赢。雇用外籍员工达到7万，应聘卡西姆项目的外籍员工出现了160：1的盛况；注重培养本地人才，很多本地员工已成为所在国经济社会发展的骨干力量；注重绿色发展，出现了南欧江项目“三个尽量减少”等先进理念与做法，得到了我国和老挝各界的赞赏；尊重当地文化，热心参与志愿公益和慈善事业。这些做法让公司融入当地、建立了生命共同体，创造了良好、安全的经营环境。公司先后获得“人民企业社会责任年度海外贡献奖”“海外履责典范企业”“最佳海外形象企业”等荣誉。

同志们，国际业务发展“三步走”战略实施近两年来，集团化取得重大阶段性成果，国际业务重组整合进展顺利，广大成员与公司总部企业心往一处想，劲往一处使；属地化已经迈出坚实一步，区域总部初具规模，能力建设不断加强，南欧江、卡西姆等实业影响重大，外籍员工积极融入并热爱POWERCHINA。国际经营在严峻的市场条件下砥砺前行，公司核心竞争力和持续发展能力不断凝聚增强。集团化管控模式的改革实践得到了社会普遍认可。

回顾来之不易的成绩，根本上是党的十八大以来，我们坚定学习贯彻落实习近平总书记系列重要讲话精神和治国理政新理念、新思想、新战略的结果；是公司全体干部职工，特别是广大直接从事国际业务的成员企业和干部职工，团结拼搏、艰苦奋斗的成果。在此，我代表公司和公司党委，向大家并通过你们向全集团的干部职工，特别是坚守在海外一线的党员、干部和职工致以崇高的敬意和衷心的感谢！

同志们，在国际业务改革发展取得阶段性成绩的时刻，我们切不可沾沾自喜，必须时刻保持清醒的头脑，深刻认识到国际业务仍然存在不少问题，亟待很好解决：一是营销组织需要改进，目前存在项目营销团队松散、责任不清、力量不强、推动缺乏韧劲、前期不敢投入等问题，导致数个标志性项目失手。二是对“三步走”战略，尤其是集团化仍存在模糊认识，海外事业部/电建国际公司需要加强服务和引领意识，要敢于担当；包括平台公司在内的一些成员企业仍存在“各自为战”意识，对集团化有抵触情绪。三是一些原有较强能力的成员企业国际业务积极性在下降，对国际业务缺乏战略规划和战略措施，沉溺于目前国内短暂的PPP高峰，不再提及国际业务优先发展，面对国际市场的激烈竞争出现“胆怯”心理，不敢迎难而上，甚至悄然退缩。四是履约能力和国际化能力进步缓慢，近期履约和合规问题频发，亏损项目数量和亏损额大幅增加。五是国际业务激励机制需要改进和完善，团队

及干部队伍建设乏力。六是面对全球工程市场全面向商业开发模式转变的形势，我们转型速度缓慢，目前还未形成应有的全产业链优势，集团国际业务“十三五”规划中包括境外投资等多项指标执行情况严重滞后，国际业务整体贡献徘徊不前，在25%左右波动。

上述问题需要我们高度重视，在今后的工作中要更深刻认识、更深入研究，着力拿出有效的方案和措施予以很好的解决。否则集团“十三五”规划目标和国际业务“十三五”规划目标将很难实现。

二、国际业务面临的形势

（一）关于国内形势

1. 机遇方面

习近平总书记多次强调指出：国有企业是壮大国家综合实力、保障人民共同利益的重要力量，必须理直气壮做强做优做大，不断增强活力、影响力、抗风险能力，实现国有资产保值增值。在中国特色社会主义新时代，国有企业的重要任务就是在遵循市场规律下，积极参与解决不平衡、不充分的发展问题，满足人民日益增长的对美好生活的需要和向往。

作为能源电力和建筑类中央企业，面临国内产能压减、市场紧缩的局面，我们如何做强做优做大？党的十九大报告进一步指出：要培育一批具有全球竞争力的世界一流企业；要推进形成全面开放新格局，推进“一带一路”建设；要创新对外投资方式、促进国际产能合作。今年5月“一带一路”国际合作高峰论坛上，习近平总书记清晰地绘制了“一带一路”建设的宏伟蓝图，明确了“五路”目标。这些指明了国际业务在中央企业做强做优做大中的战略地位，这是我们开展国际业务的总指引和根本遵循。

同时，在国家和各级地方政府的一系列发展战略、合作框架、配套优惠补助政策和金融支持下，我国支持对外投资贸易合作的政策红利正在集中显现，对外投资合作和国际工程承包业务将迎来新的机遇。

2. 挑战方面

我国经济发展进入新常态，能源电力和工程建筑行业处于供给侧结构性改革和传统产能压减的风口浪尖。根据国务院部署，2020年非化石能源占一次能源消费比重达到15%；到2035年进入增量替代阶段，增量全部由清洁能源提供；2050年进入全面存量替代阶段。我们必须加速产能转移，时不我待。

随着“两优项目”减少，“政府引导、企业主导、市场化运作”的政策导向更加明显，更加强调风险自担。9月份国务院取消了对外承包工程项目投议标核准，更多的中资企业加快国际化进程“一窝蜂”走出去，竞争环境将更加严峻。我国外汇监管和境外投资日益收紧，明确了中央企业境内外投资的负面清单，划出投资红线。随着中央企业改革进入攻坚提速期和密集施工期，法人压减任务进一步压实，对境外实体化经营产生影响。

（二）关于国际形势

机遇方面：国际货币基金组织（IMF）预测2018年全球经济增长率为3.6%，世界经济有望缓慢复苏。

新一轮产业革命蓬勃兴起，能源电力和基础设施仍然是很多国家经济复苏发展的基本需求，特别是新兴市场国家加大了基础设施的投入，与公司核心主业及发展战略高度契合匹配。“一带一路”倡议提高了互联互通基础设施的优先级，交通运输、电力工程和房屋建筑等领域前景较好。不少发达国家放宽了投资限制，为我国企业推进跨国并购、获取先进技术提供了难得机遇。

挑战方面：“去全球化”和贸易壁垒增加，让世界经济仍然面临诸多不稳定因素，很多国别市场更难进入。欧美发达国家制造业和资金回流本土，牢牢控制技术规范、行业标准、游戏规则等制高点。能源和环境问题深刻影响全球贸易和资本走向。中、美以基础设施投资拉动经济发展的模式被很多国家效仿，形成旺盛的投资需求。受欧债危机影响，石油等大宗商品价格低迷，导致多国财政收入锐减，加上进入偿债高峰期，导致债务高企，主权信用评级下降，债务风险激增。对全球建筑市场产生深远影响。

新一轮工业革命和能源革命方兴未艾，互联网技术飞速发展，推动竞争升级，技术创新已经迫在眉睫。清洁能源和新能源技术日益成熟，风电、光伏、多能互补等模式在全球发展迅速，智能电网需求快速上升。虽然目前煤电等传统能源市场占比较高，但是未来逐渐衰落的趋势不可避免，必须未雨绸缪。

全球建设能力过剩，基础设施开发模式基本完成向商业开发或私人投资方式的转化，竞争日趋激烈。2013年以来ENR全球最大250家国际承包商的海外营业额连续下降。议标项目、主权担保的融资+EPC项目以及“两优项目”急剧减少，竞标项目大幅增加，价格下滑，我们的传统优势正在严重削弱。必须着力探索商业模式创新，加大海外投融资力度，带动国际市场开发。

同时，西方承包商在全球经济不景气的大背景下积极回归国际工程承包领域，在技术研发、管理能力和国际化水平等多方面仍领先于我们，“去全球化”和贸易壁垒等将大大提升他们和本土承包商的竞争力，我们在成本方面的传统比较优势正在迅速下降。为此，我们必须加紧聚合集团化国际能力，切实提升竞争力。

此外，地缘政治冲突、热点地区和热点问题激化，社会动乱、恐怖主义、社会治安事件、群体性事件等非传统公共安全形势严峻，给集团国际业务造成较大的干扰和威胁。

（三）对于自身的认识

结合国际国内形势我们可以看出，面对国家战略赋予我们的职责和使命，以及公司转型升级成为综合性投资集团的战略目标，国际业务还存在很多不足之处。

在观念认识层面：一些顶层设计、体制机制还不能适应国际业务高效快速反应的市场需求，激励、约束政策还不到位。一些成员企业和部门对国际业务“三步走”战略认识不清，对国际业务在公司转型升级中的作用以及作为公司发展战略转移重要承担者的地位认识不足。

在技术问题层面：一是低级错误时有发生，少数同志责任心不够，对项目认识不足，在投标过程中有较多漏项，丧失了一些宝贵的机遇。二是设计的国际化程度不足，多数成员企业还普遍存在不适应国际规则、规范的现象。三是施工组织不力，前期抓得不紧、后期加班加点，难以实现均衡生产，投入扩大、导致亏损频发。四是简单复制国内模式到国外，“以包代管”、管理粗放，成本大幅上升。五是设计施工一体化协同不力，全产业链一体化的优势没有得到有效发挥，存在“一加一小于二”的现象，简单的总包、分包模式仍为主流。六是合规管理仍存在风险，如非发行调查等合规风险事件为我们敲响了警钟。七是集团化、一体化的优势能力还没有真正形成，“各打小算盘”现象仍有发生，有的还形成难以启齿的后果。八是国际采购权高度分散，无法形成集团化优势，严重降低公司的市场话语权。

经初步分析，公司在 E、P、C 三个方面都有可提高的空间。履约问题频发，成为系统性风险，如果不及时改进，将严重动摇我们的市场地位。当然，公司也不乏 EPC 能力很强的成员企业，如华东院的风电、水电一局的输变电、山东三的火电等，要采取措施让这些能力强的成员企业发挥更大的作用。

在投资拉动方面：境外投资对于公司转型升级为“综合性建设投资集团”具有高度战略意义，但相比国内大量的 PPP 项目对公司发展的明显拉动，境外投资项目的拉动作用目前还远未达到预期。公司规划“十三五”时期新增海外投资额 1500 亿元，这意味着平均每年要新增 300 亿元，然而 2016 年仅完成 87 亿元、2017 年批复仅 120 亿元，离规划目标差距巨大。目前大比例投资项目还集中在电力领域，尚未拓展到市场更大的基础设施等领域，房地产项目受国家政策影响进展缓慢。

以上的不足归根结底是因为国际业务主要矛盾已经变化，而我们还没有跟上这种变化。当前，主要矛盾已经从国际市场竞争升级与集团国际业务力量分散之间的矛盾，转变为公司战略转型升级与国际业务承载能力相对落后之间的矛盾。在这个主要矛盾下存在着三对具体矛盾：那就是日益增长的国际业务需求和属地化建设与现有的体制机制、资源配置和项目实施能力之间的矛盾。

必须高度重视我们面临的自身形势，就是以上的不足和矛盾还不能适应、满足国内国际形势的变化，亟待深入研究、系统谋划、扎实有效地加以改进和解决。否则，已然落后的竞争态势和系统风险叠加，中国电建的国际业务将面临危险处境。

但是，大家也要清晰地认识到公司自身具有的优势和实力：拥有数十年的、丰富的国际工程经验和教训；拥有良好的国际声誉和影响力的品牌；拥有全球一流的市场网络布局；拥有一支多年积累的行业一流的业务团队；拥有“懂水熟电、擅规划设计、长施工建造、能投资运营”全产业链一体化优势；拥有集团化的管控模式并已经取得阶段性重大成果，属地化建设已经迈出坚实一步，这些都为国际业务持续健康发展奠定了坚实的基础。

同志们，总的来看，国际业务正面临着前所未有的复杂多变的新形势和新环境，机遇与挑战并存。作为改革的亲历者、实践者，我们要将思想和行动统一到党的十九大精神上来，差距面前不推诿，矛盾面前不回避，风险面前敢担当。直面挑战、抢抓机遇，坚定“三步走”不动摇，让国际业务真正承担起公司发展战略转移的历史重任。

三、夯实集团化基础，坚定“三步走”战略

集团国际业务“十三五”规划确立的“三步走”战略牢固树立“创新、协调、绿色、开放、共享”五大发展理念，主动服从服务“一带一路”等国家战略，积极推进国际产能合作，充分发挥公司“懂水熟电、擅规划设计、长施工建造、能投资运营”的专业能力和比较优势，旨在为将公司打造成为具有国际竞争力的质量效益型世界一流综合性建设投资集团提供坚实的战略支撑。

集团国际业务思路是明确的：一是坚持集团化、

属地化和全球化"三步走"战略；二是加速向建设投资集团转型，巩固国际业务投资项目、融资＋EPC项目和竞标项目三大模式相互支撑的格局；三是紧跟国家"一带一路"和"走出去"战略，融入当地社会经济发展，建设成为质量效益型世界一流企业。

"三步走"战略的思路和路径是明确的：秉承国际业务优先，创新国际业务商业模式，推进建营一体化转型升级，坚持"集团统领、模式创新、深化改革、合规经营、风险防范"五项基本原则，加快全球化资源配置，突破国际化经营瓶颈，增强国际综合竞争力，推动国际化经营转型升级，推进国际业务稳定快速健康发展，加快实现将公司打造成为具有全球竞争力的质量效益型世界一流企业目标。

在新时代的宏大图景里，"三步走"是践行习近平新时代中国特色社会主义思想、具有中国电建特色的转型升级之路。"三步走"跨越了"十三五"时期和"两个一百年"时期，是我们未来必须始终坚持的基本方略。

集团国际业务"十三五"末期规划目标为：国际业务新签合同额、营业收入、利润占比要分别达到45%、35%和50%以上；境外投资总额为1500亿元人民币。目标与现状相比，可以说任务艰巨、时不我待。

（一）必须巩固集团化管控

集团化是"三步走"战略的基础。集团化的目标是深度整合集团国际业务资源，发挥成员企业的积极性，化解内部竞争，攥指成拳、形成合力。作为集团化的重要一步，公司已经完成国际业务重组整合，建立了区域总部，不少国别代表处实现了联合办公，相关制度已经出台，机制体制逐步顺畅，成员企业市场布局基本形成，党建工作同步对接，集团化红利初步显现，外界给予高度认可。集团化建设已初见成效，必须持之以恒巩固提升。

集团化建设的核心是"五个统一"。要深刻认识到，"五个统一"就是要形成集团化合力，就是要充分调动公司方方面面的积极性，就是要让大家像"石榴籽"一样凝聚在一起。这是公司的整体意志，决不允许任何单位和个人有任何例外。

（二）必须推进属地化建设

属地化是实现全球化的必由之路。我们现在已经进入推进属地化建设阶段。属地化要推动国际业务转型升级，实现从国际化经营型企业向跨国公司的转型过渡。属地化要做强做实区域总部，让区域总部切实发挥"五个中心"职能，实现决策、管控和经营前移，贴近市场；要深耕细作，把他乡作为故乡，打造适应当地项目的体制机制；要践行共享发展理念，融入当地社会经济发展；要以战略为统领，通过投资绿地项目或并购，实现中国电建实业的本土化，进而带动在所在国建设市场；要逐步以当地为主配置国际业务各类资源，提升全球竞争力；要与当地力量打造长期的紧密合作关系，探索建立适合当地竞争环境的本土子企业。

（三）努力向具有全球竞争力的世界一流企业迈进

全球化是"三步走"的战略目标，只有全球化企业才能成为世界一流企业。在全球化阶段，公司将具备包括中国区域内的全球资源配置和全球运营管控能力，市场资源布局趋于稳定。区域总部升级为区域公司/事业部，统筹区域内市场，通过实体化运营，实现自主经营、独立核算、自负盈亏。海外子公司对重点国别、重点区域市场进行深耕细作。此阶段，公司将实现从跨国公司向全球化公司迈进，中国电建将转型升级成为具有全球竞争力的质量效益型世界一流企业。

集团化是基础，属地化是必由之路，全球化是目标。集团化和属地化相互促进、相互支撑；全球化是集团化和属地化从量变到质变的结果。大家要让"三步走"战略真正讲在嘴里、融在心里、落实在行动中，坚定战略方向，一往无前地踏上新的征程。

四、今后一段时期的重点工作

（一）统一思想、提高认识，深度融入国家战略，坚定实施国际业务发展"三步走"战略

充分认识发展国际业务对于履行国家使命、实现可持续发展、建设世界一流企业的根本性作用。党的十九大报告中明确："要深化国有企业改革，发展混合所有制经济，培育具有全球竞争力的世界一流企业"；"要以'一带一路'建设为重点，遵循共商、共建、共享原则，加强创新能力开放合作"；"积极促进'一带一路'国际合作，努力实现政策沟通、设施联通、贸易畅通、资金融通、民心相通，打造国际合作新平台，增添共同发展新动力"。这是以习近平总书记为核心的党中央赋予我们在新时代的历史使命，我们一定要勇于担当、很好履行。

我们要清醒地认识到我们的传统优势业务仅靠国内市场是难以支撑发展的，并且已经面临产能严重过剩的危机，但在国际市场上还有很好的前景。国际市场更有利于业务转型，更有利于国际化、全球化能力培育与提高。要把中国电建建设成为具有全球竞争力的质量效益型世界一流企业，中国电建必须要成为全球化企业。

因此，必须按照"三步走"战略更好更快发展

国际业务，我们才能保证履行好国家使命，才能发挥优势更好开拓扩大国际市场，承接好全公司发展的战略转移，从而实现可持续发展，建设成为世界一流企业。

有效落实集团化配套制度。公司已经陆续出台了20个国际业务集团化系列文件，基本制度体系已经完善。特别是刚刚印发的、围绕国际市场营销和境外项目履约两条主线制定的系列制度，大家要认真贯彻落实。

持续优化完善体制机制。凡是不适应“三步走”战略的体制机制都要着力进行调整、完善。科学合理设置与国际市场运行规律和要求相适应的流程、节点，在确保安全可靠的同时不断简化国际业务决策流程，提高反应速度和决策效率，进一步释放国际业务的经营活力与发展动力。

大力实施中国电建品牌战略。公司实施母子品牌战略，母子品牌间相互依存、良性互动，共同构成中国电建国际品牌体系。在“着力打造母品牌，合理使用子品牌，子品牌支撑母品牌”原则的基础上，要着力打造和培育中国电建（POWERCHINA）母品牌。母品牌主要用于大型或全产业链项目、高端或准高端市场。新进入国别、重大项目和海外投资项目原则上要使用母品牌。要尽快提高母品牌承揽国际业务合同量的占比。

（二）积极创新体制机制，下大力气推进属地化建设

区域总部“五个中心”的建设既是集团化建设的重要措施，也是属地化建设的关键步骤。海外事业部/电建国际公司要发挥好国际业务集团化平台作用，与成员企业团结一心、创新体制机制，充分发挥区域总部的统筹协调职能，充分调动成员企业积极性，在国际营销体系框架下适度授权，鼓励支持依托各优势成员企业在有条件的国别建设一批生产、生活、物资、设备转运中心，鼓励成员企业融入当地、追求卓越、降低成本、精耕细作，提高海外保障能力、风险抵御能力和资源调配能力。要强化对境外国有资产的监管使用力度，切实降本增效、保值增值。

要改进发展中国家的营销理念和措施。要深度融入当地社会和经济发展，通过融入提升营销水平并实施新项目。鼓励成员企业在国别市场深耕细作，建设一批适合当地市场特点、具备本土生存能力的当地企业，提升中小型项目的营销和履约能力。金砖国家是大市场，也是进入难度很大的市场。要努力探索在当地成立合资企业，靠属地化经营进入当地市场并持续扩大战果。发达国家存在严重的隐形贸易壁垒，我们要努力加快提升自身国际化能力，通过与国际品牌企业合作、与目的国企业合作、并购那些能提升我们能力的企业等方式，稳健地探索进入发达国家市场。公司要结合战略的实施，有效研究并实施并购业务。

要进一步研究制定和实施符合公司总体战略的国际投资业务发展规划，使之成为“三步走”战略顺利实施的重要动力之一。

要优化国际人才配置，落实“国内人才国际化”“海外人才本土化”。加快推进驻外机构人才属地化配置，境外机构、项目部的中层及以下管理人员和技能操作人员要逐步实现属地化。

（三）牢牢把握市场变化和公司战略，全面提升国际营销能力和项目质量

充分认识当前国际项目的复杂性。全球基础设施工程市场基本完成了向商业开发的转型，将公司从传统承包企业向综合性建设投资集团转型正是主动适应全球市场变化的战略举措。新形势下，项目开发和营销高度复杂化，要求公司具备一流的技术、商务、金融、投资和公共关系等能力。我们的国际营销能力要与时俱进，不能落后于市场和竞争对手。

融入国家战略和当地发展。紧抓国家着力推进“一带一路”建设的契机，坚持“高端切入、规划先行，技术先进、质量优良，风险可控、效益保障”的理念，深刻把握所在国资源禀赋、社会经济发展水平，准确定位阶段需求、把握远期需求、制造发展需求，聚焦主业优势、形成拳头产品，早期占领优质项目资源。充分利用好“对外经贸发展专项资金”“国际产能合作补助资金”等国家资金，以及公司“重大项目前期规划研究专项基金”，以“风险共担、利益共享”为原则，建立合作共赢的新机制，促进项目尽快落地。敏锐把握全面开放新格局下国内各地区的比较优势及其在“一带一路”建设中的定位，结合公司自身优势和市场战略，加强与相关地方政府合作，发挥互补作用，激发政策红利，提升“走出去”实力。

创新国际营销机制。要加快完善国际营销体系，不断优化市场布局。进一步理顺联合工作体制和激励保障机制，调动各层面积极性，提高联合营销水平，建立由联合营销、分层营销和授权营销构成的立体营销体系。海外事业部/电建国际公司要牵头特大型、技术复杂、高风险和重点项目。鼓励成员企业建立适合中小型项目营销和履约的组织及机制，深耕细作国别市场。每年每个区域总部要重点打造至少一个深度开发、具有稳定营业收入的国别市场。在特定国别和行业，对有能力的成员企业试点放权，

充分发挥他们的积极性。一些成员企业在很多领域形成了国际一流的竞争力，海外事业部要探索相关机制，进一步释放他们在相关领域国际市场的引领能力，提升对公司的整体贡献力。在此我要强调：合同生效、合同质量至关重要。不能重签约不重生效，不能重签约不重质量。要将合同生效、合同质量与签约主体和个人考核评价相挂钩，层层压实责任并责任到人。各主管部门、平台公司和成员企业要做好协同和支持服务工作。

要探索建立国际项目开发总监责任制。目前国际项目的复杂性剧增，我们要深刻汲取以往丢失项目的教训，加速建立能力强、专业全和责任清晰的项目开发团队。积极探索试行国际项目开发总监责任制，在公司范围内建立大项目营销总监人才库，组建由相关单位优秀人员参与的项目开发团队，实行项目总监责任制。前期敢于投入、中标强化激励，切实解决“奖励大锅饭”问题，集中力量推动重点项目签约生效并且质量优良，还能落地实施，让我们的国际优秀人才脱颖而出。

（四）加强世界一流履约能力建设，全面提升质量效益安全水平

强化质量意识，提升履约能力。工程质量安全压倒一切，要求我们履约能力要强。要全面强化设计施工一体化协同能力。公司内资源能够满足要求的 EPC 项目，在具备条件的情况下原则上都要实行设计施工一体化模式。海外事业部和各平台公司要敢于担当、强化合同管理，各成员企业要落实到位。设计单位要切实发挥“擅规划设计”优势，全面提升国际规则、规范、标准的适应能力；施工单位要切实发挥“长施工建造”优势，全面加强施工项目管理。项目要盈利，项目经营和商务上的履约能力也是至关重要的。要研究出台相关激励评价政策鼓励投建营一体化，形成“责任共负、利益共享、风险共担”的生命共同体。要认真研究采购方面的经验和教训，海外事业部要尝试通过集中采购等模式，切实提升市场话语权和竞争力。

强化危机意识，加强履约管控。当前处于国际业务深化改革、营销履约模式转型的调整期，问题和隐患正在集中显现，需要高度警觉、认真排查、整改落实，重点监控前期梳理出的 48 个重大经营风险项目。公司成立了重大经营风险项目领导小组，各成员企业要将公司减亏扭亏专项治理工作、未完施工和应收账款压减专项工作、国家审计署要求整改事项、国务院国资委监事会要求整改事项、国资委降杠杆减负债防风险专项工作与国际重大经营风险管控处置专项工作有机结合起来，明确分工、责任到人、系统推进、务求实效，确保实现风险在控受控，经营止亏减亏扭亏。

要严格落实以履约能力为核心的成员企业国际经营能力差异化评价，将评价结果与企业考核、项目经理奖惩、市场资源分配、国别市场布局等挂钩，强化退出机制，造成重大损失和恶劣影响的要依法依纪依规追究企业和领导责任。要探索将部分基础好的成员企业培育成该板块内的龙头企业，提升竞争能力和市场占有份额。要不断完善与国际业务发展相适应的 QHSE 管理体系，逐步统一并落实国际业务 QHSE 管理标准，加强自身人才队伍培养，提升质量效益水平。同时要完善成员企业对海外事业部/电建国际公司的评价机制。

强化安全意识，抵御境外风险。公司要把防控风险摆在突出位置，切实完善海外安全管理体系，建立健全公共信息渠道，未雨绸缪做好应急预案，化危机为转机，全面提升公司海外安全风险评估与预防、监测预测预警、应急处置与救援、综合保障的总体水平。要构建“全天候”生存能力，区域总部和国别代表处要始终与中国使馆、经参处、所在国政府部门、当地合作伙伴保持密切沟通，切实服务属地化发展。要重点落实中央关于对外投资安全工作的要求，切实提高风险意识，加强投资风险评估。

（五）牢牢把握公司转型升级的内在需求，全面提升境外综合性建设投资能力

认清境外投资的战略意义。公司“十三五”规划目标要求公司要朝着具有综合性建设投资能力转型升级，开展境外投资是适应国际市场需求和公司发展战略的必经之路。当前，国内 PPP 项目收益率大幅下降，在更加严格的管控下项目将急剧减少；同时国外市场对投资的需求十分旺盛，这意味着必须抓住目前境外投资竞争尚不残酷的短暂机遇期，大幅度提升境外投资，拓展市场空间，拉动整个产业发展。

明确境外投资的根本任务。从中国电建自身实际出发，我们境外投资要树立“拉动为主、持有为辅”的理念，原则上不参与纯财务投资。境外投资不仅要有收益、要拉动 EPC 业务，还必须能够促进拓展市场。要尽可能多的发挥公司自有资金的拉动作用，同时进一步扩大加深与全球产业投资人和财务投资人以及国际金融机构合作力度，加大资本运作力度。因此，公司境外投资必须是一盘棋。

要以“强核心、补短板、拓市场、获技术”为目标加强海外并购，具有工程管理、特许经营能力

的工程咨询公司要成为重点并购目标。我们直接进入发达国家工程市场难度极大，要通过并购实现这一目标。要加强对已并购企业的管理和支持，凡是已并购企业有能力、有经验做的业务，原则上不得交给外部企业。

明确境外投资的工作要求。海外事业部要加速公司海外投资体系、团队和能力建设，要加大基础设施投资的力度，相关平台公司要提供专业支撑。电建海投公司要与电建国际公司加强紧密协同，更好地实现国际电力等投资战略的意图与目标，切实发挥境外投资的拉动作用。电建地产公司、电建路桥公司、电建铁路公司与电建国际公司要加强协同，发挥好各自优势并能形成更好合力，进一步加快国际基础设施业务更好发展。海外事业部要会同公司总部有关部门，研究在确保安全可靠的前提下，如何进一步聚合、激活、释放公司和有能力的成员企业的国际投资积极性和能力。

（六）牢牢把握创新驱动的时代主题，坚持创新引领国际业务健康发展

习近平总书记曾深刻指出：“创新是从根本上打开增长之锁的钥匙，是引领发展的第一动力”。党的十九大报告中有59处提到了“创新”。开展国际业务不能再穿旧鞋、走老路，而要以创新为动力，积极推动供给侧结构性改革，促进管理、技术、产品和服务升级，实现更高质量、更高层次、更高水平的发展。

大力推进商业模式创新。对外承包的商业模式包括竞标项目、融资＋EPC项目和投资拉动项目三种基本模式。竞标是传统模式和生存之本；融资＋EPC越来越成为主流；投资拉动模式虽然难度较大，但确实是未来的重要方向。必须要创新商业模式，提高投建营一体化能力。总部主管部门要优化管理模式做好支撑保障；海外事业部/电建国际公司要主动创新、发挥引领作用；各成员企业都要加快新商业模式的探索。同时，决不能放松传统模式项目的推动力度，保持我们全方位竞争力。

大力推进业务领域创新。要未雨绸缪，加快提升清洁低碳可再生能源技术水平，提高产业占比。党的十九大报告提出：“要拓展对外贸易，培育贸易新业态新模式”。要积极拓展国际工程贸易市场。贸综服方案已经通过，正在迅速落实中，要紧抓先发优势、迅速落地。

探索建立境外研发机构。结合属地化建设，试点选取有能力、有意愿、有团队的企业，在业务存量较大、增量较大的区域先行先试建设境外研发机构，以技术创新为主、兼顾管理和商业模式创新。职能包括：研发新技术、新产品，中外标准的相互比较试验，境外项目试验和检测，属地化人才培养和使用，提高海外市场开发履约水平，提高效益和企业形象。

（七）牢牢把握海外经营的规则底线和法律红线，全面提升合规管理水平

近期国务院下发文件，要求全面加强企业海外经营行为合规制度建设，建立了“一处受罚、处处受限”的惩戒机制。这表明传统的恶性竞争模式已经终结，依法拼合规、拼技术、拼质量、拼品牌必将成为中资企业参与国际竞争的主流。企业走出去，法律要先行，必须提高对国际和所在国法律规范的熟悉程度，强化法治意识。要强化风险管理，优化内部控制，牢固树立底线思维，严守“十二个严禁”海外经营红线，严格落实“九个必查”，着力解决好存在的问题及风险，着力强化执行、监督、追责。要健全合规机制，建立“大合规”概念，生产经营活动和职工行为必须符合法律、符合制度、符合党纪、符合纪律、符合规范，要把合规建设与审计、监察、纪检、巡视、党风建设和反腐败工作、廉洁从业等工作有机结合起来，提升运营能力。要使合规成为大家的习惯、理念和文化，探索一条“工匠精神、质优价优”的可持续发展道路。

（八）牢牢把握“三步走”的战略定位，全面提升支持保障力度

加强能力建设。公司全体干部职工要着重提升国际化能力和跨文化交流能力。总部机关要加强对国际业务的战略管控和支持服务，做到简政放权，简化国际业务决策程序，提升我们对市场的响应速度和能力。海外事业部/电建国际公司要着力加强自身能力建设、提升服务意识，承担起国际业务管控和引领的重任，打造高度集团化的境外投资管理体系。成员企业是集团国际业务发展的基础和中坚力量，要积极培育和发展核心比较优势，夯实国际业务基础管理，提升海外经营能力水平，重点强化项目履约能力和属地化能力建设，不断强化QHSE管理履约功能，更好履行社会责任。

完善激励考核。成员企业的国际业务要树立差异化发展的理念。公司下一步要打造一批国际业务重点成员企业。海外事业部要和总部相关部门一起，强化对国际业务重点企业的国际业务考核，将国际业务业绩作为其考核的重要组成部分。要将成员企业的履约能力、合规建设和市场营销能力和市场分配相结合，建立市场退出机制。要改革和完善国际业务奖励机制，全面覆盖市场营销和项目履约等各个环节，鼓励创新，充分激发国际业务团队的积极

性和创造性。健全海外差异化薪酬激励机制，在国际业务保持增长的前提下，工资总额增量应当适当向国际业务倾斜。要重点加强海外常驻人员和国际业务人员的激励力度，分配和激励要体现“驻海外、在一线、看业绩”的原则。在加强激励的同时，我们坚决避免高薪养懒、高薪养庸、高薪养非国际业务岗位。

强化干部配备。我们要切实理解国际化人才特别是干部队伍的稀缺性，通过“国际人才集团化、集团人才国际化”建设，提高公司各级干部国际化素质与工作能力，为公司全球化打下必不可少的基础。提拔重用牢固树立“四个意识”和“四个自信”、能很好贯彻集团国际业务发展战略的干部；注重培养、储备具有创新思维、能力和方法的干部；试点开展公司前后方干部交流、转任；建立国际业务干部适度优先的选聘、晋升机制；建立多通道职业发展机制，跳出干部成长单纯依靠行政级别的局限，鼓励国际业务干部将职业当事业，注重专业发展。要建立容错机制，鼓励干部敢为、愿为、勇于开拓进取。

强化人才培养。我们缺乏复合型人才，要打造一支国际化的人才团队，首先要强化人才培养机制。建立集团国际培训学院，构建适合国际业务特点的培训体系，采用国内、海外两段式培养方式，积极培养具有全球思维、国际先进理念的国际化领军人才。要高度重视国际业务人才的选拔配置，优先选拔优秀人才补充到国际业务，到海外机构和项目部培养锻炼，完善人才梯队。在内部培养的同时，我们要加大国际化、属地化人才的引进力度，要敢于引进、敢于使用、敢于管理。

（九）牢牢把握国有企业党的建设工作要求，全面强化党对国际业务的领导

党的十九大报告指出：“党政军民学，东西南北中，党是领导一切的”。我们要坚定不移、毫不动摇的将海外党建做实，让海外党建有组织、有活动、起作用、有影响。

深入学习宣传贯彻党的十九大精神。要将学习宣传贯彻党的十九大精神与学习新党章、“两学一做”常态化以及“不忘初心、牢记使命”主题教育活动结合起来，重点学习对于全面开放新格局、“一带一路”等重要表述，用习近平总书记新时代中国特色社会主义思想引领集团国际业务发展，推动党的十九大精神贯彻到国际业务的基层、落实到一线，指导工作实践。

要把好方向。党的建设是国有企业的“根”和“魂”。国际业务遍布全球，海外战线远离国土，必须牢固树立“两个一以贯之”。要着力发挥党组织领导和政治核心作用，保证党和国家大政方针、重大部署、公司“三步走”战略、“五个统一”和“五个中心”的决策在国际业务中得到坚决执行。要特别重视深刻理解、牢牢把握国家外交战略，具有高度的政治敏感度，服从国家外交战略安排。要狠抓“关键少数”，强化国际业务各级班子建设，做到“身在海外，红心向党”。

要管好大局。要树立“狠抓基层、党的一切工作到支部”的理念，按照“四同步”“四对接”要求，大力加强基本组织、基本队伍、基本制度“三基建设”，有效发挥基层党组织战斗堡垒作用和党员的先锋模范作用。进一步明确海外事业部党工委、电建国际公司党委、区域总部党工委相互间的组织关系，与驻所在国大使馆、经商参处建立沟通协调机制，服务属地化发展。加强企业文化宣传和海外社会责任，打造具有国际特色的企业文化，做好海外宣传；海外党组织、党员要带头履行社会责任，通过开展志愿公益活动等形式深入社会，分享发展经验和教训，树立中国电建全球优秀企业公民形象。做好国际业务职工群众工作，让改革发展成果惠及职工群众，激励他们为改革发展增添正能量。

要抓好作风。党员领导干部要清清白白做人、干干净净做事，持之以恒正风肃纪，模范遵守党章党规，严守党的政治纪律、政治规矩、政治原则和组织纪律，带动廉洁纪律、群众纪律、工作纪律、生活纪律严起来。巩固中央八项规定成果，深入学习《中共中央政治局贯彻落实中央八项规定的实施细则》，继续狠刹“四风”。坚持批评与自我批评，运用监督执纪“四种形态”，抓早抓小、防微杜渐。要切实强化国际业务干部、职工的廉洁从业教育，让国际业务党员干部知敬畏、存戒惧、守底线。不断健全“两个责任”制度体系，严格落实“三重一大”，形成按制度办事、靠制度管人、用制度管权的有效机制。重点加强对海外项目财务资金和国有资产监管，有效管控潜在风险。

同志们，新时代、新使命、新征程。我们要认真学习贯彻党的十九大精神，以习近平新时代中国特色社会主义思想为指引，坚持服从服务国家战略，积极投身“一带一路”建设，发挥优势、把握机遇、聚合力量，创新推动集团国际业务与经营更好更快发展，保证“三步走”战略顺利实施，为把公司建设成为具有全球竞争力的质量效益型世界一流建设投资集团夯实基础、创造条件、提供保证。

深入学习贯彻十九大精神　全面落实党的建设总要求 以党建工作新成效引领公司改革发展实现新跨越

——在中国电力建设集团（股份）有限公司党建工作会议上的讲话

晏　志　勇

（2017 年 12 月 5 日）

同志们：

今天我们召开公司党建工作会议。主要任务是：深入学习宣传贯彻党的十九大精神，以习近平新时代中国特色社会主义思想为指引，围绕全面贯彻落实党的十九大精神，进一步研究贯彻落实全国国企党建会精神的具体举措，部署今后一个时期党建工作，充分发挥党委领导作用，全面履行“把方向，管大局，保落实”职责，为加快建设具有全球竞争力的质量效益型世界一流企业提供坚强的政治、思想和组织保障。

下面，我代表公司党委讲几个方面意见。

一、深入学习宣传贯彻党的十九大精神，用习近平新时代中国特色社会主义思想武装头脑

党的十九大是在全面建成小康社会决胜阶段、中国特色社会主义进入新时代的关键时期召开的一次十分重要的大会。大会科学总结了过去五年我们党领导国家取得的改革发展成就，确立了习近平新时代中国特色社会主义思想的历史地位，提出了新时代坚持和发展中国特色社会主义的基本方略，确定了决胜全面建成小康社会、开启全面建设社会主义现代化国家新征程的目标，对新时代推进中国特色社会主义伟大事业和党的建设新的伟大工程作出了全面部署。

党的十九大报告旗帜鲜明、主题突出，为新时代中国共产党人立起了新的历史坐标，为马克思主义注入了新的真理力量，为中国特色社会主义事业提供了新的战略指引。习近平新时代中国特色社会主义思想是贯穿党的十九大报告的灵魂，是马克思主义基本原理同中国具体实际相结合的又一次飞跃。从“八个明确”到“十四个坚持”，阐明了习近平新时代中国特色社会主义思想的内涵要义，构成了新时代坚持和发展中国特色社会主义的基本方略，系统回答了新时代坚持和发展什么样的中国特色社会主义、怎样坚持和发展中国特色社会主义这个重大时代课题，并根据新的实践对党和国家事业各方面作出了理论分析和政策指导，是全党全国各族人民为实现中华民族伟大复兴而奋斗的行动指南，也为中央企业改革发展注入了强大动力、指明了前进方向。

我们要充分认识学习宣传贯彻党的十九大精神的重大意义，深刻领会习近平新时代中国特色社会主义思想的重大意义和历史地位，用党的创新理论武装头脑、指导实践，全面贯彻党的基本理论、基本路线、基本方略。要紧扣我国社会主要矛盾变化，牢固树立新发展理念，自觉把学习成果和体会转化为坚定正确的政治立场、深化改革的精神动力、推动发展的决策思路、开展工作的科学思维和工作方法，以永不懈怠的精神状态和一往无前的奋斗姿态，在统筹推进“四个伟大”中发挥好“六个力量”作用。

公司上下要全面落实《公司党委关于认真学习宣传贯彻党的十九大精神的实施意见》，按照“十个深刻领会”“学深、悟透、做实”要求，紧密结合本单位实际，严密举措，创新方式，专题部署，狠抓落实，实现“五个全覆盖”，不断掀起学习宣传贯彻党的十九大精神热潮。各级总部机关党委和党支部要发挥好学习引领示范作用。公司各级党委职能部门要在党委统一领导下，密切配合，把学习宣传贯彻党的十九大精神与干部教育培训工作、加强领导班子建设和基层党组织建设结合起来，扎实做好贯彻落实工作。各级工会、共青团组织要充分发挥自身优势，开展各具特色的学习教育活动，营造学习贯彻浓厚氛围。

学习宣传贯彻党的十九大精神，必须坚持读原著、学原文、悟原理，着力做到“六个聚焦”。要把十九大精神作为党委中心组学习的重点内容，进一步强化中心组学习，结合实际学，带着问题学，融会贯通，指导实践，推动工作。加强对公司各级党员干部和基层党支部书记的学习培训和集中轮训，并把十九大精神作为领导人员培训和各项业务培训班的必修课。要精心策划，积极开展有深度、有特色、有成效的学习宣传贯彻活动。要充分运用网络手段，通过“微党课”、企业公众号、报刊、网站、微信等多种媒体，采取邀请权威专家辅导、领导干部讲党课、支部集中学习、开设专栏、开展主题采访活动等方式，努力推动全体党员和干部职工深入学习贯彻十九大精神。要按照中央和国务院国资委党委统一部署，认真组织开展“不忘初心、牢记使命”主题教育。

从现在起到明年初，公司上下要集中开展党的十九大精神宣讲活动。公司党委常委和各成员企业党委班子成员要带头深入基层一线讲党课，以普通党员身份认真参加所在党支部组织的集中学习和研讨交流，以实际行动带动广大干部职工群众的学习。通过召开工作会、专题会、座谈会、研讨会等方式，围绕公司改革发展党建重点工作进行宣讲，加强形势任务教育，让党员干部职工听得懂、能领会、可落实。要积极宣传基层一线学习贯彻十九大精神过程中解决实际问题、推动工作取得新成效、新进展的经验，切实增强学习宣传的实效性和影响力。广泛开展“学习贯彻党的十九大精神”主题征文活动，着力形成并推出一批有价值、有分量的学习成果。

二、全面落实新时代党的建设总要求，进一步加强公司党的建设

我们必须着眼新时代的伟大斗争、伟大工程、伟大事业、伟大梦想，深刻领会、准确把握和全面落实新时代党的建设总要求：坚持和加强党的全面领导，坚持党要管党、全面从严治党，以加强党的长期执政能力建设、先进性和纯洁性建设为主线，以党的政治建设为统领，以坚定理想信念宗旨为根基，以调动全党积极性、主动性、创造性为着力点，全面推进党的政治建设、思想建设、组织建设、作风建设、纪律建设，把制度建设贯穿其中，深入推进反腐败斗争，不断提高党的建设质量，把党建设成为始终走在时代前列、人民衷心拥护、勇于自我革命、经得起各种风浪考验、朝气蓬勃的马克思主义执政党。必须毫不动摇坚持和完善公司党的领导，不断提高公司党的建设质量，推动公司党建工作迈上新台阶。

政治建设决定党的建设方向和效果，关系国有企业的根本属性，必须旗帜鲜明、放在首位。要坚决贯彻执行党的政治路线，严格遵守政治纪律和政治规矩，坚决维护党中央权威和集中统一领导，牢固树立政治意识、大局意识、核心意识、看齐意识。坚决维护习近平总书记在党中央和全党的核心地位，在思想上政治上行动上同以习近平同志为核心的党中央保持高度一致，不折不扣贯彻执行习近平总书记和党中央关于国资国企改革工作的重要指示要求，确保政令畅通、决策落地。

思想建设是党的建设的灵魂，是我们党的宝贵经验，必须毫不动摇、始终坚持。要坚持用习近平新时代中国特色社会主义思想武装头脑，始终坚持共产党人的崇高精神追求，在改造客观世界的同时不断改造主观世界，解决好世界观、人生观、价值观这个“总开关”问题，不断增强政治定力，坚定中国特色社会主义的道路自信、理论自信、制度自信和文化自信，坚守共产党人精神家园。

组织建设是党的建设的基础，是国有企业的传统优势，必须一以贯之、巩固夯实。要以严肃党内政治生活和强化党内监督为重点，突出问题导向、强化责任担当、抓好关键少数，大力建设高素质专业化干部人才队伍，实行更加积极、开放、有效的人才政策，充分调动各方面人才的积极性创造性，聚天下英才而用之。要以提升组织力为重点，突出政治功能，加强各级基层组织建设，健全领导体制和工作机制，加强学习型、创新型、服务型党组织建设，做到组织体系完善、管理制度健全，工作成效明显。

作风建设决定人心向背，是党性问题的现实体现，必须驰而不息、善始善终。要把作风建设作为加强公司党建的重要切入点，强化宗旨意识，努力改进思想作风、学风、工作作风、领导作风、生活作风。要坚持以上率下，坚持抓常、抓细、抓长，严格落实中央八项规定精神，深入整治“四风”，引领公司各级党员干部不断增强自我净化、自我完善、自我革新、自我提高的能力，始终保持为民务实清廉的良好作风，始终与职工群众同呼吸、共命运、心连心。

纪律建设是从严治党的治本之策，是党的建设的优良传统，必须挺纪在前、从严从实。要坚持以党章为根本遵循，认真学习党章，严格遵守党章，深入贯彻党章。坚持纪严于法、纪在法前，用政治纪律和组织纪律，带动廉洁纪律、群众纪律、工作纪律、生活纪律严起来。加强执纪教育，使党员干部知敬畏、存戒惧、守底线。公司广大党员领导干部要带头遵守党纪党规，上级党委要为党的基层组织作表率，主要负责人要为班子成员作表率，党员领导干部要为普通党员干部作表率。

反腐败斗争关系党的生死存亡，是伟大斗争的重要组成部分，必须持之以恒、正风肃纪。要深化标本兼治，坚持无禁区、全覆盖、零容忍，坚持重遏制、强高压、长震慑，强化不敢腐的震慑，扎牢不能腐的笼子，增强不想腐的自觉。强化责任追究，运用监督执纪“四种形态”，抓早抓小、防微杜渐，对违纪问题要严肃查处。进一步推进企业全面从严治党向纵深发展，向基层延伸，取得反腐败斗争压倒性胜利。

三、调整完善领导体制和工作机制，确保公司和成员企业党的领导作用有效发挥

十九大通过的《党章》明确指出，国有企业党委（党组）发挥领导作用，把方向、管大局、保落实，依照规定讨论和决定企业重大事项。公司和各成员企业党委要按照两个“一以贯之”的要求，不断加强体制机制建设，切实把加强党的领导与完善公司治理结构统一起来。把方向，就是坚决贯彻党的理论和路线方针政策，确保企业坚持改革发展的正确方向。管大局，就是坚持在大局下行动，议大事、抓重点，加强集体领导、推进科学决策，推动企业全面履行经济责任、政治责任、社会责任。保落实，就是要管干部聚人才、建班子带队伍、抓基层打基础，凝心聚力完成企业中心工作，把中央精神和公司决策部署不折不扣落到实处。

根据中央要求和国务院国资委党委部署，集团和股份公司均已将党建工作总体要求纳入公司章程，明确了党组织的职责任务，阐明了党组织在决策、执行、监督各环节的权责和工作方式以及与其他治理主体的关系。下一步，公司党委将研究出台成员企业党建工作总体要求进章程的相关意见。完成公司制改革的股份公司所属全资、控股的成员企业，集团公司委托股份公司管理的全资、控股的成员企业，应在2018年一季度前完成党建工作总体要求进公司章程工作；尚未进行公司制改制的单位，结合公司制改制一并修订公司章程。

为保证党委领导作用的有效发挥，公司党委在广泛调研其他央企做法的基础上，结合各成员企业治理结构的实际情况，经过认真研究，决定对具备条件的成员企业的领导体制作出调整，实行董事长（执行董事、法定代表人）、党委书记一人担任，党员总经理兼任党委副书记的领导体制。

具体方案公司党委正在紧锣密鼓地进行研究，具备条件时将分批推进。我想讲的是，在新的体制没建立前，各单位党政一把手一定要按照思想不能乱，工作不能断，队伍更不能散的要求，继续地做好我们的工作。现在是岁末年初，决不能因为这个还没明确，而作为影响工作的理由。

领导体制调整后，要进一步明确党组织在决策、执行、监督各环节的权责和工作方式，使党组织发挥作用组织化、制度化、具体化。进一步明确党组织和其他议事主体之间的权责边界，既保证党组织的意图得到充分体现，又维护其他主体依法行权，在实际工作中做到无缝对接，形成各司其职、各负其责、协调运转、有效制衡的治理机制。下一步，公司党委将结合体制调整工作配套制定完善成员企业决策机制和工作程序的指导意见，各成员企业要及时修订本企业议事规则。

必须强调的是，新的治理机制的形成需要一个逐步完善的过程，希望各成员企业领导班子特别是主要领导，要切实增强大局意识和组织观念，自觉服从公司党委的统筹安排，在工作中既讲原则又讲风格，加强沟通，增进理解，共同做好工作。需要提请注意的是，党委是集体领导，作为各级党委的主要负责人，一定要把握好这个站位。党委议事是要个人服从组织、少数服从多数、下级服从上级、全党服从中央。研究干部的任命问题，必须是党委会，但党委会的研究并不是书记说了算，是党委集体研究。

四、全面落实“把方向、管大局、保落实”职责，科学统筹推进公司改革发展

习近平新时代中国特色社会主义思想的本质特征是坚持中国共产党领导。党是总揽全局、协调各方的，企业改革发展工作是企业中心工作，党的领导当然要在中心工作中得到充分体现。公司各级党委要坚持战略思维、创新思维、辩证思维、法治思维、底线思维，科学制定和坚决执行各项决策部署，增强政治领导本领，走在时代前列，在应对各种风险和考验过程中始终成为全体职工的主心骨，在实现公司既定战略目标的进程中始终成为坚强领导核心。

围绕“五位一体”总体布局、“四个全面”战略布局，全面贯彻新发展理念，认真贯彻落实公司“十三五”规划及各项职能和业务规划，在筑牢能源电力、基础设施、水资源与环境治理三大业务核心优势基础上，加快培育新市场新动能，全力推动军民融合发展、雄安新区建设、新型城镇化建设等新型业务增长点。全面落实公司国际经营工作会议精神，坚持集团化、属地化和全球化“三步走”战略，积极参与“一带一路”建设，加快国际化经营步伐，培育国际竞争新优势。

深化供给侧结构性改革，落实好“三去一降一补”任务，坚决打赢瘦身健体提质增效攻坚战，保持良好发展势头，确保完成全年目标任务。密切关注电力去产能动态，合理控制电力投资规模，持续压减法人户数和管理层级。加快推进“三供一业”移交、厂办大集体改革和职工持股企业清理规范工作。坚定压降“两金”规模的决心，充分发挥金融公司作用，探索以市场化债转股、资产证券化等方式降低财务杠杆率、盘活存量资产、清理低效无效资产。培育和树立大合规意识，把合规建设与审计、纪检等工作结合起来，严肃问责追责，实现“三重一大”事项法律审核全面覆盖。

围绕“有利于国有资本保值增值，有利于提高国有经济竞争力，有利于放大国有资本功能”，聚焦现代企业治理、质量效益提升、资源整合配置、干部人事制度改革、管理和科技创新等方面，坚决破除各方面体制机制的弊端，扎实推进公司体制机制创新。加快电力设计、工程、制造板块全民所有制企业公司制改革，加大内部资源整合与外部兼并重组，深化区域市场开发和资源整合。大力实施创新驱动发展战略，充分发挥创新作为引领发展第一动力的作用。深化科技体制改革，建立以市场为导向、产学研用深度融合的技术创新体系，促进科技成果转化。注重原始创新、推进集成创新，积极参与国家重大科技创新项目和重大工程，坚持围绕产品服务品质和价值创造能力提升开展科技创新，实现前瞻性基础研究、引领性原创成果重大突破。

五、坚持党管干部和人才，努力建设高素质专业化干部人才队伍

国有企业领导人员是党在经济领域的执政骨干，是治国理政复合型人才的重要来源。抓好班子、带好队伍是公司各级党委的重要任务，更是推动企业发展的根本保证。中国特色社会主义进入新时代，要求公司各级干部具有新气象、新作为、新素质、新本领。

坚持党管干部原则，党委在选人用人方面要发挥好领导和把关作用。要做到“三定三把”，即，负责制定好干部队伍建设规划，制定好干部管理制度体系，研究确定好有关干部人选；负责把好干部选拔标准，把好选人用人工作程序，把好领导人员队伍结构。强化党委、分管领导和组织部门在选任用人工作中的责任，有关工作方案或干部任免事项，要在会前充分酝酿形成一致意见后，再提交党委会集体研究讨论。坚持“德才兼备、以德为先；五湖四海、任人唯贤；事业为上、公道正派”的基本原则，把“对党忠诚、勇于创新、治企有方、兴企有为、清正廉洁”的国有企业好干部标准落到实处，把好干部标准写进干部管理制度，并加强宣传引导。在干部考察中把政治素质作为首要条件，提拔牢固树立“四个意识”和“四个自信”、坚决维护党中央统一领导和权威、全面贯彻执行党的理论和路线方针政策、忠诚干净担当的干部。以调结构、强功能、提素质为目标，选优配强领导班子，着力解决领导班子结构和功能方面存在的不适应问题。

不断完善干部考核评价机制，建立健全激励约束机制和容错纠错机制，既治理乱作为，也治理不作为，为敢于担当者担当、为敢于负责者负责、为敢于实干者撑腰。弘扬企业家精神，鼓励领导人员勇担使命、主动作为，敢为人先、砥砺奋进，把办好企业、实现企业的长远发展当作自己毕生的事业，全力以赴投身改革，集中精力埋头实干，为推动公司持续健康发展不懈努力。各级党组织要关心爱护基层干部，主动为他们排忧解难，对那些长期奋战在一线、扎根在基层、勤勉敬业的干部要格外关心，让他们专心谋事、放心干事，做到安心、安身、安业。

认真贯彻落实《公司党委关于加强后备干部工作的规定》要求，着眼于企业改革发展、转型升级、加强管理和党建工作需要，进一步加大后备干部工作力度，着力培养选拔具有政治素质、专业能力和专业精神的优秀年轻后备干部，努力建设一支来源广泛、数量充足、结构合理、符合好干部标准的后备干部队伍。各级党组织要为后备干部提供平台、加强培养、严格管理，正向激励，营造有利于后备干部成长的机制和环境。

坚持党管人才原则，深入推进人才强企战略。加强人才政策研究，探索完善更加积极、更加开放、更加有效的人才政策，努力形成人人渴望成才、人人努力成才、人人皆可成才、人人尽展其才的良好局面。改进完善人才招聘制度，拓展人才引进渠道，创新人才使用机制。研究制定人才职业发展指导意见，拓宽人才成长发展通道，完善适合各类人才成长发展的职业发展机制。加强培训规划研究，搭建现代化的培训组织体系、师资体系和课程体系，加强人才培训和轮训，优化鼓励各类人才脱颖而出的培养交流机制。深化内部收入分配制度改革，完善按要素分配的体制机制，健全多元化薪酬分配模式，研究探索股权、分红权激励，创新激发各类人才迸发活力、干事创业的激励机制。着力实施“引进一批、转型一批、招聘一批、定制一批、共享一批”

的人才策略，盘活人才存量，优化人才结构，促进人才队伍的转型升级。认真落实院士后备人才培养计划，大力实施企业领导人员、科技创新领军人才、项目经理人才、国际业务人才、战略转型新业务人才、高技能人才等关键人才培养工程，明确目标方向，层层压实培养责任，层层夯实培养措施，努力培育具有全球战略视野的企业家队伍，努力壮大在行业内具有较高威望和影响力的科技创新领军人才队伍，努力建设具有国际化能力的经营管理人才队伍，努力打造具有“工匠精神”的高技能人才队伍，推动人才队伍的素质提升。

广大党员领导干部是公司改革发展事业的骨干力量，要以身作则，率先垂范，带头树立和发扬好的作风，保持锐意创新的勇气、敢为人先的锐气、蓬勃向上的朝气，始终做到心中有党、心中有民、心中有责、心中有戒。要做政治上的明白人，对党绝对忠诚，在思想上政治上行动上同以习近平同志为核心的党中央保持高度一致，做到政治上绝对忠诚、思想上高度信赖、情感上完全认同、行动上率先跟随。要做发展的领路人，勇于担当、奋发有为，引领发展新形势，把握改革新进程，回应职工新期待，坚持从实际出发，带领职工群众一起做好各项工作，真正做到对党负责、对职工负责、对自己负责。要做职工的贴心人，坚持全心全意为人民服务的根本宗旨，自觉贯彻党的群众路线，尊重职工、关心职工，真正做到心系职工、热爱职工、服务职工。要做班子的带头人，各级党政主要负责人带头讲党性、重品行、做表率，带头抓班子带队伍，带头依法办事，带头廉洁自律，清清白白做人、干干净净做事。

六、加强基层组织建设，不断提高党组织的凝聚力、战斗力和创新力

全面从严治党要在公司落实落地，必须从基本组织、基本队伍、基本制度这“三个基本”抓起，在打牢基础、补齐短板上下工夫，夯实基层组织这个重要基石，激发改革发展的生机活力，凝聚攻坚克难的强大力量。

按照“四同步、四对接”要求，科学、规范、及时建立和调整完善党的组织。适应产权关系、组织架构、管理模式等发展变化，因地制宜、精准施策，动态解决基层党组织应建未建问题。以境外机构、工程项目、新组建单位等作为重点，认真梳理盘点，消除盲区和空白点，确保企业发展到哪里、党的建设就跟进到哪里、党的作用就发挥到哪里，确保党的组织和党的工作全覆盖。严格按照规定任期和程序要求，认真做好各级党组织的换届选举，确保应换尽换。

严肃党内政治生活，按照抓在日常、严在经常的要求，推进“两学一做”学习教育常态化制度化。继续提高各级领导干部民主生活会质量，严肃认真开展批评和自我批评，增强党内政治生活的政治性、时代性、原则性、战斗性。自我批评应当联系实际、针对问题、触及思想，明确整改方向。相互批评应当开诚布公指出问题，防止以工作建议代替批评意见。对待批评应当有则改之、无则加勉，不搞无原则纷争，也不搞一团和气，达到统一思想、增进团结、互相监督、共同提高的目的。认真贯彻落实公司党委《关于进一步加强基层党支部建设有关问题的通知》要求，强化党支部建设，严肃规范党支部组织生活，坚持和完善“三会一课”、民主评议党员、评先评优、党员教育管理、党支部工作手册等基本制度和基础性工作，更好地发挥党支部战斗堡垒作用和党员先锋模范作用，不断推进全面从严治党向基层延伸。

海外党建和项目党建是公司党建工作需要改进和加强的两个重要方面，各级党组织一定要高度重视，加大工作力度，积极探索实践，确保抓出成效、抓出特色。认真贯彻落实四部委关于加强中央企业境外单位党建工作的指导意见和公司党委制定的指导意见，明确职责任务，强化责任落实，理顺工作关系，细化工作措施，扎实做好海外党建工作。认真贯彻落实项目联合党工委实施办法，强化项目党建工作，积极探索尝试，不断积累经验，充分发挥项目党组织作用，为项目的顺利实施提供坚强保证。

以增强党性、提高素质为重点，进一步加强党员队伍建设。充分发挥基层党支部的主体作用，把党的政治建设摆在首位，用习近平新时代中国特色社会主义思想武装头脑，指导实践，教育引导党员充分发挥先锋模范作用。按照“控制总量、优化结构、提高质量、发挥作用”的总要求，坚持党章规定的党员标准，始终把政治标准放在首位，有领导、有计划地做好发展党员工作。

认真落实企业党建工作责任制实施办法，科学制定考核评价细则，强化考核结果运用。不断推进党建工作理念创新、机制创新、制度创新和手段创新，改进方式方法，丰富工作载体。深入开展争创“四强”党组织和争做“四优”共产党员活动，健全党员立足岗位创先争优长效机制，充分发挥各级党组织作用。继续做好企业党委书记述职考核评议工作，不断规范工作流程，确保工作效果。各成员企业党委要结合实际，加强对所属党组织的考核，层层传递压力，层层落实责任。

根据党员人数和企业规模，不断健全完善党务工作机构，配备党务工作人员，落实党建工作经费，确保满足工作需要。认真落实“两个不低于1%”要求，即按照不低于在岗职工人数1%的比例配备专职党务干部，不低于上年度职工工资总额1%的比例落实党建工作经费。要适应新形势新任务新要求，采取有效措施，进一步加强党务干部队伍建设，不断提高党务干部的履职能力和水平，为全面加强公司党的建设提供坚实基础和保证。

七、深化党风廉政建设和反腐败工作，推进全面从严治党向纵深发展

党的十八大以来，公司党委、纪委牢固树立全面从严治党永远在路上的思想，认真落实管党治党政治责任，不折不扣贯彻落实中央精神和国资委党委的决策部署，党风廉政建设和反腐败工作取得明显成效，为公司全面深化改革和健康发展提供了有力保证。但是，公司党风廉政建设和反腐败工作形势依然不容乐观。顶风违反中央八项规定精神问题时有发生，不收手不收敛问题没有彻底根治，工作惯性思维没有根本扭转，落实全面从严治党责任层层衰减问题也没有根本解决，“大监督”的工作格局尚未形成，信访举报数量仍处于高位运行，消除存量、遏制增量的任务依然艰巨。我们决不能有松口气、歇歇脚、见好就收的想法，一定要深刻领会新时代全面从严治党总要求，准确把握正风反腐新形势，推动全面从严治党向纵深发展、向基层延伸。

坚持作风建设永远在路上，持之以恒正风肃纪，驰而不息推进作风建设。坚持以上率下，发挥党员领导干部示范引领作用，贯彻落实好中央八项规定精神实施细则，继续整治“四风”问题，防止反弹回潮。坚持问题导向，发扬钉钉子精神，盯住年节假期，抓住“关键少数”，盯紧享乐主义和奢靡之风，克服形式主义和官僚主义，密切关注新动向，着力解决职工群众反映强烈的问题。实践运用好监督执纪“四种形态”，抓早抓小、防微杜渐，发现苗头及时谈话提醒，惩前毖后，治病救人，对突出违纪问题严肃查处。努力构建作风建设长效机制，针对作风建设中遇到的新情况新问题，及时制定出台相关制度规定，并狠抓制度执行，加大点名道姓通报曝光力度，把作风建设不断引向深入，使中央八项规定精神化作每个党员干部的自觉行动、行为习惯。

充分认识当前依然严峻复杂的反腐败形势，加强党对党风廉政建设和反腐败工作的统一领导，持续加强不敢腐不能腐不想腐体制机制建设，持续深化标本兼治，把党风廉政建设和反腐败工作引向深入。坚持反腐败的高压态势，力度不减、节奏不变，减少存量，重点遏制增量，严肃查处各种违规违纪行为和腐败问题，形成持续震慑，巩固不敢腐；进一步扎牢制度笼子，把制度建设渗透到生产经营管理各个领域，落实到权力监督制约各个方面，强化廉洁风险防控，健全权力运行制约和监督机制，促进不能腐；持续加强党章党纪党规教育，强化廉洁从业教育和警示教育，引导党员干部坚定理想信念宗旨，坚守从业底线，筑牢思想之“堤”，强化不想腐。

严格落实公司全面监督“十三五”规划，大力推进全面监督，制定具体措施，健全工作机制，努力构筑“大监督”工作格局。加强党内监督和民主监督，加快构建党委全面监督、纪委专责监督、党的工作部门职能监督、党的基层组织日常监督、党员民主监督的党内监督体系。抓住主体责任这个“牛鼻子”，层层压紧压实管党治党责任，坚定不移把落实“两个责任”向纵深推进、向基层延伸，引导全体党员干部切实增强管党治党的自觉性和坚定性，既要干好工作，又要管好队伍，确保业务发展和党风廉政建设同步推进，进一步解决全面从严治党责任层层衰减问题，把管党治党责任真正落到实处。全面总结巡视工作经验和成果，持续推进巡视巡察工作，深化成果运用，强化巡视整改，着力解决突出问题，把巡视整改的成效体现在推动企业规范管理、建章立制、倒逼改革、提升效益上，构建公司上下联动的巡视巡察监督网，持续发挥巡视利剑作用。要把问责放到更加突出位置，严格执行问责制度，落实“一案双查”和责任倒查，对落实“两个责任”不力、履行“一岗双责”不实、落实巡视整改不彻底、开展职能监督不认真的，要严肃追责问责，做到有责必问、失责必究、追责必严，推动管党治党更加严紧硬。

各级党委要加强对纪委工作的领导，一如既往地支持纪委持续深化“三转”，全面履行监督执纪问责职能，对纪检监察干部既要严格教育、严格管理、严格监督，又要在政治上、思想上、工作上、生活上关心爱护，为他们履职尽责创造良好环境和条件，让敢于坚持原则、敢于碰硬的好干部脱颖而出，真正建设一支忠诚干净担当的纪检监察干部队伍。

八、加强宣传思想文化建设，不断弘扬企业改革发展正能量

文化是一个国家、一个民族的灵魂，也是一个企业的精神内核。我们要牢固树立社会主义核心价值观，吸收借鉴国内外现代管理和企业文化的优秀成果，大力实施“文化强企”举措，努力建设具有鲜明时代特征、丰富管理内涵和具有“中国电建”特色的企业文化，使公司核心价值理念成为干部员工的共同价值追求，为“建世界一流企业，创全球卓越品牌”提供强大的思想保证、精神动力和文化支撑。

坚持党管宣传、党管意识形态不动摇，做到守土有责、守土负责、守土尽责。结合学习贯彻十九大精神，着力树立和贯彻新发展理念，精心谋划、做出亮点，凝聚强大正能量。全面贯彻中央企业意识形态责任制有关要求，认真落实意识形态工作责任制，牢牢掌握党对意识形态工作的领导权，层层传导压力，把意识形态工作纳入党建工作责任制，纳入领导班子和干部考核和述职。

坚持正确舆论导向，加强新闻宣传工作。高度重视传播手段建设和创新，推动传统媒体和新媒体融合，提高新闻传播力、引导力、影响力、公信力，满足员工多样化信息需求。推进国际传播能力建设，积极融入国际话语体系，精心策划好践行“一带一路”倡议、打赢提质增效攻坚战等重大主题宣传，努力讲好中国电建故事，传播中国电建声音、塑造中国电建形象。进一步加强舆情监测和危机应对工作，建立健全舆情监测、分析、研判、应对处置、形象修复等体系完备的一体化工作机制，维护中国电建的良好形象。通过加强新闻宣传和舆论引导，让主旋律更加响亮，正能量更加强劲，公司品牌影响力大幅提升。

把开展深入细致的思想政治工作作为一项经常性、基础性工作来抓，引领职工群众听党话、跟党走。积极开展爱国主义教育，特别是要加强文明出境管理和海外员工教育，激发干部职工的爱国爱企热情。深化道德讲堂建设，使道德讲堂成为践行社会主义核心价值观的平台。持续开展学雷锋志愿服务活动。深入推进精神文明“三创建”活动，围绕公司战略定位和发展目标，注重典型培养和选树，大力开展劳模和各类先进评选活动。加强党建思想政治工作研究，成立公司党建思想政治工作研究会，推动党建思想政治工作理论创新，提升党建政研能力水平。建立健全党内激励关怀帮扶机制，注重解决党员工作生活困难，增强党员荣誉感和归属感。

全面落实公司企业文化建设“十三五”规划，坚持“三级两化五统一”，持续打造安全文化、质量文化、法治文化、合规文化、创新文化、廉洁文化等专项文化。加强跨文化管理，努力建设具有显著“中国电建”特征的境外分支文化。强化公司品牌规划、整合、宣传和推广，加深海内外客户对公司品牌的了解和信赖，树立公司良好商誉，提升公司品牌价值，不断增强软实力和凝聚力。

九、加强对群团工作的领导，促进职工群众更好地全面发展

群团工作是公司党建工作的重要组成部分，实现公司战略规划的宏伟目标，根本上要靠职工群众的劳动、创造、奉献。必须加强和改进公司群团工作，增强政治性、先进性、群众性，立足改革大局、积极主动作为，通过保障职工权益打动人心，通过做好帮扶解困温暖人心，通过密切联系群众影响人心，通过维护团结和谐赢得人心，使广大职工在共建中共享、在共享中共建，不断扩大职工群众改革发展获得感。牢牢把握时代主题，紧密结合公司实际，推动工会、共青团等群团组织团结动员群众围绕中心任务建功立业。要围绕中心、服务大局，找准工作的结合点和着力点，发挥群团组织联系群众的桥梁纽带作用，深入开展群众性劳动竞赛、技能比武、科技创新、科学普及等活动，动员职工群众立足岗位创新创业创优。大力弘扬劳模精神、劳动精神、工人阶级伟大品格，增强主人翁意识，推动职工队伍技能素质提升。积极主动宣传改革，组织引导职工群众理解改革、支持改革、参与改革、推进改革，促进形成最广泛的合力。

坚持全心全意依靠职工办企业方针，切实维护职工合法权益，健全以职工代表大会为基本形式的民主管理制度，推进厂务公开、业务公开，落实职工群众知情权、参与权、表达权、监督权，充分调动职工群众的积极性、主动性和创造性。企业在重大决策上要听取职工意见，涉及职工切身利益的重大问题必须经过职代会审议。坚持和完善职工董事制度、职工监事制度，鼓励职工代表有序参与公司治理。做好离退休工作，落实离退休老同志政治和生活待遇。

落实帮扶救助的长效机制，增强帮扶实效，提高帮扶水平，重点帮助群众解决日常工作生活中最关心、最直接、最现实的利益问题和最困难、最操心、最忧虑的实际问题。要有针对性地开展心理疏导、大病救助、法律援助等服务，特别是要做好对困难职工的帮扶，做好对农民工的服务。要引导职工依法理性有序表达利益诉求，坚决维护职工队伍的团结统一和公司的和谐稳定。

进一步加强青年人才培养，促进青年职工成长成才。青年是国家和民族的希望，是企业发展的未来。各级党政工团组织和领导干部，要切实担负起培养责任，发挥各自优势，形成培养合力。关心青年人才的成长，做好青年人才的职业生涯管理和指导，注重培养青年人才的专业能力和专业精神。加强青年人才的培养，通过轮岗锻炼、业务培训、项目支持、师带徒等形式，注重在基层一线、艰苦岗位发现储备青年后备人才、培养锻炼青年人才，充分激活青年人才的创造活力。破除论资排辈观念，敢于给青年人才压担子，优先选拔使用经过实践考验的优秀青年人才，使他们人尽其才、才尽其用。

广大青年要胸怀理想、志存高远，知行合一、脚踏实地，学以致用、不断创新，勇挑重担、敢于担当，在公司改革发展和实现中国梦的伟大实践中勇做奋进者、开拓者、奉献者。要坚定理想信念，深入学习习近平新时代中国特色社会主义思想，深化对我国经济社会发展进程、发展趋势的认识，深化对公司战略的掌握，认清前进方向，厘清模糊认识，始终胸怀理想、信念坚定，保持清醒头脑。要练就过硬本领，增强学习的紧迫感，把学习作为一种责任、一种精神追求、一种生活方式，让青春伴随着书香成长，让青春的翅膀因实践的历练而更加坚强。要勇于创新创造，树立奋勇当先、勇攀高峰的精神，树立超越前人、超越自身的勇气，树立不怕失败、百折不挠的意志，在不断求索中积累经验、取得突破，力争在本职岗位上有所发现、有所发明、有所创造。要矢志勇挑重担，敢于吃苦，勇于到艰苦地区、基层一线开辟事业发展的新天地，不怕挫折、不畏困难，让顽强奋斗、艰苦奋斗、不懈奋斗成为青春最厚重的底色，在完成急难险重任务中建功立业。要锤炼高尚品格，自觉遵守社会基本道德规范，弘扬中华民族传统美德，积极倡导社会公德、职业道德、家庭美德，做一个守底线、讲诚信的有德青年。

同志们，落实全面从严治党要求，使命光荣、任务艰巨，各级党组织重任在肩。让我们以党的十九大精神和习近平新时代中国特色社会主义思想为指引，高举中国特色社会主义伟大旗帜，锐意进取，埋头苦干，全面加强公司党的建设和各项工作，不断加强和改进党的领导，引领和推动公司改革发展迈出新步伐、取得新进展、实现新跨越，为加快建设具有全球竞争力的质量效益型世界一流企业而努力奋斗！

在中国电力建设集团（股份）有限公司国际业务工作会议上的总结讲话

孙 洪 水

（2017 年 12 月 4 日）

同志们：

在大家的共同努力下，会议圆满完成各项议程，即将结束，现在对会议总结如下。

一、会议的基本情况

这是集团公司组建以来的第一次国际业务工作会议，十分重要。公司党委书记、董事长晏志勇同志作了重要讲话，讲话以党的十九大精神和习近平新时代中国特色社会主义思想为指引，回顾了近几年来集团国际业务工作，充分肯定了集团国际业务取得的成绩，指出了发展过程中存在的主要问题，分析了面临的机遇和挑战，进一步明确了国际业务在承载公司发展战略中的责任和使命，确立了国际业务的发展目标、发展理念、发展思路、发展路径，对今后一个时期集团国际业务的持续发展具有重要的意义。

与会同志围绕党的十九大会议精神和董事长的重要讲话，结合实际进行了认真讨论。大家一致认为，面对日益复杂的全球经济形势和急剧变化的行业市场环境，公司踩准大势、举旗定纲，及时部署实施“三步走”战略，为国际业务的发展指明了方向。近两年来的实践表明，这个战略既融入了国家“一带一路”战略部署，又符合公司发展实际，大家一致赞成集团国际业务发展的总体思路、战略目标和重点工作安排。在讨论中，大家畅所欲言、建言献策，提出了很好的意见和建议，也反映了面临的困难和问题，会后要深入研究落实。

二、会议取得的主要成效

一是树立了信心、鼓舞了干劲。

会议系统回顾了国际业务在服从服务国家战略、创新业务管控模式、创新国际经营理念、创新海外党建工作等方面的突出亮点，充分肯定了国际业务“高端切入、规划先行，技术先进、质量优良，风险可控、效益保障”的特色发展之路，充分肯定了公司认真贯彻落实中央和国务院国资委各项决策部署，积极应对复杂多变的行业环境、激烈的市场竞争和艰巨繁重的生产改革双重任务，取得了国际业务“三步走”阶段性成果，令人振奋、催人奋进，为推动国际业务进一步发展注入了强大的信心和动力。

二是统一了思想、凝聚了共识。

会议明确了坚定实施国际业务“三步走”战略，对于履行国家使命、推动公司国际业务持续发展、建成世界一流企业的意义十分深远和重大。

习近平总书记在党的十九大报告中明确赋予中央企业在新时代的历史使命：“要深化国有企业改革，发展混合经济，培育具有全球竞争力的世界一流企业”；“要以‘一带一路’建设为重点，遵循共商共建共享原则，加强创新能力开放合作”；“积极促进‘一带一路 ’国际合作，努力实现政策沟通、设施联通、贸易畅通、资金融通、民心相通，打造国际合作新平台，增添共同发展新动力”。这就是中央企业开展国际业务的总指引和根本遵循，我们必须勇担使命、不负重托。

目前，仅靠国内传统优势行业难以支撑发展，并且已经面临产能严重过剩的危机。但国际市场前景广阔，国际业务是我们的传统优势、比较优势，优先发展国际业务更是集团业务转型和实现战略目标的必经之路，我们不能有任何的犹豫和迷茫。

我们要敏锐地认识到，在当前的大势下，国家和各级地方政府配套了一系列发展战略、合作框架、配套优惠补助政策和金融支持。同时，国际市场的投融资、开发、建设、运营模式发生了深刻的变化，我们要在“一带一路”战略指引下，紧抓对外投资合作和国际工程承包业务的新机遇，创新模式，更好地开拓扩大国际市场。

三是查摆了不足、分析了原因。

会议坚持战略导向和问题导向，不回避、不退缩，把问题讲清、把形势看透、把原因找准。

存在的问题是比较突出的。会议指出了国际业务的营销组织、思想认识、业务收缩、履约能力和国际化能力低下、机制落后、转型缓慢等六个方面存在的问题，十分精准，都是制约国际业务发展的顽疾，这些问题如果不能及时改变，就难以承载公司发展战略的重托。

面临的形势是严峻的。会议明确提出了要抢抓国内外的良好机遇，坚定走出去的信心，同时，要求我们必须清醒认识极具挑战的国际经营环境：“去全球化”导致的贸易壁垒；新能源技术发展导致的能源革命，而我们目前在新能源行业并无优势；全球建设能力过剩将使工程行业竞争更加激烈；面对西方承包商在技术、管理和国际化等多方面的优势，我们的成本优势正在迅速下降；更值得注意的是，全球基础设施已由承包或融资承包建设方式，向多主体投融资建设商业开发模式，而我们从观念认识、能力提升、资源配置上并不完全适应，甚至有些弱化。

形成的差距是巨大的。会议从观念认识、技术问题以及投资拉动三个方面分析了我们的差距。在观念认识方面，还存在顶层设计、体制机制不到位，对战略认识不清、国际业务地位不充分；在技术问题方面，还存在八个方面不足；在投资拉动方面，指出了当前滞后的投资拉动现状与国际业务“十三五”规划目标的差距巨大。

会议一致认为，我们必须深刻认识公司战略转型升级与国际业务承载能力相对落后之间的矛盾是我们当前国际业务面临的主要矛盾，必须深刻认识当前最重要的任务就是直面挑战，敢于创新，敢于担当，加速国际化能力建设，将思想和行动统一到党的十九大精神上来，坚定“三步走”战略和国际业务优先发展不动摇，让国际业务真正承担起公司发展战略转移的历史重任。

四是指明了方向、明确了任务。

会议明确了“三步走”是践行习近平新时代中国特色社会主义思想、具有中国电建特色的转型升级之路，是我们未来必须始终坚持的基本方略。

要牢牢把握集团国际业务的三个基本点。一是坚持集团化、属地化和全球化“三步走”战略；二是加速向建设投资集团转型，打造集团国际业务投资、融资和竞标互相支撑态势；三是紧跟国家一带一路和走出去战略，融入当地社会经济发展，融进去，服水土，结硕果。

要牢牢把握“三步走”战略的思路和路径。实施“三步走”战略，必须创新国际业务商业模式，推进建营一体化转型升级。必须坚持“集团统领、模式创新、深化改革、合规经营、风险防范”五项基本原则。必须加快全球化资源配置，突破国际化经营瓶颈，增强国际综合竞争力。会议认为，世界一流企业必须是全球化企业，在“三步走”战略中，集团化是基础保障，属地化是必经之路，全球化是最终目标，全球化是集团化和属地化从量变到质变的结果，因此，我们必须着眼长远、立足当下、积蓄力量，将集团化夯实、属地化做细。

要牢牢把握“五个统一”和“五个中心”。

“五个统一”：“统一战略规划、统一品牌管理、统一市场布局和营销、统一履约监管、统一风险防范”。“五个统一”是国际业务集团化的基本原则，是“大国际”框架下合力出海的保障。“五个统一”不是与民争利，而是要让大家像“石榴籽”一样凝聚在一起发挥整体实力，更好地发挥成员企业在国际业务的优势和积极性。

“五个中心”：“市场统筹与营销中心、风险防范与履约监管中心、资源协调与信息中心、能力建设与社会责任中心、海外党建中心”。“五个中心”是区域总部的基本定位，有利于提升国际业务经营质量和管控水平，是国际业务集团化的重要举措，是属地化建设的重要途径，是全球化的基石。“五个中心”的建设，首要责任在海外事业部和六大区域总部，重点是加速“中心”能力建设，提升服务意识、特别是“大国际”意识。发挥“中心”功能要靠能力和服务，而不是单纯依靠行政手段和权力。成员企业是“五个中心”建设的直接参与者、践行者、受益者，也要认识到国际化能力不足是公司上下普遍存在的问题，各自为战是行不通的，必须全力支持并融入区域总部“五个中心”的建设。

要牢牢把握新时代集团国际业务重要部署。会议明确了九项工作任务，覆盖了统一思想认识、深度融入国家战略、推进属地化建设、提升国际营销能力和项目质量、加强世界一流履约能力建设、提升境外综合性建设投资能力、创新驱动、提升合规管理水平、提升支持保障力度、强化党对国际业务的领导等方面，内容详实、举措得当，是现阶段“三步走”战略的核心任务，我们必须与公司改革发展相结合，排除千难万险确保落实。

三、对贯彻落实会议精神的几点要求

一是要认真学习领会会议精神。

国际业务“十三五”规划和“三步走”战略已经实施了两年，国家的使命、市场的变化和自身发展的需求都绝对不允许我们再有彷徨、观望和游离，公司上下必须坚定不移、一以贯之、主动融入、积极推进。会后，要把学习、研讨、领会此次会议精神、集团国际业务“十三五”发展规划和“三步走”战略作为一项重要任务，认真研读董事长重要讲话，认真领会会议精神，做到全面准确、学深悟透。尤其在座的各位企业领导人员，更要充分发挥领导核心作用，带头学习领会，切实增强主动性和自觉性；在全面领会精神的基础上，主动对位、深刻反思、挖掘在思想认识、体制机制、经营能力等方面存在的深层次问题，进一步厘清工作思路，让公司上下形成“聚能环”和“同心圆”。

二是要积极组织宣贯会议精神。

会后，要组织好会议精神的传达、宣贯工作。要宣贯公司国际业务的成就，增强自豪感和自信心。要宣贯、解读当前国内外市场的形势变化，以及我们自身的问题和不足，增强危机感和紧迫感。要宣贯国家赋予的职责使命、市场对我们的客观要求和公司转型升级的内在需求，明确国际业务作为公司发展战略转移的使命和责任，增强使命感和责任感。要宣贯业已下发的集团国际业务“十三五”规划和一系列配套文件，特别是刚刚下发的营销、履约系列制度，切实提升我们的意识、能力和水平。

三是要采取切实有效措施贯彻落实会议部署。

今天的工作会议明确了九项工作任务，每项任务都需要各级、各部门、各单位协同推进，我们必须全面贯彻党的十九大精神，主动对位，迅速贯彻落实。

公司总部的职责是国际业务的战略管控和目标考核，各部门要深刻理解“三步走”战略的重大意义，以战略管控为抓手、以目标考核为手段，倒逼会议的部署落地生根，开花结果。

海外事业部在“三步走”战略中处于枢纽地位，要主动作为，发挥纽带桥梁作用，在引领成员企业的同时，要加强与总部部门的沟通协调，协同总部各部门把公司的战略管控和目标考核引申、拓展、落实到国际业务中去。

全面落实会议部署，必须重点落实：一要加大体制和机制创新力度，凡是不适应“三步走”战略的，都要着力进行调整；二要不断梳理、完善国际业务管控流程，提高反应速度和决策效率；三要加强国际业务干部的培养，创造条件把素质好、具备国际业务能力的干部充实到总部部门、成员企业的领导岗位上；四要从事业、待遇、感情多角度、全方位关心和爱护国际人才，强化人才培养，人文关怀；五要完善收入能高能低、能升能降的激励约束机制，区分国际化岗位和非国际化岗位，进一步研究落实包括享受年薪人员在内的特别奖励机制，加大对有突出贡献的国际人才的奖励，提高激励实际效果，避免业绩和薪酬的异常失衡；六要进一步拓宽和完善国际业务团队的成长路径，加强管理和专业双职业通道建设，鼓励在专业岗位上建功立业；七要加强党建工作和企业文化建设，发挥国有企业政治优势，打造一支高素质、有能力、适应国际市场的国际业务团队；八要进一步推动三项制度改革，完善能上能下、能进能出的国际人才流动机制，打破论资排辈，让素质说话、让能力说话、让业绩说话，创造条件把德才兼备、充满激情的国际化人才用好、用足、用到位。

海外事业部/电建国际公司行使公司国际业务的

引领、管控和实施职责，重点放在“市场”上。要以“大国际”的视野和胸怀着力加强自身能力建设，提升对成员企业及平台公司国际业务的引领和管控能力，充分发挥和调动成员企业及平台公司的积极性；要强化在创新商业模式、业务模式和境外投资管控方面，在高端营销、重大项目营销、整合内部资源、风险防范、合规经营方面，在内部诚信体系、内部准市场运作规则、评价准入退出机制建设方面，在区域总部建设和功能发挥方面做深做透做出实效；要着力提升服务意识，用令人信服的能力和优质高效的服务将大家凝聚起来。

成员企业是国际业务的中坚和基础，是国际项目的经营主体、履约主体，重点放在“现场”上。要着重加强国际项目经营体系和履约能力建设；成员企业同时也是国际营销的重要力量，要加强国别市场的深度开发，创新适应中小型项目营销和履约的属地化机制体制，加大资源配置力度，积极参与联合营销、分层营销和授权营销体系，主动融入国际业务集团化建设中来。

各平台公司是国际业务的重要支撑，要进一步提升参与国际业务的积极性。电建海投公司是公司战略转型的有生力量，要主动融入国际业务集团化建设中来，要在获取海外优质资源上下工夫，进一步提升对公司的利润贡献和市场拓展的品牌影响力。其他各平台公司要充分发挥专业支撑作用，利用投资、运营的管理、技术、经验和能力，共享国际业务营销网络和资源，共同打造国际业务体系。

国际业务可持续发展，必须把风险防控和合规建设作为一项重要的任务来抓，牢牢把握海外经营的规则底线和法律红线，强化法治意识，牢固树立底线思维，严守“十二个严禁”海外经营红线，严格落实“九个必查”，着力解决问题、防范风险。

“三步走”战略的实施，离不开党的领导，要切实发挥党工委作用，全面强化海外党建工作，加强基层组织建设，在把方向、管大局、强作风等方面再上台阶。

同志们，在央企对标中，国际业务是我们的亮点，但有趋暗的堪忧，国际业务是我们的比较优势，但有弱化的迹象，“三步走”战略的开局是不错的，但以后的路还很长。让我们在十九大精神指引下，以更加坚定的信心、更加务实的作风、更加扎实的工作全面落实董事长重要讲话精神，为实现集团国际业务新的辉煌而努力奋斗！

在中国电力建设集团（股份）有限公司党建工作会议上的总结讲话

孙　洪　水

（2017 年 12 月 6 日）

同志们：

认真学习贯彻党的十九大精神，紧紧围绕十九大提出的新思想、新论断、新任务、新战略，集中智慧力量，以更宽阔的视野、更长远的眼光、更务实的思路，研究谋划公司面向新时代的目标、任务、举措，是我们当前最为紧迫的工作。

这次会议是公司在深入学习贯彻党的十九大精神、全年工作进入冲刺阶段关键时期召开的，对于圆满完成全年目标任务、在新起点上谋划公司改革发展党建工作、加快建设具有全球竞争力的质量效益型世界一流企业具有十分重要的意义。

为更好地学习领会党的十九大精神，用习近平新时代中国特色社会主义思想武装头脑，会前专门安排了党的十九精神专题辅导报告，为我们会议的召开奠定了很好的思想基础。

这次党建工作会既是公司认真学习贯彻落实党的十九大精神的深入宣贯会，也是谋划开启公司党建工作新征程的动员会，更是集中攻坚全年各项重点目标任务的部署会。会议即将完成各项议程，按照公司党委安排，我对会议作一个总结，并就贯彻落实会议精神讲三个方面意见。

一、会议的基本情况和主要成效

晏志勇同志代表公司党委所作的重要讲话，从深入学习贯彻党的十九大精神，进一步加强公司党的建设等 9 个方面，深入分析形势任务和存在问题，深刻阐述了公司党委以习近平新时代中国特色社会

主义思想为指引，围绕贯彻落实党的十九大精神，全面安排部署贯彻落实全国国企党建会精神、发挥党委领导作用，全面履行“把方向，管大局，保落实”职责的具体举措。

这个讲话是公司党委常委会集体研究的意见，体现了公司党委全面贯彻党的十九大精神的集体意志和讲政治、顾大局、能担当的坚强党性，体现了公司党委坚决贯彻党的基本理论、基本路线、基本方略的坚定立场，不折不扣落实党中央和国务院国资委党委决策部署的鲜明态度。讲话思想深刻、客观务实、内涵丰富，具有很强的针对性、指导性和可操作性，我们要深刻学习领会，认真贯彻落实。

昨天，海投公司、贵州工程公司、水电五局、国际公司、华东院和水电八局等6家单位先后作了党建工作典型经验交流发言，大家要好好学习借鉴。今天上午又进行了分组讨论。在讨论中，大家深刻认识到，学习贯彻习近平新时代中国特色社会主义思想，贯彻落实党的十九大精神时不我待、任务艰巨、使命光荣，只有深刻认识并把握落实好习近平新时代中国特色社会主义思想和党的十九大精神的思想精髓、核心要义和丰富内涵，才能认清公司改革发展党建工作的形势，牢牢把握发展大势，创新思路，变压力为动力，化挑战为机遇，我们的各项工作才能有一个质的变化和提升。在讨论中，大家积极建言献策，对公司创新加强党建工作、落实好今年目标任务、推进公司改革发展党建工作提出了很多好的建议和意见，我们将认真研究，积极采纳，更好指导下一步工作。可以说，本次会议内容丰富、务实高效，在大家的共同努力下达到了预期目的，取得了良好的成效。

二、把深入学习贯彻党的十九精神与加强公司改革发展党建工作紧密结合

贯彻好本次会议精神，关键是要把思想认识统一到学习贯彻党的十九大精神、贯彻落实全国国企党建工作会精神上来，推进公司改革发展党建工作，着力把握好以下几项重点工作。

一是把学习贯彻党的十九大精神作为当前和今后一个时期的首要政治任务。按照中央和国务院国资委党委的安排部署，公司党委制定印发了宣贯工作实施意见，各企业党委要紧密结合自身实际，要做到“六个到位”：组织领导到位、学习培训到位、宣传引领到位、集中宣讲到位、督查指导到位、推动工作到位，教育引导广大党员干部职工深刻理解和认识十九大精神的思想精髓、核心要义和丰富内涵，切实用十九大精神统一思想认识和行动步调。学习贯彻落实党的十大大精神，既是政治立场、政治站位，也是政治原则、政治态度，必须高度重视，确实抓好。

二是按照新时代党建工作总体要求全面加强公司党的建设。要紧紧抓住习近平新时代中国特色社会主义思想这个主线灵魂，用党的理论创新成果武装头脑，牢牢抓住政治建设这个首要任务、牢牢抓住思想建设这个基础性建设、牢牢抓住党建工作责任制这个“牛鼻子”、牢牢抓住领导干部这个“关键少数”、牢牢抓住“三基建设”这个大工程，全面加强公司党的政治建设、思想建设、组织建设、作风建设、纪律建设，把制度建设贯穿其中，进一步加强党风廉政建设和反腐败工作，推进全面从严治党向纵深发展、向基层延伸，把学习成果和贯彻落实成效体现在坚定理想信念、牢记党的宗旨、提高政治能力上，体现在推动改革发展党建、奋力攻坚克难的工作实绩上，体现在全面从严治党、不断提高党的建设质量上，体现在充分发挥党委把方向、管大局、保落实的领导作用上。

三是要贯彻落实新时代发展理念，确保圆满完成全年各项目标任务。公司和各企业要坚持目标导向、问题导向，切实贯彻落实统筹推进“五位一体”总体布局、协调推进“四个全面”战略布局的总体部署和要求，坚持稳中求进工作总基调，全面贯彻新发展理念，积极推动发展质量变革、效率变革、动力变革，积极参与供给侧结构性改革，大力实施创新驱动发展战略，积极践行国家“走出去”和“一带一路”战略，积极参与雄安新区建设，持续深化企业三项制度改革，加大内部改革重组和改制上市工作力度，推进结构调整、转型升级、提质增效，控风险谋发展，进一步提高发展质量和经营效率效益，确保完成全年经营目标，并积极谋划好明年工作计划，加快推进具有全球竞争力的世界一流企业建设。

三、扎实做好会议精神的贯彻落实

一是做好会议精神的传达学习。大家回去后，要尽快组织对本次会议精神的传达学习和贯彻落实，统一思想、提高认识，团结和带领广大职工群众奋发进取，推动公司各项决策部署有效落实。

二是做好年度工作的统筹安排。总部各部门、各企业认真研究重点任务，精心谋划实施计划、方法和路径，强化责任落实，开拓创新，确保各项任务全面完成，同时要站在新时代新征程的新起点上，积极谋划好明年各项工作计划。

三是做好会议精神的宣传工作。要通过网站、微信等多种形式广泛宣传会议精神，进一步增强全体员工的认同感、自豪感，引导广大职工正确认识形势、积极应对困难，以饱满的热情和干劲投身到公司党的建设和生产经营中，为公司改革发展党建工作作出更大贡献。

在茅洲河全流域综合治理攻坚战动员大会暨水环境公司2017年工作会议上的讲话

王　民　浩

（2017年2月8日，根据录音整理，经本人审阅）

尊敬的李局长、黄局长，各位同事：

大家上午好！

中国电建水环境治理技术有限公司（以下简称“水环境公司”）2015年12月29日正式成立，今天正好是406天。2016年的1月22日，深圳市政府正式启动了治水提质攻坚战动员大会，中国电建作为深圳市治水提质联盟的首批成员和治水提质的主力队员有幸参与进来，承担了茅洲河流域（宝安片区）水环境综合整治项目。为此，2016年2月2日，中国电建在深圳召开了茅洲河流域（宝安片区）水环境综合整治项目誓师大会。

今天，我们又在这里正式召开茅洲河全流域综合治理攻坚战动员大会暨水环境公司2017年工作会议，这个会议很重要，也很必要。不仅因为我们要总结2016年的工作成绩，安排部署2017年工作。更重要的是，我们要通过这个会议，再次吹响茅洲河全流域综合治理攻坚战的集结号。因为，按国家环保部、广东省相关考核要求，2017年底将实施茅洲河消除黑臭水体考核，项目将迎来第一次“环保大考”。建设任务更重，大考临近，压力不言而喻。因此，我把今年的会议又加了一个任务，就是茅洲河全流域综合治理攻坚战动员大会。

去年我全程参与了公司建设和茅洲河项目建设工作。会前，公司对全年工作进行了认真梳理总结。2月6日，公司管理委员会开会到晚上12点，审议了郑久存总经理的工作报告。因为公司成立只有短暂的一年时间，让我想起通用电气公司CEO杰克·韦尔奇著的《商业的本质》书中说的一句话，“开创一项新事业比经营一个市值3亿美元，拥有50年历史，客户稳定，制度完善的公司困难得多”。一年的时间，应该说，对于一个新组建的团队，白手起家，能够取得这些成绩，来之不易。一年来，水环境公司广大干部职工和茅洲河各参建单位牢记使命和任务，上下同心，思想统一，大家认识到位、组织到位、责任到位、落实到位，体现了我们电建人的大局意识。广大干部职工在短时间内，用超常规的努力，以最充分的准备，最通力的合作，迅速打开了茅洲河项目工作局面，取得了良好的效果，树立了中国电建良好形象。在此，我代表股份公司、股份公司党委，代表水环境公司及茅洲河项目指挥部，向水环境公司全体职工和茅洲河项目建设者致以衷心地感谢和崇高的敬意！向所有关心支持项目建设的深圳市委市政府、宝安区委区政府、宝安区环水局和光明新区环水局及建设管理中心等各级领导表示衷心的感谢。成绩值得肯定，但是前方道路更加艰难，今年我们面临的形势任务更加严峻。今年的任务与去年相比，更加繁重。我们要不忘初心，继续顽强拼搏，攻坚克难，全力推进茅洲河项目建设，以百般的努力和万般的辛勤付出，确保打赢茅洲河全流域综合治理攻坚战。

下面，我讲五点意见。

一、充分认识肩负的光荣使命和重大责任，不忘初心，做好茅洲河项目建设

茅洲河水环境全流域综合治理项目是深圳市治水提质的重点工程，这个项目也是深圳市的一把手工程，对于提升深圳城市品质，加强城市生态文明建设具有重要意义。茅洲河项目也是集团推进业务结构调整升级、全面开拓生态修复与环境治理新业务的战略项目和标志性项目，对于培育发展战略性新兴产业、打造新的经济增长点具有重要意义。为了做好茅洲河项目，同时也为积极响应国家号召，推进生态文明建设，主动承担社会重任责任，拓展水环境市场，推动公司转型升级、提质增效，集团公司领导高瞻远瞩，审时度势，成立了水环境公司。作为集团三大核心业务领域之一，水环境事业承担着集团转型升级重任，晏志勇董事长和集团领导也对水环境治理业务的做大做强抱有很高期望。在今年集团工作会议上，晏志勇董事长工作报告也多次对我们水环境事业提出了希望和要求。因此，我们一定要站在执行党和国家重大战略决策高度，高度重视我们肩负的责任与使命；站在落实深圳市委市政府重大决策部署的高度，理解肩负的使命；站在集团公司转型升级、提质增效高度，认清我们肩负的责任与使命，不辜负集团领导和集团 20 万职工对我们的信任和期望！我希望我们这个班子和团队，通过这次再动员大会和工作会议，能够进一步认清形势，统一思想，明确任务，理顺思路，发挥优势，团结一心，奋力拼搏，再接再厉，打好茅洲河全流域综合治理攻坚战。

二、切实抓好深圳茅洲河项目建设，全面打赢茅洲河全流域治理攻坚战，确保考核断面今年消除黑臭目标实现

茅洲河项目是深圳市治水提质工程的重点工程。“一年初见成效、三年消除黑臭、五年基本达标”，是我们对深圳市委市政府和深圳市民作出的郑重的民生承诺。同时，2017 年基本完成建成区黑臭水体整治也是国家环保考核的核心指标，我们的工作刻不容缓，我们的责任重于泰山，我们的努力要锲而不舍。水环境公司领导班子和干部队伍一定要高度重视，把茅洲河流域综合治理工作当作 2017 年工作的第一要务，一切工作都要围绕茅洲河项目建设展开，一切工作都要服务、服从于茅洲河项目建设，我们要集中全部的人力物力财力来支持保证工程建设。要从现在开始，倒排工期，倒逼进度，倒逼压力，倒逼责任，制定详细的切实可行的施工进度和技术方案。要强化组织观念，确保思想到位、资源到位、保障到位。今天，我们参会的有茅洲河在建项目的 13 个工程局和 1 个设计院代表，加上水环境公司一共是 15 个单位参加会议，我们各工程局、设计院一定要树立一盘棋的思想，我们讲“四个意识”，其中一个就是树立大局意识，全力以赴干好茅洲河、服务茅洲河建设，就是参建单位当下的大局。各参建单位的项目经理参会回去后，要把今年茅洲河形势任务给你们的团队讲清楚，向你们的领导做好汇报。要思想到位，工作到位，管理到位。在这次环保部、深圳市的“大考”中，有哪支队伍出了问题，我就要找你们单位的领导和负责人谈一谈，说一说。这个项目干得好，后续类似的项目会很多。如果干好了茅洲河这个项目，根据集团目前的布局和水环境市场发展前景，这个市场是很大的。我们希望通过这样的项目带出一批队伍。假如你干不好，那么你就会在这个市场上掉队，也会影响你们本单位的发展，大家的责任是很大的。水环境公司领导班子精力要主动前移，公司职能部门要努力提高服务项目、服务茅洲河建设的能力，务必确保打赢这场攻坚战，以优异的成绩迎接环保部、深圳市的检查验收，努力把茅洲河项目做成全国的治水标杆工程，打造成高质量的精品样板示范工程，展示中国电建良好的央企形象。

三、全面提升团队能力，科学统筹建设大军，保障服务茅洲河工程建设需要

今年，茅洲河流域综合治理工作面临极端重要的形势与任务挑战，容不得我们有丝毫闪失。虽然困难重重，但是我们仍要义无反顾。“风生水起才知天高云淡，沧海横流方显英雄本色”，现在也正是我们大显身手，搏击风浪，显英雄本色的时候。我们要以百倍的信心与决战必胜的勇气来打响茅洲河全流域综合治理攻坚战。要全面提升团队能力，提升建成区建设的组织、统筹、协调能力，服务项目建设能力。要抓紧关键紧缺人才的引进，要广纳贤才、良才、专才服务于工程建设。什么人才缺，我们就大力引进什么人才，要加大对外协调人才、管道建设安装的人才、河道治理人才、水环境治理技术人才等紧缺人才的引进。只要有专才，能够服务于茅洲河建设，我们就要大胆引进。要快速打造一流水环境治理团队，形成一流能力，确保茅洲河工程良好履约。我们也要通过深圳茅洲河项目，努力把水环境公司打造成为中国水环境治理的“延安抗大”，具有崇高理想、英勇奋斗精神的延安抗大，成为人才培养基地，为公司扩张储备足够的人才。通过茅洲河项目，打造出一支政治素质高的指挥人才；打造出一支高精尖的水环境治理管理队伍；打造出一支综合素质强、创业能力强的工程技术人才队伍；培养和锻炼出一批敢于打硬仗、善于攻坚克难的城区协调人才。特别是要培养一批具有高水平管理能力的、熟悉和掌握高密度建成区建设，能够科学指导大规模作业，善于沟通、强协调的水环境市政公用工程建设队伍。

四、打造水环境治理技术创新平台，加大技术引进与运用，服务茅洲河工程建设

要实现 2017 年基本消除茅洲河黑臭水体的整治目标，必须加大技术支持力度，加强技术研发与引进。要认真总结过去一年水环境治理工作的经验和教训，要吸收和借鉴国内外水环境治理成果和经验，吸收国内外先进的治水理念、技术和方法。及时引进和推广世界一流的水环境治理技术和方法来解决好茅洲河水环境综合治理的问题。时间紧任务重，我们不能再瞻前顾后，畏手畏脚。我们还要着力打造我们自有的“六大技术系统”，这六个系统为什么我要反复说呢，实际上这六个系统在我们公司成立之前我就提出了，因为我们好多同志并不理解为什么要这么做，没有这六个技术系统做支撑，公司就撑不起来，也不是什么技术公司。我们是技术公司，我们到底有什么技术，我们得说得出来。这六大技术系统分别是：防洪防涝与提水质的水文监测管理系统，污水截排的管控系统，河湖污泥处置的再生利用系统，工程补水增净的驱动系统，生态美化、循环的促进系统，水环境治理的管理信息云平台系统。通过六大系统建设支撑中电建水环境公司在中国水环境治理的大市场中站稳脚步，拓展市场，赢得未来。这六大技术系统的实现，一是要通过我们主导的水环境产业技术创新联盟的“七个一工程”不断的落地；二是要通过我们已经发布的八个企业技术标准和即将继续发布制定的企业系列技术标准的推广；三是要通过我们已经申请的20项水环境治理技术发明专利和即将再申请一批技术发明专利的转化与落地。要提高聚集整合创新资源能力，加强产学研用结合，尽快突破水环境治理关键技术瓶颈，为茅洲河建设提供技术支撑。

五、水环境公司班子要团结一心、上下齐心，各参加单位要内外一心，众志成城做好茅洲河工程建设

人心齐泰山移，只要我们这个班子团结一心，广大干部职工上下齐心，各参建单位内外一心，我相信，我们一定能打赢茅洲河全流域综合治理这场攻坚战。我们这个团队组建只有一年，我们的企业文化还没有形成，我们大家要抛弃以前的陈旧思想，迅速融入到新企业，融入到茅洲河项目中，以“零磨合”之势，迅速形成团队能力，确保在茅洲河建设中，做到全流域的统一指挥，统一标准、统一步伐、统一要求、统一行动，最终实现我们茅洲河建设各项目标任务，打赢茅洲河全流域综合治理攻坚战。光明项目要及时复制学习好茅洲河宝安片区已有的好的经验和做法，快速打开局面。茅洲河宝安片区项目大会战组织、经验和工作势头要延续保持。

同志们，军号已经吹响、火把已经点亮、目标已经锁定，我们是否能战，今年就是考验！因此，今天召开的茅洲河全流域综合治理攻坚战动员大会暨水环境公司2017年工作会议，是水环境公司发展史上具有里程碑意义的一次大会。希望同志们切实担负起自己的神圣使命，围绕大会的主题，积极为茅洲河项目建设建言献策，不断推进水环境公司各项工作顺利开展，为股份公司转型升级、提质增效做出新的贡献！

全面从严治党　忠诚干净担当
为公司改革发展、打造世界一流企业清障护航

——在中国电力建设集团（股份）有限公司2017年党风廉政建设和反腐败工作会议上的报告

符　岳　岩

（2017年2月27日）

同志们：

受公司党委委托，我向会议作工作报告。

一、2016年主要工作

2016年，公司党委和成员企业党委认真贯彻落实党的十八大和十八届三中、四中、五中、六中全会，十八届中央纪委六次全会以及全国国有企业党建会议精神，深入学习贯彻习近平总书记系列重要讲话精神，按照国务院国资委党委、中央纪委驻国资委纪检组的部署，严肃党内政治生活，强化党内监督，加强纪律建设，切实履行全面从严治党主体责任；公司纪委和各级纪检组织把握职责定位，坚持挺纪在前，认真履行监督责任，实践运用“四种形态”，依纪依规开展工作，推动公司党风廉政建设和反腐败工作取得新进展新成效。公司纪委被中央纪委驻国资委纪检组提名为“全国纪检监察系统先进集体”。

（一）教育为先，纪律规矩更加严明

2016年，公司党委、纪委坚持把纪律建设摆在更加突出位置，用严明的纪律管住全体党员，着力构筑不想腐的思想防线，广大党员干部廉洁从业意

识进一步增强，纪律规矩更加严明。

全年组织11次党委中心组学习、5次专题辅导讲座和5次专题研讨，扎实开展“两学一做”学习教育，深入学习了党的十八大及十八届历次全会精神、习近平总书记系列重要讲话精神、党中央治国理政新理念新思想新战略、党章党规党纪，邀请中央纪委审理室和中央党校专家作了专题辅导，组织全公司党员参加党章党规知识和习近平总书记系列重要讲话精神网络测试21万人次。坚持送教上门，在公司举办的各类培训班和成员企业举办的中层干部培训班上，先后7次上门授课。坚持“用案释纪、以案说法、查案警示”，与北京市海淀区检察院开展“企检共建”，组织总部党员干部到海淀区反腐倡廉警示教育基地参观学习，用身边事教育身边人，放大了警示教育效果。各成员企业纪委不断创新开展反腐倡廉教育，利用互联网、微信、微电影及各种培训，开展正面典型事迹教育、反面典型警示教育及节假廉洁教育，制作了大量的反腐题材微电影、微小说，在重大节日时点发送廉洁短信、廉洁微信、廉洁贺卡等，廉洁教育提醒“无处不在”。

（二）层层加压，“两个责任”落地更实

2016年，公司党委、纪委把落实党风廉政建设责任制作为重要抓手，坚持明责、履责、督责、问责环环紧扣，责任逐级落实，压力层层传递，责任清单更加清晰，部署安排更加周密，推动“两个责任”落地更实。中央纪委驻国资委纪检组江金权组长到公司调研“落实‘两个责任’、构建不能腐体制机制情况”时，对公司落实“两个责任”工作给予了充分肯定。

公司党委主动履行全面从严治党主体责任，按照新精神新要求及时修订了党风廉政建设责任制实施办法、配套考核评价办法和指标体系，年初与81家成员企业和总部28个部门、事业部签订了党风廉政建设责任书；全年召开了12次党风廉政建设和反腐败工作专题会议，分析形势，查找问题，部署工作；召开两次总部党风廉政建设和反腐败工作联席会议，互通信息，共享资源，沟通联动，推进工作。各级党委主体责任层层压实，逐步向基层延伸。

公司纪委认真履行监督责任，严格责任制考核，考核结果与企业负责人业绩评定、奖励惩处、提拔任用直接挂钩。年初表彰了21家2015年度党风廉政建设责任制落实先进单位，对有重大违纪违规问题的5家企业业绩考核进行了扣分，对10名履职不到位的企业负责人扣减了年度绩效薪金；年终对78家成员企业党风廉政建设责任制落实情况进行了现场检查考核。严格把好“党风廉洁意见回复关”，全年对52名拟提拔任用领导干部出具了党风廉洁意见书，对在干部提拔、班子换届过程中收到的涉及14人信访举报进行了调查核实。抽查45名领导干部个人报告事项，对30名未如实申报人员进行了函询。

严肃责任追究，公司纪委全年约谈了成员企业13名党委书记、15名纪委书记，对10家被巡视企业的19名党政主要负责人进行了督责，对落实主体责任不力的8名企业党政负责人给予了党政纪处分、1人进行了组织处理，对落实监督责任不力的3名企业纪委书记给予了党政纪处分、1人进行了组织处理。

（三）纠治“四风”，作风建设扎实推进

2016年，公司党委、纪委把落实中央八项规定精神情况纳入年度责任考核和巡视监督范围，紧盯年节假期和“关键少数”，“四风”问题得到有效遏制，廉洁从业氛围正在形成。

修订了《公司贯彻落实中央八项规定精神实施细则》，进一步明确了政策界限、更具有可操作性。公司各级领导干部注重发挥表率作用，严格执行履职待遇和业务支出规定，开展办公用房清理整改，18家整改企业负责人人均办公室面积从84平方米降至36.6平方米。扎实开展“四风”问题整治情况“回头看”并开展重点抽查；元旦、春节、中秋、国庆等重要节点前下发通知，及早提醒，公布举报电话和信箱，节后报送监督检查情况，推进节前和节日期间监督检查常态化。强化责任追究，全年共查处违反中央八项规定精神问题6件，给予党政纪处分11人，组织处理12人。坚持点名道姓通报曝光，先后五次对违反八项规定精神、党风廉政建设责任追究和“四风”问题等110起典型案例进行了通报。

（四）有责必问，不敢腐高压态势基本形成

2016年，公司纪委本着“惩前毖后、治病救人”的方针，积极实践运用监督执纪“四种形态”，认真贯彻落实“三个区分开来”要求，严管与厚爱并重，以零容忍态度从严查处违规违纪行为，不敢腐的高压态势基本形成。纪律审查工作得到了中央纪委驻国资委纪检组的充分肯定。

全年公司两级纪委共受理信访举报543件次，立案42件，给予党政纪处分67人，给予免职、警示谈话或诫勉谈话等组织处理309人。其中，公司纪委受理信访举报223件次，立案10件，初步核实147件次，谈话函询60件次，暂存23件，了结179件次，正在办理21件，问题线索受理、案件办结、上级转办件反馈等完成率均达到100%；给予党政纪处分22人，组织处理32人，纪律轻处分占比91%。同时积极配合地方司法机关查处违法犯罪行为，全年有17人被司法机关立案调查。从案件性质看，违反组织纪律问题占32%，违反廉洁纪律问题占60%（其中违反中央八项规定精神和“四风”问题占44%），违反生活纪律问题占8%。从人员结构看，各级领导班子成员（含项目经理）占61%，部门负责人占12%，工程分包、物资采购、招标投标、财务资金等关键岗位人员占27%。查处的违纪违规案件中，既有违反中央八项规定精神问题、也有违反公司决策部署、抓党建不力、内控制度不落实的问题，有效保证了党和国家方针政策、公司决策部署的贯彻执行，体现了抓惩治与严管理的辩证统一。

（五）制度反腐，不能腐防范机制日趋完善

2016年，公司党委、纪委坚持制度反腐，持续加强反腐倡廉制度建设。按照中央纪委驻国资委纪检组江金权组长对制度建设的“五问”要求，梳理了公司党风廉政建设和反腐败工作制度，查漏补缺，新建和修订印发了5项制度，起草了《集团公司违规经营投资责任追究管理暂行办法》《“十三五”全面监督规划》。目前公司已建立党风廉政建设和反腐败工作核心制度32项，并编制成册，其中涉及反腐倡廉建设责任制5项、惩防体系建设4项、信访管理和纪律审查6项、廉洁从业和作风建设6项、监督检查4项、巡视工作3项、纪检监察队伍建设4项，进一步规范了权力运行，完善了监督执纪链条，为健全不能腐的体制机制提供了制度支撑。设立了中国电建廉洁账户，现已收到上缴资金144.48万元。公司纪委设立和使用廉洁账户情况在国资委召开央企专题会上作了交流发言。

（六）点面结合，监督检查效果更好

2016年，公司纪委主动延伸监督触角，积极探索建立“大监督”模式，牵头编制《“十三五”全面监督规划》，着力发挥纪检监察、监事会、巡视、审计、法律等监督职能作用，为构建“大监督”格局奠定了基础。全年监督检查企业“三重一大”制度执行情况35次，开展了领导干部特定关系人违规分包工程专项治理、信息公开制度执行情况的效能监察，牵头组织了电建路桥公司内部管控情况专题调研，境外资产监督书面调研，查找管理短板，堵塞管理漏洞，有效促进管理提升和廉洁风险防控。对25家成员企业开展了同级监督工作调研，积极探索同级监督的有效途径和方法。

（七）强化巡视，“利剑”震慑作用凸显

2016年公司党委突出政治巡视，分5轮对32家企业开展了内部巡视，超额完成了全年巡视工作目标。巡视共发现问题373个、问题线索46条，向公司党委提出建议55项、向被巡视企业党委提出意见137项。采取“两对账、三查看、一抽检”方式对5家企业开展了巡视整改“回头看”，对4家企业开展了延伸巡视。各企业党委、纪委高度重视巡视整改工作，注重巡视成果运用，已完成整改的14家企业累计召开专题研究巡视问题整改会议105次，分解问题233个，制定整改措施524条，已整改问题217个，新建立制度229项，修订制度190项。2016年12月公司作为国资委直管的唯一一家中央企业在国资委组织召开的中央企业巡视巡察座谈会上做了巡视工作经验交流，得到了国资委党委的充分肯定。

（八）加强管理，纪检监察队伍整体素质持续增强

2016年，公司纪委聚焦主责主业、持续深化“三转”，不断加强纪检监察组织和队伍建设，健全组织机构、配齐配强专业人员。目前，公司640多名各级专职纪检监察人员整体履职良好。

落实纪委书记、副书记提名和考察以上级纪委会同组织部门为主的要求，完善提名考察办法，细化明确提名考察工作流程，通过竞聘、考察确定企业纪委书记后备人选7人，对16名企业纪委副书记、监察机构正职拟任人选开展了组织考察。组织63名近两年来新入职的纪检监察干部开展了集中培训，开展纪委书记半年和年终述职，举办运用监督执纪“四种形态”专题讲座，不断提升纪检监察干部的履职能力。针对部分企业纪检监察干部履职不力、巡视整改不到位、本企业违纪违规问题多发的情况，约谈了15名纪委书记，对6名违纪违规纪检监察干部给予了党纪政纪处分和组织处理。

总的来看，2016年在公司党委和中央纪委驻国资委纪检组的坚强领导下，公司党风廉政建设和反腐败工作取得一定成效，为公司持续健康较快发展提供坚实的纪律保障。但我们也要清醒地认识到，工作中仍然存在一些突出问题和薄弱环节，亟待进一步改进和解决。一是少数企业党委管党治党责任意识不强、担当精神缺乏，落实“两个责任”层层衰减，领导班子成员“一岗双责”履职不到位；二是个别企业执行党的纪律、落实中央八项规定精神不坚决，“四风”问题没有得到有效根治，甚至出现顶风违纪现象，违法案件也还有发生，反腐败工作压力依然较大；三是部分企业党委、纪委不注重日常管理，忽视抓早抓小，纪律还没有真正挺在前面，“三个区分开来”和监督执纪“四种形态”在实践中有待深化；四是有的企业制度执行缺乏刚性，一些关键领域仍然存在有章不循、变通执行的情况，自觉接受监督的意识有待进一步提升；五是少数纪检组织“三转”还不到位，执纪审查工作开展不均衡，该报告处置的不及时报告处置，该问责的不严肃问责，纪检监察职能作用发挥有待强化；六是部分纪

检监察干部对中央提出的一系列新政策新举措新要求和党纪条规掌握得还不够，有问题看不到，即使看到也处理不了，对企业的风险点、防控的关键点、工作的着力点把握不准，存在量纪不够准确等问题，履职能力有待提升等。对这些问题，大家必须高度重视、认真解决。

二、2016年公司违纪、违规、违法典型案例通报（略）

三、2017年主要任务

2017年，公司党风廉政建设和反腐败工作的总体要求是：深入学习贯彻习近平总书记系列重要讲话精神，全面贯彻党的十八届六中全会、全国国有企业党建工作会议和中央纪委七次全会精神，认真落实中央企业党风廉政建设和反腐败工作会议的部署要求，坚持党的领导、全面从严治党，强基固本、创新驱动，坚决落实“两个责任”，更加聚焦主责主业，实施全面监督，深化标本兼治，全面加强纪律建设，驰而不息纠正“四风”，努力形成不敢腐的惩戒机制、不能腐的防范机制、不想腐的保障机制，打造忠诚干净担当的纪检监察干部队伍，推动党风廉政建设和反腐败工作向纵深发展。

打铁还需自身硬，各级纪委必须扎紧制度笼子，严格执行监督执纪工作规则，加强领导班子和干部队伍建设，用担当诠释忠诚，以良好精神状态和优异工作成绩迎接党的十九大胜利召开。

（一）严明党的纪律，坚决维护党中央权威和党的集中统一领导

纪律严明是我们党的光荣传统和独特优势，是全党统一意志、统一行动、步调一致前进的重要保障，也是党内政治生活的重要内容。我们要坚持把纪律和规矩挺在前面，严明党的纪律，既注重规范惩戒，严明纪律底线，更要引导党员干部向善向上，在思想上政治上行动上始终与习近平同志为核心的党中央保持高度一致。

一是深入学习贯彻党的十八届六中全会、全国国有企业党建工作会议和中央纪委七次全会精神。会议对党风廉政建设和反腐败工作提出了新的任务和要求，国资委郝鹏书记和驻委纪检组江金权组长在中央企业党风廉政建设和反腐败工作会议上对中央企业构建不敢腐不能腐不想腐的长效机制、推动全面从严治党向纵深发展作出了明确部署。公司各级党组织、纪检组织和全体党员干部要把学习领会、贯彻落实会议精神，特别是习近平总书记系列重要讲话精神作为当前一项重大政治任务，持续抓好会议精神的贯彻落实，持续宣传全面从严治党的要求、廉洁从业的界限，严格党内监督，严肃党内政治生活，把全面从严治党要求贯穿监督执纪问责各个方面。通过党委中心组学习、干部培训、专题研讨等形式，学深悟透精神实质，教育引导党员干部始终与以习近平同志为核心的党中央保持高度一致，坚持共产党人价值观，牢固树立“四个意识”，正确对待公与私、义与利、是与非、正与邪、苦与乐，坚定和提高政治觉悟。加强对贯彻落实会议精神情况的监督检查，强化责任落实，确保党员干部对党忠诚，确保党中央和公司党委决策部署不折不扣执行。

二是严明政治纪律和政治规矩。深入开展“明准则、知条例、守纪律”主题教育活动，持续推进纪律建设，积极探索新形势下开展党性教育和纪律教育的有效途径和方法，认真制定学习培训计划，通过研读原文、辅导报告、交流研讨等形式，切实抓好党章和两个准则、三个条例以及其他党内法规和禁止性规定的学习，实现党员学习宣贯全覆盖。要把党章党规党纪教育纳入党委中心组学习、“三会一课”和党员教育培训，列入年度民主生活会对照检查内容，列入责任制考核和党员干部述职述廉内容。要始终把严明政治纪律和政治规矩放在首位，加强对执行党的纪律情况的监督检查，严肃查处上有政策、下有对策和有令不行、有禁不止等行为，严肃查处违反党的纪律行为。

三是加强和规范党内政治生活。健全党内政治生活是筑牢思想防线的基本条件。各级党委、纪委要认真贯彻落实《关于新形势下党内政治生活的若干准则》，教育引导广大党员干部严守政治纪律和政治规矩，自觉站在全局上想问题、办事情，增强政治警觉性和政治鉴别力。要把严肃党内政治生活作为监督重点，监督检查组织生活制度是否健全、批评和自我批评的武器是否用起来，推进“三会一课”在经常、严肃、认真上见真章，增强组织生活的政治性、原则性、时代性和战斗性。要监督落实领导干部双重组织生活、民主评议党员、个人重要事项报告等制度，督促开好民主生活会。按照中央和国资委党委的要求，凡是2017年度接受过函询谈话、诫勉谈话、组织处理、纪律处分的党员领导干部，要在民主生活会上作出说明或检查，做到全面如实，绝不能避重就轻、遮遮掩掩。纪委要按照干部管理权限，通知到相关人员并做好记录。

（二）严抓作风建设，持之以恒落实中央八项规定精神

作风建设永远在路上，必须常抓不懈，久久为功。我们一定要坚决落实中央八项规定精神，把纠

正“四风”往深里抓、实里做，坚持抓常、抓细、抓长，锲而不舍、持之以恒抓下去，不断推进作风建设常态化、长效化。

一是驰而不息纠正“四风”。要紧盯无视中央八项规定精神、潜入地下公款吃喝等老问题，关注新动向，做到标准不降、要求不松、措施不减，巩固深化纠正“四风”成果，坚决防止“四风”问题反弹回潮。要抓住“关键少数”，盯住年节假期，从作风方面的细节和小事抓起，密切关注“公款吃喝、公款旅游、公车私用、违规发放津补贴或福利、收送礼品礼金、大办婚丧喜庆、提供或接受超标准接待、公款参与高消费娱乐健身活动、出入私人会所”等重点事项，紧盯不放、寸步不让。要注意发现以形式主义、官僚主义方式对待中央和公司党委决策部署，把同党中央保持高度一致仅仅当作口号等突出问题，既要看部署、更要看落实，既要看表态、更要看行动。对不收手、不收敛、顶风违纪的要从严查处，对贯彻党中央精神只喊口号、落实公司党委决策部署变形走样导致严重后果的，要严肃问责。

二是健全作风督查常态化机制。要根据实际，修订完善作风建设制度，检查落实中央八项规定精神措施执行情况，建立党风监督工作信息月报制度和通报违反中央八项规定精神情况季报制度，逐步建立健全“四风”问题惩处零容忍机制。要加大点名道姓通报曝光力度，对 2016 年 1 月 1 日以后发生的违反中央八项规定精神问题受到党政纪处分人员，原则上不分职级高低，一律通报、一律曝光、一律上报。对执纪审查对象存在“四风”问题的，要先于其他问题查处和通报。

（三）严肃“两个责任”，推动全面从严治党向纵深发展

落实“两个责任”，是推进全面从严治党的重要抓手，也是推动党风廉政建设和反腐败工作的根本保障，对于加强和改进新形势下党风廉政建设责任制的落实具有重大意义。各级党委、纪委要清醒认识、深刻理解，引导党员干部牢固树立“抓好党建是最大政绩”的理念，切实增强履行好“两个责任”的自觉性，真正把全面从严治党责任层层落下去，以党的建设成效推动履职、引领发展。

一是全面落实“两个责任”。要严格按照“两个责任”清单，层层落实全面从严治党主体责任和监督责任。党委书记要把全面从严治党主体责任第一责任扛在肩上，真管真严、敢管敢严、长管长严，做到重要工作亲自部署、重大问题亲自过问、重点环节亲自协调、重要案件亲自督办。班子其他成员要严格落实“一岗双责”，履行好分管范围内党风廉政建设领导责任。各级纪检组织要充分发挥党内监督专责机关作用，积极协助党组织加强党风廉政建设和反腐败工作，加强对所辖范围内党组织和党员干部落实管党治党责任情况的监督，切实把全面从严治党要求落到实处。

二是层层传导责任压力。要加大约谈督促、报告工作力度，针对信访举报、执纪审查、巡视、审计等环节中发现的问题，约谈相关人员，强化督责、履责措施，把责任落实渗透到日常监督管理中，一级压实一级，推动全面从严治党向基层延伸。要扎实开展“三个必谈”，党委主要领导约谈班子成员，班子成员约谈分管部门（单位）负责人，党委、纪委约谈子企业主要领导，既谈心交心，又相互督促履职尽责，形成层层抓落实的工作格局。要扎实推进党委书记、纪委书记述职述廉工作，指导和督促纪委书记履职尽责。

三是强化责任追究。《中国共产党问责条例》对坚持党的领导、加强党的建设、全面从严治党、维护党的纪律、推进党风廉政建设和反腐败工作等 6 类需要问责的情形作出了具体规定，明确了与党的领导对应的政治责任，目的就是要使领导干部警醒起来，履职尽责，时刻牢记有权就有责、有责要担当、失责必追究。要严格落实《问责条例》和公司《关于实行领导人员问责的规定》以及即将出台的《违规经营投资责任追究管理办法（暂行）》等责任追究制度，加大问责追究力度，对党的领导弱化、党的建设缺失、从严治党责任落实不到位、维护党的政治纪律和政治规矩失责、贯彻中央八项规定精神不力、选人用人问题突出、违规违纪问题严重、不作为乱作为等严肃追责，特别是对发生重大违规违纪的单位和个人，严格实行“一案双查”，既追究当事人的责任，也追究主体责任和监督责任，还追究领导责任，以强力追责问责倒逼责任担当，让失责必问、问责必严成为常态。

四是加强责任考核和结果运用。要结合工作实际，细化党风廉政建设和反腐败工作责任制考核指标，完善考核内容、改进考核方式，逐步健全“通报一批、奖惩一批、诫勉一批、约谈一批、追责一批”的考核奖惩机制，强化考核结果运用。要在考核结果与企业负责人业绩评定、薪酬、奖惩以及提拔任用直接挂钩的基础上，进一步推广先进单位工作经验，对责任制落实不力、考核结果较差的企业党委书记、纪委书记加强约谈，督促整改。

（四）严厉执纪审查，充分发挥不敢腐的震慑作用

通过近几年的反腐高压态势，应该说“四风”

和腐败蔓延势头得到有效遏制，不敢腐的震慑氛围在公司内已基本形成，党的纪律建设全面加强，但形势依然不容乐观。我们要持续保持高压态势，做到惩治腐败力度不减弱、零容忍态度不改变，充分发挥不敢腐的震慑作用。

一是持续加大执纪审查力度。要围绕“三类人”和“关键少数”，保持力度不减、节奏不变，以无禁区、全覆盖、零容忍态度惩治腐败和“四风”问题，严肃查处违纪违规行为，重点审查不收敛不收手、顶风违纪问题，巩固不敢腐的惩戒机制和震慑态势。要进一步优化执纪审查工作流程，创新工作体制机制，按照中央纪委五类标准规范处置问题线索，完善相关制度，建立监督、审查、审理相互协调、相互制约的工作机制。要落实“执纪审查以上级纪委领导为主”的要求，严格执行“一案两报告”，既查处违规违纪问题，形成案件调查报告，又查漏补缺，分析排查管理问题，提出整改建议，形成案件剖析报告，进一步提升执纪审查工作的制度化、规范化水平。

二是把握运用好“三个区分开来”和“四种形态”。在当前反腐高压不减、执纪越来越严的情况下，一些党员干部在市场开发、业务招待、“三重一大”事项决策等事项中产生了顾虑，担心如果出现问题，责任界定把握不准。实践运用好“三个区分开来”“四种形态”，就是要给那些想干事的干部卸包袱、松手脚，让他们放心大胆去闯、去干，同时也是对那些能够主动坦白、愿意改过自新的党员干部，给机会、给出路。

公司纪委将制定《贯彻落实“三个区分开来”要求实施细则》，建立健全容错纠错机制，明确哪些可以为、哪些不能为、哪些必须为，划出红线和绿线，引导领导干部正确认识干事创业和遵纪守法之间的辩证关系，准确把握改革失误与严重违纪、改革探索出现偏差与不履职尽责钻改革空子谋取私利等政策界限，既体现出我们从严治党正风肃纪一刻也不放松的鲜明态度，又旗帜鲜明地支持和保护党员干部干事创业的积极性，为实干者撑腰、为担当者担当、为负责者负责，积极营造凝心聚力、干事创业的良好环境，构筑干事创业的安全区和廉洁从业的防火墙，为推动公司改革发展保驾护航。

要把实践运用“四种形态”作为履行职责的重要抓手，转变惯性思维，创新理念思路和方式方法，严格遵循《党内监督条例》中关于实践“四种形态”的阐述，把严惩贪腐与柔性化处置相结合，贯彻惩前毖后、治病救人方针，坚持抓早抓小，把第一种形态实践好、运用好，能做第一种形态的就先做第一种，能做第二种形态的就先做第二种。要重点在实践第一种形态上多下工夫，把对党员的经常性教育抓起来，经常性开展谈话提醒，发现苗头性倾向性或轻微违纪问题及时纠正，让红脸出汗成为常态。第一种形态最难，但实践好了效果最明显。要把“四种形态”与问题线索处置结合起来，准确把握问题性质，把握好情形、制度。年内将制定《监督执纪“四种形态”实施细则》，建立健全早发现、早报告、早提醒、早纠正的工作机制，细化谈话函询流程。要以纪律为尺子，严格依规依纪促进四种形态之间的转化，防止实践“四种形态”中滥用自由裁量权，保证监督执纪的严肃性和公正性。只有本人态度好，主动、如实向组织讲清问题，认错悔错并认真做好整改的，才可以依纪从轻或减轻处理；对心存侥幸，态度不老实，拒不说明情况，甚至对抗、妨碍组织审查的，必须依纪从重或加重处理；对严重违纪、涉嫌违法的，该移交司法机关的必须移交。

（五）严建制度体系，进一步健全不能腐体制机制

当前“不敢”的震慑态势虽已基本形成，但仍有不收敛不收手的，“不能”的体制机制还不够完善，离“不想”的目标尚有很大距离。因此我们一定要主动适应新形势、新要求，在推动“不能”上下工夫，把党风廉政制度建设贯穿到生产经营管理各个流程、落实到权力监督制约各个方面，健全不能腐的体制机制，只有体制机制健全了，“敢腐”也腐不了，“想腐”也腐不成。

一是进一步扎紧不能腐制度笼子。十八大以来，中央陆续出台实施了两个准则、三个条例，对我们提出了新的制度安排和明确的工作要求，我们要按照“全不全、行不行、力不力、新不新、顺不顺”的五问标准，督促企业主动适应管党治党新形势、新要求，积极推进制度建设，完善公司治理、业务管理、反腐倡廉、监督保障等制度体系，做好制度体系建设的整体设计，查找现有的制度对廉洁风险点，特别对关键人、关键岗位、关键环节，是否覆盖住了，是否存在监控盲点和薄弱环节，是否系统完备、配套有效，避免出现制度真空，做到于法周延、于事简便，覆盖各业务领域和各管理层级，真正用制度明确权力范围和边界，规范和制约权力运行。

要结合公司改革发展和监督执纪问责实际，进一步建立健全反腐倡廉制度，年内将修订《职工违规违纪处罚暂行规定》《贯彻落实“三重一大”决策制度实施办法》等制度，制定《违规经营投资责任追究管理暂行办法（暂行）》《执纪审查主办人制度》《巡视移交问题线索处置工作规范》等制度，构建内

容科学、程序严密、配套完备、有效管用的反腐倡廉制度体系，为构建“不能腐”的体制机制提供强大的制度支撑。

二是持续推进惩防体系建设。构建不能腐体制机制，必须奔着问题去、奔着廉洁风险点去。要认真贯彻落实《惩治和预防腐败体系 2013～2017 年工作规划》，把惩防体系建设中产生的成果和经验做法，固化为制度，推广运用。要分析梳理廉洁风险，针对不同业务、不同岗位的廉洁风险点、廉洁风险规律，加强源头防腐，依据公司《廉洁风险防控手册》完善廉洁风险联合防控体系，健全廉洁风险联防联控工作机制。要广泛运用科技化、信息化手段，探索运用“互联网＋反腐倡廉”模式预防腐败，围绕市场营销、工程项目分包、设备物资采购、财务资金管理等廉洁风险聚集点，针对境外资产监管、境外干部监督存在的薄弱点，投融资类项目等，开展工作调研和效能监察，突出生产经营全过程和从上到下全覆盖，构筑全领域、全方位的廉洁风险防控“安全网”。要加强“企检共建”，找准切入点，提升预防职务犯罪的整体合力。用好、管好“廉洁账户”，引导相关人员自觉拒腐。

三是强化制度执行力。要采取各种形式加强制度的宣传、讲解，督促各级领导干部带头尊规、学规、守规、用规，努力创造制度面前人人平等、执行制度公平公正的良好环境。要深入查找巡视、审计反馈问题背后制度流程上的缺陷，认真剖析已查办典型案件的制度性原因，推进整改成果制度化，持续强化制度执行力。各职能部门要加强职能监管，坚持用制度管权、用制度管人、用制度管事，严格信息公开制度，落实信息公开事项清单。要加大对制度执行情况的监督检查力度，强化对权力运行的制约和监督，严肃查处不认真执行制度、不及时执行制度和拒不执行制度的行为，使制度成为硬约束。

（六）严推源头治理，努力构筑不想腐思想防线

实现不想腐是一项长期任务。公司是一个完全市场竞争型企业，而且拥有近 20 万名在职员工和 9 万名在职党员，加强廉洁从业教育任务繁重而且至关重要。我们既要注重规范惩戒，严明纪律底线，更要引导党员干部向善向上，从思想源头强化“不想”，努力筑牢不想腐的思想防线。

一是持续加强党性修养。党性是党员干部立身、立业、立言、立德的基石，也是拒腐防变的关键。要教育引导广大党员干部坚持共产党人价值观，牢固树立“四个意识”，特别是核心意识、看齐意识，在党性修养和党内政治生活锻炼中不断提高觉悟，在工作实践和理论学习中不断坚定觉悟，把爱党、忧党、兴党、护党落实到生产经营的各项工作中。要坚持文化自信，自觉学习、感悟、传承、弘扬中华民族优秀传统文化，牢记道德规范和法律基准底线，不断提高政治定力。

二是持续加强廉洁从业教育。积极探索创新廉洁从业教育的形式、内容和方法，深入开展廉洁从业教育和警示教育，进一步筑牢不想腐的思想防线。坚持送教上门，要有针对性地组织正面典型示范教育和反面警示教育，加强培养、发现勤廉兼优的先进典型，激励党员干部见贤思齐、勤廉从业。要深刻剖析典型腐败案件，加大典型案例通报力度，用身边事教育身边人，实现以案促教、以案促防、以案促建。

三是持续推进廉洁文化建设。要进一步拓展廉洁文化内涵，多形式开展廉洁文化活动，制作反腐倡廉微电影、微小说，推进廉洁文化建设。要继承和弘扬中华民族优秀传统文化，注重家庭、家教、家风问题，挖掘典型家庭助廉先进事迹，推进“家文化”建设。

（七）严格监督检查，推动全面监督有效开展

监督是执纪和问责的前提。《党内监督条例》明确规定，党委全面领导党内监督工作，纪委作为党内监督的专责机关，要加强对所管辖范围内党组织和党员干部遵章守纪、履行职责、行使权力的监督检查。我们要积极探索监督新方式、新途径，整合监督资源，拓展监督探头，找准监督靶子，推进公司精益管理、提质增效。

一是着力构建“大监督”格局。制定下发《“十三五”全面监督规划》，统筹、科学、高效配置监督资源，理顺监督主体、明确监督范围、改进监督方式、强化监督措施，减少重复监督，降低监督成本，最大程度发挥监督资源作用，积极构筑“大监督”工作格局。各职能部门要切实履行职能监督职责，充分调动党内监督、纪检监察监督、监事会监督、巡视监督、审计监督、法律监督、财务监督、民主监督以及其他业务监督力量，形成监督合力，推动全面监督有效开展，实现业务指导常态化、监督检查严格化、督促整改规范化。各级纪检组织要做好“监督的再监督”“检查的再检查”。加强信息化建设，实现纪检监察管理平台上线，推动反腐倡廉教育网络化、纪检监察业务管理流程化、廉洁风险防控指标化、廉洁从业管理规范化。

二是加强对“关键少数”、重点事项的监督。认真落实《党内监督条例》，探索推进同级监督，破解“一把手”监督难题，定期将同级领导班子成员特别是“一把手”落实主体责任、执行民主集中制、廉洁自律等情况向上级纪委报告，严肃认真做好“画像”工作。要围绕公司2017年工作会议和“十三五”发展规划确定的目标任务，加强对公司党委各项决策部署落实情况的监督检查，保证公司党委重大决策部署的贯彻落实。要强化日常监督，加强对重点人员、重要岗位、关键环节和职工最关心的问题的监督检查，通过监督建议、谈话函询、约谈提醒、通报报告等多种形式，让党组织和党员干部感受到监督无处不在、无时不在。要严把选人用人“党风廉洁意见回复”关，纪委书记从重要人事安排的初始酝酿阶段就参与研究并实行全程监督，坚决防止选人用人不正之风和干部带病提拔。

三是加强对国际业务的监督检查。公司的国际业务占比越来越大，项目多、地域广，监督监管相对薄弱，存在的风险也较大。要针对国际业务监督存在的薄弱点，积极探索境外机构和党员干部监督、监管的有效方式和路径，推进海外事业部、海外区域总部、成员企业、项目部之间的纵向沟通，强化各层级专业职能部门的横向监督，逐步形成各负其责、相互补充的国际业务网状综合监督体系，构筑全领域、全方位的国际业务廉洁风险防控“安全网”。要整合纪检监察、巡视、审计、财务资金等专项检查力量，围绕国际业务中的市场营销、招标投标、工程分包与结算、设备物资采购、财务资金管理等廉洁风险聚集点，扎实开展监督检查。要强化境外资产监管，建立和完善境外资产流失的责任追究制度，严肃问责。要克服监督远、监督成本高等不利因素，采取有针对性的监督措施，充分运用“互联网＋”手段，建设立体式、全方位、长实效的监督格局，强化海外党员干部的管理。

四是统筹开展巡视监督。聚焦全面从严治党，突出政治巡视，认真贯彻落实《中国共产党巡视工作条例》，巡视完成35家企业，实现巡视工作全覆盖目标。深化巡视成果运用，纪检组织、监察部门对巡视发现的问题线索要及时跟进，依法依规分类处置，做到件件有着落，事事有回音，扩大巡视效应。

五是扎实开展效能监察和专项治理。效能监察作为一种特殊的管理和监督方式，在我们企业起着重要的作用，也受到大多数成员企业的高度重视。我们要坚持融入中心、进入管理，主动延伸监督触角，扎实开展效能监察工作，实现监督管理转化为价值创造。要根据公司今年确定的“加强党建、深化改革、精益管理、提质增效”工作主题，针对精益管理重点、境外资产监督难点，围绕提升盈利能力、改进薄弱环节开展效能监察，围绕职工关心的“热点”开展专项治理，督促企业改进管理方式、优化业务流程、完善管理制度、健全管理机制、堵塞管理漏洞。要加强对监督检查发现问题整改落实情况的跟踪检查，促进检查成果推广、运用。

（八）严苛自身建设，打造忠诚干净担当的纪检监察队伍

当前党风廉政建设和反腐败工作的新要求、新常态，对纪检干部的要求也越来越高，我们要准确把握中央新的要求，聚焦再聚焦、定位再定位，全面履职，自觉践行忠诚干净担当。

一是持续深化纪检体制改革。要准确把握新形势下的纪检监察工作规律，朝着“管住纪律”这一方向，进一步转职能、转方式、转作风，聚焦监督执纪问责，积极调整职责定位、工作理念、方式方法和工作作风。要认真落实“三个为主”要求，增强纪检监督的相对独立性、权威性和有效性。认真落实纪委书记、副书记的提名和考察以上级纪委会同组织部门为主的要求，严把人员入口关。认真落实纪委书记考核以上级纪委考核为主的要求，制定公司《成员企业纪委书记履职考核办法》，强化纪委书记述职、约谈和考核。认真落实查办案件以上级纪委领导为主的要求，线索处置和案件查办在向同级党委报告的同时必须向上级纪委报告，严格落实监督执纪工作规则，严肃执纪审查纪律，对存在问题视而不见，收到问题线索不及时处置，有案不查、瞒案不报的，坚决严肃问责；对违反办案纪律，跑风漏气，办人情案、关系案，以案谋私的，要严查严办，绝不姑息。

二是加强能力和素质建设。履职尽责不仅要有敢于担当的勇气，还要有善于担当的能力，这就需要在不断学习、不断实践、不断总结中，增强本领、提高能力。要加强对纪检监察干部的教育、监督和管理，持续推进能力和作风建设，加大对纪检监察干部教育培训特别是新任纪检干部的培训力度，开展纪委书记培训班、执纪审查业务骨干培训班，用新理念新要求武装头脑、指导实践。各级纪检监察干部要加强政策理论学习，加强业务学习，切实提高履职能力。纪委书记要自觉践行忠诚、干净、担当，既要自身正、敢担当、做表率，又要言传身教、加强日常管理监督，领好班子、带好队伍，真正做到“三慎”——慎独、慎初和慎微，努力克制“三心”——私心、虚荣心和利欲心，不断净化“三圈”——朋友圈、社交圈和生活圈，自觉接受“三个监督”——组织监督、群众监督和家庭监督。要把“信任不能代替监督”的理念体现在监督执纪问责的全过程，严肃查处纪检监察干部违纪违法行为，

用铁的纪律打造忠诚干净担当纪检监察干部队伍。

同志们，党风廉政建设和反腐败工作永远在路上，任重而道远。我们一定要更加紧密团结在以习近平同志为核心的党中央周围，在中央纪委驻国资委纪检组和公司党委的坚强领导下，不忘初心，继续前进，坚定不移推进全面从严治党，切实做好党风廉政建设和反腐败工作，为公司改革发展、打造世界一流企业清障护航。

在中国电建欧亚区域总部2017年度工作会议上的讲话

王 斌

（2017年5月23日）

同志们：

很高兴参加这次会议。通过参加类似会议，可以增加与大家接触的机会，了解更多相关情况，因此希望大家在会间能多发表意见，多讲真心话，尤其对集团公司国际业务如何实现跨越式发展、提升竞争力、降本增效等方面多提意见和建议，我希望能和大家共同探讨相关问题。

一、集团对于海外项目特别是投资项目的一些思考和策略

根据刚才四家子企业（成都院、海投公司、水电十六局、SEPCOIII）代表的发言，我想通过几个案例，讲讲集团公司和我本人对投资项目的一些思考。

（一）集团选择参与大比例投资项目时的考虑因素

1. 控制力

中国电建的资本能力有限，我们的投资战略是总量控制、尽可能使用少量的资金撬动更大的业务。在这种战略原则下，以小比例投资拉动整个EPC是我们需要采取的方式。而在巴基斯坦卡西姆项目，中国电建的投资比例却达到了51%，这个比例保证了中国电建对整个项目的控制力。这个控制力表现在项目具体执行方面有绝对的决定权，比如由我们确定最终EPC价格、确定分包商选择等。我们投资项目的最终目的是使国有企业做强做大，做到财务并表，而如何达到这些目的则是基于我们公司对投资项目拥有的控制力。电建集团要求海投公司大比例投资项目的投资比例原则上不超过51%，主要原因即是基于对项目控制力的考虑。

2. 影响力

中国电建通过投资巴基斯坦卡西姆项目成为“一带一路”中巴经济走廊项目落地的先行者，这个项目给集团公司带来了极大的正面影响和品牌附加值，充分体现了中国电建“能投资运营”的能力，展现了国有资本的影响力，因此在许多重要场合，这个项目都要被集团领导、部委领导作为典型宣传介绍。另外，中央对国有企业影响力提出了要求，例如中央提出的引进混合所有制经济即是为了解决国有企业的活力问题，最终是为了放大国有资本的控制力，增强国有资本的影响力。

3. 带动力

在哪些国家搞投资、投资什么项目，需要考虑国别及项目本身的带动力，是否能够代表中国电建的整体形象，而不应只考虑项目的绝对规模。在今年刚召开的“一带一路”峰会上，我们签署了肯尼亚拉姆燃煤电站项目合作协议，这个项目工程内容包括建设3台35万千瓦，总装机105万千瓦的燃煤电站，绝对规模并不大。但目前肯尼亚全国的装机只有200万千瓦左右，拉姆电站建成后是肯尼亚最大的基本负荷发电设施，也是东非、中非和南非地区最大的发电站，届时将使肯尼亚的电价降低20%。因此，这个项目给中国电建在当地及周边国家的影响力将带来巨大的示范带动作用。

因此，我们在选择投资项目的时候一定要考虑“控制力、影响力、带动力”三个基本因素，再加上抗风险能力因素，这几个因素是选择投资项目的标准。海投公司今后在投资方向选择上需要由区域总部牵头与海投公司联合协商，选择“中国电建具有控制力、体现中国电建及国有资本影响力、在该区域或行业产生带动力、具有较强抗风险能力”的项目考虑大比例投资。

（二）集团公司对小比例投资的要求

集团公司要求小比例投资项目的投资比例原则

不超过15%，如果公司参与运维，则投资比例可以放大到20%，大家要深刻领会集团公司的意图。大比例投资项目选择原则，前面已经说过了，要具有“四个力”，例如卡西姆模式。小比例投资项目，因为集团公司需承担协助融资、完工担保、安慰函等责任与风险，再加上小比例投资商的利益较难得到保障，因此，对于小比例投资参与的项目，我们需要提前锁定EPC地位，还需要提前设定合理的退出机制。

集团公司对海投公司的战略定位是电力投资商，区域总部要牵引海投公司，双方协商在保持与集团战略相结合的前提下共同找出有影响力的项目来参与。

（三）关于管理费收取的问题

集团公司鼓励大家多参与竞标项目，支持成员企业参与市场竞争，应少收取或不收取管理费。为解决电建国际公司资金状况和财务报表问题，集团公司考虑可减收或免收电建国际公司的国有资本收益，或采取电建国际公司与集团公司签订内部协议，或以扩大海外事业部费用拨款等形式来解决。为了支持各个成员企业赢得市场竞争，对于重点、重大战略性项目竞标中需要在成本价格方面做出让步或突破的，成员企业可以向集团公司提出申请，集团公司根据认定的实际情况可考虑给予一定的补偿。

（四）关于资金集中度的问题

资金集中是集团公司国际业务发展的必然要求，集团公司拟设立资金平台，成立财务公司新加坡公司负责统筹管理国际业务资金。下一步将专题研究如何与电建国际公司、与成员企业进行配合，尽力发挥规模效应、集团效应，并给大家提供相应的便利性。集团公司也正在针对工资总额和奖励方式做方案，其中部分内容反映了国际化的因素，下一步还将进一步提高这方面的考虑。“十三五”规划国际业务提出了明确要求，在“十三五”末，要求海外营业收入占比需达到35%，利润占比需达到50%。而如何实现，需要大家多提意见和想法，需要我们共同努力。

二、对于欧亚区域总部年度工作报告的一些体会

我认为今天的会议开得很好，包括整个会议的安排和准备。特别是区域总部的年度工作报告内容非常好，体现了欧亚区域总部对集团公司领导的想法、集团公司战略的理解、认识和落实都比较到位。建议欧亚区域总部的各位同志会后认真学习，按照这个报告组织落实，逐条分解，明年对照检查，形成管理闭合。

对于欧亚区域总部的年度工作报告和大家的发言，我有几点体会：

（一）欧亚区域总部的特点

欧亚区域总部所辖面积最大、国别最多，从发达程度来看，发展跨度很大，文化色彩十分鲜明。同时我感觉到欧亚区域总部的同志们很优秀，人员很精干，大家很敬业。刚才区域总部对很多同志进行了表彰，我认为没有受到表彰的同志们也很优秀，大家的任务都很繁重，完成的也都很好。

（二）欧亚区域总部较为全面地领会和贯彻落实了集团的意图和战略

1. 重组整合融合迅速到位

实现了队伍不散、工作不断、思想不乱，特别是班子成员团结奋进，这个团结不是表面上的团结，而是大家思想上的认同。思想上的认同来自理论上的坚定，而理论上的坚定来自对集团战略的充分认识。重组整合后，欧亚区域总部没有骨干人员的流失，没有相互告状；人员缺位的时候都是充分补台。我出差到欧亚区域总部任何一个国家的办事处，都能感受到区域部的同事有一种奋发向上的精神。

2. 初步发挥整体优势，与集团公司子企业互动良好

年度工作报告里讲到了几种关系，比如对营销、履约、市场准入、项目备案制等几条规则，还考虑了项目中标后如何给成员企业分配等，我认为讲得很好。欧亚区域总部已经出台了相关办法，对相关事项都有较明确的规定。

任何一项管理行为，都需要提前讲清楚相关规定以及优先顺序是什么，比如说，在什么情况下市场布局外的企业可以进入某个市场。当然，还需要在实践中进一步探索相关规定的适用性。我们的人员配置有限，需考虑如何发挥集团公司子企业的力量。集团公司子企业的人员付出了辛劳，派出了优秀的干部，项目成功后该如何分配、如何收费、超过利润后如何分成、有亏损以后如何承担等具体问题，需要进一步探索。希望欧亚区域总部后续能先试先行，形成可推广、可复制的成功做法。欧亚区域总部对“高端切入、规划先行”已经有了比较好的开端，在重点国别市场、重点跟踪的几个项目上，站在集团公司的高度把控项目，统筹、支持、服务于集团公司子企业，基本体现了集团公司国际业务战略意图。

3. 取得了较大的成绩

在市场营销方面，从电力规模上讲，孟加拉国

是下一个巴基斯坦。孟加拉国现阶段共规划了1500万千瓦装机的各类型电站项目，而欧亚区域总部跟踪的项目已达到约1000万千瓦（注：据不完全统计，中资企业跟踪电力项目合计已达2400万千瓦。），在中国电建传统的电力行业，我们占据了绝对优势。同时在水资源行业，我们跟踪推动的孟加拉国全国流域综合治理项目，相当于是对孟加拉国全国的流域规划，说明了孟加拉国政府对我们公司的信任。电力、水资源和基础设施领域是我们集团公司的强项，我们在孟加拉国的这几个行业都已占据了领先的地位，占据了很大的先机。这是一个“高端切入、规划先行”的典型案例国别。

在履约监管方面，在项目执行过程出现问题后，欧亚区域总部能够及时处理。港航公司在孟加拉国正在实施帕德玛大桥河道疏浚项目，该项目合同额高达11亿美元，迄今工期已过了50%以上，而项目履约进度仅完成约20%。欧亚区域总部发现问题后，及时报告，集团紧急启动应急措施，引起港航领导高度重视，及时调整了项目经理，采取了有效措施，将问题及时控制。这次出现问题后能及时管控的关键是区域总部督导到位。有的区域总部（我记得好像是子企业提出的）提到如果出现成员企业项目执行人员不合适的情况，可改为由区域总部的人来直管，这种想法挺好但并不可行。如果只有一个项目，我们可以这样操作，但如果同时有一百多个项目，这种方法则完全不可行。区域总部要践行集团战略，集团要求区域总部对履约项目主要起监管作用，而不是直管。项目部主要由子企业管理，我们追究责任的时候不仅会追究项目部的责任，同时还要追究子企业的责任。

三、对于下一步工作的一些想法

下面是我想就下一步的工作跟大家交流一些想法，主要针对欧亚区域总部和在座的成员企业。

（一）进一步领会集团意图，最大限度地发挥集团优势和整体实力，区域总部要提高整合能力

今天各位国别代表都参加了会议，大家要好好地学习和领会集团文件，领会集团领导的讲话精神。当然，大家如有更好的建议可以提出来，但在你没有更好的想法和更好的办法前，就要按照集团领导的讲话来办，这是对党员干部的基本要求。

1. 充分认识集团的本领

集团是干什么的？很简单的几句话，一是“能源电力、基础设施、水务和水环境”三大核心主业；二是“规划设计、投资融资、建设管理、运营维护”全产业链和项目全生命周期，即“两个全”；三是“BT、BOT、PPP等”与时俱进的商业模式；四是提供解决方案，而不是提出问题。

我们的能力在哪里？我们的区域总部、海投公司、地产公司都属于平台公司，我们的成员企业属于专业公司。平台公司与专业公司的合作可发挥各自的特长，区域总部就是需要将这些资源、能力整合起来，一起完成任务。刚才所讲的巴基斯坦卡西姆燃煤电站项目就是这种情况，是一个典型案例。我们的基本能力是“平台”加“专业”，我们得到扩充的能力是过去没有的投资能力。在海外，我们有中资金融机构、保险机构以及中国政府的支持。而我们的弱项在融资方面，主要表现在如何运用市场化的手段解决融资和担保的能力。另外还有一个弱项是我们对资产和资本的运作能力。资产和资本运作在国内已体现的比较充分，但资本运作做的也比较少，在海外做得更差。我们到海外看看，比如在美国做房地产投资或其他产业，最顶层的都是做资产、资本和金融领域的行业，底层的才是我们这种搞建设的公司。所以，集团在这些方面可以有比较大的提升。

2. 进一步加强区域总部建设

今天出席上午揭牌仪式的伊斯坦布尔副省长和中国驻伊斯坦布尔总领事馆代总领事的发言中都提到“中国电建力量与土耳其力量联合起来”。而我想讲的是区域总部和子企业要更加紧密地联合起来。毕竟我们的人力资源非常有限，我们一定要紧紧依靠成员企业的人员和能力，区域总部的同志一定要站在成员企业的立场上认真思考，思考怎样让大家把能力发挥出来。在集团的角度，要考虑如何让各个成员企业将能力发挥出来，而交给区域总部的任务是考虑如何发挥成员企业派驻到欧亚区域国别的代表们的能力。我一直提共建、共享，共建区域总部，共享区域营销成果。希望你们用体制、机制和办法、规定将区域总部与子企业的联合真正实践和固化，以后可以在其他区域推广。在这方面，欧亚区域总部已经取得了一定的成绩。每个子企业都是独立法人，成员企业之间或与平台企业之间，很容易造成零和游戏。在这种情况下，我们要用集团利益最大化，以及区域总部工作报告中提到的公正、公平的职业素养来解决。这是我们发挥整体实力作用的一个重要基础。

3. 进一步发挥投资拉动作用

这个投资拉动作用在现阶段发挥得远远不够。海投公司由于多种原因，目前未能而且将来也很难承担起全面完成集团投资拉动的作用。“十三五”期间，我们的规划明确提出将国内1500亿元的投资转

移为海外投资，每年300亿元的任务。去年这个任务没有完成，而今年预估的最大投资额为120亿元，又将缺少180亿元。照这种趋势下去很难完成1500亿元的任务。国际业务的营业收入和利润为什么不断下降？其中一个关键因素就是投资拉动的作用没有发挥。而在国内基础设施领域，投资拉动的作用是相当巨大的。比如路桥公司在国内投资拉动的项目，让成员企业都感受到了这个作用。我注意到在去年新签合同清单中，基础实施领域项目的总额已经占比达到36%，这意味着在2017年由于投资拉动带来的产值和利润中，基础设施占比将进一步上升，而电力项目将进一步下降。这种情况在海外项目却很难做到。

因此，解决投资拉动的问题，一方面，需要区域总部和海投公司加强协作，海投公司要建立全球战略，而不只限于国别市场战略、项目战略。区域总部在这个区域需要对海投产生影响，要提出对海投公司的要求，一起研究讨论。另一方面，需鼓励各个成员企业开展小比例带动EPC，大比例投资项目原则上不鼓励成员企业开展。小比例投资项目要提前设定退出条款。也鼓励大家参加PPP项目，但由区域总部牵头。投资拉动在国外虽然做起来非常困难，但我们要有这个理念，要有这个安排，要有一批人去搞投资。虽然因为海投公司的成立分流了一部分投资专业人才，但区域总部可以考虑人才引进，比如利用有经验的成员企业投资人才。

4. 进一步落实集团公司出台的品牌战略

这个战略很简短，但理念很清晰，即培育打造中国电建（POWERCHINA）品牌。大家可以继续使用原来的子品牌，但是重大项目和投资类项目原则上需使用集团品牌，这是集团的规定，是集团海外战略的重要组成部分，区域总部要做落实集团战略的先锋。

（二）不断加强对国别市场的全面分析

我们现在面临很多很强的竞争对手，当然我们也是很多对手的对手，我们怎样打赢一些关键仗，重点在于我们对国别市场的全面分析，一要分析国别政策，主动做好政策研究，利用政策支持；二要分析竞争对手。比如在巴基斯坦的一个项目，我们采用小比例投资的BOT形式，而竞争对手采用FEPC模式。FEPC模式对项目所在国具有阶段性的好处，但从长远看并没有好处，过多使用主权担保会增加国家债务负担，影响国家信誉。而采用BOT模式，我们始终持有资产，可根据形势发展变化采取持有或出让，把控投资风险，同时又不给项目所在国政府增加债务负担。由于我们的商业模式优于竞争对手，而使我们的地位优于竞争对手。

因此，对国别市场的分析非常重要，要始终牢记我们集团公司的几大业务领域，尤其不要忘记的是我们具有投资能力。分析国别市场，要从以下几个方面入手：

1. 分析国别市场五年发展规划

比如该国基础设施项目的规划有多少，参与的中资企业有多少，我们竞争对手跟踪了多少个项目等。要分析这些竞争对手与我们公司的差异和差距、其市场推动力度是否已经超越我公司。为搞清楚这些信息，要求大家要加深对国别市场经济社会发展的把握，区域总部要花时间将区域内重点国别的基本情况摸清楚，可以先从几个国家开始，逐步开展该项工作，这项工作越早开展越有利。

2. 把握相关政策

这其中包括中国政府与区域的政策，中国政府与国别市场的政策。此次“一带一路”峰会又有许多提议和说法，我们要主动做好政策衔接，我们做国际业务离不开国家的支持。比如，如果中国跟哪个国家的关系不好，那么在这个国家项目的推动肯定会有问题；再比如，中亚各国别的水权之争非常复杂，在这几个国别跟踪的水电项目就会非常困难，要以灵活的方式跟踪相关项目，有效利用有限的资源。中国政府对在中亚开展水电项目持审慎态度，我们一定要把握好中国政府的相关政策。

3. 分析竞争对手

国际业务同行业竞争愈演愈烈，仅从表面看，中国电建的生存发展空间已经受到较大挤占，另外还有我们没有看到的其他公司已经提前占领先机的情况。我这有一些信息与大家分享：中交公司的报告中提到“非洲发展银行提前一年解禁对中交公司的制裁、世行如期对中交公司解禁”。由此看来，中交公司在前期工作合规性方面也有一些问题，但中交公司的经营数据却非常可观。2016年中交公司海外业务新签合同350亿美元，其中铁路新签合同210亿美元，占比60%，仅在肯尼亚一个国家就签署了107亿美元的合同。虽然我们公司也签订或实施包括雅万高铁、中老铁路、巴基斯坦ML1铁路项目等在内的一批铁路项目，但是在这几个项目中的地位都非常被动。与铁总、中铁工合作，更别提他们的设计院，我们公司根本进不到核心层，完全是复制国内的商业模式。中国电建与中交对标相比，在战略协同方面，同样存在虽然确立了海外优先发展战略，但存在与之相适应的思想认识、体制机制尚不匹配的问题；在管理体系方面，同样存在海外资源统筹、利益共享、风险共担机制尚未形成，市场增量力度不足，海外的投资、海外的地产资本运作比较薄弱问题；在项目管理、履约能力、精细化管理等方面也都存在问题。再说说葛洲坝公司，葛洲坝公司在许多项目投标时的报价总是低于我公司20%甚至达到30%，虽然价格低，但至今他们的项目也并没有出现重大问题，有的项目利润还挺可观。这些问题都需要我们好好总结、研究。我给你们布置一个任务，下一次再跟葛洲坝竞争的时候，你们不能再打败仗，要打一次胜仗。要分析对手，要不断加强对国别市场的分析，最终达到先期把握项目，比如在孟加拉市场就做到了这点。提前精准锁定项目，不断提升核心竞争力。

（三）加快推动属地化建设

集团公司“三步走”战略的第一步国际业务集团化的主要任务已部分完成。国际业务集团化将大家整合起来，把区域总部建立起来，把规章制度建立起来，让大家可以合理、合法、合规地发展的目标已基本做到。集团公司全球化是相关部门的国际化，比如投资部、财务部、审计部，甚至我们的党建工作都要国际化，实现集团公司全球化需要一个比较漫长的过程，但是属地化建设一定要提上议事日程。

1. 融入当地，追求长远

要变利益共同体为命运共同体，从利益相关转变为命运相关，这是中央对我们走向海外的要求。

2. 降本增效，提升核心竞争力

加大与本土企业的战略合作，形成长期的合格分包商清单。沙特阿美石油电力公司的做法就值得我们学习，他们对分包商的选择很严格，但相关公司一旦进入合格分包商短名单，确实是比较短的名单，则分包商都会非常珍惜这个机会，质量也有保障。

3. 自身员工本土化

自身员工要最大限度地本土化，要慢慢培养合格的本地员工。

4. 建立、建设生产生活物资储运基地

在当地建设生产生活物资设备转运储运基地，各个成员企业根据国别市场的分配，可以考虑买房买地，储备一些土地，考虑设备人员物资周转。

融入当地是国家的战略要求，也是我们自身发展的需要。这个工作区域总部要牵头研究，要以创新的思维求发展，而不能被条条框框限制，必要时要有所突破。

（四）用更高的要求推动区域总部建设工作，落实“十三五”规划

欧亚区域总部的工作报告中提到了“十三五”规划，非常好！这个规划给我们树立了一个很宏伟的目标，公司的国际投资要完成1500亿元；营业收入要占到35%；利润占比50%。集团今年会出台相关政策，检查区域总部的配套措施与“十三五”战略的契合度。希望欧亚区域总部除了执行集团公司已发布的任务分解外，要好好研究“十三五”规划，特别是关注如何完成任务指标。规划里所提到的保障措施是不够的，只是宏观的，因此需要大家积极提议。比如申请为完成投资任务组建区域投资公司；或者提出需要加大激励力度，提高工资总额，并与海外业务和收入挂钩。请大家也思考欲实现跨越式发展，大家需要什么样的政策来落实。近年来，国内投资拉动加大后，海外的业务有所下降。电建集团的目标是成为建设投资集团，所以需要大家大胆、仔细思考，如何突破过去的条条框框落实“十三五”规划。

（五）进一步加强党的建设、党风廉政、安全生产和合规性建设

一是党组织要发挥政治核心和领导核心的作用。党建工作要有创造性的发扬，怎么与国别市场的开发和员工的工作行为相结合，得靠大家在国外的人员来创新。比如卡西姆项目部成立了联合党工委、联合团委，这些都是不错的做法，同时要继续按党委的文件要求继续进行“两学一做”学习教育，各级干部要率先垂范、以身作则。

二是安全生产要常抓不懈，防患于未然。

三是关于合规性建设，去年公司连续出事，给国资委监事会、外交部和商务部写了很多报告。我在思考一个问题，我们所采用的做法是通用的，为什么单单是我们公司出事？我们可以归结为运气问题，但我们更需要思考后续是否有亡羊补牢的方法。我仔细看过，我也跟电建国际公司有关人员沟通过，这些风险是可以通过一些方式来规避的。合规性建设还是要遵循几个原则，首先我们该干的事情还得干，但干事要有程序及相应的监督检查；另外更重要的是一定要找出已经发生问题的地方，进行认真的总结、修改和完善，谁来签字、签字人怎么安排等，不要安排长期工作的人，可安排在当地临时工作的人员，这些方面都需要好好思考来规避风险，相关问题是可以解决的。

今天占用了大家较长的时间，感谢大家！同时在此也要特别祝贺欧亚区域总部，我们一起共同出发，让我们携起手来，为欧亚区域总部更美好的发展，为中国电建、特别是为海外优先战略再创辉煌而共同努力！

规划引领促建设 强基固本抓提升 全面推进公司信息化实现跨越式发展

——在中国电力建设集团（股份）有限公司2017年信息化工作会议上的讲话

姚 强

（2017年4月24日）

同志们：

本次会议的主要任务是，认真贯彻公司年度工作会议精神，落实公司“十三五”发展战略，全面总结2016年工作，分析当前形势，安排部署2017年工作，坚定不移推进“数字电建”建设，推动信息化发展再上新水平，助力集团加快实现“建世界一流企业，创全球卓越品牌”的战略目标。

按照会议安排，下面我作工作报告。

一、2016年工作回顾

2016年是公司信息化建设取得重大突破的一年。在集团公司的坚强领导下，我们紧紧围绕提质增效、转型升级和改革发展的需要，扎实推动信息化与公司发展战略、经营管理、业务管控和项目管理深度融合，经过各部门、各单位的精诚协作、共同努力，全面建成“总部311工程”，基本实现“十二五”“信息化3521蓝图”，施工板块项目管理系统全面落地，信息化支持支撑与价值创造能力显著增强，实现“十三五”发展良好开局。

（一）“十三五”规划取得重要成果

认真总结“十二五”发展，承继“311工程”“3521蓝图”，深入分析国家信息化战略、行业信息化发展趋势和公司信息化需求，集各方智慧，聚广泛共识，经反复研究、论证和修改，编制完成公司信息化发展“十三五”规划，构建以“聚焦三个核心、统筹五大领域、实施两个贯通、落实三大保障”为核心的“3523”战略蓝图，为“十三五”时期公司信息化发展提供了行动指南。

（二）“三项重点工作”实现新的突破

一是重点建成全球电力与可再生能源数据库和规划平台，为规划引领，高端切入，创新开拓市场提供了新动能。开展水电及光伏发电规划平台建设。规划总院面向行业需求，加强与国家发展改革委、财政部、国家能源局等的对接，会同成都院、华中院等六家设计院补充完善内外部数据资源，实现了覆盖水能、风能和太阳能三大领域、四大主题、近千万条数据的可视化展示。依靠平台强大的能力为公司“一带一路”项目、国家能源局和地方政府电力能源规划提供服务36次，其中为国内双江口、大岗山等项目部提供地形影像数据、库容计算、等高线计算等服务10次，为哈萨克斯坦谢列克河流域、西非尼日河流域等项目提供服务26次，为G20能源部长会议提供了重要数据支撑。

二是重点实现施工板块企业项目管理信息系统（PRP）全部上线运行，有力地推动了公司项目履约能力的整体提升。集团统一采购开发平台，整合华科软公司、鸿利公司等内部单位的技术能力，以水电三局为基本模板，汇聚集团最佳实践（12个模块），自主研发项目管理平台，实现进度、质量、成本、安全四要素贯通，形成具有中国电建特色的PRP系统，实现32家施工企业全部上线运行。水电三局通过理清本部、分局、项目部三层管理架构，实现分层应用和协同管理；电建建筑公司利用多年积累的数据资源，实现了多项目对标和资金最大化利用；水电九局通过项目管理标准化与信息化的紧密结合，实现岗位职责和工作标准自动推送；山东电建三公司通过设备供应链一体化管控，实现对海外项目物资物流物管的有力支撑；宁夏电建利用多家单位的最佳实践，以WBS为主线实现全要素贯通；贵州工程公司结合自身业务和管理实际需求，在新能源项目上应用简化版系统初见成效。

三是重点实现招标与集中采购平台全面应用，降本增效成果显著。优化完善系统，强化应用考核。会同设备物资部，完善集中采购平台招标过程管理、供应商管理和专家管理，启动合同管理及个人中心等功能建设；会同市场部优化完善招标平台计划管理、过程监管及评价管理等功能。工程、设备、物资、服务等项目招标采购的电子化率、上网率、集采率不断提升，实现“依法合规、流程固化、过程追溯、数据积累”。集中采购平台全年完成在线采购5000余项277亿元、中标242亿元，节约资金35亿元，节资率12.5%；招标系统在42家成员单位推广应用，年度完成在线审批项目90个，在线招标604亿元。

（三）BIM、EPC、ERP试点示范建设取得新成果

一是BIM应用试点示范稳步推进。积极落实国家住建部《关于推进建筑信息模型应用的指导意见》，组织开展BIM应用试点示范工作，鼓励先行先试，通过试点示范、树立样板。华东院、成都院、华中院、河北院等单位开展BIM技术及三维数字化设计协同应用，深入推动工程数字化技术应用，引领行业设计模式创新，在第二届中国电力工程数字化设计（EIM）大赛中获得优异成绩；水电十三局率先在施工板块开展BIM技术应用，依托可视化前期方案比选，提升项目竞标能力；电建路桥公司在郑州东三环快速路PPP项目中开展“互联网+”BIM技术应用，提升高速公路项目全生命周期管理效率，被中国施工企业协会确定为典型案例。

二是EPC课题研究与试点示范建设取得新成果。电工部牵头开展火电工程全生命周期数字化平台专项课题研究，依托阿曼萨拉拉二期项目建设基于BIM技术的火电EPC项目全过程全要素管控系统。规划总院开展水电工程勘测设计施工一体化信息平台专项课题研究，探索建立设计、施工一体化管控体系与信息平台。华东院依托杨房沟项目、成都院依托两河口项目开展EPC总承包试点工作，有效促进设计采购施工一体化协同能力提升。

三是ERP建设与应用进入新阶段。提升企业资源综合管理能力，全方位提升企业竞争力。成都院通过项目分解结构（PBS）与工作分解结构（WBS）、成本分解结构（CBS）、组织分解结构（OBS）的关联，实现了人、财、物等各方面资源的有效整合。电建地产公司完成ERP人力资源、计划运营、财务及辅助决策子系统建设并上线投运，企业整体信息化水平显著提升。上海装备公司以供应链管理和财务管理为核心，完成焊材生产、泵类生产及进销存管理功能的上线试运行，提升了生产管理水平和经济效益。

（四）信息化应用取得新成效

一是总部综合管理应用建设取得新进展。协同办公平台持续完善，优化系统界面、搭建公文交换平台、新增办公效能展示应用，办文效率显著提升。公司总部收发文效率分别比去年提升9%和12%。党建管理系统建成上线，科学推进“互联网+党建”建设，聚焦党建“五位一体”，搭建了六大线上窗口，初步实现了对各单位党建工作的在线管控和考核评价。推动党建工作从封闭向开放转变、从传统向现代转变、从被动向主动转变、从单边向互动转变、从管理向服务转变。实现对全公司76家单位、473个党委及党工委、3413个党支部65273名党员在线管理。信息公开平台建成投运，年度公开10大类50小类2622条事项，践行了“依法治企、建设阳光央企”的要求。网站群建设稳步推进，落实公安部网站专项治理方案，总结总部建设经验，印发了公司网站群建设规范和统谈分签结果，启动了26家单位48个网站的建设工作。

二是核心资源管理系统应用持续深化。稳步推进人力资源管理系统建设，启动了总部和12家单位试点，推动六大管控职能、八大业务管理功能和干部管理模块的开发建设，贵阳院、上海电建、西北院和上海装备公司四家试点单位实现系统上线运行。完善账务资金一体化平台，实现账表联动，建成总部税务管理模块，满足“营改增”纳税申报新要求，完善资金管理系统，实现资金业务对115家资金结算中心和3876家各级单位的全面覆盖，通过一体化归集和银企直连，在线实时监控约1300个银行账户。完善产权管理系统，涵盖集团全级次法人机构，实现对集团的国有资产、股权的实时监控、监管。深化设备资产管理系统应用，覆盖全集团，在线管理设备29.84万台，设备净值115亿元，用户3294人。推广应用审计系统，完成与76家成员单位财务系统的自动对接，实现了对审计证据和审计底稿的全面管理。建成投资管理目标与状态控制系统，14家成员单位录入投资项目451个，实现对投资项目从储备、立项、评审、建设监督、运营管理全生命周期动态管理。完善科技、工程申报平台，年度完成科技申报项目105项，工法申报项目369项，科技奖项申报184项，实现在线科技评审。

三是集团数据管控体系基本形成。建成总部决策数据库，统领集团数据体系建设，会同办公厅、市场部、海外部、基础部等部门，进一步梳理集团管控数据需求，进一步打通部门壁垒，统一数据需求，进一步完善总部“元”数据基准建设，充实总部决策数据库，实现集团管控数据的及时准确归集、

分类有序管理和快速可视化应用，提高数据质量和分析管理水平。已有效存储公司自组建以来战略决策类数据3.8万余条、管理经营类数据21万余条和专业分析数据40万余条，数据总量达4700万余条。实现了7个核心KPI指标及部门15类80个专题数据分析，支持资金部、市场部等5个部门11类经济活动的数据分析，支持14个部门32套794张报表，分析监测各单位的市场和运营情况，对重大问题进行专项分析和预测。初步建成集团级竞争情报系统，搭建了“七大热点聚焦、十大业务板块、十大专栏业务”架构，与150余权威网站的600余栏目实时互动，累计采集60多万条信息，发布95959条有效数据，为企业管理者提供决策支持服务，该平台由华东院提供并维护。建成能源集中监管平台，接入电建水电开发公司、水电顾问等16家成员企业100多家发电厂（站）运营工况数据和指标数据，建立了水、火、风、光四大板块指标及分析体系，实现按版块、区域、时间等多维度的对比分析。有效解决了信息不完整、运营不透明、指标不清晰等问题，全面提升了公司能源业务管控能力。

（五）信息化基础设施建设进一步加强

一是探索构建电建云体系。完成了“电建云”顶层设计，开展专项云应用研究和建设。成都院、华东院进行了三维设计云试点，水电十三局建成了1000个点的桌面云，昆明院完成云平台规划，电建国际公司、北京院、河北院完成企业云盘建设，总部启动“电建云盘”建设。

二是基本建成集团级移动平台电建通。完成电建通企业通讯录、即时通信、IP电话、集团OA和邮件等通用功能的建设，并在总部和在京单位上线试运行，接入移动用户2998人。华中院、贵州工程公司率先完成OA模块的集成试点应用。与电建通配套的IP电话系统推广应用稳步推进。水电十三局、水电十四局、昆明院、电建水环境公司、山东电建三公司等19家单位部署了具有本地出局功能的IP电话系统，其中电建海投公司还在老挝、新加坡、香港和巴基斯坦等海外机构进行部署，沟通效率提高，节资效果明显。

三是全球网覆盖范围逐步提升。全球网已覆盖180多家二、三级单位，网络“就近接入”，专线覆盖率逐年提高、节资明显。水电新能源公司已专线接入27家下属单位、电建路桥公司接入20家、水电四局接入16家，有力支撑了信息系统的推广应用。电建水电开发公司通过卫星链路实现黑水河流域、足木足河流域的应急通信。电建海投公司利用国际专线直通老挝、新加坡、香港三地，山东电建三公司利用国际专线连接巴基斯坦重要项目部，提升了海外项目管控能力。

四是视频会议得到广泛应用。各单位因地制宜，灵活应用。全年召开集团级视频会议116次。水电八局、电建地产公司、甘肃能源公司、水电新能源公司、水电七局、华东院等单位积极向所属子企业推广高清视频会议，共建成81个高清视频会议室，年度召开高清视频会议451次。山东电建三公司、水电三局、水电五局、水电十五局、电建水电开发公司、中南院、河北院等单位通过软视频系统年度召开视频会议共计976次。全年节省各项办会费用超亿元。

（六）网络与信息安全进一步加固

一是全面提高信息安全意识。开展信息安全宣传月活动，通过形式多样的宣教活动，强化了全员信息安全意识。组织115人次参加了信息安全专业培训，组织开展信息安全人员认证培训，59人次获得国家注册信息安全专业人员（CISP）证书。电建海投公司、电建铁路公司、河北院、吉林院等单位也组织开展各类宣传教育活动，提高了本单位员工信息安全意识。

二是建成互联网服务区云防护平台。实现总部9个互联网应用系统和78家成员单位的232个网站及邮件系统7×24小时不间断监控与防护，年度共发现和防护了225万次Web攻击和3.7亿次DDOS、CC攻击。

三是建成公司统一身份管理系统（4A）。实现信息系统用户身份的统一授权、统一认证、统一审计，共管理用户64180个，与31个集团级业务系统完成账户集成并实现单点认证对接，系统的基础安全支撑作用逐步发挥。水电八局、河北院、甘肃能源公司、电建海投公司、电建水电开发公司、电建路桥公司等11家成员单位完成本地化应用推广。

四是开展信息安全测试及整改工作。组织专业公司定期与不定期对公司总部和重点单位的信息系统进行安全测试，年度共发现12128个高、中、低危安全漏洞，“以查促改、以查促建、以查促管”，堵塞了漏洞、补齐了短板。其中北京院、湖北工程公司等单位及时整改并报送报告。

五是信息化运维体系逐步完善。构建总部“两级三线”运维体系，整合各类运维服务资源，逐步形成以内部IT公司为主、各专业厂商为辅的运维服务模式，建立了以IT综合运维管理平台为中心，各类专业运维工具为支撑的自动化运维手段，为业务高效持续运营提供坚强支撑和保障。总部年度提供运维服务3.8万余次，保障各类会议1180余次，提供优化建议210项，设备可用率达到了99.9%，用户满意度达到92.28%。

（七）信息化治理水平不断提升

一是完善了制度体系。系统性体系化的梳理完善信息化制度体系。完成建设、运维、安全制度的体系化建设，重点健全安全制度，印发13项信息安全制度文件。

二是建立了“预算目录”。统筹部署年度计划项目，完善重大、重要项目立项审批程序，实现信息化资金的集约化管理和项目的统筹建设，去年全集团完成信息化投入4.868亿元，项目1944个。总部投入4614万元，项目71个。

三是开展了多层次的人才培训。年度组织448人次参加了PMP、企业信息管理师、国家注册信息安全专业人员等5类取证培训，193人的信息安全攻防实操技术培训，培养了232名PRP应用种子选手，举办了BIM、智慧能源和信息安全等视频讲座。

（八）信息化创新成果丰硕

一是创新信息化建设模式。建立起“职能部门写剧本、信息化部门搭台子、各单位负责实施”的信息化项目建设分工模式，通过PRP项目的建设实践，效益显著。

二是创新信息化项目管理方式。针对信息化项目的特点，推行“三大方案、四个界面、三个验收环节”的管理分工方式，进一步明确了职责、加强了协作，提升了项目建设进度和质量。

三是创新信息化科研项目组织形式。依靠“青春梦工厂”，建立虚拟科研组织，自主研发“互联网＋”项目部“海外基建工地集装箱式移动信息平台”，已在巴基斯坦卡西姆燃煤电站项目试点应用，取得阶段性重要成果。

四是创新内部信息化合作模式。筹建“中国电建IT研发与产业化联盟”，加快重大技术的研发力量和内部优势产品的转化力度，为集团信息化生态体系建设奠定了基础。

五是积极参加国家级科技项目。在重大项目中解决关键问题，培养高级人才。“863”虚拟现实课题在溪洛渡水电站实地应用并成功推广到茅洲河项目，发改委云计算与大数据安全应用示范项目建设按时高效完成阶段任务，为全球可再生能源数据库提供了与之匹配的安全保障体系。

2016年公司的信息化工作得到了诸多方面肯定。全球电力与可再生能源数据库和规划平台入选国家发改委中国“互联网＋”行动百佳案例及全国“智慧能源”十佳案例。华东院、贵阳院获评工信部“两化”融合贯标试点。电建通荣获中国信息协会中国能源企业信息化卓越成就奖。股份公司全球网、华东院地质三维勘察设计系统等十余个项目荣获中电联电力行业信息化成果奖。江西火电和水电九局PRP系统获评“全国建筑企业信息化建设特优案例”。成都院和昆明院荣获工程勘察设计行业“十二五”信息化建设先进单位。股份公司、山东电建一公司和水电十局网站获评2016年“全国工程建设行业优秀网站”。“电建微言”荣获“能源行业百强微信公众号TOP10”“能源行业微信最佳策划奖”和“最具影响力央企新媒”。在此，我代表公司向奋战在信息化战线的同志们点赞，并致以崇高的敬意和衷心的感谢！

在看到成绩的同时，我们也要深刻认识到信息化建设的艰巨性和复杂性，还存在一些不容忽视的问题和差距：一是在“互联网＋”的大趋势下，一些单位的领导干部对于信息化“看不见”“看不清”，但更多的是“看不懂”的无奈和“来不及”的焦虑，对企业信息化工作的理解深度和驾驭能力还有待提升。二是信息化重点项目、重大工程跨部门、跨单位多层次协同推进的体系尚未完全建立，共建共享、合作共赢的内部信息化生态体系还没有形成，管理成本和沟通成本大，重点项目、重大工程推进困难。三是建成系统应用的深度还不够，应用效果还存在很大的提升空间，业务和信息化深度融合、深度协同的机制还不完善。四是体系化思考、系统化设计、平台化建设、组件化实施的理念还没有深入。现有的信息系统建设方式成本高、周期长，需求难以统一管控，难以适应业务的快速变革；顶层设计不够，架构局限，需求多变，投资重叠的问题不同程度存在。五是网络与信息安全依旧薄弱。一些单位对信息安全重视不够、贯彻和整改落实较差，安全人员缺乏，隐患和风险较大。六是部分单位信息化自身组织机构不健全，人才队伍建设亟待加强，特别是复合型人才匮乏。

二、“十三五”信息化发展形势分析和总体思路

（一）形势分析

当前，以云计算、物联网、大数据、智能化、移动应用为代表的新一轮互联网大潮正席卷全球。信息化带来生产力质的飞跃，引发生产关系发生重大变革，成为重塑国际发展新格局的主导力量。

从国家层面来看，党的十八大以来，我国高度重视信息化国家战略。习总书记指出“没有网络安全就没有国家安全，没有信息化就没有现代化”，并在G20峰会倡导“数字经济”。李克强总理在2015年政府工作报告中提出“互联网＋”行动计划，2016年提出“新经济”，2017年提出“数字经济”。以信息化驱动现代化成为国家的战略选择。信息化

在企业转型升级、国家创新体系建设以及国际竞争中均具有关键作用，已成为推动经济社会变革的重要力量。

就建筑行业而言，利用信息化进行转型升级已刻不容缓。国家住建部在《2016～2020 年建筑业信息化发展纲要》中明确指出建筑业信息化是建筑业发展战略的重要组成部分，是建筑业转变发展方式、提质增效、节能减排的必然要求。2017 年 2 月，国务院办公厅印发《关于促进建筑业持续健康发展的意见》，强调加快推进建筑信息模型（BIM）技术在规划、勘察、设计、施工和运营维护全过程的集成应用。去年，国家能源局印发了《关于推进“互联网＋”智慧能源发展的指导意见》，提出以“互联网＋”为手段，以智能化为基础，促进能源和信息深度融合。

“十三五”时期是公司加快成为能源电力、水资源与环境、基础设施领域具有国际竞争力的质量效益型世界一流综合性建设投资集团的攻坚时期。在诸多因素的合力推动下，公司信息化也步入了转型发展的关键时期。我们一定要抓住新一轮历史发展机遇，突破发展惯性和路径依赖，主动适应时代潮流，以信息技术引领企业转型升级，全面落实公司“12358”战略方针，不断探索发展的新动能，不断创新发展的新模式，努力开创“十三五”公司信息化建设新局面。

（二）指导思想

全面贯彻国家信息化发展战略、“互联网＋”行动计划、《2016～2020 年建筑业信息化发展纲要》精神及创新、协调、绿色、开放、共享的发展理念，围绕集团“建世界一流企业，创全球卓越品牌”的战略愿景，扎实服务于集团“12358”战略方针的推进，以助力集团懂水熟电核心能力和产业链一体化优势的发挥为基本任务，深入发挥信息技术作为先进生产力要素的作用，通过信息化助力集团聚“特有”为“特优”，进一步拓展集团发展空间、助力提升集团市场竞争力和可持续发展能力。

（三）发展目标

以集团公司“十三五”战略和发展目标为指导，通过数据驱动，量化支撑，打造覆盖工程项目全生命周期、工程全价值链，互联互通、集约优化的“数字电建”，实现业务可视化、管理透明化、资源协同化、产业链一体化，力争在 2020 年公司信息化水平达到世界一流，成为集团实现提质增效和可持续发展的核心推动力。

（四）重大战略举措

一是建设中国电建数据体系，贯通数据。遵循分层、分类的原则，建设决策数据库、管理数据库、工程数据库。依托点、线、面的数据形成体系化数据，最终建立中国电建数据资源库、知识库、智库。三项重点任务是全球电力与可再生能源数据库建设、GRP-ERP-PRP 的数据贯通及辅助决策体系建设。

二是建设中国电建工程全产业链业务体系支撑平台，贯通业务。全面提升集团全产业链集成和整体解决方案的信息化服务能力。实现人、财、物资、投资、审计、内控、风险等集成与融合，实施从中标、策划、履约到竣工的全过程管理。三项重点任务就是全面推动 GRP-ERP-PRP 项目管理体系、设计施工一体化（EPC）平台、工程全生命周期数字化管理（EIM）平台的建设。

三是助力集团市场竞争力提升。持续推进全新的规划平台建设。建立市场情报收集、市场协调大数据分析、市场报价内部协同、资源调配等信息化应用，实现面向客户的动态报价、联合竞标和资源整合。四项重点任务就是全球电力与可再生能源规划平台、清洁能源生产与消费平台、海外项目现场信息化平台、全球资源整合调配平台的建设。

四是利用物联网等新技术推进工程智能化。推进云大物移智等新一代信息技术应用。通过传感器、监测器、智能手环等物联网技术和装备实现对人员、物资及项目现场的实时监测、安全应急管理，赋予管理和产品以生命特征；通过电建通和电建云盘实现业务和数据的互联互通。三项重点任务就是加强项目现场监控物联网、云计算及大数据分析、移动互联及工程智能化的建设。

五是构建新一代信息基础设施和安全体系。建立开放、包容、成长的电建云生态环境，建设覆盖全球业务的云数据中心；建立全集团信息安全防护技术标准，构建新形势下的信息安全主动防御体系。两项重点任务就是加快“电建云”和信息安全主动防御体系的建设。

六是推进信息化深化应用。好的信息系统，三分靠建，七分靠用。“建”是为了“用”，“用”才能更好地促进“建”的效果。四项重点任务就是搭建服务应用的技术体系、建立应用考核机制、持续完善系统功能、通过培训等多种形式提升信息化能力。

三、2017 年重点工作

2017 年公司信息化工作的总体要求是：深入贯彻落实公司 2017 年工作会议精神，认真贯彻“12358”战略方针，全面落实信息化发展“十三五”规划，全面推进 GRP-ERP-PRP 体系落地，全面深化三项重点等系统应用，全面提升基础设施能力和信息安全保障水平，大力推动信息化自身转型，着力提升信息化支撑、服务、融合水平。

2017年信息化工作要点已经印发，在这里我就结合工作要点再强调几点：

（一）抓好信息化规划编制和宣贯工作，增强战略协同性

信息化已经成为国家战略。“十三五”时期是公司建设具有国际竞争力的质量效益型世界一流企业的关键时期，各单位一定要结合集团信息化发展“十三五”规划，根据企业发展目标、发展现状和所属板块业务特点，坚持战略驱动和问题导向，针对信息化统筹规划和顶层设计不够，架构局限等问题，坚持整体谋划，强化顶层设计，增强战略支撑，广泛凝聚共识，认真组织编制本单位信息化发展规划，通过整体规划，处理好局部与全局、重点应用与整体推进、单项应用与发挥整体作用的关系，确保信息化走在正确的道路上。要认真组织学习集团信息化发展“十三五”规划，并对本单位规划开展形式多样的宣贯与培训活动，确保规划的准确理解和自觉执行。

（二）深入推进集团全球电力与可再生能源数据库与规划平台，创新和完善服务体系

一要按照互联网平台化的思路，充分发挥创新引领作用。加快服务体系布局，不断完善服务内容，在持续为国家能源局提供服务的基础上，不断支持拓展应用市场。二要统筹推进深化和完善平台。规划总院一定要充分发挥集团技术中心的作用，顶层设计、统筹规划，牵好头、做好统领，各参研单位一定要抛弃“本位主义”思想，切切实实从集团全局利益出发，贯彻“规划引领，高端切入”的集团战略，群策群力、主动作为，不断完善平台功能、丰富平台数据，共同构建国家级可再生能源大数据平台。三要积极探索研究建立集团内部的共建共享、有偿使用机制。培育生态体系，打造命运共同体，将该平台建设成集团内部共享经济价值发挥的典范。

（三）全面深入推进项目管理信息化（GRP-ERP-PRP体系）落地

一要切实做好施工企业PRP系统的深化应用工作。2017年所有新开工项目必须通过PRP系统进行管理，全面提升施工类企业项目履约和管控水平。二要继续开展BIM、EPC和平台公司PRP系统建设试点，探索工程全生命周期数字化管理平台的建设路径。三要开展PRP-ERP贯通试点工作，依托试点形成企业级多项目管理方案，确保各类项目的成本、进度、质量、安全等信息的通畅、增强企业级多项目的策划和管控能力。

（四）改造升级招标与采购平台，打造集团级的公共资源电子交易系统

一要完善招标与采购平台功能。实现三级单位项目采购、供应商管理、请购等功能，各单位通过该平台开展招标与采购工作，实现招投标业务全过程管理。二要搭建集团级公共资源电子交易系统。各单位须积极配合完成数据迁移、用户培训、推广应用等工作，依托这个平台，各单位自行采购，不断提升线上招标采购覆盖率，实现依法合规、公开透明、过程控制。

（五）加强数据和信息资源的集成整合，不断提升决策和服务能力

一要研究推进公司数据体系建设。加快推进公司决策数据库、管理数据库、工程数据库的建设，逐步实现三层数据的贯通，实现从数据库到知识库再到智库的提升。二要以决策数据库统领集团数据体系建设，推进决策数据资源的高度共享和深度应用。三要进一步推广集团竞争资讯系统和能源业务系统的应用。

（六）加快推进系统建设，有效支撑业务运营

一要协同推进人力资源系统建设。完成公司总部人力资源系统基础功能及集团管控、企业领导人员管理平台的开发及部署，水电八局等12家试点单位要完成验收工作，总结经验并在各单位推广应用。二要组织建立大型施工设备智能监测信息平台。实现对各单位大型施工设备的工作状态、技术状态等进行实时监测。三要启动纪检监察管理系统的建设。实现实时监察、公开公示、预警纠错、限时督办、效能监察和绩效评估等工作的在线管理。四要大力推进网站群建设。新建或升级改造网站的单位应纳入集团网站群云平台进行统一建设，逐步构建形象统一、安全可控的中国电建互联网品牌形象。

（七）全面深化系统应用，不断提升信息化价值

多措并举推进信息化应用，以应用促建设。一要建立系统深化应用评价机制和应用绩效考核制度，定期通报业务系统应用情况。二要建立应用系统状态监控系统，建立方便用户提供系统应用修改完善的措施和最直接的通道，及时收集意见分析完善。三要建立系统应用定期分析制度，及时分析、共享推进。四要针对不同类型信息化系统提供不同的菜单式、远程式、现场式的服务。五要开展各种应用比赛、竞赛、评比、评选等活动，促进信息化与业务深度融合，提升信息化价值和效益。各单位要克

服“重建设、轻应用”的倾向，建立运维体系和运维团队，为用户提供技术支持和应用培训，对系统运行过程中出现的新情况、新问题和新需求，要持续改进优化，保证能用、在用、好用。

（八）持续推进“全球网”，全面推广“电建通”，初步构建“集团云”，促进IT基础设施服务能力提升

一要持续推进全球网建设。将信息高速公路延伸到国内外基层单位，切切实实解决网络接入“最后一公里”难题，通过互联互通促进信息共享。二要利用电建通整合集成集团统一建设的邮件系统、视频会议系统、IP电话系统等内部通信工具，为所有员工提供“一号通”服务，提升集团全球通信能力，降低通信成本。三要在集团“电建云”的顶层设计下，积极探索建设行业云、专业云应用，集团总部将以西翠路数据中心建设为契机，研究建设“集团云”，为各单位提供“电建云”的相关基础服务，各单位应加快推进本单位IT基础设施云化，为业务系统提供弹性可扩展的计算资源和存储资源。

（九）有效应对网络安全新变化，为公司信息化健康稳定发展提供良好安全环境

一要进一步完善信息安全组织体系。组织成立区域信息安全协作组，健全协作组工作机制，发挥协作组内部单位之间的互帮、互助、互查作用。二要加快完善信息安全技防体系。基本建成以信息安全纵深防御平台（电建盾）、信息安全监控巡查平台（电建眼）、信息安全中央授权平台（电建授权）为核心的中国电建信息安全技防体系，实现信息安全风险的态势感知和主动防御。三要继续开展信息安全渗透测试和风险评估工作，消除隐患、补齐短板，坚决杜绝重大信息安全事故的发生。四要强化工控系统的安全管理，组织相关单位做好工控系统的安全防护工作，防止因工控系统安全漏洞导致的事故发生。五要积极配合当地公安机关，认真做好今年的信息安全执法检查工作，排查并修复关键信息基础设施、互联网网站等重点部位的安全隐患，为“一带一路峰会”、“十九大”保驾护航。六要研究构建商秘保护技防体系。以集团OA系统为试点，构建商密电子文档技防平台，确保商业秘密全生命周期的安全。

（十）进一步提升信息化治理能力与服务水平，促进信息化工作全面提升

一要健全信息化制度体系。制定《信息化项目管理办法》，进一步强化信息化项目的立项、招标采购、建设、上线、验收、推广应用、运行维护和后评价全过程的闭环管理。重点完善预算管理体系，建立信息化项目池，规范项目申报，提高预算执行的刚性和规范性。二要健全集团IT研发与产业化联盟日常工作机制，搭建集团优势产品目录和服务资源库，加速产业化转移，实现优势互补、能力整合、合作共赢，为各单位企业管理能力、产品竞争能力和信息化能力的提升服务。三要持续加强人才队伍建设。培育和打造人员配比合理的信息化管理、建设、运维和安全的队伍，加强与业务部门联合培训，注重培养懂管理、懂业务、懂技术的复合型信息化人才。四要完善集团信息化专家库。充分发挥专家在信息安全、科研创新、新技术应用等方面的专业性作用，提升内部信息化专家资源的共享利用水平。

同志们！

“十三五”时期是信息化引领全面创新、构筑国家竞争新优势的重要战略机遇期，是信息技术从跟跑并跑到并跑领跑，信息化与经济社会深度融合、新旧动能充分释放的协同迸发期。公司信息化发展“十三五”规划的蓝图已经绘好，2017年的工作任务也已明确，让我们撸起袖子加油干！为全面推进公司信息化实现跨越式发展做出新的更大的贡献！

改革创新主动作为　苦干实干提质增效 扎实推动设备物资管理及采购管理工作再上新台阶

——在中国电力建设集团（股份）有限公司设备物资管理及采购管理工作会议上的讲话

李　跃　平

（2017 年 7 月 31 日）

（根据录音整理）

同志们：

今天，我们召开集团（股份）公司设备物资管理及采购管理工作会议。本次会议的主要任务是：深入贯彻落实集团（股份）公司 2017 年工作会议和年中工作会议精神，全面总结两年来设备物资管理及采购管理工作的成绩和经验，分析存在的问题，研究当前的形势，安排部署今后一段时期的重点工作和任务，积极创新，主动作为，苦干实干，提质增效，扎实推动设备物资管理及采购管理工作再上新台阶。下面，我向大会作工作报告。

一、设备物资管理及采购管理工作取得的主要成绩

两年来，在党中央和国务院国资委的正确领导下，集团公司深入贯彻“五大发展理念”，全面改革，认真落实“12358”战略，不断创新市场营销方式和商业模式，生产经营继续保持平稳较快发展势头，营业收入和新签合同总额持续保持两位数增长，各项工作取得显著成效，连续五年获评中央企业负责人经营业绩考核 A 级企业，在刚发布的 2017 年《财富》世界 500 强企业的排名从去年的 200 位上升至 190 位，较好地完成了经营改革发展目标任务，为实现“十三五”目标奠定了良好的基础。

在集团公司稳步发展的背景下，设备物资管理及采购管理工作真抓实干、顺势勇为，以“改革求变，创新引领，优化配置，提质增效，依法合规，科学阳光，常抓不懈，本质安全”的总体工作思路为指导，以钉钉子的精神推出了多项管理措施，实现了管理方法和管理手段的创新，全面开创了管理工作新局面，有力地保障了各项经营目标的顺利实现。

截至目前，集团公司共有机械设备 29.7 万台，原值 376.5 亿元，净值 115.4 亿元。其中国内 24.8 万台，原值 219.2 亿元，净值 69.1 亿元，占比为 58.2%；国际 4.9 万台，原值 157.3 亿元，净值 46.3 亿元，占比为 41.8%；其中主要机械设备 2.9 万台，完好率 92.5%，利用率 76.4%。

集团公司大型机械设备（施工设备 100 万元以上，生产制造设备 50 万元以上）总计 5205 台，原值 178 亿元，净值 57 亿元，占比为 47.3%；其中，集团公司管控的大型专用施工设备 483 台，原值 84.6 亿元，净值 35 亿元，占比为 22.5%。

集团公司 2016 年设备净值创效系数（建筑业及制造业利润/设备净值）平均为 0.41，其中水电施工板块为 0.44，火电施工板块为 0.23，装备制造板块为 0.54。

集团公司 2016 年度设备物资采购总额约为人民币 898.2 亿元，集中采购总额约为人民币 701.8 亿元，集中采购率达到 78.1%，节资率约为 8%，实现了集中采购效率效益的稳步提升，为公司的提质增效和持续较快发展提供了坚强有力的保障。

两年来设备物资管理及采购管理取得的主要成绩和经验是：

（一）完善体制机制，提升管理能力，基础管理工作得到进一步夯实和巩固

集团公司通过加强顶层设计，完善规章制度和流程、推进精益化管理等措施，强基固本、夯实基础；同时，深入查找管理中存在的瓶颈与短板，制订专项提升措施和方案，进一步巩固了设备物资及

采购管理基础工作。

一是制度流程更加完善。集团公司制定出台了《设备物资管理补充办法》《设备物资采购评标专家和评标专家库管理办法》《报废设备及废旧物资处置管理办法》《设备物资采购信息公开实施细则》《设备物资处置信息公开实施细则》《国际项目设备资源调剂与转让管理办法》等6项制度，规范了评标专家、信息公开、设备处置、调剂转让管理；修订出台了《设备物资集中采购管理办法》《设备物资采购中心集中采购实施细则》《供应商管理办法》《子企业采购管理评价考核细则》等4项制度，创新了采购模式、完善了采购方法，加强了考核的针对性，进一步完善了集团公司设备物资管理及采购管理制度体系。子企业根据集团公司的管理制度，及时对本单位的制度进行了制定或修订，保证了管理体系的创新性、连贯性和一致性，大幅提升了集团公司设备物资管理整体水平。

二是精细化管理更加深入。通过加强现场管理，规范管理程序，强化过程控制，进一步提高了精细化管理水平。水电七局、水电十一局深入推行单机核算，量化设备的工作效率和管理指标，严格限额领料和定期核销制度，将材料消耗管理纳入设备物资管理考核指标，并对国内外重点项目进行监控；河南工程公司、水电十五局深化标准化管理，编制印发标准化手册，将计划管理、采购管理、合同管理、供应商管理等主要环节全面标准化，进一步提升了管理的制度化、流程化；四川设计咨询公司、山东电建三公司持续开展主要原材料现货市场价格信息、国内主要港口到全球主要港口的海运价格监测和分析，提升了成本价格预算能力。

三是管理工作获得了高度认可。在国资委开展的采购管理对标中，集团公司的采购工作得到了专家、同行的认同和好评，在2016年建筑类央企中排名第3；在中国电力设备管理协会的评选中，集团公司共有5家企业获评设备管理先进单位，2人获评设备管理杰出贡献奖，7人获评设备管理先进工作者，我们的设备管理工作在行业内得到了高度认同。

（二）集中采购引领，两级平台互动，采购效率效益稳步提升

集团公司以机械设备年度集中采购、大宗物资项目总量采购为抓手，以集中采购平台的应用为基础，以两级平台的有机互动为着力点，依法合规开展采购，提高了集中采购管理水平，实现了采购效率效益的双提升。

一是规模效益明显。2015年、2016年集团公司两级集中采购总量分别为552亿元和702亿元，集中采购率分别为72%和78%，一级采购平台和二级采购平台占比分别为25%和75%，平均节资率约为8%，降本增效效果明显，为集团公司及子企业各年度利润的实现提供了强有力的支撑。同时，随着集中采购规模的增长，与供应商的博弈能力明显增强，集中采购窗口效应得以彰显。

二是两级平台有机互动、资源共享，“采购四率”稳步上升。通过狠抓季度采购计划管理，采购计划的及时性和准确性得到明显提高，两级平台的互动性进一步加强；通过两级集中采购平台的建设、采购电子平台的推广应用，实现了全集团采购行为统一规范，资源信息互联共享，“两场”服务能力显著提升，集中采购率、上网采购率、公开采购率、电子招标率从2015年的“合格水平”发展到2016年的“良好水平”，实现了“采购四率”的迅速提升。

三是强化依法合规建设，采购行为进一步规范。集团公司按照采购管理的新要求，对集中采购管理制度进行了修订和完善，各子企业相应地进行了制度的更新，确保了制度层面的依法合规；根据集中采购管理制度，按照标准化的要求对业务流程进行了梳理和规范，并固化在集中采购平台和各项具体采购业务中，确保了流程层面的依法合规；集团公司采购中心通过组织各种招标活动的具体示范和引领，促进了子企业操作层面的依法合规。在集团公司的引领下，成都院、华东院、四川设计咨询公司、郑州电力机械厂等单位积极行动，将各部门分散采购转变为集中采购，实现了组织统一、制度统一、标准统一、行为统一，有力地规范了采购行为，同时促进了集团内部产业链的协同效率。

四是管理提升效果凸显，综合能力显著增强。在集团公司的引领和要求下，各子企业着力管理提升，采购能力明显增强，采购管理工作亮点纷呈。铁路公司从计划源头入手，组织采购、经营、工程技术等部门协同做好新开工项目的采购策划工作，并强化了采购计划报送管理和对比分析管理，为大型项目的顺利实施提供了保障；水电八局出台《设备物资集中采购集中支付管理办法》，为集中采购工作提供了良好的环境，为完善供应链管理进行了有益的探索；水电三局开展了零配件框架采购，集中规模、放大采购效益，为零配件的集中采购提供了经验的借鉴；山东电建三公司、山东电建一公司着力开发国际供应商，在项目所在国开拓国际供应商渠道，其中山东电建三公司累计搜集国际供应商资源1400家，与685家建立了联系，签订国际采购合同169份，为集团公司境外供应商管理提供了有效的经验；海外投资公司成功开展卡西姆项目煤炭国际

公开招标，为境外大宗物资采购探索了实现途径。

（三）加强政策引导，推进内部联动，促进装备制造企业稳步发展

为进一步推动集团公司电力装备企业的发展，促进内部市场的良性互动，集团公司制订了一系列政策，推动了投资、设计、施工、制造等企业的一体化运作，取得了良好的效果。

一是出台相关政策。总部财务、采购、装备制造等职能部门共同研究谋划，制定出台了内部装备产品采购使用的激励政策，集团公司装备制造业的产品内部市场占有率逐年提高，为装备制造企业的发展提供了良好条件。

二是建立沟通互联机制。在PPP和EPC总承包项目上认真开展采购策划工作，建立了集团公司内部装备制造企业与其他板块企业之间的联动沟通机制，联动效应逐步显现，集团公司的整体合力得到进一步增强。

三是助力电建装备企业拓展市场。以集中采购平台为依托，助力装备制造企业进一步开拓市场，如利用成都地铁项目管片螺栓采购引进成都金具厂，使其成功进入城市轨道交通市场；利用郑州三环路项目市政安装工程采购、深圳水环境治理工程水泵采购引进郑州机械厂，使其成功进入市政工程市场和水环境治理市场，培育、提升了子企业在非传统市场的开拓能力，电力装备制造企业实力进一步增强。

四川设计咨询公司主动加强与集团公司装备制造企业的合作，提升了工程总承包业务的竞争能力，实现了内部企业之间的“双赢”，2015～2016年共采购内部电力装备制造企业设备物资3.2亿元；山东电建三公司2015～2016年共采购设备物资2.3亿元，并协助内部电力装备制造企业成功开拓外部市场；2016年水电港航公司为卡西姆项目采购两台1800吨级的卸船机，价值8000余万元，有效助力了集团公司大型装备产品走向国际。

（四）完善管理机制，强化资源管控，设备资源配置能力进一步提升

一是制定出台了《国际项目设备资源调剂与转让管理办法》，通过管理方法创新，突破了国际项目设备调剂转让的瓶颈，实现了设备在项目间的有效流动，提升了设备资源利用率。

二是完善了重大项目即后策划机制和重大装备资源配置管理机制，针对成都地铁十八号线24台大直径盾构机的需求，在市场无同类资源的情况下，召开策划会议，积极协调成投公司、参建单位及制造厂商，采用“半租半购”的配置方案，有效控制了设备新增数量，防范了设备闲置风险，同时，利用集中采购的规模优势与供应商进行博弈，大幅降低了采购资金，提高了集团公司整体效益；组织开展了水电十一局赞比亚下凯富峡项目的采购策划工作，统筹设备配置，调整设备采购计划，优化物流配送方案，提高了采购整体效益。

三是充分发挥集团公司大型专用设备管控平台的作用，“科学控制增量，有效盘活存量”，优化了设备结构和增长速度，积极引导子企业间设备调剂与租赁，提高设备资产利用率。两年来，子企业累计申请配置大型专用设备125台，价值42亿元，经集团公司统筹协调后，调剂利用内部闲置设备23台（合计原值4.5亿元），批准新购82台（合计原值23亿元），外部租赁20台，共计节约采购资金14.2亿元。

四是子企业优化配置资源的意识和能力逐渐增强。水电十三局推行国际项目设备物资区域化统一集中管理，实行设备物资的统一调配和统一维修保养，两年来共调剂设备6.1亿元；水电五局为加查等两个项目调剂利用集团公司内部闲置的4台900型门机，既节约了采购资金，又盘活了集团公司闲置设备；水电十四局、中南院、成都院、成都金具厂等加快清理低效无效设备，提升了资产运用效率。

（五）聚焦安全管理，坚持常抓不懈，逐步实现设备物资管理的本质安全

坚持日常管理与集中整治相结合的长效机制。每年开展年度设备物资专项安全整治活动，并结合安全事故和自然灾害进行重点部署，实现了基层单位自查自纠全覆盖，子企业重点检查有规模，集团公司典型抽查有深度，进一步完善了“点、线、面”相结合的专项集中整治制度。通过两年的安全整治活动，各子企业实现项目自查自纠全覆盖，共发现6908个问题，并及时进行了整改，通过几年来的自查自纠专项整治活动，集团公司设备物资安全管理意识、能力和整体水平得到了极大的提升。

坚持以教育促安全，把好安全入口关。举办了两期特种设备安全管理负责人培训班，共有300名子企业负责人及中层管理人员参加了培训，并通过考核取得了安全管理A1证，做到了子企业安全管理负责人取证工作全覆盖，为进一步提升集团公司设备安全管理水平打下了良好的基础。

子企业根据自身企业特点有针对性地开展了多种安全管理活动。水电十局、海外投资公司、港航公司开展海外特种设备检验检测管理，对有强检要求的国家按照所在国要求进行强检，对没有实行强检的国家，定期邀请国内有资质的机构对特种设备

逐台进行检测；水电六局、水电十一局、水电十六局等在项目设立安全教育体验区，变枯燥的说教为现实的体验，提高了安全教育的效果；水电十三局开展了“特种设备安全管理年提升活动”，涉及国内14个下属单位及国外数十个大型项目部，参与员工达2000余人；山东电建一公司、山东核电公司、河北电建一公司、湖北工程公司等单位通过开展起重操作人员和作业人员安全操作技能比赛及安全教育培训，提高了起重操作人员和作业人员的安全意识，减少了事故的发生。

（六）狠抓信息化建设，全面推广应用，管理工作进一步上水平

集团公司顺应时代发展的要求，将信息化作为提高管理能力的重要抓手，着力开展了集中采购平台、电建商城、设备资产管理系统的建设和应用。

为加强集中采购平台的覆盖面和适用性，升级改造了集中采购平台，优化调整了平台的功能，新增了竞标采购、采购计划管理等功能模块，重新梳理固化了采购管理标准及流程，采购工作的全过程在线管理得以进一步完善和加强。在集团公司的大力引导和推动下，各子企业积极转变观念，集中采购平台的使用能力和水平逐步提高，2015年利用平台完成采购项目总计3450项，采购金额117.5亿元，2016年完成采购项目总计7191项，采购金额297.3亿元；2016年平台合格供应商总量达到17618家，评标专家总量达到8138人，满足了集团公司采购工作的需要。

根据国资委对中央企业开展上网采购的有关要求，集团公司借鉴先进中央企业建设应用电商平台的经验，开展了中国电建商城建设，利用规模化采购和大客户的优势，引进了知名办公用品厂家，目前已经在集团公司总部和河南工程公司、水电十一局等七家单位开展了试点应用，之后将推广至各子企业，逐步开展办公用品、劳保用品、工程机械零部件等产品的集团化采购，进一步提高集中采购管理能力。

充分利用设备资产管理系统中的台账管理、大型专用设备管理、设备地图、报表管理等27个模块，管理近30万台、原值为377亿元的设备资产，实现了设备基本情况和使用信息的准确查询，管理数据的统计分析，为集团公司的科学决策提供了依据，设备的精益化管理水平进一步提升。

（七）开展规划编制，加强课题研究，管理行为更加科学

根据《集团“十三五”发展规划》，集团公司开展了《设备管理及采购管理“十三五”规划》的编制工作，从起点开始规划目标和方向，从源头制定配套的资源和措施，提高了管理的科学性。该规划已经编制完成，将在今年发布。

通过《互联网＋集团集中采购政策》《跨国企业工程物流》等课题研究，聚焦重点、难点问题，深入剖析互联网＋和全球化背景下管理工作面临的形势与挑战，提出问题的解决办法，并将研究成果应用到规章制度以及日常管理工作中，杜绝了盲目、随意决策，提高了管理的针对性和可行性。

（八）开展思想教育，筑牢制度篱笆，树立风清气正的工作环境

集团公司以党风建设为引领，以制度建设为基础，以关键业务环节的阳光透明、信息公开为抓手，以管理体系的科学运行为保障，初步构建了“不想腐、不敢腐、不能腐”的工作环境。

2015年以来，集团公司先后开展了“三严三实”“两学一做”教育活动，对集团公司广大党员干部进行了一次精神上的洗礼。各级党组织坚持问题导向，聚焦忠诚、干净、担当，着力寻找反腐倡廉工作中的突出问题，认清危害、深挖根源，使党员干部始终做到警钟长鸣、慎独慎微、心中有戒、心中有责，党员干部的思想水平、政治水平和工作能力进一步提升。

按照集团公司的统一安排部署，集团有关部门制定出台了《设备物资采购信息公开实施细则》和《设备物资处置信息公开实施细则》，并在集中采购平台开辟了信息公开专用窗口，强化了信息公开的监督指导，信息公开工作全面铺开，公开数量连年大幅增长，2015年为6673个项目，2016年为10575个项目，有力地提升了采购工作“公开、公平、公正，科学阳光”的水平。

充分发挥集团公司及子企业总部两级集中采购运行主体的作用，保障各项采购工作的规范有序开展；以招标采购工作的合法依规为主线，以集中采购平台为主要抓手，使集团公司各级集中采购项目在线受控，远程可监控，全流程可追溯，各环节公开、透明，进一步降低了采购过程中可能发生的腐败寻租风险，为采购工作的阳光透明提供了有力的支撑。同时，根据国资委经济责任审计、集团公司巡视组巡视以及效能监察中发现的问题，集团公司对部分子企业在采购、供应商管理等方面存在的问题进行了沟通指导和约谈，帮助子企业深挖问题根源，在制度、流程等方面堵塞漏洞、整改完善，预防了同类问题的再次发生。

通过上述措施，将反腐倡廉工作落到了实处，设备物资管理及采购管理工作风清气正、生机盎然。

回顾过去两年的工作，各级领导和同志们为取得上述成绩做出了艰苦而卓有成效的工作。在这里，我代表集团公司、代表晏志勇董事长、孙洪水总经理向全体设备物资管理及采购管理工作者，特别是长期坚持在基层一线的同志们表示衷心的感谢和诚挚的问候！并致以崇高的敬意！

在取得上述成绩的同时，我们还应清醒地看到管理中还存在一些亟待解决的问题，这些问题制约和影响了我们的发展，希望能够引起大家的高度重视。一是采购管理的能力与世界一流企业的要求还存在差距。有些子企业对招投标法和集团公司制度学习不够，能力不强，存在违规违法现象；有些子企业规章制度执行力弱化，存在管理失控风险；有些子企业没有梳理好工作流程、没有配足工作人员，工作难以做精做细，这与集团公司世界一流企业的定位是极不匹配的，与国资委和集团公司提质增效的要求也极不匹配。二是采购执行过程中的一些环节还比较薄弱，制约了整体水平的提高。在招投标、付款、验收等环节，许多子企业还存在各种各样的问题，如有些子企业采用公开招标形式但限制供应商投标，有些子企业采购流程不严谨造成采购结果遭质疑，有些子企业长期拖欠供应商货款导致诉讼，既承担了违约责任，又丧失了企业信誉，阻碍了采购工作水平的提高。三是全球化资源配置的能力亟待形成。大部分子企业全球化资源配置的模式和理念还未建立起来，随着集团公司在新兴市场以及国外市场的开拓，对资源配置的能力要求越来越高，子企业现有的资源配置模式和理念亟待转变，否则将成为制约集团公司发展的瓶颈和短板。四是设备物资安全管理仍然薄弱，存在隐患。近年来，一些子企业的安全意识有所懈怠，安全管理制度、机制和措施没有落到实处，个别子企业甚至发生了与设备相关的较大人身伤亡事故，给我们敲响了警钟，外协队伍管理和海外特种设备、危险物资管理仍然薄弱，存在隐患，亟需花大力气解决。

以上问题需要我们认真研究，采取有效措施，在今后的工作中逐步加以解决，进而提高设备物资及采购管理工作的有效性。

二、当前的形势及下一步的工作思路

（一）当前的形势、机遇与挑战

当前，全球经济形势仍然复杂多变，慢步复苏态势明显；能源交通基础设施建设市场需求潜力巨大，市场空间广阔，特别是我国“一带一路”战略加快落地，基础设施互联互通成为优先实施领域，国际电力需求增长加快，相关融资政策支持体系日益健全，为建筑企业提供了一个长期、广阔且稳定的目标市场。

两年来，一带一路、京津冀协同发展、长江经济带发展“三大战略”，西部开发、东北振兴、中部崛起、东部率先“四大板块”发展战略逐步落地，撬动了规模庞大的基础设施建设市场需求。今年，雄安新区战略的提出，又给我国建筑业市场带来了新的发力点。根据国家“十三五”及相关行业规划，建筑业在“稳增长”政策取向下仍将保持有效投资强度，但产能过剩问题突出。能源电力领域，电力消费增速明显回落，清洁可再生能源继续保持较高增速；水电新开工规模有限，传统火电市场出现断崖式下跌。水资源与环境治理领域，行业并购重组不断涌现，技术集成和产业布局加快形成，正在加速成长为战略性新兴产业。基础设施领域，“铁路、公路、机场”交通基础设施建设投资规模保持高位水平，城市基础设施开发建设正在提速。

面对上述形势，集团公司在今年的工作会上提出要把握经济发展新常态，坚持稳中求进，突出把握“加强党建、深化改革、精益管理、提质增效”的工作主题，努力把握好国家深化供给侧结构性改革和推进“一带一路”建设的重大机遇，立足当前，精益经营，严格履约，着眼长远，战略引领，创新驱动。

设备物资管理及采购管理工作必须要紧紧围绕国际国内的新形势、面临新机遇和新挑战，与集团公司的发展战略和市场规划紧密结合，充分发挥广大设备物资工作者的创造性、积极性、能动性，设计好发展路径和方案，贯彻落实好安排部署，为集团公司的发展做出更大的贡献。

（二）下一步的工作思路

1. 坚持集中采购，发挥集中采购在提质增效活动中的更大作用

如何发挥集中采购在提质增效活动中的更大作用？应该是围绕着集团公司整体采购资源的集中采购效率、效益和质量等全方位展开，通过完善采购管理机制、升级采购管理手段、强化依法合规建设，补强供应链短板，提升集约化精益化服务能力，打造与世界一流企业相匹配的采购管控与服务体系。

一是创新集中采购模式。集团公司的钢材、水泥采购，过去一直以项目为单位进行，难以体现出规模集中优势。借鉴其他央企及内部子企业的经验，下一步我们将通过整合片区项目的采购需求，探索并试点开展集团公司大宗物资区域性集中采购，将规模优势进一步转化为经济效益，降低采购成本，提升品牌影响力。另外，集团公司近年来推出的工程机械设备年度框架集中采购模式得到了大家的充

分追随，下一步将扩大框架采购的种类和范围，提高采购的效率和效益。

二是充分利用“互联网+”技术，推动采购管理水平的提升。“互联网+”带来了企业管理方式和管理行为的巨大变革，网上招投标、电商采购、大数据、物联网等，既带来了机遇，又提出了挑战。国务院要求各地方政府建立公共资源交易平台，公共资源“平台之外无交易”；国务院国资委每年开展采购工作对标，“上网采购率”和“电子招标率”是两个大的关键指标；中国铁工、中国交建等企业利用电子采购平台迅速提高采购管理水平，实现采购能力弯道超车。这些都影响着集团公司的采购管理发展，所以我们必须统一思想，迎头赶上，全力提高“互联网+”的应用能力，不然的话，必然会被时代所抛弃，被其他企业远远地甩在身后。大家一定要凝神聚力，共同把“互联网+采购”这篇文章做好，实现采购管理水平的大幅提高。

三是要探索提升物流业务管理能力，完善采购供应链管理。物流是采购供应链上的重要一环，但长期以来处于分散管理状态，造成集团公司物流成本高、效率低。要探索开展物流业务的集中管控，实现降本增效。要结合大宗物资区域集中采购，探索形成国内大宗物资的“集采分供”新机制。要打造内部物流企业的海外工程物流服务能力，逐步形成全球化响应型供应链运作体系，保障集团公司海外项目顺利履约。

四是要继续以采购为纽带，深入推进“大联动”。在集团化建设中，确实存在不同利益主体形成的利益链、关系链、业绩链，不同层次的利益主体都有各自的局部利益及合作关系，利益的不尽相同会带来利益主体间的博弈。由于历史的原因，集团公司电力装备板块的企业目前大多都比较弱小，其产品的价格、质量、服务等缺乏一定的竞争力，很多子企业存在不愿用的现象。但是，我们大家要明白，集团公司整体利益最大化是我们共同追求的目标和责任。电力装备板块是集团公司的主业之一，集团公司的战略是要形成产业协同，共同发展，那么我们就要从战略上、认识上、实际行动上切实做到转变，对内部装备产品要坚决支持，不要以这样那样的借口进行推脱，从而有力地拉动装备板块的发展。同时，我们也要充分利用集团公司的奖励政策、补贴、加分等措施。电力装备制造企业也要全力以赴的提高自己的能力，不能因为集团公司扶持在质量上、水平上止步不前，要跟上市场节奏，苦练内功，降低成本，提升服务质量。在加强内部扶持的同时，有关部门也要加强考核监督，如果出现问题要严格追责。

2. 以强化考核为手段，全面提升资源优化配置能力

当前，经济下行、经济发展进入新常态，设备资源优化配置对降低企业负债率、减少闲置浪费有着特别重要的意义。

各子企业要结合集团公司的考核指标体系，进一步梳理与设备资源配置相关的考核评价指标；要结合本单位情况，细化考核内容，规范考核程序，加大考核力度，将指标分解传递，在各层级特别是项目经理层树立起资源优化配置意识，形成正确的资源配置导向。

要进一步增强子企业总部在资源配置中的中心作用，做好项目策划工作，把好设备资源配置的源头关；要立足项目所在国家情况，培养全球化视野和全球化设备资源配置能力，拓展资源配置渠道；要建立与社会资源合作的长效机制，实现各取所需、合作共赢；要在新兴市场领域及海外市场进一步加强设备资源配置能力，转变观念，改变以国内为主配置资源的模式，以资源、效率、成本等综合因素为要素，利用杠杆、社会化合作等方式撬动和利用全球资源，快速形成全球化资源配置体系，实现资源利用效率最大化，降本增效；要进一步创新设备资源的管控与调剂机制，加强子企业内部及子企业之间的设备调剂，进一步提高设备利用率。

3. 加强采购及设备安全风险控制，提高风险管控能力

一是抓好采购全过程、各环节的风险控制。设备物资采购中各环节都有不同程度的风险，如今年初发生的奥凯电缆事件，几大建筑央企都有涉及。一个制造劣质产品、靠欺骗取得著名商标证书的公司，如何绕过层层监管，在铁路和地铁工程项目中屡屡中标，又如何将不合格产品使用到项目上，值得我们每一个人深思。在该事件中，除了我们日常关注度很高的招投标环节出现了问题，关注度相对没那么高的现场验收、检验环节更是出了大问题。因此，奥凯事件提醒我们，一定要强化采购全过程、全链条、各环节的依法合规管理和行之有效的监督。要进一步加强招标投标、供应商选择、进场验收、产品检验等环节的管理，不能因为业主、监理等外部的所谓要求降低管理标准，放松对风险的控制；进一步严格采购招标程序，改变以价格为唯一决定因素的招标采购观念，实施技术、质量、服务、品牌和价格等多种因素的综合评估；重新梳理合格供应商库，健全供应商禁入制度，将在供货中出现质量问题以及售后服务不到位的供应商进行清理并列

入黑名单，把好采购源头关，确保在采购中选择产品质量可靠的供应商；要严格按照国家的规程和规范要求，进一步完善我们现有的验收和检验制度，并严格落实。同时，要进一步抓好采购各环节的监督检查，充分发挥采购、工程、质量、安全、财务、纪检监察等部门的专业优势，建立完善通畅的监督机制，防范风险的产生。

二是抓好设备安全管理方面的风险控制。经过我们长期的努力，设备安全管理的长效机制已初步建立，取得了良好的效果，但我们不能以此为傲，我们必须看到，我们的管理依然薄弱，亟待完善。例如有些子企业的特种设备存在脱漏检现象，有些子企业只重视自有设备的安全管理，忽视分包队伍设备和外租设备的检验和管理，有些子企业只重视对自己员工的教育和管理，忽略了分包队伍、外租设备操作人员的安全教育和有效管理，以致形成了安全隐患。从这几年发生的安全事故来看，有相当部分与设备管理相关，而这些设备绝大多数是外租或分包队伍所拥有的。因此，要进一步加强设备安全管理规章制度的建设，明确将分包队伍及外租设备纳入设备的统一管理，并严格落实到位，不能出现制度与执行两张皮的情况；要进一步加强特种设备和外部设备的管理，提高设备安全管理整体水平；要加强对设备使用人员的教育与培训，特别要针对分包队伍人员流动性大的特点，做好入场培训教育和日常技能操作培训，不留死角，不留盲区，做到安全教育培训全覆盖。从而整体提高全员安全意识和安全保障水平，进而实现集团公司设备管理的本质安全。

三、今明两年计划开展的重点工作

以上我对两年来集团公司设备物资管理及采购管理工作进行了回顾和总结，既有成绩，也存在问题，通过对当前形势的分析，结合集团公司“十三五”规划和国务院国资委近期的要求，提出了今后一段时期的主要思路，下面我就今明两年乃至后年要开展的重点工作做以下安排：

（一）落实“十三五”规划，确保目标全面完成

要按照集团公司“十三五”规划以及即将下发的设备管理及采购管理“十三五”规划的要求，进一步明确管理工作的目标与方向，提升工作能力，优化管理路径与方法，认真分解落实各项工作任务，严格规划的执行落地，确保集团公司制定的“集中采购率不低于80%，上网采购率不低于65%，设备完好率不低于90%，利用率不低于70%，设备净值创效系数不低于0.45，设备事故率不高于万分之三”等目标的全面实现。同时，要充分认识到净值创效系数指标的重要性，前面已经说过几个板块的净值创效系数，水电施工板块为0.44，火电施工板块为0.23，装备制造板块为0.54。尽管因为历史的原因，装备制造板块设备的价值低，净值创效系数较高，超过设定指标了，但是并不能认为装备板块已经达到要求了，而是应该进一步提高管理水平，我们也可以进行差异化的考核。水电施工板块的这个指标与设定值差0.01，差距不太大，但是由于水电施工板块的设备价值最高，因此还应该进一步努力。火电施工板块的这个指标是0.23，与设定值有将近一倍的差距，因此电力工程企业要努力前行、奋力追赶。

（二）梳理完善制度流程，奠定良好管理基础

要按照国家有关规定和当前新形势、新要求，滚动修订各项管理制度。集团公司今年要结合特种设备安全管理的形势，修订出台《特种设备管理办法》，结合集团公司管理考核的新变化，修订出台《设备物资管理评优办法》等管理制度，使其更加符合国家要求以及集团公司改革发展的需要。

各子企业要结合宣贯《集中采购管理办法（2017年修订版）》，全面梳理与采购相关的各项制度，使其满足集团公司对采购管理的新要求。同时，要进一步做好其他管理制度的“立、改、废”工作，提高制度的科学性和可操作性，为推动设备物资管理工作再上新台阶奠定良好基础。

（三）创新集中采购模式，提升采购管理能力

在集团公司现有年度框架招标采购工作的基础上，探索新范围，扩大框架采购产品种类，即在原九大类通用施工设备和风力发电机组、光伏组件等基础上，将液压钻机、凿岩台车、逆变器、箱变等具有一定通用性和广泛性的设备加入框架采购目录，进一步提高集中采购效率。

要深入研究集中采购模式，在具备条件的区域探索开展子企业大宗物资区域联采，充分发挥集中采购的规模效应；同时，探索国内大宗物资采购“集采分供”模式的运行机制。下一步由设备物资部代表集团公司进一步进行具体研究，推出具体的做法。

要持续落实好集团公司内部电力装备产品采购鼓励政策，凡是装备企业能够提供的产品，各子企业应加强与电力装备制造企业的沟通与联系，并在采购过程中优先考虑。同时，装备制造企业应提高产品竞争力和服务水平，使其更加满足市场竞争需要，从而提高内部市场占有率。在这里有两句话需要跟装备企业说明：一是我们是一家人，“有活一起干、有饭一起吃”，肥水不流外人田。二是内部虽然是一家人，但亲兄弟明算账，内部也是市场，不能因为有集团公司文件或行政手段协调，而忽视产品的质量，尤其是服务质量。要把内部子企业当成重要市场看待，不能因为关系好而忽略产品的服务质量，否则无法长久保持竞争力，也无法开拓更为广阔的外部市场。

（四）转变资源管理理念，提高设备利用能力

近年来，在集团公司的引领下，各子企业设备配置理念得到了转变，资源配置的能力有了较大的提高，设备配置的途径已经多样化，但现场管理能力没有跟上，仍注重管理自有设备，忽视了其他来源设备的管理，导致设备利用效率低下，事故多发。各子企业要深入研究影响设备工作效率的各种因素，转变"重配置、轻管控"的理念，将"一轻一重"变为"两者并重"，既要充分利用多种途径配置设备，又要加强不同来源设备的管控，提高设备的综合管理能力，使之高效服务于工程项目，实现管理创效。

各子企业要充分利用好大型专用设备调剂管控平台，主动了解调剂平台上的现有设备资源，在自我配置时予以充分利用，要站在集团公司整体利益最大化的高度来认识大型专用设备的调剂与管控，实现集团公司层面"科学控制增量，有效盘活存量"。

（五）优化安全管理机制，巩固安全管理形势

要研究和完善安全管理有关制度，要探索在本企业将分包队伍和外租设备纳入统一管理的机制，并将日常管理与集团公司开展的集中整治活动高度结合，优化安全管理机制，建立起一套行之有效的设备安全风险防控体系。

要强化项目现场设备安全管理，落实现场安全管理的各项规章制度，加强监督与检查，杜绝违章指挥和违章作业，使现场管理时刻处于安全可控状态。

（六）着力推进信息化建设，提升管理工作水平

要进一步扩大集采平台应用的深度与广度，要实现平台在子企业总部及基层单位的全面应用，以信息化的手段全面提升采购"四率"，提升采购管理工作水平，推动集团公司采购管理进入央企先进行列。

要开展好电建商城的试点和全面推广应用，逐步将办公用品、劳保用品、工程机械零部件等零星物资纳入电建商城，进一步提高集团公司整体集中采购率，实现更大的规模效益。

要迅速组织开发大型施工设备的智能监控系统，并尽快在各子企业实施部署，覆盖到一定金额以上的大型设备，从而逐步建立起中国电建大型施工设备物联网，实现大型施工设备的智能监控与管理，进一步提升设备精益化管理的能力与水平。

（七）加强廉洁从业教育，提高防腐拒腐能力

要进一步加强廉洁从业教育。要积极探索创新廉洁从业教育的形式、内容和方法，要有针对性地加强与供应商、分包商直接打交道的岗位人员的教育与监督，同时，要加强从事招标采购、现场验收、检验试验等岗位人员的职业操守教育，提高防腐拒腐能力。

要进一步扎紧不能腐的制度笼子。要做好设备物资管理及采购管理制度体系的整体设计，做到全覆盖、不存盲点、不存薄弱环节，避免出现制度真空，用制度明确权力范围和边界，规范和制约权力的运行。要用"踏石留印、抓铁有痕"的精神去狠抓落实，切实把权力关进制度的笼子里，筑起一道反腐倡廉的坚固防线。

要进一步清理整顿违纪违法行为。建立起纪律的铁的尺子，筑起执纪的铁的堤坝，用起问责的铁的手腕，对设备物资管理及采购管理中的违法违纪行为，发现一起处理一起，营造风清气正的经营工作环境，打造阳光央企。

（八）打造高效管理团队，提升核心竞争能力

要进一步理顺人才培养机制，畅通职业发展通道，让设备物资管理及采购人才进的来、留得住；要大力提拔年轻优秀人才，将有责任感、敢担当、能力强的干部用到设备物资管理及采购管理岗位上，要不断优化人才队伍的专业结构、学历结构、职称结构、年龄结构，始终保持一支充满活力、生机勃勃的设备物资管理及采购管理团队。

在这里，我特别要强调的一点是：各子企业要充分认识设备物资管理及采购管理团队对企业发展的重要性，要改善岗位的激励机制，分管领导要对分管工作及有关部门的工作人员高度关心。坦率地说，很多从事设备物资管理及采购管理多年的干部，他们的岗位职数不到位，岗位层级平均水平相对较低，有的子企业还将这个岗位当成辅业。在现代市场经济下，资源配置对企业效益的提高非常关键，因此一方面我们要创造新的商业模式，创新管理手段；另一方面还要通过配置配强设备物资管理及采购管理团队来提升资源配置能力和采购的效率效益，希望各子企业领导及有关部门多给予关心和支持。

要开展多层次、多形式的职业教育培训，进一步提升三支人才队伍的能力。要加强"管理型团队"的培训，提升管理者的经营理念，增强决策能力、战略开拓能力、创新能力；加强"专家型团队"的

培训，提高技术理论水平和专业技能，增强技术研发创新能力、技术引进能力、商务评判能力；加强“操作型团队”的培训，不断提升操作人员的业务水平和业务技能，做到懂法规、明规程，从而增强岗位履职尽责能力。

同志们，目标已经制定，任务已经明确，号角已经吹响，让我们在集团公司的坚强领导下，主动作为、敢于创新，知难而进，奋力拼搏，苦干实干、提质增效，以崭新的面貌、优异的成绩，扎实推动设备物资管理及采购管理工作再上新台阶，为加快建设具有国际竞争力的质量效益型世界一流综合性建设投资集团做出新的更大的贡献！以优异成绩迎接党的十九大胜利召开！

优化财务资源配置　加强财务能力建设
为集团公司做优做强做大作出新的贡献

——在中国电力建设集团（股份）有限公司2017年财务资金工作会议上的讲话

孙　璀

（2017年4月10日）

同志们：

今天，我们召开集团（股份）公司2017年财务资金工作会议，这次会议是在集团公司全面改革发展、着力提质增效关键阶段召开的一次会议，也是深入推进“十三五”金融业务规划和财务、资金职能战略的一次重要会议。会议的主要任务是，认真贯彻落实集团（股份）公司2017年工作会议精神，全面总结2016年财务资金工作，分析当前和今后一个时期财务资金工作面临的新形势、新变化，提出工作思路，部署工作重点。下面，我讲三点意见。

一、2016年财务资金工作情况

2016年是国内外政治经济形势异常复杂的一年，国际“黑天鹅”事件频发，国内经济增速放缓，在此宏观背景下，集团公司生产经营再创佳绩。2016年，集团公司全年实现营业收入3246.52亿元，同比增长13.18%；利润总额121.48亿元，同比增长5.09%；在世界500强企业排名中提升至第200位。这些成绩取得，财务资金系统发挥了重要作用、提供了强力支撑，全年财务资金工作紧密服务于集团公司改革发展大局，围绕瘦身健体、提质增效、“两金”清理、债务风险管控等重点工作，聚焦“营改增”“三供一业”“PPP”“管资本”等难点热点问题，持续推动财务管理体系的转型升级，有效发挥财务管理的战略支撑、决策支持、价值创造、风险管控等各项职能，为集团公司“十三五”良好开局打下坚实基础。

（一）强化顶层设计、优化预算考核、着力提质增效，有力保障了公司战略目标及年度目标的实现

一是财务资金顶层设计工作持续加强。在分析财务资金管理发展趋势、借鉴先进管理理念的基础上，结合集团公司财务资金管理现状，先后编制了“十三五”金融业务规划、财务职能规划和资金职能规划，初步构建了“十三五”时期公司财务资金发展的目标结构和框架。金融业务“十三五”规划提出了集团金融业务发展的整体思路，明确了金融业务发展的路径、商业模式与管控模式。财务与资金“十三五”规划明确了“十三五”时期财务与资金管理的指导思想、总体目标、主要任务和保障措施，是指导未来五年集团公司财务资金管理的纲领性文件。

二是全面预算管理的引领作用有效发挥。将全面预算管理作为企业战略规划落地的重要抓手，通过“三下两上”预算编制流程持续推进业务预算先行，财务部门与其他职能部门对预算目标的制定与落实齐抓共管，“业财融合”理念得以深化和巩固。着力拓展全面预算管理功能，将“两金”压控、亏损企业治理、债务风险管控、提质增效等重点专项工作纳入全面预算管理。着力加强预算过程管控，

全面预算管理在战略落地、提高资源配置效率、增强风险管控能力等方面的引领、统筹、控制作用得到有效发挥，集团公司主要预算指标偏差率在中央企业处于优秀水平，有效保障了年度各项主要目标的实现。

三是业绩考核体系不断完善。修订印发了新的业绩考核办法，对经营业绩考核体系进行完善，新办法更加突出了质量效益和风险管控导向，更加突出了差异化和分类考核，同时新增设置了绩效年薪调整系数，强调业绩与薪酬强相关联动，更好的体现“业绩升、薪酬升，业绩降、薪酬降”的考核原则。按照“突出重点、简化程序、统一设计、差异考核”的原则，大幅精简了管理评价考核内容，聚焦重大战略任务考核，引导成员企业提高长期竞争力和可持续发展能力。集团公司的业绩考核工作得到了国务院国资委的高度评价与肯定，连续四年获得经营业绩考核A级企业，并获得中央企业经营业绩考核2013～2015年任期A级企业，同时被授予任期“业绩优秀企业”荣誉称号。

四是提质增效工作稳步推进。坚决贯彻国务院国资委决策部署，将提质增效工作作为中国电建2016年头号任务，迅速动员部署，成立提质增效工作领导小组，“一把手”亲自挂帅。制定提质增效工作方案，突出问题导向、聚焦关键环节，制定十个方面43条“瘦身健体、提质增效”重点任务。制定任务分解表，将重点任务和目标落实到人，形成“千斤重担人人挑，人人肩上有指标”局面。自树压力，综合施策，以提高发展质量和效益为中心，制定“更高、更严、更优”工作目标，全力打好提质增效攻坚战。根据各子企业提质增效工作推进情况，对部分成员企业提质增效工作开展情况进行现场督导，提供总部指导与服务。通过提质增效，较好完成全年改革发展目标，超额完成年度利润预算目标，为中央企业实现全年效益恢复性增长做出了积极贡献。

（二）强化资金管控，创新融资方式，有力推动了公司结构调整和转型升级工作

一是融资预算和担保控制良好。2016年，集团公司对外借款完成年度预算的93.88%，融资规模在保证企业发展的同时得到了有效控制。同时通过有效管控和运作外汇资金，使得财务费用同比降低28.58%，集团总体融资成本较同期下降0.65个百分点。担保风险总体可控，担保完成年度预算的53.26%。企业外部信用环境维持良好，可用授信额度充足，全集团授信总额8113.05亿元，授信余额4945.72亿元。

二是资金集中度创历史最好水平。创新各种资金集中管理手段，积极构建银企分级双线签约的合作新模式，制定股份公司《资金管理综合评价办法》，加强资金集中平台建设，积极推进账户集中和结算集中，多措并举，年末公司资金集中度和集中额大幅增加，分别达到75.23%和700.96亿元，圆满完成国务院国资委对集团公司的考核要求。年底财务公司资金集中度为48.19%，达到建筑行业财务公司资金集中度先进水平。

三是重大项目融资取得积极成果。注重深化总对总银企合作，充分利用集团良好的信誉，通过建立机制化的融资方案招标模式，提高了整体议价能力，节约了大量金融资源。先后组织实施了老挝南欧江水电站、印尼明古鲁电站等7个重大项目的融资，这些项目融资方案均为无担保、无银团费、利率下浮10%，在为集团整体节约财务费用的同时，节约担保资源超过200亿元。伊拉克鲁迈拉火电项目，由财务公司牵头融资银团，制定实施出口卖方信贷应收账款证券化融资方案，降低带息负债规模90%，是国内第一个无担保、无追索、低风险、低负债的国际项目。

四是财务公司金融平台作用有效发挥。信贷发力明显，全年累计发放自营贷款233.01亿元，委托贷款28.24亿元，通过优惠定价为成员企业节约融资成本1.17亿元。开展票据类和内部鉴证等业务，为成员企业节约保证金1.67亿元。以内部资金调剂方式开具投标存款证明，保证了重点项目的顺利投标。与装备制造板块企业签订一体化金融服务方案，一揽子解决了其融资难、融资贵、资金短缺、资信不足等问题。着力加强同业资金运作，结合资金头寸适时办理定期存款产品，全年实现同业资金运作收入2.17亿元。

（三）强化资产管理，规范产权关系，有力促进了公司体制机制的完善和管理层级的理顺

一是低效无效资产加快处置。建立健全资产处置管理制度，规范资产处置程序，建立处置进程定期报告制度，将处置计划完成情况纳入管理评价考核，通过考核激励和监督检查等措施督促子企业规范处置程序、加快处置进程。自2014年推进低效无效资产处置以来，三年累计完成处置低效无效资产11.78亿元，其中2016年完成处置5.65亿元，基本按计划完成处置任务目标，为进一步盘活闲置资产，提高资产使用效率发挥重要作用。

二是“两金”压降工作扎实开展。制定了“两金”压降年度管控方案，明确了工作目标和具体措施，层层分解落实责任。利用国家清理保证金政策，

加大对质保金的清理与置换力度。大力开展高端清欠，加强与发电、电网等产业链上游企业总部的对接协调，通过“总对总”统筹推动成员企业的清欠工作。创新运用多种途径和方式，加快BT项目应收款项的回收，年内全面超额完成BT项目款项回收任务。对未完施工规模大的重点项目进行专项督导，对重大项目潜亏制定逐年消化方案。加快房地产库存去化速度，专项开展滞销品去化工作，累计实现去化率63.57%。

三是产权管理不断规范。对集团公司成立以来产权登记档案进行集中管理，先后两次组织产权登记集中汇审，在国务院国资委产权登记检查中被评定为整体情况良好，其中制度建设和数据汇总分析情况为优秀，产权登记完成率为97.36%，登记准确率为95.51%。优化产权登记系统，实现了产权登记档案“网络化”，提高了产权登记管理规范性的审核效率。积极配合内部机构重组整合、僵尸企业清理以及管理层级和法人压降工作，及时核对企业瘦身健体法人基本信息，规范产权登记和产权管理。牵头组织制订火电业务板块企业土地房产确权工作计划，建立了定期上报及分片区业务指导工作机制，促进确权工作有序推进。

四是“三供一业”分离移交工作稳步推进。根据国务院国资委全面推进“三供一业”分离移交工作安排，组织召开了专题会议布置分离移交工作，全面分析集团公司“三供一业”现状，制订移交方案、指导意见和财务管理相关规定，积极争取国有资本补贴，2106年向国资委申报取得国有资本预算“三供一业”项目资金1.40亿元。在肖亚庆主任参加的全国“三供一业”分离移交视频会议上，水电八局分离移交工作得到湖南省政府的表扬。

五是资本管理工作有效落实。向财政部、商务部申报取得了国际产能合作重点项目前期费用补助和贷款贴息9906万元，同时向国务院国资委申报了2017年国资预算资金72.95亿元。制订发布了《关于支持集团装备制造业务发展的工作规范》，激励内部成员企业采购装备制造产品，对采购不同类别的产品给予一定的资本支持和考核加分，提高装备制造板块的内部市场化率。

（四）夯实会计基础，强化税务管理，有力提升了公司信息披露和财税绩效的能力

一是会计基础工作持续夯实。对20家成员企业及东南亚、中东部分境外项目的会计基础工作和资产产权管理工作进行了重点检查，通过各级会计机构的自查、复查、重点检查与整改落实，形成了会计基础工作常态监督机制。对勘测设计业务收入与成本开展了专项课题研究，进一步推进勘测设计类项目信息化水平，夯实会计核算基础。

二是财务报告质量不断提高。强化了月度快报、季报、半年报以及年度财务决算的审核力度，建立了财务指标动态监控分析体系，开展了同行业对标工作，完成了集团公司财务绩效自评报告，集团公司的会计信息质量得到了财政部、国务院国资委等国家部委的肯定与表扬。完善了境外业务报表体系和分析模板，进一步增强境外财务数据准确性和分析深度。

三是“营改增”工作稳步推进。积极适应税收体制改革，研究营改增对建筑业的影响，成立了营改增领导小组和办公室，组织了四期千余人的营改增专题培训，对营改增政策执行过程中的重点及共性问题进行了专题研讨，制定了“营改增”指导手册，下发了“营改增”会计核算指引。

四是税务管理工作不断加强。对电建股份以承接25亿元债券对价的部分开展税收筹划，实现1.17亿元税务筹划绩效。积极开展国际业务税务管理工作，编制了《国际业务税务管理报告》，全面分析了国际业务税务管理存在的风险和问题。成立企业所得税税务管理课题研究小组，从企业所得税税负成本及税务风险出发，组织编写了旨在贴合集团公司实际的具有较强实操性的企业所得税税务管理专项课题研究报告。

（五）强化财务队伍建设，推进财务信息化，有力促进了公司人才素质和信息化水平的提升

一是财务信息化建设不断完善。进一步推动了账表一体化工作进程，完成了快报取数工作，测试了季报、半年报取数公式。对会计核算系统进行了升级、改造与优化，开发了台账模块，持续推动财务信息系统与合同管理、建造合同管理等业务系统对接。推动财务信息化基础建设工作，将NC核算系统、久其报表系统、久其预算系统等与门户系统对接，提高了系统使用的便利性和安全性。

二是总部费控系统得以优化。在费控系统中新增了营改增模块，实现了销项发票申请、进项发票认证、直管项目纳税申报等功能，将进项发票管理与总部费控报销相结合，在报销的同时实现发票信息的采集，在审批流程中实现发票信息的校验，确保报销业务真实准确。

三是财务队伍整体素质不断提高。加快复合型高级财务人才培养力度，在原有12人入围全国或中央国家机关会计领军人才队伍的基础上，2016年又有4人入围全国或中央国家机关会计领军人才队伍。加强培训工作，全年先后组织了营改增、财务骨干

能力提升、总会计师管理能力提升、资金管理等数期培训，累计培训人数达到1500人次。建立了资金管理工作评先制度，以能力和工作业绩为重点，充分发挥先进企业的典型示范作用。

一年来，财务资金战线的同志们兢兢业业、任劳任怨，做了大量艰苦而卓有成效的工作，为推动集团公司的改革发展做出了重要贡献。成绩来之不易，凝聚了大家的智慧和心血。在此，我代表集团公司党委和经营班子，向财务资金系统的同志们表示衷心的感谢，并致以崇高的敬意。

“知不足而后进”，在肯定成绩的同时，不能忽视问题，当前集团公司财务资金管理中存在以下突出问题：

一是会计基础工作不够扎实。部分成员企业会计制度不够健全，业务审核流程不够清晰，岗位审批权限不够明确，内部审批权限有缺失，部分业务无审批流程。部分成员企业库存现金期末余额较大，现金使用及存放未严格实行限额管理，大额资金支付业务没有严格执行集体决策程序。部分成员企业对固定资产、原材料、库存商品等实物资产未进行定期盘点，材料管理方式粗放，采购无计划，入库、出库无流程，“以购代耗”。

二是全面预算管理理念不够深入。“业财融合度”有待进一步提高，少数成员企业预算编制范围和项目不全面，预算指标分解不够详细、具体，预算责任体系缺失或不健全。预算刚性约束力不足，预算执行过程中缺乏有效监控，无预算或超预算列支成本费用时有发生，仍普遍存在“重预算编制、轻预算执行”问题，预算的引领和资源配置功能发挥不足。

三是产权管理工作有待加强。部分成员企业对资产评估重要性认识不足，未经批准开展评估，选择库外评估机构及未经评估备案就完成资产交易的行为时有发生。少数成员企业级次冗长，产权登记工作尚未完善，产权变更登记不及时，存在产权登记信息与工商信息不一致的情形。存在厂办大集体、关联企业、自然人持股的成员企业，普遍存在产权不清晰、法人治理结构不健全等问题，需进一步改革、清理和规范。

四是债权管理水平有待提升。成员企业对备用金管理重视程度普遍不够，存在备用金“大额挂账、长期挂账”、备用金借支标准与范围不符合规定等现象。部分成员企业未建立预付款监督、管理和约束机制，存在合同约定条款明确无需预付款项而提前支付分包工程款等情形。部分成员企业其他应收款挂账金额大，款项性质与内容模糊不清，个别单位债权核销事项未履行任何核销程序。

五是资金归集“横到边、纵到底”仍困难重重。受建筑行业各类保证金种类繁多、业主监管资金普遍、项目贷款资金受限、国际业务资金归集难度更大等因素影响，资金集中面临双重困难和压力。资金集中的手段还不够完善，措施还不够得力，资金归集还有大量工作要做。

六是金融业务有待加快发展。金融业务发展滞后，产融结合能力不强，专业化管理能力不高，金融业务助推主业发展作用不明显。金融相关产业协同性不足，比如目前的融资租赁业务与财务公司业务未形成协同性。现有金融平台成立相对较晚，受业务资质限制，通过金融创新服务集团主业发展，支持成员企业转型升级、改革脱困的能力还有限，很多工作还处于摸索阶段。

七是财务队伍建设有待持续强化。财务人员数量及质量与规模快速扩张的矛盾日益凸显，特别是境外财务人员匮乏，结构性矛盾突出，高素质复合型国际化财务人才严重不足，国际业务会计核算、税务管理、外汇资金与汇率风险管理有待进一步加强，财务骨干人员数量满足不了企业快速发展需要，财务队伍建设仍需加强。

二、当前财务资金工作面临的形势

财务资金工作是企业的中枢神经，一方面，它作为企业经营发展的基石和支撑，需要顺应企业面临的任务和内外部形势的变化，转型升级，顺势而为；另一方面，作为企业的大管家，财务资金管理工作不能一味的放任自流，要在准则规则的引领下充分发挥风险防范、资源约束的作用，引导企业经营走向良性发展道路。这些都要求我们要深刻认识形势变化，找准自身定位，切实担负起时代赋予我们的重任。

（一）外部形势

一是行业环境新变化对财务资金工作提出了新要求。当前，国际国内建筑市场都在加速向投融资参与和PPP模式转变，带资承包、投资参与、以特许经营权取得收益回报成为普遍规则和方式。在这种情况下，财务资金管理工作要抢抓机遇，主动作为，在增强经营积累、优化财务资源配置、加强资本运作、创新融资模式、搭建产融结合平台等工作上下工夫，建立财务金融优势，增强企业核心竞争力。同时，我们要关注并深入研究PPP商业模式带来的资金压力、后续的运营管理和资金收回风险、对公司资产负债率的影响、对现行财务会计准则带来的挑战等问题，建立财务风险预警模型，向公司管理层揭示风险并运用财务智慧帮助公司应对和化解风险。

二是国企国资改革新形势对财务资金工作提出了新要求。根据《中共中央、国务院关于深化国有企业改革的指导意见》要求，国有企业改革应以提高国有资本效率、增强国有企业活力为中心，以管资本为主完善国有资产监管体制，做强做优做大国有企业，实现国有资产保值增值，不断增强国有经济活力、控制力、影响力和抗风险能力。财务资金工作要围绕"管资本"和"国有资产保值增值"作大文章，一方面要积极开展资本运作，探索试点混合所有制改革，构建完善的金融服务平台，整合社会资源优势，推动国有资本同市场经济的深入融合，放大国有资本功能，提高资本回报，实现资本增值；另一方面要加强国有资本监管，通过强化资本回报的业绩考核、收取资本成本占用费、投资责任追究等方式确保国有资本保值和安全。

三是会计行业改革发展对财务资金工作提出了新要求。财政部颁布《会计改革与发展"十三五"规划纲要》，企业会计准则体系继续保持与国际趋同，收入准则等面临重大修订，会计核算体系完善与发展任务繁重。2016 年 6 月 22 日，财政部发布《管理会计基本指引》，管理会计势在必行。财务共享服务中心作为一种新的财务管理模式正在许多跨国公司和国内大型集团公司兴起与推广，尤其是企业集中式管理模式在财务管理上的最新应用，能有效解决大型集团公司财务职能建设中的重复投入和效率低下的弊端。面对财务会计行业改革与发展的深入变化，要求集团公司财务制度体系、会计核算体系、财务内部控制规范体系、财务信息化体系必须适应环境变化不断完善并强化实施，要求财务人员必须转变观念并开拓创新，唯有如此，才能建立起与"质量效益型世界一流公司"相适应的"世界一流公司财务管理体系"。

（二）内部形势

2016 年，集团公司的营业收入、利润总额等主要经营指标稳中有升，经济运行继续呈现总体平稳较快增长态势，但当前存在以下两个必须着力推动解决的重大问题。

一是债务风险持续累积，财务杠杆高位运行。近年来，集团公司财务杠杆高位运行，债务风险持续累积，因此集团公司一直被国务院国资委列为债务风险重点监控企业，也因此标准普尔和穆迪降低了集团公司的信用评级。债务风险持续累积主要表现在以下方面：在投资规模持续增长的推动下，带息负债规模逐年攀升；在融资规模持续增长的推动下，资产负债率一直处于高位运行态势；高杠杆伴随着高融资成本，在高额带息负债下，每年发生着高额的利息支出。面对财务杠杆高位运行，财务资金工作要高度重视债务风险，做好"去杠杆"工作，认真贯彻中央"三去一降一补"精神，抓住预算这个"牛鼻子"，充分发挥好预算管理在资源配置、风险管控等方面的作用，从严控制各成员企业的投资规模、融资规模及"两金"规模，从严控制资产负债率。充分发挥资本市场融资功能，加快推进定向增发、分拆上市等股权再融资工作。创新融资工具，通过收益权证券化、股权基金等方式提高股权融资比重，改善企业流动性和资产负债表。

二是资产运行质量不高，创收创效能力不足。集团公司资产运行质量不高主要表现在以下方面：资产增速远快于收入增速，资产周转速度进一步放慢，资产创收能力不足；投资类资产的创收创效能力不足；"两金"占用持续增长，管控压力不断加大。面对资产创收创效能力不足问题，财务资金工作要提高资产运行质量，做好"加效益"工作。坚持"量力而行、效益优先、资金保障"原则，充分考虑自身财务承受能力及自有资金保障水平，加强项目可研论证和尽职调查，严控推高负债率的新增投资，严格控制投资风险，有效保障投资收益。充分利用国家政策加快僵尸企业清理处理，加快存量资产的处置，加快低效无效资产的处置。研究制定成员企业资本金管理办法，建立资本金有偿使用机制，推进资本向重要行业、关键领域、重点企业集中，向前瞻性新兴产业集中、向产业链关键环节和价值链高端环节集中，提高资本有序流动与科学合理配置。

三、2017 年财务资金重点工作

2017 年是"十三五"规划实施的关键之年，也是推进企业供给侧结构性改革的深化之年。财务资金管理工作要深入贯彻中央经济工作会议和国务院国资委的各项决策和精神，按照集团公司年度工作会议的部署，紧跟集团公司发展战略和年度重点工作任务，开拓创新，勇于担当，着力优化财务资源配置效率，完善财务资金体系建设，提高财务资金价值创造和风险管控能力，推动财务资金工作转型升级，促进企业提质增效，实现平稳健康发展。重点要做好以下几方面工作：

（一）突出目标引领，确保实现年度重大任务目标

一是打好瘦身健体提质增效攻坚战。按照国务院国资委要求，今年瘦身健体提质增效工作仍将是全集团重点工作，集团公司已研究制定瘦身健体提质增效工作实施方案，并于近期下发。集团公司

第四篇

概　况

中国电力建设集团有限公司概况

一、企业概况

中国电力建设集团有限公司（简称中国电建）是经国务院批准，于2011年9月29日在中国水利水电建设集团公司、中国水电工程顾问集团公司和国家电网公司、中国南方电网有限责任公司所属的14个省（市、区）电力勘测设计、工程、装备制造企业基础上组建的国有独资公司。

中国电力建设股份有限公司（原“中国水利水电建设股份有限公司”）是中国电力建设集团公司的主要子公司，是跨国经营的综合性大型企业，于2009年11月30日，由中国水利水电建设集团公司和中国水电工程顾问集团公司在北京共同发起设立。公司于2011年10月18日在上海证券交易所上市，股票代码601669，于2014年1月2日完成更名手续，公司名称由“中国水利水电建设股份有限公司“变更为“中国电力建设股份有限公司”，证券简称自2014年1月16日起，由“中国水电”变更为“中国电建”。

中国电建是全球能源电力、水资源与环境、基础设施及房地产领域提供全产业链集成、整体解决方案服务的综合性特大型建筑集团，主营业务横向跨越国内外能源电力、水利、铁路（地铁）、公路、机场、房屋建筑、水环境治理、市政基础设施及大土木、大建筑多行业，纵向覆盖投资开发、规划设计、工程承包、装备制造、项目运营等工程建设及运营全过程，具有懂水熟电的核心能力和产业链一体化的突出优势。此外，受国家有关部委委托，承担了国家水电、风电、太阳能等清洁能源和新能源的规划、审查等职能。电力建设（规划、设计、施工等）能力和业绩位居全球行业第一。

中国电建注册资本金300亿，员工18.6万人。股份公司资产总额5759.45亿元，实现营业收入2660.90亿元，2017年实现净利润73.67亿元。

2017年，中国电建位居2017年《财富》世界500强企业第190位、中国企业500强第42位；2017年ENR全球工程设计公司150强第2位，位居中资企业第一；2017年ENR全球工程承包商250强第5位；连续五年获评国务院国资委中央企业负责人经营业绩考核A级企业。股份公司荣获第七届中国证券金紫荆“最佳上市公司”奖，孙洪水总经理荣获“最佳上市公司CEO奖”；董事会荣获中国上市公司口碑榜“最佳董事会奖”等奖项。股份公司市值管理卓有成效，资本市场表现优异，股票被纳入A股“上证50”指数，深受广大投资者和社会各界的好评。

中国电建战略定位：服务“一带一路”建设的龙头企业，全球清洁低碳能源、水资源与环境建设领域的引领者，全球基础设施互联互通的骨干力量，为海内外客户提供全产业链集成、整体解决方案服务的工程建设投资发展商。战略目标是：致力成为能源电力、水资源与环境、基础设施领域具有国际竞争力的质量效益型世界一流综合性建设投资集团。战略方针是：发挥懂水熟电核心能力和产业链一体化优势，统筹国际国内两个市场，聚焦能源电力、水资源与环境、基础设施三大核心领域，深入实施“深化改革、全球发展、创新驱动、转型升级、人才强企”五大战略，协同推进“产融结合、优势多元、产业联动、规划先行、精益运营、风险平衡、产业培育、文化凝聚”八大举措。

中国电建核心竞争力：一是行业优势世界领先。中国电建长期深耕“水”“电”核心业务领域，奠定了国内乃至世界水电行业的领军企业地位，是全球水电、风电、光伏发电建设的领导者。“懂水熟电、擅规划设计、长施工建造、能投资运营”是公司参与全球工程建设领域的核心竞争能力。公司全产业链优势突出，拥有丰富的技术储备与人才资源，可为区域、流域、国别提供能源电力、基础设施规划建设的一体化解决方案。公司承担了全国80%以上的大中型水电项目前期规划、勘测和设计工作，是中国水电水利和风电建设技术标准和规程规范的主要编制修订单位。目前占有全国65%以上水电建设市场、全球50%以上大中型水利水电建设市场。设计建成了国内外大中型水电站200余座、水电装机总容量超过2亿千瓦。

二是价值创造能力卓越。中国电建拥有工程勘察综合甲级、工程设计综合甲级、水利水电工程施工总承包特级、电力工程施工总承包特级、市政公用工程施工总承包特级、公路工程施工总承包特级、建筑工程施工总承包特级、进出口贸易权，精通EPC、FEPC、BOT、BT、BOT+BT、PPP等多种商业模式及运营策略，具备驾驭大型复杂工程的综合管理能力，能够为水利水电、火电、风电及城市、交通、民生基础设施等领域提供集成式、一站式服务，为项目创造更大价值，为业主实现更多回报，与业主共同成长。

三是知名品牌蜚声全球。中国电建紧跟国家“一带一路”倡议，参建并积极推动巴基斯坦卡西姆港应急燃煤电站、中老铁路、雅万高铁等重点项目。截至2017年底，在全球109个国家设有322个驻外机构，在120个国家执行勘测设计咨询、工程承包、装备与贸易供货等合同2586项，海外业务以亚洲、非洲为主要市场，重点拓展拉丁美洲、东欧，辐射北美、大洋洲等高端市场，形成了以水利、电力建设为核心，涉及公路和轨道交通、市政、房建、水处理等领域综合发展的“大土木、大建筑”多元化市场结构。公司拥有的多个知名品牌蜚声海内外，具备较强的国际竞争力和影响力。承建的厄瓜多尔辛克雷水电站、加纳布维3×133兆瓦水电站、苏丹麦洛维水电站、马里费鲁水利水电工程、老挝南欧江梯级电站、老挝南俄5水利水电工程、赞比亚卡里巴北岸水电站扩机工程、印度嘉佳火电厂、沙特拉比格项目、印尼佳蒂格德大坝、马来西亚巴贡水电站、马来西亚沐若水电站工程、安哥拉本格拉体育场、摩洛哥伊阿高速公路、马其顿MS和KO公路项目、埃塞俄比亚阿达玛风电项目、阿根廷高查瑞光伏电站项目、毛里塔尼亚努瓦迪布新矿石码头工程等全球瞩目的重点大型工程已成为所在国标志性工程，并多次荣获海外工程金质奖、国际工程鲁班奖。

四是工程技术能力世界一流。中国电建拥有世界一流的综合工程建设施工能力、世界顶尖的坝工技术、世界领先的水电站机电安装施工、高等级铁路工程施工、城市轨道交通工程施工、地基基础处理、特大型地下洞室施工、岩土高边坡加固处理、砂石料制备施工等技术，具有大中型水利水电工程及城市、交通、民生基础设施工程设计、咨询及监理、监造的技术实力。

截至2017年底，中国电建共有6个国家级研发机构，76个省级研发机构，6个院士工作站，6个博士后工作站，80 家成员企业及下属子企业被认定为省级高新技术企业，4家企业被认定为科技部火炬计划重点高新技术企业；获得国家科技进步奖106项、省部级科技进步奖1995项，拥有专利9493项（其中发明专利1470项）；制修订国家及行业标准514项。

中国电建精品工程：多年来，中国电建在水利水电设计建设及新能源开发、火电电网、城市、交通、民生基础设施、水资源与环境、装备制造与设备租赁领域，为业主、为社会奉献了一系列令世人瞩目的精品工程。

在水利水电设计建设及新能源开发领域，中国电建先后设计建设或参与建设了长江三峡、黄河小浪底水利枢纽、南水北调东线和中线工程、龙滩、向家坝、溪洛渡、小湾、糯扎渡、锦屏一级、拉西瓦、乌东德、白鹤滩水电站以及天荒坪、西龙池、黑麋峰、宜兴、泰安抽水蓄能电站等一大批举世闻名的水利水电工程，创造了具有中国特色的国内国际领先的设计和建造技术，成就了中国成为世界第一水电大国的辉煌。发挥产业链一体化优势，先后中标杨房沟水电站、新疆阜康和辽宁清原抽水蓄能电站EPC总承包项目，开创了国内大型水电项目承包模式的先例，取得国内水电EPC项目的历史性突破。公司承建的尼罗河上宏伟的拦河大坝——苏丹麦洛维水电站大坝获中国建设工程“鲁班奖”，科特迪瓦最大的水电站——苏布雷水电站提前实现全面投产发电，乌干达卡鲁玛水电站作为中乌建交五十多年来双方合作建设的最大工程，建成后将成为东非最大的水电站，马来西亚巴贡水电站为目前世界第二高混凝土面板堆石坝，厄瓜多尔辛克雷(CCS)水电站经受住了7.8级大地震考验。组织完成了中国风能资源普查和国家及行业技术标准制修订，规划设计并参与建设了甘肃酒泉等9个千万千瓦级和若干个百万千瓦级风电基地，以及各省（市、区）新能源工程，参与了我国光热项目示范和生物质能利用技术研发工作。参与建设的河北张北坝上100万千瓦风电场、江苏如东海上风电场分别是中国最大陆地和海上风电场，首个实现中国技术、标准、管理、设备整体“走出去”的阿达玛风电项目二期顺利移交，投资建设的“中巴经济走廊”首批落地项目——巴基斯坦大沃风电项目投产发电。设计建成中国首个10万千瓦级光伏发电项目——华能共和县光伏发电项目、中国首座潮汐电站——浙江江夏电站。中国电建形成了能够代表国家综合竞争实力的水电、新能源等清洁可再生能源领域完备的技术服务体系、技术标准体系和科技创新体系，具有政府信赖的国家能源战略服务能力和国际领先的高端技术服务能力。

在火电电网领域，中国电建在1000兆瓦级火电工程和各种参数的燃气轮机、风电、太阳能、生物质能、分布式能源、核电工程以及1000千伏电压等级交直流输变电工程设计建设方面处于国内国际领先水平。先后设计建设了全国首座1000兆瓦智能化生态电厂——山东莱州电厂，世界首座1000兆瓦燃煤空冷机组——宁夏灵武电厂，全国单机容量最大的1100兆瓦超超临界空冷机组——新疆农六师电厂，世界上输送容量最大、电压等级最高的哈密南至郑州±800千伏特高压直流、晋东南至荆门1000千伏特高压交流输变电等多项工程，以EPC模式中标拉美第一条、全球第四条±800千伏特高压输变电线路——巴西美丽山±800千伏特高压项目。参与建设了广东大亚湾等多项核电工程。参建的“600兆瓦超临界循环流化床锅炉技术开发、研制与工程示范”项目荣获国家科学技术进步一等奖。

在智慧城市、现代交通、宜居民生基础设施领域，以多种方式广泛参与了雄安新区的规划、设计和工程建设工作以及深圳前海等新区的数字城市建设工作；承建了京沪、京张、西成等多条高速铁路，施工总里程逾1300公里；投资建设了福建武邵、四川邛名、广东中开、河北太行山、云南红河州等多条高速公路，累计投资总额逾3000亿元；参与了深圳、成都、武汉、长沙、哈尔滨、郑州、福州等十几个城市的地铁建设，投资建设完成了深圳地铁7号线、成都地铁4号线等；参与投资建设了第一个以中方为主投资建设、共同运营的中老铁路项目及首个中国高铁技术、标准“走出去”落地的印尼雅万高铁项目；设计建设了天津、成都、西安、郑州、杭州等多个城市的一大批综合市政工程项目；以多种模式参与建设了深圳茅洲河界河综合整治、钱塘江流域污水处理、东太湖综合整治、成都兴隆湖综合治理、成都李家岩水库、郑州贾鲁河综合治理等城市水环境综合治理工程；广泛参与水务与环保工程的投资运营以及海水淡化、矿业资源开发、港口建设与航道疏浚等业务；参与建设了卡塔尔多哈新国际机场项目以及北京、上海、广州、厦门等十几个城市的机场工程，铺设了世界第一条空客A380专用跑道。

在装备制造与设备租赁领域，中国电建所涉及的业务范围包括输电线路装备、输配电设备、电站辅机及配件、基础设施装备、水利水电工程设备等，是中国最大的电站主要辅机供应商，生产的电站给水泵、风机和磨煤机等产品占有较高市场份额，特别是收购德国TLT公司后，中国电建在风机产品市场排名位列全球第二，其中电站风机产品市场排名全球第一。研发了中国首台配套第三代核电站AP1000常规岛125万千瓦机组给水泵组。实现CAP1400核电站常规岛给水泵组国产化研发。自主开发和合作研制的水利水电工程金属结构、闸门启闭机和升船机等专用设备，多次荣获国家和部委的科技进步奖。目前，中国电建正积极进行产业转型升级，向基础设施、水资源与环境、节能环保、高端制造等领域进行产业链延伸。同时，逐步构建中国电建物资设备采购、租赁调剂“双平台”，努力打造具有自主知识产权的装备制造业产业集群。

截至2017年底，中国电建共获得中国建筑工程鲁班奖86项、国家优质工程金奖44项、国家优质工程奖146项、中国土木工程詹天佑奖22项、中国水利工程优质（大禹）奖25项、全国优秀工程勘察设计行业奖150项。

二、2017年中国电建改革发展情况

2017年是党的十九大胜利召开之年和供给侧结构性改革深化之年，也是公司实施“十三五”规划、落实“12358”发展方针的重要一年。一年来，公司深入学习贯彻习近平新时代中国特色社会主义思想和党的十九大精神，认真落实党中央、国务院和国务院国资委决策部署，坚持稳中求进工作总基调，外拓市场，内强管理，全面深化改革，着力提质增效，圆满完成了各项生产经营改革发展任务。

（一）稳增长任务全面完成，主要经营指标再创新高

2017年，公司积极落实“保增长”目标，大力开拓市场、调整结构、强化履约，提质增效，较好完成了主要经营业绩指标，生产经营继续保持良好态势。公司全年完成营业收入3550亿元，同比增长9.36%；实现利润总额130.03亿元，同比增长7.04%；新签合同5718亿元，同比增长11.7%；实现经济增加值50.49亿元；全员劳动生产率达到190.8万元/（人·年），同比增长10.4%。年末资产负债率79.87%，较年初下降1.52个百分点；资产总额达到7098.67亿元，同比增长17.83%；合同存量11250亿元，同比增长16.5%。

（二）结构调整步伐加快，各业务板块协同共进

一是营销履约成果进一步显现。公司积极发挥“懂水熟电、擅规

划设计、长施工建造、能投资运营”核心能力和独特优势，围绕三大核心主业，积极主动与广西、内蒙古、西藏、西安等10个市场潜力巨大的省（区、市）和华电、诚通、国新等8家产业链关联大型产学研机构建立了战略合作关系；积极参与各级地方政府产业对接、项目推介活动和“一带一路”国际合作高峰论坛、“世界水电大会”等行业高峰会议论坛，全方位推介公司能力优势和品牌实力，持续拓展市场空间。公司主动服务国家战略，积极参与“一带一路”倡议、雄安新区建设、军民融合发展和新城镇化、京津冀协同发展、长江经济带发展战略，取得了较好的市场营销效果，在水利电力、轨道交通、高速公路等多个业务领域中标一系列“大单”，特别是深圳地铁12号线的中标创公司有史以来单项合同承包额最大的一个项目。白鹤滩、杨房沟、乌东德水电站、巴基斯坦卡西姆燃煤电站、中老铁路、科特迪瓦苏布雷水电站、赞比亚下凯富峡水电站、深圳茅洲河综合治理项目、池州骨料项目等重点大型特大型项目进展顺利，彰显公司在各行业领域的能力和优势。

二是电力能源业务进一步巩固。公司不断增强全产业链一体化综合服务能力，在主营业务领域向全球客户提供一揽子整体解决方案，优势地位持续提升。2017 年，新签国内外水利电力合同2860亿元，国内成功中标签约辽宁清原抽水蓄能电站、木里河固增水电站、丰宁抽水蓄能电站机电安装项目等一批重大项目；辽宁清原抽水蓄能电站 EPC 总承包项目是公司承建的第一个含机电设备成套服务在内、完整EPC 总承包模式的抽水蓄能电站项目，在抽水蓄能领域开启了设计——施工一体化履约新模式；山西大同左云地面光伏项目成为利用光伏发电治理煤矿沉陷区的典范。公司开展了10个省（区）抽水蓄能规划调整，完成了海水抽水蓄能资源普查成果发布，继续引领抽水蓄能行业发展。

三是国内基础设施业务进一步壮大。基础设施业务全年新签合同1792亿元，同比增长36.3%；完成营业收入1150亿元，同比增长20.2%。先后中标了成都地铁18号线、深圳地铁12号线、云南红河州高速公路、蒙自市地下管廊、新疆第十师北屯市公路、郑州航空港经济综合试验区城市基础设施等一批代表性项目。已实施的67个BT项目进展顺利，累计回款676.5亿元，回购完成率70%，四川成简快速路、天津武清新区等项目回购已全部完成，并拓展带动了其他项目的市场营销。经过艰苦努力，公司在轨道交通领域取得了长足发展，国内外承建的含高铁在内的铁路里程达到2000公里，以地铁为主的城市轨道已覆盖9个城市，在建和竣工线路里程超过380公里。

四是水资源与环境业务进一步发展。着力强化"规划先行、综合统筹、专业突出"的水环境系统治理营销理念，积极构建并完善水环境业务营销体系，全年新签水资源与环境业务合同超过300亿元。在顺利规划实施深圳茅洲河治理项目的基础上，中标光明新区、东莞市管网河道工程，探索推动全流域水环境整治。中标成都李家岩水库、安徽阜阳城区水系统综合整治、河南郑州贾鲁河综合治理PPP项目及其他省市中小型项目。继发起成立"水环境治理产业技术创新战略联盟"后，挂牌成立了中国电建水环境治理研究实验中心，着力打造水资源与环境治理新技术、新设备、新模式的研发平台及专业技术人才科学实验平台。

五是投资业务进一步稳健。不断健全投资管理体制，完善投资项目评审决策、建设运营管理制度，着力提升投资专业化能力。根据国家政策调整和市场形势变化，及时调整投资方向、结构和项目，最大限度保障预期效益实现。2017年，公司稳步推进以水电、风电、太阳能等清洁能源为核心的电力投资业务，全年投资总额1234亿元，投资计划完成率102.8%；年末控股运营总装机容量达到1368万千瓦，其中水电625万千瓦、风电418万千瓦、火电227万千瓦、光伏98万千瓦。固定资产及经营性投资实现总收入387亿元，同比增长52.28%，实现利润21亿元，同比增长15%。同时，通过投资特别是小比例股权投资，累计拉动施工总承包业务收入981.57亿元，同比增长22.86%，有力推动了市场营销、调整转型、提质增效和业绩积累、资质获取。房地产业务严格贯彻中央提出的“房住非炒”政策，不断加大土地筹备、加强项目管理、加速库存去化，全年累计签约销售298亿元，为年度预算的135.4%；实现利润15亿元，为年度预算的111.12%，销售额名列2017年全国房地产公司100强第55位；累计实现去化率77.5%，经营质量稳步提升。

（三）全球化战略有力执行，海外业务集团化成效显著

一是国际业务管理体系更加完善。召开国际业务工作会议，系统总结了海外经营发展所取得的成绩和经验，分析了面临形势和存在问题，宣贯了海外经营发展战略，部署了重点工作，国际经营发展“三步走”战略规划、“五个统一”管控原则深入人心。六大区域总部挂牌成立步入正轨，“五个中心”功能有效发挥，“大国际”格局基本成型，推动了国际业务全面发力、多点突破、纵深推进。国际业务制度建设卓有成效，以重组整合方案为纲领，以市场营销和履约管理为主线，全年制定印发了区域总部运行指导意见、品牌管理办法、市场布局管理办法、履约能力评价管理办法等35项管理制度，国际业务集团化制度体系基本建立。海外项目管理能力持续提高，建立了以QHSE为核心的履约标准体系、以履约能力为核心的评价体系和集团化海外综合风险防范和公共安全体系。2017年，公司海外项目履约总体良好，质量、安全和环保等均符合有关标准和合同条款。

二是国际市场开拓能力有效提升。公司全面融入全球产业合作，积极参与中蒙俄、新亚欧大陆桥等六大经济走廊建设，积极推动项目纳入国家规划，积极争取亚投行、丝路基金等资金支持，深耕核心市场，充分挖掘潜力市场，准确把握机会市场，在以亚、非、拉为重点的全球市场全面布局、深度营销、规范竞争。目前，公司在109个国家设立了330个驻外机构，在“一带一路”42个国家设有150个驻外机构，构建了覆盖全球、区域、国别的集团化、立体式国际市场培育开发和营销竞争体系。公司海外市场订单呈现“以我为主、多方合作”的特点，直接与国际项目业主或总包方签约的“一手单”继续增加，海外火电市场得到有效巩固。2017年，公司实际新签国际业务合同2331.68亿元，同比增长15.24%，比同期行业增速高出6.54个百分点，是同期行业增速的1.75倍；完成营业收入875.24亿元，同比增长13.03%，比同期行业增速高约7.23个百分点，是同期行业增速的2.25倍。公司内部共有67家子企业开展国际经营，年末执行项目合同2586份，合同总金额8499.37亿元，同比增长8.45%；存量合同总金额4366.10亿元，同比增长5.93%。

三是国际业务经营模式不断优化。公司主动顺应国际建筑市场变化，突出发挥优势，不断扬长补短，大力加强与全球产业链、供应链合作伙伴特别是产业投资人、财务投资人的战略务实合作，共同参与项目开发、建设和运营。在巴基斯坦卡西姆燃煤电站项目开发营销中，创造性实现了中国设计、技术、设备、标准和部分国外高端资本、资源的有效整合，实现了中国要素和国际要素的良好协同，保证了项目经济可行、顺利实施及首台机组提前交付，成为“中巴经济走廊”上的中国亮点和中资企业开展国际合作的范例。作为主要投资方和施工单位参与的中老铁路进展顺利。沙特阿美石油天然气加压站工程良好履约，推动公司成功进入国际油气建设领域。继成功收购德国TLT、哈萨克斯坦水利设计院后，完成了对意大利吉泰公司的并购，完善了公司地铁、铁路业务产业链，为开拓发达国家市场储备了设计资源。新能源、房地产等业务正在有序加快“走出去”。搭建技术设备物资“走出去”的综合服务平台，正式启动了工程相关国际贸易综合服务业务。

（四）改革不断深入推进，管理能力持续提升

一是“十三五”规划逐步落地。编制了公司总体战略和“十三五”规划、12项业务规划、17项职能规划，子企业规划基本编报完成，形成统筹协调、相互衔接、互为支撑的战略规划体系，公司及子企业的战略定位和发展思路更加明确清晰。建立了年度战略实施程序，引入先进战略管理工具，有效地推动战略规划落地见效，公司主要经营指标总体上在发展规划的框架内稳步运行。

二是改革任务有序推进。积极推进内部金融分业发展，电建财务公司、电建基金公司有序运营，经纪保险业务积极推进。电力勘测设计、电力工程建设和装备制造板块全民所有制企业公司制改建工作有力推进，按照“重组上市”标准圆满完成，企业市场化基础进一步筑牢。推动4组8家子企业实现内部重组整合，公司子企业户数减至73家，资源更加集中，布局更趋合理。“僵尸企业”和特困企业专项治理工作卓有成效，提前一年实现了三年处置治理目标任务。累计压减法人机构148家，142户厂办大集体企业改革方案已批复96.5%，完成率为57%；358家需清理规范的关联企业和自然人的改革方案已批复86.3%，完成率为56.1%，相关阶段性目标任务顺利实现。“三供一业”分离移交等工作有序进行，获得财政资金支持2.58亿元，部分区域总体解决了接收问题，为后期工作开展提供了有利条件。

三是经营管理亮点突出。公司96%以上的新开工施工项目纳入PRP项目管理系统运行，以进度为主线、成本为核心的工程项目全生命周期管控全面加强，管理系统被中国电力企业联合会授予“中国电力创新奖一等奖”。研究编制了水电工程设计采购施工总承包项目招标和合同文件范本，进一步理顺了行业EPC商业模式履约规则。搭建了公司“一库一平台”，公共资源交易系统平台荣获中国质量认证中心三星级证书，装备制造产品率先在该平台展示销售，公司“互联网+”营销取得实质性进展，内部交易活动更加公开、公平与公正。两级集中采购上下结合、有机互动，年度框架采购基本实现通用施工设备的全覆盖；深入探索大宗物资区域集中联采实现模式，全年设备物资集中采购率达到82%，同比提高3.9%；上网采购率达到75%，同比提高4%。

四是财务资金管理富有成效。圆满完成了年度非公开发行股票工作，成功募集资金120亿元，拓展了多元化融资方式和渠道。累计向35家子企业注入资本金139.26亿元，建立了资本金有偿使用机制，明确了资本金配置额度标准，有效引导资本流动，提升资本创效能力，并为能力培育、产业孵化提供了支撑。有力发挥全面预算管理功能，推进“两金”压控、亏损企业治理、债务风险管控、提质增效等重点工作统筹协调开展。资金一体化管控取得突出成效，达到行业领先水平。金融服务体系建设迈出新步伐，推出了内部保函、异地分离式保函和内部信用证明等多样化、定制化产品。通过内部存款利率上浮、贷款利率下浮、减免手续费、汇兑收益让利等措施，公司整体财务成本大幅降低。

五是法律合规与风险内控管理不断强化。公司对所承建项目的履约经营情况开展了全面系统排查、科学识别和评估风险，有效推动了重大风险项目专项管控处置。公司层面关注和督导的59个重大经营风险项目管控处置取得阶段性成效，越南松邦4水电站、马里塔乌萨水电站等项目的风险问题得到有效化解。认真开展国家审计署、国有重点大型企业监事会对公司审计意见和指出的整改，深究问题根源，建立长效机制。针对过往审计整改及巡视整改落实情况开展后续审计，强化管控和风险提示，推动监督整改力度不断加大。围绕重大项目和经营薄弱环节开展效能监察和专项治理，管理漏洞得到有效堵塞。不断完善法律风险防范机制，重大经营活动、重大投融资决策事项的法律审核把关不断加强，重大法律纠纷案件得到妥善处置。

（五）创新驱动有效实施，科技产品创新实现突破

一是科技创新取得新进展。贯彻落实创新驱动发展战略和“十三五”科技发展规划，编制了科技创新深入发展指导意见。举办了创新型企业建设研讨会和科技创新管理培训班，增强了公司内部创新工作的协同性。积极推进“垃圾焚烧技术与装备”国家工程实验室建设，占领相关行业发展先机。2017年，公司获得国家科技进步一等奖1项、二等奖1项；获得授权专利2048项，其中发明专利391项，291项科技成果获得省部级科学技术奖，其中55项成果获中国电力科学技术奖、水力发电科学技术奖等省部级一等奖。全球可再生能源储量评估、前景分析与规划平台入选世界互联网发展年度十佳实践案例，中央企业唯此一家。

二是产品创新实现新突破。高端装备制造的培育打造步伐持续加快，助力传统产业更新换代，推动供给侧结构性改革，拉动需求侧转型升级，中标了国家电网1000千伏苏通廊道通风防灾系统，成功进入了船用烟气脱硫装置市场和综合能源管理市场。装备业务板块以全球供应链为抓手，打造以TLT公司为龙头的全球风机品牌，完成了目前国内最大的汽车风洞项目（中国汽车研究院重庆项目）建设，同时多个汽车风洞项目进入合同技术交底和拟建阶段。参股投资的我国自主研制的国内最大直径敞开式硬岩掘进机（TBM）“彩云号”成功下线。

（六）安全生产可控好转，质量环境管理彰显成效

一是安全生产和环境职业健康管理稳定向好。公司严格落实领导人员任期安全生产责任制和安全生产“一票否决”制，强化党政主要领导“安全第一责任人”的责任，推动安全生产工作与生产经营工作同部署、同落实、同检查。针对铁路、房地产、国际业务等出台了专项安全生产标准化评价标准，推动平台和投资运营企业开展安全管理标准化建设。积极开展安全教育培训，全面完成了分级安全管理轮训，领导干部和专业人员的安全生产、应急管理能力得到增强。针对安全领域的突出问题，扎实开展安全隐患排查和专项治理，有效保障了安全生产稳定向好局面。严格落实职业健康、环境保护、节能减排工作全环节、全员参与、全过程管控要求，示范先行、样板引领，圆满完成了年度节能环保指标及目标。

二是质量品牌和资质管理成果丰硕。围绕公司战略目标和业务发展需要,坚持以创建优质工程为抓手，持续打造中国电建质量品牌。2016～2017年公司获得57个国家级优质工程荣誉表彰，其中国优金质奖16个、鲁班奖9个、国优奖32个。深圳地铁7号线项目成功获得国家优质工程金质奖，为公司在地铁建设行业树立起了标杆。资质体系在国家严格管理的背景下持续完备，全年新增10个市政、建筑、水利水电、电力特级资质，水电八局升级为全国为数不多的“三特”企业，多家设计院取得施工总承包一级资质。电建水环境公司资质快速到位，对推动公司水环境与治理业务的更大发展提供了有力支撑。

（七）党的建设进一步加强

一年来，公司各级党委围绕“中央企业党建工作落实年”总体要求，以落实党建重点任务为抓手，以基层党组织和党员队伍建设为重点，全面从严治党，为公司改革发展提供坚强保障。一是深入学习贯彻党的十九大精神。制定并认真落实学习贯彻十九大精神的实施意见，深入学习贯彻习近平新时代中国特色社会主义思想，用十九大精神武装头脑、指导实践、推动工作的自觉性和坚定性进一步强化。二是党建重点任务全面完成。党建工作总体要求纳入公司章程、规范“三重一大”决策事项、修订公司党委议事规则等一系列重点任务落地。78项党建重点措施已落实到位并持续推进，总体落实率达94%。开展国资委巡视反馈意见整改落实情况“回头看”，圆满完成中央企业巡视整改自查自纠任务。三是“两学一做”实现常态化长效化。实施《“两学一做”学习教育常态化制度化的具体方案》，加强各层级党员干部培训、轮训，抓好带头人队伍和执行人队伍专题学习，探索推广支部主题党日、党员固定活动日和网上组织生活，健全落实学习教育从关键少数向全体党员拓展、从集中性教育向经常性教育延伸的体制机制。四是党的组织建设水平进一步提升。坚持“四同步、四对接”，进一步规范了子企业党组织的建立与按期换届，实现党的组织和党的工作全覆盖。形成主体明晰、责任明确、有机衔接的党建工作机制；加强对境外党建和项目党建工作的统筹管理；严肃党内政治生活，严格落实“三会一课”制度，建立起党员队伍基本信息档案库，推动全面从严治党不断向基层延伸。五是企业领导人员队伍建设得到进一步加强。认真落实习近平总书记“20字”国企好干部标准，持续加强企业领导人员政治素质和能力培养，优化班子结构功能，深化日常管理监督。六是党风廉政建设与反腐败工作成效显著。紧密围绕“思想引领、责任担当、正风肃纪、执纪审查、制度建设、监督检查、队伍建设”等主业主责，定目标、抓重点、建机制、明分工、强措施、筑合力，综合运用监督执纪“四种形态”，强化廉洁风险防控，加强监督检查，深化标本兼治，持之以恒抓紧抓实作风建设，坚定不移整风肃纪反腐，着力构建“不能腐”体制机制，各项工作取得新进展新成效，反腐败工作压倒性态势已经形成并巩固发展。公司党委全年巡视35家子企业，圆满完成巡视全覆盖目标。七是群团组织桥梁纽带作用有效发挥。进一步强化工会组织建设，完成公司工会换届选举工作；创新多种方式推动职工队伍技能素质提升、丰富企业文化生活、加强困难帮扶、强化青年理想信念教育，全方位营造关爱职工的和谐氛围。

集团公司、股份公司领导班子

（截至2017年底）

（一）中国电力建设集团有限公司

董事长、党委书记：晏志勇

总经理、党委副书记、董事：孙洪水

党委副书记、监事会主席：马　立（国资党任字〔2017〕113号，2017年10月25日免去马立同志党委副书记、监事会主席职务）

党委常委、纪委书记：符岳岩

党委常委：王民浩、王　斌、姚　强、李跃平、孙　璀

（二）中国电力建设股份有限公司

董事长、党委书记：晏志勇

总经理、党委副书记、副董事长：孙洪水

党委副书记、监事会主席（机关党委书记）：马　立（国资党委干二〔2017〕300号，2017年11月2日马立同志不再担任党委副书记、监事会主席职务）

副总经理、党委常委：王民浩、王　斌、姚　强、李跃平

纪委书记、党委常委：符岳岩

总会计师、党委常委：孙　璀

（企业领导人员管理部）

中国电力建设集团有限公司组织机构图 （截至2017年底）

（战略发展部）

中国电力建设集团有限公司业务发展示意图

（2011～2017年）

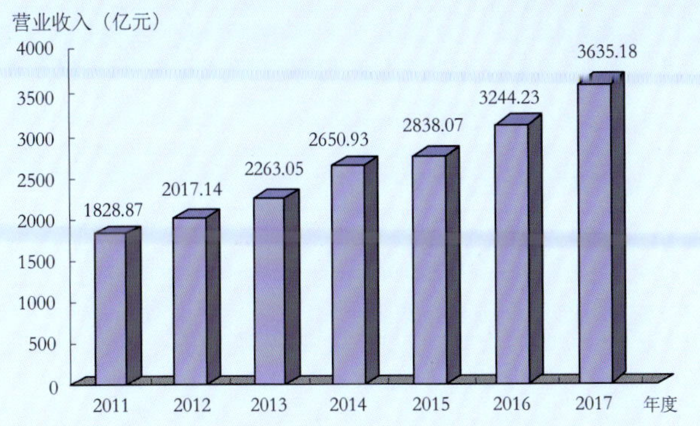

图1　中国电建经营业绩成长图示

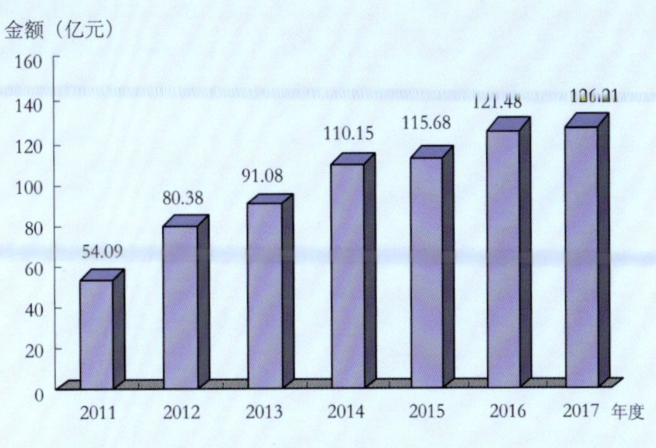

图2　中国电建实现利润图示

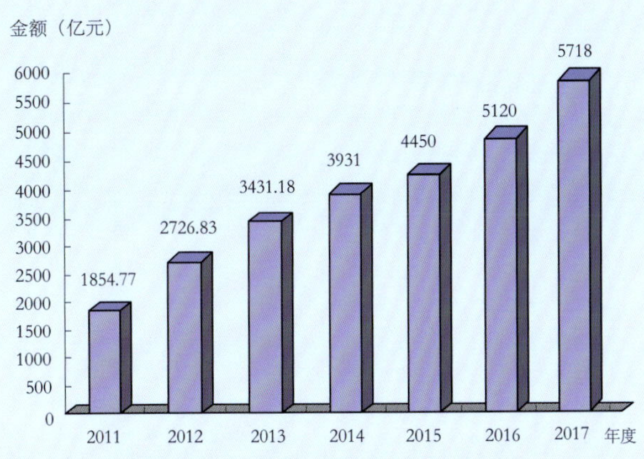

图3　中国电建新签合同金额图示

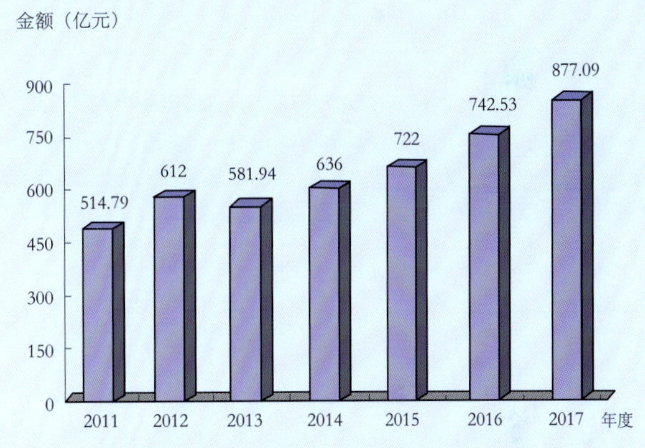

图4　中国电建国际经营营业额图示

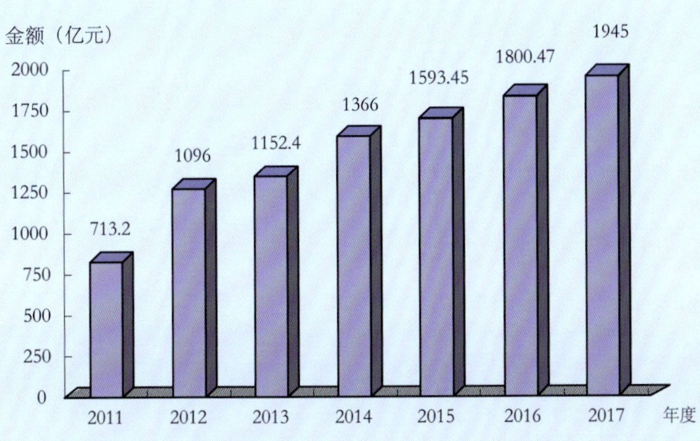

图5　中国电建国际经营签约额图示

（市场经营部、财务管理部）

中国电力建设集团有限公司《财富》世界500强排名
（2012～2017年）

企业名称	类　别	2012年	2013年	2014年	2015年	2016年	2017年
中国电力建设集团有限公司	财富世界500强	390	354	313	253	200	190

中国电力建设集团有限公司及所属企业全球工程承包商250强、国际承包商250强排名
（2009～2017年）

企业名称	类　别	2009年	2010年	2011年	2012年	2013年	2014年	2015年	2016年	2017年
中国电力建设集团有限公司	全球承包商250强							7	6	5
	国际承包商250强							11	11	10
中国水利水电建设股份有限公司	全球承包商250强	31	26	15	14	14	14			
	国际承包商250强	56	41	24	23	20	23			
山东电力建设第三工程公司	全球承包商250强	194	153	125	125	121	112			
	国际承包商250强	95	79	58	53	54	58			
山东电力基本建设总公司	全球承包商250强	112	98	88	61	91	132			
	国际承包商250强	123	101	100	64	61	102			

注　以上数据来源于美国ENR全球工程承包商250家（2012年前为225家）及国际承包商250家（2012年前为225家）排名名次。2015年后是中国电力建设集团有限公司排名。

中国电力建设集团有限公司及所属企业
全球工程设计、国际工程设计总收入排名
（2009～2017年）

企业名称	类　别	2009年	2010年	2011年	2012年	2013年	2014年	2015年	2016年	2017年
中国电力建设集团有限公司	全球150家设计企业							3	2	2
	国际225家设计企业							30	27	17
中国水电工程顾问集团公司	全球150家设计企业	38	21	19	16	15	12			
	国际225家设计企业	156	92	102	41	59	38			

注　以上数据来源于美国ENR全球工程设计公司150强和国际工程设计公司225强（2012年前为200家）排名名次；2014年前是中国水电工程顾问集团公司排名；2015年后是中国电力建设集团有限公司排名。

（海外事业部）

中国电力建设集团有限公司
2017年产业（营业收入）结构图（单位：亿元）

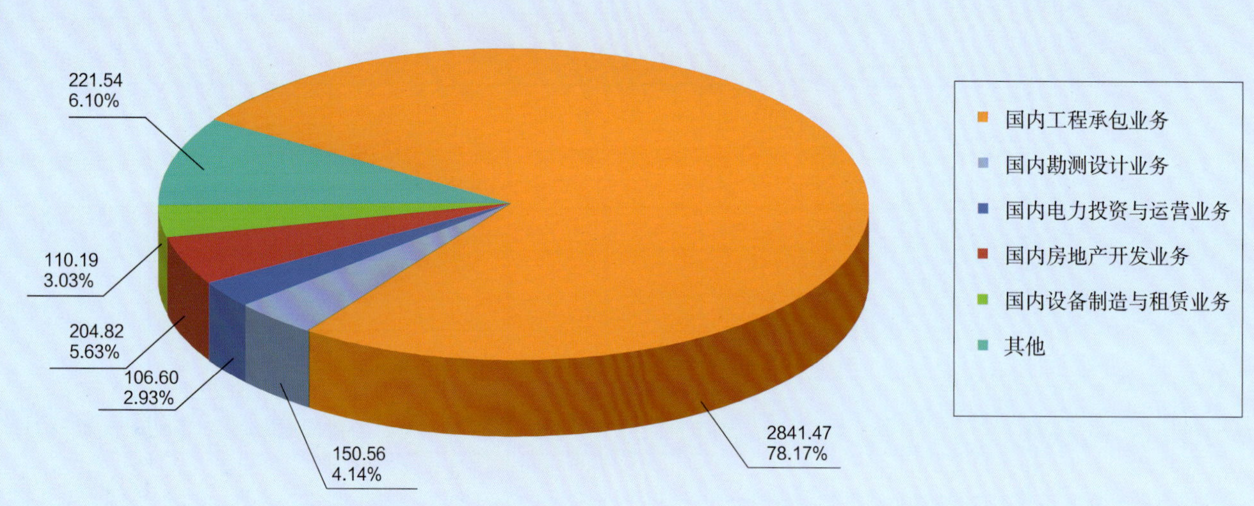

（市场经营部、财务管理部）

中国电力建设集团有限公司
2017年细分行业(营业收入)结构图

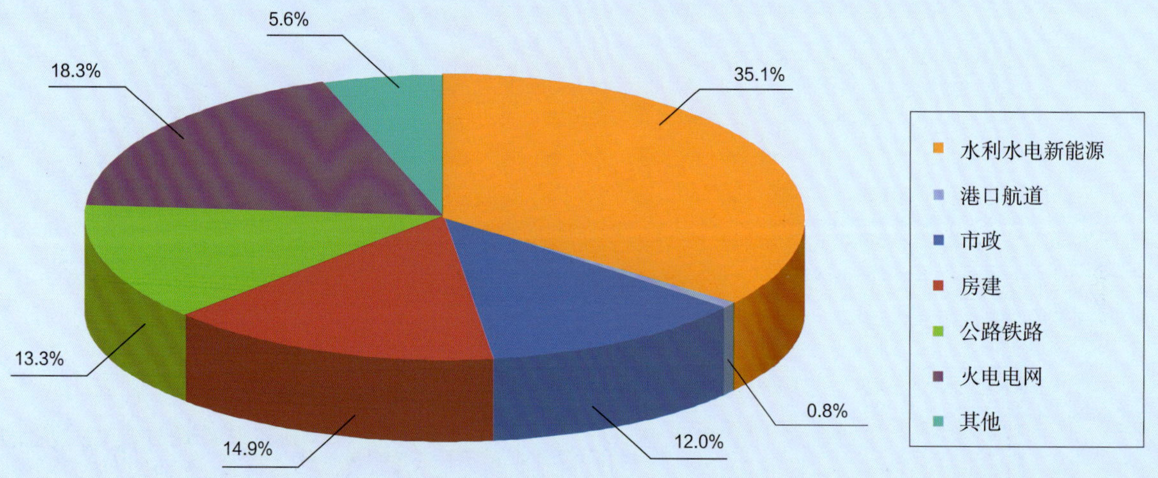

（市场经营部）

第五篇

大 事 记

大 事 记

2017 年

1月4日，中国电建成功中标成都轨道交通市场18号线PPP项目。成都地铁18号线工程是成都市第一条采取全口径PPP模式建设的轨道交通项目。该项目位于四川省成都市，线路全长67.93公里，总投资额约为347亿元；股份公司将与成都地铁公司按照70%、30%的持股比例共同组建项目公司，并由项目公司负责本项目的投资、设计、建设、运营管理、运营维护及授权范围内的非客运服务业务经营。

1月22～23日，集团（股份）公司在京召开2017年工作会议，全面贯彻党的十八大、十八届三中、四中、五中、六中全会和中央经济工作会议、全国国有企业党的建设工作会议精神、中央纪委第七次全会精神，总结2016年工作，分析面临的形势，部署2017年重点工作，动员全体干部员工凝心聚力谋发展，撸起袖子加油干，以优异成绩向党的十九大献礼。

国务院国有重点大型企业监事会主席李克出席会议并讲话。董事长、党委书记晏志勇传达中央经济工作会议、中央企业负责人会议精神，并讲话；总经理、党委副书记孙洪水作题为《深化改革增动能，精益管理提质效，稳中求进建设质量效益型一流企业》的工作报告。

会议期间，晏志勇和孙洪水对本人履职情况进行述职，晏志勇代表领导班子进行述职，并代表公司党委报告2016年度干部选拔任用情况；与会代表对集团（股份）公司领导班子开展了民主测评和民主评议；晏志勇、孙洪水分别与相关事业部和各子企业负责人签订经营业绩、党风廉政建设、安全生产、“压减”工作责任书。

国有重点大型企业监事会第16办事处主任樊华，股份公司独立董事韩方明、吴太石、茆庆国，外部董事裴真，公司领导王民浩、马立、符岳岩、王斌、姚强、李跃平、孙璀及公司高管，总部与事业部副主任以上人员、子企业（单位）党政主要领导在主会场参加会议，子企业（单位）中层以上管理人员及所属二级单位主要负责人在分会场参加视频会议。

1月23日，集团（股份）公司2017年安全生产工作会议在北京召开。董事长、党委书记晏志勇出席会议并讲话，总经理、党委副书记孙洪水主持会议并就落实会议精神提出要求。副总经理姚强作了题为《强化体系落地，狠抓责任落实，以扎实有力的措施提升企业安全发展能力》的安全生产工作报告。会议还对公司2017年度安全生产先进企业进行了表彰。公司领导班子成员、高级管理人员，总部部门正副主任、事业部正副总经理，各成员企业党政主要负责人在主会场参加会议；各成员企业、总部中层以上管理人员、所属二级单位党政主要负责人在视频分会场参加会议。

1月，由中南院设计，水电建设工程咨询西北公司监理，水电十二局、水电五局、水电六局、水电三局、水电一局等承建的江苏溧阳抽水蓄能电站首台机组正式投产发电。该工程核准概算76.35亿元，安装6台单机容量25万千瓦的国产化可逆式水泵水轮发电机组，总装机容量150万千瓦，年发电量20.07亿千瓦时。

2月2日上午10时30分，苏丹上阿特巴拉水利枢纽项目举行发电仪式，苏丹总统巴希尔、项目各投资方及电站所在洲洲长分别讲话，中国驻苏丹大使李连和、经商处参赞周春林及中国电建代表受邀在观礼台上就座。苏丹上阿特巴拉水利枢纽工程由水电五局、水电七局等承建。

2月22日，正在乌鲁木齐考察调研的集团暨股份公司董事长、党委书记晏志勇，拜会了新疆维吾尔自治区党委书记陈全国，自治区党委副书记、主席雪克来提·扎克尔。双方就开展全面合作、助力新疆基础设施建设进行了会谈交流。晏志勇同雪克来提·扎克尔就新疆交通、市政、水利、能源等基础设施建设项目进行了深入交流，并就加快构建战略合作框架达成共识。股份公司副总经理王民浩、党委副书记马立，新疆维吾尔自治区副主席穆铁礼甫·哈斯木、自治区政协副主席刘建新等参加会谈。

2月27日，集团（股份）公司在北京召开2017年党风廉政建设和反腐败工作会议，深入学习贯彻党的十八届六中全会、中央纪委七次全会、全国国有企业党建工作会议精神和习近平总书记系列重要讲话精神，落实中央企业党风廉政建设和反腐败工作要求，总结、部署公司党风廉政建设和反腐败工作。中央纪委驻国资委纪检组副组长李正义等出席会议并讲话。党委书记、董事长晏志勇发表讲话，党委副书记马立主持会议，纪委书记符岳岩作工作报告。下午，中国纪检监察学院客座教授李雪勤为全体与会人员作了题为《全面从严治党的强大思想武器——学习习近平总书记反腐败思想》的专题报告。会议采取“主会场（现场）＋分会场（视频）”方式召开，公司领导，高级管理人员、副总师，总部各职能部门、事业部主要负责人和各成员企业党委书记、纪委书记在主会场参加会议；公司总部职能部门、事业部副职负责人和各企业领导班子成员、总部中层领导人员，党委工作部、纪检监察机构全体人员，在111个分会场参加会议。

3月15日，由共青团中央等22个单位联合印发的《关于命名2015～2016年度全国青年文明号的决定》（中青联发〔2017〕5号），集团公司6家单位榜上有名，分别是：电建海投公司财务资金部、水电五局一分局、中南院新能源工程设计院资源经济室、江西院电网分院输电结构部、上海电建上海电力安装第一工程公司热机分公司本体班、成都院环保处环境评测室。

4月7日，集团暨股份公司董事长、党委书记晏志勇在伊斯兰堡拜会巴基斯坦总理谢里夫，双方就继续深化能源和基础设施领域合作广泛深入交换了意见。巴国防部长兼水利电力部长阿西夫、总理首席秘书法瓦德等官员出席会谈。电建股份欧亚区域总部、电建海投等单位领导陪同参加。

4月14日，第十四届中国土木工程詹天佑奖颁奖大会在北京隆重举行。由成都院勘测设计，水电七局、水电五局参加建设的瀑布沟水电站获此殊荣，是29个获奖项目中的唯一水电工程。

同日，集团暨股份公司党委书记、董事长晏志勇，总经理、党委副书记孙洪水带队赴河北雄安新区，拜访了河北省委常委、常务副省长、雄安新区筹备工作委员会临时党委书记袁桐利。双方就中国电建参与雄安新区建设事宜展开友好会谈。股份公司副总经理王民浩参加会谈。河北省发展改革委、雄安新区领导，中国电建相关部门、事业部负责人参加会谈。

4月21日，集团暨股份公司党委书记、董事长晏志勇，总经理、党委副书记孙洪水一行在河北省省会石家庄拜访了河北省委副书记、代省长许勤。双方就中国电建参与雄安新区建设等事宜进行了友好会谈。省政府秘书长朱浩文、股份公司副总经理王民浩参加会谈。河北省相关部门领导，中国电建总经理助理丁拯国、张建文、杨忠及相关单位负责人参加会谈。

同日，中国电建圆满完成了非公开发行A股股票工作，成功募集120亿元资金，将投资于涵盖公司能源投资板块、基础设施投资板块及水环境治理投资板块共计7个国内重点项目及“一带一路”沿线重点工程及补充公司流动资金。此次共发行15.44亿股股票，发行价格为7.77元/股，较发行底价（5.86元/股）高出32.59%。

4月24日，辽宁清原抽水蓄能电站EPC总承包合同签订仪式在北京举行，该项目由北京院、水电八局、水电六局组成联合体中标。该项目位于清原满族自治县北三家乡，属于大（1）型一等工程，规划装机容量180万千瓦，单机容量30万千瓦，装机6台。设计年发电量30亿千瓦时。枢纽工程主要由上水库、下水库、输水系统、地下厂房系统和地面开关站等建筑物组成，建设总工期84个月，计划2022年首台机组发电。

4月27日，国务院国资委党委举办首届“央企楷模”发布会，电建海投公司副总经理、卡西姆发电公司总经理蔡斌，以及来自中交集团等8位央企人获此殊荣。国资委党委书记郝鹏，副主任黄丹华、刘强出席发布仪式，向央企楷模颁奖，并与他们进行座谈交流。中国电建总经理、党委副书记孙洪水参加发布仪式。

5月3日，中国电建与云南省红河州州政府在蒙自市签订建水（个旧）至元阳、石林至泸西两条高速公路PPP项目投资协议和项目合同书，项目投资总额约260亿元。

此次签订的两条高速公路项目，分别为红河州建水（个旧）至元阳高速公路工程项目（简称“建个元高速”）和石林至泸西高速公路（红河段）工程项目（简称“石泸高速”），项目分别位于云南省红河州建水县、元阳县、个旧市、泸西县，项目总建设里程约148.61公里，估算总投资约258.52亿元。

巴基斯坦当地时间5月4日上午，山东电建三公司与巴基斯坦国家电力工业园管理有限公司（NPPMCL）在拉合尔正式签署巴基斯坦赫维利1230兆瓦联合循环燃气电站项目12年长期运行维护合同，成功拿下世界首个9H燃机电站长期运维合同。

巴基斯坦赫维利1230兆瓦联合循环电站位于巴基斯坦旁遮普省赫维利·巴哈杜尔·尚地区，主机岛采用“二拖一”配置，包括2台燃机、2台余热锅炉及1台汽轮机组，设计总出力1230兆瓦。

5月7日，山东电建三公司副总经理兼中东区域总裁刘方江与沙特环境、水利及农业大臣兼SWCC董事会主席Mr. Abdulrahmah分别代表山东电建三公司和沙特海水淡化公司（SWCC）正式签署沙特延布三期5×660兆瓦燃油电站项目EPC总承包合同。

沙特延布三期项目位于沙特延布市南约50公里，占地3.15平方公里，业主为沙特海水淡化公司（SWCC）。该项目规划建设5台660兆瓦超临界燃油机组，EPC承包范围包括卸油码头、8台重油罐、5台超临界燃油锅炉、5台超临界蒸汽轮机、2台烟囱、BOP公用系统及其相关附属设备管道。

5月16日上午，在“一带一路”国际合作高峰论坛期间，集团暨股份公司董事长、党委书记晏志勇在北京拜会了阿根廷总统毛里西奥·马克里，双方围绕中国—阿根廷能源和基础设施务实合作进行了友好会谈。阿根廷生产部部长、能源部部长，电建国际公司相关领导陪同参加会见。

5月16～17日，第十届中国中部投资贸易博览会在合肥举行。集团暨股份公司总经理、党委副书记孙洪水，副总经理王民浩等受邀参加本次活动，并在期间拜会了安徽省省长李国英。集团公司相关企业领导，有关部门负责人等陪同参加活动。

5月17日，中国国家主席习近平在北京人民大会堂同阿根廷总统马克里举行会谈，并共同见证了双边多个合作文件的签署。其中，中国电建党委书记、董事长晏志勇和阿根廷胡胡伊省省长莫拉莱斯在人民大会堂共同签署了阿根廷高查瑞光伏项目协议。高查瑞光伏电站位于阿根廷西北的胡胡伊省，总装机容量300兆瓦。

5月21～22日，集团暨股份公司总经理、党委副书记孙洪水率队参加了在太原举行的“央企助力山西转型综改”系列活动。期间孙洪水拜访了山西省省长楼阳生、省人大常委会副主任周然，双方就中国电建参与山西转型综合改革示范区建设、助力山西转型综改等事宜进行了友好会谈。

5月24日，集团公司党委书记、董事长晏志勇在总部会见了到访的湖南省副省长何报翔一行。双方围绕水环境生态治理、基础设施等领域加强政企合作展开友好会谈。

6月9日，水电十四局、贵阳院、成都院联合西藏天路股份有限公司中标贵州凯里环城高速公路北段PPP项目，合同金额约为110.29亿元，建设工期3年。该项目路线全长71.697公里，其中主线58.166公里，麻江联络线13.531公里。设计速度100公里/小时，路基宽度26米，全线桥隧比60.28%，计划2017年6月30日开工，2020年6月30日建成。

6月13日，由西藏自治区人民政府、国务院国有资产监督管理委员会共同主办，西藏自治区人民政府承办的“央企助力富民兴藏”活动在拉萨举办。集团公司党委书记、董事长晏志勇分别出席了“央企助力富民兴藏”会议及“中央企业援藏干部暨西藏区属企业到中央企业挂职干部座谈会”等活动，并代表中央企业进行了大会交流发言。

6月15日，股份公司副总经理王斌应邀率队出席了在哈尔滨举办的第四届中国—俄罗斯博览会国际会，与黑河市政府进行项目对接，并实地考察了集团公司投资建设的哈尔滨地铁2号线工程。

6月20日，股份公司副总经理姚强应邀参加青海省第十八届中国青洽会，并组织召开股份公司在青企业调研汇报会。当日上午，青海省第十八届中国·青海绿色发展投资贸易洽谈会开幕。姚强作为嘉宾代表中国电建应邀出席开幕式并参加青洽会主旨论坛。

6月21日，集团公司总经理孙洪水在总部会见来访的加纳副总统巴武米亚博士及代表团一行，双方就加强合作进行友好深入会谈。会谈后双方签署了多个有关合作协议。中国驻加纳大使孙保红、加纳多位内阁部长和双方相关部门负责人参加会见。

6月21～22日，集团（股份）公司董事长晏志勇赴渝拜会重庆市委副书记、市长张国清，并应邀出席第二十届重庆国际投资暨全球采购会（简称渝洽会）开幕式。22日上午，晏志勇应邀参加了第二十届渝洽会开幕式暨重大项目集中签约仪式，并出席了重庆市政府组织的央企高管集中座谈会。

6月27日18时18分，由电建路桥公司承建，水电八局负责具体施工的福州绕城高速项目原青口互通立交桥（跨沈海高速B匝道第三联连续曲面梁主跨）实现一次性整体拆除。这是全国首例跨高速线大型桥梁一次性整体移动拆除工程，采用自制千吨级智能模块化多功能移动拆桥装置进行。

6月27日，集团公司装备制造板块企业成都电力机械厂和都江电力设备厂重组整合实施大会在成都电力机械厂召开。股份公司副总经理李跃平出席并讲话。

本次重组以2016年12月31日为基准日，集团公司将所持都江设备厂产权以净资产增资方式注入到成都机械厂，并对重组后成都电力机械厂进行现金增资。重组后，都江设备厂成为成都机械厂的子公司，成都机械厂作为都江设备厂的出资人和主管单位对其进行全方位管控。

6月28日，洛阳市轨道交通1号线在洛阳牡丹广场举行开工仪式。洛阳市委常委、市政府党组成员王琰君下达工程开工令。洛阳市轨道公司党委书记、董事长马朝信，集团公司党委副书记马立与参建单位水电四局、水电七局、水电十一局干部职工共同见证了这一历史时刻。洛阳市城市轨道交通1号线西起谷水西站，东至文化街站，正线全长约22.35公里，设车站18座，含场段出入线共19个区间，沿途经过河南科技大学、牡丹广场、周王城广场、市隋唐洛阳城国家遗址公园、市人民医院、青年宫广场、洛阳市长途客运东站等主要客流集散点。

7月12日，集团公司党委书记、董事长晏志勇会见了来访的西藏自治区副主席汪海洲一行，双方围绕进一步贯彻落实中央第六次西藏工作座谈会精神和"央企助力富民兴藏"会议精神、推进藏区水力资源开发和利用进行了深入研讨，就深化政企合作达成了一致意见。股份公司副总经理李跃平，西藏自治区副秘书长杨锐，西藏自治区国资委党委书记卓嘎、主任李海波，西藏天路公司总经理刘中刚，公司总部有关部门负责人、有关子企业领导等参加了会见。

7月13日上午，集团公司总经理、党委副书记孙洪水在总部会见到访的广西壮族自治区政府副主席黄伟京一行，双方围绕进一步加强广西基础设施建设、深化交流合作展开了友好会谈。

7月14日，西北院与电建国际公司联合收购欧洲全球知名设计咨询公司——意大利Geodata（吉泰）公司项目正式完成交割。本次收购自2016年4月正式启动，中国电建组成的联合工作组从商务、技术、法律、财税等方面开展了详细地尽调工作，最终，中国电建成功收购吉泰公司80%股份。

7月24日，2017·央企助力济南新旧动能转换项目集中签约仪式在山东济南举行。济南市委副书记、市长王忠林，市委常委、副书记苏树伟，市委常委、济南高新区党工委书记、管委会主任徐群，副市长王宏志和市政府秘书长毛华铭出席活动。集团公司董事长晏志勇应邀参加活动。股份公司副总经理王民浩与济南新旧动能转换先行区管委会主任宋卫东签署《中国电建新旧动能转换基础设施综合建设项目合作协议》。

7月26日，中国电建设计、施工、安装的国内单机容量最大灯泡贯流式机组——沙坪二级水电站首台（1号）机组顺利投产发电。该工程由华东院设计，水电八局负责施工，水电七局负责机电安装。总装机容量348兆瓦，装设6台机组，单机容量58兆瓦。

7月27日，集团暨股份公司召开2017年年中工作会，深入学习贯彻习近平总书记系列重要讲话精神和治国理政新理念新思想新战略，学习贯彻全国国有企业改革经验交流会精神，贯彻落实中央企业、地方国资委负责人培训班精神，总结上半年工作，研究部署下半年重点工作任务，统一思想，奋发有为，确保圆满完成全年各项目标任务，以优异成绩迎接党的十九大胜利召开。

国有重点大型企业监事会主席李克、董事长、党委书记晏志勇出席会议并讲话；总经理、党委副书记孙洪水主持会议并传达中央企业、地方国资委负责人培训班会议精神；副总经理王民浩通报了子企业负责人2016年度业绩考核结果；总会计师孙璀通报了子企业2017年上半年风险管控关键指标完成情况。会议以视频形式召开，公司在京班子成员、独立董事、外部董事、高级管理人员，总部部门、事业部副主任以上人员在主会场参加会议；成员企业中层以上管理人员在各分会场参加视频会议。

7月31日，财富中文网发布最新的《财富》中国500强排行榜。中国电建以2016年营业收入2389.68亿元位列第25位。

8月1日，我国自主研制的国内最大直径敞开式硬岩掘进机（TBM）"彩云号"在昆明中铁电建总装车间成功下线，即将投入到亚洲第一长铁路山岭隧道——大瑞铁路高黎贡山隧道的施工。云南省副省长董华，股份公司副总经理李跃平，中国中铁副总裁刘辉，水电十四局总经理洪坤等出席下线仪式。"彩云号"开挖直径为9.03米，整机长度约为230米，整机重量约1900吨。该设备由我国自主研制，填补了国内9米以上大直径硬岩掘进机的空白。

8月4日和9月16日，中国水电股份公司在法国与法国阿海珐公司（AREVA）先后签署尼日尔依姆铀矿项目临时工程标和场地标两标段工程设计和施工总承包合同，合同金额1.285亿欧元。此次中标的尼日尔依姆铀矿项目临时工程标合同金额1050万欧元，工期8个月，主要涉及有关房屋基础和有关沟渠开挖等临时工程；场地标合同金额1.18亿欧元，工期24个月，主要包括场地平整、地下管网、房屋建筑等工程。

8月3日上午，金沙江白鹤滩水电站举行建设动员大会，全面开工建设。该电站位于四川省宁南县和云南省巧家县境内，是金沙江下游干流河段4个水电梯级中的第二个梯级电站。电站大坝为混凝土双曲拱坝，坝高289米，坝体混凝土总量约810万立方米，水库总库容206.27亿立方米。电站装机16台，总装机容量1600万千瓦，名列世界第二，仅次于三峡水电站。

华东院承担工程设计任务，成都院二滩国际承担工程监理任务，水电八局承建右岸坝肩边坡开挖、右岸大坝土建及金属结构安装等工程，水电四局承建左岸坝肩边坡开挖、左岸大坝土建及金属结构安装等工程，水电五局承建泄洪洞工程，水电七局承建左岸引水发电系统土建及金属结构安装工程，水电十四局承建左右岸引水发电系统土建（尾水部分）工程。

8月16日，国务院国资委党委书记郝鹏一行到集团公司调研指导工作，就加强企业党的建设、瘦身健体提质增效、改革发展等工作进行座谈交流，听取意见建议。强调，要深入学习领会习近平总书记"7·26"重要讲话的丰富内涵、精神实质和实践要求，切实把讲话精神落实到企业改革发展和党建各项工作中，坚定信心，抢抓机遇，再接再厉，扎实推进各项工作取得更大成效，以优异成绩迎接党的十九大胜利召开。集团公司党委书记、董事长晏志勇，总经理、党委副书记孙洪水以及在京班子成员参加了调研活动。

8月21日，集团公司董事长、党委书记晏志勇，到中国华电集团总部拜会了该公司董事长、党组书记赵建国，双方就相关战略合作事宜进行了友好会谈，就重大项目推进交换了意见和看法，达成了共识，并见证签署了《战略合作框架协议》。

9月3～4日，金砖国家领导人第九次会晤在厦门举行，国家主席习近平出席峰会多场活动并发表重要讲话。峰会期间，集团公司党委书记、董事长晏志勇出席了金砖国家工商论坛及五国领导人与工商理事会对话会。公司总经理助理丁拯国陪同出席相关活动。

9月8日下午，股份公司副总经理王斌在北京拜会来华参加金砖国家领导人厦门会晤期间召开的新兴市场国家与发展中国家对话会的几内亚共和国总统、非盟轮值主席阿尔法·孔戴，双方就进一步加强在几内亚基础设施项目建设方面的合作进行了深入交流。

9月25日上午，由中国华能集团公司投资建设，中国电建所属华东院勘测设计、水电八局施工的亚洲第一长坝——柬埔寨桑河二级水电站大坝和厂房工程举行下闸蓄水仪式。柬埔寨首相洪森、中国驻柬埔寨大使熊波及柬埔寨政府各个部长出席仪式。

10月7日，中国电建与埃及苏赫纳精炼与石化公司共同签署埃及苏赫纳零燃料油炼油厂项目合同，合同金额19.98亿美元。该项目位于埃及苏赫纳市，项目一期容量155000桶/天，原料为原油，欧五标准，由壳牌主要供应原油并包销成品油。

10月14日，第八届中国岩石力学与工程学会科学技术奖颁奖典礼在沈阳隆重举行。中国电建有6个科技成果获得大奖，其中，成都院科技项目"锦屏一级地下厂房洞室群围岩破裂扩展机理与长期稳定控制关键技术"获科技进步奖特等奖，为本次2个特等奖项目之一，成都院另一项目获一等奖，华东院四项目分获一、二等奖。

10月26日，由中国工程建设焊接协会主办的2017年度创建全国优秀焊接工程活动成果表彰会暨先进焊接技术交流会在成都召开，中国电建所属企业承建的12项工程分别荣获"全国优秀焊接工程奖"一等奖和优秀奖。

电建核电公司承建的华电奉节电厂"上大压小"2×660兆瓦新建工程1号机组、山东电建一公司承建的华电十里泉电厂2×600兆瓦工程8号机组、山东电建三公司承建的国电哈密大南湖煤电一体化2×660兆瓦工程2号机组获得"全国优秀焊接工程"一等奖。山东电建三公司承建的河北建投邢台热电工程1、2号机组，神华国华寿光电厂一期工程1号机组，印度古得洛尔电站工程1、2号机组；水电十三局承建的青弋江分洪道工程金属结构设备制造项目、辽宁朝阳北票西山风电场项目塔筒制作项目，电建核电公司承建的大唐滨州热电工程1号机组，河北工程公司承建的鹤壁鹤淇电厂工程2号机组，山东电建一公司承建的大唐临清热电工程1、2号机组，水电十二局承建的仙居抽水蓄能电站机组尾水事故闸门焊接工程获得"全国优秀焊接工程"优秀奖。

10月，人力资源和社会保障部公布2017年国家百千万人才工程入选人员名单，成都院张世殊入选本次人才工程，同时被授予"有突出贡献中青年专家"荣誉称号。

11月3日，2016～2017年度中国建设工程鲁班奖入选工程名单揭晓，中国电建承建与参建的9项工程"金榜题名"。其中，境外工程5项，境内工程4项。至此，中国电建所属成员企业已获85项鲁班奖，包括16项境外工程鲁班奖。

中国电建荣获2016～2017年度中国建设工程鲁班奖（境外工程）的5项工程分别是：电建海投公司投资建设，水电十局、水电十五局承建的老挝南俄5水利水电工程；水电十五局承建的马里费鲁水利水电工程；水电八局承建的马来西亚沐若水电站工程；电建国际公司、水电十一局承建的赞比亚卡里巴北岸水电站扩机工程和水电八局承建的加纳布维水电站工程。

荣获2016～2017年度中国建设工程鲁班奖的4项国内工程分别是：河北电建一公司、河南工程公司承建的河南新中益"上大压小"扩建工程；河南工程公司承建的河南鹤壁鹤淇电厂“上大压小”新建工程；河南工程公司参建的华润浙江苍南电厂和水电十二局参建的扩大杭嘉湖南排杭州三堡排涝工程。

11月10日上午，“2017中国能源年度人物”颁奖典礼暨“一带一路”能源合作研讨会在人民日报社举行。集团公司党委书记、董事长当选“2017中国能源年度人物”，人民日报社社长杨振武出席颁奖仪式并颁奖。

11月10日，2016～2017年度国家优质工程奖获奖名单揭晓。由中国电建建设、勘察设计、监理、施工总承包、参建的深圳市城市轨道交通7号线等16项工程荣获国家优质工程金质奖，东阳市江滨景观带湿地公园工程等32项工程获国家优质工程奖。

深圳市城市轨道交通7号线工程、云南澜沧江小湾水电站工程、国家风光储输示范工程一期工程、黄岛国家石油储备地下水封洞库工程、中电投滨海北区H1号100兆瓦海上风电项目、南昌轨道交通1号线一期工程、重庆神华万州电厂2×1050兆瓦新建工程、华能长兴电厂“上大压小”工程、浙北—福州特高压交流输变电工程、无锡市轨道交通1号线工程、西藏昌都电网与四川电网联网输变电工程、国电哈密大南湖煤电一体化2×660兆瓦工程、金沙江龙开口水电站工程、华能安源电厂“上大压小”新建工程、土耳其阿特拉斯2×600兆瓦伊斯肯德伦火电厂（境外）、巴西马托格罗索500千瓦输变电工程（境外）获得国家优质工程金质奖；上海华电奉贤南桥新城能源中心项目、内蒙古京能盛乐2×350兆瓦冷热电联供机组工程、江苏徐矿“上大压小”热电联产新建工程、安徽淮北平山电厂2×660兆瓦超超临界机组新建工程、华能荆门“上大压小”热电联产新建工程、华能太原东山2×F级燃气热电联产项目、华润电力焦作有限公司2×660兆瓦超超临界机组工程、神华神东电力河曲2×350兆瓦低热值煤发电新建工程、华润电力渤海新区2×350兆瓦热电联产机组工程 、哈密鑫天烟墩七（C）区200兆瓦风电场工程、津源信德西青辛口镇一期18兆瓦渔光互补光伏发电项目、河南汝州500千伏变电站工程、凯里（舟溪）500千伏变电站工程、厦门柔性直流输电科技示范工程、湖北华润宜昌猇亭“上大压小”热电联产新建工程、河南洛阳阳光“上大压小”热电联产扩建工程、霍林河循环经济示范工程电力项目（2×350兆瓦超临界火电机组及300兆瓦风电工程）、四川白马600兆瓦循环流化床机组发电示范工程、国投哈密电厂一期（2×660兆瓦）工程、唐山华润西郊热电厂三期2×350兆瓦“上大压小”扩建工程、国电宁夏石板泉风电场99兆瓦工程、华能湖南苏宝顶风电（150兆瓦）新建工程、晋城华港燃气有限公司沁水煤层气液化调峰储备中心工程、神华陕西甲醇下游加工项目、东阳市江滨景观带湿地公园工程、郑州市三环路快速化工程北三环（南阳路—中州大道）BT项目桥梁工程、塘承高速公路二期工程、华东勘测设计研究院办公楼、健身中心、餐饮会议中心、地下室工程、中国水利水电第八工程局有限公司科研综合楼、加蓬大布巴哈160兆瓦水电站项目（境外）、缅甸达贡山镍矿工程（境外）、毛里塔尼亚努瓦迪布新矿石码头工程（境外）获得国家优质工程奖。

11月14日，山东电建一公司重组整合河北电建二公司产权划转宣布会议在山东电建一公司召开，股份公司副总经理李跃平出席会议并讲话。集团公司战略发展部、人力资源部、财务管理部、法律与风险管理部、电力工程事业部相关领导，山东一建及河北二建班子成员参会。

本次重组以2016年12月31日为基准日，集团公司将所持河北二建全部国有产权整体无偿划转给山东一建，并对重组后的山东一建进行现金增资。重组后，河北二建成为山东一建的全资子公司，山东一建对河北二建实施组织、人事、经营、考核等全方位管控。

11月17日，全国精神文明建设表彰大会在北京举行。华东院、山东电建一公司、河北设计院、河北电建一公司4家企业获得第五届“全国文明单位”荣誉称号。

11月19日上午，集团公司董事长晏志勇在北京拜会了巴拿马总统胡安·卡洛斯·巴雷拉，双方围绕中国—巴拿马能源和基础设施务实合作进行了友好会谈。电建国际公司相关领导陪同参加会见。

11月23日下午，集团公司党委书记、董事长晏志勇，总经理、党委副书记孙洪水在深圳拜会了广东省委常委、深圳市委书记王伟中。双方表示，将认真学习贯彻党的十九大精神，以习近平新时代中国特色社会主义思想为指导，加强在水环境治理、城市轨道交通基础设施建设等方面合作，坚决完成茅洲河综合治理工程等硬任务，加快补齐城市发展短板，更好地满足市民群众对美好生活的需要。

巴基斯坦当地时间11月29日下午16时30分，中国电建投资建设的巴基斯坦卡西姆港燃煤电站首台机组发电仪式在电站隆重举行，巴基斯坦总理阿巴西、中国驻巴基斯坦大使姚敬、集团公司董事长晏志勇、卡塔尔AMC公司董事长贾西姆等与会嘉宾共同触摸启动机组的水晶球，为巴基斯坦电网送入了源源不断的强劲电流，这标志着又一座中企投资的海外最大规模火力电站正式投产发电。

12 月 5～6 日，集团公司党建工作会议在北京召开，会议深入学习宣传贯彻党的十九大精神，以习近平新时代中国特色社会主义思想为指引，研究贯彻落实全国国企党建会精神的具体举措，部署今后一个时期党建工作，充分发挥党委领导作用，全面履行“把方向，管大局，保落实”职责，为加快建设具有全球竞争力的质量效益型世界一流企业提供坚强的政治、思想和组织保障。

集团公司党委书记、董事长晏志勇，总经理、党委副书记孙洪水，公司领导王民浩、符岳岩、王斌、姚强、李跃平、孙璀等出席会议。晏志勇在会上作了题为《深入学习贯彻十九大精神 全面落实党的建设总要求 以党建工作新成效引领公司改革发展实现新跨越》的讲话。孙洪水主持会议并作总结讲话。电建海投公司等 6 家单位作了典型交流发言。

12 月 13 日，2016～2017 年度国家优质工程奖总结表彰大会在北京人民大会堂隆重举行，由深圳市地铁集团有限公司建设、中国电力建设集团有限公司承建的深圳市城市轨道交通 7 号线 BT 项目荣获国家优质工程金质奖。深圳市城市轨道交通 7 号线 BT 项目线路全长 30.2 公里，项目包含车站 28 座（其中，换乘站 12 座）、安托山停车场、深云车辆段及深圳市轨道交通网络运营控制中心（NOCC）等工程。深圳地铁 7 号线是中国电建承建的首条完整地铁线。

12 月 22 日，集团公司党委书记、董事长晏志勇在钓鱼台国宾馆拜会了来华进行国事访问的冈比亚共和国总统阿达玛·巴罗（Adama Barrow），双方围绕共同关心的能源和基础设施领域合作进行了深入交流和沟通。

当地时间 12 月 24 日，中国电建承建的津巴布韦卡里巴南岸扩机项目首台机组成功并网发电。卡里巴南岸扩机项目由中国电建采用 EPC 形式承建施工，水电十一局和水电十六局组成 1116 联营体负责施工，西北院承担设计任务。扩机项目共有两台发电机组，装机容量 30 万千瓦。

12 月 25 日，集团公司党委书记、董事长晏志勇在南宁市拜会广西壮族自治区主席陈武，并共同见证中国电建与广西壮族自治区政府战略合作框架协议的签署。股份公司副总经理王民浩、自治区副主席丁向群代表双方签署合作协议。

12 月 25 日，中国电建“中国电建公共资源交易系统”取得国家权威认证机构中国质量认证中心三星级认证，这标志着研发建设的电子招标投标交易平台正式获得国家行业认可。

12 月 29 日，中国电力建设集团有限公司与中国长江三峡集团公司在北京签订共抓长江大保护战略合作框架协议。三峡集团党组书记、董事长卢纯，总经理、党组副书记王琳；中国电建党委书记、董事长晏志勇出席并见证签约仪式。三峡集团副总经理樊启祥、股份公司副总经理姚强分别代表双方在协议书上签字。

第六篇

企业管理

工 作 会 议

【2017 年集团（股份）公司工作会议】 2017 年 1 月 22～23 日，中国电力建设集团（股份）有限公司在北京召开 2017 年工作会议，全面贯彻党的十八大，十八届三中、四中、五中、六中全会和中央经济工作会议，全国国有企业党的建设工作会议精神，中央纪委第七次全会精神，总结 2016 年工作，分析面临形势，部署 2017 年重点工作，动员全体干部员工凝心聚力谋发展，撸起袖子加油干，以优异成绩向党的十九大献礼。

国务院国有重点大型企业监事会主席李克出席会议并讲话。集团（股份）公司董事长、党委书记晏志勇传达中央经济工作会议、中央企业负责人会议精神，并讲话；总经理、党委副书记孙洪水作题为《深化改革增动能，精益管理提质效，稳中求进建设质量效益型一流企业》的工作报告。

会议期间，晏志勇和孙洪水对本人履职情况进行述职，晏志勇代表领导班子进行述职，并代表公司党委报告 2016 年度干部选拔任用情况；与会代表对集团（股份）公司领导班子开展了民主测评和民主评议；晏志勇、孙洪水分别与相关事业部和各子企业负责人签订经营业绩、党风廉政建设、安全生产、“压减”工作责任书。

国有重点大型企业监事会第 16 办事处主任樊华，股份公司独立董事韩方明、吴太石、茆庆国，外部董事裴真，公司领导王民浩、马立、符岳岩、王斌、姚强、李跃平、孙璀及公司高管，总部与事业部副主任以上人员、子企业（单位）党政主要领导在主会场参加会议，子企业（单位）中层以上管理人员及所属二级单位主要负责人在分会场参加视频会议。

【2017 年集团（股份）公司年中工作会议】 2017 年 7 月 27 日，集团暨股份公司召开年中工作会，深入学习贯彻习近平总书记系列重要讲话精神和治国理政新理念新思想新战略，学习贯彻全国国有企业改革经验交流会精神，贯彻落实中央企业、地方国资委负责人培训班精神，总结上半年工作，研究部署下半年重点工作任务，统一思想，奋发有为，确保圆满完成全年各项目标任务，以优异成绩迎接党的十九大胜利召开。

国有重点大型企业监事会主席李克、集团暨股份公司董事长、党委书记晏志勇出席会议并讲话；总经理、党委副书记孙洪水主持会议并传达中央企业、地方国资委负责人培训班会议精神；副总经理王民浩通报子企业负责人 2016 年度业绩考核结果；总会计师孙璀通报子企业 2017 年上半年风险管控关键指标完成情况。

会议以视频形式召开，公司在京班子成员、独立董事、外部董事、高级管理人员，总部部门、事业部副主任以上人员在主会场参加会议；成员企业中层以上管理人员在各分会场参加视频会议。

综 合 管 理

办 公 厅

【部门工作】

（1）参与重大制度建设，完善公司内部治理。

（2）管理重心持续下移，系统提升公司整体办公效能。

（3）强化信息报送工作，充分展示公司形象。

（4）加强社会责任和品牌建设，全面提升公司影响力。

（5）扎实做好档案保密工作，切实服务经营管理。

（6）以机票集采和公务用车管理为抓手，多措并举提质增效。

（7）树立优质服务理念，总部工作环境不断优化。

（8）严格贯彻中央“八项规定”，推动作风转变迈上新台阶。

（9）综合服务功能有力发挥，全力保障公司高效运行。

文秘工作

【公文管理】办公厅按照“控制数量、保证质量、提升效率”的总体思路，提出“明确刚性压减数量、动态监控反馈警示；丰富行文方式路径、创造便捷办公渠道；加强审核把关力度、严格退文反馈制度；严守办文时限要求、加强考核评价激励”等务实举措，公文多发、滥发、超规格发等现象得到有力遏制。办公厅起草或牵头组织起草各类重大文件材料30余件，质量和效率得到了有关各方的高度认可。2017年办公厅共计处理收文4582件、发文5951件、传阅文件资料3970件，没有出现重大办文失误。发文总量近年来首次出现下降，下降72份。总部全流程收文办理的平均时间为18.2个工作日、发文办理的平均时间为17.9个工作日，较2016年同比分别提升4.6％、5.1％。

【会议管理】办公厅按照中央关于建立重大决策终身责任追究制度及责任倒查机制的要求，进一步完善会议管理特别是会议通知、议案、记录、决议的流程和签署，确保准确反映会议审议决策过程和结果、实现流程和资料零瑕疵。2017年，办公厅负责或牵头组织公司年度年中工作会议等公司级大型会议和总经理办公会等公司级决策会议60余次、公务接待110余次，均圆满完成。

【督办工作】办公厅年内形成了更加完善的“梳理重点、及时立项、落实责任、专人督办、动态反馈、书面报告”管理流程，并通过信息化手段实现对督办工作动态监控、自动提醒、量化考核。2017年，办公厅累计督办公司及总部层面重点工作292项，办结285项，办结率97.6％；督办公司重要文件712件，办结率99％。

保密档案工作

【保密工作】

（1）完成中央企业保密对标工作。

（2）健全保密与信息安全组织机构。

（3）规范国家秘密管理。

（4）加强商业秘密保护。

（5）强化保密检查工作。

（6）发挥内部保密专家作用。

（7）加强保密基础设施设备建设。

（8）开展保密宣教培训工作。

【档案管理】

（1）强化档案管理制度建设。

（2）开展公司总部档案资源建设。

（3）加强项目档案管理工作。

（4）推进档案信息化建设。

（5）开展档案评价考核工作。

（6）强化专项档案检查工作。

（7）加强档案人才队伍建设。

（8）开展年度档案统计年报报送工作。

（9）积极参加全国档案专家和企业档案资源开发利用优秀案例评选活动。

综合事务管理

【品牌管理】2017年，中国电建品牌影响力进一步提升，位列《财富》全球企业500强190位，中国企业500强42位。获中国品牌高峰论坛“2017中国百强品牌”，2017中国企业海外形象高峰论坛“最佳海外形象企业”奖。

（1）注重培训宣贯，促进品牌战略落地。

（2）开展品牌故事征集，培养“讲故事”的能力。

（3）优化升级品牌视觉识别系统，展示中国电建新形象。

【社会责任管理】在国务院国资委《关于中央企业更好地履行社会责任的指导意见》指引下，中国电建全面贯彻“事耀民生，业润社会”的社会责任理念，践行可持续发展蓝图，在运营过程中贯彻落实创新、协调、绿色、开放、共享五大发展理念，全过程开展社会责任履责实践。截至2017年底，在《2017年中国企业社会责任蓝皮书》中，中国电建社会责任指数获国有企业100强第11位，获中国企业300强第16位。董事长晏志勇荣获“2016中国社会责任杰出人物奖”，公司在新华网举办的2017年企业社会责任公益盛典上获得“2017年中国社会责任海外履责奖”。电建水环境公司提供的《植根鹏城勇担社会责任，不忘初心永葆基业长青》、电建国际公司提供的《塑造有温度的海外履责形象》、电建海投公司提供的《以属地化管理推进海外履责深入开展》三篇履责典型案例入选2017年《中国企业社会责任年鉴》，

《中国电建在老挝可持续发展报告》入选中国企业社会责任研究2017经典案例，公司《2016年社会责任报告》被中国企业文化管理协会授予“最美责任之声代言作品”，在国务院新闻办、国务院国资委指导，中国外文局主办的中国企业海外形象高峰论坛上中国电建获“最佳海外形象企业”奖；在社科院社会责任研究中心组织召开的第六届百人论坛上，公司荣获2017年度中国企社会责任百人论坛“海外履责典范企业金牛奖”等奖项。

机关事务管理

【公务用车改革】2017年，按照国务院国资委《关于推进中央企业公务用车制度改革有关事项的通知》（国资发分配〔2016〕76号）的要求，积极稳妥推进总部及所属单位公务用车制度改革的各项工作。在充分摸底调研、广泛征求意见的基础上，制定了集团公务用车制度改革方案、成员企业公务用车制度改革指导意见等制度；同时严格督导成员企业落实改革指导意见，并对落实情况逐一审核，严格把关。全面完成了集团公务用车制度改革工作，较好地建立了与社会主义市场经济体制相适应、与现代企业管理制度相统一的新型公务用车制度，实现了公务用车的“两降低、一提高”。

对企业负责人用车尽量压缩数量，控制在极少范围人员使用，取消不合规的“专车”。全面取消普通公务用车，由社会化、市场化方式替代。对企业应急、接待等经营业务保障用车核定数量，项目建设、勘查等生产性用车，严格控制数量。严格控制用车标准，分别针对国内、外和各种车型的购置金额、排气量给出明确标准。建立刚性的财务预算约束机制，每年编制公务用车专项预算方案并严格执行。

【公务机票集中采购】根据集团提质增效工作的整体部署，结合实际情况，了解国内外各大航空公司大客户政策，办公厅将公务机票集中采购作为一项重点工作来抓，取得了阶段性成果。

（1）印发了集团实行公务机票集中采购管理的通知，在全集团范围内推进公务机票集中采购管理。2017年7月1日机票集中采购工作正式实现了75家成员企业全覆盖。

（2）坚持问题导向，多措并举，不断提高成员企业对集团机票集中采购管理工作的支持度和满意度。

（3）通过航空公司的机票折扣、规范机票采购流程、机票退改签费用的透明、降低服务商服务费等途径，有效降低了机票采购费用。

专题活动

【综合办公业务对标工作】办公厅在切实做好总部办公业务的同时，把增强公司办公室系统整体能力、帮助能力较弱子企业办公室补短板强能力放在突出位置，加快管理重心下移，加大力度解决因业务类别、规模效益、历史传承、资源禀赋差异造成的各子企业办公室的组织结构、职能职责、资源配备、业务能力两极分化、极不平衡的问题。为此，办公厅积极推进综合办公业务对标管理，鉴定落实“化整为零、分片管理；加强交流、对标提升；强基固本、综合发展；持续改进、争创一流”工作思路，一是梳理整合、细分明确办公室所承担的职能，已形成14大项、110小项办公室职能；二是制定各项职能的工作标准，形成统一、规范、具体的标准体系；三是推动子企业办公室自我对标，按照标准分阶段实现达标，并开展年度自评价及提升；四是各片区坚持问题导向，围绕履职中存在的实际问题扎实开展主题活动，交流做法，分享经验，以强带弱，共同提升。

【世界500强申报】2017年，办公厅积极组织申报世界企业500强工作，及时收集、核实、报送相关信息及资料，做好与评选组织机构的沟通对接工作。2017年7月20日，美国《财富》杂志正式发布2017年世界500强企业排行榜，公司以年营业收入488.68亿美元位列榜单第190位，排名较2016年上升10位，继续保持了集团在这一权威榜单排名的持续提升。

（办公厅）

企业管理

董事会办公室

【董事会建设】2017年，公司董事会严格遵守法律法规和证券监管机构、上交所有关规定，依法履行职责，规范运作，不断提升公司治理水平，发挥了重要作用，保证公司实现了持续稳步发展，切实维护了公司、股东、投资者合法权益。

（一）持续推进董事会合法合规性建设

（1）按照中央和国务院国资委党委有关深化国企改革及将党的领导融入公司治理的相关要求，结合监管部门《上市公司治理准则》，修订公司章程及相关议事规则，进一步健全和完善以公司章程为核心的制度体系，充分发挥公司章程在公司治理中的基础作用；将党的领导融入公司治理，实现了加强党的领导和完善公司治理的有机统一；清晰了各治理主体的权责，提升了公司治理水平和运行效率。

（2）密切关注国家政策法规要求及国办印发的《关于进一步完善国有企业法人治理结构的指导意见》，进一步完善董事会运作机制，持续改革和加强董事会决策合法合规性。

（3）为董事会科学高效决策提供支持。

（二）加强制度建设，推进公司规范化管理

按照相关法规和中国证监会、上海证券交易所有关文件要求，修订了《股东大会议事规则》等8项基本制度，新制定了《信息披露暂缓与豁免管理制度》，进一步完善了基本制度体系。董事会严格按照《公司章程》、议事规则规范运作，直接或间接地确保了股东大会、董事会、监事会、经理层按法规和《公司章程》有效运作。董事会办公室将基本制度以股份公司正式文件印发实施，并汇编成册下发。

（三）不断完善董事会监督制度

（1）严格落实董事会决议执行情况报告制度，加强对董事会决策事项执行情况的监督和跟踪，提高董事会决策事项的有效性。

（2）建立健全了董事会授权董事长决策事项报告制度，确保董事会授权决策事项的合规、有效执行。

（四）成功募集120亿元

积极推动非公开发行股票工作，以7.77元/股的发行价格（较底价溢价32.59%，减少发行5.03亿股）向7家投资者非公开发行15.44亿股，成功募集120亿元。发行完成后，公司资产负债率较2016年底降低1.93个百分点。

【股东大会、董事会、董事会各专门委员会会议】

（1）2017年共召开12次董事会会议，对82项议案进行了审议决策。这些议案包括公司发展战略，经营计划、财务预决算、投资、融资、担保、人事薪酬等重大事项，做到了严格执行票决制，决策程序合法规范。

（2）董事会严格按照股东大会和《公司章程》赋予的职权，召开股东大会，依法依规将需要提交股东大会审议批准的事项提交股东大会审议批准。2017年，公司召开年度股东大会1次，共审议批准《公司“十三五”发展战略纲要》等25项议案并形成相应决议。

（3）董事会专门委员会履职情况。

董事会战略委员会、审计与风险管理委员会、人事薪酬与考核委员会均按照各自议事规则开展工作，认真审议需要各委员会审议的议案和事项，并向董事会提出相关意见和建议，向经理层提出相关工作要求，较好发挥了咨询、监督、指导作用。

战略委员会召开会议一次，听取公司经营层相关汇报，审议了公司“十三五”发展战略规划、公司积极支持雄安新区规划建设、年度投资、融资计划4项议案，并向董事会报告了审议意见和建议。

审计与风险管理委员会召开会议七次，听取公司经营层相关汇报，审议了公司内部审计计划、定期报告、关联交易、担保计划等10项议案，听取财务决算审计工作方案、内部控制审计工作方案等5项报告，有效监督了公司审计工作和风险防控工作。

人事薪酬与考核委员会召开会议二次，审议了董事会人事薪酬与考核委员会2016年度工作报告、董事、高级管理人员薪酬方案等7项议案。

【投资回报】为给予股东合理投资回报，使全体股东分享公司业绩增长的成果，董事会制订了明确的现金分红制度。董事会审议通过了公司2017年度利润分配方案，按照合并会计报表归属于上市公司普通股股东净利润6484612477.87元的20.15%进行现金分红，即普通股股东每10股派发现金红利0.8541元（含税），共计分配1306690180.98元，占本年度末母公司可供股东分配利润2728885944.29元的47.88%。连续、合理的利润分红，维护了中小股东合法权益，受到资本市场和监管机构好评。

【董事会工作情况通报】为加强董事会与董事之间的信息沟通，让领导层及时了解公司董事会日常事务、投资者关系管理、公司对外信息披露事项，掌握公司股票在资本市场的最新动态和走势，董事会办公室每月定期编制印发“董事会工作情况通报”，并呈报董事、监事、高管领导及相关部门和子公司。2017年度，董事会办公室总计编发12期“董事会工作情况通报”。内容包括月度股票在资本市场上走势、股东名册变化情况分析、股价波动的市场分析、同行业上市公司对比等。

【获得奖项】2017年，股份公司荣获第七届中国证券金紫荆“最佳上市公司”奖、中国上市公司口碑榜“最佳董事会”奖、中国上市公司百强高峰论坛“中国百强企业”奖等奖项，并以第三名的成绩夺得“最佳上市公司”奖。

（董事会办公室）

企业改革

战略发展部/政策研究室

【部门工作】2017年，战略发展部/政策研究室，以贯彻落实集团公司年度工作会议部署为总纲，以推动公司“十三五”规划实施落地为主线，以深化改革和提质增效为抓手，认真履行职责，积极创新突破，全面完成年初确定的工作任务。

主要工作可概括为“三个首次、三个突破和三个持续推进”：首次将党建工作要求纳入公司章程；首次建立较为完善的战略规划体系；首次开展子企业规划评审。公司制改制工作高标准突破完成；“处僵治困”专项工作取得突破；战略性并购重组取得突破。持续推进内部资源重组整合；持续推进管控体系优化和授权体制改革；持续推进综合性配套改革工作。

同时，加强政策研究工作，归口管理总部管理咨询项目研究，助力集团公司高质量发展。狠抓部门制度建设、部门创新、部门学习等工作，不断提升部门工作的规范性、创新性、效率和质量。

（聂俊华）

改革重组

【明确落实党组织在公司法人治理结构中的法定地位】2017年，根据中共中央《关于在深化国有企业改革中坚持党的领导加强党的建设的若干意见》《中共中央组织部、国务院国资委党委关于扎实推动国有企业党建工作要求写入公司章程的通知》《关于加快推进中央企业党建工作总体要求纳入公司章程有关事项的通知》等文件的要求，结合集团公司实际情况，修订集团公司、股份公司章程，增加党建内容，明确党组织在国有企业中的领导核心地位，修订“三重一大”管理办法，在决策机制上与公司治理结构相融合，发挥党委把方向、管大局、保落实的领导作用。

【火电业务板块公司制改建】2017年，战略发展部在火电业务板块公司制改建过程中，按照整体规划，分步实施的原则，将国务院国资委、国土资源部等审批文件在整体改制阶段一并请示并获得批准；提前要求子企业完善土地房产的权属，啃下改制过程中最大的难题，提高了权属完善的比例，为企业评估增值，体现国有资产增值奠定坚实的基础。完成了国务院提出的年底前完成全民所有制企业改建为公司制企业的要求。

【内部资源重组整合】2017年，战略发展部重点论证装备制造企业的重组整合，按照专业化、区域化原则，以发挥优势企业市场影响力、加强战略协同为目标，积极研究论证装备制造企业的资源重组整合方案。实施了成都机械厂与都江设备厂、上海能源装备与郑州机械厂、河北装备与河南器材厂等企业的重组整合。此外，为明确主体、落实责任，提出了山东一建重组河北二建的产权调整方案，这次重组从集团公司整体利益的角度考虑，是体现扶优扶强与困难企业的脱困解困重组导向的具体体现。

【开展处僵治困工作】2017年是处置中央企业“僵尸企业”和开展特困企业专项治理工作的关键一年，集团公司制订了2017专项治理工作方案并扎实推进，当年分流安置人员3748人，从报表看除河北二建外，其余8户企业的账面均有利润。积极申报“僵尸企业”国有资本经营预算，获得财政部国有资本补贴并严格规范使用。

【加强资本运作，推动战略性重组】2017年，战略发展部围绕集团公司“十三五”战略目标，运用资本手段，推动战略性重组工作，培育新兴产业，优化集团公司产业结构。一是为提升集团公司在国际轨道及地下岩土等领域的勘察设计能力，推动完成意大利Geodata公司的收购；二是落实《关于国有企业办教育医疗机构深化改革的指导意见》的有关精神，谋划整合集团医疗资源。

【厂办大集体改革和关联企业清理规范工作】2017年，战略发展部动态跟踪各成员企业厂办大集体改革、清理规范关联企业及自然人持股工作进展情况，重点对改革进展慢、任务重的单位进行工作催办、调研督导。截至年底，集团142户集体企业改革方案已全部批复，当年完成17户改革，累计完成88户改革任务，占比62%；需清理规范关联和自然人持股企业358户中，已批复改革方案309户，占比86.3%，当年清理规范26户，累计完成215户清理规范任务，占比60%。

（褚　腾）

战略规划

【建立集团公司“十三五”发展规划体系】2017年，战略发展部持续开展集团公司战略宣贯和总体规划分解，历时两年组织完成各类各级子规划编制工作，注重子规划之间的协调衔接和相互支撑。集团公司12项业务规划、17项职能规划全部发布，子企业规划基本编报完成，首次较为完善地建立了战略规划体系。

【2017～2019年滚动规划编制】2017年，按照国务院国资委规划局工作安排，战略发展部紧贴内外环境变化，在集团公司“十三五”发展规划基础上，滚动调整和编制《集团公司2017～2019年三年滚动规划》，落实党委常委会要求，纳入了“全面支持和参与雄安新区规划建设”等战略部署，并按要求上报国务院国资委。

（周晓蔚）

【子企业“十三五”发展规划评审】2017年，战略发展部首次进行了子企业规划评审，从战略规划层面落实对子企业的战略管控，确保公司“十三五”发展规划和重大战略任务有效分解落实，推动子企业明确战略定位，积极承担集团使命，强化战略协同，明确差异化发展。2017年共完成8家重点子企业规划评审。

（王荫皆）

战略管理

【管理评价工作】根据集团公司子企业业绩考核工作安排，组织总部相关部门、事业部对80家成员企业2016年管理评价事项落实情况进行检查考核。按照“突出重点、简化程序、统一设计、差异考核”的原则，通过建立“子企业管理评价信息系统”平台，完成2017年度子企业管理评价指标的审核下达工作。

（周晓蔚）

【战略合作协议管理】2017年，集团公司新签战略合作协议20份，其中政府9份，企业9份，高校科研单位2份，定期通报集团公司战略合作协议签署及实施情况。完成中央企业援藏暨“十三五”战略合作对接。

（王荫皆）

企业管理

【制度建设】2017年，战略发展部贯彻落实中央要求和国务院国资委党委部署，修订完成集团公司、股份公司《章程》，首次将党建工作总体要求纳入公司章程，把加强党的领导和完善公司治理体系有机结合。修订“三重一大”管理办法，阐明党组织在决策、执行、监督各环节的权责、工作方式和与其他治理主体的关系，发挥党委“把方向、管大局、保落实”的领导作用。开展公司规章制度梳理确认及2018年编制计划工作，梳理出现行有效的规章制度552项，完成电子汇编下发到各子企业和总部各部门。全年组织力量精心编制完成修/立规章制度112个，其中修订83个，新立23个。

【着力提质增效，推进压减工作】2017年，股份公司确定了40家子企业拟压减79户法人企业的年度压减目标并签订责任书，实际完成压减 83 户，累计完成压减 141 户，完成计划总压减户数的 73.4%，压缩管理费用约 6300 万元，回收资金额约 67000 万元。存量控股法人机构数量由 2016 年 9 月的 957 户减少至 816 户，超额完成国务院国资委提出的压减工作目标。

【对标卓越企业，推进管理提升】2017 年，战略发展部积极开展对标工作，对国内外 10 家标杆企业的综合排名、财务、经营、人力资源等数据进行收集对比，发现不足、分析原因，借鉴经验、提出工作改进建议和措施，编制完成了《对标报告》，提交公司领导、高管及相关部门参阅。

（宝金玉）

政策研究

【年度政策研究课题立项评审、实施管理】2017 年，政策研究室组织召开专家评审会，对《设计采购施工总承包招标投标标准文本和履约模式研究》等 18 项当期亟需解决的关键、重大问题，且具有较强前瞻性、针对性和储备性立项课题进行评审，并立项实施。政策研究室全程对这些课题进行跟踪管理。截至年底，《各省区“十三五”发展规划对接与市场机遇研究（电力、水利、交通、市政、环境、建筑）》《城市区域性综合业务开发与集团内部产业联动机制研究》等 13 课题已经完成研究工作，其他课题正按计划推进。

【归口管理公司总部管理咨询项目】2017 年，在总部相关部门申报的 8 个项目的基础上，政策研究室组织完成公司总部 2017 年度管理咨询项目的立项评审。评审出《中国电建战略规划体系实施落地的体制机制研究》《基础设施 PPP 投资项目的高速发展对公司经营及财务状况的影响》等 7 个符合立项条件的项目，报经公司批准后准予立项实施。截至 2017 年底，《中国电力建设股份有限公司 PPP 项目及其他资产证券化研究》等 5 个项目已经完成，《集团公司接入政府公共资源交易平台相关问题研究》等两项按计划实施中。

【结课课题评审验收、成果推广】2017 年，政策研究室对 2016、2017 年度立项实施已结课题《城市区域性综合业务开发与集团内部产业联动机制研究》《各省区“十三五”发展规划对接与市场机遇研究》《如何完善分包管理研究》等进行评审验收，并通过形成制度、制定方案或成果印发等途径和形式对成果进行推广应用，实现价值转化。

【建立多层次政策研究服务体系】以政策研究室为平台，调动、整合全集团管理科学研究资源，以政研课题、专项研究、即时研究为依托，形成上对国务院国资委研究中心（中央企业智库联盟活动为主）、直接服务公司领导决策，下对成员企业单位的立体政策研究服务体系。作为中央企业智库联盟副理事长单位，通过参加活动，参与事关国家发展的重大热点问题如《美国加息＋缩表＋减税经济措施对中央企业的主要影响及应对措施》研究等，成果报国务院国资委领导参阅研判，同时通过活动及时了解国家形势、央企发展整体状况，分享、学习兄弟央企改革经验。建立成员企业政研（战略、办公室）部门负责人交流群，对外部经验、政研成果、成员企业发展中存在的共性问题即时进行分享、交流、研究。

（聂俊华）

企业领导管理

企业领导人员管理部

【领导班子】截至 2017 年底，集团公司领导班子成员为：党委书记、董事长晏志勇；总经理、党委副书记、董事孙洪水；党委常委、纪委书记符岳岩；党委常委王民浩、王斌、姚强、李跃平、孙璀。

截至年底，股份公司领导班子成员为：党委书记、董事长晏志勇；总经理、党委副书记、副董事长孙洪水；党委常委、纪委书记符岳岩；党委常委、副总经理王民浩、王斌、姚强、李跃平；党委常委、总会计师孙璀。

【领导班子换届和领导人员选聘】企业领导人员管理

部认真贯彻“对党忠诚，勇于创新，治企有方，兴企有为，清正廉洁”20字国企好干部标准，严格选人用人工作程序，着力完善班子结构，健全班子功能，为集团公司发展提供了组织保障和人才支撑。

2017年，中国电建总部及成员企业（单位）领导人员聘任、岗位调整、职务变动共涉及45个单位或部门（其中有17家单位进行了领导班子换届）、101人次，其中提拔39人、平级改任32人次、解聘30人。

【领导人员管理制度体系建设】2017年，企业人员管理部修订完善《中国电力建设股份有限公司企业领导人员管理暂行规定》《中国电力建设股份有限公司关于组织人事部门对领导人员进行提醒、函询和诫勉的实施细则》《中国电力建设集团（股份）有限公司企业领导人员选拔任用廉洁从业结论性评价暂行办法》等6项制度。

【领导班子及领导人员考核评价】2017年，企业领导人员管理部完成了80家领导班子795名领导人员的年度综合考核，并给予了相应反馈。通过量化考核结果、分级确定薪酬系数、严格实行教育和问责，年度考核对领导班子和领导人员激励约束作用得到充分发挥。

【领导人员监督管理】进一步突出对领导人员的日常管理，综合运用谈心谈话、领导人员个人有关事项审核、档案核查、因私出国（境）审查等专项工作，结合现场监督检查，充分掌握选人用人工作相关情况，坚持严格问责，推进干部管理监督工作不断深入。

2017年，企业领导人员管理部完成了集团公司841名领导人员个人有关事项报告数据收集及184人次的核查；档案专项审核工作质量得到国务院国资委检查组肯定；共审批领导人员因私出国事项204人次。严格落实问责制度，对2名成员企业领导人员履职不当或违纪予以免职处理。

【领导人员教育培训】坚持把学习贯彻落实“十九大”精神作为首要政治任务，始终把理想信念教育、党性忠诚教育放在首位，依托现有培训资源库，不断提高培训实效。

2017年，集团公司共举办2期领导人员高级研修班，4期企业领导人员培训班，1期领导人员投融资知识培训班，培训领导人员及后备干部375人，完成各类外送培训14批43人次。

（企业领导人员管理部）

人力资源管理

人才规划与开发管理

【人才规划与开发】2017年，人力资源部编制印发了集团公司《人力资源（人才）“十三五”规划》，厘清人才队伍建设的主要矛盾，明确了目标要求和对策思路，构建了与业务发展相匹配的具有战略性、前瞻性和系统性的人才发展战略，并开展了针对性的系统宣贯；组织引导成员企业着力实施“引进一批、转型一批、招聘一批、定制一批、共享一批”等“五个一批”工作，推进人才队伍结构调整和转型升级。

【教育培训】2017年，股份公司及成员企业组织举办各类培训6400余班次，培训各级各类人员29.8万人次，其中，总部以企业领导人员、国际化人才、转型升级新业务人才、项目经理人才、中青年经营管理人才等为重点，组织完成78个班次的公司级培训，培训各类人才1.2万人次，进一步提高了培训的针对性和实效性。

【员工资质资格认证】2017年，深化职称评审改革，启用了网络职称评审系统，实现了职称网上评审。2017年申报评审3136人，复审通过3055人，评委会评审通过2500人，评审通过率79.72%；加强职业技能鉴定，开展技师和高级技师评审，鉴定电力行业特有工种1400余人次，141名职工通过中电联高级技师终审，93%的通过率名列参评单位前列；大力弘扬工匠精神，加强高技能人才队伍的建设，关注核心工种人才的培养发展，承办全国电力行业焊工职业技能竞赛，取得了团体、个人双第一的好成绩。

【专家管理】2017年，人力资源部组织完成了国务院政府特贴、勘察设计大师、中国大坝杰出工程师、国家科技创新领军人才、中央企业青年拔尖人才、国家建设工程施工优秀工匠等的评选推荐工作。张宗亮荣获国家杰出工程师奖，王仁坤、杨泽艳当选全国勘察设计大师，张建文、宋东升、朱素华、章建跃、单治钢、王守民、余寅等7人成为享受国务院政府特贴待遇专家，范欣言、王伟、杨庆文、张永会、王进、刘云涛等6人获评国家建设工程优秀工匠。张世殊入选国家级百千万人才工程。

劳动用工管理

【用工总量控制】2017年，严格落实集团公司《劳动用工管理规定》，加强用工总量控制，全年下达新增用工计划10647人，较2016年减少17%，截至2017年底职工总数18.6万人，在企业兼并收购改制和规范劳务派遣管理均要求增加合同制职工的双重压力下，确保用工总量零增长；制订了《加强农民工工作的意见》，完善了农民工管理制度体系，明确了农民工管理各项工作要求。集团公司作为先进典型，在国务院国资委农民工会议上做交流发言；拟订了《劳动用工和收入分配改革方案》，以电力工程企业为试点，通过经验交流和案例分享，促进企业完善职工绩效考核和综合考核评价体系，加强考核评价结果在分配晋升方面的应用，完善与市场机制相协调的招聘机制，有序推进三项制度改革。

【招聘管理】2017年，集团公司修订了《招聘管理办法》，制定了《在京单位高校毕业生招聘管理暂行办法》，开展主营专业目录梳理，进一步规范招聘标准、招聘流程，为逐步推动人力资源管理职能由常规性人才管理向战略性人力资本管理转变打下了坚实基础；打造“电建招聘进校园”品牌，突出企业品牌宣传，着力战略转型发展，先后在西安、武汉、南京组织了三场“电建招聘进校园”活动，现场共接收简历6258份、面试2451人。鼓励支持成员企业加大社会化招聘力度，通过猎聘高端人才、多平台发掘成熟人才、熟人推荐优秀人才等方式积极招聘吸纳社会上的战略转型新业务人才和急缺人才。组织参加了雄安新区往届毕业生双选会和在北京随军家属专场招聘会。2017年，集团公司共招聘8489人，其中，战略转型新业务相关专业占比21%，研究生学历占比13.5%，社会成熟人才占比15.8%，专业结构、人员素质持续优化。

薪酬与社保管理

【工资总额管理】2017年，集团公司修订了《工资总额管理办法》，在工资总额管理上，创新工资总额管控模式，坚持“事前预算、事中调整、事后核算”三步走的预算管理模式，坚持“双挂”机制，引入“双效”指标和国际经营系数，既关注企业产出与利润水平，又体现企业人工成本效率，同时加大对国际业务占比大的单位的倾斜，鼓励企业做大做强国际业务，强化分配导向作用；制定了《子企业负责人薪酬管理暂行办法》和《子企业负责人基薪核定暂行办法》，建立了合规性、激励性和约束性并存的企业负责人薪酬机制，对子企业负责人的薪酬结构、兑现原则、基薪水平进行规范和优化。坚持“贡献大薪酬高”和“业绩升薪酬升”的原则，突出激励分配机制中的利润导向、国际化导向和产业结构转型升级导向，同时兼顾企业经营难度、规模、效益、地区差异等方面情况，进一步探索建立符合企业实际发展的分配激励制度；印发了《关于进一步规范收入分配秩序严肃收入分配纪律有关事项的通知》，进一步规范了公司收入分配管理，严肃了收入分配纪律。

【人工成本管控】2017年，集团公司持续加强人工成本管控，建立人力资源指标动态对标管理机制。建立了分板块的人力资源指标对标体系，重点对人员变化、人均工资水平、劳动生产率、人工成本利润率、人事费用率等指标进行季度对标管理，建立动态比较机制，开展人工成本季度经营活动分析，强化人工成本预警监控，对企业内板块进行分类管控管理。

【社会保险管理】2017年，集团公司建立了企业年金计划，完成企业年金备案和建账工作，以及年金受托人的招标工作，确定了企业年金受托人、账户管理人、托管人和投资管理人，制定了《中国电力建设集团有限公司建立企业年金制度的指导意见》。按照职工利益最大化原则，协调确定了各子企业委托管理的年金的移交方案。2017年，年金计划移交成员企业35户，归集资金超25亿元，于2017年9月开始正式商业运营。

【920资金使用管理】2017年，人力资源部加强920资金使用的监督管理，按照920资金使用管理相关规定，拨付了所属企业。2017年920资金共67604.93万元，保障了离退休人员统筹外费用的及时足额发放。对内退人员进行重新核定，不符合政策的内退人员不再支付920元资金。

总部人事管理

【总部人事薪酬福利管理】2017 年，根据干部管理权限的调整，人力资源部向企业领导人员管理部整理移交了 130 份处级管理人员档案，持续做好总部人员岗位和劳动合同管理，全年办理岗位调整 67 人次，人员增、减变动 35 人次。完成了总部补充医疗保险商业化运营工作和员工意外保险的投保工作，在原投保费用略有降低的基础上，提高了员工保障水平，形成以基本医疗保险、补充医疗保险、大病统筹医疗基金、意外伤害保险为主要内容的医疗保障体系。

【总部部门及员工年度绩效考核】2017 年，根据《中国电力建设股份有限公司总部绩效管理办法》，人力资源部组织开展了 2016 年度总部部门和员工绩效考核工作，共有 28 个总部部门、11 名高级管理人员、30 名总部部门主任、58 名总部部门副主任和 254 名总部部门处长及以下员工参加考核，其中 9 个部门、4 名总部高级管理人员、10 名部门主任、17 名部门副主任、80 名部门处长及以下员工考核为 A 级。

人力资源信息化建设

【人力资源信息系统建设】2017 年，人力资源部以健全完善公司人力资源共享服务和管控平台为目标，着力加强人力资源信息系统建设。完成了人力资源管控平台组织机构和人员信息的框架开发，信息系统在 9 家试点单位上线运行。组织 62 家成员企业，开展组织机构和人员管理方面 44 个管控数据的首次填报。

（人力资源部）

财务与资产管理

核 算 管 理

【母公司会计核算工作】2017 年度，财务管理部严格按照集团公司《会计核算管理办法》《总部费用支出管理暂行办法》及《总部差旅费管理暂行办法》相关规定，进行总部日常费用报销及大额资金拨付会计核算工作。大额资金拨付主要包括财政拨款、对成员企业增资款项、科研经费、两节困难补助的拨付等。

【母公司资金收支工作】为切实加强总部预算管理，提高工作效率，年初财务管理部按照 97 条预算明细科目编制了 2017 年总部资金收支预算，并在报销过程中按照领导签批的资金收支预算采用按月进行柔性控制、按年进行刚性控制的方式进行实时控制，在方便资金收支工作的同时，切实保障年度预算严格执行。

（闫　岑）

【会计基础检查工作】为进一步加强和规范会计基础工作，提高会计工作水平，股份公司部署安排各单位开展了会计基础工作自查与复查。根据会计基础工作检查总体规划，2017 年继续组织专项检查组进行会计基础工作重点检查，共安排五个专项检查组赴 20 家成员企业，就十九类检查细项、178 个评分点逐项开展规范化检查与评分，深入挖掘与发现被检查单位存在的问题与不足，有效夯实会计基础工作，大力推动和促进会计基础工作规范化。

（石成磊）

【股份公司、股份子公司及集团托管企业利润分配方案】2017 年股份公司二级市场公开发行 119 亿元，对子公司增加投资 106 亿元，随着投资规模加大，利润分配在调剂内部资源配置、促进公司长远发展的作用进一步突出。在综合权衡各种因素，并对各建筑类央企分红指标横向、纵向对标分析及子公司多种分红方案测试的基础上，拟订了股份公司、股份子公司及集团托管企业利润分配方案，为股份公司分红决策提供财务支撑。

（和立群）

【募集资金相关工作】一是持续加强制度建设，股份公司制定并下发了《关于股份公司非公开发行人民币普通股（A 股）募集资金管理与使用的补充通知》（中电建股财管〔2017〕67 号），进一步明确募集资金监管要求，规范募集资金存放与使用，完善募集资金报告制度。二是有序安排实施募集资金置换，预先投入自筹资金29.868亿元，提高资金使用效率。三是加强募集资金监管，审核并编制股份公司募集资金存放及使用情况专项报告，完善募集资金日常监管机制，做好募集资金总账及明细账记录与审核，配合董办做好募集资金定期披露工作。

（刘亚男）

财务报告管理

【月度报表编制与分析】根据国务院国资委、财政部及集团公司内部管理要求，适时对月度快报表样进行部分调整，进一步优化报表指标体系，并有效指导各单位对新增指标项数据的填列；不断推进快报账表一体化工作，基本实现财务指标取数全覆盖；按月进行层层审核、汇总及合并月度报表，按时完成月度快报编制，经批准后于次月9日前报送国务院国资委、次月10日前报送财政部；根据月度快报总体情况，认真分析集团公司经营成果与财务状况，动态掌握月度财务指标变动情况，有效编制集团公司月度财务简报与财务通报，并于次月15日前分别报送集团公司领导、总部相关部门与各成员单位。

【季度报表编制和信息披露】根据中国证监会《公开发行证券的公司信息披露内容与格式准则第13号〈季度报告内容与格式特别规定〉》《中国电力建设股份有限公司信息披露管理制度》等制度规定，财务管理部持续完善财务报告编报体系，不断优化财务报告编报流程，推进账表一体化取数，从夯实会计基础和会计核算工作，到部署安排各期财务报告的编报、全面审核各级报表与编制分析合并报告，做了大量工作，确保按时完成季度报表编制和对外信息披露真实、准确、完整。

（蒋　东）

【2016年度财务决算会审】集团公司高度重视年度财务决算会审工作，制定并下发了相关通知，对年度财务决算工作进行全面部署、系统安排。2017年2月6～25日，各二级单位进行集中汇报、集中审核、集中修改；由财务管理部牵头、总部职能部门分工协作、审计机构审核把关，对二级单位年度财务决算整体情况进行审定。2017年3～4月，财务管理部经过编、审、汇等决算工作程序，编制2016年集团（股份）公司年度财务决算报表，全面系统地揭示企业年度财务状况、经营成果和现金流量。

【2016年度财务决算批复】2017年7～8月，财务管理部对二级单位2016年度财务决算进行全面分析、系统梳理，通过与行业指标和板块指标进行对标，突出财务风险与管理短板，强化问题整改与持续监管，促提升、保发展、防风险，全面确保经营管理水平持续提升。

（刘亚男）

【2016年度财务情况对标分析】2017年股份公司从宏观经济面着手，通过国内、国际经营环境分析，明晰各业务板块，在新的经济形势下面临的风险和机遇，同时，细化财务指标数据，从收入情况、成本费用情况、盈利情况、资产情况、负债情况、现金流情况、发展能力、盈利能力、运营能力、偿债能力等方面与同行业其他七家建筑类央企进行全面对标分析，从各个角度衡量股份公司在八家建筑央企中所处的位置，总结自身优势和不足，明确提升方向，紧跟市场变化趋势，促进股份公司稳步较快发展。

（和立群）

【财务决算报表编制工作受表扬】根据《财政部关于2016年度国有企业财务信息管理工作情况的通报》（财资〔2017〕62号）文件，集团公司2016年度决算工作在工作组织布置、完善报表体系、提升信息质量、加强应用分析等方面表现突出，受到财政部通报表扬，排名中央企业第7名；月度财务快报首次获得财政部通报表扬。根据国务院国资委《关于中央企业2016年度财务决算管理工作情况的通报》（国资厅发财管〔2017〕48号），集团公司2016年财务决算管理工作及各类专项工作获得国务院国资委通报表扬。

【27家子公司财务报表编报工作受表彰】为鼓励先进，全面提升财务会计报告编制水平，经对各成员企业2017年度财务预算报告、2016年度财务决算报告、2016～2017年月度财务快报、2017年季报（半年报）、2016年度预算执行报告编报情况进行综合评比，决定授予水电一局等27家成员企业“2016年度财务报告编报工作先进单位”荣誉称号。

【2017年度财务决算布置工作】为做好2017年度财务决算管理及决算报表编报工作，集团公司下发了《关于做好2017年度财务决算管理及报表编报工作的通知》（中电建股财管〔2017〕212号），对财务决算工作组织、财务决算工作重点、财务决算工作纪律、

财务决算编制准备工作、财务决算审计质量、财务决算会审时间和上报资料等方面进行了安排部署。

（王　旭）

【2017年度财务决算备案】根据国务院国资委财务决算精神与要求，财务管理部认真组织开展2017年度财务决算备案工作，要求各所属单位切实重视决算备案工作，明确工作要求、时间节点、落实责任到人，组织加强审核，对合并范围内的子企业，全面清理核实，对增加减少的子单位，逐一落实变动的原因，做到备案户数级次准确完整；对国务院国资委关注的重大筹资事项、期初调整事项、涉诉事项、捐赠事项等重大事项，进行了详细说明；对以前年度问题整改事项，详细说明整改进度、整改措施，最终形成2017年度财务决算备案情况的报告，按时上报国务院国资委。

（和立群）

财务规划

【财务“十三五”规划纲要】根据《中国电力建设集团有限公司“十三五”发展规划》，在分析财务管理发展趋势、借鉴先进财务管理理念的基础上，结合财务管理现状，集团公司制定发布了《中国电力建设集团有限公司财务“十三五”规划》（中电建股〔2017〕32号）。财务规划在总结“十二五”时期财务管理基本情况、分析“十三五”时期财务管理面临形势的基础上，明确了“十三五”时期财务管理的指导思想、总体目标、主要任务和保障措施。

业绩考核

【集团公司年度经营业绩考核】2016年，集团公司全面完成国务院国资委各项考核指标，再次获得中央企业负责人经营业绩考核A级企业。2016年，集团公司实现利润总额121.48亿元（目标值115.7亿元），经济增加值56.94亿元（目标值30.4亿元），资产负债率81.39%（目标值81.70%），应收账款周转率5.80次（目标值5.79次）。

（刘程军）

【子企业年度业绩考核】2017年，在考虑国家政策影响、市场环境变化、重组合并、消化历史潜亏等客观因素对经营业绩影响的基础上，按照业绩考核与各子企业实际经营相匹配的原则，将经营业绩考核、管理评价、专项任务考核相统一，综合形成了2016年度集团公司子企业业绩考核结果。2016年，各子企业经营业绩考核平均得分为141.38分，同比提高3.58分。

【子企业年度业绩考核指标下达】经过子企业上报、业绩考核办公室汇总审核和意见沟通反馈、预算委员会和党委常委会审议等程序，确定了2017年度子企业、事业部经营业绩考核目标值。分解下达的指标总体上要能够支撑年度预算目标和国务院国资委考核指标的完成。对成本费用占营业收入比重、“两金”占营业收入比重指标统一按照较2016年实际完成水平下降0.5个百分点下达。

（汪晓庆）

预算管理

【集团公司年度预算编制】根据2017年度中央企业预算布置会议精神和2017年度中央企业预算编制工作指导意见，集团公司按照“三下两上”的预算编制流程，编制形成了《中国电力建设集团有限公司2017年度预算报告》（中电建〔2017〕16号）。2017年，集团公司营业收入预算3450.94亿元，同比增长7.16%；利润总额预算126.1亿元，同比增长4.47%；2017年末资产总额预算6930.63亿元，较年初增长14.90%；负债总额预算5620.64亿元，较年初增长14.00%；资产负债率预算81.10%，较期初下降0.64个百分点。

（刘程军）

【集团公司年度预算调整】按照国务院国资委关于年度预算调整的工作要求，结合成员企业预算调整情况和相关部门审核意见，预算管理委员会办公室形成了集团公司和股份公司2017年度预算调整报告及对下审核批复意见。原则上各二级单位年度批复预算不作调整，但由于客观因素，如自然灾害、战乱等非主观因素导致年度预算基础发生变化，且无法通过其他项目予以填补的据实进行调整。经综合平衡，集团（股份）公司主要预算指标调整比例较小，集团（股份）公司总体预算未做调整。

【集团公司年度预算管控】积极探索预算管理业务先行机制，统筹经营、投资、融资、财务等各个业务管理环节，通过各部门对业务预算的把关，促进实现业财融合管理。根据国务院国资委相关要求，将“两金”压控、降本增效、亏损企业治理、提质增效等重点专项工作纳入全面预算管理。不断加大预算执行监控力度，加强与考核衔接，强化预算刚性约束力。进一步强化对标管理在预算编制、监控执行与评估考核等各环节的应用，促进降本节支等关键绩效指标持续改善。

（王明月）

【集团公司年度预算执行情况】2017年，集团公司按照国务院国资委和年度总体经营部署及关键指标控制要求，严格预算安排，拧紧责任链条，强化“业财融合”，优化预算考核体系，开发预算执行监控系统，全面预算的战略引领和价值导向功能有效发挥，集团公司全面预算管理工作得到了国务院国资委的专门表扬。2017年，实现营业收入3640.87亿元，同比增长12.11%，为年度预算目标3450.94亿元的105.50%；实现利润总额126.21亿元，同比增长3.8%，为年度预算目标126.1亿元的100.09%；年末资产负债率78.26%，较年初下降3.13个百分点，较年度预算目标81.1%低2.84个百分点。

降杠杆减负债防风险

【降杠杆减负债防风险工作实施方案】为贯彻党中央、国务院关于降低企业杠杆率的决策部署，落实国务院国资委“中央企业降低杠杆工作”视频会议精神，切实降低公司杠杆率，有效防范债务风险，根据国务院国资委《中央企业降杠杆减负债防风险指导意见》，结合实际，制定印发《中国电力建设集团有限公司降杠杆减负债防风险工作实施方案》（中电建股〔2017〕147号），明确了任务目标、细化了工作措施、落实了工作责任。

【降杠杆减负债防风险工作领导小组】为做好降杠杆减负债防风险工作，按照国务院国资委要求，结合实际，成立了“中国电力建设股份有限公司降杠杆减负债防风险工作领导小组”（中电建股〔2017〕146号）。降杠杆减负债防风险工作领导小组下设办公室，办公室设在财务管理部，具体负责降杠杆减负债防风险工作日常工作。降杠杆减负债防风险工作领导小组与重大经营风险管控处置工作领导小组、瘦身健体提质增效工作领导小组等其他相关组织机构在各自职责范围内协同开展相关工作。

【债务风险管控方案】结合国务院国资委对中央企业债务风险管控的基本要求和集团公司实际情况，按照“资产负债率逐年下降、偿债能力稳中有升”的总体要求，在认真总结2016年度债务风险管控工作，充分评估2017年度内外部经济形势基础上，制定了《集团公司2017年度债务风险管控方案》（中电建〔2017〕13号），提出了资产负债率管控目标和具体管控措施。

【降杠杆减负债防风险工作过程管控】集团公司突出问题导向，聚焦关键环节，将重点任务、目标落实到人。建立了“降减防”工作月度专题工作例会制度，结合2017年业绩考核和信用评级“双保级”目标，对货币资金、带息负债、“两金”等关键指标进行对标分析并分解下达压降目标，对指标异常、管控不力的所属企业进行通报、约谈。

【降杠杆减负债防风险工作】认真贯彻国务院国资委“中央企业降低杠杆工作”视频会议精神，研究编写了债务风险分析报告，印发了降杠杆减负债防风险工作实施方案，成立了公司降杠杆减负债防风险工作领导小组，加强了降减防工作的过程管控，全年降减防工作成效显著。2017年末，资产负债率78.26%，较经营业绩考核目标81.5%低3.24个百分点，其中年末资产总额为6839.63亿元，负债总额为5353.00亿元。

提质增效

【瘦身健体提质增效工作实施方案】根据国务院国资委《2017年度中央企业瘦身健体提质增效工作实施方案》，结合实际，集团公司制定印发了《集团公司2017年度瘦身健体提质增效工作实施方案及重点工作任务分解表》（中电建股〔2017〕33号）。

【“两金”管控方案】为深入贯彻落实国务院国资委关于开展供给侧结构性改革、推进“三去一降一补”工作部署，有效降低应收账款和存货“两金”占用，改善资产运行质量和效率，根据国务院国资委对中央企业“两金”管控的基本要求和集团公司实际情况，按照“全面清理与重点清理相结合、压缩存量与控制增量相结合、集中清理和长效机制相结合”的原则，制定《集团公司2017年度“两金”管控工作方案》（中电建〔2017〕89号）。

【提质增效工作现场督导】财务管理部督促所属企业积极稳妥推进、认真贯彻落实提质增效工作方案，对提质增效工作目标的执行进度进行分析，发现工作方案执行中存在的问题和工作目标执行进度的偏差，确保提质增效工作方案和目标得到落实。根据所属企业提质增效工作推进情况，对成都等片区的二十余家所属企业提质增效工作进行现场督导，提供总部指导与服务。

【调研电建德国公司/德国 TLT 公司】财务管理部于2017年8月22～25日对电建德国公司/德国 TLT 公司进行调研。调研采取查阅有关资料、与管理层及相关部门座谈、与审计机构德国安永访谈等方式，并出具了《关于电建德国公司/德国 TLT 公司的调研报告》（财管签〔2017〕103号）。调研报告全面分析了电建德国公司/德国 TLT 公司存在的主要风险，并提出了相关建议。

（刘程军）

资产评估管理

【资产评估相关工作】按照《资产评估管理办法》有关规定，规范资产评估管理，指导子企业开展资产评估工作，对涉及资产处置、企业并购、股权转让、企业改制、关联企业清理及厂办大集体改制改革等，均要求开展评估工作，加大评估审核力度，规范审核程序，防范监管风险。2017年，集团公司共完成资产评估备案项目134项，评估增值71.33%。

（杨　楠　杨展业）

【评估方案简化】为精简公文，简化审批流程，提高审核效率，按照《资产评估管理办法》有关规定，将企业开展资产评估工作需提交资产评估方案，由审批制改为以表单审核的备案制，加快了评估方案审核速度，更好地服务于企业资产评估业务。

（杨　楠）

产权登记管理

【规范产权登记管理】2017年11月10日起，集团公司根据国务院国资委要求全面运行并操作新的产权管理综合信息系统，实现产权登记所需各项档案资料通过产权管理综合信息系统上传，规范产权登记档案管理，提高了产权登记流程审核效率。

（朱亦红）

【新旧产权系统过渡】国务院国资委产权局于2017年11月发布了新的产权管理综合信息系统，集成了产权登记、资产评估、上市国有股权、央企发债等多方面功能，覆盖了产权管理全口径业务流程。集团公司提早布置，统筹组织所属各级企业做好试运行工作，指导各级企业设置新系统角色、账号、权限，汇总各企业在新旧系统切换中遇到的信息缺失、错误等问题，并抽调专人集中核对后报国务院国资委予以解决，确保新旧系统顺利转换、工作有效衔接。

（姚方庭）

资本管理

【企业资本金管理办法】2017年经过对集团公司子企业资本配置的系统研究分析，并广泛征求总部相关部门及各子企业意见基础上，制定了《中国电力建设集团（股份）有限公司企业资本金管理暂行办法》，建立资本金有偿使用机制，明确资本金配置规模、配置额度计算标准、资本金申请程序及审批决策流程，为有效引导资本流动，促进资本创效能力及孵化功能提供强有力支撑。

【国有资本补贴】2017年，集团公司共获得4.63亿元国有资本补贴，有效支持了企业改革发展及解决历史遗留问题等工作。获得“三供一业”分离移交资金补助资金25769万元，棚户区改造专项资金2268万元、装备制造支持资金9730万元、处置僵尸企业补助资金8513万元。

【子企业资本配置方案】2017年，股份公司按照目标导向，兼顾公平的原则制订非公开发行募集资金分配方案，及时向15家子企业下拨定向募集资金84亿元，并从补充流动资金中安排13.98亿元解决国际业务重组遗留事项。同时根据资本管理办法对上市公司24家建筑、勘测设计类子企业“十三五”期间资本配置规模进行核定，并对电建路桥公司、电建地产公司、租赁公司等平台专业化公司进行了资本核定。

【增资相关企业】2017年共对8家二级企业通过货币增资、未分配利润转增及盘活闲置资产以资产注资等方式给予资本支持；积极参与内部重组整合工作，科学制定资本支持方案，2017年共对5组重组企业制订重组方案，安排资本金支持16.1亿元，有效推进内部重组工作。

基金管理

【发行集团公司结构调整基金】2017年，针对电工板块企业资本实力不足，转型升级资本需求大，融资难的问题，集团公司通过多方案比较与基金公司一起发起设立50亿元规模的电建集团结构调整基金，

2017年到位资金25亿元并顺利注入电工板块的10家企业，有效缓解了资金压力。

【规范集团基金管理、防范投资风险】2017年，财务管理部下发了《产业投资基金及财务投资者情况表》，组织对2017年度集团公司范围内的产业基金业务进行统计分析；组织了“集团（股份）公司私募基金业务研讨会”，征集有关单位对如何更高效开展基金业务的意见建议等，为进一步规范集团基金业务管理和防范投资风险打下了基础。

（杨展业）

改制改革

【火电板块企业评估】2017年，财务管理部精心组织，通过重点单位现场指导、召开审核确认视频会等方式，按期完成了改制企业资产确权工作，确定了改制资产处置边界及处置方式；对于作价出资的土地，及时向国土资源部递交土地处置具体方案申请并得到批复；对于出让的土地，通过安排专项预算资金，解决了改制企业资金缺口；对无法纳入改制范围的资产，经过与被剥离企业仔细核对，制定并下发了剥离资产有关事宜的通知，明确了资产剥离的路径、原则、程序及账务处理方式；针对火电板块企业包括资产质量和经营成果在内复杂的历史遗留问题，合理确定了福利精算负债计提范围，制定了净资产低于注册资本企业的解决方案；严格按照国务院国资委评估规范，组织专家组对改制涉及的审计评估报告进行审核，准确公允地反映基准日的国有资产价值。

【“三供一业”分离移交】2017年，集团公司制定并下发了“三供一业”分离移交实施方案和配套制度，包括相关工作方案、指导意见、财务管理办法、资产移交指导意见等各项管理制度；4月召开了集团公司“三供一业”分离移交政策解读研讨会暨培训会，向60余家子企业宣贯国务院国资委文件精神、各地政府政策，并与各有关单位签署考核责任书，层层分解工作任务，将“三供一业”工作进展纳入绩效考核；指导各子企业抓住关键节点规范签署分离移交协议（框架协议），组织国有资本申报工作，并全额下拨集团公司配套的30%部分资金，缓解子企业资金压力；针对大量子企业反映的当地缺乏国有物业接收单位问题，通过与北控集团下属的北控物业公司总对总协调，集中解决了水电五局等25家企业共96个项目物业移交难问题；引进中天运会计师事务所，负责分离移交工作中涉及的资产移交鉴证、清算资金审计等工作。

【兑现2017年度装备制造产品内部采购奖励】2017年，财务管理部与设备物资部、装备制造事业部在共同组织对2016年二级企业上报的内部采购报告和内部采购奖励申请进行审核后，依据《关于印发支持集团装备制造业务发展工作规范的通知》（中电建股〔2016〕141号），对2016年度采购集团内部装备制造产品的子企业兑现奖励，包括对25户子企业进行经营业绩考核加分和资本奖励，并结合2016年度兑现奖励情况，对2017年度奖励政策予以调整。

（姚方庭）

国际业务管理

【国际业务报表系统重建】2017年，财务管理部对国际业务报表系统进行重建，重建后，将运算汇总初审权限下放至各单位各二级子公司，集团公司层面集中精力进行数据复核和分析，大大提高了报表取数效率和会计信息的及时性、准确性。

【2016年关联申报及同期资料】2017年，按42号公告要求，集团公司首次启动2016年关联申报及同期资料准备工作，深刻把握政策的立法背景和政策影响，降低转让定价风险，按时完成了2016年度集团公司国别报告信息采集、关联报表和国别报告申报工作。

【规范和强化境外资产管理】2017年，为加强和规范股份公司境外资产管理，积极推动境外投资经营业务平稳快速发展，保障境外资产安全，集团公司组织成员企业对境外产权机构设立手续和资产购置手续的完整性、合法合规性、境外个人代持国有资产的必要性、境外个人代持国有资产的保全措施等五个方面开展自查，形成了《关于境外个人代持国有资产管理自查情况的报告》。

【外汇风险专项课题研究】2017年，财务管理部结合集团公司国际业务发展实际，组织专人进行针对外汇风险开展专题研究，从国际工程的外汇风险成因，项目全生命周期外汇风险的内外部预防，结合案例综合分析，为集团公司加强外汇风险管理提出建议。

（肖玉喆）

综　合

【国别报告和主体文档】国家税务总局于2016年6月29日发布了《关于完善关联申报和同期资料管理有关事项的公告》（国家税务总局公告2016年第42号，以下简称“42号公告”）。42号公告对关联申报、国别报告及同期资料进行了全新规范，对现行企业所得税法和《特别纳税调整实施办法（试行）》（国税发〔2009〕2号）关于关联申报和同期资料管理等内容进行了大篇幅修订。财务管理部对此项工作提早进行了全面、深入的布置安排。于2017年1月通过邀请招标方式选定华政税务师事务所作为审核辅导此项工作的专业咨询机构，于3月组织召开全集团范围的关联申报和同期资料管理培训会，对关联方交易和同期资料申报内容进行培训，对境外税收管理和筹划方法进行讲解，对同期资料编报工作进行讨论和解答。会后，邀请财税专家和熟悉境外业务管理流程的内部专家，进行多次沟通、讨论，制定了关联方交易和同期资料编报流程。历经两个多月与境外200多名财务人员直接对接、沟通、审核后，最终梳理出集团公司在世界81个国家和地区的收入、利润、资产、纳税和雇员人数等情况，及境内外1048个法人单位名单及主要业务活动分类的国别报告中英文版。之后，完成了包括对集团公司全球组织架构、股权结构、地理分布、业务描述、融资活动等情况进行基本描述的主体文档中英文版，以满足42号公告对国家间交换信息、防止税基侵蚀的要求。

【2016年度母公司汇算清缴工作】2017年5月，财务管理部如期完成了2016年度母公司汇算清缴工作。其中比较重要的内容是特殊重组事项申报工作。2016年集团内部重组事项频繁，集团公司总部涉及特殊重组事项4个，股份公司涉及特殊重组事项5个。财务管理部认真学习税务制度，严格按照制度、法规要求对税收事项进行管理，认真梳理和提交特殊重组事项的备案资料。

（刘　静）

【财务信息化建设】根据股份公司财务信息化建设总体规划，财务管理部积极开展账表一体化建设，搭建台账管理、应收应付账龄核销等配套系统，着力提升取数覆盖率与准确率，逐步实现月度快报、季度报表等定期报告的全集团“一键式取数”作业，稳步推进年度报告取数工作进程，力争实现账表一体化全覆盖。按照“总体规划、试点先行”的基本思路，结合行业特点与信息化建设基础，在勘测设计、工程建设等领域6家单位开展成员企业试点建设，试点效果达到预期后，逐步完成财务共享中心的区域布局，实现股份公司财务共享服务中心统一领导下的、境内外多个区域财务共享服务中心组成的统一体系。

（石成磊）

【财税知识竞赛】2017年全国建筑业财税知识竞赛，中国电建选派10支团队全部获得奖项，其中金奖5枚、银奖3枚、铜奖2枚（大赛设团队金奖10枚、银奖20枚、铜奖30枚）。全国10个团队金奖中，中国电建占了五席，前三甲占两席。个人决赛中，中国电建个人选手8人荣获个人金奖，16名选手荣获个人银奖，22名选手荣获个人铜奖（大赛设个人金奖50枚、银奖100枚、铜奖200枚，全国参加决赛1000人）。

股份公司获得优秀组织单位奖。水电八局、昆明院和水电五局由于参赛率高、组织得力，获得先进单位奖。

（刘　静）

【财务队伍建设】面对集团战略转型及不断更新的财务知识，2017年财务管理部组织了八期财务人员培训班，包括股份公司所属企业总会计师能力提升培训班、股份公司托管企业总会计师能力提升培训班、高级财务人员培训班、两期财务骨干管理能力提升培训班、两期国际财务骨干管理提升培训班、美国注册管理会计师考试培训班等，参加培训近1100人次。

（李毅华）

【雄安工作组纳入总部费用控制体系】2017年，财务管理部完成总部机关2017年度预算及2017年中预算调整的复核、去重、汇总编制工作，共涉及27个预算控制部门及147条预算明细科目，均在久其费用控制系统中上报下达，按月进行柔性控制、按年进行刚性控制，切实保障了年度预算的严格执行。2017年中，根据股份公司工作安排，汇总整理雄安工作组人员、流程、制度规章信息，根据费用管理办法，结合有关文件及签报，将雄安工作组收入管理纳入总部久其费用控制系统，切实执行总部预算控制规则。

【总部机关关联方往来对账】2017年，财务管理部完成总部机关核算主体各季度末关联方往来业务核对，涉及约50余家、300余笔交易事项。逐笔在久其报表系统合并模块中填列并相应完成纸质询证单，以此为基础，进一步完成总部机关核算主体月度快报、季报、半年报、决算报表及预算报表编制工作，力求准确提供总部机关会计信息。

（李峪溪）

【存量纸质票据核销】 2017年下半年，财务管理部收集集团工会自2012年成立以来下发的全部“工会经费收入专用收据”，整理后填列详细信息表。此次收据收缴工作，时间跨度自2012年至2017年，涉及子企业11家，共收齐全部21本收据。就已开票据，抬头、事项不规范等问题，按全总要求及时下达提出整改措施，最终准确及时地完成全国总工会关于中央单位财政票据核销工作，为下一步全国总工会票据电子化管理系统的启用打好基础。

（耿　悦）

【总部费用报销】 2017年度，根据股份公司内部职位安排及变动，及时调整总部费用控制系统内相应审批节点；根据办公厅关于集中采购公务机票有关管理要求，配合办公厅商定机票报销结算流程，集中采购正式开始后，就结算发现的问题与办公厅及时沟通，保障集中采购公务机票管理及报销工作有序进行。

【工会及党委会计记录及信息反馈】 2017年度，根据机关党委工作安排，财务管理部配合做好总部及在京子企业党费收缴及以前年度党费补缴工作，定期编制汇缴明细，及时反馈信息，确保党费收缴工作顺利完成。根据集团公司工会及总部机关工会年度工作安排，配合做好2017年度在京子企业工会经费收缴及京外子企业活动经费收缴、拨付等工作；定期编制收支明细，及时反馈经费收支节余情况，确保工会工作顺利开展。

（李峪溪　耿　悦）

资　金　管　理

资金管理部

【部门工作】 2017年，资金管理部认真贯彻落实集团（股份）公司工作会议安排部署，充分发挥与财务公司合署管理的平台作用，着力“搭建平台、整合资源、提质增效、共享效益”，各项工作取得良好成绩，为集团公司改革发展和提质增效发挥了应有作用。

资　金　管　理

【资金集中管理】 2017年，资金管理部扩大资金集中范围，成功归集股份公司企业年金，首次在财务公司开立PPP项目共管账户吸收项目存款，成功开立财务公司异地账户归集成员企业的异地项目监管资金。进一步拓展资金归集载体，财银直连扩大至9家商业银行，直连账户达到723户。开展700余户三级企业在财务公司的开户工作，协助二级企业搭建资金管理体系。持续开展账户清查清理，清理530个外部银行冗余账户。创新激励举措，开展资金集中管理达标竞赛活动，以利息返还方式奖励31家达标企业，推动集团总部集中度提升近6个百分点。强化价格引导作用，全年共办理包括月末高息存款等通知存款407笔，向成员企业创造利息收入6.51亿元。

【资金风险管理】 降减防工作取得显著成效。截至2017年12月31日，集团公司货币资金总额750亿元，较10月31日（压降前）降低202亿元，压降幅度21.22%，外部融资2410亿元，较10月31日（压降前）降低635亿元，压降幅度20.85%，完成2017年末将货币资金余额控制在800亿元以内、带息负债总额控制在2500亿元以内的既定目标。

【外汇管理】 2017年，外汇资金集中运营管理工作稳步推进，按照股份公司批准的外汇管理方案，成立了中国电建资产管理新加坡有限公司。成员企业积极推进外汇管理创新并取得成效，通过建立境外投融资平台、即期结汇、远期结汇等方法，使外汇风险得到有效控制，汇兑收益大幅提高。针对部分成员企业出现的境外保函风险情况，通过加强与相关银行的协调力度，有效管控风险。

【管理创新】 按照国务院国资委和银监会有关规定及

集团体制安排，资金管理部和财务公司合署管理，向成员企业提供金融服务的同时，也履行集团资金管理职能。2017 年，资金管理部不断总结完善这种制度安排，为集团综合贡献取得较好成绩的同时，也在广大中央企业、财务公司行业形成示范效应，中国联通财务公司等 8 家财务公司先后到公司交流调研，财务公司协会安排公司在第二十次会员大会上作典型发言。

融资管理

【融资创新】 2017 年，资金管理部深化总对总合作框架下的三维合作机制建设，既深化银企长远战略合作，又彼此尊重各自的风险理念和核心利益。全年共组织了 7 批次 12 个大型项目的竞争性磋商工作，实施了成都 18 号线地铁、安徽长九（神山）灰岩矿、云南红河州高速公路、成安渝高速公路等项目的融资，融资金额 977 亿元，经与金融机构多轮磋商，极大降低了融资利率和担保。其中成都 18 号线地铁项目融资金额高达 270 亿元，在集团内首次实现了全程信用、无股东担保、无资产抵质押的全新融资模式，在降低融资费用的同时，节约担保资源约 300 亿元。创新直接融资方式，组织 MTN 发债路演，成功发行第一期电建海投 5 亿美元高级永续债，发行价格为 3.5%，刷新了相同信用评级企业境外发债利率新低。通过有效资金安排，按期兑付 12 笔债券本息合计 115.58 亿元，未发生兑付违约事件。积极推进债转股工作，与商业银行签订总规模 600 亿元的债转股框架协议。

（资金管理部）

法律与风险管理

法律与风险管理部

【法治工作基础管理体系建设】

（1）进一步加强法治建设。制定印发股份公司《法律与合规管理“十三五”规划》《全面风险管理与内部控制“十三五”规划》，明确了法治与风险内控工作发展目标与职能策略，确定了“十三五”时期发展的重点任务。按照国务院国资委党委要求，制定并以党政联合发文的形式印发集团公司《贯彻落实〈中央企业主要负责人履行推进法治建设第一责任人职责规定〉的实施办法》，对主要负责人的企业法治建设相关职责进行梳理，细化主要负责人推进法治建设的职责内容。

（2）制度建设成果丰富。不断完善法律风险防范机制，建立了法治建设进展情况定期统计通报和法律风险报告提示制度；针对独立保函法律风险逐渐凸显的情况，研究制定了《国际业务独立保函法律风险管理指引》；针对 PPP 项目开展过程中的法律风险，制定印发《PPP 项目法律审核指引》，进一步规范了 PPP 项目的法律审核工作。

（3）规范化和标准化建设有序开展。年内，部门以工作的规范开展为着力点，大力加强法律审核、纠纷管理、风险管控等工作的规范化、标准化开展。法律审核工作突出新形势、新政策下的合法合规性审核，纠纷管理突出及时性、有效性，积极防范风险，风险管控重点关注防范措施的落地实施，内部控制方面印发了《内部控制评价操作指南》，促进了风险管理与内部控制体系的持续改进和有效运行。

（4）人才队伍建设进一步加强。公司大力推进总法律顾问制度建设，要求确保总法律顾问“岗位、人员、职责、待遇”切实到位。

【经营管理依法合规】 一是进一步强化股份公司合规管理。积极推进国际业务法律合规管理体制机制的建立，组织人员赴山东电建三公司、电建海投公司老挝南欧江梯级电站项目部开展国际项目法律合规与风险内控一体化调研，按照既定步骤开展课题工作，推动实施法律合规与风险内控一体化管理。高度重视国际业务合规事件处理，妥善应对非洲开发银行对水电国际的调查，基本化解了该事项对股份公司带来的风险。在防范国际业务重大法律风险方面，完成国际业务保函、授权委托书等法律文件的审核把关 138 项，从源头防范，强化过程控制，有效规避了重大国际业务法律风险的发生。

二是扎实有效开展法律审核工作。在保障投资合法合规开展方面，全年出具各类投资项目法律意见书近 200 份，全面参与各类 PPP 项目、能源电力等项目的投资评审与法律审核，揭示法律风险，提出风险防范意见建议。

【全面风险管理】通过开展股份公司层面风险评估问卷调查工作，确定了2017年需重点关注和防范的前10项重大风险，并制订了相应风险管理策略和解决方案，确定年度风险管理方针，编制《全面风险管理报告》。组织开展对股份公司面临的重大风险进行专项研究，创新风险管理方式方法，强化风险预警与动态跟踪管理，防范了重大风险事件发生，确保重大风险可控受控。

【加强与改进企业内部控制工作管理】加强全面风险管理与内部控制工作及重点业务领域规范管理和风险管控，制定具体指导意见，协同总部相关部门，针对项目管理、资产管理、采购、工程分包、投资、项目履约、资金支付、招投标、与民营企业合作等重点业务领域，提出了进一步加强规范管理和风险管控的意见，并提出了加强指导监督的措施安排。组织开展2017年度内部控制评价和审计，将国有企业监事会监督检查所发现问题与风险的缺陷整改落实情况作为重点内容，逐一核实，对照检查并做出客观评价，高度关注企业重大经营风险项目的风险管理与内部控制，根据企业年度重大风险管理报告制定重大风险管理措施，检查落实执行情况，核实重大风险跟踪管理及风险化解情况。

【重大经营风险项目管理】2017年，法律与风险管理部研究制定了《重大经营风险项目管控处置工作实施方案》，明确总体工作思路，确定了公司总部负责和督办的59个重大经营风险项目清单，制定了5项保障措施；各成员企业也按要求研究制定本单位管控方案和管控措施，并将责任逐级分解落实到人。组织召开重大经营风险项目管控处置工作专题会议和国际、国内、投资、PPP、财务、资金及法律纠纷案件等七个专项工作组会议，约谈并召开经营情况专题会议，开展了部分PPP项目和责任主体单位现场调研等。经过阶段性工作推进，重大经营项目风险处置取得进展和成效，摸清了重大经营风险项目的底数，建立健全了管控处置工作组织机构和工作机制，部分风险项目（事项）管控处置工作取得较为有利性的进展。

【法律与风险内控工作会议】2017年6月22日，集团（股份）公司在京召开了2017年度法治与风险内控工作会议，总经理孙洪水出席会议，国务院国资委政策法规局局长郭祥玉出席会议，总会计师孙璀作工作报告，总法律顾问王书宝作会议总结。公司各职能部门、各子公司主要领导、总法律顾问、法务人员1800人参加了会议。

（法律与风险管理部）

信息化管理

信息化管理部

【部门工作】2017年，集团公司上下全面深入落实信息化发展“十三五”规划，扎实推进项目管理GRP-ERP-PRP体系建设并取得显著成效。全年共完成信息化投入6.13亿元，在建项目1430个，预算完成率88%，投入同比增长25%，占营业收入的0.17%，同比增长0.02%。2017年全公司核心系统可用率平均为99.67%，网络可用率平均为99.79%，集中部署的信息系统可用率平均为99.84%，同比提升0.01%。

【企业管理信息化ERP体系基本建成】企业管理信息化ERP体系建设以职能管理部门为主导，以制度落实为主线，集团化、企业级业务系统统分结合，主要满足各单位管理信息化建设要求，重点建设企业多项目人力、财务、物资、电商、市场等综合业务在各个层面的信息化应用。2017年，企业管理信息化建设和各项应用基本形成，在优化资源配置，实现资源多项目集约化管控，促进企业管理规范化水平作用明显。

【GRP体系初步形成】2017年，集团公司决策数据库、企业管理数据库、工程应用数据库三级数据库体系架构和规模初步形成，以“就源输入、一填多用、按权共享”为建设原则，分层、分级、分类、分阶段建设，各级数据关系逐步理清，数据应用稳步推进，数据价值有效突显，为建立集团公司数据资源库、知识库、智库奠定了基础。

【综合业务管理信息化优化完善】2017年，以提升集团公司各级高效协同为目标，办文、办事、办会一体化协同平台，大党建平台，网站群平台相继建成投运。

集团一体化协同办公平台不断优化完善。平台覆盖公司总部、34家二级成员企业及11家三级成员企业，系统注册用户累计约2万人。

构建集团大党建信息化管理体系。一是建成党建业务六大线上窗口，在线管控公司总部和75家单位的473个党（工）委、3413个党支部和65273名党员，实现基层党委、党支部、党委工作的标准化、流程化、信息化全覆盖。二是启动纪检监察管理系统建设。

构建集团网站群云平台。集团公司组织统谈分签，统一采购网站群技术平台和安全公有云环境，搭建集团网站群云平台，按照公司《网站群建设规范》和《网站群建设和运维管理办法》，指导42家单位开展80个子站建设工作，32个子站建成投运。

【信息化基础设施服务能力提升】2017年，集团公司统筹考虑各单位的共性需求，充分利用云计算、移动互联网等新技术，统一建设电建云盘、电建通、电建云，提升全球信息网络、视频会议系统等通信一体化平台的服务保障水平，各单位结合自身需求积极开展云应用和移动应用建设，信息化基础设施的互联互通、服务支撑和集约共享能力不断增强，规模化效果显现。

集约化建设和应用成效显著。一是全球信息网络服务范围不断扩大。72家二级单位和130家三级单位、项目部实现专线高速接入，其他单位及项目部实现VPN安全接入。二是视频会议系统广泛应用。全公司建成高清视频会议室211个，软件视频会议室535个，全年共召开各类视频会议949次，节约差旅费、会议费等超2亿元。

“电建云”建设百花齐放。一是虚拟化技术被广泛应用。二是各单位积极研究并推广云应用。

移动应用提升业务价值。一是建成并推广应用公司移动门户“电建通”。建成了电建订阅、集团通讯录、集团OA、集团邮件、IP电话、即时消息等模块，实现办文办事办会的移动化。二是各单位积极开发并运用移动APP。

【信息化管理能力稳步提升】2017年，集团公司信息化管理体系逐步完善，信息化服务和管理能力稳步提升。

制度和标准体系不断完善。一是基本建成覆盖信息化规划、建设、运维、安全和管理等重点领域的信息化制度体系。2017年共制修订信息化管理制度208项，集团级制度4项。二是标准体系不断完善。2017年共制修订信息化标准141项，行业标准4项。

信息化项目管控能力进一步加强。一是完善信息化项目预算目录体系和预算审批程序。各单位共组织对954个新增项目进行立项评审，总部组织专家对552个重大项目进行复审，强化信息化预算的统一管理和共性的项目统筹建设，推动集团信息化、集约化、科学化发展。二是开展信息化项目后评价。组织对公司近五年来的信息化建设进行后评价，形成闭环管理，提升信息化价值决策和实施水平。

积极承担国家科技项目。整合全公司力量，先后承担了国家科技部“863”虚拟现实课题“虚实融合动态演化技术”、国家发展改革委“云计算与大数据安全应用示范”和国家能源局首批“互联网+”智慧能源示范项目、天府新区能源互联网示范项目等。

开展多层次的培训交流。组织全公司365人次参加PRP、BIM、PMP、CISP培训和规划宣贯，组织7300人次参加《网络安全法》和电建通等视频培训，组织施工企业和平台公司138人次到9家设计院交流学习，通过数字化平台进行工程施工策划和管理体验培训，反响良好。

【信息化创新成果】2017年，集团公司信息化工作成效显著，得到多方肯定。全球可再生能源储量评估、前景分析与规划平台入选第四届世界互联网大会《2017年世界互联网发展最佳实践案例集》（总共十佳，六家国内四家国外），是唯一获此殊荣的央企，还入选了工信部《大数据优秀应用解决方案》。华东院承担的深圳市前海市政基础设施工程数字化（BIM）项目获得美国Bentley公司颁发的2017年度全球基础设施Be创新大奖。集团PRP荣获中电联中国电力创新奖一等奖和中国信息协会2017能源企业信息化卓越成就奖，水电三局和电建市政公司PRP应用荣获中国建筑业协会“建筑企业信息化建设特优案例”，山东电建一公司、江西水电和宁夏电建3家单位荣获优秀案例。集团海外基建工地集装箱式移动信息平台荣获中电联中国电力创新奖一等奖。华中院和河北院获得“第六届中国电力信息化标杆企业”，华中院的数字化电厂综合信息管理平台方案被评为“第六届中国电力信息化优秀解决方案”。公司总部等9个网站被中国施工企业管理协会评为“2017年度全国工程建设行业一级优秀网站”。

市场经营

市场经营部

【部门工作】2017年，市场经营部认真贯彻集团公司“十三五”规划和年度工作会议精神，紧扣公司年度党建和行政重点工作计划，积极应对复杂严峻的经济形势，主动贯彻落实党的“十八大”以来对于党建、反腐倡廉的最新要求，适应经济发展新常态，坚持稳中求进工作总基调，坚持以新的市场营销发展理念引领公司市场开拓发展，抢抓机遇，真抓实干，从传统的市场营销管控方式向发挥集团产业链优势更好地服务于业主，规划引领、创造和培育市场，积极创新商业模式、服务成员企业，促进国内市场良性竞争，完成全年部门工作目标：一是签约一批国内重大能源电力水利项目，年度各项计划目标全面完成；二是突出高端营销，合作空间进一步拓展；三是大力布局开拓新兴市场，推动军民融合建设，成效将逐步显现；四是完善市场规则体系，加强市场管控；五是加强集团公司经济活动分析和运行监测，为公司领导决策做好参谋，及时纠偏；六是加强定额造价管理，增强在行业定价体系的影响力；七是建设了公司公共资源交易系统平台和综合评标专家库，推进公司电子招标投标工作；八是提升招标投标领域影响力、话语权，牵头完成行业《白皮书》编制。

（郝为华）

市场营销

【市场营销“十三五”规划】按照《中国电力建设集团有限公司“十三五”发展规划》及相关业务规划，市场经营部制订了《中国电力建设集团有限公司市场营销“十三五”规划》，内容涵盖市场形势预测、竞争形势分析、市场规划目标、市场布局、营销策略、营销组织建设等主要内容，提出了“十三五”集团公司市场营销的指导思想、发展思路、主要目标和重点任务。

【市场营销专题会议】2017年3月27～28日，股份公司在西安召开新疆阜康抽水蓄能电站EPC总承包项目启动会。会前市场经营部会同工程管理部、有关子企业经营管理人员制订了EPC总承包履约体系文件。

4月6日，股份公司召开地下工程及海岛工程军民融合有关建设任务启动会议，部署有关子企业开展专题研究，并制作了专业宣传片。

4月17日，股份公司召开清原抽水蓄能电站EPC总承包项目工作布置专题会。

5月12日，股份公司召开火电建设形势与企业市场协同创新专题讨论会，分析当前火电建设市场的形势、对集团的影响、讨论了子企业如何进行市场协同、技术创新等。

6月16日，股份公司在总部召开了水电工程勘察设计费及市场管理专题会议，会议听取了市场经营部和七家水电设计院关于水电工程勘察设计费计算和合同商谈情况的汇报，听取了相关单位对市场营销管理具体问题的说明，通报了近期水电项目投标和市场营销存在的问题。

11月1日，股份公司召开了市场营销管理办法暨推动重大项目落地专题研讨会。

【营销管理】

（1）突出高端营销，创新营销方式。2017年，集团公司继续加强高端营销，主动与政府和企业对接，统筹协调区域市场开发，推动一大批重大基础设施和水环境项目落地，取得了积极成效。

（2）组织参与各地政府项目推广活动挖掘市场。

（3）大力布局开拓新兴市场，成效逐步显现。

（4）完善市场规则体系，加强市场管控。

【市场开拓】2017年，传统业务领域中标了一批有影响力的EPC或施工总承包项目。如：辽宁清原抽水蓄能电站EPC总承包项目中标价64亿元，是全国第一个完整意义上的采用EPC承包模式承建的大型抽水蓄能电站，包含了设备成套采购，装机容量180万千瓦；26.83亿元中标镇安抽水蓄能电站施工总承包项目、18.69亿元中标厦门抽水蓄能电站施工总承包项目；成员企业联合体中标木里河固增水电站设计采购施工总承包EPC，约15亿元；成员企业中标成都李家岩水库项目约96亿元（BOT类PPP项目）。水环境业务中标阜阳市城区水系统综合整治PPP项目（标段一）约44.7亿元及深圳水环境后续项目约50亿元；以7.9亿元中标丰宁抽水蓄能（12台共360万千瓦）机电安装标，是国内最大的抽水蓄能机电安装项目；以10.5亿元中标金沙江上游苏哇龙厂房工程、以11.89亿元中标新疆金河水电站双曲拱坝。以11.14亿元中标广西驮英水利工程。

【制度建设】2017年，市场经营部组织研究并履行程序印发了五项制度和一项行业研究成果：

《中国电力建设股份有限公司内部经济纠纷调解办法》；

《中国电力建设集团（股份）有限公司国内能源电力水利市场不低于成本价投标管理办法》；

《授权成员企业使用中国电建品牌开展项目投标和经营实施细则（2017年版）》；

《“中国电建招标与采购网”信息发布管理办法》；

《工程、服务招标评标专家及评标专家库管理办法》；

《水电工程设计采购施工总承包项目招标和合同文件示范文本》（行业标准）；

修订两项制度：

修订2017年子企业市场经营管理评价考核办法；

修订《投资与建设项目招标管理办法》。

【清欠工作】

（1）积极和相关部门多次向国务院国资委、住房与城乡建设部等反映、统计各类保证金问题，促成国家层面对此问题的高度重视和规范。

（2）指导成员企业加强应收账款清欠工作。通过营销会议、下发文件强化经营部门清收的责任，树立营销与经营同等重要的理念，在经营口建立应收账款清收体系，积极开展清欠工作。

（3）开展子企业之间债权债务专项治理工作。下发专项治理工作方案，梳理子企业间的债权债务情况，形成明细表，通过资金划拨、仲裁等方式解决“三角债”问题。

（李　斌　刘清华　郝为华）

经营管理

【能源电力业务“十三五”规划】按照《中国电力建设集团有限公司“十三五”发展规划》及相关业务规划，编制完成了《中国电力建设集团有限公司能源电力业务“十三五”规划》〔包括水利水电业务、火电（含核电）与电网业务、新能源业务、发电业务等四个子规划〕。该规划内容涵盖水电水利、火电、核电、电网、新能源、电力装备制造、发电运营等业务，提出了“十三五”集团公司能源电力业务发展的指导思想、发展思路、主要目标和重点任务。

【经营活动分析】市场经营部每季度定期组织集团公司主要领导和各部门参加经营活动分析会议，及时发现、反映企业生产经营过程中存在的问题，通过对完成情况、竞争对手、宏观政策、经济环境、应对措施、未来趋势的分析，查找经营管理薄弱环节，查漏补缺，制定改进措施和解决办法，编制集团公司经营活动分析报告。定期组织撰写股份公司经济运行分析报告提交董事会。

【经营计划编制与下达】根据集团公司战略发展规划，结合国务院国资委对集团的发展要求和成员企业自身发展要求，组织编制集团公司和股份公司2017年度经营计划，并分解到成员企业（单位）和事业部。2017年集团公司营业收入计划3450.00亿元，新签合同计划5516.00亿元；股份公司营业收入计划2577.84亿元，新签合同计划3973.02亿元。

【经营业绩考核】根据《中国电力建设股份有限公司子企业负责人年度业绩考核办法》，为履行出资人职责，落实资本保值增值责任，建立有效的激励和约束机制，推动股份公司战略目标的稳步实现，市场经营部根据职责分工组织对集团成员企业（单位）和事业部2016年度经营计划（营业收入和新签合同指标）完成情况进行考核。

（邱志鹏　张孟东）

【市场管理评价】为了更加突出考核对成员企业的引导作用，及时修订市场管理评价体系，重点突出对成员企业的战略引领、市场导向及差异化发展要求，强调集团内部跨板块间的协同发展。根据《关于印发管理评价考核细则的通知》（中电建股〔2014〕133号），根据各事业部及子企业自评报告，并结合工作情况，完成了2016年子企业市场经营管理评价考核工作和2017年考核指标下达工作。

（胡慧君）

投资与建设项目招标管理

【“一库一平台”建设】积极应对国家整合建立统一的公共资源交易平台外部形势，落实集团公司2017年度工作会议关于加强招标采购管理，建设“一库一平台”的工作部署，“一库一平台”建设目标全面完成，建成集团公司评标专家库、公司公共资源交易平台。

1.“一库”

年内编制和公布了《评标专家专业分类标准》，开发完成“股份公司评标专家库管理系统”，组织各单位开展第一批工程、服务招标评标专家推荐、评审、公示，建成覆盖公司主营业务455个专业近3000名专业评标专家的综合评标专家库，供各级单位招标中自行抽取专家使用。

2.“一平台”

集团公司开发的“中国电建公共资源交易系统”7月初上线试运，7月中旬接入“中国招标投标公共服务平台”，9月底成功通过国家权威机构检测，12月25日取得国家认证，正式取得中国质量认证中心三星级认证。

【招标审批管理】2017年，市场经营部共审批成安渝高速公路四川段土建、路面、机电工程标，河北省太行山高速公路邢台段土建工程标，郑州市贾鲁河综合治理工程PPP项目施工标，新疆夏特水电站枢纽工程和监理服务标，成都轨道交通18号线工程施工监测标，老挝南欧江电力运维中心建安工程标，河北省怀安县渡口堡风电场工程EPC总承包标，济南长清双尖山风电场EPC工程总承包标等“大额重大”项目招标结果76项，中标金额合计287.53亿元。审批180个投资与建设项目计647项招标计划、分标规划，预估招标金额933.95亿元。

（付　奎　王　昊　吴　姣）

【招标“放、管、服”】深入贯彻公司简政放权精神，推进招标管理放管结合、优化监管服务。

一是加强审批权限下放招标项目“事后监管”，完成子企业自行审批项目389项招标计划、313项招标结果备案工作，备案金额分别合计10.41亿元、107.35亿元。

二是做好招标信息发布服务，加强信息公开工作。发挥“中国电建招标与采购网”招标发布媒介作用，为各企业招标信息发布、投标信息获取提供便捷通道。全年公开发布招标公告、公示等信息共4616条，公众访问量达48.26万次，同比增加63.56%。

（付　奎　吴　姣）

【行业协作】2017年，集团公司发挥专业优势，加强与中国招标投标协会的业务协作，深入参与招标投标领域各项政策、规范制定工作，并推荐招标办代表加入了中国招标投标协会行业顾问组。公司作为八家典型央企之一在全国央企招标投标交流平台上作报告，宣传业务实力、打造正面形象。

受中国招标投标协会委托，招标办组织集团内外各行业专家，牵头执笔完成《中国招标投标业发展调研报告》编制，公司在中国招标投标协会2017年度全国会员大会、第二届理事会等会议上得到协会和行业专家高度肯定。

（付　奎　王　昊）

造 价 管 理

【行业定额修编】2017年，市场经营部协同可再生能源定额站全面启动水电行业定额修编工作，组织各企业对《水电工程设计概算编制规定（2013年版）》《水电工程费用构成及概（估）算费用标准（2013年版）》《水电建筑工程预算定额（2004年版）》《水电建筑工程预算定额（2007年版）》《水电设备安装工程预算定额（2003年版）》《水电设备安装工程概算定额（2003年版）》《水电工程施工机械台时费定额（2004年版）》七项定额标准提出修订意见。

印发《水电建筑安装工程项目成本分析和企业定额标准课题——第一阶段水电工程典型项目成本分析研究成果报告》，供各企业参考。

（付　奎　刘清华）

【行业定额造价工作】市场经营部组织各企业对住房和城乡建设部《建设项目工程总承包费用项目组成（征求意见稿）》和《建设项目总投资费用项目组成（征求意见稿）》，国家铁路局铁路经研院《铁路工程补充预算定额（2017年度）》和《铁路工程设备基期价格》、科技与法制司《铁路工程结构可靠性设计统一标准》和《铁路工程地质勘查规范》，能源行业核电标准化技术委员会《核电厂建设工程预算定额（征求意见稿）》，国家电网电力建设定额站《输电工程（架空线路）技术经济指标编制导则》和《变电工程技术经济指标编制导则》研究，并反馈意见。

转发《20千伏及以下配电网工程估算指标及概预算定额价格水平调整办法（2016年版）》《2009版20千伏及以下配电网工程预算定额2017年上半年价

格水平调整系数》《2015版电网技术改造和检修工程概预算定额2017年上半年价格水平调整系数》《2016版20千伏及以下配电网工程估算指标及概预算定额2017年上半年价格水平调整》等多项行业造价信息。

（付 奎 吴 姣）

【政策法规研究】2017年，市场经营部向国家发展和改革委员会反馈《工程咨询单位资格认定和管理办法（征求意见稿）》意见和建议；向国务院国资委政策法规局反馈《大中型水利水电工程建设征地补偿和移民安置条例修正案（草案）》意见和建议；向中国铁路总公司建设管理部反馈《铁路建设项目专业分包管理办法（征求意见稿）》意见和建议等。

（付 奎 王 昊）

综合统计

【统计报表】完成集团公司、股份公司综合统计报表。配合海外事业部完成2017年ENR排名国内营业收入统计。

（胡慧君）

【信息披露】根据股份公司“关于印发《中国电力建设股份有限公司重大事项内部报告制度》的通知”及“关于明确《中国电力建设股份有限公司重大事项内部报告制度》有关部门工作职责的通知”等相关文件要求，及时有效地提供月度新签合同完成情况及重大合同签署情况。

（郝维华）

【工作创新】

（1）以新疆阜康、辽宁清原和杨房沟水电站项目履约为基础，创新建立了集团公司设计、施工企业联合体履约模式，形成了12个项目制度性文件，在深圳市龙岗河流域下游及观澜河流域雨污分流EPC项目中推广使用。

（2）研究了水电工程最高投标限价问题，制定和规范最高限价的计算标准将有利于行业发展。

（3）指导成员企业创新建立了安全和应急综合管理平台，并逐步推广。

（4）以“产学研用”一体化模式，加强与清华大学战略合作，推动粤港澳大湾区环境治理项目和其他环境治理项目。

（郝为华）

工程项目管理

工程管理部

【制度建设】推进试点分包信息公开机制，促进分包管理透明化。工程管理部制定了国内工程项目分包管理信息公开实施办法，按照分层级、分权限的原则，要求成员企业对分包策划、招标、开标、定标等全过程的关键信息，包括分包价格、分包商信息、分包标段、结算方式等内容在一定范围内进行公开、公示。2017年，该管理办法已在电建建筑公司、山东电建一公司及成都院等三家成员企业试点运行，且运行情况良好。

【资质管理】2017年，集团公司资质体系在国家严格管理的背景下持续完备，全年新增水电特级资质5个、市政特级资质2个、建筑特级资质2个、电力特级资质2个、水电一级资质1个、建筑一级资质4个、市政一级资质3个、电力一级资质2个。水电八局升级为全国为数不多的“三特”企业，多家设计院取得施工总承包一级资质。新增三家资质满足特“1+2”的子企业，采取多项有效措施，打破行业壁垒，提升集团在各业务领域的竞争力。

电建水环境公司资质快速到位，对推动公司水环境与治理业务的更大发展提供了有力支撑。加强对重组企业的资质指导工作。宁夏电建、四川电建二公司、四川电建三公司产权划归入山东电建后，山东电建发展定位和业务范围出现调整，为支持其国内业务拓展，工程管理部指导其将四川电建三公司电力一级、建筑一级、机电一级资质转移至山东电建。

【履约管理】工程管理部强化在建项目履约监管，确保工程顺利履约。一是联合基础设施事业部、电力工程事业部等部门及相关成员企业组成检查组，对部分成员企业总部及部分项目开展履约专项检查。对检查中发现的问题要求有关成员企业和项目部及时开展整改，对共性问题进一步梳理后，在集团内进行通报；二是处理有关项目履约投诉及纠纷问题。

【EPC 项目管控】2017 年，工程管理部深入项目检查，加强在建工程履约、质量监管；联合总部有关部门组成六个组开展在建工程履约及分包专项检查，通过现场检查方式，督促各单位重视履约及分包工作，并考核各单位规章制度在项目部的落地执行情况。共对两河口、深圳地铁、茅洲河治理等近 50 个在建工程的各参建项目部进行了履约及分包检查。

为促进总承包项目设计与施工的深度融合，探索集团设计施工一体化管理模式，打造集团设计施工一体化品牌，工程管理部分别组织对杨房沟水电站、新疆阜康抽水蓄能电站、辽宁清原抽水蓄能电站等 EPC 项目进行实地考察，对项目合同履约、设计与施工管理情况、科研情况进行调研和检查，现场召开沟通交流会议针对实地检查中发现的问题向总承包项目部提出建议，以求实现参建各方总体效益最大化。

【质量管理】2017 年，工程管理部以创建优质工程为抓手，打造中国电建质量品牌，支撑集团公司协同发展。通过举办国家级优质工程创优策划、创优培训班，组织各成员企业交流创优经验，培育各成员企业争创国家、行业、集团公司优质工程奖的主动性、积极性；积极开展国内外项目现场的创优指导、检查；引导平台公司在非能源工程领域开展优质工程创优工作；经集团公司和所属子企业择优推荐，参与勘察设计、监理、工程总承包、参建的 2016～2017 年度境内境外共计 57 个工程获得国家级优质工程荣誉表彰，其中，国优金质奖 16 个，鲁班奖 9 个，国优奖 32 个。特别是由公司委托电建铁路公司以 BOT 模式承建的深圳地铁 7 号线工程荣获国家优质工程金质奖，是中国电建在轨道交通业务乃至基础设施板块打造的第一个工程建设领域国家级优质工程最高奖项。

【数字化管控】推动施工企业 PRP 落地应用，利用信息化手段提升履约管理水平。2017 年，工程管理部归口负责 PRP 系统推广及深化应用，要求各单位 2017 年新开工施工项目基础数据信息须在 PRP 系统中运行。截至年底，股份公司 32 家施工成员企业已全部建成 PRP 系统并通过验收。工程管理部会同总部有关部门，建立了各施工成员企业 PRP 运行情况统计月度报告制度，并建立了内部通报机制。针对 PRP 的运行、应用、优化进程，工程管理部深入丰满、敦化、成都地铁 18 号线等近 10 个在建项目的 15 个标段实地进行 PRP 应用情况的检查，督促各单位加大应用力度，及时完善系统。

（工程管理部）

设备物资管理

设备物资部/采购中心

【部门工作】2017 年，设备物资部/采购中心按照“完善体制机制，提升效率效益，创新方法手段，科学阳光采购，优化资源配置，提高管理能力”的总体工作思路，开展了各项工作。

1. 设备物资管理方面

（1）加强顶层设计，夯实管理基础。

（2）完善管理机制，优化资源配置。

（3）强化安全整治，提升安全水平。

（4）设备管理信息化建设。

（5）突出规划引领，强化管理创新。

2. 采购管理方面

（1）加强采购管理，促进提质增效。

（2）强化政策引导，推进内部联动。

（3）全面信息公开，科学阳光公正。

（4）加强风险管控，防范采购风险。

（5）狠抓信息化建设，推动管理升级。

设备物资管理工作

【大型专用施工设备资源集团化配置】2017 年，设备物资部共批复水电四局等 10 家单位新购大型专用设备 35 台套，设备价值约 7.58 亿元。股份公司各成员企业内部调剂盾构机、履带式起重机、凿岩台车、混凝土泵车、湿喷台车、圆筒高架门机、塔式起重机、圆筒高架门机及提梁机等大型设备 136 台套，设备原值约4.98亿元。

【年度设备物资专项安全检查整治活动】为全面贯彻落实2017年安全生产工作会议精神，进一步加强设备物资安全管理，股份公司于3月组织各企业、单位开展2017年设备物资安全管理整治活动。为进一步巩固安全整治成果，提升活动质量，公司成立了三个专项检查组，于7月3～14日分别对存在特种设备危险物资事故隐患较多的3个片区的在建项目进行专项抽查，抽查范围涉及水利水电、火电、城市轨道交通、房建及装备制造等6个领域21个项目，共发现事故隐患93项，各项目随即对事故隐患进行了及时整改。

【特种设备安全管理负责人培训班】2017年5月15～19日，设备物资部组织了股份公司特种设备安全管理负责人培训班，共有152人参加培训学习并取得安全管理A1证，提高了安全管理的依法合规性和特种设备安全管理水平。

（许　超）

设备物资采购管理

【2018～2019年度十四大类通用施工设备年度招标】2017年11月9日，采购中心组织开展了股份公司2018～2019年度液压反铲挖掘机、国产自卸汽车、国产汽车起重机、国产装载机、国产推土机、压路机、国产混凝土泵车、国产混凝土搅拌运输车、柴油发电机组、国产履带式起重机、国产混凝土湿喷台车、国产旋挖钻机、液压钻机、两臂凿岩台车、三臂凿岩台车等十四大类通用施工设备年度集中采购招标工作，共有342家次供应商报名参与投标，扩大了年度集中采购招标范围，基本实现了通用施工设备全覆盖。

【2018年度投资建设项目风力发电机组、风电箱变、光伏组件和光伏逆变器年度集中采购招标】2017年11月24日，采购中心组织开展了股份公司2018年度投资建设项目风力发电机组、风电箱变、光伏组件和光伏逆变器年度集中采购招标工作，共有近百家供应商报名参与投标，基本涵盖了新能源设备制造行业内的知名企业，极大提高了成员企业采购效率。

【股份公司成都地铁18号线物资和设备采购项目】采购中心牵头各参建单位开展采购策划工作，并于2017年组织开展了股份公司成都地铁18号线工程钢材、水泥、商品混凝土、外加剂、密封材料、管片螺栓、防水卷材等物资及变压器、开关柜、给排水和消防设备等采购项目的采购工作，预计合同总金额43.07亿元，形成了规模效应，取得良好采购成果。

【股份公司广东中开高速公路江门段工程钢材、水泥和钢绞线采购项目】2017年5月23日，股份公司组织开展广东中开高速公路江门段工程钢材、水泥和钢绞线采购项目的采购工作，预计合同金额17.07亿元。

（徐　丰）

专业会议

【2017年设备物资管理及采购管理工作会议】2017年7月31日，股份公司召开了设备物资管理及采购管理工作会议，副总经理李跃平作工作报告。

会议对17个设备物资管理及采购管理先进企业、87名先进工作者进行了表彰，并对新形势下采购管理和设备资源配置管理的要求与制度进行培训和宣贯。

本次会议采用视频方式召开。总经理助理、市场经营部主任张建文宣读表彰决定，设备物资部/采购中心主任苟达平主持会议并作总结发言。

（许　超）

安全质量与环境保护

安全环保部

【部门工作】2017年，集团公司系统贯彻落实党和国家的各项决策部署，坚持安全发展理念不动摇，坚守生命至上、安全第一“红线”不逾越，强化问题导向和目标导向，深化理念引领，突出工作重点，夯实基层基础，推动责任落实，以安全标准化建设为抓手，以“一体化、常态化”安全检查考核为手段，深入开展安全生产专项整治工作，推动了安全生产形势稳定向好。2017年安全生产工作呈现一般事故减少，较大及以上事故得以遏制，大型水电站、轨道交通等风险较大重点项目未发生生产性死亡事故，多项工作获得国家相关部委肯定，69 家子企业和项目部安全生产工作获得所在省、市表彰和嘉奖。

安 全 管 理

【体系建设】 2017 年，集团公司编制发布了《安全环保“十三五”规划》，明确“十三五”安全目标、指标、重点任务；组织子企业对照《中共中央 国务院关于推进安全生产领域改革发展的意见》，梳理各级人员安全职责，积极推动建立各级安全生产权力和责任清单；组织各级领导干部认真学习《江西丰城发电厂“11・24”冷却塔施工平台坍塌特别重大事故调查报告》，借鉴事故教训，梳理责任体系，进一步强化党政主要领导安全生产职责，严格落实“党政同责、一岗双责、齐抓共管、失职追责”，明晰“四个责任体系”各级负责人履职工作要求，狠抓了体系负责人和各级党组织书记安全履职的检查工作，严格执行各级领导任期安全生产责任制和安全生产“一票否决”制度，对发生的生产安全事故进行了责任追究。2017 年事故追责行政处分 35 人，经济处罚 58 人。

【制度建设】 结合施工过程中易发、多发事故的作业特性，2017 年，安全环保部组织编制了《工程施工营地选址及建设管理强制规定》《脚手架安全管理强制规定》《斜井施工安全管理强制规定》三个强规，针对监理安全管理存在的制度短板，组织编制了《电力建设工程施工监理安全管理规程》，进一步强化管理制度的针对性。

【教育培训】 2017 年，集团公司明确了子企业年度安全教育培训的重点和任务，重新修订了《安全管理人员培训教材》《企业领导人员培训教材》，组织编制了《电力建设企业应急能力建设标准培训教材》，举办了企业领导人员、安全管理人员和应急能力建设四期培训班，培训人员 1261 名；大力开展全员安全能力及素质提升教育，不断创新培训方法，提升培训效果，全面推广“体验式”“参与式”“案例式”培训模式。2017 年，各子企业累计完成各类人员安全培训 508671 人次。

【科技兴安】 股份公司积极推动安全生产科技工作，组织开展了加快淘汰落后和推广先进安全技术装备，推动企业装备的转型升级，大力推动“机械化换人、自动化减人”的科技强安工作，组织子企业参与编制了一大批行业安全标准、规范，鼓励建设项目充分利用视频和手机 APP 监控系统、扬尘监测与喷淋联动系统、塔式起重机远程安全监控系统等科技手段，促进安全科技成果转化应用，积极探索实行“智能＋安全”“大数据＋安全”管理模式，用科技力量坚守红线。

【信息化建设】 集团公司进一步深化信息化与安全生产业务的融合，结合项目管理信息化建设大力推进安全生产信息化管控平台应用，一大批子企业对总承包项目、施工项目实现了远程动态监控、日常基础管理工作网上审查等管理，加大了对危险源分布情况动态监管力度，全面提高了安全管理人员工作效率。

【检查考核】 集团公司持续推行“一体化、常态化”检查考核机制，根据检查发现的问题，细化检查考核条款，统一检查考核标准，提高检查的指向性和专业性，并将检查重点逐步向施工现场和子企业二级生产经营单位转移，全面执行安全专家能力评价和淘汰机制。全年集团公司组织检查考核组 22 个，安全督查组 4 个，按照“四不两直”“查考并举”和“查培结合”的原则，对 70 个子企业、32 个子企业二级生产经营单位、131 个项目部进行安全检查考核、安全督查和“回头看”，对查出的 4292 项问题提出了书面整改意见和要求，并进行监督核查，对个别不具备安全生产条件、安全隐患问题严重的建设项目和作业车间发出了停工（停产）整改令。

【安全督查及隐患排查】 集团公司要求各单位针对安全生产领域的突出问题，把责任落实挺在风险管控前面，把风险管控挺在隐患排查治理前面，把隐患排查治理挺在应急救援前面，切实把每一类风险都控制在可接受范围内，把每一个隐患都治理在形成之初，把每一起事故都消灭在萌芽状态。截至年末，各子企业组织安全检查 1422 次，检查覆盖项目 3183 个，排查整改隐患 119302 个，隐患整改投入资金 4.8 亿元，完成安全投入费用 58 亿元。

【标准化建设】 为规范子企业标准化建设达标评级、年度自查、报告编制等工作开展，集团公司制定了《安全生产标准化建设管理办法》，组织子企业全面开展标准化建设创建、升级及自查评工作，通报了 56 家子企业标准化建设自查评工作情况，对评审不合格的 5 家企业开展“回头看”专项行动，对存在问题较多的 20 家企业开展了一次标准化建设专项培训工作，面对面分析问题、讲解标准、解读自查评工作的组织开展及报告编制。同时，结合企业业务特性，对无国家标准的业务板块组织编制了铁路、房地产、国际业务等三个安全生产标准化评价标准，积极推动平台、投资、运营企业开展创建工作。截至年末，共计67家子企业和164个二级生产经营单位及投资项目通过了标准化达标认定，新能源安全生产标准化评价标准编制工作也全面启动。

【应急管理】按照国家“进一步加大工作力度、完善应急体系、强化应急管理，全面提高防范和应对事故灾难能力”的应急管理要求，集团公司积极推进安全生产应急管理工作。2017年，组织完成了国家能源局委托编制的《电力建设企业应急预案编制导则》，印发了《应急能力建设评估实施方案》，确定了公司应急能力建设的工作目标和进度计划；组织编制了综合预案、专项预案和现场处置方案等三类5个应急预案模块及47个应急预案范本，全面厘清了子企业突发事件分级标准、响应分级标准和响应程序；举办了由各子企业安全总监和部门负责人参加的应急能力建设标准培训；采用“试点先行，样板引路”方式，完成了山东电建一公司等四家企业应急能力建设评估验收工作。2017年，各单位完善修订专项应急预案28379个、现场处置方案26753个，开展应急演练7009次，应急投入资金1.6亿元。

【安全宣传】集团公司以开展“安全生产月”及“电力建设施工安全年”活动为契机，采取多种形式宣传安全红线的不可逾越，注重突出活动重点，做好主题宣讲、警示教育、安全培训、班组管理和安全生产标准化、诚信体系建设等活动，组织各级领导开展“落实企业安全主体责任”专题讲座活动，举行了以“全面落实企业安全生产主体责任”为主题的“安全生产月”启动仪式。各子企业也纷纷通过开展“安全生产宣传和咨询日”、企业主体责任“三个一”（主要负责人讲一堂安全生产公开课、开展一次安全生产谈心对话、开展一次安全生产公开承诺）、生产安全事故警示教育、安全经验交流会和应急演练等系列活动，把安全生产思想深入到每一位员工心里。

节能环保管理

【制度建设及培训】集团公司结合管理体系架构和人员变化，对突发环境事件应急预案进行修订并发布。公司对各子企业要根据国家、公司相关规定、制度要求，结合企业产业特点和业务范围，认真梳理、辨识、评价职业危害因素、环境影响因素、主要能耗设备及设施，全面落实全环节落实、全员参与、全过程管控的工作总要求，将职责划分到相关部门和人员，健全具有针对性和可操作性的配套制度提出了工作要求。各子企业根据公司三项业务管理制度，结合本单位产业类型、生产特点、管理构架等因素，制定了标准化、规范化的工作程序，进一步完善配套制度。同时，为提高企业领导人员对三项业务工作重要性的认识，深入学习国家三项业务有关的法律法规要求，集团公司编制了《企业领导人员三项业务培训教材》，并与安全生产管理培训同部署、同落实，对130位企业领导人员进行培训工作。为深入学习和掌握国家三项业务有关工作要求，集团公司组织了年度三项业务管理培训班，培训人员覆盖各企业总部、二级生产经营单位、项目部三项业务工作负责人及管理人员，参培人员达398人。

【信息化与科技创新】集团公司进一步深化信息化与三项业务的融合，完成了节能减排统计监测数据报送及分析系统的升级改造工作，升级改造后的系统界面更友好、操作更便捷、流程更清晰、逻辑更合理、功能更全面。集团公司重视三项业务科研创新工作，对各子企业要加强三项业务有关技术、设备及设施的研发工作，同时以全球化视野应用世界先进工艺、技术、设备，鼓励科技创新和对高耗能设备的更新换代，实现企业绿色健康发展提出了工作要求。

【职业危害管理】2017年，集团公司组织开展职业健康危害因素及接触人员排查统计工作并对统计结果进行分析，初步得出涉及的重点职业危害因素依次为噪声、矽尘、电焊烟尘、锰及其化合物、水泥粉尘；涉及的重点职业危害工种为电焊工、钻工、爆破工。从上报资料看，各子企业对该项工作的重视度较2016年有明显提高，查出的职业危害因素名录更完整、名称更规范、接触人员数量更准确，并且为提高统计质量采取了结合企业实际的形式多样的工作方法。

【样板创建】集团公司以打造三项业务示范单位和样板项目为抓手，以示范先行、样板引领，促进三项业务管理制度与标准在基层单位和现场的有效落地，全面提升各子企业管理工作水平。各子企业积极响应，将该项工作作为推动三项业务管理标准落地的重要举措，通过组织领导、部署策划、监督指导、评估验证、交流对标，充分发挥示范单位和样板项目三项业务管理的示范、引领、带动作用，以点带面、对全面提升三项业务管理整体水平起到了促进作用。

【目标（指标）管理】 2017 年，集团公司建筑行业万元营业收入能耗（可比价）较 2016 年同比下降 5.2%，SO_2排放量同比下降 5.33%，完成年度节能减排季度指标。2017 年，集团公司未发生重大违规的职业健康、环境保护、节能减排事故。

专业会议

【安全生产工作会议】 1 月 30 日，集团公司 2018 年安全生产工作会议在北京召开，传达贯彻全国安全生产电视电话会议及全国安全生产工作会议精神，总结 2017 年安全生产工作，分析存在的问题和面临的形势，部署 2018 年安全生产重点工作。

党委书记、董事长晏志勇出席会议并讲话，总经理、党委副书记孙洪水主持会议，副总经理姚强作了题为《压实安全责任 强化标准落地，扎实推动安全生产工作创新发展》的安全生产工作报告。

会议还对集团公司 2017 年度安全生产先进企业进行了表彰。公司领导班子成员、总部副主任以上负责人，各成员企业党政主要领导在主会场参加会议。各成员企业总部中层以上管理人员、所属二级单位党政主要负责人在分会场参加会议。

（安全环保部）

科　技　管　理

科　技　部

【国家创新型企业建设】 2017 年，科技部认真学习贯彻党的“十九大”创新理念及全国科技创新大会精神，全面推进集团公司“十三五”创新驱动发展战略，围绕建设创新型企业目标，持续推动成员企业创新型企业、高新技术企业建设工作。2017 年集团公司研发投入 104.4 亿元，研发投入比 2.94%，比 2016 年研发投入 88.4 亿元增加 16 亿元。截至 2017 年底，集团公司共有 7 家企业认定为省级创新型企业，2 家企业认定为市级创新型企业，4 家企业确定为省级创新型企业试点企业；集团公司高新技术企业已增至 80 家。

【创新驱动战略和科技规划实施】 根据集团公司创新驱动发展战略和“十三五”科技发展规划要求，科技部认真研究《国资委推动中央企业科技创新工作举措》等系列文件精神，围绕创新型企业建设工程、重大技术攻关工程、研发平台建设、创新成果推广应用工程、体制机制建设工程、科技人才队伍建设和营造创新环境等方面的实施方案开展深入系统研究，编制了《关于强化实施创新驱动发展战略，进一步推进科技创新深入发展的意见》。

为进一步加强科技创新驱动战略、科技发展规划实施，加大宣贯培训力度。分别在上海、南昌、天津、郑州等地组织召开创新驱动发展战略和科技发展规划宣贯会议，引导企业明晰集团公司科技创新发展战略和规划部署，创新型企业内涵和创新要素的同时，注重成员企业创新发展需求、反馈与交流，有力促进了成员企业创新驱动战略和科技发展规划，既符合自身的发展实际，又与集团创新战略和科技规划相协同。

【科技创新体系建设】 秉承创新驱动发展战略和科技发展规划引领，积极推动科技创新体系建设，进一步完善科技管理、研发平台、科技委“三位一体”的技术创新组织系统。持续推动符合创新型企业建设的科技管理工作；持续加强研发平台建设力度，不断提高企业自主创新能力；积极推进科技委工作，充分发挥科技委的智库作用。

1. 科技管理制度建设

高度重视科技创新管理制度建设，每年结合集团引领和管控要求，努力构建完善“系统完备、科学规范、运行有效”的科技管理制度体系，陆续制（修）定了《中国电力建设股份有限公司科技进步管理办法》《中国电力建设股份有限公司科技进步考核暂行办法》等十多项管理制度。

2. 研发平台体系建设

截至 2017 年底，集团公司共拥有国家级研发平台 6 家、省级研发平台 76 家、集团级研发平台 3 家。

3. 积极推进科技委工作

积极组织各专委会根据企业发展中遇到的问题展开研究，对新行业、新领域、新技术进行学习和交流，充分发挥科技委的咨询、议事、参谋和平台作用。

【科技项目管理】2017年，结合集团公司业务发展需要和技术优势，科技部积极参与国家重大创新任务，申报并参与2017年度国家重大科技专项、重点研发计划及国家自然基金项目共17项。同时，围绕公司转型升级的迫切需求，发挥科技创新引领全面创新的作用，围绕构建现代业务技术体系建设要求，强化与现代信息技术深度融合，一方面，积极谋划光热、城市轨道和核电等业务领域关键集成技术攻关，不断推进《城市河流水环境治理关键技术研究》《国际工程技术标准应用研究》，以及EPC商业模式工程项目现代信息技术应用研究等一批集团级重大专项研究工作，集成集约集团内外部创新资源，自上而下构建新兴业务领域技术体系；另一方面，围绕各业务领域核心关键技术突破和应用转化需求，在能源电力、基础设施等传统优势领域开展技术创新的同时，注重新兴业务（包括水资源与环境、光热、核能、地下空间等）重点技术研发的引导。2017年集团择优立项59项，其中战略新兴业务科技项目研究占37%。

【重大科技成果】2017年，集团公司瞄准国家、行业重大创新需求，积极开展“梯级水库群风险等级确定与风险设计”等数十项国家级、省部级科技项目和课题研究。同时，面向发展战略和市场需求，以数字化、网络化、智能化、绿色化作为提升竞争力的技术基点，持续推进“城市河流水环境治理关键技术研究”等200余项集团公司重大科技专项、重点科技项目，以及各成员企业科技项目研究有效实施，取得大批具有良好经济社会效益的科技创新成果。通过精心组织优秀科技成果申报国家、省部级和各学协会科技技术奖。其中，“600兆瓦超临界循环流化床锅炉技术开发、研制与工程示范”项目荣获国家科技进步一等奖、“锦屏二级超深埋特大引水隧洞发电工程关键技术”项目荣获国家科技进步二等奖，“超深与复杂地质条件混凝土防渗墙关键技术”等一批创新成果先后获得291项省部级科学技术奖项。

同时，知识产权战略和知识工程建设取得新进展。集团公司位列《2017年中国企业专利创新百强榜》第54位，股份公司企业技术中心经国家发展改革委的评价全国排名第15位。截至年底，2017年新申请专利2614项，其中发明专利804项，国际专利11项；新授权专利共计2048项，其中授权发明专利391项；累计有效专利9493项，其中发明专利1470项。

【协同创新】2017年，科技部着眼于国家相关行业发展战略和自身技术优势，积极整合集团公司优质科技创新资源并联合国内相关产学研用各方技术优势资源，进行全方位、多层次科技合作，借助各级技术研发中心、院士工作站、博士后流动站等多种研发平台，积极开展国家重大科技项目攻关，为国家重点工程建设及培育企业核心竞争力提供了有力支撑和保障。

1. 联合优势科研机构及企业开展重大技术攻关

不断加强与清华大学、中国水利水电科学研究院、河海大学、武汉大学、四川大学等一批国内著名高校、科研院所以及其他企业之间的合作，围绕行业重大技术难题和工程实践，组织开展重大技术攻关、重大工程建设咨询、院士学术讲座和专项技术培训，持续推进集团与外部创新资源的协同创新。2017年，集团及所属成员企业开展联合攻关项目达936项，投入研究经费达11338.97万元。

2. 强化产业技术创新联盟建设和学术交流

集团公司牵头组织的水环境治理产业技术创新战略联盟，规模不断壮大，2017年新增47家单位入盟，截至年底共计88家单位。围绕水环境领域科研和工程项目，先后组织联盟成员单位技术交流20余次；凭借多年水电工程超大型地下空间建设技术优势，中国电建市政公司成为中国城市地下综合管廊产业联盟副理事长单位，积极组织并开展相关政策研究、标准编制、关键技术研发及创新成果市场推广工作，为培育集团城市地下管廊业务市场竞争力创造了条件。

【国际科技合作】2017年，按照集团公司全球化发展总体部署和科技创新驱动发展战略，围绕海外业务生产经营与技术创新需求，科技部积极开展海外研发平台建设、技术研发、国内外标准对标研究、技术合作及科技资源整合等科技创新工作。

1. 着重引导成员企业推进海外研发机构建设

截至2017年底，老挝南欧江二期工程试验检测中心、巴西电网工程技术（美洲）研究院已挂牌成立，为老挝南欧江流域梯级开发、巴西美利山输变电工程建设提供了有力支撑。

2. 积极推动优势技术“走出去”

2017年，集团公司与拉法基豪瑞集团、俄罗斯电力国际工程有限公司、巴基斯坦 FWO 公司等境外大型企业签订战略合作协议；与 GE 公司、AECOM 公司、Norconsult 公司等一批知名设计咨询企业针对以色列 KH 抽蓄电站、PNG Ramu 2、下凯富峡水电站等工程难题进行广泛的技术合作。

3. 加快先进技术"引进来"

集团公司积极联合境外丹麦科技大学、EMD 公司共同承担国家科技部国际科技合作专项项目，开展复杂地形风资源测量方法与风能分布预测研究、新型复杂地形空气动力场 CFD 计算模型、风机尾流模型与微观选址优化方法研究及软件平台开发，突破有关技术瓶颈，促进我国复杂地形风电场规划和设计技术的跨越式发展。

4. 积极承办重大国际学术交流会议

集团公司成功承办第三届东亚峰会清洁能源论坛、中国大坝工程学会 2017 年学术年会等一批重大学术交流会议，充分展示了集团公司在国内外水电领域技术与管理的雄厚实力。

【科技统计工作】集团高度重视科技信息统计和分析工作，为适应科技创新管理工作需要，推动科技进步，服务科学决策，结合国务院国资委、科技部、中电联对科技统计报表的新要求，完成了集团公司科技统计系统的升级、测试和实操培训工作。通过对研发平台、科研经费、项目研发、获奖成果、知识产权、技术标准、高新技术企业建设等方面的信息统计与研究，编写完成《中国电建集团 2016 年度科技发展报告》，为集团公司创新驱动发展提供了科学决策依据。

（科技部）

水电勘测设计管理

水电勘测设计管理部

【概况】2017 年，水电勘测设计管理部认真贯彻落实集团公司年度工作会议精神，坚持稳中求进工作总基调，突出"加强党建、深化改革、精益管理、提质增效"工作主题，把握国家深化供给侧结构性改革和推进"一带一路"建设重大机遇，积极引导水电设计企业"加强经营保持增长、深化改革增强动力、创新驱动提高能力、加强管理提质增效、依法依规防范风险"等各项工作，主要经营指标完成良好，保持了稳中向好发展态势。2017 年，水电设计板块实现营业收入 437.89 亿元，完成年度计划的 105.25%，同比增长 17.27%；新签合同 887.02 亿元，完成年度计划的 129.64%，同比增长 30.54%；实现利润总额 26.20 亿元。资产总额为 590.62 亿元。合同存量为 1543.09 亿元。

【转型发展】2017 年，水电勘测设计管理部与成员企业一道，围绕新疆阜康抽水蓄能电站 EPC 总承包、辽宁清原抽水蓄能电站 EPC 总承包、贵州马岭水利枢纽工程 PPP 项目等国内重大项目，积极推广以设计为龙头的 EPC 总承包。发挥资源识别和项目投资引领作用，带动风电、光电 EPC 总承包业务快速发展。主动研究、跟踪地方规划和政府需求，着力开拓城市规划、市政道路、轨道交通、水务、水利景观、环境整治、移民安置、地下管廊、棚户区改造、文物保护、海洋工程、生物质能等新兴领域的勘察设计、工程监理、工程总承包等业务市场，取得较好收益。

【履约管理】为加强水电企业项目履约管理，强化项目风险防范能力，根据集团公司总体安排，部门先后两次分别对"云顶风电场、西泌河水库总承包、马岭水利枢纽 PPP 项目、戛洒江一级水电站、两河口水电站、旬阳水电站、镇安抽水蓄能电站、天池抽水蓄能电站、鄂北水资源配置工程总承包、金寨抽水蓄能电站"等 10 个工程现场 27 个项目部及昆明院、成都院院部进行履约管理专项检查，编制形成专题报告提交集团公司和有关部门。

【业务对接】水电勘测设计管理部主动加强与国家发展改革委、国家能源局等政府部门沟通汇报。牵头落实了 2017 年度雅鲁藏布江下游水电规划前期工作经费 4438 万元。积极向国家发展改革委上报 2017～2019 年后水电前期工作、两大类共 11 项水电前期工作经费新项目的请示。部门负责 5 方联络小组（国家能源局、西藏自治区能源局、中国电建、规划总院和成都院）日常沟通联系，每月定期印发《雅鲁藏布江下游水电规划工作简报》，得到各方好评。年内完成了“我国沿海地区海水抽水蓄能资源利用研究”项目验收工作，为国家能源局尽早确立和启动海水抽水蓄能示范工作奠定了基础。

【业务发展】按照集团公司党委常委会统一部署，水电勘测设计管理部按时完成《水利水电业务“十三五”业务规划》《新能源“十三五”业务规划》和《水资源与环境业务“十三五”业务规划》等三个规划的修改完善和印发邮寄工作。同时，为推动三个业务规划和各项目标任务落地，做了大量宣贯工作。

【专题研究】为充分发挥规划引领作用，做好业务布局，按照集团公司2017年度政策研究立项课题工作总体安排，部门牵头组织规划总院、七家水电设计院和中电建水环境公司为研究主体，各电力设计院参与研究，开展了《各省区“十三五”发展规划对接与市场机遇研究》工作，并按期完成。

【提质增效】水电勘测设计管理部积极推动“减亏扭亏提质提效”专项治理工作，按月对工作开展情况、取得成绩、存在问题及下阶段工作计划等进行梳理。同时，督促成员企业全力以赴做好合同款清欠，千方百计降低未完施工额度增长，有效规避经营发展风险，着力提高发展质量和效益。

【规划引领】根据集团公司管理考核要求，从2017年起将规划引领作用发挥纳入对水电设计企业考核体系，部门研究制定了相应考核标准，充分体现了集团公司“规划创造市场、规划带动营销、规划引领全产业链协调发展”的经营理念。

【业务交流】2017年内，分别举办了水库、交通、施工、机电4个专业的技术与业务发展研讨会，交流了在工程设计、项目管理中积累的经验和教训，分享了专业前沿技术发展信息，使大家对市场环境和国家相关政策有了更加深入透彻的理解，受到参会领导、专家和工程技术人员们一致好评。此外，部门组织水电设计企业分管领导和相关人员等，前往山东浪潮集团和山东电力院调研学习；与电力工程事业部联合组织，召开水电设计企业与山东电力工程企业协同开发市场研讨会。

【深化改革】水电勘测设计管理部积极引导、推动成员企业探索差异化发展途径，配合完成了由昆明院牵头成立的中国电建集团市政规划设计研究院有限公司组建工作、由中南院牵头组建的中电建水务与土壤治理设计研究院有限公司及由成都院牵头组建的西藏工程公司。部门认真贯彻落实国务院关于国有企业“瘦身健体”“提质增效”、增强核心竞争力的部署和要求，积极配合有关部门开展水电设计企业“压缩管理层级、减少法人户数”工作，按时完成阶段性目标，推动板块资源配置更趋合理，管理效率进一步提升。

（水电勘测设计管理部）

投 资 开 发

投 资 管 理 部

【投资管理制度完善】2017年，投资管理部针对国家出台的一系列加强投资管理的新政策、新措施，制定下发了6项规章制度，修订2项投资管理办法，包括《基础设施PPP投资项目施工收入利润监督考核管理办法》（中电建股〔2017〕15号）、《关于加强公司投资管理的通知》（中电建股投资〔2017〕39号）、《关于进一步完善投资管理体系调整投资项目决策流程的通知》（中电建股投资〔2017〕43号）、《基础设施PPP项目投资评审经济指标有关规定》（中电建股投资〔2017〕48号）、《境外投资项目负面清单（2017年版）》《投资项目负面清单（2017年版）》《境内投资管理办法》《境外投资管理办法》等）。

截至年底，投资管理部共制定下发专门投资管理规章制度25项，为加强投资项目精益化管理，提高投资效益，防范投资风险提供了有力保障。

【投资管理信息化】2017年，投资管理部研究开发的“投资管理信息系统”正式投运。该系统在57家子企业上线运行，整合了投资业务管理制度、程序、各级领导的信息需要，项目信息覆盖了投资项目全生命周期的管理范围，同时也提供了投资计划完成和项目实时状态信息。该系统实现了多级数据统筹共享、投资管控平台高效整合、报表数据规范完整等目标，受到子企业好评。由于2017年投资业务监管的新措施、新政策较多，投资管理系统一期进行了相应升级完善，同时在系统一期实现数据集成基础上，实现了数据智能分析的二期开发，成为集团信息化工作的重要组成部分。

【投资计划管理】科学制定并动态跟踪管理全年投资计划，保障了全年计划落地准确性。

2017年初，投资管理部以集团（股份）公司投资能力为总揽，以战略需求和提高质量为导向，结合集团（股份）带动总承包业务、结构调整和转型升级发展的需要，科学制定了年度投资计划。在此基础上加强对计划执行的过程管控，对全年投资活动进行政策导向、风险防控和总体控制。按季度向国务院国资委上报投资计划完成情况及重点项目建设情况，确保投资计划执行不出现较大偏差和风险。

【投资项目现场检查管理】加强对重点投资项目建设现场的实地检查，协调解决有关问题，确保达产项目计划完成。

为保证重点项目巴基斯坦卡西姆2×660兆瓦燃煤电站项目完成1号机组按期发电，投资管理部多次召开专题会议，协调建设中出现的有关问题，专题分析按期发电及未来经济效益指标的有关措施，形成专题报告。针对南欧江项目投产后可能面临的市场消纳现状提出专题分析报告，指导了项目的建设和运营。针对水电八局安徽池州砂石矿项目提出的较大突破投资概算的要求，投资部提出纠偏建议和措施，努力保障项目建设符合董事会的批复意见。加强对纳入到竣工达产计划内项目的监督检查，保障了达产计划完成，投资项目早日产生效益。

【投资项目评审】2017年，投资部在项目储备、初评优选、复核评审和提交决策四个环节都付出了很大努力。截到年底，组织召开了投评委会议14次，完成84个项目立项评审，提交总经理办公会议题、党委会议题、董事会议案等各种签报共666份。对多个不符合投资要求的项目进行劝撤，抵制了部分企业投资冲动，确保投资项目的经济测算符合国务院国资委提出的“事前算赢”原则。

【投资项目后评价】加强对投资项目的后评价管理，总结投资管理经验教训，指导后续项目优选、决策和监督管理。2017年，投资部综合考虑投资项目类型、规模、区域、投资主体、借鉴意义等因素，完成了对11个运营一年以上的投资项目的后评价工作，提出意见建议40余条，为投资规划修订、项目筛选、评审决策和监督管理提供了较好的参考依据。

【投资业务提质增效】2017年，投资管理部在完成投资管理工作的同时，根据集团公司安排，积极采取措施，开展提质增效、瘦身健体、减负债降杠杆防风险、处僵治困等专项管理工作，加大对成员企业BT业务资金回收，积极支持各成员企业主动盘活存量投资资产、出售投资资产的行为，充分发挥投资业务的带动和导向作用，促进产业升级和结构调整，投资业务的作用和成效更为明显。盘活存量投资资产，退出投资项目5个。华东院的下之恩水电站（40兆瓦）成功实现转让；对四川能投风电小比例投资成功退出；湖北公司新疆红星农场项目（100兆瓦）成功转让给大唐等。回收了投资资金，为企业发展挪腾更大空间。

【投资业务培训】投资管理部注重学习型部门建设，在日常工作中注重引导部门员工加强学习、持续提升，注重成员企业投资管理团队培训与建设，2017年组织举办了2期投资高级研修培训班，集团公司及子企业130余名投资管理人员参加培训；与成员企业互派员工交流学习达10人次，取得了良好效果。

【扶贫攻坚工作】2017年，中国电建定点帮扶对象为云南省大理白族自治州剑川县、新疆维吾尔自治区和田地区民丰县，同时协助中国延安干部学院做好四川省越西县定点扶贫工作，共计3个定点扶贫对象，投入扶贫资金共计927.7万元，同比2016年增加106.15%。共实施定点扶贫项目9个，涉及教育扶贫、产业扶贫、农村基础设施建设等方面。

2017年10月10日，集团暨股份公司党委书记、董事长、扶贫开发工作领导小组组长晏志勇带队到定点帮扶的云南省大理白族自治州剑川县考察调研考察，深入贫困户了解情况，通过中国红十字基金会向剑川县8个乡镇17所学校捐赠约1600套安全防护书包和8000册安全教育图书。

集团公司定点扶贫县新疆民丰县通过国家专项评估检查，脱贫摘帽。

投资管理绩效

【投资计划完成情况】2017年度，集团（股份）公司完成投资1234亿元，完成年度投资计划额1200亿元的102%；同比2016年（922亿元）增长32.61%。

【投资项目批复】 2017年，集团（股份）公司新批复及备案项目85个，投资总规模1620.58亿元。未批复项目10个，投资额约60亿元。未批复项目个数约占总上报的11%。

【固定资产及经营性投资收入与利润】

（1）2017年度集团（股份）公司固定资产及经营性投资实现总收入1369亿元，同比2016年（1058亿元）增长29.4%。

（2）2017年度集团（股份）公司固定资产及经营性投资实现利润总额52亿元，同比2016年（50亿元）增长5.67%。

（3）2017年度，集团（股份）公司固定资产及投资类企业经营活动净现金流入54.87亿元，同比2016年（46亿元）增长19.28%。

【投资拉动集团施工总承包业务情况】 2017年，集团公司投资拉动集团公司内施工总承包业务收入1369亿元，同比2016年度（1058亿元）增长29%。

（投资管理部）

房地产投资与开发

房地产管理部

【部门工作】 2017年，房地产管理部根据股份公司房地产业务“十三五”战略规划目标，按照节点目标，积极做好总部职能部门对成员企业的服务、引导与协调工作，与成员企业共同实现房地产业务“十三五”战略规划目标的战略落地。年内参与完成了对板块所属电建地产公司“十三五”规划的评审工作。

2017年，房地产管理部会同财务管理部协调平台公司多措并举，加快库存去化速度，减少资金沉淀，较好完成年度库存去化目标，取得一定成效。

【经营业绩】 2017年，房地产板块在建开发项目88个，全年开复工面积达694.29万平方米，竣工面积139.71万平方米，完成销售合同额2978570.68万元，实现销售回笼资金2743027.79万元。期末资产总额984.10亿元，据克尔瑞（CRIC）统计结果显示，公司所属电建地产2017年销售业绩位列全国品牌房企第55位。

【发展战略】 中国电建集团房地产业务以住宅、商业等城市房地产与保障性安居工程开发为主。坚守质量效益型发展理念，积极盘活存量土地资源，加强与集团产业链的有效协同，积极探索城市综合开发运营项目，聚焦核心区域，提高存货周转率，严控系统性风险。积极打造滨水地产等具有电建特色的新产品、新业态，在风险可控基础上谋求房地产市场的并购重组机会。围绕城市总体发展目标和规划，致力于以“智慧社区＋轨道上盖及社区商业＋海外地产”为突破，优化商业模式，助推集团公司发展全面提升。

【专项工作】 2017年，房地产管理部加强专业指导，切实有效解决成员企业涉及存量土地及不动产等方面问题，推动企业良性发展。全年对多家成员企业涉及房地产土地及不动产方面业务提出办理意见及解决方案。持续跟进已实施项目进度和实施情况，协助解决好企业在改造过程中遇到的各种问题，认真履行部门职责。

【棚户区改造】 2017年，房地产管理部积极落实国务院国资委及有关部委关于棚户区改造工作的相关要求，全年主要完成以下几方面内容：①按照住房和城乡建设部等七部委联合印发的《关于做好棚户区调查摸底和2018～2020年改造计划的通知》（建保函〔2017〕49号）文件精神，完成对国务院国资委收益局关于《中国电力建设集团有限公司棚户区改造国有资本经营预算执行情况的报告》。②完成并已下发2017年股份公司棚户区改造配套设施建设补助金申领工作，此次申领补助金总计2268万元，切实帮助成员企业解决棚户区改造建设资金支持。

【政策研究】 房地产管理部及时关注、分析、把握房地产政策变化和市场走势变化情况。协调电建地产公司，依据“4＋8＋N”的投资布局战略，根据瞬息万变的市场环境，在既定的战略布局规划发展基础上，不断优化区域选择，有效规避热点城市风险，重点向发展潜力较大、供求关系健康的城市进行资源配置。另外将持续关注研究雄安新区发展策略和相关政策，着力推动房地产业务与基础设施业务深度结合，争取在土地整理、园区投资运营、PPP项目投资等特色房地产等领域获得新的业务增长点，助力集团公司践行央企责任，实现在雄安新区的开拓发展。

（房地产管理部）

能源业务管理

能源业务管理部

【部门工作】2017年，能源业务管理部坚持“安全第一、电量至上、指标领先”原则，在做好安全生产、发电计划、指标管控、对标提升、标准化、信息化等工作的同时，积极开展电力市场调研，指导各企业主动开展电量营销，提升电站运行管理水平，努力实现提质增效，全面完成了部门年度重点工作任务。

截至2017年底，集团公司控股并网装机容量1368万千瓦，其中境内装机容量1206.9万千瓦，境外装机容量161.41万千瓦，全年新增装机容量155万千瓦。全年完成发电量343.12亿千瓦时，完成年度发电计划的103.75%，同比增加21.59亿千瓦时，增加比例为6.7%，连续3年控制在±3%左右。完成发电收入104.82亿元，同比增加17.74亿元，增长比例为20.4%；发电业务实现利润7.94亿元，同比增加0.29亿元，增加3.8%。

【安全生产管理】落实股份公司安全管理的总体要求，全面开展安全生产管理，积极推动安全生产达标活动。跟踪分析非计划停运和设备障碍，从严对待事故障碍管理工作，及时下发障碍通报，指导发电企业共同吸取经验教训，消灭安全隐患。积极开展发电企业安全生产现场检查，深入开展隐患排查治理，督促落实整改工作。

【发电计划管控】编制下达股份公司2017年度发电计划，明确责任目标。根据发电业务月度生产运营情况，指导发电企业纠正过程中出现的偏差，促进管理水平提升。

加强发电计划管理，对股份公司发电计划执行情况进行分析，及时发现发电计划执行差距及原因，提出解决措施，监督、指导发电企业有效执行发电计划。

【电力市场营销】2017年，能源业务管理部推动区域联合营销，营造集团公司电量大营销格局。组织南方发电企业、西北售电公司和西南售电公司召开“2017年度南网区域发电企业生产运营分析会”，就电力营销情况、当地电量消纳形势和有关政策、资源开拓情况进行交流，指导南网区域发电企业有的放矢开展电力营销工作。

赴湖南、四川、甘肃等发电企业就当前发电业务现状、减少“三弃”、成本管控等问题进行实地调研，指导发电企业科学控制成本，有效降低“三弃”。

【生产运营指标管理】能源业务管理部统筹规划股份公司全年检修、技改工作，努力提高发电设备可靠性，夯实基础管理。定期分析发电运营整体情况，按时编制下发月度、季度、半年度、年度电力生产运营分析报告。开展季度经营活动分析，针对能源业务指标完成情况、主要措施、存在问题及变动趋势等进行分析对比，及时做出应对。加强与发电企业的沟通与联系，对指标异常情况及时分析并纠偏，对于共性的“三弃”问题、影响设备可靠性问题及新政策对企业经营带来的影响，及时组织会议、开展专项研究，共商对策。

【标准化建设】在充分发挥四个建标中心作用的基础上，能源业务管理部鼓励电建海投、水电七局、西北院积极参与标准的编制、审核和修改完善工作。按照工作计划，分板块召开多次研讨与评审会，截至年底已发布标准38个。2017年印发了16个通用管理标准，并对34个标准大纲进行审核，确定26个标准为第二批次标准的重点编制内容。倡导并推动发电企业开展标准化良好行为认证工作，共有14家发电企业通过认证，其中AAAA级企业10家、AAA级企业4家。

【发电企业运营指标优秀管理单位评选】2017年，能源业务管理部细化考评内容，突出经营指标，开展2016年度发电企业运营指标优秀管理单位评优活动，评选出10家优秀发电企业，效果良好。评优活动已开展了三年，得到发电企业广泛支持和肯定。与三年前相比，电厂（站）运营管理组织水平明显增强，运营管理精细化水平和检修维护水平不断提高，运营指标不断优化；新建电厂（站）不仅建设水平有所提高，同时更加重视生产准备工作，管理制度和管理标准在运营初期基本建立完善，能够高起点、高标准开展运营管理工作；突出经营指标参评标准，使发电企业更加注重经济效益。

【优化能源集中监管平台】为及时掌握电力企业生产运营状况，2016年底完成了能源集中监管平台建设工作，实现上线运行。集团公司总部、子企业、发电企业均可使用该平台了解业务情况、实施业务实时监管。2017年进一步完善能源集中监管平台各项功能，进一步深度挖掘利用现有指标数据，持续进行新投产项目的同步接入，不断消除系统缺陷，提高系统运行效率，顺利通过验收。平台达到了业务层层穿透、追根溯源查找问题、整体监控的目标，实现内部企业和行业多维度和多层级指标对比与分析、异常指标查询与告警，对全面提升业务管控能力发挥重要作用。

【专题研究】2017年，能源业务管理部围绕运营成本控制和电力市场开发两大主题开展专题研究。为提高发电企业成本管理意识，建立健全成本管控体系，从成本要素控制和成本过程控制等方面加强成本管理，实现提高企业经济效益的管理目标，编制下发了《中国电力建设股份有限公司发电企业成本管理指导意见》。

牵头组织召开了绿证交易研讨会，邀请规划总院专家介绍绿证交易文件的编制背景、未来配额制实施和强制约束交易可能带来的政策风险，参加联合国开发计划署碳排放市场培训，拜访北京环境交易所，考察了新能源发电碳交易市场，为挖掘发电企业潜力做好铺垫。

（能源业务管理部）

国际化经营

海外事业部/外事局

【部门工作】2017年，集团公司继续推进国际业务集团化、属地化、全球化“三步走”战略，国际业务呈现上升趋势。加强国际业务集团化建设，制定了国际业务品牌、营销、履约、风险、考核相应制度，形成了较为完善适宜的管控体系。电建国际与成员企业营销人员实现联合办公，立体营销体系初步建成，实现营销资源互补。注重属地化建设，加强六大区域总部管控、营销、监管能力建设，项目本土化雇员明显增加。

2017年，集团公司对外承包工程业务完成营业收入875.24亿元，同比增长13.03%，占年度完成营业额的24.65%；新签合同额1945.40亿元，同比增长8.05%，占年度境内外新签合同额的34.02%。

集团公司67家子企业在120个国家执行工程总承包或施工承包类项目合同2586项，在建项目合同总金额8499.37亿元，同比增长8.45%，占集团总体38.46%。集团公司国际业务从业人数合计94326人，其中：中方人员26179人，雇佣项目所在国员工62112人，雇佣项目第三国人员6035人。

在2017年《财富》世界500强企业中排名第190位，较2016年升10位。2017年，在ENR全球设计企业150强和ENR全球承包商250强排名中，分别位列第2位和第5位，在电力建设领域均位列中资企业第一；在国际工程设计公司225强、国际工程承包商250强中分列第17位和第10位，在上榜中资企业中分别排名第1位和第2位，两项排名在电力行业领域均位列全球第一。

【国际管控】持续强化集团公司国际业务管控模式，发挥管控和引领作用。海外营销和管理制度体系不断健全，“五个统一”（即统一战略规划，统一品牌管理，统一市场布局和营销，统一履约监管，统一风险防范）获得成员企业广泛认可，集团化体系建设基本完成。区域总部“五个中心”（即市场统筹与营销中心、风险防范与履约监管中心、资源协调与信息中心、能力建设与社会责任中心、海外党建中心）建设日趋完善。

设立国际大项目开发总监责任制，针对特定的国际大项目，从项目跟踪初期就组建由海外区域总部、电建国际公司和相关成员企业共同组成的大项目开发部，并任命项目开发总监，实行项目总监责任制，以相对固定的项目开发团队全过程推动大项目签约和生效。以充分整合集团优势资源，集中优势力量，调动不同层面的积极性，共同做好国际大项目开发工作，进一步巩固和提升集团行业地位。

【国际经营】集团公司商业模式不断创新突破，加大项目融资工作力度，积极开拓新业务，更加适应市场需要。以固定收益模式中标秘鲁亚马逊河道疏浚工程；以卖方信贷方式成功推动伊拉克鲁迈拉燃气电站；签署了以年金模式开发方式的肯尼亚公路项目。同加纳政府深度合作，与政府建立了例会制度，组织推动 26 个项目。参股投资并使用优买融资的津巴布韦旺吉燃煤电站实现融资关闭；在印尼投资的明古鲁燃煤电站实现融资关闭；以 EPC 完工担保推动的印尼巴丹图鲁水电站获得预付款。突破传统业务，首次签约伊拉克萨玛沃石油炼化厂和埃及苏赫纳燃油炼油厂等炼化项目；与中信保、华为、金风等六家企业合作成立了国际新能源解决方案平台(INES)，强化技术、信息共享和合作。并购意大利 Geodata 公司，提升了集团在地下工程、轨道交通等方面的专业能力和国际市场开发能力。

【国际履约】强化项目履约管理，项目实施总体平稳。集团投资建设的中巴经济走廊重点项目大沃风电、卡西姆燃煤电站和出口买方信贷方式建设的喀麦隆麦维莱水电站、科特迪瓦苏布雷水电站实现并网发电；中国铁路“走出去”的示范工程中老铁路建设进展顺利，印度尼西亚雅万高铁关键节点征地移交，首期贷款释放，项目正式开工；马来西亚皇京港等战略项目起步。已完工的加纳布维水电站、赞比亚卡里巴北岸扩机工程获中国境外工程鲁班奖；厄瓜多尔辛克雷水电站项目和苏丹麦洛维水电站项目被中国对外承包工程商会评为“中国境外可持续基础设施建设项目”，洪都拉斯帕图卡 3 水电站和缅甸莱比塘采矿项目被评为“中国海外工程示范营地”。

开展海外重大经营风险项目管控处置专项工作，针对梳理出的海外重大经营风险项目分类梳理项目的风险点，制定相应风险处置措施并督导实施，针对风险项目较多的成员企业进行专项督导；专项工作已取得阶段性积极成效，柬埔寨公路改善工程 NR13 标段和 PR314D 标段、马里塔乌萨水电站项目和摩洛哥拉巴特绕城高速公路项目等项目风险已解除，亚美尼亚南北公路项目、马其顿 MS 公路和 KO 公路项目等项目的风险处置工作也取得积极进展。

【国际商务】集团公司加强与相关国家部委、主管单位和各行业协会的对接，海外事业部代表集团公司积极组织并参加了世界水电大会、第十一届国际太阳能光伏展览会、中国—委内瑞拉高级混合委员会第十五次会议、中菲经贸投资论坛、中国-毛里塔尼亚经贸混委会第三届会议、中国一科特迪瓦第三届经贸合作混委会、中摩能源合作执委会首次会议、阿尔及利亚新能源国际展会、首届中国—中东欧能源博览会暨论坛、第十一届阿布扎比可持续发展周暨展览会等各类重要国际会议和交流活动。

发挥集团外事局职能，继续强化外事管理和服务信息化，不断优化改善外事管理系统。将智能证照保管柜及智能文件领取柜接入管理系统，通过系统直接查看证件信息、在库状态及领取/归还记录，实现对因公证件自动化、精细化管理，提高工作效率；新增签证费用结算模块，使签证费用信息化、透明化。2017 年全年顺利完成审批和办理出国（境）团组 11443 批次，27036 人次；新办护照 7794 本，境外换发 1149 人次，申办 APEC 卡 146 人次；办理邀请外国人团华团组共 739 批次，1501 人次；办理公证书及认证 11667 本。出国（境）团组数和人数再创历史新高，较 2016 年分别增长 14%和 17%。在外交部领事司公布的因公出国签证量排名中位居第 7 位，在上榜的中央企业中排名第 3 位。

国际重大工程承包和投融资项目

【印度尼西亚雅万高铁项目】雅万高铁是由中国铁路总公司牵头，联合中国电建、中国中铁、中国通号、中国中车等组成中方联合体，以出资方式与印度尼西亚方成立合资公司，采用 BOOT 模式建设的境外高速铁路项目，正线长 142.2 千米，全线设四个车站，最高设计速度 350 千米/时，项目总投资 51.35 亿美元。

【中老铁路项目】中老铁路北起两国边境磨憨—磨丁口岸，南至万象，全长 414.516 公里，62.7%以上路段为桥梁和隧道，设计时速 160 公里，建设工期 5 年，总投资 374 亿元，由中老双方按 70%和 30%的股比合资建设。中国电建参与投资并负责项目 IV 标段和Ⅴ标段建设任务。中老铁路是第一个以中方为主投资建设并运营的境外铁路项目，全线采用中国规范、技术标准和中国设备。

【白俄罗斯维捷布斯克水电站项目】维捷布斯克水电站安装4台10兆瓦灯泡贯流式发电机组，总装机容量40兆瓦，是白俄罗斯境内最大的水电站项目，素有“白俄三峡”之称。电站初期运行各项指标均达到设计要求，工程质量符合验收合格标准，项目顺利通过竣工验收。

【巴基斯坦大沃风电项目和萨察尔风电项目】大沃风电项目（50兆瓦）和萨察尔风电项目（50兆瓦）都是采用33台国产1.5兆瓦风电机组，是“中巴经济走廊”首批优先实施项目。已分别投入商业运行，取得了良好社会效益。

【科特迪瓦苏布雷水电站项目】苏布雷水电站总装机容量达到275兆瓦。项目最大坝高约20米，大坝全长4.5公里，年发电量10.38亿千瓦时。机组已全部并网发电，成为科特迪瓦最大的水电站。

【吉尔吉斯比什凯克—纳伦—吐尔尕特公路修复项目】比什凯克—纳伦—吐尔尕特公路修复项目是连接吉尔吉斯斯坦、中国和巴基斯坦的主要道路之一，也是中亚经济走廊重要组成部分，长约93公里，修复后的路面宽度为12米，合同额为4545万美元。项目已圆满完工。

【津巴布韦卡里巴南岸水电站扩机工程】卡里巴南岸水电站扩机工程设计安装2台单机容量150兆瓦混流式水轮发电机组，总装机容量300兆瓦。项目采用“F+EPC”模式，EPC合同金额约3.55亿美元，其中3.19亿美元使用中国进出口银行优惠贷款。

【委内瑞拉巴里纳斯重油电厂项目】重油电厂项目位于梅里达山麓、圣多明各河畔平原地带的巴里纳斯州SANTA INES工业园内，项目采用EPC总承包，包括总装机容量100兆瓦的6台瓦锡兰柴油机组和一座115/34.5千伏变电站以及所有配套设施的设计、土建施工、设备供应、安装和调试。

【尼日尔古尔班达80兆瓦重油电站项目】尼日尔古尔班达80兆瓦重油电站是西非发展银行、伊斯兰发展银行和尼日尔政府共同筹资建设的尼日尔最大的电源建设项目。电站分两期建设，一期工程为80兆瓦，包括4台20兆瓦重油/柴油内燃机组，二期为20兆瓦，全部投产后发电量将占该国总发电量的14.3%。2017年4月项目举行了竣工仪式。

【尼泊尔上马相迪A水电站项目】尼泊尔上马相迪A水电站总装机容量50兆瓦（2×25兆瓦），由电建海投公司采用BOOT模式投资开发，总投资额约1.659亿美元，特许期35年（含建设期）。是中国电建在尼泊尔投资的第一个发电项目。

【老挝南欧江梯级水电站项目】南欧江梯级水电站是中国电建通过对老挝南欧江全流域整体规划获得全流域开发权，以BOT模式投资建设的水电站项目。该项目按照“一库七级”模式进行开发，梯级电站总装机容量为1272兆瓦，年平均发电量约50.64亿千瓦时，项目总投资约28亿美元，特许经营期为29年。

【巴基斯坦卡西姆燃煤电站项目】由电建海投和卡塔尔AMC公司共同投资开发的卡西姆港2台660兆瓦燃煤电站，项目总投资约20.85亿美元，年发电量可达95亿千瓦时，是中巴经济走廊排在首位的“优先实施项目”，一直受到中巴两国政府的高度重视。该项目首台机组已投产发电，预计项目整体将于2018年上半年进入商业运行。

【巴基斯坦萨希瓦尔2×660兆瓦燃煤电站项目】巴基斯坦萨希瓦尔2×660兆瓦燃煤电站工程是“中巴经济走廊”优先实施项目，电站总装机容量1320兆瓦，年发电量超过90亿千瓦时。项目仅仅用了22个月零8天便顺利实现两台机组全面建成投产目标，创造了中国海外同类型机组建设速度新纪录，该电站也成为迄今为止中巴经济走廊建设速度最快、装机容量最大、技术领先、节能环保的高效清洁燃煤电站，被巴基斯坦政府誉为“巴电力建设史上的奇迹”。

【巴基斯坦赫维利燃气联合循环电站项目】巴基斯坦赫维利燃气联合循环电站项目位于巴基斯坦旁遮普省，项目采用GE公司最先进的9H级联合循环燃气机组。电站采用“2+2+1”配置，即2台9H燃机、2台余热锅炉和1台汽轮发电机组，总装机容量为1230兆瓦。机组建成后年发电量超过100亿千瓦时，有效缓解当地电力供需紧张问题，改善当地民众生活水平。

【巴西美丽山±800千伏特高压直流输电一期工程】巴西美丽山±800千伏特高压直流输电一期工程是巴

西第二大水电站——美丽山水电站第一条特高压直流送出工程，这条“电力高速公路”北起新建的欣古换流站，南至伊斯坦雷都换流站，纵穿四州全长2076公里，输送容量400万千瓦。该工程建设耗时44个月，较协议规定日期提前2个月正式投入商业运行。

【国际重大投融资项目统计】截至2017年底，集团公司在境外11个国家实施投资项目共计19个，其中正式投产运营项目10个（1个建材项目、4个水电项目、1个风电项目、1个矿产项目、3个并购项目），在建投资项目9个（1个水电项目、1个矿产资源项目、5个火电项目、2条铁路项目），项目大多分布在亚洲地区。

2017年，集团公司境外运营及在建投资项目年度完成投资总额80.89亿元，历年累计完成投资额351.46亿元。其中已投产运营项目本年度完成投资额为3.60亿元，历年累计完成投资额为148.01亿元；在建项目本年度完成投资额77.29亿元，历年累计完成投资额为203.45亿元。

【驻外机构】截至2017年底，集团公司在109个国家设有322个驻外机构。其中股份公司在107个国家设有238个驻外机构（统计数据包括股份公司、水电国际、水电顾问、顾问国际、电建海投、设计院、工程局、基础局、路桥在内）。

按地域划分：大洋洲3个国家6个驻外机构，非洲40个国家91个驻外机构，美洲20国家53个驻外机构，欧洲10个国家17个驻外机构，亚洲36个国家155个驻外机构。

按机构性质划分：92个代表处、78个分公司、97个全资子公司、50个控股公司、5个参股公司。

（海外事业部）

基础设施投资与建设

基础设施事业部

【业务发展】2017年，集团公司国内基础设施业务实现营业收入1079.1亿元，为年度计划（1029.2亿）的104.9%，同比（907.8亿）增长18.9%，占公司营业收入比重较2016年提高3.1个百分点。其中投融资业务收入为461.3亿元，占42.7%，非投融资业务为617.8亿元，占57.3%。

2017年，国内基础设施业务完成新签合同2097.4亿元，同比（1697.8亿元）增长23.5%，完成年度计划（1865亿元）的112.5%，占公司新签合同比重较2016年增加4个百分点。其中非投融资类项目新签合同766.6亿元，占36.6%；投融资类项目新签合同1330.8亿元，占63.4。5亿以上重大项目1799.5亿元，占85.8%。

【战略研究】2017年，基础设施事业部加强战略研究和行业市场研究，组织开展商业模式研究。完成了城市地下综合管廊专项调研，并形成《城市地下综合管廊行业专题调研报告》；组织研究完成了《城市区域性综合业务开发与集团内部产业联动机制研究》课题。

【PPP业务管理】2017年，基础设施事业部顺应PPP业务发展趋势，完善制度，提供专业咨询和支持，进一步优化PPP投资管理流程。截至2017年底，集团公司共计中标PPP项目148个，投资额共计4132亿元。

针对PPP项目特点，重点提示和关注项目运维期间的风险防控工作，要求相关企业引入电建基金。2017年累计有建筑公司、水电五局、水电七局、水电八局、水电十三局、电建路桥公司、中南院等八家单位联合电建基金共同推进项目。

按照国务院国资委统一要求，启动了集团公司PPP业务风险防范督察工作。

【市场营销】2017年，股份公司主要行业领域和重要区域市场营销持续实现突破。一是城市轨道交通市场领域，在巩固已有市场的同时，实现了郑州、洛阳市场的突破，签约成都地铁18号线、福州地铁6号线、郑州地铁5号线、长沙地铁6号线、洛阳地铁1号线、兴国至泉州铁路、深圳地铁12号线等项目；二是巩固发展了云南、新疆等区域的交通基础设施市场，签约了包括红河州高速公路在内的一批大型项目；三是持续营销新兴城市基础设施市场，签约蒙自市综合管廊、郑州航空港等。

【项目管控】2017年，基础设施事业部进一步加大对基础设施项目的监管力度，开展重大亏损项目和重大风险项目的排查。引导和协助开展京沈铁路、长沙地铁、成都地铁、福州地铁等项目履约策划；组织召开了在建铁路项目现场管理交流会，组织召开了科技委基础设施专委会年会暨水电技术在基础设施领域应用研讨会。负责督办和督导了杭州大江东、辽西北供水工程等项目的风险处置工作。

【支持雄安新区建设】2017年4月11日，集团公司成立“中国电建参与雄安新区规划建设发展领导小组”，董事长晏志勇任组长，总经理孙洪水、副总经理王民浩任副组长，下设办公室，办公室设在基础设施事业部。

5月25日，集团公司成立“中国电建雄安新区工作组”，作为集团特别派出机构，在雄安新区开展市场经营活动。

基础设施事业部作为中国电建参与雄安新区规划建设发展领导小组办公室，在2017年全面贯彻落实领导小组各项决定，协同集团雄安新区工作组，积极开展与雄安新区的对接工作及内部协调服务工作。截至年底，水规总院、华东院、水电八局、路桥公司、水环境公司、河北电力院、上海电力院等企业已深度参与雄安新区规划、设计与建设。

（基础设施事业部）

电力工程

电力工程事业部

【经营业绩】2017年，电力工程事业部积极进取、稳步发展，破解了诸多发展难题，经营管理成效显著，表现在市场认可度提高，业务规模增加，整体效益提升，超额完成了全年各项经营管理指标，达到历史最高水平。

2017年，电力工程企业实现利润总额9.60亿元，营业收入利润率达到1.2%，完成年度计划8.5亿元的112.94%；完成营业收入822.71亿元，完成年度计划715.54亿元的114.98%，完成新签合同1447.93亿元，完成年度计划1255.12亿元的115.36%。

【制度建设】电力工程事业部在企业管理、市场营销、经营管理、人力资源、企业文化建设等方面进行了制度更新和完善，印发了《电力工程事业部落实总部部门三位一体（RQE）绩效考核办法的实施细则》《电力工程企业实施〈国内能源电力水利市场不低于成本价投标管理办法（2017年版）〉的指导意见》《电力工程企业在西藏地区从事业务的指导意见》《电力工程企业经营活动分析工作指导意见》《分包商评价管理办法》《关于进一步深化电力工程企业三项制度改革的实施意见》《电力工程企业工资总额（分解）管理实施细则》《电力工程企业负责人薪酬发放监督管理实施细则》《电力工程企业（其他）从业人员管理暂行办法》《关于电力工程企业海外属地化用工管理的指导意见》《电力工程专业内训师管理暂行办法》《关于规范电力工程企业组织机构设置的补充意见》《电力工程企业人力资源管理工作考核评价与对标试行办法》《电力工程企业文化建设与实施指导意见》，共14个制度、意见、办法。

【企业管理】深入企业开展改革重组、三项制度改革工作。

改革重组：2017年5月10日下午，集团公司召开了国务院国资委挂牌督办僵尸企业河北电建二公司处置工作专题会议；11月14日，在济南召开了山东电建一公司重组整合河北电建二公司、产权划转宣布会议。6月29日，中国电建集团四川工程公司成立，标志着四川电建二公司与四川电建三公司重组整合顺利落定。7月12日，吉林省长春市中级人民法院裁定受理吉林电建破产清算一案。三项制度改革：5月2日印发《关于进一步深化电力工程企业三项制度改革的实施意见》（电工〔2017〕41号）指导各企业进一步深化三项制度改革工作。

督导房屋土地确权相关工作。纳入改制范围的土地136宗，土地面积完善率100%；纳入改制的房产1110处，房产面积完善率为100%。板块涉及改制法人企业35家，以2017年6月30日为基准日，板块改制企业审计后的净资产为90.72亿元，评估后的净资产为184.04亿元，评估增值93.32亿元，整体增值率103%。截至年底，35家法人企业均取得新的工商营业执照或者工商受理登记通知，如期完成集团公司改制工作任务。

【项目管理】项目建设情况。截至2017年底，国内方面：共有在建较大项目460个，按照项目类型分，火电建设项目149个，输电线路项目68个，变电站项目44个，新能源项目112个，其他非电类项目87个。合同总额约716.2亿元，累计完成工程量402.5亿元，本年度已完成工程量235.7亿元。国际方面：共有在建国际项目134个，按照项目类型分，火电建设项目54个，变电站及输电线路项目54个，新能源项目5个，其他非电类项目21个。合同总额约1848.48亿元，累计完成工程量879.32亿元，本年度已完成工程量327.38亿元。

积极开展专家巡诊工作。电力工程事业部组织专家团队对巴西美丽山、华润曹妃甸等13个国际、国内项目，开展专家巡诊工作，针对项目进度和经营方面存在的主要问题进行现场调研与督导协调，积极组织资源，认真解决问题，保障项目顺利履约。

采取对标方式积极推动班前会标准化建设。采取“微信群展示图片及周排名”方式，有力推进站班会标准化建设的横向对标活动，各单位每日收集发布较好的站班会标准图片、视频，相互之间对比讨论，提出改进意见与建议，同时事业部每周统计发表次数，以此促进各单位认真开展“安全站班会标准化建设”活动，进而进一步夯实班组的安全管理、技术管理。

【市场经营】主要指标完成情况。2017年度，利润总额成9.60亿元，完成年度计划的112.94%。营业收入完成822.71亿元，同比增长13.15%，完成年度计划114.98%，其中国内552.47亿元，同比增幅20.75%，完成年度计划的117.97%；国际270.24亿元，同比增幅0.24%，完成年度计划的109.31%。新签合同完成1447.93亿元，同比增幅16.24%，完成年度计划的115.36%。国内741.60亿元，同比增幅15.50%，完成年度计划的133.93%；国际706.33亿元，同比增幅17.03%，完成年度计划的100.70%。

做好电力工程企业月度运营情况分析。强化对电力工程企业的月度运营分析，明确重点，及时纠偏。坚持每月一期，重点对电力工程企业中出现利润总额下滑、营业收入偏低、两金占比较大等情况进行及时分析提醒，对电力工程企业重大事项进行通报，晒成绩、点异动的同时，分享电力工程企业成功经验和问题教训。

推动电力工程企业经营分析工作。列席并调研电力工程企业经营活动分析会工作，总结经营活动分析会的经验，拟订并下发了《电力工程企业经营活动分析工作指导意见》，确定《电力工程企业经营分析报告模板》，推动电力工程企业经营活动分析从制度、机构、组织形式、参与人员、分析报告形式等方面实现“规范化、制度化、常态化”。

【风险防控】2017年，电力工程事业部在电力工程企业中开展“补短板、控风险、提质效”专项工作。按照集团公司精益管理、提质增效总体要求，坚持问题导向，提高规矩意识，强化检查督促，提升执行力度，补齐短板、严控风险，提质增效，督导电力工程企业进一步夯实管理工作基础，加强经营成本管控，强化安全风险管理，严格责任制考核，推进党风廉政建设，推动电力工程企业健康稳定发展。

召开电力工程企业“降杠杆、减负债、防风险”工作推进会。认真贯彻落实集团公司《2017年降杠杆减负债防风险工作实施方案》，交流并分享“补控提”专项工作典型经验，推进电力工程企业化解经营风险，督导重大风险项目管控和处置措施落地；重点分析了集团督导的48个重大风险项目中涉及电工企业的项目，并对国内4个重点亏损项目和拖欠额度大的项目进行分析，督导电力工程企业做好减亏扭亏和资金回收工作；指导电力工程企业做好项目竣工结算，共计完成20个项目的竣工结算。全年共有12家企业的39个项目实现了减亏扭亏，实际减亏总额合计为5.66亿元。

【业务创新】电力工程事业部大力推动集团PRP系统的实际应用。2017年，集团PRP获得中电联创新成果一等奖，水电三局、水电十三局被评为建筑业企业信息化建设特优案例，山东电建一公司、江西水电、宁夏电建被评为优秀案例；而且PRP系统在体现内部的管理提升、降本增效，还有进度、成本、安全、质量控制方面，也起到了积极效果。

开展“工程全生命周期数字化管理平台”课题研究。按计划完成了“国际工程技术标准对比研究”，积极推动有条件的企业级技术中心向集团级“工程技术中心”转变。

（电力工程事业部）

电力勘测设计

电力勘测设计事业部

【经营业绩】 2017年，电力勘测设计板块实现营业收入153.46亿元，完成考核值的114.95%，增幅22.03%。完成新签合同金额243.91亿元，完成考核值的108.57%；合同存量271亿元。实现利润总额9.73亿元，完成考核值的101%；经济增加值9.22亿元，完成考核值的133%。两金控制实现集团下达的控制目标。各主要考核指标均顺利完成。板块人均营业收入328万元，人均利润总额20.79万元。根据从行业了解的信息，这两项数据均处于行业领先水平。

【制度建设】 2017年，电力勘测设计事业部制定了《电力勘测设计事业部人才交流培训管理办法》。印发了《关于深化企业现金流管理的指导意见》《电力勘测设计板块企业经营活动分析工作指导意见》《关于进一步加强设计管控，提高工程建设质量的意见》《关于进一步加强公务活动管理的有关通知》《关于电力勘测设计事业部负责人及处室职责分工的通知》等规章制度。

【事业部工作会议】 2017年1月24日，电力勘测设计事业部召开了以“持续改革创新，聚焦能力提升、提质增效，加快推进转型升级发展”为主题的年度工作会议。

【研讨培训】 2017年电力勘测设计板块完成的研讨培训有：

3月14日组织召开了非电业务研讨交流等。

4月19～21日组织召开了板块新能源技术与业务研讨。

5月12日，股份公司组织召开了火电建设形势与企业市场协同及科技创新协同专题研讨会。

5月26～27日组织召开了工程总承包联合体机制和成本管理研讨。

7月25～27日，组织了电力勘测设计企业海外业务财务风险管理与融资管理专项培训。

【电力勘测设计板块“十三五”规划】

以集团公司“十三五”发展规划为引领，电力勘测设计板块各企业编制了本企业“十三五”规划，事业部组织对各管理企业的“十三五”规划进行了沟通，紧紧围绕转型升级、能力提升、体制机制，就“十三五”及以后企业的发展目标、实施举措及保障体系等进行了交流和探讨。通过交流、探讨和评审，进一步明晰了各企业所处的发展阶段、企业优势和短板、面临的形势和任务，结合各企业具体情况，统一了对企业发展方向、发展路径和阶段性目标的认识，进一步梳理了企业战略管理的重要意义和实施有效战略管理的重点工作环节和工作流程，为系统有效地推动企业转型升级发展夯实了基础。

（电力勘测设计事业部）

装备制造

装备制造事业部

【概况】 2017年，装备制造事业部和装备板块企业发挥战略引领作用，加大资源整合力度，加快转型升级步伐，深入开展提质增效活动，不断提升质量效益水平。2017年，装备板块全年累计实现营业收入96.69亿元，完成年度目标的100.71%，同比增长0.04%；累计新签合同金额138.17亿元，完成年度目标的101.74%，同比增长1.42%；累计实现利润1.72亿元，同比增长25.82%；营业收入利润率1.77%；资产总额151.53亿元，负债总额114.78亿元，资产负债率为75.75%，较年初78.34%降低2.59%。

【2017 年度工作会议】 2017 年 2 月 20 日，装备制造事业部召开 2017 年度工作会议。股份公司副总经理李跃平出席会议，装备制造事业部总经理汪胡根作了题为《认清新形势　适应新常态　全面推动装备板块工作再上新台阶》的工作报告。装备制造事业部负责人和各企业主要负责人出席会议，并就深入贯彻落实集团与装备制造事业部 2017 年工作会议精神开展了讨论。

改　革　改　制

【重组整合】 2017 年，根据集团公司改革重组战略需要和装备制造事业部重组改革规划，装备板块下半年完成了成都电力机械厂与都江电力设备厂重组工作，上海装备公司与郑州泵业公司、河北装备公司与河南器材公司重组方案，领导班子调整方案及相关配套政策的研究与编制。

【公司制改制】 2017 年，根据集团公司企业公司改制要求，装备板块 32 家企业纳入改制，其中涉及土地 49 宗，面积 281 万平方米，房产 653 栋，面积 96 万平方米。通过开展相关工作，装备板块企业重大土地房产等优质资产完成权属确认，实现了资产在本企业评估增值与利益最大化。其中，集团公司为板块提供土地确权周转金 1.13 亿元。

【“三供一业”改革】 2017 年装备板块纳入“三供一业”改革移交项目共 43 个，其中供水 14 个，供电 11 个，供气 5 个，物业 16 个。截至 9 月 30 日，相关项目框架协议签署全部完成，完成率 100%，期间共获得资金补助 1564.8 万元。

【压减法人层级】 2017 年初，集团公司为装备板块下达了压减 6 户的“压缩企业层级减少法人户数”目标。截至年底，长春设备 1 家、江西装备 1 家、湖北装备 2 家法人单位已进入资产交易市场进入挂牌阶段，上海装备 2 家单位停止经营，6 家单位全部完成注销工作。

市场经营管理

【传统市场营销】 2017 年，装备制造事业部开展煤电去产能化影响分析，调整思路、努力化解风险，通过加强管理、科技创新、成本控制、协同营销、服务延伸等措施，保持市场优势与份额：在火电市场，成都机械厂 1000 兆瓦火电机组引风机中标率达 100%，三大电站风机综合市场占有率达 53.9%；长春设备厂磨煤机中标率达 58.3%。在电网市场，成都金具厂国网集中批次和专项招标，中标额全国第一；装备板块 4 家企业获得昌吉—古泉±1100 千伏特高压装备供货合同；湖北装备公司获得国网湖北全省充电桩运营监控后台维护业务。

【非传统市场转型升级】 2017 年，装备制造事业部引导企业加快结构调整和转型升级，向基础设施、水资源与环境等业务领域拓展，非传统业务新签合同 29.6 亿元，占 20.8%：TLT 公司在瑞士隧道风机市场保持领先，中标美国西雅图地铁风机项目。成都机械厂中标国网公司 1000 千伏特高压苏通 GIL 综合管廊工程通风防灾系统设备成套合同。郑州机械厂进入水环境领域。成都金具厂带领重组的成都铁塔进入电气化铁路接触网钢结构领域。武汉设备厂签订绥化象屿金谷生化科技热源公司翻车机供货合同，首次进入粮食领域。河北装备公司 3 次中标地铁项目配电设备。湖北装备自主研发制造的充电桩设备在东风汽车公司投入使用。

【商业模式创新】 2017 年，装备制造事业部引导企业突破原有营销观念和市场定位，前移市场关口，加大 EP/EPC 项目策划，通过设备配套和系统集成，为业主提供一揽子解决方案，从传统装备制造商向制造服务商转变，提高市场开发效率：武汉设备厂、都江设备厂凭借翻车机系统、低低温省煤器等优势产品为载体，实现了由 P→EP→EPC 的商业模式转变。四平器材厂、郑州机械厂在金具、地铁排水处理等领域开展成套业务，向集成供应商转型。

【节能环保市场培育】 2017 年，装备制造事业部引导企业顺应节能环保趋势，加快发展和孵化节能环保产业能力：上海装备公司完成了英国船舶脱硫项目脱硫装置的装配和调试，通过美国船级社 ABS 的船检认证，并与美国 PGT 公司签订地中海船舶脱硫 EPC 项目订单；与美国 SynTech 公司合作开发分布式生物质发电技术，并研制了首台国产化样机。成都机械厂在引风机节能技改和超低排放改造市场，中标率始终保持在 60%以上；获得第一个蒸汽再压缩风机（MVR）应用于脱硫废水治理项目并投运；与德国 OKO 和 H+E 两家水处理公司签订技术合作协议，在脱硫废水、工业废水及污泥处理领域进行合作。装备研究院签订扎鲁特—青州±800 千伏特高压直流工程高端换流站降噪合同，进入国内电网噪声治理领域。

【服务市场开拓】2017年，装备制造事业部引导企业在集团公司关于对装备制造业务发展有关政策的支持下，融入集团一体化产业链，主动服务集团内部市场，提供性价比高的产品和价值增值，全年获得内部市场订单16.8亿元，较2016年增长一倍。

科技管理

【科技体制机制创新】2017年，装备板块深入推进科技创新的体制机制改革，健全研发组织机构，改进科研人员薪酬和岗位管理制度，研究制定创新绩效评价方法，深入研究国务院国资委《中央科技型企业实施分红激励工作指引》相关政策，构建全员创新氛围。围绕产品服务品质和价值创造能力提升开展科技创新，带动板块发展的重大技术难题研发，加强科技成果推广应用。

【科技创新成果】2017年，装备研究院在集团公司立项的“装备企业协同创新信息化平台”建设基本完成，具备在板块企业上线运行条件；开展“富余水电制氢与氢能综合应用”研究，参编了我国《氢能产业基础设施发展白皮书》；与中国矿业大学合作成功研发固废处理项目已进入中试阶段；完成了行星滚柱丝杠的研究、试制和工程应用；自主研发完成车载式底泥快速脱水一体化设备样车，并在茅洲河现场试用；上海装备公司完成光热电站立式熔盐泵研发，同时引进美国PGT公司高效脱硫除尘技术进入船舶脱硫市场并取得了近2亿元海外订单；武汉设备厂自主研发静压植桩机完成样机试制；长春设备厂引进欧洲技术开发螺旋顶管机产品形成自主知识产权，并自主研发城市存量垃圾处理技术获得近2亿元订单；郑州机械厂为水务工程重点开发了一系列给排水泵设备；成都机械厂为成都地铁提供隧道通风系统整体解决方案，与德国H＋E水处理公司、OKO水处理公司合作研发脱硫废水处理系统在示范工程投运；成都金具厂编制完成国内首个城市轨道交通接触网产品企业标准，取得铁路供电设备的生产和销售许可证。

【科技获奖及专利】2017年，装备板块6个在集团立项的科技项目完成验收（鉴定），并有11个项目获集团科技进步奖；百万等级超超临界火电机组全容量锅炉给水泵项目获上海市产业青年创新大赛金奖，660兆瓦机组100％容量给水泵国产化研发项目获中国机械工业科学技术奖二等奖，800吨/时悬链斗卸船机等三个项目获中国电力职工技术成果奖一、二、三等奖，±800千伏直流阀厅配套金具研制等三个项目获得中国电力科技创新奖二、三等奖，两栖移动式远程供水系统项目获湖北省青年企业团工委创新创业大赛银奖。

2017年装备板块企业申报各类专利121项，获得授权专利73项。

企业管理

【装备研究院建设】2017年，装备研究院搭建政校企内外部合作平台，强化创新链和产业链有机衔接，加强与大学、科研机构和世界先进制造企业的合作，瞄准国际技术前沿，加强政产学研用联盟，针对市场和企业需求积极开展科研项目的技术攻关。同时继续发挥科技引领作用，通过市场化运营手段对装备板块企业管理的分支研究机构进行研发资源整合，协同创新引领发展，带动装备企业科技创新能力不断提升。

搭建国际交流平台，吸纳国外优秀人才与研发资源，广泛开展与国外高校、公司的对接，并与各类创新机构和组织进行合作，建立起长效对接渠道和机制，拓展板块企业的创新视野，落实推进海外研发机构建设工作会议的精神，以当前TLT公司科技研发平台为基础，开展建立“中国电建—德国科技创新中心”的研究。

【德国TLT公司管理】管理委员会会议情况。TLT公司管理委员会召开了第10、11、12次会议。

实现市场突破。TLT公司所属TLT四川与美国GE公司签订了美国工业风机订单，实现了TLT公司发展史上七个第一。

提升品牌影响力。5月受邀出席在柏林举行的李克强总理访德见面会；9月联邦议会议员Angelika Gloecker访问TLT公司；11月当地主流媒体Tageszeitung Rheinpfalz对TLT公司进行专题报道。

强化供应链管理。根据全球风机集团联合采购规划和路线图，有序推进全球采购，降低采购成本；制定全球风机集团物流协同的思路和方案。

构建QEHS管理体系。提前一年获得由德国技术监督协会颁发的ISO 9001：2015最新版认证；开展P3（人、产品、流程）精益化管理。

（装备制造事业部）

第七篇

党群工作和企业文化建设

党群工作和企业文化建设

综合工作

【概述】2017年，中国电建党委班子认真学习贯彻党的十九大精神，以习近平新时代中国特色社会主义思想为指引，全面落实国资委党委各项要求部署，聚焦主业主责，认真履职尽责，切实加强党的建设，充分发挥党委领导作用，把方向，管大局，保落实，推动中国电建改革发展党建工作迈上新台阶。一是深入学习宣传贯彻党的十九大精神。中国电建党委将深入学习宣传贯彻党的十九大精神作为首要政治任务，牢牢把握总书记"学懂、弄通、做实"要求，研究制定并落实学习宣传贯彻十九大精神的实施意见，先后组织6次党委中心组（扩大）学习和研讨交流；认真组织系统7万多人同步参加国资委专题学习报告会。举办两期总部和在京企业领导干部集中轮训班。中国电建党委常委带头深入企业、境内外项目部、海外区域总部、车间、班组等基层一线讲党课，以实际行动带动广大干部职工群众的学习。通过电建微言开展"学习贯彻十九大精神红色达人挑战赛"，答题活动点击数1300万人次，参加答题人数9.2万人次。组织党员干部参加国务院国资委培训中心开展的十九大精神网上学习，有4万人参加。二是贯彻落实全国国企党建会精神，完成国务院国资委重点工作部署。全面贯彻落实全国国企党建会议精神，按照国务院国资委党委提出的"中央企业党建工作落实年"的总体要求，研究制定和落实《中国电建党委贯彻落实国企党建会重点任务实施方案》，组织召开中国电建党建工作会议，围绕学习宣传贯彻十九大精神，进一步研究贯彻落实国企党建会精神的具体举措，持续推动重点任务全面落实和深化。三是深入推进"两学一做"学习教育常态化制度化。研究制定并落实《公司"两学一做"学习教育常态化制度化的具体方案》，加强各层级党员干部培训、轮训，抓好带头人队伍和执行人队伍专题学习，探索推广支部主题党日、党员固定活动日和网上组织生活，健全落实学习教育从关键少数向全体党员拓展、从集中性教育向经常性教育延伸的长效机制。总结推广"三会一课"好的做法，完善相应管理制度，确保"三会一课"常态化长效化，党内政治生活的政治性、时代性、原则性、战斗性得到明显增强。中国电建被中国文化管理协会授予"企业微党课"优秀组织单位，8个微党课作品被授予首批"企业微党课优秀作品"并在中宣部党建网展播。四是圆满完成国资委巡视反馈意见整改。按照国务院国资委统一部署要求，认真组织国资委巡视反馈意见整改落实情况"回头看"，中国电建巡视整改工作方案中5个方面39项的问题整改成效得到了国资委党委督查组的肯定。加大对所属企业巡视工力度，全年开展了对35家成员企业巡视，三年完成了对82家成员企业的巡视工作，实现了对所属成员企业巡视全覆盖目标。在中央企业巡视巡察工作会议上做了巡视工作经验交流发言。五是有效落实党委法定地位。坚决落实两个"一以贯之"，把加强党的领导和完善公司治理统一起来，将党建工作要求纳入集团公司和股份公司章程。全面梳理"三重一大"决策制度体系，修订印发工作规则、"三重一大"决策制度实施办法、党委议事规则、董事会议事规则、总经理工作细则等制度，把党委研究讨论作为董事会、经理层决策重大问题的前置的程序，促进党组织发挥作用组织化、制度化、具体化。六是充分发挥党委领导作用。强化党委对企业重大经营管理事项研究决策，全面履行"把方向、管大局、保落实"职责。制定中国电建"十三五"战略规划和29项职能规划，顶层设计，专项推进，分步实施，将中央和国务院国资委党委决策部署落实到中国电建改革发展各项工作中。坚持制度治党，制定修订完善了50余项党建工作主要制度，基本建立健全了务实管用的党建工作制度体系。坚持民主集中制原则，把"三重一大"民主决策制度执行情况作为党的建设和领导班子考核、民主生活会和领导干部述职述廉的重要内容，保证企业重大决策民主化、科学化。七是全面落实选人用人工作要求。坚持党管干部原则，党委在选人用人工作中充分发挥领导和把关作用，做到定规划、定制度、定人选，把标准、把程序、把结构。坚持正确用人导向，准确把握"对党忠诚、勇于创新、治企有方、兴企有为、清正廉洁"的好干部标准，严把干部选拔任用的"动议、考察、决策、任用”四个关键环节。开展领导班子和领导人员年度综合考核评价，将考核结果与奖惩和薪酬挂钩，对班子和领导人员考核做到“三个100%”。八是不断提升基层党建工作水平。坚持“四同步、四对接”，及时调整新设单位党组织，全面完成总部机关党委换届工作，完成了21家成员企业党委换届选举，实现党的组织和党的工作全覆盖。认真组织开展对所属企业2016年度基层党委书记党建工作述职和责任制考核，25家成员企业现场述职，54家成员企业书面述职。党建责任制考核44家企业评定为优秀，34家评定为良好，1家评定为合格，1家认定为核不合格。修订实施党建工作责任制实施办法及考核评价办法。研究制定《关于加强境外机构党建工作的指导意见》《项目联合党工委实施办法》，加强对境外党建和项目党建工作的统筹管理。树立党的一切工作到支部的鲜明导向，严肃党内政治生活，严格落实“三会一课”制度，严格实行领导干部双重组织生活制度。严把党员入口关，建立起党员队伍信息档案库，探索加强流动党员管理的有效途径。九是推动全面从严治党向基层延伸。聚焦党委主体责任，持续加强党风廉政建设和反腐败工作，健全责任落实机制，推动“两个责任”有效落地。多次组织召开党委常委会和党委书记专题会，听取纪委工作汇报。采取专项治理、约谈提醒、责任追究等方式，倒逼“两个责任”落实，先后约谈了成员企业党政负责人43人次、纪委书记20人次，对落实“主体责任”不力的6名党政主要负责人给予党政纪处分、4人给予组织处理。加大纪律审查力度，运用监督执纪“四种形态”，巩固“八项规定”精神成果，严防“四风”反弹。中国电建纪委获“全国纪检监察系统先进集体”荣誉称号。十是加强党对群众工作的领导。始终坚持中国特色社会主义群团发展道路，切实组织、教育、引导广大职工群众和团员青年，全面落实公司党委2017年重点工作任务部署，围绕公司“十三五”发展规划，扎实有序、生动活泼、富有成效地推进工会、团青、信访、总部离退休服务相关工作，取得了较好成效。切实关心一线职工，扶贫帮困温暖人心。积极开展“春送岗位”“夏送清凉”“金秋助学”“冬送温暖”等系列帮扶活动。帮助困难职工解决日常工作生活中最关心、最直接、最现实的利益问题和最困难、最操心、最忧虑的实际问题。深化劳动竞赛活动和群众性创新创效活动，公司14个项目获全国能源化学地质系统职工技术创新成果，公司代表队参加第五届吊装技能竞赛喜创佳绩，公司选手荣获上合组织国家职工技能大赛金奖。在党的十九大召开前夕，策划了“青春喜迎十九大，电建青年建新功”专题活动，在电建青年微信公众平台陆续推出青年心得篇、青年风采篇、青年祝福篇和青年献礼篇等。6月13～16日，举办了2017年度基层团干部培训，党委书记、董事长晏志勇用“初心、执爱、忠诚、担当、自信、学习、实践、尊重、团队、总结、分享、自律”12个关键词对青年提出殷切希望。启动第五届青年论坛，以“精益管理提质效，青年先行立新功”为主题，引导青年聚焦精益管理和提质增效两大中心任务开展青年创新。全年没有发生影响社会稳定的事件，维稳形势基本在控可控。

（忽国旗）

【党委工作部工作】2017年党委工作部全面完成集团公司和集团公司党委重点工作任务。一是多措并举落实好全国国企党建会议精神。深入贯彻国企党建会精神，围绕国务院国资委“中央企业党建工作落实年”总体要求，印发并督查落实《公司党委贯彻落实国企党建会重点任务实施方案》。目前，党建28项重点任务和83项重点措施中，78项重点措施已落实到位或持续推进，总体落实率为94%。组织召开公司成立以来第一次党建工作会议，围绕全面贯彻落实十九大精神，进一步研究贯彻落实国企党建会精神的具体举措，部署今后一个时期党建工作，持续推动重点任务全面落实和深化，取得了预期效果。二是统筹做好公司领导体制调整相关工作。将党建工作要求纳入集团公司和股份公司章程，其中，股份公司修改章程的议案以99.9%的支持率获得股东大会高票通过。修订印发公司党委议事规则等相关制度，明确党组织在法人治理结构中的定位和决策程序中的工作方式。围绕公司党委全面履行“把方向、管大局、保落实”职能，有效发挥领导作用认真组织做好党委常委会等会务组织工作。共筹备召开22次党委常委会，审议议题200项，制发会议纪要22份，组织6次党委书记专题会和10次党委专题会，推动了党委工作顺利开展。三是全面完成巡视整改“回头看”和专项督查。认真组织开展国务院国资委巡视反馈意见整改落实情况“回头看”，公司整改工作方案中5个方面39项需要整改的问题，已整改36项，整改率为92%；151条具体整改措施，已落实145条，落实率为96%，圆满完成专项督查各项任务，得到了国务院国资委党委督查组的肯定。牵头起草《关于学习贯彻落实十八届六中全会、国企党建会议精神情况和巡视反馈意见整改落实情况的报告》等11大类170多份文件材料。督查结束后，对公司督察整改工作做出全面安排。

（梁景颂）

【群众工作部工作】2017 年群众工作部在公司、公司党委的领导下，始终坚持中国特色社会主义群团发展道路，切实组织、教育、引导广大职工群众和团员青年，全面落实公司党委 2017 年重点工作任务部署，围绕公司“十三五”发展规划，扎实有序、生动活泼、富有成效地推进工会、团青、信访、总部离退休服务相关工作，取得了较好成效。认真落实《公司党委 2017 年重点工作任务清单》《公司 2017 年度重点工作及任务分解表》和《公司总部部门 2017 年度重点工作计划》各项任务部署，将部门年度重点工作细分为 59 个工作事项，设定工作目标和要求，明确分管领导及责任人，目前全部重点工作已按计划圆满完成。

（张　扬）

党建工作

【强化理论武装，认真学习宣传贯彻党的十九大精神】一是加强组织领导，精心安排部署。将深入学习宣传贯彻党的十九大精神作为当前首要政治任务，牢牢把握习近平总书记“学懂弄通做实”要求，坚持以上率下，制定印发并认真落实学习贯彻十九大精神的实施意见，先后安排 5 次党委中心组（扩大）学习，并召开专门会议交流学习体会，研讨贯彻落实措施。认真组织参加国务院国资委召开的专题学习和报告会，全系统 7 万多人同步学习。召开全系统十九大精神专题辅导报告视频会，邀请中央宣讲团成员、社科院副院长蔡昉作辅导报告，全系统 6900 党员干部职工参加。举办两期总部处级及以上干部和在京企业领导班子成员参加的集中轮训班，邀请专家分专题宣讲。二是坚持以上率下，深入基层讲党课。公司党委常委和各企业领导班子成员带头深入境内外项目部、海外区域总部、车间、班组等基层一线讲党课，以实际行动带动广大干部职工群众的学习。三是开展主题活动，营造学习氛围。通过电建微言开展“学习贯彻十九大精神，电建红色达人挑战赛”，答题活动点击数 1300 万人次，参加答题人数达到 9.2 万人次。组织党员干部参加国务院国资委培训中心开展的十九大精神网上学习，有 4 万人参加。通过学习，进一步坚定了广大党员干部职工做强做优做大企业的信心和决心，进一步树立起“四个意识”，强化了“四个自信”，用十九大精神武装头脑、指导实践、推动工作的自觉性和坚定性进一步强化。四是推进“两学一做”学习教育常态化制度化。狠抓党员干部学习教育，印发《公司“两学一做”学习教育常态化制度化的具体方案》，加强各层级党员干部培训、轮训，抓好带头人队伍和执行人队伍专题学习，探索推广支部主题党日、党员固定活动日和网上组织生活，推动学习教育从关键少数向全体党员拓展、从集中性教育向经常性教育延伸。总结推广公司“三会一课”好的做法，完善相应管理制度，确保“三会一课”常态化长效化，党内政治生活的政治性、时代性、原则性、战斗性得到明显增强。公司被中宣部党建网、中国文化管理协会授予“企业微党课”优秀组织单位，8 个微党课作品被授予首批“企业微党课优秀作品”并在中宣部党建网展播。

【全面落实管党治党责任，深入贯彻落实全国国企党建会要求】一是党委法定地位有效落实。坚决落实两个“一以贯之”，把加强党的领导和完善公司治理统一起来，将党建工作要求纳入集团公司和股份公司章程，其中，股份公司修改章程的议案以 99.9% 的支持率获得股东大会高票通过。修订印发“三重一大”决策制度实施办法、公司工作规则、党委议事规则、董事会议事规则、总经理工作细则等制度，明确党组织在治理结构中的定位和决策程序中的工作方式。研究制定《关于落实国企党建会议精神完善成员企业领导体制的工作方案》，对完成公司制改革并建立了规范董事会治理结构的成员企业，逐步推行党委书记、董事长由一人担任。二是党委领导作用充分发挥。修订印发《党委议事规则（2017 年版）》，明确党组织与其他治理主体的权责、边界，明确党组织研究讨论是董事会、经理层决策重大问题的前置程序。全年召开党委常委会 22 次，涉及议案 200 余项，并严格督办落实，确保党委决策得到有效贯彻执行，党建工作与企业生产经营管理工作深度融合，始终把握企业改革发展的正确方向，全面履行“把方向、管大局、保落实”职责。坚持民主集中制原则，把“三重一大”民主决策制度执行情况作为党的建设和领导班子考核、民主生活会和领导干部述职述廉的重要内容，健全问责机制，保证重大决策民主化、科学化，切实将党和国家方针政策、重大部署贯彻落实到公司改革发展各项工作中。三是党建制度体系更加健全。坚持制度治党贯穿始终，制定修订完善党建工作主要制度 50 余项，基本建立健全了务实管用的党建工作制度体系，增强党建制度的系统性和科学性，强化制度执行。制定了党的建设“十三五”规划、全面监督“十三五”规划、企业文化建设“十三五”规划，对全面加强党的建设、强化全面监督作出了总体规划。进一步健全公司党委全委会工作体制和学习制度，推动党委工作制度化、规范化、标准化，保证管党治党有据可依。四是党建重点任务全面落实。深入贯彻国有企业党的建设工作会议精神，围绕国务院国资委“中央企业党建工作落实年”总体要求，扎实推进中央组织部、国务院国资委党委制定的30项重点任务和国务院国资委党委明确的23项重点工作落实，印发并督查落实《中国电建党委贯彻落实国企党建会重点任务实施方案》，党建28项重点任务和83项重点措施中，78项项重点措施已落实到位并持续推进，落实率为94%。组织召开公司党建工作会议，围绕全面贯彻落实十九大精神，进一步研究贯彻落实国企党建会精神的具体举措，继续推动重点任务全面落实和深化。

【坚持党管干部原则，干部队伍建设成效明显】一是选人用人工作要求全面落实。坚持正确用人导向和好干部标准，把政治素质放在首位，严把干部选拔任用的“动议、考察、决策、任用”四个关键环节，认真开展工作纪实，强化干部能力素质培养，努力把更多“政治强、业务精、懂专业、善治理、作风正”的好干部充实到领导人员队伍中来。开展领导班子和领导人员年度综合考核评价，将考核结果与奖惩和薪酬挂钩，对班子和领导人员考核做到“三个100%”。在班子配备上，更加突出问题导向和战略导向，强调班子的整体结构、功能要求、作用发挥，结合班子换届和个别调整，不断加强干部队伍建设和后备干部队伍建设。强化组织纪律，加大干部人事档案审核、个人有关事项核查等专项工作力度，重点对填报不实进行了处理。进一步规范成员企业选人用人工作，领导人员队伍结构得到改善，能力素质得到持续提升，纪律规矩意识得到增强。二是加强干部教育培训。以“培养意识、学习知识、提升能力”为主要目标，以理想信念与党性忠诚教育为重点，进一步扩宽培训资源，优化培训内容，规范培训管理，强化培训纪律。把反腐倡廉教育作为各类干部培训的“必修课”，切实加强对企业领导人员的党性教育、宗旨教育、警示教育和能力素质教育，严明政治纪律和政治规矩，突出政治素质，开展领导干部党性修养与素质能力培训，培训领导人员及后备干部374人，有效提升了领导人员队伍的政治素质和业务能力。加强科技创新领军人才队伍建设，深入实施院士后备人才培养计划和关键人才培养工程。三是强化日常监督。结合巡视、班子换届、综合考评、一报告两评议、信访举报等发现的问题，组织开展成员企业选人用人及监督管理专项检查，着重对成员企业干部管理基础工作、选人用人、因私出国（境）、干部人事档案、干部教育培训以及后备干部管理等方面进行了监督检查。持续加强企业领导人员个人有关事项报告的抽查核实、企业领导人员因私出国（境）等的日常监督管理工作，对于存在和出现的问题严格按规定处理，不断增强领导人员的纪律规矩意识。

【坚持党管人才原则，人才队伍建设成效显著】一是制订和落实公司《人力资源（人才）“十三五”规划》。建立了人才工作目标责任制，积极落实国家重大人才工程和人才工作重点任务，实施了《院士后备人才培养计划》和企业领导人员、科技创新人才、国际业务人才、战略转型及新业务人才、经营管理人才、党群工作者、项目经理人才、高技能人才等8项关键人才培养工程，选拔培养了29名院士后备人才，选拔推荐了三批次国家级科技人才、专家，一人入选百千万人才工程国家级人选。二是加强人才招聘工作，从源头上推动人才队伍的结构调整。修订了《招聘管理办法》，新制定了《在京单位高校毕业生招聘管理暂行办法》，开展了主营专业目录梳理工作。加强与高校的战略合作，集中开展“电建招聘进校园”活动。鼓励支持成员企业加大社会化招聘力度，通过猎聘高端人才、多平台发掘成熟人才、熟人推荐优秀人才等方式积极招聘吸纳社会上的战略转型新业务人才和急缺人才。组织参加了雄安新区往届毕业生双选会和在京随军家属专场招聘会，有效彰显了企业责任和信誉。2017年，公司共招聘8489人，其中，战略转型新业务相关专业占比21%，研究生学历占比13.5%，社会成熟人才占比15.8%，专业结构、人员素质持续优化。

（忽国旗）

【党建工作责任制和党委书记述职评议考核】公司第一届党委常委会第四十八次会议，审议通过了《中国电力建设集团（股份）有限公司党建工作责任制考核评价暂行办法（2017年版）》和《中国电力建设集团（股份）有限公司党建工作责任制考核评价指标体系（2017年版）》，确定2017年度党建工作责任制考核与党委书记述职评议考核合二为一，将党委书记述职评议考核纳入党建责任制考核范围。根据国资委党委《中央企业党建工作责任制考核评价暂行办法》（国资党发〔2017〕38号）、国务院国资委党委《关于做好2017年度中央企业二级单位基层党建述职评议考核工作的通知》（国资党委党建〔2017〕301号）和公司党委《公司成员企业党建工作责任制实施办法（2017年版）》（中电建股党〔2017〕54号）等规定精神和要求，公司党委制定印发《公司2017年度成员企业党委书记党建工作述职实施方案》《公司党建工作责任制考核评价暂行办法（2017年版）》《公司党建工作责任制考核评价指标体系（2017年版）》等通知文件十余个。对述职对象和方式、述职的主要内容、述职报告要求、述职报告报送时间、现场述职会议初步安排、述职结果运用、评价指标体系等做了明确具体的要求。2017年有71家成员企业纳入股份公司党建责任制考核，其中：43家企业党委到股份公司总部进行了现场述职；28家企业党委报送了书面述职报告（包含去年现场述职的25家企业和成立临时党委不足半年的3家企业）。两年实现了成员企业党委书记党建工作述职考核全覆盖，完成了国资委“三年全覆盖”的要求。71家成员企业党建工作责任制考核结果为优秀的5家、良好的15家、合格的50家、较差的1家。公司党委将考核结果在公司内部进行了通报。

（刘家玉）

【公司各企业（单位）党委换届选举工作】梳理2017年度成员企业党委换届情况，与企业领导人员管理部沟通后，下发了《关于做好2017年度成员企业（单位）党委换届选举工作的通知》，指导批复水电一局等22家党委完成换届。其他几家因行政班子换届等原因，尚不具备换届条件，延期召开。起草了路桥公司、成都电力机械厂、贵州设计院、山东基本建设总公司增补党委委员候选人批复；起草成都铁塔厂党委并入成都电力金具总厂党委、都江设备厂党委并入成都机械厂党委的批复；对江西水电党委延期换届进行口头批复。起草《集团（股份）公司工会进行换届选举的批复》。转发《中组部建立健全基层党组织按期换届提醒督促机制通知》的通知。上报国务院国资委《公司2017年基层党组织换届总结报告》，做到了基层党组织换届工作应换尽换。

（刘家玉）

【党建思想政治工作研究】2017年不断加强集团公司党建思想政治工作研究，健全完善集团公司党建思想政治工作研究会，成立了中国电建党建政研会，完善管理制度，坚持将习近平新时代中国特色社会主义经济思想与国企改革发展实践相结合，坚持问题导向、目标导向、实践导向，聚焦新时代国有企业党建思想政治工作面临的新情况、新问题，把党建思想政治工作的重点、难点、热点作为切入点和突破口，持续深入开展理论和实践应用研究，积极参加中央企业党建政研会等上级组织的课题研究工作。集团公司35篇党建研究成果先后被全国党的建设研究会、中央企业党建政研会等组织机构表彰，获一等奖成果9项（其中，连续3个研究期先后有3项成果被中央企业党建政研会评为一等奖、9项成果被评为二等奖），集团公司连年被中央企业党建政研会评为优秀组织单位。编辑出版两部党建思想政治工作优秀研究成果文集，积极宣传课题研究成果，推动研究成果转化应用。

（忽国旗）

企业文化和精神文明建设

【企业文化建设】紧紧围绕中国电建发展战略和核心价值理念体系落地，实施“文化强企”举措，制定实施企业文化建设“十三五”规划，围绕“五个坚持”，突出“五个更加注重”，推动企业文化核心理念深入人心。在中国文化管理协会组织实施的2017年度企业文化管理测评、第四届践行社会主义核心价值观“最美企业之声”征集展演活动中，中国电建及所属11家单位被授予23项奖项。中国电建宣传片被授予“最美形象之声金奖代言作品”、社会责任报告被授予“最美责任之声代言作品”。中国电建被授予“2016～2017年度全国电力行业软实力建设贡献奖”、中宣部党建网“企业微党课”优秀组织单位。大力加强跨文化管理，助推国际优先发展战略落地。国务院国资委宣传局对集团公司跨文化管理情况进行了调研，集团公司跨文化管理经验在国务院国资委组织的经验交流会上作了交流。

（忽国旗）

【精神文明建设】2017年大力组织实施《集团公司精神文明建设实施办法》，推进集团公司精神文明建设规范化、制度化。认真落实集团公司年度精神文明建设工作计划，积极组织开展精神文明“三创建”活动，精神文明建设的质量和成效得到显著提升，中国电建新获4个全国文明单位，复核通过3个全国文明单位，50多个单位新获或通过省级文明单位复核验收，1家单位被授予“首都精神文明建设标兵”。国务院国资委宣传局领导带队到集团一线项目检查指导精神文明建设并给予充分肯定。把社会主义核心价值观融入集团核心价值理念，纳入各级党委中心组学习安排、融入文明单位、文明工程、文明机关等创建活动之中，充分利用报纸、网站等传统媒体和微信、微博等新媒体进行广泛宣传，营造了传播社会主义核心价值观的浓厚氛围。大力开展党性党风教育活动，通过重温入党誓词或上革命发展史党课、听报告等主题活动，对党员进行党性教育以及爱国主义、革命传统教育、企业精神教育，褒扬先进，弘扬正能量。进一步加强道德讲堂建设，用电建职工的人格魅力弘扬道德风尚、传递道德力量、塑造文明形象。积极选树各类先进模范人物，推出了一批代表企业精神和品牌的"形象代言人"。中国电建荣登"中国企业社会责任十大典范企业"。

（忽国旗）

机关党委工作

【机关党委工作】 2017 年按照党要管党、全面从严治党要求，全面加强机关党的建设。组织召开机关党委第二次党代会，顺利完成公司总部机关党委换届工作，并完成 25 个党支部的换届选举。规范和落实党支部"三会一课"制度，推进两学一做常态化制度化，制定印发并落实机关党委《关于进一步加强党支部建设的意见》《机关党组织民主评议党员和推优实施办法》和《机关党支部工作手册》等制度。不断探索推广支部主题党日、党员固定活动日等有效做法，组织开展"寻访红色印迹，传承革命精神"组织生活和赴公司雄安总部参观学习活动，党的组织生活活力得到进一步增强。开展了总部机关 2016 年度优秀共产党员、先进党支部和先进工作者评选表彰，共评出 29 名优秀党员、5 个先进党支部和 36 名先进工作者。严格按照程序和要求做好总部机关新党员发展工作，全年发展新党员 9 名，4 名预备党员按期转正。坚持在京企业生活困难党员和老党员走访慰问等工作。总部机关党委工作得到全面加强。

（梁景颂）

新闻宣传工作

【《中国电力建设报》编辑工作】 2017 年全年完成《中国电力建设报》编辑 50 期，共计刊发 160 多万字，图片 400 多幅。特别策划了"2017 年工作会"等主题特刊以及"两学一做"学习教育等专刊，策划推出《转型升级进行时》《一带一路旗舰篇》《一带一路故事》《最美一线工程师》《中国电建成立六周年专题》《中国电建产业精准扶贫专题》等系列专题，丰富了广大电建员工的精神家园，记录和见证了中国电建改革发展的辉煌历程。

【集团公司微信——电建微言】 2017 年共推送微信 288 篇，拥有粉丝量 7.4 万人，在国务院国资委发布的中国企业的新媒体指数 500 强的排行榜中，"电建微言"始终名列前茅。在国务院国资委"央企卡通之夜"颁奖晚会上，"电建吉娃"以总得分第二名的优异成绩荣获最佳组织奖。组织策划了"学习贯彻十九大精神、电建红色答人挑战赛"知识竞赛活动，参加答题人数近 10 万人，点击人数超过 1300 万次，成为腾讯 H5 重点监控平台排名第九的特大型在线活动。

【对外宣传工作成果显著】 对接国家战略，外宣亮点纷呈。在人民日报、新华社、中新社等主流媒体，多次跟踪报道了习近平、李克强等国家领导人见签公司重点项目工程；公司主要领导积极为公司代言，接受媒体采访，撰写专题文章，推出了《不折不扣落实十九大精神》《"一带一路"建设要防止"穿旧鞋、走新路"》《中国电建踩准大势》等系列署名或专访文章，出席了"一带一路"国际创新论坛并做主旨演讲，在社会上引起了强烈反响；积极争取将公司列为中宣部"一带一路"高峰论坛重点宣传单位契机，组织 14 家媒体走进公司，举行记者见面会，开展采访活动，进行密集报道；先后在央媒刊发了《中国企业将为玻利维亚再建一座百米高坝》《中国电建让波兰"威尼斯"旧貌换新颜》等系列重点报道；组织央视《远方的家》深入电建海外项目采访报道并连续播出；全年共在央视、《人民日报》《经济日报》等 40 多家媒体，发表新闻宣传作品 500 多篇，被人民网、新华网等网站转载 6 万多次；其中在央视报道 18 次；人民日报道 28 次。公司外宣工作呈现出媒体开发多、发稿份量大的特点。强化深度策划，宣传提质升级。先后组织策划了"一带一路高峰论坛"、援疆援藏、精准扶贫、公司成立六周年等专题宣传，以深度报道、评论、微信等多媒体，立体化进行宣传报道。组织媒体记者团前往老挝南欧江二期、巴基斯坦卡西姆电站等一线采访，采写了生动的新闻故事，在卡西姆电站组织召开了中外记者见面会，取得了良好效果。策划了《中企承建科特迪瓦苏布雷水电站竣工》《百名洋员工电建求学记》等深度报道，把重点工作、亮点工程，由纯动态型的浅层次报道向深层次导向型方向转化，实现宣传工作提质升级。

【讲好电建故事，推出企业典型】 推出了央企楷模蔡斌、救火英雄许诺等一批代表企业精神和品牌的"形象代言人"。开辟了"最美电建人""最美电建洋媳妇"征文活动，深入挖掘、选树和宣传身边的业务精英、岗位模范、道德楷模、精神榜样等先进典型，讲述传播项目一线员工、基层管理者爱岗敬业、克己奉献、创新进取的"电建故事"，引导广大员工积极践行社会主义核心价值观和企业文化。与央视网、中国电力报联合开展了"新春走基层"宣传报道活动，聚焦一线接地气的职工故事，公司网站共刊登新春走基层稿件112篇，其中海外体裁的报道67篇，公司报纸出版了"新春走基层"专刊两期。

【完善制度建设，加强统筹规划】在原有制度基础上，修订出台了《公司互联网用户公众账号（工作群组）管理办法》《关于进一步加强舆情监测和危机应对工作的意见》等多项新闻宣传工作制度，推动新闻宣传融入中心工作、融入公司业务流程。不断完善宣传网络建设，在各基层企业、项目部共设置记者站85个，聘请特约记者380名，初步构建起"全员参与、内外一体"的宣传格局。注重宣传队伍建设，将新闻宣传培训融入企业培训体系，通过片区的集中培训等形式，实现新闻宣传的上下"通气"，提升宣传人员的业务能力。

【助力品牌传播，树立公司良好形象】在国新办、国资委联合举办的2017中国企业海外形象高峰论坛上，公司荣获"最佳海外形象企业"奖。在新华社举办的2017中国品牌高峰论坛上，中国电建入选2017年中国品牌100强，起到宣传、传播企业品牌的作用。

（新闻中心）

史志鉴工作

【集团公司年鉴获特等奖】2017年3月8日，由中国出版协会年鉴工作委员会主办的2015～2016年度全国年鉴编校质量检查评比中，《中国电力建设集团有限公司年鉴（2015）》荣获特等奖。参评的中央企业年鉴只有中国电力建设集团有限公司年鉴和中国石油天然气集团公司年鉴获此殊荣。这是集团公司年鉴自创刊以来，首次参加全国年鉴编校质量检查评比并一举荣获最高等级奖项。

（郁颂东）

【集团公司年鉴（2016）出版发行】《中国电力建设集团有限公司年鉴（2016）》于2017年6月出版发行，此为集团公司第三部年鉴。该《年鉴》是由集团公司主办，集团公司总部各部门、事业部，各企业（单位）共同参与编纂的大型资料性工具书。全书设"特载""文献·文件""专论""概况""大事记""集团化建设""党群工作和企业文化建设""检查监督""成员企业要览""人物及先进集体""附录"等11个篇目、38个栏目，载录条目207个，收录大事64条，全卷共117万字，彩版24页。印制1000册，光盘1000张。

（郁颂东）

【集团公司年鉴（2017）编纂工作】2017年，党委工作部认真做好《中国电力建设集团有限公司年鉴（2017）》的框架设计、资料收集、组稿撰稿和编辑加工工作。全书设11个篇目、38个栏目，载录条目226个，收录大事63条，全卷共116万字，彩版21页。

（李霞林）

【报送有关年鉴资料工作】完成了向《中国国有资产监督管理年鉴》《中国电力年鉴》《中国水力发电年鉴》和《中国建筑业年鉴》提供年度稿件工作。上述稿件，组稿质量较好，突出企业特色，受到有关单位的好评。

（李霞林）

工会工作

【集团公司工会召开二届一次全委会议】2017年4月6日，集团公司工会召开二届一次全委会议，王禹代表集团公司工会一届常委会作了题为《坚定信念，改革创新，履职尽责，促进发展，团结动员广大职工在建设世界一流综合性建设投资集团进程中充分发挥主力军作用》的报告。从六个方面全面回顾了一届一次全委会以来集团公司工会的主要工作，分析了当前工会工作面临的形势，提出了今后五年的目标任务和工作要求。会议选举产生了集团公司工会第二届常务委员会、主席、副主席和第二届工会经费审查委员会委员、主任。

集团公司工会二届一次全委会议期间，同时召开了集团公司工会2017年工作会议和工会主席联席会议，交流了工会工作经验，表彰了2016年度工会工作先进单位和先进个人，审议通过了《中国电力建设集团有限公司企业年金方案》。

【集团公司工会召开二届一次女工委（扩大）会议】2017年8月18日召开，总结2016年集团公司工会女工工作，安排布置近期女工工作，6个单位工会女工委进行了会议交流。

【深化劳动竞赛活动】2017年，集团公司所属各企业、单位共组织开展各种劳动竞赛1314次，参加人数达19.026万人次。在海外项目开展劳动竞赛174次，27892名外籍职工参与，有力地促进了工程建设。

【群众性创新创效活动】2017年各单位共申请专利1948项，获授权专利1464项。获得集团公司及以上先进操作法（工法）405项。

【集团公司44个项目获全国电力职工技术成果奖】2017年11月，中国电力企业联合会发布2017年（第九届）全国电力职工技术成果奖获奖项目。其中，集团公司获得一等奖3项，二等奖17项，三等奖22项。

【集团公司14个项目获全国能源化学地质系统职工技术创新成果】2017年12月，中国能源化学地质工会全国委员会发布全国能源化学地质系统职工技术创新成果评审结果，其中，集团公司获得一等奖2项，二等奖5项，三等奖7项。

【第五届吊装技能竞赛集团公司喜创佳绩】2017年9月，由中国电力建设企业协会主办的“中电建协第五届吊装技能竞赛”在辽宁抚顺举行。中国电建竞赛团队在比赛中取得多项佳绩。在塔式起重机团体赛中，电建核电工程公司获得第一名，山东电建一公司获得第三名，湖北工程公司、山东电力基本建设总公司获得优胜奖。在塔式起重机个人赛中，电建核电工程公司王帮路获得第一名，山东电力基本建设总公司向南侠获得第二名，湖北工程公司刘松奎、重庆电力建设总公司的伍林、山东电建一公司李伟、贵州工程公司杨永富获得优胜奖。

【上合组织国家职工技能大赛集团公司选手荣获金奖】2017年11月12日，上合组织国家职工技能大赛胜利闭幕。在比赛中，集团公司焊工选手黄文荣凭借深厚的技术功底，沉着应战、出色发挥，从上合组织11个国家50多位选手中脱颖而出，取得优异成绩，荣获大赛金奖，为中国电建赢得了荣誉。

【加强职工队伍技能建设】以提升职工队伍素质为中心，以创建学习型、技能型职工队伍为重点，开展技能竞赛活动。2017年，各单位共开展技能大赛328次，参加人数13924人，813人获得市级以上奖励，43人破格晋升技师，65人破格晋升高级技师，48人转为中国电建正式职工。全年新成立创新工作室262个，成员3777人，创新成果1450项，直接经济效益2.65亿。

【合理化建议活动效果显著】以推进深化企业改革发展为中心，以提升经营管理水平为重点，开展合理化建议征集活动。2017年，各单位共征集职工合理化建议6454项，采纳3274项，创造效益近2.67亿元。

（张　扬）

团青工作

【评选表彰第三届中国电建“十大杰出青年”】2017年3月，启动第三届中国电建“十大杰出青年”评选表彰工作，经过基层推荐、资格审查、评审确定等程序，集团公司党委于5月3日印发了《关于表彰第三届中国电建“十大杰出青年”及提名奖的决定》（中电建股党〔2017〕32号），授予张佳丽等10名同志为第三届中国电建“十大杰出青年”荣誉称号；授予侯彬等15名同志为第三届中国电建“十大杰出青年”提名奖。

【“航天科工杯”第三届中央企业青年创新奖取得佳绩】2017年3月，组织各企业、单位团委参加“航天科工杯”第三届中央企业青年创新奖评选活动。华东院《iEPC工程设计施工一体化平台》获得铜奖，西北院《大型水光互补工程设计关键技术研究与应用》获得优秀奖，中国电建荣获优秀组织奖。

【加强海外共青团建设】2017年4月24日，为积极探索海外团建工作新途径、新思路和新举措，积累海外团建新经验，组建卡西姆港燃煤电站项目联合团工委，并于5月4日举行了联合团工委揭牌仪式。

【中国电建多个先进集体、多名先进个人获团中央表彰、中央企业团工委表彰】中国电建8个先进集体、1名先进人获团中央表彰。电建海投公司、财务资金部、水电五局一分局、中南院新能源工程设计院资源经济室、江西院电网分院输电结构部、上海电建上海电力安装第一工程公司热机分公司本体班、成都院环保处环境评测室获2015～2016年度全国青年文明号，中南院团委、四川设计咨询公司团委获“全国五四红旗团委”荣誉，北京院刘婧欢获“第十一届中国青年志愿者优秀个人奖”。中国电建13个先进集体、13名先进个人获中央企业团工委表彰（5

个青年文明号、4个五四红旗团委、4个五四红旗团支部、5名青年岗位能手、4名优秀共青团员、4名优秀共青团干部）。

【表彰先进团组织、优秀团员和团干部】2017年5月3日，中国电建团委印发了《关于表彰2016年度集团公司五四红旗团委、五四红旗团支部、优秀共青团员和优秀共青团干部的决定》（中电建团〔2017〕5号），授予规划总院团委等25个团委"五四红旗团委"荣誉称号；授予水电三局一分局兰州市黄河干流防洪工程项目部团支部等31个团支部"五四红旗团支部"荣誉称号；授予金坤煌等24人"优秀共青团员"荣誉称号；授予韩梦阳等40人"优秀共青团干部"荣誉称号。

【命名青年文明号、青年岗位能手】2017年5月3日，中国电建团委印发了《关于命名2016年度集团公司青年文明号、表彰2016年度集团公司青年岗位能手的决定》（中电建团〔2017〕4号），命名水电顾问风电泸西有限公司等42个青年集体"青年文明号"荣誉称号；授予易志坚等58人"青年岗位能手"荣誉称号。

【开展"不忘初心跟党走，青春建功十三五"主题活动】2017年5月25日，联合国投集团、国家电网、中国华电、国家电投、中国核建等电力企业团委在安徽宣城共同组织开展"不忘初心跟党走，青春建功十三五"主题活动。中央企业团工委副书记巴清宏出席活动并讲话，宣城市委常委、常委副市长汪谦慎到会致辞。六家中央企业的青年代表100多位青年代表相聚一堂，共话电力行业创新发展，共议电力行业青年的使命担当，并以"创新发展青年担当"为主题，分享了各电力相关中央企业青年创新创效的成果。

【开展"青春之声·青春电建大讲堂"活动】2017年9～12月，开展"青年之声·青春电建大讲堂"活动，进一步引导电建青年立足岗位、发奋学习、开拓进取、拼搏奉献，切实增强团工作的政治性、先进性、群众性，不断提高团组织的吸引力、凝聚力和影响力，提升青年综合素质。

【召开青联一届六次常委扩大会议】2017年12月8日，青联一届六次常委（扩大）会议在北京召开。会议学习了党的十九大精神及上级有关会议精神，学习了集团公司党建工作会议精神，总结了青联近期工作，并对下一步工作任务做出部署，增补了部分委员和副主席，进行了专题交流学习。

（张　扬）

信访工作

【信访工作】2017年全年，集团公司本部累计接待来访291批次，同比增加8%；累计接待来访1220人次，同比增加63%；其中接待集体访74批次、829人次，同比分别增加289%、196%。处理来信84件，同比增加9%。全年没有发生影响社会稳定的事件，维稳形势基本在控可控。

（张　扬）

离退休服务工作

【离退休服务工作】2017年6月6日，认真组织"畅谈十八大以来新变化、展望十九大胜利召开"和"建言十九大"活动。在座谈会上，晏志勇书记与老同志们亲切交流，老同志们献画、献诗、唱歌、跳舞。做好年度体检、走访慰问、住院探望等日常服务工作，认真听取老同志们的意见和建议，及时耐心回应老同志的关切，使离退休职工更多地感受组织的温暖。

（张　扬）

第八篇

检查监督

纪检监察

纪委监察部

【2017年部门工作】 2017年，集团公司纪委以学习宣传贯彻党的十九大为主线，深入学习贯彻习近平总书记系列重要讲话精神，坚持党的领导、全面从严治党，严明政治纪律和政治规矩，严肃党内政治生活，强力正风肃纪，严格监督执纪，严厉追责问责，深化标本兼治，推动党风廉政建设和反腐败工作向纵深发展，为全面深化改革和健康发展提供了坚强保证。2017年9月，集团公司纪委被中央纪委表彰为"全国纪检监察系统先进集体"

【落实"两个责任"】 一是督促党委履行主体责任。2017年初，集团公司党委与72家子企业和总部28个部门、事业部签订党风廉政建设责任书，年内召开22次党委常委会、1次党委全委会、6次党委书记专题会，组织16次党委中心组学习、3次专题辅导讲座和5次专题研讨，其中，召开11次会议专题研究部署集团公司党风廉政建设和反腐败工作。全面落实党建工作责任制，修订完善党建工作责任制管理办法及考核评价办法，年初组织25家子企业党委书记现场述职、54家进行书面述职。编制《贯彻落实国企党建会重点任务实施方案》，28项重点任务和83项重点措施已整体落实94%。

二是认真履行纪委监督责任。以明责、定责、履责、督责、问责为切入点，以"五责"防止责任落实虚化空转，全年集团公司纪委组织召开5次纪委会议、8次纪委书记办公会和2次党风廉政建设联席会，分析形势任务，安排部署工作。开展约谈提醒，综合运用监督执纪"四种形态"尤其是第一种形态，全年约谈子企业党政负责人43人次、纪委书记20人次，督促责任落实。

三是加强问责倒逼责任落实。把"两个责任"落实情况纳入巡视范围和党风廉政建设责任制考核内容，实行动态管理，考核结果与领导班子成员的绩效、职务晋升及奖惩直接挂钩。年初表彰了21家2016年度责任制考核先进单位，对有违纪违规问题的20家子企业业绩进行扣分，对29名履职不到位的子企业负责人扣减了年度绩效薪金。年中，对6家子企业责任制落实情况进行抽查，组织纪委书记当面述职10人、书面述职64人。认真落实"一案双查"，全年两级纪委对4起典型违纪行为进行问责，对落实主体责任不力的6名党政主要负责人给予党政纪处分、4人给予组织处理；对落实监督责任不力的1名纪委书记给予党政纪处分、4名纪检干部给予组织处理。

【廉洁从业教育】 一是强化党章党规党纪教育。把党章党规学习纳入"两学一做"学习教育和理论学习总体安排，指导各成员企业党委、纪委深入开展"明准则、知条例、守纪律"主题教育活动，坚持把党章党规党纪教育纳入党委中心组学习、"三会一课"和党员教育培训，列入民主生活会对照检查内容，列入责任制考核和述职述廉内容，并利用各类培训班、各种会议，广泛学习宣贯《党章》《准则》《条例》等党内法规。2017年10月24日《党章》修订后，集团公司党委、纪委第一时间组织逐条学习和对照解读。

二是深化廉洁从业教育。集团公司党委书记、纪委书记带头学习全面从严治党新思想新举措新要求，带头讲纪律、讲党课，多层面多维度开展廉洁从业教育。坚持送教上门，2017年派出纪检干部为党员干部作党风廉政建设和反腐败工作专题授课6场次，组织召开片区廉洁从业教育和廉洁风险防控座谈会8次。邀请中国纪检监察学院客座教授作习近平总书记党风廉政建设新思路新要求新举措专题报告，组织近3万人次集中观看《央企领导人员违纪违法警示录》等警示教育片，同时利用反腐倡廉教育网、电建微言、电建纪检微信群、QQ群等媒介，多层面多维度开展在线廉洁从业教育，筑牢不想腐的堤坝。

【制度建设】 一是积极创新体制机制。创新开展廉洁风险联防联控工作，持续加强联防联控体制机制建设。针对投资、建设综合性项目，试点开展联合纪工委工作，2017年6月，在巴基斯坦卡西姆港燃煤电站项目成立了联合纪工委，搭建了"资源共享、信息互通、风险联防、处置协办"联防联控工作平台。在综合性项目工程开展廉洁风险联防联控，2017年5月在深圳市茅洲河整治工程项目启动开展了廉政风险联防联控试点，整合工程项目上下游防控资源，集团公司纪委与深圳市宝安区纪委和各参建单位签订廉政风险联防联控协议，建立了与项目属地纪委合作共建机制，廉洁风险防控由“各自为战”转为“协同作战”。

二是推进制度“立改废”。按照“全不全、行不行、力不力、新不新、顺不顺”的五问标准，对反腐倡廉制度建设开展顶层设计，制订了2017年反腐倡廉制度建设计划，持续深入开展制度“立改废”工作，2017年新建制度5项、修订制度3项。

【纠治“四风”】一是制定措施落实中央八项规定精神。完善制度机制，及时把先进经验和有效措施固化为制度，修订了落实中央八项规定精神实施细则，建立了党风政风监督工作信息统计月报制度和通报违反中央八项规定精神情况季报制度。

二是重要时间“节点”强化监督。元旦、春节、中秋等重要节假日前夕都印发文件，对落实中央八项规定精神提出具体要求，做到节前打招呼，期间开展明察暗访或专项检查，节后总结归纳，防止“四风”反弹。

三是严肃查处违反中央八项规定精神问题。积极实践运用监督执纪“四种形态”，对苗头性倾向性现象早发现早提醒早处理，并把落实中央八项规定精神、整治“四风”情况纳入巡视范围，对违反中央八项规定精神和“四风”问题，坚持零容忍，发现一起，查处一起，曝光一起。2017年查处违反中央八项规定精神问题4起，给予党政纪处分和组织处理22人。

【监督检查】2017年，集团公司纪委加强监督管理顶层设计，编制《全面监督“十三五”规划》，明确了13类监督的监督内容、实施路径和保障措施，统筹配置监督资源，建立立体化监督网络，理顺监督主体，形成监督合力，努力构建“大监督”工作格局。

聚焦管理漏洞强化监督。突出监督重点，加强选人用人监督，全年对总部11个部门、34家子企业的101名拟提拔或岗位调整人员严格把好政治关、廉洁关，提任39人，对3名拟任人选根据信访反映及核实情况提出了缓议意见。在全集团公司范围内开展礼品礼金清查处置工作，对清查盘点的礼品全部纳入账内管理；开展高档酒采购使用情况专项治理，对13名违纪违规人员进行严肃查处。围绕工程分包、设备物资采购等重点领域开展监督检查，取消了存在违规问题的56家分包商、供应商的准入资格。

加强国际业务廉洁风险防控。配合驻委纪检组开展了境外资产监督管理专题调研、中老铁路项目廉洁风险防控调研、“一带一路”建设老挝和柬埔寨腐败风险国别调研，完成了相关课题研究。开展印尼国别项目风险防控工作情况调研检查，对印尼棉兰2×150兆瓦项目进行综合效能监察，提出14条监察整改建议。

深化巡视监督实现全覆盖。截至2017年底，完成4轮对35家子企业的巡视，实现了巡视全覆盖目标。强化巡视成果运用，采取“两对照、三查看、一抽检”方式，全年对31家子企业进行巡视“回头看”，督导18家子企业完成巡视整改。

【执纪审查】积极实践运用监督执纪“四种形态”开展执纪审查工作。2017年，集团公司两级纪委对有苗头性倾向性问题开展提醒谈话、警示谈话40人。对违纪违规问题严肃查处，集团公司两级纪委立案28件，给予党政纪处分65人，组织处理66人；协助司法机关办案5件，8家子企业19人被司法机关立案调查。

规范信访和案件办理程序，夯实基础管理，规范了履行执纪审查内控审批程序。2017年，集团公司及成员企业纪委受理信访举报454件，其中，国务院国资委转办151件，地方纪委转来15件，集团公司纪委自收167件，子企业收121件，问题线索受理、处置完成率100%。

【队伍建设】纪检体制改革持续深化。认真落实纪委书记考核以上级纪委考核为主的要求，强化纪委书记述职、约谈和考核，制定了《成员企业纪委书记履职考核办法》。认真落实纪委书记、副书记的提名和考察以上级纪委会同组织部门为主的要求，严把人员入口关，全年提名考察纪委副书记、监察机构正职13人。认真落实查办案件以上级纪委领导为主的要求，线索处置和案件查办在向集团公司党委报告的同时向驻委纪检组及时报告，严肃执纪审查纪律，制定《关于进一步规范问题线索处置加强纪律审查工作的通知》和《执纪审查工作主办人制度》，指导成员企业规范线索处置和纪律审查工作。

纪检干部队伍能力素质持续提升。加强纪检监察干部能力素质培养，全年组织85人次参加中纪委和驻委纪检组举办的各类培训，选派3名纪检监察干部到驻委纪检组锻炼学习，抽调3名子企业纪检监察干部到集团公司纪委参与纪律审查，组织88名纪检监察干部举办了执纪审查业务培训班。严格落实监督执纪工作规则，加强纪检监察干部自身监督，年内约谈了20名成员企业纪委书记，1名纪检监察干部给予了党政纪处分、4人给予组织处理。

（监察部）

巡视工作

巡视工作办公室

【部门2017年工作】2017年，巡视工作重点聚焦政治巡视。在政治高度上突出党的领导，在政治要求上抓住党的建设，在政治定位上聚焦全面从严治党。按照集团公司党委确定的《2017年度被巡视企业安排计划》，巡视办明确任务目标，紧扣时间节点，规范有序推进。全年共组建30个巡视组，组织193名巡视组成员，开展4轮巡视，完成了对35家成员企业的巡视任务。全年发现被巡视企业（班子）存在问题线索464条，向党委提出建议58条，向被巡视企业党委提出整改意见201条。向纪委移交违规违纪问题线索16条、向被巡视企业纪委移交违规违纪问题线索29条。对涉及管理性问题，通过《问题清单》向总部18个职能部门及事业部反馈问题229个。将全年巡视发现的问题梳理出9方面57条共性问题。

【组织建设】调整巡视领导机构，增补巡视办主任李捷、纪委副书记王开成、党委工作部主任廖福流、纪委办公室主任雷建容、企业领导人员管理部主任李燕明进入巡视工作领导小组，充实力量，强化了对巡视工作的组织领导。

建立了巡视组临时党支部。从2017年4月第二轮巡视开始，在巡视组成立时一并设立临时党支部。中电建股党巡纪要〔2017〕3号，审议通过了《巡视组临时党支部工作手册》，明确职责和议事规则，形成临时党支部六项基本工作制度。巡视组临时党支部坚持“三会一课”和民主集中制，规范工作记录，巡视工作中的重大事项、巡视发现的重大问题均由临时党支部研究决定。

【巡视队伍建设】集团公司党委高度重视巡视队伍建设，主要领导在巡视组人员选配上给予了高度重视和大力支持，选配集团公司高管和三个事业部党委书记担任巡视组长，亲自协调巡视组人员配置，确保巡视组人员落实。在总部部门及子企业中抽调党务、纪检、财务、审计、经营、物资等专业副处级以上干部参加巡视组，完成了238人的巡视人才库建设。

同时强化巡视组管理，开展巡视组组长和组员之间的双向考核评价，制定《巡视组考核评价办法》，建立《巡视组成员巡视期间发现问题及线索清单》。加强巡视组的监督检查，严格遵守中央八项规定精神，强化纪律意识。公布对巡视组监督电话，开启巡视组长微信群，通过微信平台了解掌握巡视组工作情况，传达巡视工作领导小组要求。严控巡视组费用支出，通过优化巡视组人员配置、采取片区集中巡视、严格差旅费审核等措施，大幅度压降了费用支出。

2017年共组建了30个巡视组，抽调了193名巡视专员，巡视了35家成员企业。

【巡视培训】在总结探索的基础上，建立了“四位一体”巡视培训体系，即《巡视工作培训资料汇编》《巡视工作制度汇编》《被巡视企业沟通见面会资料汇编》和《巡视组临时党支部工作手册》，基本形成了“四位一体”的巡视培训标准化教材，被国务院国资委巡视办采用。

完成了对78名巡视干部的培训工作。巡视工作分管领导在每一轮培训时亲自为巡视组作动员培训讲座，系统讲解巡视组应把握的重点、程序和环节，要求巡视组切实履行好巡视监督职责，把深入查找问题贯穿于巡视工作全过程。建立了理论培训＋业务培训模式，推动开展分类分级培训。邀请总部党务、纪检、审计、财务、物资管理部门负责人和业务骨干10人次进行授课，把集团公司巡视关注重点面对面、手对手向巡视组成员进行培训辅导，安排11名巡视组长交流心得体会，分享巡视经验，提升组长统筹能力。

在培训中，注重加强对中央有关巡视工作精神和要求的学习，系统学习了新修订的巡视工作条例等内容，同时发挥集中培训、巡视组临时党支部学习和个人自学功能，不断提高全体巡视工作人员的政治站位，不断深化对政治巡视内涵的把握。

【巡视整改】 按照集团公司党委对巡视的整改要求，制定了《关于进一步加强巡视整改工作的意见》。通过加强巡视整改工作，促进子企业党组织全面从严治党、强化干部作风建设，深化改革、规范经营、提升企业管理水平。

全年完成了对31家成员企业巡视问题整改督导抽检。落实“两对照、三查看、一抽检”思路，采取全面抽查和重点抽查相结合，核查整改效果。先后要求被巡视企业在规定时间内报送203份问题整改支撑材料，验证整改的真实性。对巡视整改情况进行全面检查，查验是否做到了问题和整改措施逐一对应、件件回应。

对完成整改的18家子企业381个问题、968条措施进行了核对。针对涉及的重点人和重点事项，向各单位抽查资料133项，对关键问题整改落实情况进一步跟踪核实，形成了整改情况评价报告，并提交巡视工作领导小组。各单位在整改中，累计召开专题研究巡视问题整改工作会议209次，分解问题742条，制定整改措施1653条，新建立制度340项，修订制度362项，给予32名违纪违规人员行政处分。巡视工作领导小组的整改要求得到有效落地，整改成效明显。

【内部管理】 系统完善巡视报告，细化完善巡视报告模板，增加《领导班子成员谈话报告》和《领导干部问题线索情况报告》。对巡视反馈报告模块结构进行调整，增加了巡视工作领导小组整改要求。制定《巡视移交工作规定》，按班子存在问题、涉及企业领导人员问题线索、涉及企业二级单位负责人及关键岗位人员问题线索，分类移交巡视发现的问题和支撑材料，为后续问题处置提供支撑。规范资料管理，制定《巡视工作资料归档方案》，共归档整理了7轮46个巡视组、54家被巡视企业231盒巡视资料。注重电子文件的归档整理，形成了电子文档和纸质文档互为补充的资料归档体系。

（巡视工作办公室）

审计工作

审计部

【部门2017年工作】 2017年，股份公司审计部面临任务繁重，工作压力大等困难，服务大局，开拓创新，认真履职，全力以赴，全面完成了2017年度工作计划和各项工作任务，在强化经营管理提质增效、促进转型升级瘦身健体、推进“一带一路”建设、提升业务管控能力、规范权力运行等方面发挥了积极作用。

全年累计开展审计项目52项，下达审计意见130条、审计建议124条，大部分审计意见和建议已得到整改落实。一是深入推进领导干部经济责任审计，着力提质增效、重组整合、促进战略落地。二是大力推动国际重大项目审计常态化，紧跟国际优先战略，防范境外资产经营风险。三是服务集团改革大局，为内部重组顺利开展提供保障。四是围绕项目经营发展新模式，对问题多发领域进行重点审计关注。

作为审计与风险管理委员会的日常办公室，按照上市公司治理要求，牵头组织召开董事会审计与风险管理委员会。年度组织召集会议7次，对股份公司2016年度财务报告和2017年度季度报告进行了审议，对涉及上市公司托管企业的有关关联交易事项及时牵头召开审计与风险管理委员会进行审议，确保了董事会会议和股份公司对外披露的及时性。

【经济责任审计】（1）股份公司审计组于2017年3月15日至4月1日，对宁夏电建2014年1月1日至2016年12月31日资产负债损益情况和总经理张秋明同志任职期间履行经济责任情况进行审计。

（2）股份公司审计组于2017年3月15日至4月15日，对上海电力环保设备总厂2013年1月1日至2016年6月30日资产负债损益情况和原总经理黄建华2013年1月1日至2016年12月31日任期经济责任履行情况进行审计。

（3）股份公司审计组于2017年3月16日至4月14日，对四川电建三公司资产负债损益情况及李真强总经理自2014年1月1日至2016年12月31日任职期间履行经济责任情况进行审计。

（4）股份公司审计组于2017年3月17日至4月12日对四川电力建设二公司2013年1月1日至2016年12月31日资产负债损益情况及张晋斌总经理2013～2016年任职期间履行经济责任情况进行了

审计。

(5) 股份公司审计组于 2017 年 3 月 17 日至 4 月 7 日，对成都铁塔厂 2013 年 1 月 1 日至 2016 年 12 月 31 日资产负债损益情况及原厂长袁鸿彪同志 2013 年至 2016 年任职履行经济责任情况进行审计。

(6) 股份公司审计组于 2017 年 4 月 18 日至 5 月 5 日，对福建院 2012 年 1 月 1 日至 2016 年 12 月 31 日资产负债损益情况和原院长方勇灵同志 2012—2015 年度任职期间履行经济责任情况进行审计。

(7) 股份公司审计组于 2017 年 4 月 18 日至 5 月 5 日，对水电十六局执行董事总经理林文进同志 2013 年 1 月 1 日至 2016 年 12 月 31 日任职期间履行经济责任情况进行审计。

(8) 股份公司审计组于 2017 年 5 月 15 日至 5 月 28 日，对江西院原院长唐其练同志 2012 年 1 月 1 日至 2016 年 12 月 31 日期间履行经济责任情况进行审计。

(9) 股份公司审计组于 2017 年 5 月 15 日至 5 月 27 日，对贵阳院 2012 年 12 月 1 日至 2016 年 12 月 31 日资产负债损益情况及潘继录总经理 2013 年至 2016 年任职期间履行经济责任情况进行审计。

(10) 股份公司审计组于 2017 年 6 月 19 日至 7 月 10 日对电建新能源公司吴洵总经理 2012 年至 2016 年任职期间履行经济责任情况进行审计。

(11) 股份公司审计组于 2017 年 6 月 19 日至 7 月 6 日，对电建租赁公司钱庆云总经理在 2012 年 1 月 1 日至 2016 年 12 月 31 日任职期间履行经济责任情况进行审计。

(12) 股份公司审计组于 2017 年 8 月 8 日至 9 月 3 日，对水电九局原总经理陈学云同志 2013 年 1 月 1 日至 2016 年 12 月 31 日任职期间履行经济责任情况进行审计。

(13) 股份公司组成审计组于 2017 年 8 月 10 日至 30 日，对山东电建一公司总经理王守民同志 2012 年 1 月 1 日至 2016 年 12 月 31 日任职期间履行经济责任情况进行审计。

(14) 股份公司审计组于 2017 年 8 月 10 日至 9 月 1 日对电建核电公司张仕涛总经理 2012 年 1 月 1 日至 2016 年 12 月 31 日任职期间履行经济责任情况进行审计。

(15) 股份公司审计组于 2017 年 8 月 10 日至 8 月 31 日，对山东电建三公司王鲁军总经理 2012 年 1 月 1 日至 2016 年 12 月 31 日任职期间履行经济责任情况进行审计。

(16) 股份公司审计组于 2017 年 8 月 10 日至 9 月 1 日，对上海电建骆家聪总经理 2013 年 1 月 1 日至 2016 年 12 月 31 日任职期间履行经济责任情况进行审计。

(17) 股份公司审计组自 2017 年 8 月 16 日至 8 月 28 日，对上海设计院总经理余寅同志 2012 年 1 月 1 日至 2016 年 12 月 31 日任职期间履行经济责任情况进行审计。

(18) 股份公司审计组于 2017 年 9 月 4 日至 9 月 18 日，对都江电力设备厂 2013 年 1 月 1 日至 2016 年 12 月 31 日资产负债损益情况及方伟厂长 2013 年至 2016 年任职期间履行经济责任情况进行审计。

(19) 股份公司审计组于 2017 年 9 月 5 日至 22 日，对电建港航公司原执行董事、总经理于晓同志 2012 年 1 月 1 日至 2016 年 12 月 31 日任职期间履行经济责任情况进行审计。

(20) 股份公司审计组于 2017 年 9 月 6 日至 9 月 26 日，对中电建建筑公司执行董事总经理常满祥同志 2013 年 1 月 1 日至 2016 年 12 月 31 日任职期间履行经济责任情况进行审计。

(21) 股份公司审计组于 2017 年 9 月 7 日至 9 月 27 日，对甘肃能源公司执行董事、总经理马邦凯自 2014 年至 2016 年任职期间履行经济责任情况进行审计。

(22) 股份公司审计组于 2017 年 9 月 12 日至 9 月 25 日，对武汉电力设备厂厂长陈义国同志 2012 年 1 月 1 日至 2016 年 12 月 31 日任职期间履行经济责任情况进行审计。

(23) 股份公司审计组于 2017 年 9 月 13 日至 23 日，对长春龙源电力设备有限公司总经理潘利同志 2012 年至 2016 年任期内经济责任履行情况进行了审计。

(24) 股份公司审计组于 2017 年 9 月 13 日至 27 日对长春发电设备总厂厂长陶楠同志 2013 年至 2016 年任期内经济责任履行情况进行审计。

(25) 股份公司审计组于 2017 年 9 月 13 日至 9 月 28 日，对四平线路器材厂原厂长关维平同志 2012 年 1 月 1 日至 2015 年 12 月 31 日任职期间履行经济责任情况及 2016 年度财务收支情况进行审计。

(26) 股份公司审计组于 2017 年 10 月 24 日至 11 月 15 日，对江西水电黄利民局长 2012 年 1 月 1 日至 2016 年 12 月 31 日任职期间履行经济责任情况进行审计。

(27) 股份公司审计组于 2017 年 10 月 24 日至 11 月 15 日，对江西火电原总经理肖荣华同志开展 2013～2015 年离任经济责任审计和 2016 年资产负债损益进行审计。

(28) 股份公司审计组于 2017 年 10 月 25 日至

11月9日，对青海省电力设计院院长穆青华同志2013年1月1日至2016年12月31日任职期间履行经济责任情况进行审计。

(29) 股份公司审计组于2017年11月7日至11月28日，对中南院冯树荣总经理2013年1月1日至2016年12月31日任职期间经济责任履行情况进行审计。

(30) 股份公司审计组于2017年11月13日至29日，对成都究院原总经理章建跃同志2015年1月1日至2016年12月31日总经理任职期间履行经济责任的情况进行审计。

(31) 股份公司审计组于2017年11月28日至12月20日，对水电八局执行董事、总经理朱素华同志2012年1月1日至2016年12月31日任职期间履行经济责任情况进行审计。

(32) 股份公司审计组于2017年11月20日至12月5日，对北京院郝荣国总经理2012～2016年期间履行经济责任情况进行审计。

(33) 股份公司审计组于2017年11月30日至12月22日，对电建路桥公司董事长汤明2012年1月1日至2016年12月31日任期、原总经理郑久存同志2012年1月1日至2016年5月31日任期履行经济责任情况进行审计。

【境外项目审计】(1) 股份公司审计组自2017年7月8日至7月11日对水电八局和水电三局联营体负责执行的尼日利亚宗格鲁水电站项目开展项目管理专项审计。

(2) 股份公司审计组自2017年7月12日至23日对水电十六局负责执行的喀麦隆项目群开展项目管理专项审计。

(3) 股份公司审计组于2017年7月13日至20日对水电八局乌干达卡鲁玛水电站项目开展项目管理专项审计。

(4) 股份公司审计组于2017年7月22日至28日对电建港航公司毛里塔尼亚努瓦克肖特渔港项目、国家工矿业公司（SNIM）五星级宾馆建设工程项目及德哈供水项目开展项目管理专项审计。

(5) 股份公司审计组于2017年9月11日至9月24日对山东电建三公司阿曼萨拉拉二期项目、益贝利项目和苏赫项目开展项目管理专项审计。

(6) 股份公司审计组于2017年10月12日至18日对水电一局负责执行的刚果金宗戈II水电站项目开展项目管理专项审计。

(7) 股份公司审计组于2017年10月18日至10月21日对水电九局负责执行的刚果金矿项目开展项目管理专项审计。

【资产负债损益审计】股份公司审计组于2017年12月12日至22日期间，对中国水电工程顾问集团有限公司2014～2016年资产负债损益情况进行了审计。

【培训工作】2017年10月10～14日，审计部在上海大船酒店举办了2017年度内部审计自我能力提升和审计信息管理系统培训班。集团（股份）公司所属各企业、单位派出审计部门负责人及业务骨干参与了此次培训，参加人员共计201人。课程涵盖2017会计准则变化解读（主要是收入准则等）、PPP项目会计与税收实务、审计跨部门沟通与审计面临的形势和任务、审计信息系统应用、宏观经济金融形势分析。此次培训主要依托上海国家会计学院的教育资源，主讲老师均是理论研究及实践方面具有丰富经验、在业内备受好评的教授专家。

（审计部）

第九篇

成员企业要览

中国水电工程顾问集团有限公司

【经营业绩】截至2017年底，中国水电工程顾问集团有限公司（以下简称水电顾问公司）累计实现营业收入24.09亿元，计划完成率119.09%；不含国际品牌经营承包业务口径下实现营业收入14.09亿元，考核完成率101.19%；实现利润总额1.76亿元，考核值完成率125.46%；实际完成投资7.42亿元，计划完成率54.76%；实现发电量29.60亿千瓦时，同比增长1.06%，计划完成率102.07%，实现上网电量28.92亿千瓦时，同比增长1.03%，发电设备发电平均等效利用小时数2413小时，其中，风电1923小时，水电4146小时，光伏1186小时；资产总额146.75亿元，所有者权益34.94亿元，负债111.80亿元，资产负债率76.19%。

【领导班子】截至2017年，水电顾问公司领导班子为：董事长（法定代表人）、党委书记曹春江；董事、总经理、党委副书记李岳军；监事、党委副书记、纪委书记、工会主席宋学军；副总经理卢红伟、李宁君、杨正广、刘明宏、李光鹏、吴美琴；总工程师刘明宏（兼）。

【改革发展】完成水电顾问公司与水电顾问投资公司深度整合。按照股份公司部署，圆满完成水电顾问公司吸收合并水电顾问投资公司工作。完成水电顾问投资公司注销，水电顾问公司股权结构由电建股份独资调整为股份公司控股、七家水电设计院参股，成立了第一届董事会、监事会，修订了公司章程。截至2017年底，水电顾问公司及各项目公司股权变更、工商登记变更已全部结束。

精简总部机构，压减法人户数。进一步精简水电顾问公司本部机构设置，本部部门由16个精简至11个。注销中国水电顾问集团投资有限公司和中国水电工程顾问集团哥伦比亚公司企业法人两户。

深入推进电厂运行维护集中统一管理。继续深入落实“6+2”管控模式，做实运营公司，实现全部投产电厂纳入运营公司集中管理。截至2017年底，已完成运营公司（含电厂）人员划分、基层党组织调整、人力资源和财务管理方案制定等工作。

【经营管理】2017年，水电顾问公司重点推进国内外可再生能源投资运营业务，确保生产经营态势总体平稳，圆满完成各项年度经营目标任务。

积极支持中国电建成员企业使用HYDROCHINA品牌开展海外市场营销工作。2017年，水电顾问公司协助成员企业开展投议标项目共计31个，投标报价金额合计约284亿元，装机容量2052兆瓦；新签订3个咨询项目，包括原有合同共执行8个国际咨询项目。

2017年，水电顾问公司投产运维项目总计21个，总装机容量126.22万千瓦（风电项目15个，装机容量91.94万千瓦；水电项目3个，装机容量27.98万千瓦；光伏项目3个，装机容量6.3万千瓦），年发电能力突破32亿千瓦时。同时承担巴基斯坦、埃塞俄比亚和越南国际运维项目3个，装机容量22.65万千瓦。全年发电项目设备管理状况良好，现场生产井然有序，电厂运行安全、稳定、健康。

【重大项目】截至2017年底，水电顾问公司新增可再生能源投资项目开发权154.4万千瓦；进行投、议标项目共31项，涉及项目金额276.89亿元；协助执行国际EPC总承包项目7个，总体进展顺利；新签国际运维服务合同3个，共计0.33亿元。

1. 国内项目

水电顾问公司2017年履行股份公司投资立项程序项目11个，装机规模85.95万千瓦。云南易门朝阳并网光伏电站项目、河北怀安北庄堡扶贫光伏电站项目全部投产发电。

2. 国际项目

巴基斯坦萨察尔风电场项目于2017年4月顺利完工，并完成移交。巴基斯坦大沃风电投资项目于2017年4月全部机组投产发电。越南中宋水电站设备成套项目、泰国LTK风电场项目、巴基斯坦HAE风电项目执行顺利。巴基斯坦Tricon Boston 150兆瓦风电项目、孟加拉达舍尔甘地污水处理厂项目顺利开工。

【开拓国际新能源投资市场】2017年，水电顾问公司重点推进已获得股份公司批准开展前期工作的哈萨克斯坦谢列克一期风电项目、澳大利亚格兰维尔港风电项目。哈萨克斯坦谢列克一期风电项目已经编制完成立项申请报告并提交股份公司。270兆瓦喀麦隆颂东水电站开展前期工作的申请已获得水电顾问公司党委会批准，具备向中国电建上报条件。孟加拉 Nawabganj 300兆瓦光伏项目、圣普电力系统项目、坦桑尼亚 Singida 风电场项目等多个国别市场的新能源投资项目已列入跟踪和前期工作实施计划。

【科技创新】科技创新取得积极成果。参加国家能源局水电、风电行业6个标准编制工作取得实质性进展；确立1项中国电建科研项目和2项水电顾问公司级科研课题研究项目。制定《水电顾问公司科技项目研究开发费管理细则》，修订完成了《水电顾问公司技术管理办法》等4项科技管理制度。《埃塞俄比亚风电和太阳能规划项目规划报告》获中国工程咨询协会“全国优秀工程咨询成果奖”二等奖；重大课题“300米级高面板堆石坝安全性研究及工程应用”项目获电建股份颁发的2017年度科学技术进步特等奖。新申请发明专利1项、获得软件著作权3项。完成水电顾问公司2017年高新技术企业备案工作。

【党群工作和企业文化建设】认真学习贯彻落实党的十九大精神。水电顾问公司党委研究制定学习方案，做到“五个确保”。积极参加上级党委组织的十九大精神辅导会和领导干部集中轮训。党委全年开展7次中心组学习，并组织了十九大精神专题研讨。党委所有成员深入电厂、工地等生产经营一线带头领学，各支部通过开展集中学习、专题宣讲、主题党日活动等多种方式学习十九大精神，深入推进“两学一做”学习教育常态化制度化，支部认真落实“三会一课”制度，年内共举行“两学一做”学习教育60余次。

认真落实新时代党的建设总要求。将党委内嵌到公司治理结构当中，确定党委研究讨论作为董事会、经理层决策重大问题的前置程序，修订出台党委议事规则、“三重一大”等决策制度，切实加强党的领导。推进“两个责任”和班子成员“一岗双责”落实，持之以恒抓好党风廉政建设和反腐败工作。严格执行中央八项规定精神，持续深入整治“四风”，锲而不舍抓好作风建设，坚持挺纪在前。从严从实管理监督党员干部，选优配强党支部班子和党务干部队伍，强化党的基层组织建设。新闻宣传水平稳步提升，舆情监测周密到位，形成传统媒体与新媒体全方位发展的良好局面。组织开展“辉煌十年圆梦投资”主题活动，精神文明建设和企业文化建设深入推进。“全能型”职工之家建设再上新台阶。有效搭建青年成长成才平台，充分发挥团员青年在企业改革发展中的生力军和突击队作用。正安公司生产管理部荣获“2015～2016年度中央企业青年文明号”。隆回公司获评全国电力行业2017年度“十佳公益团队”。

【履行社会责任】水电顾问公司坚持履行社会责任，在依法合规经营、诚信经营，勇担央企使命，积极履行社会责任，实现企业与社会、环境和谐发展。

2017年实现上网电量（清洁能源）28.92亿千瓦时，相当于节省标准煤35.57万吨。全年安全生产零事故，未发生环保违规和环境污染事件。

认真贯彻国务院国资委中央企业扶贫开发工作会议精神，积极响应地方政府深入贯彻落实党的十九大关于坚决打赢扶贫攻坚战、全面建成小康社会工作部署，推动精准扶贫工作落地见效。2017年，水电顾问公司投资开发了河北怀安北庄堡光伏扶贫发电项目，该项目装机规模8兆瓦，位于国务院办公厅定点帮扶贫困村。根据《河北省2016年光伏扶贫实施方案通知》，项目按照每人每年不少于3000元的标准解决320人长达20年的资金帮扶。项目从开工建设到投产发电仅用100天，赢得地方政府赞誉。

水电顾问公司所属区域公司或项目公司，根据所在地特点，有针对性开展扶贫工作。隆回公司创办的“宝莲灯”爱心助学小组连续三年在老树下村和白马山村小学开展爱心助学活动，获评全国电力行业2017年度“十佳公益团队”荣誉称号。

（水电顾问公司）

水电水利规划设计总院

【概况】水电水利规划设计总院（以下简称规划总院）受国家有关部门委托，承担着行业规划、技术管理、工程验收、质量监督、标准制定和政策研究等工作，并受托管理国家能源水电工程技术研发中心、国家水能风能研究中心、可再生能源（水电、风电、潮汐发电）定额站、国家可再生能源发电工程质量监督总站、水电工程质量监督总站、国家可再生能源信息管理中心，并负责水电、风电安全设施的竣工验收工作。规划总院是国家能源局设立的16个能源研究咨询基地之一，同时受国家能源局委托承担管理8个水电、风电行业标准化技术委员会（组）。

【领导班子】截至2017底，规划总院领导班子成员为：院长、党委副书记郑声安；党委书记、副院长彭程；副院长李昇、王忠耀、顾洪宾、袁建新；总工程师彭才德；副院长龚和平、彭土标、易跃春；党委副书记何忠；纪委书记、工会主席毛璐。

【经营业绩】2017年，规划总院实现营业收入4.2亿元，完成中国电建目标的112.79%；利润总额0.73亿元，完成目标的112.22%。资产负债率费为66.68%，全员劳动生产率为100.61万元/人。

【改革发展】规划总院开展战略和业务结构转型调整。截至2017年底，规划总院完成五年规划新签合同目标的71%，其中水电业务、新能源业务、信息业务、国际业务分别完成五年目标的104.92%、58.45%、19.33%、36.18%。水电业务从前期为主逐步向建设期转化，建设期业务在总院业务结构中的比例已经接近70%；非水业务取得突破性进展，占比由“十二五”末期的不到5%上升为18%。首度试水资本市场，成功开展战略投资。

【经营管理】2017年，规划总院完成管理体系一体化一期工作；初步建立全面预算管理体系；加强知识管理，制定并印发了《水电水利规划设计总院知识管理办法》，知识管理系统上线运行；印发《采购招标管理办法》和《采购招标监督管理办法》，持续优化综合管理系统，开展流程固化、权限设置、数据应用等功能的开发工作；狠抓“四个责任体系”、职业健康同安全生产一体化管理等工作；持续做好重大经营风险管控处置；发布《安全生产劳动保护监督管理办法》等。

【重大项目】2017年，规划总院完成审查、验收、质量监督、评估、安全鉴定、咨询、专项研究等技术服务类工作1083项次，其中审查、验收、质量监督类共707项，评估、安评、安鉴、咨询任务260项。

1. 推动重大战略工程规划建设

组织开展西南重大河流水电规划工作，完成规划报告编制并上报国家发改委。全面完成金沙江虎跳峡河段开发方案深入研究论证工作，成果通过评审。协调推动白鹤滩等大型水电工程各项前期工作，共计2655万千瓦大型水电和抽水蓄能项目得到核准。顺利推动九省区抽水蓄能选点规划或调整规划。

2. 重大课题研究成果丰硕

完成巴基斯坦国家战略性工程—巴沙项目评估工作。第三批光伏领跑者基地启动。完成国家973课题“梯级水库群风险等级确定与风险设计”课题研究。完成国家发展改革委委托重大课题“非化石能源跨越发展行动计划研究”等研究。“雄安新区能源发展规划研究”等4个课题中标国家能源局研究计划。受国家能源专家咨询委员会委托，牵头完成“世界能源发展现状和趋势研究”。推进“水文气象关键技术研究”等中国电建重大专项研究工作，承担“一带一路沿线及非洲重点国家水电开发现状与发展潜力分析研究”等6项重点项目。

3. 推动“绿证”市场交易系统研究和建设，“绿证”自愿认购启动运行

全面推动我国可再生能源绿证交易市场研究和可再生能源配额制研究。绿色电力证书自愿认购交易系统正式启动，同时举办“推广绿证自愿认购暨首届中国绿色电力高峰论坛”。

4. 能源领域发展报告陆续发布

2017年10月17日，联合国际能源署（IEA）首

次同时发布《2016全球可再生能源发展报告》和《2016中国可再生能源发展报告》。10月24日，联合有关单位发布《“十二五”期间投产电力工程项目造价统计分析报告》。12月14日，发布《2017城镇生活垃圾焚烧发电产业发展报告》。

5. 行业技术标准“走出去”取得新进展

首次以“水电工程全生命周期”理念建立并发布、出版《水电行业技术标准体系表》。“能源行业水电标准全文公开系统”正式上线运行。受国家能源局委托，牵头组织完成“中国水电技术标准‘走出去’课题研究”。按照住房和城乡建设部和国家能源局要求，水电、风电、太阳能全文强制性标准编制全面开展。

6. 流域生态修复工程规划启动，高校绿色校园示范项目落地

在四川省阿坝州启动“岷江—大渡河流域生态修复工程规划”。在大量基础研究、组织协调工作基础上，牵头策划推进全国高校范围内首个绿色校园示范项目落地。

7. 构建“流域综合监测平台”

负责建立多层次、全过程、动态的流域综合监测系统。为国家能源局、有关省能源局和发电企业动态掌握水电站运行状况，制定《解决弃水弃风弃光问题实施方案》等文件，提供了实时数据支撑和数据服务。

【走向海外】2017年，规划总院新签巴基斯坦巴沙项目评估等咨询合同，建立了与APEC、G20、东盟及中巴、中瑞、中加在清洁能源领域的合作机制。成功举办第三届东亚峰会清洁能源论坛，联合东盟能源中心发布了东盟电力合作报告，启动了东盟能力建设计划。

【科技创新】规划总院创新内蒙古二连浩特微电网、青海格尔木工业园区可再生能源微电网技术服务工作，探索研究微电网规划设计、可再生能源就地消纳平衡技术及电力市场化交易新机制。

【党群工作】2017年，规划总院党委深入学习贯彻十九大精神，制定印发《水电总院推进“两学一做”学习教育常态化制度化实施意见》。院长郑声安以《认真学习贯彻十九大精神，扎实推进总院可持续发展》为题作了形势任务报告，党委书记彭程以《学习贯彻十九大精神，推动可再生能源事业跨越发展》为题在《中国电力报》十九大精神学习栏目发表文章。党委中心组学习体会被中国电建党委推荐参加中国电力企业联合会党的十九大学习体会优秀论文评选。优化调整支部设置，将支部设置在部门。选优配强党支部负责人，修订相关制度，推动各支部严格落实“三会一课”制度，全面开展“党支部书记述职评议考核”工作。2017年围绕3条主线，着重加强“优党建促发展平台”载体设计和实施，不断巩固规划总院党建3＋3＋N工作体系。推动纪委“三转”，有效推动“两个责任”扎实落实。坚决贯彻落实中国电建巡视工作部署，巡视期间，自觉主动接受监督检查，坚决做到立行立改，保证巡视和生产经营“两推进、两不误”。

【企业文化】规划总院认真落实《企业文化建设规划（2016～2020）》，组织制作《流域综合监测平台》等5部专题片。组织“第三届东亚峰会清洁能源论坛”“能力提升计划”会议、绿色电力证书交易启动仪式、《2016中国可再生能源发展报告》发布仪式的宣传工作。《水电总院音乐形象片》荣获中国电力规划设计协会2017年度企业文化优秀成果视频类“特等奖”。评选了2017年度规划总院“十件大事”“团结协作奖”“开拓创新奖”。

（规划总院）

中国水利水电第一工程局有限公司

【经营业绩】2017年，中国水利水电第一工程局有限公司（以下简称水电一局）市场开发额为94.14亿元，实现营业收入51.28亿元，较上年同比增长22.85％；实现利润总额1.03亿元，较上年增长7.96％；产值利润率为2.02％，较上年减少0.28％（如还原2017年洪水损失与三供一业的话，则利润总

额为1.50亿元，较上年增长56.65%，产值利润率2.93%，较上年增长0.63%）；年末资产总额47.19亿元，较上年增长11.14%；经营活动净现金流3.56亿元，未完施工和应收账款均较好控制在风险防控指标范围内。

【领导班子】截至2017年底，水电一局领导班子成员为：执行董事、总经理、党委副书记徐银林；党委书记、副总经理霍福山；总会计师张大军；副总经理黄中鑫、赵宝华、王志磊、李志刚、林石洪；工会主席李一；党委副书记、纪委书记闫英才。

【改革发展】2017年，水电一局坚持稳中求进工作总基调，各项工作取得了一定成绩，改革发展之路保持了持续走强的良好态势：

市场营销额突破百亿。坚持国际业务优先战略，紧跟集团（股份）公司战略发展步伐，注重全方位履约和全过程品牌维护，以现场拓市场，以品质创效益；加强业务领域侧重点转型和质量转型，做精做细传统产业、做优做强优势产业、做大做实新兴产业。

体系化建设初具规模。结合新时代要求和市场化形势需要，着力探索机制改革与管理升级，优化顶层设计，建设更加高效、科学的系统化管理体系，市场营销体系、履约创效体系、风险防控体系、运行监督体系等框架初具规模，横向联动纵向贯通的拉通式管理初见成效。

【经营管理】2017年，水电一局转观念、促改革、谋发展、求创新，主要表现在以下4个方面：

一是完善市场营销体系建设，坚持国际优先战略，“三大板块”产业化竞争能力得到提升——坚持国际优先战略，国际业务竞争力得到提升；保持国内水电工程优势，传统水电产业得到巩固；大力实施基础设施产业转型，非传统产业领域得到扩展；完善市场营销体系，多层级对接体系化作用得到发挥。

二是完善履约管理体系建设，强化落实全面精细化管理，经营创效能力得到提升。

三是完善人力资源体系建设，突出发挥班子整体合力，队伍发展能力得到提升。

四是完善基础管理体系建设，创新方式增强动力，提质增效能力得到提升。

【重大项目】

1. 吉林市管廊哈达湾二标项目

吉林市管廊哈达湾二标段（东西干线）东起中兴街，西至秀水街，全长7.72千米（含EPC段1.5千米）。

2. JK输水管线工程施工Ⅰ标

本标段工程位于精河县境内，主体工程为管道建安工程，主要包括PCCP管、钢管、稳压水池、各类阀井、阀门、管道附件、构（配）件、管道镇支墩、过沟、过路及临时道路等工程项目。

3. 津石高速公路津冀界至保石界段土建工程

路线全长5.513千米，本项目设计有大中桥6座、涵洞4道、主线互通式立交1座，小桥、通道10座，省界收费站1处，旺村互通收费站1处，回转车道1处。

【走向海外】水电一局国际业务发展情况：现有国别10个，在建项目17个，高峰期国际从业人员达800人，年度市场开发达15亿元，带动出口额超3亿元，完成产值10亿元，营业收入及营业利润节节攀升，国际业务整体形成良好发展局面。

国际业务市场分布情况：现阶段国际业务划分为三大板块：非洲区域、东南亚区域、东北亚区域，共计10个国别，17个国际在建项目。分别为：

（1）非洲板块：刚果金zongo Ⅱ水电站项目、刚果（金）铜钴矿项目、刚果（金）布桑加水电站大坝及水垫塘工程施工项目，刚果（金）基奎特道路修复工程；刚果（布）姆咕咕噜水电站机组修复项目；埃塞俄比亚的斯亚贝巴城网改造项目、输变电线路B标项目、吉布提铁路输变电供货项目；乌干达伊辛巴水电站项目土建项目，乌干达伊辛巴水电站项目机电项目，赞比亚供水项目。

（2）东北亚板块：蒙古国乌兰尾矿坝项目。

（3）东南亚板块：老挝南欧江7级水电站B标项目、缅甸上耶崖水电站金属及机电设备安装工程、印尼白水水电站项目、印尼帕卡特水电站项目。

【科技创新】2017年，水电一局科技管理工作紧密围绕高新技术企业建设为重心，依托在建项目和搭建的中心试验室平台，继续开展高海拔、高寒和赤道高温地区水利水电工程施工技术、城市轨道交通技术、矿山和市政公用工程施工技术为主的科技研发活动。将科技创新纳入到新中标项目的前期策划中，持续将技术创新常态化、目标化。

2017年，水电一局开展年度科技立项46项，在研项目67项，验收2016年完成科技项目31项，水电一局勘测设计院与清华大学合作承担国际技术标准对比研究；总结申报软件著作权12项、实用新型专利41项，11项实用新型专利获授权，累计拥有有效专利41项。

【党群工作和企业文化建设】2017年，水电一局党建群团体系作用得到有效发挥，党建与反腐倡廉建设成效显著，发展稳定能力得到提升。

党委强化开展"两学一做"，深入开展十九大精神的宣传贯彻，党政班子分别对所在支部和基层进行了十九大专题党课教育，强调结合工作实际，学懂、弄通、做实，跟上新时代、体现新作为；坚持理论中心组学习制度和议事制度，坚持党对一切工作的领导和党委对生产经营工作的把方向、管大局、保落实作用，党委引领改革发展作用发挥突出，"四个意识"体现得到强化。

纪委全面落实反腐倡廉建设责任制，持续落实中央八项规定和反对"四风"，有效开展各种形式的反腐倡廉建设教育活动，积极探索建立跨区预防职务犯罪协作机制，保持反腐高压态势；与效能监察、审计、法律等工作深入融合、系统开展，推进"大合规"体系建设，开展了第一阶段巡察工作，突出政治巡察，聚焦两个"责任"落实，巡察作用突显，巡察利剑作用得到充分发挥。

群团组织在党委领导下，积极发挥作用，结合中心工作任务，积极开展劳动竞赛、技能竞赛、"工人先锋号""青年突击队"和职工创新工作室等活动，深入开展送温暖和扶贫解困工作；积极与股份公司、地方政府沟通，寻求支持，遵循政策进一步解决历史遗留问题，稳步推进了"三供一业"改造、"厂办大集体"改制等工作。

（水电一局）

中电建建筑集团有限公司

【经营业绩】2017年，中电建建筑集团有限公司（以下简称电建建筑公司）真抓实干，经营业绩持续向好。实现营业收入85.19亿元，完成股份公司年计划目标的100.22%，同比增长21.18%。实现考核利润10379.93万元，完成股份公司考核指标的188.73%，同比增长59.63%。资产总额95.49亿元，同比增长10.05%。所有者权益总额18.40亿元，同比增长16.00%。净资产14.22亿元，同比增长2.67%。净资产收益率5.22%，同比增长37.26%。

2017年，电建建筑公司实现新签合同金额96.21亿元（含投资拉动），完成股份公司任务指标的101.10%，同比增长0.39%。

截至2017年末，电建建筑公司合同存量190.82亿元，同比增长4.26%，其中：国内147.18亿元，国际43.64亿元（含利比亚工程30.14亿元）。

（刘清政）

【领导班子】截至2017年底，电建建筑公司领导班子成员为：执行董事、总经理、党委副书记常满祥；党委书记、副总经理路玉武；监事、党委副书记、纪委书记刘庆；副总经理彭刚；副总经理、总会计师许宁；副总经理杜慧鹏；副总经理、总工程师梁宏生；副总经理柯勇；副总经理林胜强；工会主席胡卫国。

（刘　勇）

【改革发展】2017年，为贯彻落实年度重点工作安排，进一步加强企业制度建设，提高企业基础管理水平，实现现代企业标准化管理，全面梳理现行管理制度，电建建筑公司重新修订了2018版管理标准汇编。本次修订完成的2018版管理标准汇编，涵盖了企业经营管理、项目管理等23个管理要素，共115项管理标准。为便于学习、执行及考核，按照管理要素进行分类整理，形成23个分册。本次修订后的管理标准，强调文字简化、流程清晰、附件明确，重点考虑可执行性。

【经营管理】2017年，电建建筑公司继续开展在建项目联合检查工作，制定了联合检查实施方案，并聘请内外部专家组成联合检查组，对所有在施项目进行了两次全面系统的联合大检查，检查组对在建项目当场打分，并根据检查结果，发布《在建项目现场联合检查报告》，发文通报奖罚情况，通过建立奖惩机制，树立标杆、营造各单位"你追我赶"的竞争氛围、激励各项目不断提高自身管理水平。

（邓兆亮）

【重大项目】2017年，电建建筑公司国内新签合同88个，其中，水利水电8个，基础设施和水资源80个。合同金额82.48亿元。中标项目分布在北京、浙江、四川、江苏、山东、河南、重庆、内蒙古等省（自治区、直辖市）。

2017年，累计中标枣庄市峄城区前湾片区棚户区改造、宿迁激光智造小镇PPP项目、即墨创智新区学校及配套PPP项目、盐城市大丰区斗龙港国家一级渔港综合开发项目等10个项目，中标额157.88亿元，预计拉动施工总承包127.436亿元。共组建5个项目公司，累计共注资93000万元，分别为：中电建建筑集团（湖北）工程项目管理公司、中电建建筑集团（青岛）投资有限公司、中电建枣庄建设工程有限公司、中电建枣庄建设发展有限公司等。

（曹雅滨　沈勇君）

【走向海外】2017年4月，电建建筑公司对海外业务进行整合，实现统一管理，增设海外事业部，与国际工程公司合署办公，统管各项海外业务。截至2017年末，在非洲的马里、刚果（金）、安哥拉；在美洲的厄瓜多尔、玻利维亚；以及在亚洲的卡塔尔、老挝等国家，共有包括机场、医院、道路、市政电网、学校在内的13个在施项目，在刚果（金）、安哥拉设置了两个驻外代表处。埃塞俄比亚、博茨瓦纳、塔吉克斯坦等国别项目进入收尾关停中。

截至2017年底，电建建筑公司共有从事海外业务人员人员234人，其中常驻外人员200人。

（张金磊）

【科技创新】2017年，电建建筑公司科技创新工作围绕着企业技术中心和高新技术企业和创优为中心，展开各项工作，组织召开了三年一次的科技会议、课题评审及成果鉴定验收、开展专利和工法成果开发总结等工作。发布了《建筑工程施工技术可视化手册（第一分册）》。提交的两项课题参加中国电建科技立项评审，其中《基于BIM条件下的绿色建筑设计—施工—运维关键技术研究》在中国电建成功立项。首次提出设置3项重大专项课题，分别是：《超高层（300米以上）建筑施工研究》《被动式建筑施工研究》《装配式建筑制造与施工关键技术研究》。已经完成方案制定工作，正有序开展研究工作。全年共申报28项专利，其中有3项发明专利，获得专利授权26项。

（汪　涛）

【党群工作和企业文化建设】2017年，学习宣传贯彻十九大精神成为党委宣传任务的重中之重。党委组织了设置宣传标语、观看现场直播、撰写心得体会等一系列活动。继续做好官微（电建建筑微观）和青微（中电建建筑青年）策划运营，举办新闻宣传培训班。2017年各单位申报党建课题立项22项，公司党委组织评选并对优秀成果进行表彰。同时，向股份公司申报4个党建课题研究成果，分别获得3个二等奖，1个优秀奖。

2017年，党委所属10个基层党委，68个党支部，党员1126人，发展预备党员47人，预备党员转正30人，转入党员75人，转出党员75人。

2017年，电建建筑公司共举办8场企业文化深植与管理提升培训活动，组织了中高层核心成员企业文化深植及JPS重点工作会。注重企业文化宣贯，组织各单位开展“我身边企业文化代言人”征文、“司歌大家唱”等活动。针对中高层、执行层、骨干层，有效促进引导共识达成、效率提升、强化践行、深化认同，形成电建建筑企业文化深植手册，指导各层级企业文化建设工作。

工会进一步推进主题劳动竞赛和群众性经济技术创新活动，持续开展项目“职工之家”建设和“安康杯”安全生产竞赛活动。积极开展职工才艺表演、职工篮球比赛、女职工服装时尚风采展示活动等职工喜闻乐见、寓教于乐的文体活动。

（张雪华　何兴明　崔朋娇）

中国水利水电第三工程局有限公司

【经营业绩】2017年，中国水利水电第三工程局有限公司（以下简称水电三局）实现营业收入87.75亿元，较上年增长16.72%，利润2201.55万元，营业收入利润率为0.25%，新签合同192.89亿元，同比增长21.17%；2017年末合同存量458.67亿元，合同存量充裕度4.13，资产总额为101.37亿元。

2017年度，水电三局累计完成主要实物工程量指标为：土方开挖1260万立方米，石方开挖2097万立方米，混凝土浇筑202万立方米，金属结构制作安装3.75万吨，钢筋制安6.26万吨，钻孔灌浆16.06万米，房屋施工面积197.61万平方米。

【领导班子】截至2017年底，水电三局领导班子为：执行董事、总经理、党委副书记张育林；党委书记、副总经理周孝武；副总经理胡海涛、李刚、李炳汉、米振柱、郭坤、王琪；党委副书记、纪委书记、监事张爱民；总会计师张立选；总工程师王鹏禹；总经济师沈宏伟；工会主席王广利。

【改革发展】内部组织机构方面，水电三局对总部部分部门和职能进行优化调整，整合成立"中国水利水电第三工程局有限公司项目管理中心"（简称项目管理中心）；在原市场开发部基础上调整组建"中国水利水电第三工程局有限公司市场营销中心"（简称市场营销中心）。

三项制度改革方面，严格按照规定程序进行，认真做好方案制定、专题研究、民主推荐、任前考察、上会议定、任前公示等一系列工作，保证了选人用人工作规范有序。薪酬制度创新方面，已完成薪酬调研、工作访谈、诊断报告编制等基础工作。

企业办社会职能分离移交。截至2017年底，水电三局西安、安康和汉中基地涉及供水、供电、供热、物业分离移交协议全部签署完毕，完成了陕西省2017年度对驻陕中央企业该项工作的目标任务以及中国电建的考核要求。

【市场开拓】2017年，水电三局中标金额41个项目，累计中标金额168.18亿元，完成年度市场营销计划的148.83%，其中，国内传统业务新签合同金额47.65亿元，国内非传统业务新签合同金额120.53亿元。

其中，以PPP模式新签的小寨海绵城市项目、新疆克州公路项目、兰州管廊项目等，为公司在海绵城市、公路工程、地下管廊业务积累了扎实的业绩和管理基础。

【重大项目】2017年度，水电三局在建项目121个，合同金额566.74亿元。较大项目有：

苏洼龙水电站导流洞工程及溢洪道边坡开挖支护工程：该项目签约金额8.26亿元，至2017年末累计结算6.67亿元，剩余合同金额1.59亿元。

新建铁路磨丁至万象线铁路工程项目施工Ⅳ标段（中老铁路）：该项目签约金额21.33亿元，至2017年末累计结算4.56亿元，剩余合同金额16.77亿元。

京沈铁路客运专线河北段站前工程JSJJSG-5标：该项目合同金额22.96亿元，至2017年末累计结算21.82亿元，剩余合同金额1.14亿元。

几内亚苏阿皮蒂水电站项目：该项目签约金额42亿元，至2017年末累计结算9.89亿元，剩余合同金额32.11亿元。

【走向海外】2017年，水电三局坚持中国电建国际业务发展规划和平台引领，全面参与立体营销和分层营销，以中国电建国际业务市场布局配置国别为基础，以中西非、东南亚两大区域为重心，以中东、欧亚及其他区域为辅助，系统规划国际业务市场布局和分公司建设，全面提升国际业务营销整体效能。全年，国际业务板块新签合同金额24.72亿元，占新签合同金额的18%。

全面统筹国际项目外围商务、财税、物资及保障等体系，逐步实现以公司综合分局、专业分局为履约主体，以委托实施、专业分包、对外战略合作联营为履约模式，以利润为核心导向，重点提升项目盈利能力。2017年，水电三局国际业务板块累计结算22.61亿元，同比上年增长38.97%；2017年国际业务营业收入18.15亿元，同比上年增长26.19%。

【科技创新】2017年，水电三局《一种提高边坡相对密度检测效率的辅助工具》等27项技术获得实用新型专利，《一种金刚石复合片扩孔器》等4项技术获得发明专利。

获中国大坝工程学会科技进步奖特等奖1项——《水电工程600米级高陡边坡变形稳定控制与开挖加固技术》。获中国施工企业管理协会科学技术奖3项，获中国电力建设企业协会科学技术进步奖3项。

参与制修订标准17项，其中《全断面隧道掘进机敞开式岩石隧道掘进机》等3项为国际标准。

【党群工作】完善党委发挥作用的领导体制机制，推动党建工作内容写入章程，修订《党委议事规则》。推进"两学一做"学习教育常态化制度化，在全局掀起学习党的十九大精神热潮。规范选人用人程序，强化党委的领导和把关作用。基层党支部按期召开专题组织生活会，“两优一先”先进表彰、主题党日等活动。水电三局党委对基层党务工作者集中培训。完善党建责任制实施办法，细化党建工作职责。通过年中述职、年底自查自评、实地考核及现场述职等方式，检查年度党建重点工作落实情况。修订党建、党风廉政和反腐败责任制实施细则，细化管党治党责任清单。建立党建和干部家属参与的三局清风互廉网微信群，不定期推送管党治党工作动态和廉洁从业持家等方面的内容。

先后制作《提质增效我们在行动》等专题宣传片10余部；受中国电建委托，制作中国电建砂石骨料专题片和地铁专题片各1部。着力打造微信新媒体平台，持续做好网站运营管理，加大集团层面投稿力度。记者站连续5年获得中国电建“先进记者站”荣誉。工会创建职工（劳模）创新工作室和创新工作站，聚集专业技术人员160余人，取得创新成果40余项，先后组织25次劳动竞赛。团委开展青春故事分享会、迎新晚会、单身青年联谊等活动，被授予“中央企业五四红旗团委”荣誉称号。

【企业文化建设】水电三局党委强统筹、促落地，企业文化建设深入推进。一是以“三创建”活动为抓手推进精神文明建设，全年涌现出一批“文明工程项目”，促进了精神文明建设在一线、在项目的落地生根。二是开展“和美家风，德润三局”主题系列活动，征集“好家风好家训”书法书画摄影文字作品和家庭故事短片，营造家风好、党风正、企风清的良好氛围。三是开展“安全月”“质量月”“廉洁活动日”“安康杯”知识竞赛、陕西省“建设创新杯”岗位技能大赛等活动，推进8个分支文化建设。四是行善举、暖人心，履行央企社会责任成果丰硕。

【履行社会责任】水电三局坚持开展慰问、扶贫帮困活动和职工互助保障工作，春节期间对1804名困难职工，1003名特困职工，离退休人员、省部级劳模及遗属10702人次进行慰问；全年累计发放困难帮扶资金930万元、助学款19.60万元、办理保险赔付91.04万元；投入25万余元定点帮扶拴马村，建设湖羊养殖基地，为贫困户安装钢骨架钢丝网粮储仓，安排职工医院为当地贫困群众进行义务诊治。水电三局荣获全国职工互助保障工作先进集体、陕西省职工保障工作模范企业工会。

第一分局玛尔挡施工局主动参与玛沁县山体滑坡抢险救援，第四分局精河项目部积极参与当地政府组织的6.6级地震抗震救灾工作，第二分局磨万铁路四标一分部为老挝当地百姓修路，新建电力线路、蓄水池，铺设水管等；苏洼龙施工局向芒康县索多西乡中心学校捐赠校服、书包等学习用品和体育器材；汉中总包部参加“奉献爱心、点燃希望”大型捐助活动；基础建筑分局安康地电大厦项目部为三元宫小学捐赠价值5万元的教学仪器。

（水电三局）

中国水利水电第四工程局有限公司

【经营业绩】2017年，中国水利水电第四工程局有限公司（以下简称水电四局）完成营业收入172.72亿元，新签合同金额240.06亿元，实现利润总额5.76亿元，资产总额220.28亿元，资产负债率76.73%，全员劳动生产率217.97万元/(人·年)。

（陈海青）

【领导班子】截至2017年底，水电四局领导班子为：执行董事（法定代表人）、总经理、党委副书记高建民；党委书记、副总经理席浩；监事、党委副书记、纪委书记万金铭；副总经理戎建国、钟艺谋、张文山、张宏伟、葛建军、庞旭、阎海平、赵仲；总会计师张国庆；总工程师张文山（兼）；总经济师曲利；工会主席张志民。

【改革发展】2017年，水电四局深度实施“一体两翼＋增长极”总体发展战略，实现总体战略管理体系各层面全覆盖。引入平衡计分卡，编制企业功能手册，战略引领作用不断增强；深化“法人化＋区域化”布局与国家“三大战略”＋“粤港澳大湾区”战略紧密结合，逐步走进国家战略核心区，区域化布局持续完善；“三级”管理职责更加清晰，推行问题“倒逼、倒查”追究机制，项目管理责权利对等的考核激励机制不断完善；引进互联网全新测评体系，探索项目经理职业化建设，选人用人机制更为灵活；签约“三供一业”分离移交改造框架协议，完成北京十里堡、兰州七里河、涿州小区热源改造移交。

（陈海青　杨临辉）

【经营管理】2017 年，水电四局有效落实“区域化、专业化、一体化”营销战略，新增内蒙古、山东、广西、雄安新区和郑州区域经理部，推行“项目经理风险抵押”和“模拟股份制”考核机制，形成公司＋投资公司＋PPP 项目公司＋总承包部的投资业务管理体系，强化经营管理。通过加强“两金”清理管控，建立“三级分包商资源库”制度，推进 PRP 项目管理系统应用，项目质效明显改善；实行设备物资集中招标采购，多举措加强资金集中管理，降本增效扎实推进；制定重大经营风险项目管控处置方案，推行专项审计检查，风险管控能力明显增强。全年国内自主营销额 119.09 亿元；控股中标 PPP 项目 3 个，总投资 73.7 亿元，带动建安承包合同约 39 亿元；参股 PPP 项目 2 个、新能源项目 1 个，按股权比例投资额达 34.6 亿元，带动建安承包合同 29.9 亿元；与 14 个投资项目签订项目费用缴纳责任书，获得投资收益 2.31 亿元。

（徐振鹏　刘珂瑜）

【重大项目】2017 年，水电四局在建项目总计 116 个，其中，水电工程包括：云南白鹤滩水电站、云南黄登水电站、山东沂蒙抽水蓄能电站等。水利工程包括：兰州水源地、青海蓄集峡水利枢纽、山西中部引黄 TBM3 标、四川红鱼洞水库等。路桥工程包括：广西梧州至柳州高速公路、云南江通高速公路、广州中山至开平高速公路等。轨道工程包括：京沈客专 JSLNTJ-9 标段、武汉地铁 11 号线 2 标段、哈尔滨轨道交通 2 号线一期工程 7 标段、蒙华铁路 21 标段、江苏徐盐铁路、深圳城市轨道交通 4 号线 4301 标、成都轨道交通 18 号线 7 标段等。基础设施工程包括：四川巴中市体育中心建设项目和巴中经济开发区湿地公园建设 PPP 项目、银川市地下综合管廊及配套基础设施 PPP 项目Ⅱ标段等。新能源工程包括：广西兴安县界首一、二期风电项目，广西大桂山风电场一期工程等。水环境治理工程包括：广州车陂涌棠下涌治理工程、西宁湟水河城区段水生态综合治理工程、深圳茅洲河流域水环境综合整治工程等。房建工程包括：青岛中德生态园项目、郑州航空港房建项目等。

（周　伟）

【走向海外】2017 年，水电四局签约 6 个项目，合同金额为 54.84 亿元。在建 9 个项目履约良好，安哥拉恩泽托—索约高速公路右幅道路通车，安哥拉 SK 输变电建设项目主体工程竣工，玻利维亚米西库尼大坝开闸送水，安哥拉罗安达省电气化及入户连接项目、安哥拉马兰热市基础设施一期第二阶段建设项目、加蓬利伯维尔城市电网改造项目、玻利维亚依比利苏水电站Ⅰ标段大坝工程项目、埃塞俄比亚蒙德—哈纳公路项目、玻利维亚帕迪亚至埃尔萨托公路项目均按节点目标计划稳步推进。

（王晓薇）

【科技创新】2017 年，水电四局获得中国钢结构金奖 1 项，国家优质工程金质奖 2 项，省部级科技进步特等奖 1 项、一等奖 6 项、二等奖 2 项、三等奖 10 项；省部级工法 20 项；申请专利 76 件（其中，发明专利 15 件），获得授权专利 83 件（其中，发明专利 6 件）。全年科研投入总额 4.28 亿元。

2017 年，水电四局成立科技部、专家委员会，主持编译电力行业英文标准 2 项，主编行业标准 3 项，参编行业标准 8 项，参编团体标准 4 项；参编的《水利水电工程施工技术全书》第七册《水轮发电机组启动试运行》出版发行，完成的《中国大百科全书（第三版）》水利学科《水利施工分支》机电安装条目初稿通过审查，出版专著《高速铁路工程工地试验室试验检测工作指南》，编印《青海水力发电》4 期；推送技术交流论文 17 篇，发表科研论文 78 篇。

（刘亨凡）

【党群工作】2017 年，水电四局党委充分发挥党组织“把方向、管大局、保落实”的领导核心和政治核心作用，以学习宣传贯彻党的十九大精神为切入点，提出“12349”宣贯要求，采取专家授课、专题党课、开展“手抄新党章、学践新思想”主题活动、开辟专栏专刊等形式组织学习，并发放《党章》《党的十九大报告》《习近平治国理政》等学习书籍 40000 余册，举办领导干部、基层党支部书记、党务工作者培训班 17 期，实现了基层党员和干部思想学习教育的 100％覆盖；坚持党要管党、从严治党，扎实落实党委主体责任，积极参与“三重一大”民主决策，充分发挥了党组织“参与决策、带头执行、有效监督”的作用；从严党内政治生活，持续推动“两学一做”常态化制度化，切实增强党员“四个意识”；强化干部季度履职考核评价，完善人才选聘机制，党管干部人才队伍建设再上新台阶。全年发展党员119人。

2017年，水电四局党委、纪委以“挺纪律、落责任、抓教育、严问责、强监督、建队伍”为重点，扎实推进党风廉政建设和反腐败工作。紧盯中央八项规定精神落实、“三重一大”制度执行，重点查看“关键少数”的规矩意识和工作痕迹，以项目督查巡视为抓手，进行全面监督检查，进一步防范了经营、廉洁风险；开展“明准则、知条例、守纪律”“以案释纪明纪、严守纪律规矩”“树廉洁家风、创和谐家庭”主题教育活动、“送教进基层”活动，廉洁教育人数达20800人次。

2017年，水电四局工会推进民主管理和民主监督、维护和服务职工、加强经济技术创新和职工文化建设取得新实效。先后开展了59场劳动竞赛，40场技能竞赛，重点扶持实用有效的创新成果，参加人数达12660人次，职工经济技术创新创造经济效益6800万元；认真落实职工代表提案、职工代表巡视检查工作，不断畅通民主管理渠道；倾力打造职工之家、开展文艺巡演进项目走基层、举办青年联谊及集体婚礼等，服务基层和职工的品牌工作成效显著。全年，精准帮扶困难职工4679人次，职工住院互助基金补助受益178人。

2017年，水电四局团委以开展“一学一做”教育实践活动为契机，以“号、岗、手、队”创建为抓手，以“志愿服务”等特色活动为亮点，为广大青年创新创先创优、成长成才搭建平台、畅通道路。全年，9名青年入选“青海省首批青年职业技能导师库”，1名共青团员、1个基层团支部受到共青团青海省委表彰。

（李旻钰　贯红波　陈海青　蒋玉萍）

【企业文化建设】 2017年，水电四局认真贯彻落实社会主义核心价值观，紧密结合中国电建企业文化核心价值理念，逐步推进创新文化、精益文化、品牌文化、人本文化、安全文化、环保文化、合规文化、廉洁文化、诚信文化建设，以及中外文化融合等专项特色文化成形、落地。编制企业文化建设滚动规划，印发《宣传思想工作要点》，编印《黄河新声》杂志4期，加大了党建和思想政治工作研究会工作力度。更新宣传片、画册、《员工手册》，连续五届荣获“全国文明单位”称号。《水电四局报》数字版上线，进一步提升了传统媒介和新媒介的融合度，“今日四局”微信公众号荣获第七届全国建筑行业信息传媒工作“精品微信公众号”称号。

（樊逢春）

【社会责任】 2017年，水电四局积极参与企业驻地、项目驻地精准扶贫脱贫、定点扶贫，继续派出驻村第一书记和驻村干部参与青海省新农村建设，坚持履约创效，保护环境，热心参与社会公益事业，履行央企社会责任。

（樊逢春　李卯生）

中国水利水电第五工程局有限公司

【基本概况】 中国水利水电第五工程局有限公司（以下简称水电五局）是中国电建特级企业。

截至2017年底，水电五局有国内工程项目127个，海外工程项目21个，股权投资项目33个，全资及控股子公司4个，业务范围涵盖至市政工程、交通轨道、海绵城市建设等领域，对PPP、EPC等新商业模式具有较强的综合运营管理能力。现已形成了国内水利水电、基础设施、水资源与环境治理、国际工程、投融资和相关多元业务等多板块联动、多产业协同的发展格局，并由单一的建筑施工企业发展成为了集“投资—建设—运营”为一体，具有全产业链整合能力和一体化优势的大型综合性建造企业。

【经营业绩】 2017年，水电五局新签合同金额212.30亿元，实现营业收入143.70亿元，实现利润3.55亿元，劳动生产率达182.11万元/(人·年)，资产总额达139.58亿元，资产负债率76.83%，市场营销、营业收入等主要指标均超额完成中国电建考核指标，名列前茅。

【领导班子】 截至2017年，水电五局领导班子成员为：执行董事、法定代表人、总经理、党委副书记贺鹏程；党委书记、副总经理刘光；党委副书记、纪委书记、监事刘忠长；副总经理吴高见（兼总工程师）、宁俊云、张邯涛、杜相如、刘庆东（兼总经济师）、孙玉林、李峥、贺祝；总会计师张安福；工会主席林静峰。

【改革发展】整合优化内部资源。2017 年，水电五局整合区域资源，成立了欧亚、中西非、东南非、中东北非四大区域总部。深化三项制度改革。修订完善了领导人员管理制度、项目经理分级、专业师评级制度，对二级单位班子进行补充调整，选拔任用了一批优秀干部，干部队伍知识、年龄结构更加合理。去社会职能化改革有序推进。积极争取国家及中国电建补助资金 2000 余万元。与北控物业签订框架协议，顺利完成所有“三供一业”项目正式或框架协议签订工作。积极稳妥加快低效无效资产的处置工作。

【经营管理】2017 年，水电五局牢固树立经营项目和精细化管理的理念，深入开展减亏扭亏提质增效专项治理，亏损（潜亏）项目数量不断减少，盈利能力不断提升。重点加强了对尾工、完工项目变更索赔工作的系统性指导，变更索赔取得实效。树立合作共赢的分包管理理念，修订了履约评价管理办法，进一步完善了履约评价季度通报和黑名单管理模式。

【重大项目】2017 年，水电五局坚持“履约为先、管理为重、创效为本”的项目管理要求，强化全过程管理，重大项目关键节点如期完成。白鹤滩水电站 1 号泄洪洞工程洞室开挖全线安全贯通；成都地铁 4 号线二期 5 标土建结构工程全部顺利完成；广东阳江抽水蓄能电站头门岗隧道顺利贯通；江苏溧阳抽水蓄能电站 4 号机组一次性顺利通过 15 天考核试运行，正式投入商业运行；西成客专项目顺利通过西安铁路局静态验收；长河坝水电站 2 号机组首次开机成功；江习高速公路全线隧道全部贯通；小井沟水利枢纽副坝工程顺利通过完工验收；青海引大济湟西干渠四标项目 48 号隧洞顺利贯通；福州市江北城区山洪防治及生态补水工程 C1 标东山施工支洞全线顺利贯通；会能会理五期（干海子）风电场首台风机吊装成功；四川大邑县官渡安置房和建华三期安置房项目顺利通过竣工验收。

【走向海外】2017 年，水电五局牢牢把握国家“一带一路”倡议，服务“走出去”战略，积极拓展国别市场。国际业务稳步拓展，签约科特迪瓦波波里水电站及附属输变电工程、以色列 Kokhav Hayarden 抽水蓄能电站、贝尔格莱德绕城高速公路项目、贝宁三城市供水项目大坝土建及金属结构安装工程、津巴布韦输变电工程和肯尼亚公路项目等；中标尼泊尔蓝塘水电站监理工程，首次挤入国际监理市场。国际工程质量稳中有为，卡鲁玛水电站尾水隧洞工程年产值超过 10 亿元，其“光面爆破”技术获誉“卡鲁玛创新”；科特迪瓦苏布雷水电站提前 8 个月发电，获赞中科合作典范，电站图案印上科特迪瓦邮票；赞比亚下凯富峡电站引水隧洞爆破施工质量达到精准光面效果，被赞“切豆腐”；以色列抽水蓄能电站建设稳步推进，得到业主等单位肯定。

【科技创新】2017 年，水电五局科技创新优势发挥充分，科技创新成果硕果累累。连续 8 年获中国施工企业管理协会“科技创新先进企业”殊荣；荣获“国家知识产权优势企业”称号；荣膺“中国创新能力百千万排行榜”1000 强；新增 114 项国家专利，专利数量突破 400 大关；36 项科技成果获得省部级科技进步奖，其中《锦屏二级超深埋特大引水隧洞发电工程关键技术》荣获国家科技进步二等奖，《300 米级高心墙堆石坝施工关键技术研究及应用》获水力发电科学技术一等奖和中国电建科学技术特等奖；积极开展高新技术企业税前加计扣除工作，节税 1600 余万元。

【党群工作和企业文化建设】2017 年，水电五局党委认真学习贯彻落实党的十九大精神及习近平新时代中国特色社会主义思想，深入推进“两学一做”学习教育常态化制度化，切实增强全体党员干部“四个意识”和“四个自信”。党建向项目一线前移，开展项目党建顶层设计，推进项目党建全部纳入前期策划，积极开展支部书记述职和任前交底等工作；修订“三重一大”民主决策制度，完善纪检监察系统体系建设，开展薪外取酬、基层纪检委员配置、执纪问责等专项检查。

2017 年，水电五局工会积极开展职工文体活动，助力公司品牌形象宣传、文化软实力提升。相继开展了五一劳模慰问、单身青年联谊等活动；先后荣获中国电建“提质增效　我们在行动”演讲比赛“三等奖”、四川省第五届职工羽毛球比赛“体育道德风尚奖”、四川省首届职工游泳比赛“优秀组织奖”；获得全国电力行业焊工技能竞赛代表队获得大赛团体一等奖；选送的微电影《静绽》荣获四川省第三届职工微电影大赛故事片类铜奖。

2017 年，水电五局团青工作以“服务青年成长成才、融入中心创造价值”为理念，开展了“青年论坛”等活动。团委荣获“全国青年文明号”“四川省青年文明号”等荣誉。

2017年，水电五局持续加强企业文化建设。大力加强宣传，“五局时代”官微编辑推送微信200余条，在《人民网》《凤凰网》等外媒发稿近800余篇，在中国电建网站投稿1000余篇，用稿800余篇。

【履行社会责任】2017年，水电五局再次增派2名优秀干部到凉山州金阳县挂职扶贫，定点帮扶金阳县甲谷村及尼波洛村；积极响应国家推进京津冀一体化发展的战略要求，高标准承接了雄安新区商品混凝土厂站点规划工作；截至2017年底，水电五局在新疆、西藏、青海及四川藏区、彝区共有在建项目38个，合同金额147.32亿元，2017年共完成产值近25亿元；科特迪瓦苏布雷水电站项目出资为村民拆除并改建危桥，出资为当地扩建自来水厂，工程投资额超682万元。

（水电五局）

中国水利水电第六工程局有限公司

【经营业绩】2017年，中国水利水电第六工程局有限公司（以下简称水电六局）营业收入64.25亿元，利润1.65亿元；新签合同金额122.11亿元，其国内传统业务50.04亿元，非传统业务53.22亿元，国际业务18.85亿元；全员劳动生产率87.42万元/(人·年)；资产总额64.04亿元，所有者权益15.95亿元，资产负债率为75.09%。

【领导班子】截至2017年底，水电六局领导班子成员11人：执行董事、总经理、党委副书记刘宝；党委书记、副总经理翟万全；监事、党委副书记、纪委书记艾民；副总经理李国、杨成文（兼总工程师）、李璞盛、祝郴阳、要宝忠、赵立强；总会计师于庆波；工会主席付瑞川。

（谢　姝）

【改革发展】2017年，水电六局制定2017～2019年滚动规划，按照“努力用5年时间，将水电六局打造成具有核心技术优势和高附加值盈利能力的专业企业”的战略目标，推进专业化差异化发展。压缩管理层级减少法人户数，注销辽宁北方水利水电技术咨询有限公司、丹东洲源物资有限公司、铁岭市清河尚阳综合经营有限公司、铁岭市清河尚阳门窗制作有限公司4户法人公司。参与投资及PPP项目，在水电、水环境、市政基础设施、公路、地铁、管廊、房建等领域积极开拓，全年完成投资近亿元；国内市场营销新签合同额再创新高，同比增加119.64%；国际市场营销呈恢复性增长。处理纠纷案件74起，避免或挽回经济损失2507万元；针对重点难点债权，通过发送法律事务函、上门追讨、起诉仲裁三步走的方式进行追索，累计收回债权1900余万元。宽甸基地物业管理和供电项目，太平湾基地供暖和供水项目均移交当地政府或相关公司。

（鲍智敏）

【经营管理】2017年，水电六局改革项目经营管理考核模式，制定印发《全周期施工项目考核指导意见(试行)》，建立以施工项目目标成本管理考核为基础，交纳风险抵押金为手段，超额利润共享为激励，从项目开工至完工进行全周期考核的责权利清晰的项目管理机制，并在4个项目先期试点实施。强化项目前期策划工作，开展项目策划工作通报，注重项目策划编制质量，完成45个项目及重点项目安徽金寨和辽宁清原抽水蓄能电站项目的策划工作。修订印发《工程项目分包管理办法》，补充完善分包招标投标管理条款，明确招标权限、资格审查、招标文件编制、评标等内容，成立分包招标评审委员会；强化分包商资源库管理，全年评审入库合格分包商共258家，其中AAA级114家，AA级144家；完成每半年一次的分包商履约评价；完成100万元以上的分包策划审批54个，特殊事项审批16个，分包立项审批205个，分包商确定审批159个，分包合同审批146个；对深圳茅洲河项目、杭州大江东基础设施等20个项目进行了检查督导。

（张　平）

【重大项目】2017年，水电六局在建项目126个，涵盖水利水电、风电、市政、铁路、公路、房建、水资源等领域。主要工程有：

（1）辽宁清原抽水蓄能电站EPC总承包项目，合同金额27.53亿元，截至2017年底，累计完成施工产值0.13亿元。

（2）新疆引额供水二期输水工程喀双段Ⅶ标项目，合同金额13.19亿元，截至2017年底未开工。

（3）新疆喀什噶尔河流域克孜河中游河段夏特水电站枢纽工程Ⅰ、Ⅱ标段，合同金额12.07亿元，截至2017年底，完成施工产值0.42亿元。

（4）成都地铁18号线土建6标，合同金额8.56亿元，截至2017年底，完成施工产值3.51亿元。

（于　颖）

【走向海外】2017年，水电六局国际工程营业收入7.14亿元，新签合同金额18.85亿元，实现利润1.24亿元。进入秘鲁和肯尼亚市场，成立非洲分公司、美洲区域部和秘鲁代表处，驻外机构分布于10个国家；拥有营销参与权国别市场15个国家。

国际主要工程有：

（1）巴基斯坦16兆瓦水电站工程。2017年2月16日，水电六局与辽宁省国际经济技术合作集团有限责任公司签订施工合同，合同金额1.06亿元。工程主要包括首部枢纽、引水隧洞、发电厂房和变电站。

（2）秘鲁圣加旺Ⅲ水电站工程。2017年10月12日，水电六局与中国水利电力对外有限公司签订合同，合同金额2.035亿美元，合同工期48个月，项目施工已经展开。

（3）肯尼亚330公路工程。2017年12月14日，水电六局与中国电建市政建设集团有限公司签订肯尼亚330公路合同，合同金额1.46亿元，合同工期18个月，项目已全面开工。

（4）秘鲁联洋公路工程。2017年12月19日，水电六局与三峡集团环球水电公司签订联洋公路施工合同，合同金额6792万元，合同工期12个月。

（孙保峰）

【科技创新】2017年，水电六局获科技奖3项，获国家知识产权局授权专利12项，科技成果鉴定7项，1项股份公司科研项目通过专家验收。《复杂环境下深厚淤泥层覆盖大型水下岩塞爆破施工技术》被评为中国电力创新奖二等奖、电力企业科技创新成果三等奖。

（何金星）

【党群工作和企业文化建设】2017年，水电六局党委下设直属党组织12个，基层党支部109个，党员2492人。10个直属党组织、15个党支部完成换届选举工作，调整、组建新疆分局、非洲分公司等基层党组织；调整班子9个，新聘干部41人；邀请业内专家教授解读党的十九大精神3次；深化调查研究，两级班子成员形成调研报告81篇；贯彻落实中央“八项规定”精神，开展“四风”问题“回头看”，筑牢领导班子“红线”意识；印发《海外党建工作细则》，加强对境外项目党建工作的统筹管理。建立“明责、述责、考责、问责”机制，制定“两个责任”清单，印制“党委书记、纪委书记履职记实本”，抓好“两个责任”第一责任人职责和班子成员“一岗双责”落实，推动从严治党向基层延伸，推进“两学一做”学习教育常态化制度化。启动“回顾发展历史，弘扬水电精神，传播六局文化，树立企业形象”为主题的庆祝建局60周年筹备活动；群团组织开展群众性经济技术创新、职工素质提升、“书香三八”、青年论坛等活动；制定个性化脱贫方案，精准扶贫，走访慰问困难职工、因病住院职工665人次，发放慰问金101.62万元；开展金秋助学活动，资助困难大学生14人，资助金额2.6万元。水电六局获评“2015～2017年度辽宁省文明单位”。

（王利娜　连　媛　吴　楠）

中国水利水电第七工程局有限公司

【经营业绩】2017年，中国水利水电第七工程局有限公司（以下简称水电七局）财务报表反映营业收入205.36亿元，考虑“营改增”的影响因素，实现营业收入216.86亿元，为内控计划216.55亿元的100.14%，为股份公司下达责任制目标215亿元的100.87%。实现利润7.81亿元，为股份公司下达责任制目标值7.70亿元的101.43%，营业收入利润率为3.80%。全年实现经济增加值4.79亿元，超额完成股份公司考核指标。全年累计新签合同金额508亿元，为内控计划350亿元的145.14%，为股份公司下达责任制目标280亿元的181.43%，同比增长25.85%。全员劳动生产率191.12万元/(人·年)；全年职工平均工资增长率为9.01%；年末资产总额为317.62亿元。其他经营指标持续改进，企业经营质量效益稳步提升。质量安全总体受控，全年未发生较大质量安全责任事故。

【领导班子】截至2017年底，水电七局领导班子成员为：执行董事、法定代表人、总经理、党委副书记申茂夏；党委书记、副总经理张桥；党委副书记、纪委书记、公司监事郝国英；副总经理郗举科、向超群、但东、李东林、吴越建、莫永彪、白永生、江瑞俊；总会计师张元刚；总工程师向建；工会主席刘劲松。

【改革发展】2017年，水电七局继续深化改革创新，坚持顶层设计与具体措施同步推进，集团化建设逐步落地，各项改革举措有力实施。

一是编制了水电七局“十三五”发展规划和2017～2019年滚动规划，以及5项业务规划和子规划、2项专项规划、15项职能规划、重大战略任务清单，形成统筹协调、相互衔接、互为支撑的战略规划体系。

二是进一步按照集团化建设实施方案，稳妥有序、扎实有效地推动改革举措落地。形成业务专业化、区域综合化的布局进一步完善，全产业链架构基本形成，一体化协同发展能力提升。

三是推动干部人才队伍职业化建设，持续深化以业绩考核为基准的薪酬分配制度，改革机关部室及员工业绩考核与绩效分配办法，增设员工“福利假”，提高补充医疗保险。构建青年人才成长的“4+2”模式，严格按照中国电建压减企业管理层级减少法人户数要求，完成“压减”工作目标，促进企业“瘦身健体”。

【经营管理】2017年，水电七局新签合同总额508亿元，市场营销总额首次迈上500亿元新台阶，以EPC、PPP、BOT等模式为代表的新市场、新业务发展迅速。

战略规划体系更加完善，从“十三五”发展规划到2017～2019年滚动规划，39项年度重点工作任务分解精准、落实有力，着力推进集团化落地、推动干部人才队伍职业化建设、深化以业绩考核为基准的薪酬分配制度、强化内部机制体制改革，为公司高质量发展提供了有力保证。

2017年推出了《项目目标成本管理实施细则（试行）》，发布了《项目标准化管理手册》，PRP系统验收试运行，做好分包商管理及信用体系建设等基础工作，狠抓履约、质量和安全管理，确保目标成本。

按照集团化建设内在要求，注重系统性、协调性，着眼于责任落实，加强总部和二级单位两个层面能力建设，严守“六条底线”，财务资金管理、安全质量管理、全面风险管理、科技创新创效、依法依规治企等管理能力不断提升。

【重大项目】2017年，水电七局在建项目244个，涵盖水利水电、风电、市政、铁路、公路、房建、水资源等领域。主要工程有：

（1）成都轨道交通18号线工程：水电七局承建土建1标、土建2标、土建5标3个标段，合同总价约46.774亿元，2071年完成产值28.638亿元。

（2）武汉市轨道交通21号线一期土建工程：合同总价13.239亿元。2017年产值：2.129亿元，2017年12月26日正式运营。

（3）杨房沟水电站EPC总承包项目：合同总价

60.395亿元，2017年完成产值10.1635亿元。

（4）白鹤滩水电站工程：合同总计58亿多元，2017完成产值5.97亿元。

（5）四川大渡河双江口水电站大坝工程：合同总价30.786亿元；2017年，受移民征地等影响，完成5333.10万元。

【走向海外】2017年，水电七局承建海外工程9个，涵盖水电、火电、高速公路、房建、填海造地等。主要工程有：

（1）马其顿KO高速公路：位于巴尔干半岛中部的马其顿共和国，是“中国—中东欧援助100亿美元计划”下的首批落地项目，也是泛欧8号走廊的一部分。2017年完成产值5.5亿元。

（2）巴基斯坦卡洛特水电站项目：一带一路首个水电大型投资建设项目，也是“中巴经济走廊”首个水电投资项目。2017年完成产值3.6亿元。

（3）马来西亚马六甲皇京港填海造地项目：距离首都吉隆坡不到150公里。本合同工程工作范围为马六甲皇京港项目一岛、二岛和三岛吹填工程、护岸工程和防波堤工程的设计、采购、施工总承包。2017年完成产值0.6亿元。

【科技创新】2017年，水电七局科技创新成果斐然，共获国家专利发明奖72项、科技创新奖51项。其中，“锦屏二级超深埋特大引水隧洞发电工程关键技术”获得国家科学技术进步二等奖。同时，“锦屏二级超深埋特大引水隧洞发电工程关键技术”和“水电工程600米级高陡边坡变形稳定控制与开挖加固技术”获中国大坝工程工程学会科技进步奖特等奖。“高海拔寒冷地区碾压混凝土质量控制关键技术”“高流速常年泄流耐冲磨砼施工技术”“软弱破碎带高压对穿冲洗回填混凝土加固技术研究”“大型地下洞室群施工过程围岩力学响应时空效应及安全控制技术研究”“高陡边坡脚手架结构设计与施工技术研究及应用”5项技术获得中国电力建设科学技术进步奖二等奖。

【党群工作和企业文化建设】2017年，水电七局党委结合“两学一做”学习教育常态化制度，大力实施党委“领航工程”、支部“堡垒工程”、党员“先锋工程”和党建工作“品牌工程”，发挥党委领导作用、党支部的战斗堡垒、党员的先锋模范作用，把党的政治优势、组织优势、群众工作优势转化为企业的创新优势、发展优势和竞争优势的大党建新格局。

修订了《水电七局党委书记履行党建工作责任制述职评议考核办法》，制定了《水电七局有限公司关于开展领导干部述责述廉工作的规定》等规范性文件。

发布了问题清单、任务清单和责任清单“三张清单”，确立了26项党建工作重点任务，明确分管领导、责任人和完成时限，派出党建工作组对14个基层单位、重点项目进行一对一交流和精准批发与服务，召开季度工作例会制度4次，每个季度都确定一个鲜明的主题。

制定了《水电七局基层党支部“四个标准化”建设实施意见》，在基层支部建设中全面推行组织机构标准化、党建阵地标准化、制度体系标准化、主题活动标准化的“四个标准化”建设工作，创建20余个示范支部。

搭建“7个学习平台”推动十九大精神进机关、进工厂、进基层、进项目、进班组。在办好“一报一刊一网”等传统媒体基础上，围绕六大业务板块，加强新闻宣传策划，聚焦一带一路，积极对接主流媒体，对外发稿300余篇。

（水电七局）

中国水利水电第八工程局有限公司

【经营业绩】2017年，中国水利水电第八工程局有限公司（以下简称水电八局）完成营业收入210.57亿元，实现利润总额4.59亿元，新签合同总金额308.45亿元，全员劳动生产率196.19万元/（人·年），资产总额251.53亿元，资产负债率75.14%。

2017年，水电八局中标合同项目83项，中标金额 308.45 亿元，完成年度投标计划 280 亿元的 110.16%，比上年同期增长 13.68%。

【领导班子】截至 2017 年底，水电八局领导班子为：执行董事（法定代表人）、总经理、党委副书记朱素华；党委书记、副总经理姜清华；监事、党委副书记、纪委书记朱国强；副总经理戴科夫、杨刚、刘中刚、杨一心、邓文明、蹇尚友、谢卫东、肖军、白延庆；总工程师涂怀健；总会计师冯正文；工会主席肖华民。

【改革发展】2017 年，水电八局坚持“解放思想、转型升级、科学管理、做强做优”的管理方针，贯彻“大经营”“本土化”等管理理念，从总部到项目、从市场到现场进行了一系列管理变革。完善工程局三级管控架构，总部管理权限下放，促进两级总部管理职能转型升级；探索专业营销与区域营销相结合模式；围绕履约提质，改革项目履约管理方式，升级项目管理手段。汇集全员智慧，凝聚全局力量，确保改革稳步向前推进。围绕“135”管理举措，坚持以责权利体系建设为主线，厘清工程局三级组织之间，部门之间，组织与职工之间的责任、权力和利益关系，完善责权利相匹配的管理体系。全力推进法律、纪检监察、审计三大监督体系建设，建立了多维立体监督和风险防控体系。以集团化管控、二级单位模拟法人运作、项目全生命周期考核、项目管理团队建设、分包采购整治为五大抓手，提升了总部管理能力和服务意识，调动了二级单位和项目的积极性。

【经营管理】2017 年，水电八局践行“大经营”理念，加强三次经营管理。全面修订完善经营管理体系，形成了较为完备的制度体系。修订《投资项目评审管理办法》，重新界定评审范围，明确评审流程，加强投资评审；制定《合同签约修订及解除管理办法》，规范合同签订及解除的过程管理，提高合同质量；加强项目成本分析，强化重大项目成本价评审，优化投标报价；加强项目经营策划，完成 58 个项目经营策划；强化信函管理，加强变更索赔，实现变更索赔结算 21.09 亿元；加强主合同争议处理，降低完工项目外部审计扣减风险，首次采取 DAB 方式解决康诺桥项目合同争议，挽回经济损失数千万元；发布《工程局劳务分包限价库（2017 版）》，开展分包履约评价，建立合格分包商分级名录；全面推进项目全生命周期考核，实现新开工项目全面实施；开展好全面风险管理和内部控制管理的同时，结合股份公司重大经营风险项目管控处置工作的部署，开展一对一项目风险管控工作。

【重大项目】2017 年，水电八局新开工国内水利电力工程项目 38 个，竣工项目 41 个，机组投产发电 32 台，国内中标工程 62 个。主要工程有：

（1）大藤峡水利枢纽工程左岸泄水坝段、左岸厂房工程土建及机电、金属结构安装施工合同金额 23.51 亿元，累计完成产值 4.04 亿元。

（2）大渡河沙坪二级水电站拦河闸坝及发电厂房工程合同金额 9.70 亿元，累计完成产值 9.73 亿元。

（3）金沙江白鹤滩水电站大坝土建及金属结构安装工程Ⅱ标段合同金额 18 亿元，累计完成产值 5.01 亿元。

（4）长沙市轨道交通 4 号线一期工程土建施工“投资＋总承包”合同（第二标段）合同金额 20.37 亿元，累计完成产值 13.18 亿元。

（5）茅洲河流域（宝安片区）水环境综合整治项目内部施工承包合同二标段合同金额 9.52 亿元，累计完成产值 6.62 亿元。

（6）湘西经济开发区双河文教卫新区 PPP 项目合同金额 28.01 亿元，累计完成产值 7.09 亿元。

【走向海外】2017 年，水电八局国际在建项目 46 个，主要分布于东南亚、中东、中西非和南美地区，完成产值约 60 亿元。

2017 年海外项目主要完成节点：

（1）采用 TBM 施工的厄瓜多尔美纳斯水电站 14 公里长的引水隧洞顺利贯通，碾压混凝土大坝封顶并实现下闸蓄水。

（2）备受关注的雅万高铁项目正式签署 EPC 合同并获得第一块大临用地，实现首根桥梁桩基桩灌注。

（3）委内瑞拉新中心电厂 EPC 项目正式移交委内瑞拉，合同圆满闭合。至此已有孟加拉石卡巴哈、印尼亚齐、马来西亚康诺桥、印尼东加和委内瑞拉新中心电厂 5 个火电 EPC 项目圆满实现移交。

【科技创新】2017 年，水电八局科技管理体系进一步完善，三级科技管理架构进一步健全。加强产学研合作，与中南大学等单位联合成立湖南省装配式建筑工程技术研究中心；在建筑骨料、TBM 和矿山爆破等方面与中国建筑科学研究院、武汉大学等院校联合科技攻关。加强设计管理，调研 EP（设计、采购）中心建设。BIM 工作持续推进，完成了 BIM 标准化云平台开发。全年获专利授权 52 项，省部级以上科技奖励 25 项，完成行业技术标准编制 5 项，被中国施工企业协会评为科技创新先进企业。承办了中国大坝工程学会 2017 年学术年会、中国水力发电工程学会施工专业委员会三届二次会议（换届）暨高坝施工技术交流会、中国水利学会地基与基础工程第十四次学术交流会。

【党群工作和企业文化建设】党建工作有效开展。认真学习贯彻习近平新时代中国特色社会主义思想和党的十九大精神。各级党组织共开展宣讲会 170 余次，发放辅导书籍共 5300 余册，40 多个所属单位及项目开展了演讲比赛、主题征文、抢答赛等活动，宣贯范围实现了 315 个党支部全覆盖。加强党的领导，认真履行“把方向、管大局、保落实”职责，企业保持了良好发展态势。第八次党代会胜利召开，提出今后四年党建工作指导思想和主要任务，选举产生了第八届党委委员会和纪律检查委员会。切实履行党建工作责任制，修订党建工作责任制实施办法，全面推行党（工）委书记述职评议制度。2017 年，水电八局各级党组织书记现场述职做到了全覆盖，有 3 个基层支部书记因履职不力被免职调岗。全力推动“两学一做”学习教育常态化和制度化，共 315 个支部召开了“两学一做”专题组织生活会。夯实基层组织建设，党组织覆盖率达到 100%。加强各级领导班子建设，着力建设高素质复合型干部队伍。全年组织竞聘 11 次，任免干部 170 人次，共考核中层干部 206 名。

群团工作扎实开展。各级工会积极开展维护职工权益、关心职工生活、强化民主管理、提升职工素质等重点工作，全面履行“维护、参与、建设、教育、服务”五项职能。加强企业人文关怀，积极开展职工家庭志愿服务、工会主席接待日、五必到五必访、夏送清凉、秋送助学、冬送温暖、职工健康体检、文体协会等活动。开展群众性经济技术创新活动，倡导建立了 47 个“员工创新工作室”，创新立项近 200 项，创造经济效益近 2000 万元。各级团组织以“融入中心、凝聚青年、服务大局、引领青年”为主线，全力打造青年成长成才平台。

2017 年，水电八局持续探索完善企业文化体系，对企业文化核心理念进行多次修订；编辑出版企业文化故事集《讲述——我们身边的故事》；加强视觉识别系统管理手册和新版画册的应用。《我叫中国水电八局》企业宣传片获电力行业优秀宣传片类作品一等奖。

（水电八局）

中国水利水电第九工程局有限公司

【经营业绩】2017 年，中国水利水电第十工程局有限公司（以下简称水电九局）新签合同金额 118.16 亿元，完成计划的 100.14%，同比增长 15.71%；完成营业收入 60.08 亿元，完成计划的 85.83%，同比下降 1.75%；实现利润 1477 万元，完成计划的 73.85%，同比增长 34.76%；资产总额 105.68 亿元，资产负债率同比下降 0.2%；全员劳动生产率 158.68 万元/(人·年)。

【领导班子】截至 2017 年底，水电九局领导班子为：执行董事（法定代表人）、总经理、党委副书记徐鹏程；党委书记、副总经理王忠禄；监事、党委副书记、纪委书记何培章；副总经理王力、张建军、周正荣；总会计师吴杰；总工程师王军；工会主席张昭兵组成。

【改革发展】2017 年，水电九局以修订完善“十三五”发展规划为引领，明确“12345”总体发展战略，在商业模式、市场营销及项目经营管理模式等方面推行一系列改革措施并取得积极成效，循序渐进推动企业实现质量变革、效率变革、动力变革。

一是推进商业及营销模式转变。承接项目划定底线，积极与产业投资商、运营商、资金方开展合作，实现 PPP 项目突破。二是强化改革理顺机制。强化市场开发这一“龙头”，统筹、整合市场资源。市场管理由总部垂直集中管控、统一协调、内部按专业能力配置市场份额。区域市场、业务领域取得新突破，首次进入内蒙古、青海、广州、珠海等地承揽项目，开辟了科摩罗、塞舌尔、印尼等海外新国别市场，拓展了城市水资源、光伏发电、农村人居环境等新业务领域。三是强化内部管理。坚持

"以收益为核心"导向，全面推行"1234"的经营管理要求，从项目营销、签约到分包、履约再到结算、支付等关键环节管控力度不断强化，管理精益化水平和管理效能持续提升。四是扩大开放合作。广泛对接贵州、西藏、河北等十余个政府机构、专业公司和国家电投、华电等行业主体，深化与社会资本、分包商等合作伙伴关系，全力打造命运共同体。

（阳海云）

【重大项目】（1）水利水电及新能源项目：新签合同33个，合同金额12.82亿元。其中：水利水电项目21个，合同金额6.21亿元；新能源项目12个，合同金额6.61亿元。水电项目主要有新疆引额供水二期输水工程喀双段Ⅲ标工程、册亨县洛艾水库工程；新能源项目主要有华能息烽南山风电场（48兆瓦）工程主体建筑和安装工程等。全年完成产值9.66亿元。

（2）房建市政工程：新签合同50个，合同金额68.24亿元。贵州省黔南民族幼儿师范高等专科学校贵定校区建设工程8亿元、榕江工业园区返乡创业园工程6.88亿元。榕江项目群、荔波旅游项目、六盘水等主要在建项目共完成产值24.74亿元。

（3）公路工程：新签合同7个，合同金额12.73亿元。新签X702线光照电站至沪昆高速晴隆收费站段改扩建工程3.28亿元、贵安大道道路工程3亿元。遵义市"十三五"农村公路建养一体化项目、晴隆项目群等在建项目，共完成产值12.08亿元。

（4）环保砂石与矿业工程：新签合同6个，合同金额2.52亿。新签项目主要有瓮福（集团）磨坊矿段2—5号勘探线地下转露天采矿工程1.57亿元、繁昌县恒顺矿年产560万吨建筑石料用灰岩砂岩扩改扩建工程8750万元。在建砂石矿山项目10个，完成产值3.13亿元。

（潘晓梅）

【走向海外】2017年，水电九局新签国际项目8个，分布在亚太、东南非、西非等不同区域的6个国别，合同金额21.85亿元，其中现汇类项目8.74亿元，投融资类项目13.11亿元，完成年初目标的136.54%。在建项目7个，全年完成产值2亿元，其中白俄罗斯维捷布斯克水电站项目于7月31日顺利通过竣工验收，利比里亚罗伯茨机场跑道项目主体工程于12月18日竣工。全面融入贵州外经工作，水电九局获授权管理贵州省（马来西亚）商务代表处，并成为贵州省第一家获批设立外派劳务培训基地的建筑企业。

（杨　璐）

【科技创新】2017年，水电九局再次顺利通过国家"高新技术企业"认定，获得贵阳市企业研究与试验发展经费投入资助423.42万元。发布实施《高性能混凝土用机制砂质量标准和高性能混凝土用机制碎石标准》。完成"复杂地质条件下小断面斜井长隧道快速施工技术研究"等23个项目研究，投入研发经费3878.7万元。获得一种强风条件下运用高频筛的制砂系统及其方法、一种重锤式混凝土缓降溜槽结构2项发明专利；获得一种侧向排水装置、一种风机基础混凝土保温装置等15项实用新型专利。"大面积软土地基复合处理施工技术"获中国电建科学技术三等奖。3个项目参加中国电建关键技术鉴定，其中：《国际水电工程中液态砂质软基处理》鉴定为"国内领先水平"；《峡谷地区大跨度特大型装配式钢筋混凝土拱式渡槽施工关键技术》和《1.3兆帕水压力下地下洞室大流量透水灌浆封堵技术》鉴定为"国际先进水平"。出版4期《九局水电》，共刊登54篇科技论文。

（曾　静）

【党群工作和企业文化建设】2017年，水电九局下设113个基层党组织，其中二级党委（党工委）14个、党总支4个、支部95个，党员2165人，全年发展党员57名。

一是强化思想引领，扎实推进十九大精神宣贯入脑入心。两级党委成员到项目联系点宣讲56次，参与股份公司"红色答人"活动获第七名。二是党委发挥领导作用，修订完善公司重大决策有关制度，建立健全议事决策规则，依照规定讨论和决定重大事项。全年召开党委会14次，审议议题60项。落实《水电九局党的建设"十三五"规划》，党建工作重点任务逐项落地。三是抓好"三项基本"工作，打牢党建工作基础。实现了基层党组织全覆盖、书记履职全覆盖、年终述职全覆盖。有效落实"两学一做"学习教育常态化制度化，抓好"五好党支部"创建工作。落实"三会一课"制度，重点查摆形式主义和官僚主义新表现，95个支部召开专题组织生活会。四是不断释放干部队伍活力。通过公开竞聘、组织选任等方式拓宽干部选拔通道，启动关键岗位竞争性选拔工作，完善三级后备干部管理机制，全年按程序提任中层干部9人，调整中层干部73人。五是持续加强党风廉政建设和反腐败工作全年提醒68人次，党纪政纪轻处分人数17人次，党纪政纪重处分2人次。六是加强文化宣传工作，汇聚发展正能量。七是党建带工建团建聚合力。

（许林军）

中国水利水电第十工程局有限公司

【概况】中国水利水电第十工程局有限公司（以下简称水电十局），是具有水利水电工程施工总承包一级资质的国有大型施工企业。截至2017年底，企业注册资本金12.2443亿元人民币，在册固定职工人数4468人，总部机关住址成都市金牛区十二桥路7号。2017年，水电十局在中国电建集团（股份）公司2017年度子企业分级工作和2017年度子企业综合实力评价排名中，进入A级企业行列。继续入选“四川100强”企业，继续获得省级“守合同重信用企业”荣誉称号。

【领导班子】截至2017年底，水电十局领导班子成员为：执行董事（法定代表人）、总经理、党委副书记何其刚；党委书记、副总经理陈勇；监事、党委副书记、纪委书记靳山；副总经理余明川、陈茂（兼总工程师）、涂建湘、张长万、巨荣文、胡湛军（兼总经济师）、何开平；总会计师王全军；工会主席向学忠。

【经营业绩】2017年，水电十局完成营业收入83.04亿元，完成股份公司下达指标的114.78%，同比增长12.43%。其中，按业务板块分，水电营业收入53.18亿元，占比64.04%，非水电营业收入29.86亿元，占比35.96%；按收入来源划分，国内完成41.48亿元，占比49.95%，国外完成41.56亿元，占比50.05%。

【改革发展】2017年，水电十局重新修订了《两级单位领导班子、领导人员和管理干部综合考核评价暂行办法》，加强对干部选拔任用全过程的监督检查。2017年，新提拔为总经理助理6人、副总工程师7人、副总经济师2人、副总会计师1人、正处级干部3人、副处级干部5人，调动职务正处级干部3人、调动职务副处级干部6人，免职处级干部2人、免职副处级干部5人。

【经营管理】2017年，水电十局大力推进标准化建设，覆盖了行政综合事务管理、人力资源管理、技术管理、质量管理、设备管理、材料管理、安全管理、市场开发、合同管理、社保管理、信息化管理等内容，涵盖了在生产经营管理中必须执行的国家、行业、地方所有的法律法规，中国电建发布的各项规章制度，水电十局制定的规章制度，工作流程和工作标准。截至2017年底，水电十局33册标准化完成出版、发布实施28册。

【重大项目】2017年，水电十局主要在建国内项目如下：

（1）水电站项目：亚曼苏水电站厂区枢纽工程、四川天全胜利水电站灾后重建土建工程项目、然乌沟水电站工程项目、固滴水电站厂区枢纽工程项目、四川天全锅浪跷水电站厂房工程项目、苏洼龙水电站业主营地项目、博瓦水电站厂区枢纽工程项目、古瓦水电站首部枢纽工程项目、旬阳水电站厂房项目。

（2）水利项目：海南红岭项目、毗河供水一期工程、新疆KS9勘探试验洞工程项目、新疆精河二级枢纽导流洞项目、引汉济渭黄金峡水利枢纽前期准备工程施工Ⅱ标项目。

（3）基础设施项目：西藏林芝米林派镇至墨脱解放大桥农村公路一期工程Ⅰ标项目、渝蓉高速公路四川段土建第二项目、乐山青江新区项目基础建设BT项目、渝广高速公路土建工程土建第一分部（二期）工程项目、达州经开区长田新区基础设施建设工程、营山至达州高速公路工程LJ05标、锦城广场P+R地下停车场项目、成凉工业园区统规统建项目。

【走向海外】2017年，水电十局主要在建国外项目如下：

（1）水电项目：厄瓜多尔科卡科多－辛克雷（CCS）水电站项目、印尼佳蒂格德水电站项目、老挝南湃水电站项目、老挝南俄3水电站项目、老挝东萨宏项目、老挝南欧江四级项目、老挝南欧江三级项目、老挝南立1项目、老挝南俄4水电站工程（C3&C4标段）、老挝色拉龙一级项目、老挝南公1项目。

（2）水电站运维项目：老挝南欧江流域二、五、六级电站运维项目，柬埔寨甘再运维项目，老挝南俄5运行维护项目。

（3）矿业项目：缅甸莱比塘铜矿基建剥离和采剥生产外包工程。

【科技创新】2017年，水电十局获得授权发明专利3项：面板堆石坝混凝土面板施工全线段面板自动修抹机、压力回填式防腐管、多层切割的半球状钻头及具有该钻头的钻孔工具。授权实用新型专利4项：一种贯通式潜孔冲击器交叉配气装置、新型钢管整体退火炉、弧形闸门焊接活动铰整体退火炉、用于TBM主机的应急临时皮带架。

【党群工作和企业文化建设】一是建设学习型党组织和"两学一做"学习教育常态化制度化，通过丰富多彩的学习活动，营造了党组织示范引领和全体党员勤于学习的良好氛围。二是学习宣传贯彻十九大精神，开展了"畅谈""建言"活动和"爱岗敬业、忠诚担当、感恩奋进，喜迎十九大"系列主题教育实践活动。三是加强组织建设，开展党组织期满换届工作。四是加强反腐倡廉建设，制定了月报、季报等制度。五是加强宣传思想政治工作情况。《今日十局》荣获"成都市优秀企业报"称号，水电十局网站荣获"2017年度工程建设行业优秀网站"称号。

2017年，水电十局工会大力开展"安康杯""百安赛"和各项竞赛活动和技术比武活动。加强了评先、关爱和宣传各阶段的工作力度，2017年获四川省以上单位表彰集体4个，获省级表彰的个人4人。开展帮扶工作，与西昌市喜德县乐武乡呷子村建立对口帮扶机制，期限为2017～2020年。开展扶贫帮困送温暖工作，对1500余名各类困难职工群众筹集发放困难慰问金110余万元。团委联合工会开展了成都"双遗马拉松"志愿者服务活动、"青年安全生产示范岗"创建活动；举办了青年论坛活动，1人获中国电建西南片区青年论坛二等奖；继续开展职业资格助考"春雨行动"和青年突击队等活动。

（水电十局）

中国水利水电第十一工程局有限公司

【概况】2017年，中国水利水电第十一工程局有限公司（以下简称水电十一局）积极推进属地化营销，进入郑州、洛阳地铁市场；承揽许昌海绵城市、安徽霍山县和河南方城县PPP项目，参与中标深圳城市轨道交通12号线。强化对中小型项目前期策划的监督评价，开展对重点项目的巡查工作，实行月度考核制度；国际在建项目履约管控前移，优化管理模式，实现下凯富峡项目无追索应收账款保理。通过开展经济活动分析、"两金"压降、减亏扭亏和间接费控制等，推进降本增效。围绕"内部环境、风险评估、控制活动、信息与沟通、内部监督"五要素，对主要业务和事项进行全面评价，无重大风险事项发生。水电十一局首次获得全国总工会"五一"劳动奖状；先后荣获"中国建筑业竞争力200强企业""河南建设行业十佳杰出贡献单位""工程建设质量管理先进企业"等荣誉；位列河南省百强企业第22位，并被列入郑州市建筑市场诚信建设红榜名单。

【经营业绩】2017年，水电十一局实现营业收入172.06亿元，同比增长24.18%，完成股份公司下达目标的123.10%；完成股份公司下达利润目标的117.86%；成本费用利润率3.54%；净资产收益率12.54%；国有资产保值增值率113.16%。

新签工程项目70个，总合同额205.89亿元，完成股份公司考核目标值的118.7%。其中：国内工程项目50个，合计金额118.62亿元，占比57.61%。水利水电项目26个，合计金额23.40亿元，占国内新签合同金额的11.36%；非水利水电项目25个，合计金额95.22亿元，占国内新签合同金额的46.25%。国际工程项目19个，合计金额87.27亿元，占比42.39%。截至2017年底，合同存量542.05亿元，其中：国际工程365.1亿元，占储备金额的67.36%；国内工程176.95亿元，占储备金额的32.64%。

【领导班子】截至2017年底，水电十一局领导班子成员为：执行董事、总经理、党委副书记张玉峰；党委书记、副总经理冯真理；副总经理陈双权、张东生、夏水芳、钟彦祥、杨和明（兼总工程师）、宋维侠、朱晓明；总会计师魏巍；党委副书记、纪委书记、监事李朝晖；工会主席程铁强。

【国内重大项目】2017年，水电十一局国内在建项目（标段）共计141个，主要分布于河南、广东、湖北等21个省、直辖市、自治区。按照工程类型划分：水利电力工程64个、轨道交通工程9个、市政工程27个、房屋建筑工程21个、水资源和环境工程15个，其他工程5个。

吉林敦化抽水蓄能电站上下水库土建及金属结构工程，被评为“安全文明施工标杆项目部”；黑河黄藏寺水利枢纽大坝、厂房土建及安装工程，被授予“2017年度安全管理先进单位”；深圳市城市轨道交通10号线1013-2标凉帽山车辆基地工程，荣获“广东省房屋市政工程安全生产文明施工示范工地”“2017年度下半年深圳市优质结构工程”“安全质量管理优胜标段”“地铁集团综合考核评比第二名”；中牟县人文路跨贾鲁河大桥实现主体合龙，郑州市107辅道快速化工程PPP项目（第五标段到第八标段）被评为“河南省建筑业第八批绿色施工示范项目”。赣州市章江新区农民返迁房项目第三标段工程获评“安全生产标准化示范工地”“建筑结构示范工程奖”“江西省建筑结构示范工程”。

【走向海外】2017年，水电十一局新签约国际工程项目10个，合同总额80.8亿元。分别是：巴基斯坦M5高速公路项目、埃塞俄比亚HC66公路、玻利维亚MY69公路项目、塞内加尔LG公路、莫桑比克马桑古洛到利欣加88.88公里道路升级项目、尼泊尔加德满都经库里卡尼到黑托拉高速公路（KKHT公路）、赞比亚升级恩切伦盖到奇恩吉95公里公路和恩切伦盖市内10公里道路升级项目、津巴布韦25兆瓦太阳能项目、尼泊尔HDI220千伏变电站H站土建施工项目、尼泊尔HDI220千伏变电站H站和D站电气安装项目。

在建国际工程项目31个，其中亚洲区域7个，美洲区域7个，非洲区域17个。国际工程在建项目主要有：赞比亚下凯富峡水电站项目融资协议签订，工程按期截流，厂房开挖完成。玻利维亚圣何塞水电站一级引水隧洞洞身混凝土衬砌、取水口施工全部完成，实现下闸蓄水。洪都拉斯帕图卡Ⅲ项目大坝主体结构混凝土全部封顶。赞比亚KC45公路项目主路南幅通车移交；玻利维亚163公路桥梁及构筑物施工接近尾声。巴基斯坦M5高速公路桥梁桩基全部完成，施工重点由路基填筑转向路面基层。尼泊尔上塔马克西水电站项目上压力钢管竖井贯通，引水洞全线贯通。津巴布韦卡里巴南岸扩机项目两台机组均按期并网发电。安哥拉琼贝达拉水电站项目土建主体施工结束。

【科技创新】2017年，水电十一局获得授权专利20项，其中发明专利5项，实用新型15项。获得省部级以上优质工程奖16项，其中深圳地铁7号线获国家优质工程金质奖，郑州陇海路快速通道工程BT项目桥梁工程荣获中国钢结构金奖和河南省市政工程金杯奖，云南小中甸水利枢纽、四川古学水电站、梨园水电站、商登高速等项目获得省部级优质工程奖。

水电十一局主编的《水电水利工程施工作业人员安全技术操作规程》（DL/T 5373—2017），已由国家能源局“公告〔2017〕第10号”批准发布。高新技术企业资格通过三年复审再认定。《管理手册E版》正式发布，为水电十一局质量、环境和职业健康安全规范最新版本。

【商贸服务业】2017年，水电十一局从事商贸服务业单位10个，其中法人独资公司3个、分公司4个、卫生医疗机构1个、教育机构2个，从业人数1800余人。经营领域涉及物资贸易、商品零售、宾馆餐饮、食品加工、房屋租赁、物业管理、医疗服务、职业培训、幼儿教育等。抓住政府取缔马路市场的有利时机，投资兴建6340平方米农贸市场并投入使用。黄河三门峡医院新病房楼建成投入试运行。培训中心获得河南省职业教育“特色院校建设”专项资金。三隆分公司获得河南省安全监督管理局轻工类安全生产标准化三级企业的资质认证。

【党群工作和企业文化建设】2017年，水电十一局党委推进“两学一做”常态化制度化，制定《党委理论学习中心组学习实施办法》。全年发放各类学习读本2483本，定制各类学习笔记本2755本。规范“三会一课”制度，明确支部各项会议和党课的频次、议题、程序。广泛开展开放式党课，加强党员教育，共开展主题党日310余次。召开海外党建工作座谈会，加强和改进海外项目党建工作。开展二级单位党组织换届工作，共有20家二级单位党组织完成换届选举工作，完成率达95%。通过召开动员会、上党课、重温入党誓词等形式，掀起学习贯彻十九大精神热潮。在中国电建党委策划开展的“学习贯彻十九大精神、电建红色答人挑战赛”活动中，10天创造了6万次的答题量。开展以“强化履约、控制风险”为主题的党员先锋工程活动，共立项210项。

党风廉政建设和反腐败工作进一步加强。各级党委、纪委认真履行全面从严治党“两个责任”，持之以恒地正风肃纪，组织150多名党员干部到河南省廉政文化教育馆接受教育；健全完善预警机制，全年开展领导干部任前廉洁谈话40人、廉洁考试16场次。坚持有案必查、违纪必究，全年给予免职1人，严重警告1人，警告3人，诫勉谈话1人，约谈提醒14人。

工团组织围绕企业生产经营中心开展工作。首个以工匠名字命名的创新工作室“王刘富创新工作室”挂牌成立。开展职工技术比武活动，发布群众性经济技术创新优秀成果26项。开展第十四届“大禹杯”春季职工健身运动会、“大禹杯”足球联赛、首届中原杯文体足球联赛等。团组织开展基层青年学习十九大精神分享会主题团日、职代会精神宣贯进基层、“我的支部生活”DV视频大赛等活动。

加强企业文化建设和品牌宣传工作。《人民日报》聚焦玻利维亚圣何塞水电站，新华社聚焦津巴布韦卡南扩机项目，央视《厉害了，我的国》节目聚焦郑州贾鲁河大桥合龙。全年对外媒体发稿400余篇。

【履行社会责任】2017年，水电十一局累计实施对外捐赠28.74万元。国外在赞比亚当地建立培训学校，对当地劳务人员进行2期专业技能培训，受益学员150余人；以捐赠物资、提供车辆、安排人员等方式，配合当地政府应对霍乱疫情。国内分别在四川甘孜州、山西晋中市、青海祁连县、重庆奉节县等地参与抢险救灾活动，通过疏通道路、抢修围堰、提供食宿等方式积极履行社会责任。积极承担地方精准扶贫任务，对定点扶贫地三门峡市卢氏县杜关镇北沟村委进行支持帮扶，派出驻村第一书记开展工作。利用央企多产业优势，通过医疗援助、定向招收培养贫困学生等方式，着力解决贫困地区“看病难、上学难、就业难”等问题。

（水电十一局）

中国水利水电第十二工程局有限公司

【经营业绩】2017年，水电十二局实现营业收入46.28亿元，实现利润总额12314.31万元（消化以往年度潜亏10001.09万元，报表反映利润总额为2313.22万元）。水电十二局新签合同金额78.66亿元，同比增长19.41%，其中：国内传统业务新签合同金额19.90亿元，国内非传统业务新签合同金额44.16亿元，国际工程新签合同金额14.6亿元。合同存量充裕度为4.47。从业人员劳动生产率202.19万元/(人·年)，全员人均工资增长率8.95%。资产总额41.54亿元，资产负债率78.05%，国有资产保值增值率102.28%，2017年末合同储备量163亿元，完成变更索赔金额2.23亿元。

（宋龙进　李　娟　贯　艳）

【领导班子】截至2017年底，水电十二局领导班子成员为：执行董事（法定代表人）、总经理、党委副书记刘光华；党委书记、副总经理沈益源；副总经理杨德臣、方飞来；党委副书记、纪委书记、监事、工会主席文林；副总经理郭习葵；总会计师王现刚（兼总法律顾问）；副总经理沈仲涛（兼总工程师）、刘树军、赵云川。

【改革发展】2017年，水电十二局制发了《中国水利水电第十二工程局有限公司“十三五”发展规划》。重点探索实践体制机制创新，一是对所属单位领导班子进行整体换届和重组整合，通过考核推荐重新就位，深化干部到任职年龄退出领导岗位常态机制，对干不满一届的领导干部提前退出领导岗位改任调研员，对缺员岗位采取公开竞聘，不断充实年轻干部。二是完成了以岗位管理为基础的岗位绩效工资制改革。制发了《中国水利水电第十二工程局有限公司员工绩效管理（试行）办法》《中国水利水电第十二工程局有限公司员工薪酬管理（试行）办法》和《中国水利水电第十二工程局有限公司员工岗位管理（试行）办法》等，明确绩效管理的总体原则、规则，将绩效考核与员工岗位变动、薪级调整、绩效工资有机结合，初步建立全员绩效考核制度体系，结束了以职称为基础的岗位技能工资制。三是切实加强劳动用工管理，有效防范用工风险。印发实施《关于全面实行工程项目银行代发农民工工资的通知》《农民工工资支付监管管理办法》，全面推行工程项目银行代发农民工工资制度。下发《关于清理安置待岗职工等有关工作的通知》，全年清理安置待岗职工102人。

（冯建伟）

【经营管理】加强信息化和标准化建设。水电十二局2017年4月17日召开工程项目管理系统（PRP）推进布置会议，从系统业务需求顶层设计实施方案制订、评估、系统建设、工程项目PRP系统试运行，于2017年9月一次性通过终验。分册刊印发布实施企业管理标准237项，分册刊印梳理修订的管理制度、办法116项，发放所属单位、各相关部门传阅学习。

梳理十大风险，重大专项风险重点防控。“两金”压降工作完善组织机构、制订压降方案、召开专题会、动态跟踪指导等制度措施。水电十二局首次实现责任制指标控制在5.62亿元内，清理回收各类保证金1.62亿元；为提前锁定项目成本和利润，成立了工程分包招标中心，制发了《在建项目分包集中招标实施方案》。完成分包招标项目54个，分包招标金额约20亿元，分包效益比前三年平均水平高出约8.5个百分点。

（刘　娟　李　娟　杨常嘉）

【重大项目】2017年，水电十二局中标水利水电工程项目8个，合同金额共计154282.98万元；中标非水电工程项目共12个，合同金额共计482618.55万元。

两河口水电站合同金额501124.42万元，装机容量300万千瓦。两河口水电站初期导流工程于2009年开工建设，2012年3月成功分流。主体工程2015年5月1日开工，2017年11月24日大坝心墙填筑至2648米高程，提前37天完成2017年度目标。

深圳茅洲河（光明新区）水环境综合整治工程项目合同金额47902万元；合同工期2017年1月16日至2019年6月15日；工程范围包括12个工程、18个子项目。水电十二局承建光明四标东坑水综合整治工程等5个主要施工子项。截至2017年底，按计划开工3个子项目，部分完成灌注桩施工，累计完成产值为合同总额的33%。

水电十二局承建的扩大杭嘉湖南排杭州三堡排涝工程荣获中国建设工程鲁班奖（国家优质工程）；江苏国信溧阳抽水蓄能电站工程、四川省雅砻江官地水电站工程和福建仙游抽水蓄能电站工程荣获国家优质投资项目奖；仙居抽水蓄能电站机组尾水事故闸门焊接工程荣获全国优秀焊接工程。

（黄和平　张竣铭）

【走向海外】2017年，水电十二局继续保有印度尼西亚、委内瑞拉、乌干达及特立尼达和多巴哥4个国家的海外业务。在建项目主要有：印尼庞卡兰苏苏发电厂项目、委内瑞拉巴里纳斯重油发电厂项目、委内瑞拉维奥高速公路项目、乌干达卡鲁玛水电站项目、特多马拉巴尔污水处理项目。2017年8月31日签约圭亚那阿戴施水厂项目，12月11日签约圭亚那谢里夫街道—曼德拉大道道路拓宽施工项目。全年实现国际经营产值10.03亿元。

（董思阳）

【科技创新】2017年，水电十二局技术中心被浙江省经信委、浙江省住建厅、浙江省财政厅、浙江省国税局、浙江省地税局和杭州海关联合发文认定为“浙江省省级企业技术中心”。

2017年，水电十二局共申报专利49项，获得专利授权11项；获软件著作权2项；完成的“复杂地形多种料源高面板堆石坝变形控制筑坝技术”关键技术成果经行业专家鉴定达到“国际先进”水平。

2017年，水电十二局共获得股份公司级及以上科技进步奖6项，其中中国施工企业管理协会科技奖2项，中国电力创新奖2项，电建股份科技进步奖2项。

2017年，水电十二局专家主编的技术专著《水利水电工程施工技术全书》第六册《混凝土面板堆石坝施工技术》正式出版发行，全书近51万字，历时五年编撰完成。水电十二局参与编写的《可再生能源工程软土地基加固处理技术规程》形成送审稿。

【党群工作及企业文化建设】2017年，水电十二局党委坚持融入中心、服务大局，开展党建工作标准化、信息化和学习型企业建设。设立“十二局讲坛”，定期邀请专家讲授政治理论、国内外形势、行业动态、管理知识及相关专业知识，牵头组织开展“机关中层以上干部上讲台”“送业务知识下基层”学习型企业创建系列活动。制发了《推进公司“两学一做”学习教育常态化制度化的实施方案》，召开了创先争优暨“两学一做”学习教育常态化制度化推进会，在全公司推进“依规治党”和“主题党日”活动。完成对9个所属单位领导班子考核换届工作。

2017年，水电十二局本部及所属单位共签订党风廉政建设和反腐败工作责任书1116份。持续开展送教到基层活动，开展廉洁从业警示教育34场次，1174人次参加。把好党风廉洁征求意见回复关，出具廉洁鉴定意见书42份。全年共计党政纪处分和组织处理23人次。

水电十二局工会开展职工羽毛球赛、篮球赛和“职工书屋”添置书籍等十多项特色活动；通过元旦春节期间送温暖、金秋助学、互助帮困和大病补助等多种形式，发放各种困难补助金129万元；继续对浙江省丽水市的部分贫困村庄开展扶贫结对帮扶，连续第五年为丽水市莲都区太平乡7个村提供35万元帮扶资金；有效应对新疆博尔塔拉蒙古自治州精河县6.6级地震，距离震中70千米的水电十二局JK项目部迅速成立地震应急小组，组织所有员工有序撤离到安全区域，并派遣挖掘机、装载机等机械设备前往灾区，支援灾区进行恢复重建工作。

水电十二局团委开展“关爱老同志”志愿服务、关爱儿童系列活动。丽水市中心血站血液库存告急，机电安装分局团委组织分局在丽员工进行团体无偿献血，累计采血2700毫升。

（姜志娟　宋　华　宣　超　马天祥　林晓洁）

中国电建市政建设集团有限公司

【概况】2017年，中国水利水电第十三工程局有限公司变更名称为“中国电建市政建设集团有限公司”（以下简称电建市政公司）。企业继续保持了平稳、健康、可持续发展的良好态势，超额完成中国电建下达的各项经济指标，营业收入、新签合同均再创历史新高。

2017年，电建市政公司继续保持在中国电建特级子企业方阵，在“全国建筑业竞争力200强企业”排名第72位，在“天津市百强企业”排名第50位，在“中国对外工程承包百强企业”排名第22位，顺利通过“全国文明单位”和“国家级高新技术企业”复审，蝉联“天津市文明单位”荣誉称号。参建的深圳地铁7号线荣获国家优质工程金质奖；神华陕西甲醇下游加工项目荣获国家优质工程奖；辽宁北票西山风电场项目塔筒制作、风电机组安装工程和青弋江分洪道工程金属结构设备制造项目，荣获“优秀焊接工程”奖。

【经营业绩】2017年，电建市政公司完成营业收入121.12亿元，实现利润4.24亿元；资产总额为153.76亿元，资产负债率为72.93%；全年新签合同金额221.63亿元。

【领导班子】截至2017年底，电建市政公司领导班子成员为：执行董事、总经理、党委副书记何占颂；党委书记、副总经理赵景涛；党委副书记、纪委书记、监事、工会主席刘晓辉；副总经理、总工程师杨涛；副总经理徐德阳、杨长才、闫修春、高宗文、张玉富、王宁坤；总会计师席国超；总经济师殷国宝。

【改革发展】2017年，电建市政公司深入推进企业改革工作，释放推动企业发展新动能。企业顺利完成“中国电建市政建设集团有限公司”名称变更工作，开启了企业集团化转型发展新阶段；创新海外经营机制，推行海外区域经理部模拟公司化运作，先后成立北非公司、东非公司、中西非公司，实行内部独立核算、自负盈亏；建立星级项目经理制度，打造职业项目经理人团队，拓宽员工职业发展通道；深化“三项制度”改革，优化收入分配结构，加大一线艰苦岗位与国际高端人才、紧缺型人才薪酬激励；创新投融资业务模式，成立基金合伙企业，以基金模式带动施工总承包，助推PPP项目稳步发展；完成“三供一业”移交节点目标，电建市政公司所属家属区“三供一业”均已签订分离移交框架协议，具备移交条件。

（孙吉海）

【重大项目】2017年，电建市政公司国内在建工程146个，分布在21个省、直辖市、自治区，完成营业收入76.07亿元，占企业总营业收入的62.80%。

山西晋中市综合通道PPP项目、安徽G345凤阳段一级公路改建工程PPP项目、安徽霍山县生态新城路网工程PPP项目、安徽S238怀宁段公路改建项目、江苏南京凌霄路工程PPP项目、湖北沔阳特色产业配套实施项目首开区总承包项目、福建涵江临港产业园一期改造升级项目（EPC）等是2017年新签约大型项目。

黑龙江哈尔滨地铁2号线六标及十一标项目、深圳茅洲河流域水环境综合整治工程宝安四标项目、安徽金寨县江环北路等综合管廊及道排项目、河南郑州市贾鲁河综合治理一标项目等是公司承建大型市政项目；江苏省南京泛悦广场项目、湖北武汉南国中心二期项目、安徽淮北市杜集区东庄安置房项目等是公司承建较大的房建项目；安徽青弋江分洪道项目、江苏扬州611省道邗江段项目、浙江千岛湖配水工程施工16标项目、黑龙江省黑干堤防工程第十五标段项目等是其他大型在建项目。

（金英凤）

【走向海外】2017年，电建市政公司海外品牌建设稳步推进，国际经营能力有效增强。一是海外经营管理前移增速。推行海外区域公司制改革，根据市场需要成立东非公司、中西非公司；成功签约乌兹别克斯坦水电站修复项目，为开拓中亚市场赢得头彩；成功进入多哥、摩洛哥和喀麦隆市场，扩大了海外经营版图。二是积极落实国际业务自主品牌战略。全年计入中国电建营销系统中“STECOL”品牌签约项目合同金额6.77亿美元（占比62.92%）。三是探索多元化业务模式。积极拓展光伏发电、轨道交通、水资源处理等业务领域，密切关注运营维护、园区开发等业务，进一步实现产业多元化。四是强化重大项目投标、财税及合同风险管控。

截至2017年底，电建市政公司国外市场计入中国电建营销系统新签合同金额约10.76亿美元，完成股份公司下达的指标。

（苑　蔚）

【科技创新】2017年，电建市政公司共获得授权专利62项，其中发明专利5项，实用新型57项；获得科技进步奖9项，其中二等奖4项，三等奖5项；《深基坑工程减压降水对环境影响的研究》项目被批准为2017年天津市科技立项，《境外多连体薄壁混凝土筒仓施工综合技术研究与应用》项目被批准为2017年股份公司重点科技项目；6月，电建市政公司参编的团体标准T/CEC S472—2017《既有混凝土钻切技术规程》正式发布；10月，电建市政公司通过国家高新技术企业重新认定。

（杨洪娜）

【党群工作和企业文化建设】2017年，电建市政公司党委深入学习贯彻党的十八大、十九大和习近平总书记系列重要讲话精神，落实全面从严管党治党主体责任，充分发挥领导核心和政治核心作用，为企业持续健康发展提供了坚强保障。一是强化理论武装。组织公司党委委员到二级单位、部分项目部进行十九大精神宣讲，实现宣讲工作全覆盖；突出问题导向，推进“两学一做”教育常态化、制度化。二是夯实基层基础。三是加强干部队伍建设。四是积极配合电建股份党委巡视。

2017年，电建市政公司党委、纪委坚持压实“两个责任”，强化“一岗双责”，认真落实“四必须”工作模式，将党风廉政建设和反腐败工作责任制考核落实到位；突出监督检查重点，强化关键环节监督管控，努力构建“大监督”工作格局。

2017年，电建市政公司团委积极开展各项主题教育活动，组织第一届青年论坛宣讲会，推动“青”字号品牌工作，发挥青年典型的示范带动作用，服务企业改革发展；弘扬志愿精神，派遣4名青年志愿者在天津市承办的第十三届全国运动会负责会务保障工作，受到全运会组会领导们的充分肯定；召开“五四”表彰会，表彰先进集体和优秀个人。

2017年，电建市政公司建局55周年及走出国门30周年之际，品牌形象宣传片——《创誉中外，诚筑未来》中、英、法文版依次发布，累计浏览量超10万人次；40余万字的征文集《御风长歌》出版发行；建局55周年暨走出国门30年成就图片展和职工书画摄影展、文艺演出等同步举行。

2017年，电建市政公司各级工会从维护职工合法利益出发，同人力资源部对《工资协议》进行修改续签，健全各项协调劳动关系的机制，劳动关系和谐稳定；完善困难职工帮扶中心，努力为职工排忧解难；积极开展群众性经济技术创新工程、劳动竞赛和技术比武活动。

【履行社会责任】2017年，电建市政公司切实把社会责任理念植入到生产经营管理全过程，积极响应国家号召，参与“一带一路”建设，为沿线国家谋福利、促发展，积极参与全球生态环境保护，履行央企的责任与义务。年内，大力提升扶贫工作质量，继续以派出扶贫挂职干部、定点扶贫投入及帮助引进项目的方式在天津、德州两地开展扶贫工作；落实对外慈善捐款活动8项，支出金额85.35万元；发生重大自然灾害和突发事件时，积极提供财力、物力和人力等方面支持及援助；注重生态环境保护，坦桑尼亚马尼奥尼公路项目部救助非洲象的事迹被国内外媒体争相报道，受到国内外社会各界广泛赞扬。

（陈劲松　穆新海　赵　阳　张晓秋　丁　一）

中国水利水电第十四工程局有限公司

【经营业绩】2017 年，中国水利水电第十四工程局有限公司（以下简称水电十四局）实现营业收入 216.35 亿元，同比增长 7.77%；实现利润总额 7.75 亿元，新签合同金额 312.28 亿元，年末资产总额达 307.15 亿元，合同存量为 723.13 亿元。资产负债率为 73.68%，较上年同期下降 5.89 个百分点。2017 年完成投资额 48.65 亿元，股权投资完成近 6.99 亿元。控股运营电力项目 7 个，2017 年度实现发电量 7.71 亿千瓦时，控股装机容量 26.375 万千瓦，权益装机容量 42.22 万千瓦。

【领导班子】截至 2017 年底，水电十四局领导班子由 14 人组成：执行董事、总经理、党委副书记洪坤；党委书记、副总经理王曙平；监事、党委副书记、纪委书记孙跃东；副总经理于涛、宋家华、杨毅平、唐光皋、黄岗、颜家勇、字继权、范开平；总工程师和孙文；总会计师崔志强；工会主席张廉荣。

【改革发展】2017 年，水电十四局深入贯彻落实国务院国资委中央企业瘦身健体、提质增效工作动员部署会议精神，持续推进体制改革和战略管理。制定瘦身健体、提质增效工作实施方案和“三供一业”分离移交工作实施方案，完成了分离移交框架协议签订工作和关联企业、自然人持股清理规范工作方案。继续通过整合同质化资源，重组曲靖、大理分公司为土木工程事业部，使资源更加集中，布局更趋合理。同步完成《2016～2020 年发展规划》评审发布及宣贯，《2017～2019 年滚动规划》、4 个业务规划及 13 个职能规划的编制评审发布工作，水电十四局“高质量稳步建设具有较强竞争力的国内一流综合性建设投资公司”的发展思路和战略定位更加明确、清晰。

【经营管理】一是持续加强财务资金和资产管理。规范各单位财务管理行为，加强税务管控，开展“降杠杆、减负债、防风险”“两金”压降和保证金回收与置换等工作，专项清理与股份公司成员企业之间的债权债务。二是拓展内部监督方式。配合完成国家审计署驻昆办审计小组工作，有序开展审计、效能监察和“小金库”专项治理，严格重大决策、规章制度和经济合同中的法律审核和各类涉诉纠纷处理，展开专项巡察工作。三是持续推进工程项目管理系统（PRP）、企业资源计划系统（ERP）建设，开展 OA 系统改造升级和人力资源管理系统部署工作，信息化建设持续加强。

【科技创新】2017 年，水电十四局完成科技项目立项 38 项，中国电建立项 1 项。获中国施工企业管理协会科学技术奖、水力发电科学技术奖、中国电力科学技术奖等省部级科技进步奖 25 项，全国滑模、爬模工艺技术创新成果 1 项，辽宁省自然科学学术成果奖 1 项。专利工作稳步推进，获发明专利 9 件，实用新型 99 件。通过“全国高新技术企业”认定工作。2017 年 8 月 1 日，投资生产的我国自主研制的国内最大直径敞开式硬岩掘进机（TBM）“彩云号”成功下线，以科技创新价值不断提升市场竞争力。

【国内重大项目】2017 年，水电十四局国内水利水电工程中标 88 项，非水利水电工程中标 61 项。国内承建工程质量合格率 100%。

国内水利水电工程主要中标项目有：梅蓄电站输水发电系统和砂石系统、新疆 KLST 修复 C 输水隧洞、青海湟水北干渠二期三分干渠 1 标、阳江阳东农垦局宝山 49.5 兆瓦风电场项目工程 EPC 总承包等工程。非水利水电工程先后中标宜宾至昭通高速公路彝良至昭通段项目、贵州省凯里环城高速公路北段 PPP 项目、中山至开平高速公路土建 1 标、广州 35 条黑臭河涌治理、杭州大江东地下综合管廊项目、双龙航空港土地开发整理项目、上海市政及水资源治理 10 个项目等。

国内重大水利电力代表性项目：梅蓄电站输水发电系统；新疆喀双Ⅸ标；滇中引水香炉山 1、5 号隧洞；青海湟水北干渠二期三分干渠 1 标。

国内重大非水利电力代表性项目：宜宾至昭通高速公路彝良至昭通段项目、贵州省凯里环城高速公路北段PPP项目。

【国外重大项目】2017年，水电十四局国外水利水电工程中标11项，非水利水电工程中标26项。主要中标了塞内加尔机场高速公路、马来西亚仙本纳填海、斯里兰卡南部无收益水系统修复项目、老挝世贸中心一期工程、马尔代夫胡鲁马累二区2500套住房开发项目、磨丁经济区国际商业金融中心（Ⅱ期）、危地马拉危地马拉Pontila水电站、缅甸克钦邦电网工程、喀麦隆公路LOT2标和LOT4标、马达加斯加4号机组供货安装、缅甸克钦邦北部与230千伏国家电网连接工程第1标段、塞内加尔西部达喀尔大区道路项目等。

海外工程重大代表性项目：斯里兰卡莫罗嘎·哈勘达首部水库项目。

【质量与安全】2017年，水电十四局以创建优质工程为抓手，以安全生产大检查为重心，以应急能力建设和安全生产标准化建设为核心，着力构建风险管控和隐患排查治理双重预防工作机制，安全生产总体保持在平稳态势，质量、职业健康安全和环境管理体系运行情况良好，体系认证证书继续保持。水电十四局承建的项目工程质量验收合格率100%，客户满意度100%。被水利部评定为“水利安全生产标准化一级单位”，多个项目被评为国家级、省部级“安全文明标准化工地”，多次获评业主授予的“诚信履约项目部”“样板工程”“精品工程”等施工表彰。获得国际级、国家级和省部级优质工程奖共计20项，参建的深圳轨道交通7号线和小湾水电站工程获得“2016～2017年度国家优质工程金奖”，糯扎渡水电站工程和雅砻江锦屏一级水电站工程荣获“第十五届詹天佑土木工程科学技术奖工程大奖”，云南盐津牛栏沟、老挝南俄5水电站等7项工程获得省部级“2017年度优质设计奖”，重庆梁忠高速、厄瓜多尔辛克雷电站荣获“2017年度电建优质工程奖”。

【党群工作和企业文化建设】2017年，水电十四局深入学习贯彻党中央治国理政新理念、全国国有企业党的建设工作会议精神、中央企业党风廉政建设和反腐败工作会议精神、党的十九大精神，持续推进“两学一做”学习教育常态化制度化。加强党的基层组织建设，完善党建工作责任制考核机制和日常检查机制。支持配合中国电建党委第7巡视组开展对水电十四局的巡视。加强思想政治工作和企业宣传工作，营造良好的企业人文环境。认真落实水电十四局《党委意识形态工作责任制实施细则》，强化党管宣传、党管意识形态，加强党建思想政治工作研究。抓好企业文化建设工作，深入报道水电十四局取得的成绩，组织开展“劳动者风采”宣传活动，进一步凝聚推进改革创新发展的舆论正能量。加强党对群团工作的领导，推进和谐企业创建。2017年，1人获评“云岭首席技师”，2人获得“云南省五一劳动奖章”，2人评为“云南省劳动模范”，1个基层团组织获“中央企业青年文明号”，1个基层单位获“云南省五一劳动奖状”，3个基层单位获省级“工人先锋号”。

【履行社会责任】水电十四局践行“和建天下，品臻致远”的企业使命，秉承“以行动履行责任，用关爱回馈社会”的责任意识，积极履行社会责任。2017年，参与了抗台风“天鸽”抢险救灾、长沙地区抗洪救灾、“7·20”昆明暴雨北站隧道抢险、素珠箐水库、东母沟水库抢险、清蓄义务消防队扑灭山火等多次救灾工作。连续11年定点“扶贫攻坚上甘岭”——怒江州泸水市古登乡干本村驻村帮扶，2017年开展了扩建党员活动室、解决清洁饮水、培育竹鼠养殖等12个帮扶项目，组织职业技能培训50人。77支学雷锋志愿服务队伍持续开展志愿活动，被驻地社区、街道办等评为2017年度“城乡清洁工程建设优秀单位”和“共驻共建和平安建设优秀单位”。在海外，多次慰问工程驻地孤儿院、学校、村寨，捐赠书包、食品、床垫等物资，修缮道路、水窖等，参加了刚果（金）中企协会组织的2017年慰问孤儿院活动、中国驻刚果（金）大使馆组织的刚果（金）Sourire d' enfants孤儿院院舍扩建项目及移交仪式。

（水电十四局）

中国水电建设集团十五工程局有限公司

【经营业绩】2017年，中国水电建设集团十五工程局有限公司(以下简称水电十五局)完成营业收入77.72亿元，实现利润总额22972万元，新签合同金额为123.96亿元,全员劳动生产率203.63万元/(人·年)，在岗职工年人均收入84148元。合同存量242.28亿元，资产总额71.98亿元，资产负债率77.21%。

【领导班子】截至2017年底，水电十五局领导班子为：执行董事、法定代表人、总经理、党委副书记梁向峰；党委书记、副总经理王国强；副总经理张胜利；副总经理、总工程师何小雄；副总经理杜晓刚、郭联合、李鹏；监事、党委副书记、纪委书记任志宏；总会计师朱继斌。

【改革发展】2017年，水电十五局认真学习贯彻党的十九大和中央经济工作会议精神，坚持“一个方向、两个市场、三层业务”，以培育企业内生发展动力为核心，加快提升投融资建设一体化和国际化发展能力，持续推进项目管理标准化落地生根，不断深化改革，强化风险管控，取得了显著成效。

（梁　锐）

【重大项目】2017年，水电十五局共有在建项目130个，分布在22个省（市）区和8个国家。其中，国内水电项目62个，非水电项目44个，国外项目24个。新开工项目31个，基本完工项目29个，截至2017年底合同存量242.28亿元。

2017年新开工项目有：青海省引大济湟西干渠工程（干渠部分）第5标段、新疆吐鲁番市大河沿引水工程水库大坝工程、新疆大石峡水利枢纽准备期工程土建1标、新疆引额供水二期输水工程双三段库木苏工程、新疆阜康抽水蓄能电站项目、福建霍口水库大坝工程、广西左江治旱驮英水库及灌区工程、西安市护城河及环城公园综合改造工程（朱雀门—西门段）施工二标段、茅洲河（光明新区）水环境综合治理工程项目、中山至开平高速公路工程、仁寿至屏山新市公路LJ21标段工程、红河州建水（个旧）至元阳高速公路工程、延河综合治理延塞段工程（一期工程）施工Ⅱ标、新乐至元氏高速公路郭村至拐角铺段改扩建工程、河北大城万澎公馆Ⅱ期1标段项目工程。

（张慧卿）

【走向海外】2017年，水电十五局国际业务板块持续健康发展，营业收入16.68亿元，占全局的25.1%；新签合同金额20.34亿元，占全局比重为16.40%。全年在8个国别承担在建项目22项。2017年成功挺进孟加拉、肯尼亚新市场。举办“进入老挝市场20年暨柬埔寨市场十年活动”，进一步扩大在老挝和柬埔寨影响。

国外在建项目不断扩大外籍员工的使用比例，提升外籍员工岗位层次。海外各项目进度良好，重大阶段目标均能顺利实现或提前完成。品牌建设卓有成效，老挝南欧江六级水电站工程获集团“优质工程”奖，老挝南欧江七级水电站项目获“中国海外工程优秀营地”奖，柬埔寨阿江项目获“柬埔寨水利部优质工程奖”。

（牛　杰）

【科技创新】2017年，水电十五局在自主创新的同时，高度重视与科研院所、高校、行业先进企业进行联合创新和技术攻关，形成优势互补、产、学、研、用相结合的创新格局，提升了创新成果的深度和技术含量，加快了科技创新步伐，有力支撑了项目的生产经营活动。年内取得国家专利23项；主持了中国水利学会团体标准《水利水电粗粒土试验规程》、中电联团体标准《土工膜面板堆石坝技术规范》、国家能源局行业标准《带式输送机施工技术规范》的编写；2017年11月，通过高新技术企业国家认定并取得证书。

【党群工作和企业文化建设】2017年，水电十五局坚持党建工作与全局战略经营工作通盘考虑，与年度战略推进纲要同步推进。把学懂、弄通、做实党的十九大精神与“两学一做”学习教育常态化制度化紧密结合，全局125个支部统一学习标准，全局中层干部集中学习6个半天，党政主要领导分别做了专题辅导报告，两级班子成员带头宣讲，学习宣贯超过1万人次。坚持全面从严治党，按年度动态发布“两个责任”清单，实现了党组织书记、纪委书记、支部书记述职评议考核全覆盖，年内完成了14个基层党组织的换届选举，新建支部18个，清理、清退不合格党员2名。

突出“关键少数”和“关键岗位”，从细化主体责任和监督责任清单做起，强化约谈提醒，开展基层党组织书记和纪委书记述职评议，严格责任制半年抽查和年度全面考核，“两个责任”有效落实。启用了纪检监察机关纪律审查管理系统4.0版，积极配合股份公司第八巡视组开展工作，认真处理信访，严格纪律审查，扎实推动全面从严治党落地见效。

2017年在中国水利报、陕西日报等媒体刊发专题报道40余篇，水电十五局网站发稿2000余篇，中国电建网站发稿320余篇，发布微信110期，累计推出微信专题624期。更新企业宣传片和企业画册。全局在岗职工调升2档岗位工资，项目职工工资继续上浮2档执行。企业年金正式实施。新疆卡拉贝利项目部职工王宁远荣获“陕西省劳动模范”，汉中兴元新区市政工程项目部职工柯希军荣获“陕西省劳动竞赛标兵”。创建职工创新工作室9个，新建“实体书屋”19个，甘泉县府村川水库工程项目部荣获全国“职工书屋”示范点。在岗职工住院医疗互助保险受益254人次。

【履行社会责任】“产业扶贫”助推企业履行社会责任。2017年，水电十五局解决了白河县19名贫困户大学生就业问题，签署了《产业扶贫战略合作协议》；“两联一包”，投入资金近30万元，资助实施种植产业和养殖业；筹集资金143万元精准帮扶、救助关爱职工惠及职工5000多人次。

（杨　莉　辛　力　王嘉林）

中国水利水电第十六工程局有限公司

【经营业绩】2017年，中国水利水电第十六工程局有限公司（以下简称水电十六局）全面完成股份公司下达的年度资产经营、安全生产、党建工作、党风廉政建设和反腐败工作四项责任制目标考核任务，超额完成年度预算目标。实现营业收入55.65亿元，同比增长9.5%；其中，国内水利电力业务15.95亿元，国内非传统业务16.87亿元，国际业务22.83亿元。实现利润1.92亿元，同比增长9%；综合营业利润率3.58%，其中，国际业务利润率6.84%。新签合同额99.40亿元，完成股份公司考核指标的106.88%。截至2017年末，国内外尚余存量合同为245.49亿元，其中，国外合同存量60.2%，国内合同存量39.8%。资产总额61.98亿元，资产负债率74.56%。

【领导班子】截至2017年末，水电十六局领导班子成员为：执行董事（法定代表人）、总经理、党委副书记林文进；党委书记、副总经理金建国；监事、党委副书记、纪委书记、工会主席徐炳春；总会计师曾继亮；总工程师吴秀荣；副总经理杨伟明、吴广忠、王文飞、蓝荣和、杨铭钦、谢亚章、潘金仁、陈祖荣。

【改革发展】2017年，水电十六局成功取得水利水电工程施工总承包特级资质；组织运营模式持续优化整合，成立市场营销中心，调整国内外营销机构；按照以营销为主的平台公司定位，调整了江西分公司、西北分公司职责与定位等；经股份公司注资，注册资本金增加至10.89亿元；及时注销了不能预期开展业务的江泉公司、建阳机制砂公司，超额完成了股份公司年度压减考核任务。

【经营管理】2017年，水电十六局健全了定期召开经营活动分析会的工作制度，完善了分包商资质管理，加强了分包成本管控，及时推进了项目索赔，提高了项目盈利能力；组织出台了生产经营单位负责人业绩考核及国内项目考核办法，拟定了平台公司考核管理办法，考核机制有效健全；启动了“减亏扭亏、提质增效”专项治理，加强了未完施工清理，推进了相关项目的结算管控，加强了尾工项目清理机制建设。

【重大项目】2017 年，水电十六局市场开发持续巩固与深入拓展，在国际业务方面，在中亚区域中标哈萨克 KB81 公路项目、哈萨克梅尔克—拜塔尔公路项目，中西非区域中取得冈比亚重油电站项目，在西南非的津巴布韦中标光伏发电项目，在环黑海区域取得格鲁吉亚公路 E60 泽楚段项目，首次在欧洲基建市场中标乌克兰 M06 日托米尔绕城公路项目。在国内水电业务方面，中标福建周宁抽水蓄能电站下水库、福建尤溪汶潭机电安装、广西钦州郁江调水、新疆引额济乌一期等项目。在国内路桥及市政等方面，取得了电建路桥公司太行山高速公路邢台段路面项目，中标云南红河州建（个）元高速公路、闽清交通项目等工程，首次介入地铁领域建设，联合承建福州地铁 5 号线一期第二标工程，正式签订江西南昌儒乐湖项目合同并实施。在空港业务方面，中标承建成都天府国际机场土石方、深圳机场扩建工程 T4 航站区软基处理等项目；特别是黑龙江绥芬河机场航站区 PPP 项目及场道施工项目，国内首创“PPP＋施工总承包”模式建设一座完整支线机场。在建工程履约良好，各项工作进展顺利。

【走向海外】2017 年，中西非区域的喀麦隆曼维莱水电站项目圆满收官；曼维莱输变电项目完成银行融资放款前的全部手续，大量垫资回收指日可待；比尼瓦拉克电站项目完成融资协议签订，前期筹备工作顺利进行；马里古伊纳项目已完成前期准备工作。西南非区域，津巴布韦卡里巴电站扩机项目成功实现首台机组按期发电；中亚区域的哈萨克希塔公路、塔吉克 VK87 公路、吉尔吉斯公路等项目顺利完工。环黑海区域，格鲁吉亚 ZC6 高速公路和哈萨克 KB81 公路项目，主要人员和设备已经进场，进展顺利；乌克兰公路项目已进场开展前期工作。其余国际项目进展均受控。塔吉克格拉夫纳亚电站技改项目获该国民族独立日先进单位荣誉证书；格鲁吉亚 TR 公路改造及福州缆化项目获中国电建优质工程奖。

【科技创新】2017 年，水电十六局首次获得福建省住建厅科研课题立项 5 项、科技示范工程立项 4 个。生态混凝土首次成功运用；变态混凝土注浆系统及注浆方法等 3 项技术获得发明专利；高效紧急排水装置等 4 项技术获得实用新型专利；严寒地区大型水电站重建工程近坝开挖爆破关键施工技术课题，获股份公司科学技术三等奖；参编的《民用机场高填方工程技术规范》和参与编审的《民用机场绿色施工指南》发布施行；参编的《民用机场飞行区场道工程质量检验评定标准》获发布；北京新机场项目部在国内民航机场首次引进和应用钢模台车施工；5 个技术创新项目获福建省百万职工“五小”创新奖。

【党群工作和企业文化建设】截至 2017 年末，水电十六局党委下设 14 个党委、5 个总支和 107 个支部，党员 1887 人，新发展党员 49 人。水电十六局党委深入学习宣传贯彻党的十九大精神，组织了“十个一”系列活动；出台“两学一做”学习教育常态化制度化方案，各级党组织推行每月集中学习教育和开展组织生活；全面实现党组织换届，召开第九次党代会；加强党建工作责任制建设，实施“三三五”工程 2.0 版党建工作新模式；基层党组织全面覆盖国内外各单位与项目，抓好党建工作交底，编印了《党支部工作手册》和《二级单位党建工作手册》；加强党管干部、党管人才工作，修订《中层干部管理办法》等，出台《员工能力跟踪测评办法》，加强后备干部培养选拔，同步完善中层干部退出机制；在重点项目开展“永远跟党走·匠心铸品牌”“碾压筑坝·匠心经典”“高起点·高速度”“新机场·新高度”等系列活动，推介企业文化名片，展播专题片，开展交流活动，扩大企业影响面；认真贯彻党中央重大决策和中国电建党委等上级组织重要部署，履行政治和社会责任，精准挂点扶贫两个村投入近 50 万元；各级工会、共青团组织开展了大量有利队伍稳定与素质提升的活动。

（水电十六局）

中国水电基础局有限公司

【经营业绩】2017 年，中国水电基础局有限公司（以下简称水电基础局）完成营业收入 446457.69 万元；实现利润 19，643.19 万元；新签合同 85.05 亿元。全员劳动生产率 223.7 万元/(人·年)，职工人均年收入 10.4 万元。注册资本增至 80000 万元；资产总额 333905.24 万元；资产负债率 59.41%。

（董金光　张春艳　胡瀚文）

【领导班子】截至 2017 年底，水电基础局领导班子成员为：执行董事、总经理、党委副书记刘建发；党委书记、副总经理韩伟；副总经理田学良；副总经理、总经济师黄炳福；总工程师肖恩尚；副总经理徐方才；总会计师雷土祥；副总经理彭善民；党委副书记、纪委书记、工会主席、监事郭万红；副总经理石峰、邓百印。

（董金光）

【改革发展】水电基础局积极发挥战略规划的指导和引领作用，制定印发了《“十三五”发展规划》。同时，编制人力资源、国际子规划和 13 个业务规划，科学搭建了战略规划管理体系。

推进“三项制度改革”。改进工资总额预算管理体系，强化总部与二级单位两级预算管理，对工资发放采取实时动态监测、预控分析、定期通报，发现问题及时纠偏。加强人才战略引领，动态优化招聘专业结构，加强招聘新兴业务领域专业人才予以超前培养。盘活内部人力资源配置，推行内部人才借调使用、岗位交流，统筹协调各单位、项目所需的各类人才，注重对闲工期人员的调配使用。持续加大培训投入，积极推行“以借代培”方式，全年组织培训 1.1 万余人次。规范有序推进干部管理工作，制定《2017 年度干部管理工作总体计划》，完成了二级单位领导班子、中层干部年度综合考核和新提拔中层干部试用期满考核，民主推荐领导班子后备干部 75 人。

（姜立顺　张春艳）

【经营管理】2017 年，水电基础局超额完成年度目标，经营质量明显提升。营业收入完成计划指标的 101.47%，同比增长 15.51%；实现利润完成计划指标的 104.65%，同比增长 14.73%。市场营销成绩显著，发展基础更加坚实。国内新签合同总额完成计划的 153.63%。全年完成总投资 11506.18 万元，投资项目完成产值 34039.38 万元，向项目公司出资 9127.88 万元。在建项目履约良好，质量效益稳中有升。全年在建项目 187 项，国内 147 项、国际 40 项；国内水电单元工程优良率 88.4%，非水电工程合格率 100%，顾客满意度 98.81 分。改革创新有序推进，坚持内部体制改革，科技创新进入发展新阶段。提质增效持续深化，财务资金管理效益显著，物资设备管理水平稳步提升，安全管理和三项业务扎实开展，内控监管体系作用有效发挥，信息化建设与学会工作扎实推进，后勤服务保障工作不断加强。

（陈　静　董金光　高大起）

【重大项目】2017 年，水电基础局国内新签合同 96 份，合同总额 70.67 亿元。传统业务得到巩固。中标四川龙滩、广西大藤峡、云南九龙、内蒙古琥珀沟等基础处理重点项目，签约河南兰考、深圳石岩河、安徽张家店河等重点水利工程，传统业务合同总额 35.97 亿元，占国内新签合同总额的 50.9%。非传统业务取得新成绩。签约张家口下花园一期 1、3、4、5 号楼和西藏山南泽当棚户区改造等房建项目，承揽了四川广安皮子槽河库段龙滩煤矿、张家口下花园鸡鸣山生态修复等治理工程，非传统业务合同总额 34.70 亿元，占国内新签合同总额的 49.1%。

（刘艳妮　唐　静）

【走向海外】2017 年，水电基础局增设菲律宾、孟加拉两个代表处。同时，对文莱、秘鲁、越南、缅甸等国别市场积极跟进。

全年国际业务各项经济指标再创新高，新签合同金额 14.38 亿元，完成营业收入 9.03 亿元，实现利润总额 1645 万元。

在巩固基础业务的同时，成功拓展施工总承包及 EPC 业务领域。在马来西亚巩固了以 MRT 建设为主的旋挖桩市场，在新加坡开拓了以加固海相沉积为主的软基市场，在印尼开拓了复合地基加固市场，在巴基斯坦开拓了以火电、水电站为主的基础业务；在泰国形成了工业厂房和市政建设为主的大土建施工总承包业务，在老挝形成了移民村、营地建设和道路桥梁为主的电站设施总承包业务，在柬埔寨开拓了高层住宅 EPC 业务。

（杨月琴）

【科技创新】2017 年，水电基础局通过“高新技术企业”资格重新认定，被认定为国家级高新技术企业，同时取得天津市企业技术中心认证。完成的《超深与复杂地质条件混凝土防渗墙关键技术》获中国电建特等奖、中国施工企业管理协会科技特等奖、水力发电科学技术一等奖、中国电力科学技术一等奖、建筑业协会中国建设工程施工技术创新技术成果一等奖；《深厚覆盖层超深防渗墙关键技术研究与应用》获大禹水利科学技术二等奖。取得专利 13 项。

（翁嘉玲）

【党群工作和企业文化建设】2017 年，水电基础局党委成功举办党校第一期培训班，培训学员 62 名；深入推进“两学一做”学习教育常态化、制度化，组织开展了“维护核心、铸就忠诚、担当作为、抓实支部”主题教育实践活动；制定“三会一课”纪实报告检查制度、主题党日制度等；印制《党支部工作手册》。

强化“两个责任”落实。开展“提升党性修养、严守纪律底线”警示教育周活动，与武清区人民检察院联合举办“利剑高悬、警钟长鸣”主题展 1 场次。纪委书记深入二级单位、项目部开展廉洁谈心谈话，召开党风廉政建设座谈会 26 场次，征集调查问卷 198 份。全年共开展效能监察 24 项，实施现场监察 26 场次，共提出监察建议 190 条，情况通报 3 次，修订完善制度 8 项。

通过集体协商并经职代会审议通过了《职工健康体检实施办法》，将职工个人体检费用大幅提高。开展首届“基础工匠”评选表彰活动、首届职工气排球大赛。工会获评“天津市第八届班组安全建设与管理成果展示活动优秀组织单位”，获得天津市总工会经审工作规范化建设考核一等奖。

举办第三届青年论坛，2 人分获技术理论研究及管理类和工程技术应用类二等奖。组织公司志愿者开展网络平台注册工作。开展青工思想及团青工作问卷调查，征集 600 余份调研问卷并形成调研报告。

【履行社会责任】多个项目勇于承担社会责任，特别是地处西藏、新疆的边疆项目，与当地群众建立了和谐稳定、团结互利的亲密合作关系。西藏雅砻项目部开展爱心助学活动，并为水库搬迁群众发放“爱心大礼包”。设计西藏分公司捐助当地贫困大学生。新疆康苏项目部开展“民族团结一家亲”活动，从当地贫困农户家中采购蔬菜。水电基础局志愿者服务队和青年志愿者积极发挥作用。马来西亚沙巴项目部志愿服务队热心救助“1·28 沙巴沉船事件”受难同胞；四公司志愿者协会义务进行交通疏导，为武清区创全国文明城区做贡献；科研院、国际公司、一公司志愿服务队到儿童福利院、敬老院服务。全年有 5 人被评为月度“天津好人”。所属各单位不断提升环保意识，在地球日、世界环境日、世界水日、节能宣传周、低碳日开展“节能减排、绿色环保”主题活动，包括植树、节水、节电、健步走等特色活动。

（毛鸿飞　李福源　陶蔚然　王晓颖
杨　亮　陈　静）

山东电力建设第三工程有限公司

【经营业绩】2017 年，山东电力建设第三工程有限公司（以下简称山东电建三公司）主营业务收入 167.8 亿元，实现利润总额 3.2 亿元，全员劳动生产率 249.41 万元/（人·年），资产总额 196.2 亿元，资产负债率 89.09%，资产保值增值率 189.46%；2017 年新签合同金额共计 237.47 亿元，其中国内新签合同金额30.07亿元，国外新签合同金额207.4亿元。

【领导班子】截至2017年底，山东电建三公司领导班子由13人组成：总经理、党委副书记王鲁军；党委书记、副总经理王礼；党委副书记李俊玮；副总经理刘法书、张洪松、周洪波、张连庆；副总经理、总工程师张焕祥；纪委书记、工会主席孙启利；副总经理刘方江、任建会、李杰；总会计师孙本明。

【改革发展】2017年，根据中国电建统一安排，山东电建三公司完成公司制改革，并于12月27日完成更名工作，公司在工商系统登记的企业名称由“山东电力建设第三工程公司”变更为“山东电力建设第三工程有限公司”，英文名称由“SEPCOⅢ Electric Power Construction Corporation”变更为“SEPCOⅢ Electric Power Construction Co.，Ltd.”。

【经营管理】一是加强风险管理与内部控制工作。山东电建三公司认真落实国务院国资委和中国电建关于全面风险管理的各项要求，坚持“以风险为导向、以流程为纽带、以控制为手段、以制度为保障”的管理理念，完善《全面风险管理与内部控制手册》《合规管理程序》《合同管理程序》《法律纠纷案件管理流程》等体系制度，确保经济活动合规性。

二是认真做好资金集中管理与“两金”压降工作，荣获中国电建2017年度资金管理工作先进单位、资金集中管理竞赛达标企业。高度重视应收账款清理工作，以项目部为直接主体，项目负责人为应收账款清欠工作第一责任人，全面负责项目各类应收账款的回收清欠工作，保证资金回收的及时性。

三是严格贯彻落实国务院国资委和中国电建压减工作要求，截至2017年底，已顺利完成潍坊众望置业有限公司等14家法人单位的“压减”工作。

【重大项目】国内方面：山东电建三公司中标右中发电厂2×660兆瓦超超临界空冷机组新建工程A标段；以EPC方式成功中标鲁能海西州多能互补项目，包括200兆瓦光伏发电项目，400兆瓦风电项目。

国际方面：山东电建三公司签订了中东及北非地区总装机容量最大的电站EPC工程——沙特延布三期5×660兆瓦项目。山东电建三公司在海外新能源市场开发领域亮点颇多，签订越南芳梅30兆瓦风电项目，积累和丰富了在相关领域的业绩。运维方面，成功中标巴基斯坦赫维利电站12年长期运行维护合同，山东电建三公司借此成为中国首家拥有9H级燃机运维业绩的企业。

【走向海外】2017年，山东电建三公司紧紧围绕一带一路、中巴经济走廊、孟中印缅经济走廊、东盟互联互通、中阿能源合作、大湄公河次区域经济合作、非洲互联互通、中国—中东欧合作、中拉合作等国家“走出去”战略规划进行市场布局，加强重点国别市场营销力量的部署，加快进行海外市场营销网络布局。用好用足丝路基金、亚洲基础设施投资银行、金砖国家开发银行、上合组织开发银行等四大资金池优惠政策。海外市场开发在执行“低成本、短工期、高品质和文化渗透”的基础上追求“高效益、全生命周期”目标，关注“新市场、新模式、新技术”努力寻求扩大份额。

【科技创新】2017年，山东电建三公司《钢结构安装节点防腐问题研究》成果获中国电力建设企业协会科技进步二等奖，《钢筋混凝土灌注桩耐腐蚀技术改进》等3项成果获科技进步三等奖，《提高接地装置铜绞线焊接合格率》等16项获QC成果奖，科技创新成绩较往年有了很大提升。

【党群工作和企业文化建设】2017年，山东电建三公司严格贯彻落实中国电建党委各项工作部署，认真学习习近平新时代中国特色社会主义思想和党的十九大精神，认真执行八项规定和反“四风”要求，积极推进“两学一做”学习教育常态化制度化，开展“不忘初心、牢记使命”主题教育，有效推进党风廉政建设，积极加强企业文化建设，切实做好思想政治工作，充分发挥党组织的战斗堡垒作用和党员的先锋模范作用。

严格落实党委中心组理论学习管理办法，着力加强对党和国家政策方针及中国电建工作部署的学习与落实，严格执行民主集中制、“三重一大”集体决策制度，严肃党内政治生活，定期召开党委会和民主生活会；坚持“一岗双责”，层层落实党风廉政建设责任制；加大监督考核和责任追究制度，将考核结果与领导干部绩效薪酬挂钩，着力构建“大监督”格局；加强“三基”建设，加强统战群团工作，紧密围绕发展战略，加强新闻宣传和舆论引导，进一步营造改革发展的良好氛围。

高度重视企业文化引领与保障工作，将企业文化贯穿于经营管理的各个层次与过程，培育企业精神，规范企业行为，塑造企业形象，促进公司精神文明与物质文明协调发展，为公司发展壮大提供思想保证、精神动力和舆论环境。

（山东电建三公司）

中国电建集团湖北工程有限公司

【经营业绩】 2017年，中国电建集团湖北工程有限公司（以下简称湖北工程公司）营业收入65.176亿元，为计划产值的108.51%，实现利润0.83亿元，营业收入利润率为1.11%。全年累计新签合同金额121.76亿元，为股份公司下达责任制目标114.09亿元的106.14%，同比增长9.28%。新签合同类型呈现多样化，转型升级初见成效。

【领导班子】 截至2017年底，湖北工程公司领导班子成员为：董事长、党委书记刘洪；董事、常务副总经理刘西林；副总经理刘启德、汪弘毅；党委副书记、纪委书记、监事会主席周毅；副总经理鄢来辉；职工董事、工会主席李大茂；副总经理、总会计师王东；副总经理申俊杰、宋卫红、张力。

【改革发展】 2017年，湖北工程公司继续深化改革创新，落实中国电建关于《湖北片区电力设计施工企业一体化重组整合方案》（〔2014〕158号文）及《湖北工程有限公司"一五"战略规划报告（2016～2020）》精神，有效推动战略规划落地。

一是战略体系逐步完善，统领作用不断加强。编制发布市场经营、人力资源、投融资、项目管理、信息化建设、企业文化及品牌建设等6类专项战略规划；发布对接中国电建"十三五"规划战略问题研究清单，逐一开展专项研究；研究发布基础设施业务市场开发指引，指导分公司、子公司提升业务能力。

二是改革攻坚逐步深入，企业活力不断释放。所属建设公司完成了组织机构、分公司整合、员工聘任等，实现了安全、生产、经营管理等业务流程一体化管控，清理187名长期待岗人员。

三是推动干部人才队伍职业化建设，持续深化以业绩考核为基准的薪酬分配制度。严格按照中国电建压减企业管理层级减少法人户数要求，完成"压减"工作目标。

成员企业发展呈现亮点。设计院咨信排名全国第5名，勘察设计行业全国总承包排名全国第39名；承办湖北省能源发展论坛，聚焦湖北省新能源发展，获得广泛关注。

【经营管理】 2017年，湖北工程公司新签合同总额121.76亿元，营业收入规模稳定增长，超额完成年度目标，其中海外业务板块完成营收15.74亿，同比增幅3.37%。

2017年编制《管理评价考核管理办法》，修编《经营业绩考核管理办法》，全面优化考核体系；推出《总承包项目管理手册》，PRP系统验收试运行，开展在建项目履约督导检查和工程质量督导检查，狠抓履约、质量和安全管理。

创新投融资方式。参股10%海南金鹿工业园区配售电公司，利用金融规模优势，获得利率优惠政策，节约资金成本864万元。与安永、德勤、戴德梁行等国内领先咨询机构接洽沟通，探索与民营资本合作商业开发模式。与南国置业联合推进小龟山自有土地开发。

推进业务转型。成立市场业务转型工作领导小组，锁定水环境等九大转型业务进行深入调研和市场开拓。2017年，9项转型业务完成新签合同额为30.0亿元；新签南迪普425/525兆瓦CCPP项目运维协议，新签昆山协鑫蓝天天然气分布式能源项目；海外事业部新签加济布尔100兆瓦重油电站交钥匙工程；新签抚州市生活垃圾焚烧发电项目EPC总承包合同，成功中标鄂州华容区红莲湖至大头海水系连通工程环评项目，首次实现在水利行业环评市场的开拓。

【重大项目】 2017年，湖北工程公司在建项目145个，业务涵盖电力工程总承包、投资运营、规划设计、施工建设及运维检修、房建及公路建设等领域。主要工程有：

（1）湖北能源集团鄂州电厂三期工程5、6号机组施工建设项目：项目合同金额89950万元，截至2017年底，累计完成施工产值78069万元。

（2）东西湖还建房项目：项目合同金额55290万元，截至2017年底，累计完成施工产值45480万元。

（3）宜黄一级公路改建工程：项目合同金额

30027万元，截至2017年底，完成施工产值26577万元。

(4) 华电江陵电厂一期2×660兆瓦燃煤项目1号机组施工建设项目：项目合同金额17210万元，截至2017年底，完成施工产值16878万元。2017年12月31日通过168小时满负荷试运行。

(5) 湖北随州325兆瓦分布式光伏扶贫项目EPC项目（Ⅲ标段）：项目合同金额84703万元，截至2017年底，完成施工产值12705万元。

(6) 新疆国信准东2×660兆瓦煤电项目：项目合同金额30115万元，截至2017年底，完成施工产值26854万元。

【走向海外】2017年，湖北工程公司国际工程营业收入15.74亿元，新签合同金额64.61亿元，实现利润1.59亿元。主要工程有：

(1) 埃及EETC500千伏输电线路项目：与中国电力技术装备有限公签署埃及EETC 500千伏输电线路合同一期第二段工程施工线路项目，合同总金额55869万元，项目已施工。

(2) 孟加拉诺瓦布甘杰100兆瓦重油电站项目：湖北工程公司设计院F+EPC+O形式承接工程项目，为12×8924千瓦重油发电机组，合同总金额73600万元，于2017年6月4日通过168小时满负荷试运行。

(3) 土耳其卡赞400兆瓦联合循环热电站：合同总金额18457万元，2017年11月8日项目完成168小时可靠性试运行。

(4) 巴基斯坦默—拉660千伏直流输电项目：2017年3月8日与中电装备公司签订施工合同（包2、3、19、20），合同总金额29349万元。

(5) 塔吉克斯坦直辖区500千伏输变电项目Ⅱ标段线路工程：2017年9月与特变电工股份有限公司签署Ⅱ标段线路工程，合同总金额2.934亿元。

【科技创新】2017年，湖北工程公司科技创新成果斐然，共获得国家优质工程奖3项、中国电力优质工程奖3项、中国电建优质工程奖3项，全国优秀工程咨询成果奖1项及电力行业优秀工程咨询成功奖、科技进步奖等各类奖项30余项，取得软件著作权15项，获得发明专利、实用新型专利等共24项。

其中，浙北—福州特高压交流输变电工程、山东高青500千伏变电站工程荣获2017年国家优质工程奖；陕西华电杨凌一期2×350兆瓦热电工程、山东高青500千伏变电站工程荣获中国电力优质工程奖。

【党群工作和企业文化建设】2017年，湖北工程公司党委结合“两学一做”学习教育常态化制度，从严、从实开展党的建设，引领保障作用不断夯实。

推进理论学习建设。以十九大精神、湖北省十一大等为主题，规范学习教育常态化，先后组织开展《党章》《党纪》、习近平重要讲话精神及十九大精神专题学习，编印《中心组学习月刊》12期，举办党务工作培训班、“十九大”精神支部书记集中轮训班等，加强思想导引，强化理论武装。

推进廉洁建设。落实“两个责任”，签订党风廉政建设责任书，开展年度责任制考核评价。拓宽廉洁教育范围，实现领导班子成员、中层领导人员、关键岗位人员及全体党员100%覆盖。

推进“大政工”建设。继续加强项目部党工委建设，规范海外机构党组织设置，坚持党委书记季度工作会议、党群工作月度联席会议等制度，推进“大政工”机制一体化运作。

推进企业文化品牌建设。发布以“凝心、聚力、创新、共享”核心价值观为基础的企业文化体系，开展项目现场品牌文化建设，打造湖北工程公司口碑工程。2017年7月，湖北工程公司被获中国电力传媒集团授予“全国电力工程建设新闻宣传先进单位”；11月，被中国电建授予“先进记者站”称号。

【履行社会责任】积极履行社会责任，展现担当精神。落实精准扶贫政策，对口扶贫蕲春县张塝镇，先期解决结对帮扶农户16对；开展贫困大学生人才帮扶4人，成立孙冲中学奖学金，每年出资2万元资助品学兼优的贫困学生完成学业；捐赠30万元开展蕲艾种植项目，以扶贫工作带动蕲春产业园总承包项目的落地。湖北工程公司设计院蕲春扶贫活动获湖北省委精准扶贫最佳支持单位、最佳扶贫工作队荣誉。

（湖北工程公司）

中国电建集团甘肃能源投资有限公司

【经营业绩】2017 年，中国电建集团甘肃能源投资有限公司（以下简称甘肃能源公司）共完成发电量 47.64 亿千瓦时，实现营业收入 11.30 亿元。截至 2017 年底，资产总额为 92.12 亿元，资产负债率为 64.73%。

【领导班子】2017 年，甘肃能源公司领导班子成员由 7 人组成：执行董事、总经理、党委副书记马邦凯；党委书记、副总经理杨晓强；副总经理、党委委员刘玉柱、周澎、徐俊成；党委副书记、纪委书记、工会主席张洪波；总会计师、党委委员屈敏。

【改革发展】2017 年，甘肃能源公司大力推进优先发展海外运维业务的战略部署，取得重大进展。全力为卡西港燃煤电站项目提供人力、技术、资金及物资供应支持，确保卡西姆港燃煤电站项目两台机组于年底前顺利投产发电。2017 年 12 月，底成功签署津巴布韦旺吉电厂三期 2×33.5 万千瓦扩建项目运维委托实施协议，合同总金额 2.56 亿美元。统筹运维资源，向股份公司上报组建专业化运维公司方案。利用在运电厂实体优势，争取支持，2017 年 3 月，“中国电建电力运维实训基地”在甘肃能源公司崇信电厂挂牌成立。推进火电运维项目员工属地化战略，2017 年 4 月，100 名为卡西姆港燃煤电站运维项目招聘的巴基斯坦籍员工完成电力技术实训回国参加工作，受到多家主流媒体高度关注。

2017 年完成投资 3.18 亿元，完成投资计划的 119.76%。哈密光伏电站 2 万千瓦项目建成并网，取得 0.8 元/千瓦时的上网电价，新能源规模达到 11 万千瓦。圆满完成华亭电厂机组供热改造，接入面积 330 万平方米，成为华亭县城区主力热源，每年增加供热电量近 5 亿千瓦时。华电小区续建项目全年完成投资 3145.56 万元，工程建设进度基本可控。甘肃能源公司本部生产调度及培训科研办公楼正式启用，节约投资约 1700 万元。

根据投资条件变化，退出了静宁县威戎镇 1 万千瓦光伏设施农业发电项目。

【经营管理】2017 年，甘肃能源公司坚持以电力市场营销为龙头，积极参与大用户直供电市场竞争，动态调整竞争策略，审慎考察甄别优质大用户开展双边协议。年初在全省 14 家发电企业未获取足额直供电量的情况下，按照上限取得 24 亿千瓦时的直供电量。全年大用户合同完成率 96%，高出全省平均水平 6.3%。

坚持效益为先争取增量电量，动态跟踪、参与跨省跨区外送、省内临时交易，全年争取跨省跨区外送电量 16.91 亿千瓦时，占全年上网电量的 39.81%。通过大量协调取得省内电量转移 2 亿千瓦时。

将电力市场营销与“一带一路”重点项目巴方人员培训相结合，争取到甘肃省政策支持。崇信电厂成为全省常规火电中唯一机组未全停的电厂，机组利用小时数超出省内常规火电平均小时数 487 小时，年度发电量在全省火电机组中排名第一。华亭电厂机组利用小时数超出省内常规火电平均小时数 451 小时。积极协调落实华亭电厂供热电量，全年通过以热定电增加标杆电量 3959 万千瓦时。崇信电厂通过加强对“两个细则”的学习运用，强化深度调峰运行管理，全年获得“两个细则”调峰补偿 8038 万元。华亭电厂争取到补偿 510.88 万元。

下属哈密荣信新能源公司参与新疆所有外送交易和大用户直供交易，全年 1.34 亿千瓦时的上网电量创造了新纪录。中电建西北售电公司顺利完成在北京电力交易中心市场注册工作，将营业区域由甘肃省拓展至新疆、河北、河南、山东、江西等多省地，全年累计市场交易电量突破 1 亿千瓦时。

【提质增效】2017 年，甘肃能源公司积极深化与煤炭企业战略合作关系，协调周边煤矿加大供应，保持煤源多样性，实现电煤安全供应。根据供求关系变化灵活制定采购存储策略，努力控降燃料价格。积极争取政策支持，华亭电厂通过政府协调低价供热煤，在供热煤价格较市场价降低 25 元/吨的基础上，煤泥、煤矸石均价压至 15 元/吨以内，每年可节约燃料成本 2000 余万元；将配煤掺烧作为降低燃料成本的重要抓手，华亭电厂全年累计掺烧煤泥、煤矸石 34.87 万吨，综合掺烧比例 60.3%，节约燃料成本 3800 万元。崇信电厂掺烧煤泥 5.74 万吨，节约燃料成本 618.54 万元。

深挖降本增效潜力。盯紧物资采购招标工作，全年实施 49 项招标工作，较预算节约资金 4280 万元，获得采购股份公司内部装备制造产品及内部采购专项奖励 109 万元。加强海外物资采购管理，完成属地化采购 60 余次，盐酸、氢氧化钠合同价较国内招标价降低 198 万元。加大附属产品销售管理，崇信电厂粉煤灰、灰渣、脱硫石膏销售额 1794 万元，销售额和销售单价创历史新高。大力压缩检修维护费用，华亭电厂自行完成供热机组调试，节约资金 40 万元。崇信电厂鼓励以修代换，成功修复 2 号干排机 289 块承载钢板，节省资金 20.5 万元。强化机组运行管理，崇信电厂年度供电煤耗同比下降 1.31 克/千瓦时，华亭电厂年度供电煤耗同比下降 14.14 克/千瓦时。

强化预算过程管控，全年管理费用支出较预算减少 303 万元、销售费用减少 134.31 万元、业务招待费减少 11.43 万元。通过提高资金效益、减少资金沉淀、调整融资期限、降低融资利率，在全年融资总额较年初增加 2.84 亿元的情况下，利息支出与上年基本持平，成为股份公司资金达标竞赛首批达标企业，获得专项奖励 500 万元。

【党群工作和企业文化建设】甘肃能源公司抓实以十九大精神学习宣传贯彻为核心内容的党员教育学习，先后配发党的十九大报告等相关学习资料千余册。2017 年 12 月甘肃能源公司党委召开第二次党代会完成党委换届，成立巴基斯坦代表处党总支。扎实推进中国电建对甘肃能源公司巡视反馈意见的整改工作，从 4 个方面制定了 62 条整改措施，以建账销号方式确保问题整改全见底。举行庆祝建党 96 周年系列活动。举办首次党群干部培训班。策划制作形象宣传片，建成文化展厅，在中国电建电力运维实训基地挂牌之际，邀请中央电视台财经频道、中央电视台“一带一路”专题片摄制组等国内一流媒体到甘肃能源公司采访报道，全年在省部级以上媒体发表新闻稿件 65 篇。举办第三届职工技术比武大赛。职工创新成果《CFB 锅炉汽包差压水位计误差分析及研究治理》荣获 2017 年全国电力科技管理论坛优秀论文一等奖。一人荣获全国电力企业科技创新优秀带头人称号；“降低电度表脉冲故障”等 5 项 QC 成果分获甘肃省 2017 年质量管理小组活动一、二等奖。

（甘肃能源公司）

中国电建集团国际工程有限公司

【概况】2017 年，中国电建集团国际工程有限公司（以下简称电建国际公司）继续按照中国电建“三步走”战略，制定了品牌、营销、履约、风险、考核相应制度，形成了较为完善适宜的国际业务管控体系。注重属地化建设，加强六大区域总部管控、营销、监管能力建设，项目本土化雇员明显增加。在中国对外承包工程商会和中国机电产品进出口商会 2017 年度信用等级评价中，均获得 AAA 级。2017 年，实现营业收入 355.77 亿元，利润总额 6.41 亿元，新签合同金额 1045.35 亿元。

【经营业绩】2017 年度，实现营业收入 355.77 亿元；实现利润总额 6.41 亿元。新签约项目 155 个，新签合同金额 1045.35 亿元。截至 2017 年底，海外项目合同存量 2270 亿元。全员生产劳动率 4430.52 万元/(人·年)，同比增长 1.36%；年末资产总额 325.16 亿元，同期下降 22.82 亿元；资产负债率 75.19%，同期下降 3.53%。

【领导班子】截至 2017 年底，电建国际公司领导班子为：董事长孙洪水；党委书记、副董事长丁拯国；董事、总经理、党委副书记宋东升；党委副书记赵家旺；副总经理季晓勇、张念木、梁军、熊立新、吴文豪、王永强、牟官华；监事、纪委书记、工会主席周德荣；总会计师杨天福；副总经理周家义、田海华、侯晓暾、陈观福、王宴涛、刘刚强、卢峰、张磊、苗军、唐玉华、刘绍泉。

【企业资质、资信】2017年，电建国际公司注册资本金由70亿元增加到74.77亿元。水电国际公司股东由3家公司变更为电建国际公司独资，注册资本金由59亿元增加到63.77亿元。顾问国际公司股东由8家公司变更为电建国际公司独资，注册资本金由5亿增加到5.46亿元。

【改革发展】2017年，电建国际公司继续推进中国电建国际业务"三步走"战略实施，强化商业模式创新，提升项目履约能力，注重合规建设，国际业务呈现上升趋势。

加强国际业务集团化建设，制定了国际业务品牌、营销、履约、风险、考核相应制度，形成了较为完善适宜的管控体系。加大国际业务经营、履约力度，电建国际公司与成员企业营销人员实现联合办公，立体营销体系初步建成，实现营销资源互补。注重属地化建设，加强六大区域总部管控、营销、监管能力建设，利用当地机构对项目前期进行咨询服务，项目本土化雇员明显增加。成立区域总部党工委，发挥海外党建中心功能，基本建立海外党建工作体系。

深入推动银企合作，签署海外金融服务合作协议和海外业务战略合作协议。与中信保、华为、金风等6家企业合作成立国际新能源解决方案平台（INES），强化技术、信息共享和合作。积极研究论证国际贸易综合服务业务并获得中国电建批准。

撤销金融部、投资部，成立投资管理与并购部、投融资一部、投融资二部，进一步完善公司组织架构，优化运行管理体系。

【经营管理】2017年，电建国际公司不断创新商业模式，加大项目融资工作力度，积极开拓新业务，更加适应市场需要。以固定收益模式中标秘鲁亚马逊河道疏浚工程；以卖方信贷方式成功推动伊拉克鲁迈拉燃气电站；签署了以年金模式开发方式的肯尼亚公路项目。同加纳政府深度合作，与政府建立了例会制度，组织推动26个项目。参股投资并使用优买融资的津巴布韦旺吉燃煤电站实现融资关闭；在印尼投资的明古鲁燃煤电站实现融资关闭；以EPC完工担保推动的印尼巴丹图鲁水电站获得预付款。突破传统业务，首次签约伊拉克萨玛沃石油炼化厂和埃及苏赫纳燃油炼油厂等炼化项目。

强化项目履约管理，项目实施总体平稳。中巴经济走廊重点项目大沃风电、卡西姆燃煤电站和出口买方信贷方式建设的喀麦隆麦维莱水电站、科特迪瓦苏布雷水电站实现并网发电；中老铁路建设进展顺利，印尼雅万高铁关键节点征地移交，首期贷款释放，项目正式开工；加纳布维水电站、赞比亚卡里巴北岸扩机工程获中国境外工程鲁班奖；厄瓜多尔辛克雷水电站项目和苏丹麦洛维水电站项目被中国对外承包工程商会评为"中国境外可持续基础设施建设项目"，洪都拉斯帕图卡3水电站和缅甸莱比塘采矿项目被评为"中国海外工程示范营地"。

【重大项目】印度尼西亚雅万高铁项目：雅万高铁是由中国铁路总公司牵头，联合中国电建、中国中铁、中国通号、中国中车等组成中方联合体，以出资方式与印尼方成立合资公司，采用BOOT模式建设的境外高速铁路项目，正线长142.2公里，项目总投资51.35亿美元。2017年4月4日，雅万高铁项目在印尼首都雅加达正式签署总承包（EPC）合同，11月26日，雅万高铁桥梁桩基首桩完成灌注施工。

中老铁路项目：中老铁路全长414.516公里，建设工期5年，总投资374亿元，由中老双方按70%和30%的股比合资建设。中国电建参与投资并负责项目Ⅳ标段和Ⅴ标段的建设任务。2017年12月12日，中老铁路旺门村二号隧道顺利贯通。

巴基斯坦大沃风电项目和萨察尔风电项目：大沃风电项目（50兆瓦）和萨察尔风电项目（50兆瓦）都是采用33台国产1.5兆瓦风电机组。2017年4月，大沃风电项目和萨察尔风电项目分别投入商业运行；8月13日，巴基斯坦总理阿巴西和中国国务院副总理汪洋在巴基斯坦独立70周年纪念活动上为两个项目举行了竣工揭牌。

科特迪瓦苏布雷水电站项目：苏布雷水电站总装机容量达到275兆瓦，年发电量10.38亿千瓦时，项目于2017年5月提前8个月实现并网发电，10月3台机组全部并网发电。11月2日，举行了竣工典礼。

【党群工作和企业文化建设】电建国际公司组织干部职工认真学习宣传贯彻党的十九大精神，深入理解习近平新时代中国特色社会主义思想，用思想理论指导实践。研究制定年度党建工作要点，签订《党建工作责任书》，制定"两学一做"学习教育常态化制度化实施方案，工作落在平时。举办庆祝建党96周年活动，作党建报告，讲党课，表彰"两优一先"。积极配合开展巡视工作，查找管党治党薄弱环节。党建研究成果丰硕，两篇文章分别获得央企政研会二等奖、三等奖。

加大境外机构党建工作力度，制定《加强境外机构党建工作实施细则》，组建6个区域总部党工委，明确党工委职责。组建老中铁路项目联合党工委和纪工委，组建尼泊尔、老挝等国别两个项目联合党工委等组织。

注重内外宣传，围绕“一带一路”论坛等重大事件，组织专稿在中国电建要闻版及主流媒体上刊发，多次组织主流媒体采访中国电建工作。及时更新中国电建外文网站，完成了2017版中国电建宣传册、宣传片数据更新及多语言版本的翻译制作，制作专业画册，组织参加了多个国际展览和论坛，运用微信公众号新媒体及时报道国际业务发展。

召开职工代表大会，落实民主管理，开展金秋助学、疾病慰问、送温暖等活动。创办“青春读书会”“青春大讲堂”，组织青年论坛、“规划引领”主题征文大奖赛、七夕志愿者公益等主题团日活动，引导团员青年融入中心工作，发挥青年聪明才智。

发布了符合企业实际的口号、愿景、使命、核心价值观、经营理念、员工行为准则等企业文化理念，系统构建企业文化体系，提升凝聚力。

（电建国际公司）

中国电建集团海外投资有限公司

【经营业绩】2017年，中国电建集团海外投资有限公司（以下简称电建海投公司）实现营业收入80.28亿元、利润总额6.21亿元、资产总额346.52亿元，同比分别增长72.79%、50.95%、26.48%，全年实现经济增加值9856.09万元，全面超额完成年度目标；资产负债率为56.06%，较年初下降8.44个百分点。严控履职待遇，同比同口径增长小于营业收入增长幅度。

【领导班子】截至2017年底，电建海投公司领导班子成员为：董事长、党委书记盛玉明；董事、总经理、党委副书记杜春国；副总经理曹跃生、俞荣祥、张雅兴；党委副书记、纪委书记、工会主席赵新华；副总经理、总会计师李铮；总工程师张国来；副总经理张奋来、钟海祥、何书海、蔡斌。

【主要项目】 （1）柬埔寨甘再水电站BOT项目。2017年，甘再水电站发电4.12亿千瓦时，营业收入2.8亿元，利润总额0.92亿元，项目累计还款1.09亿美元。

（2）老挝南俄5水电站BOT项目。2017年，南俄5水电站发电3.98亿千瓦时，营业收入1.61亿元，营业利润3146.25万元，累计还款5.02亿元。

（3）老挝南欧江流域梯级水电站项目。2017年，南欧江一期发电11.21亿千瓦时，发电收入为1.29亿美元。南欧江二期项目（一、三、四、七级水电站）12台机组总装机容量为732兆瓦，年均发电量约28.74亿千瓦时，总投资约17亿美元，主体工程于2016年4月正式开工建设，2017年一、三、四、七级水电站成功实现大江截流。

（4）尼泊尔上马相迪A水电站项目。2017年，上马相迪A水电站发电量3.7658亿千瓦时，上网电量3.7412亿千瓦时，营业收入2534.23万美元，营业利润385.74万美元，项目累计还款1008.7万美元。

（5）巴基斯坦卡西姆港燃煤电站项目。2017年11月10日，巴基斯坦卡西姆港燃煤电站首台机组提前50天实现并网发电。截至2017年底，已完成电站工程里程碑节点15个，码头工程里程碑节点全部完成，所有节点均按期或提前完成。

（6）印尼明古鲁（2×100兆瓦）燃煤电站。印尼明古鲁燃煤电站项目位于苏门答腊岛南部的明古鲁省，明古鲁市郊区。该项目主要包括投资开发2台净出力为100兆瓦的循环流化床燃煤机组、150千伏输变电线路及自用煤码头等相关配套设施，输变电线路连接到印尼国家电力公司（PLN）指定的Polu Baai变电站。项目采用BOOT投资模式进行开发，总投资约3.61亿美元，上网发电量约14亿千瓦时，商业运营期为25年。项目于2016年10月开工，建设期39个月，计划商业运营时间为2020年2月。截至2017年底，项目已陆续实现永久桩施工、融资关闭、混凝土浇筑、地脚螺栓安装等节点目标，施工进度有序进行、安全质量可控在控。

【发展战略】2017年，电建海投公司战略引领与组织支撑持续加强。一是强化战略管理，修订发布“十三五”发展规划、中长期战略规划和三年滚动发展规划，进一步明确发展战略定位、战略路径、战略目标，开展全方位、多层次战略宣贯，在聚焦核心主业、优化市场布局、推进提质增效、提升内部管控等方面发挥了作用。二是抓好战略落地和资源配置，完善23项战略保障措施，调整组织机构，细化岗位职责分工，在重点国别设立子公司和联络处，以平衡计分卡绩效考核推进战略落地。

【财务资金】2017年，电建海投公司通过强化制度执行、加强总会履职、资金精细管理等，财务资金工作有效开展。在香港成功发行5亿美元高级永续债，保持央企同等条件下境外美元永续债成本最低纪录；实现南欧江二期、明古鲁项目融资关闭；新加坡公司6000万美元融资授信正式启用，为参与国际大宗商品贸易提供重要资金保障；概算执行、报表编报、出口退税、资金压减等工作扎实开展，以老挝南欧江二期项目为抓手，创新开展以竣工决算工作为目标的境外投资项目概算执行控制工作；不断完善税务管理体系，制定详细税收筹划工作流程，稳步开展；在北京市国家税务局评定中升级为“出口退税管理类别一类企业”；顺利完成了22.3亿元定向增发资金的注入，以及定向增发期间投入到项目公司资本金审核、置换和汇入香港公司的工作；获得“全国青年文明号”荣誉称号，取得建筑业财税知识竞赛团体金奖，再次荣获中国电建“财务报告编报工作先进单位”“资金管理先进单位”称号。

【党群工作】2017年，电建海投公司党委以迎接宣传贯彻党的十九大为主线，充分发挥党委政治核心和领导核心作用，把方向、管大局、保落实，为公司持续健康发展提供了坚强保证。全年召开13次党委会，72项决策事项有效落实；细化制订贯彻落实全国国企党建工作会实施方案，确定的28项党建重点工作、79项具体任务全面完成；扎实推进“两学一做”常态化制度化，年内组织集中学习等150余次；组织完成8个党支部换届，新组建南欧江二期项目联合党工委和明古鲁、南俄5、新加坡公司3个党支部，实现组织体系全覆盖；细化党建责任落实，层层签订党建责任书92份；注重党员教育管理，全年组织100余人次参加党建宣传培训，年内发展党员4名；新订、修订党建制度11项，发布《公司基层党组织实务手册》。党风廉政建设不断深化；坚持全面从严治党，认真落实“两个责任”，扎实推进惩防体系建设，为公司发展提供坚强保障。全年开展廉洁教育7场次，实现了教育全覆盖；先后组织对9个海外子公司专项检查、效能监察、过程监督，信息公开461项、党务公开676项；积极推进巡视整改落实，认真完成6个方面、29个问题的整改落实，新订、修订规章制度14个。群团工作开展有声有色；电建海投公司工会组织广泛开展“月月有主题”、志愿服务等工作，年内组织开展了聚力海投等100余项主题活动；认真贯彻职代会制度，广泛征集职工提案15条，厂务公开754项；组织“三送”关爱活动，全年慰问关怀员工1644人次。

【企业文化】2017年，电建海投公司文化建设成效显著，一是发布《公司企业文化建设“十三五”规划》《企业文化手册2017版》，开展“最美海投”活动，编发“海投语录”海报，“海文化”日益深入员工心田。二是组织完成“5个2”专项宣传，即编发《甘再欢歌》《丝路霞光》2部宣传片，编印《逐梦丝路，迈向新征程》《燃情卡西姆》2本画册、《电建海投》2期内刊，策划实施南欧江二期截流和卡西姆发电2项专题宣传，组织2场中外媒体见面会。三是外宣工作成效显著。年内中国电建报纸、网站用稿量同比增长46%、43%；《人民日报》等中外主流媒体30余次聚焦电建海投公司业务，《英才》《瞭望》《国企》《财新》等杂志刊发专访文章，外宣工作效果明显、影响广泛。

（电建海投公司）

中电建水电开发集团有限公司

【概况】截至2017年底，中电建水电开发集团有限公司（以下简称电建水电开发公司），注册资本金47.17亿元。2017年5月，电建水电开发公司注册地变更成中国（四川）自由贸易试验区，并在成都市工商管理局做变更登记。股东组成为：中国电力建设股份有限公司持股82%、中国电建集团成都勘测设计院有限公司持股6%、中国水利水电第七工程局有限公司持股6%、中国水利水电第八工程局有限公司持股6%。

【经营业绩】2017年，电建水电开发公司发电装机容量322.4万千瓦，完成发电量100.41亿千瓦时，实现营业收入23.31亿元，完成固定资产投资14.92亿元，总资产352.39亿元，资产负债率74.013%，实现总资产增、负债率降低，资产质量得到优化。

【领导班子】截至2017年底，电建水电开发公司领导班子成员为：董事长（法人代表）、党委副书记荣其富；总经理、党委副书记杜学泽；党委书记、副总经理职小前；副总经理罗朝国（兼总会计师）、杨建明、刘万海、杨清（兼总工程师）；党委副书记、纪委书记、工会主席李宏伟；副总经理刘运华、范贵华。

【基础管理】2017年，电建水电开发公司围绕发展战略和年度生产经营目标，提质增效，管控能力和管控水平得到提升。两级公司强化合同意识，加强过程履约管控，项目履约能力明显提升。机关本部和5家子公司通过电力安全生产一级企业达标现场评审。美姑河、小金川公司通过电力生产标准化良好行为AAAA级现场确认。修订并发布《安全生产及三项业务管理标准》。发布标杆电站手册，并开始推广应用。设备物资管理信息化模块上线试运行，工程项目管理系统进入实施阶段，多个管理系统陆续升级。

【重大项目】2017年，电建水电开发公司已建成投产电站22个，总装机容量322.4万千瓦。在建项目两个，装机容量约30.8万千瓦。前期项目14个，装机容量约387.3万千瓦。

夏特水电站：该电站位于新疆克州乌恰县克孜河中游，为克孜河流域规划两库6级开发方案中的第三个梯级电站，2017年7月15日正式开工建设。电站从上游已建成的塔日勒嘎水电站尾水取水，经长约20公里隧洞引水至发电厂房，装机4台混流式水轮发电机组，单机容量6.2万千瓦，总装机容量24.8万千瓦，计划工期48个月。2017年完成投资1.20亿元，累计完成投资2.40亿元。

春厂坝、杨家湾水电站：春厂坝水电站为沃日河梯级开发中的第四级电站，总装机容量5.4万千瓦，2017年完成发电量1.52亿千瓦时。杨家湾水电站位于小金川支流抚边河水电梯级规划中第四级电站，总装机容量6万千瓦，2017年完成投资2.067万元，累计投资5.20亿元。

大德风电场：该电站位于四川省凉山彝族自治州西昌市境内，总装机容量30万千瓦，2016年8月30日开工，2017年8月31日投产发电。2017年共完成发电2.65亿千瓦时。

克州新隆乌恰光伏电站：该项目位于新疆维吾尔自治区克孜勒苏柯尔克孜自治州乌恰县，总装机容量20.964兆瓦光伏，2017年完成发电0.23亿千瓦时。

【走向海外】2017年，电建水电开发公司完成了印尼邦托巴图项目MOU签订，并跟踪印尼其他4个指标较好的水电项目。成立缅甸代表处，开展柬埔寨瑟贡项目（190MW）的EOA协议洽谈，有序推进缅甸满通、纳沃葩项目前期工作和相关市场开拓，项目电力消纳由向中国境内送电转向缅甸就地消纳重新规划取得重大突破。积极跟踪缅甸瑞丽江3水电站、依林达依河梯级3座水电站项目。

国际运维业务：老挝南欧江流域运维项目已达成合作意向，埃塞俄比亚吉布3水电站运维合作协议业主方正走内部流程。

【改革发展】一是企业法人治理结构进一步完善，修订了章程、议事和工作规则、董事会日常工作制度、“三重一大”决策制度及重大事项内部报告制度。二是管理体系顶层设计持续优化，印发“十三五”发展规划，推出49项管理举措。三是“三项制度”改革，推出一批涉及工资管理、定编定岗定员、员工岗位退出等重大改革举措。四是考核激励机制优化，修订子公司业绩考核办法，制定电力营销激励办法。五是实现四川盐源甲米河水电开发有限公司、四川晶源电力开发有限公司重组合并，正式注销晶源公司。六是完成中国水电圣达公司和四川圣达公司管理整合，推动完成售电公司人员的充实及与生营部管理职能的再定位，售电公司正式进入营运阶段。

【党群工作】一是加强基层组织建设，制定《落实基层党支部七项组织生活制度规范》，编制《党支部工作标准化手册》。二是加强党员管理教育，发挥先锋模范作用，举办“党性教育培训班”“党建业务培训班”，组织参加“网络培训”、开展“水电大讲堂”学习活动。全年发展党员19名。三是按照党建工作要求，建立《公司党群工作例会制度》，出台《党支部党建责任制考核办法》和《党支部书记述职评议办法》。

2017年，电建水电开发公司党委、纪委切实履行党委主体责任和纪委监督责任。开展纪律教育和廉洁从业教育，不断增强领导干部拒腐防意识，推进“两学一做”常态化制度化；加强责任落实，签订党风廉政建设和反腐败工作责任书76份；加强党建和党风廉政建设制度的清理和修订，确定有效制度52项，新增9项；领导干部开展述职述廉9人次，进行个人重大事项报告9人次；强化监督检查，制定《全面监督“十三五”规划》。全年没有出现员工违纪违法行为。

2017年，电建水电开发公司团委完成五小创等新成果68项。开展了“岗位学雷锋、争做好员工”等系列活动。开展青年论坛，20余篇优质论文受到表彰。电建水电开发公司团委荣获“全国五四红旗团委”荣誉，克州新隆公司第二团支部荣获“四川省五四红旗优秀团支部”称号。

【履行社会责任】2017年，电建水电开发公司党委认真履行社会责任，积极推动精准扶贫工作。领导班子成员先后多次深入黑水县走村入户，开展脱贫攻坚指导和调研督导，2017年落实扶贫资金40万元，对口帮扶的大寨子村3个集体经济项目有序推进，组织开展“扶贫日”捐款和“捐资助学”活动，帮助贫困户和贫困学生解决生活中的实际困难。

2017年，四川圣达水电开发有限公司、中国水电建设集团圣达水电有限公司在安谷水电站增殖放流站生态池、沙湾电站和安谷电站库区投放圆口铜鱼等9种珍稀保护鱼类，共计30.05万尾。10月，毛尔盖水电有限公司在毛尔盖水电站投放珍稀鱼苗30万尾。11月，小金川公司在沃日河流域春厂坝水电站上游库区投放一万尾齐口裂腹鱼鱼苗。

（刘元秀）

中电建路桥集团有限公司

【概况】2017年，中电建路桥集团有限公司（以下简称电建路桥公司）以“十三五”规划为指引，合理布局市场，扎实管控项目，严格控制成本，经营业绩继续保持良好发展态势，利润总额在中国电建排名第一，营业收入及新签合同金额排名第二，各项主要经营指标排名保持领先。电建路桥公司在行业内的地位更加凸显，获社会各界好评，获得2016中国商业模式创新奖以及“2017中国建筑业最具成长性百强科技创新企业”“2015～2017年首都文明单位标兵”等多项荣誉称号。

【经营业绩】2017年，电建路桥公司实现利润总额15.81亿元，完成年度预算的102%，同比增长16.03%；实现营业收入295.17亿元，完成年度预算的111.22%，同比增长3.76%；收到回购款93.76亿元，完成年度任务的152.67%；新签合同金额654.43亿元，完成年度任务的100.68%。资产总额达到1013.46亿元。

【领导班子】截至2017年底，电建路桥公司领导班子由12人组成：董事长、党委副书记汤明；党委书记、总经理黄敏；副总经理、总会计师李家俊；副总经理李介立、张宜松、付少鹏、张增伟；副总经理、总工程师成子桥；副总经理白英贵；党委副书记、纪委书记、工会主席单勇锋；副总经理陈凡、白家设。

【改革发展】2017年，电建路桥公司发布“十三五”发展规划，明确了“城市/区域基础设施一体化服务商”的企业定位及打造“国际型、创新型、服务型、综合型世界一流大型建筑企业集团，股份公司基础设施业务领军企业”的发展目标。启动中长期战略研究，围绕新业务培育和数字化转型等领域开展了系统深入的研究，建立了以项目为中心，体现战略意图的组织体系，强化投资开发、建设管理两大核心业务，实施全面经营理念，打造资产运营能力，加强安全环保管理，形成贯通投资、经营、建设、安环、运营各环节的纵向业务链。分设财务、资金业务两条线，细化监察、审计工作分工，建立分工精细的职能管理界面，进一步优化了总部指导、监督、服务、协调的战略职能。建立并完善了公司组织机构台账，明确了223家下属单位的管理归属关系，组建完成第一批独立子公司，集团化管控体系更加明晰。

【市场开发】2017年，电建路桥公司整合筹建了东南公司、华南公司，建立了覆盖全国的八大区域市场。紧跟国家战略发展机遇，积极开拓新疆等“一带一路”沿线重点目标区域，成功中标新疆克州交通基础设施建设PPP项目、新疆生产建设兵团巴音托海公路PPP项目、新疆铁门关至阿拉尔公路建设PPP项目等，持续推进京津冀、长江经济带等国家战略区域，巩固山东、西部、华中等传统优势市场，相继中标阜阳城区水系综合整治PPP项目、淄博市淄川经济开发区合村并居PPP项目等。

利用营销网络资源，抢抓新兴市场重大机遇。积极与生态链上的优质企业开展广泛交流合作，成功中标邹城市邹西产煤塌陷区综合治理PPP项目、北京市平谷区农村治污工程PPP项目等，签约合同金额共计88.34亿元。

【经营管理】2017年，电建路桥公司修订了《内部授权委托总承包部协议》《内部合作承包协议》等合同范本，有序开展合同评审，强化合同管控力度；投资项目施工任务内部模拟市场化运作日趋成熟，通过邀请招标方式择优挑选施工单位，将现场与市场挂钩，实现系统内成员企业间良性竞争；全年对9个项目施工总承包利润、11个项目的委托总承包管理费用进行测算，共调增施工利润1.04亿元，调减委托总承包部管理费用1.16亿元，降本增效工作成果显著；严格执行招标采购管理制度，超额完成集采平台公开招标率、电子招标率等指标；详细梳理22个BT项目投资、回购及审计情况，采取一系列管控措施，降低回购风险，全年共收到回购款93.76亿元，完成年度回购任务的152.67%；BOT项目运营工作稳中向好，武邵高速、邛名高速共实现营业收入2.63亿元，完成年度营业收入计划的115.93%。

【重大项目】2017年，电建路桥公司77个在建项目，生产经营情况均处于受控状态。年度印发投资类项目、非投资类履约管理实施细则，施工单位信用评价体系、履约管理体系、质量管理体系及创优管理体系不断完善，并稳步实施。建立完善了项目预警台账，实时监控挂牌督查项目，形成了“源头防范、过程监督、末端治理”全链条管理模式，各项目履约情况整体良好。其中，成安渝项目得到四川省政府书面感谢，太行山项目、武汉项目、石济铁路等项目共收到主管部门表扬信30余份。

全年未发生安全质量事故，共获省部级优质工程奖24项。其中，郑州市陇海路项目钢结构工程获第十二届第二批“中国钢结构金奖”；郑州市北三环项目、成都市青龙湖一期项目获评“国家优质投资项目”。

【科技创新】2017年，电建路桥公司获得省部级科技进步一等奖2项，二等奖5项，三等奖6项；获得发明专利授权11项，实用新型专利授权4项，软件著作权登记3项；电建路桥公司被评为中国施工企业管理协会“全国科技进步先进企业”；5项科技项目结题验收，其中1项鉴定为“国际领先”，2项鉴定为“国际先进”，1项鉴定为“国内领先”，1项鉴定为“国内先进”。年度共征集科研课题26项，其中21项课题通过电建路桥公司评审并立项，1项课题通过股份公司评审并立项。

【党群工作和企业文化建设】2017年，电建路桥公司党委认真贯彻落实上级组织的各项决策部署，团结带领各级党组织和全体党员，把方向、管大局、保落实，强化党建引领作用，推动公司持续快速发展，党建价值创造成效显著。

召开二届二次党代会，选举增补了第二届党委委员。按照“三同时”原则，新成立了3个临时党委、4个党工委、1个直属党支部，实现基层组织全覆盖、无死角；全年调整中层干部171人次，其中新提拔任用干部31人，按要求履行干部调整选拔任用的各项程序；在各二级单位基本配齐了党群专职工作人员，确保工作有人抓、有人管、有人做，使公司基层党组织更加完善，党群干部队伍建设得到进一步优化，为做好党建工作提供了强有力的组织保证。

全面梳理公司211项现行制度，制定授权清单，明确总部与分（子）公司的管理权限，梳理岗位职责，明晰事项流程，新印发修订党风廉政建设和反腐败工作配套制度19项；实施“幸福人生”廉政教育工程，全年各级党政一把手讲党课39次、中心组学习136次，请专家做辅导讲座17次；新增配备纪委书记5名，对2个单位纪委书记进行交流轮岗，编制覆盖公司重点业务事项的监督任务清单16类59项，提出效能监察建议210条，动态跟踪形成“三重一大”执行监督报表45份；全年共做出警示谈话、诫勉谈话、罚款等组织处理13人次，给予党纪政纪处分5人次。

以落实中央群团工作会议精神为主线，定期研究工会、共青团工作，充分发挥群团组织联系职工群众的桥梁和纽带作用。

【企业文化建设】以核心价值观为指导，电建路桥公司全面理解把握企业文化建设的重要意义和总体要求，从服务地方经济社会发展的大局出发，着力加强企业文化建设，充分发挥统一企业文化的引领和保障作用，有力推动了企业的可持续发展。通过强化企业宣传和品牌建设，企业形象和“中国电建路桥”“中国电建环境”品牌影响力得到进一步彰显，获“2015～2017首都文明单位标兵”荣誉，《电建路桥》企业期刊连续四年获评全国工程建设行业“金页奖”，企业“青春路桥”微信平台粉丝数已超员工总数5倍，全年点击量达8.4万次。

（电建路桥公司）

中国电建地产集团有限公司

【经营业绩】 2017年，中国电建地产集团有限公司（以下简称电建地产公司）完成销售合同金额297.86亿元，同比增长27.76%，完成年度目标的135.39%；实现回笼资金274.3亿元，同比增长17.52%，为年度目标的136.13%；完成投资额306.87亿元，同比增长11.51%，完成年度目标的153.44%；实现营业收入185.58亿元，同比增长12.42%，完成年度目标的111.03%；实现利润总额15.15亿元，同比增长20.33%，完成年度目标的112.23%；资产总额984.1亿元，净资产较上年增加18.12亿元，资产负债率83.35%，经营活动净现金流23.73亿元，国有资产保值增值率为110.18%。

【领导班子】 截至2017年底，电建地产公司领导班子由8人组成：董事长、党委书记夏进；总经理、党委副书记刘国栋；常务副总经理杨宝林；副总经理薛志勇；总会计师秦普高；党委副书记、纪委书记、工会主席李贵；副总经理李端、王劲松。

【改革发展】 立足行业发展新趋势，改变传统思维，加速战略转型，迅速推进产业地产项目拓展工作。一是按照新修订的三年滚动规划要求，明确将产业地产作为新的发展方向，探索具有中国电建特色的产业地产道路。二是从基本概念、发展背景、投资逻辑、商业模式及盈利模式等方面，对产业地产进行深入研究。三是全方位开展合作。初步确定了水环境治理产业园、电竞小镇、再生资源产业园、雄安持有型物业以及超低能耗产业园五个重点产业方向。已完成了超低能耗建筑产业园研究、文娱—电子竞技市场研究、雄安水环境产业园研究等相关研究报告。

在投资拓展方面，电建地产公司投资拓展子战略升级为3.0版，将重点投资区域由原“4＋4＋N”升级为“4＋8＋N”。一是投资拓展取得丰硕成果。全年新增土地19宗，其中，独立操盘项目17个，占比90%。二是内部成员企业存量土地盘活成效明显。电建地产公司与成都铁塔厂、水电三局合作共成功落地两个项目。三是与其他央企合作取得重大进展。2017年，电建地产公司出资17.5亿占25%股份与中国诚通集团有限公司、中国建筑科学研究院共同出资成立了诚通房地产投资有限公司。

【标准化体系建设】 在管理标准化方面，一是对整体发展战略和投资拓展、品牌营销、财务融资、精品工程、设计研发、人力资源以及海外等子战略进行了3.0版的升级调整，制定了未来三年滚动规划，明确了“智慧社区＋产业地产＋海外地产”三大板块的业务模式与“业务＋资本”的“双翼驱动”型发展思路，进一步明晰了公司新时期经营发展的总体战略方向。二是系统梳理公司业务管控流程，通过对各项管理制度与绩效考核体系的优化，公司运营管控效率进一步提升。三是组建成立了华中、华南、西南、中南区域总部，整合内部资源，完善大区域布局。

在产品标准化方面，升级完成了泷悦系、洺悦系、泛悦系及洺悦系景观园林标准化3.0版，更新了综合产品库，依据产品标准化要求，新开工项目按户型库配置建造标准落位，标准化率达90%以上。

在营销标准化方面，完成了营销管理标准化手册3.0版；在成本标准化方面，完成了成本标准化工作手册3.0版并启动了应用与推广；在工程管理与安全生产方面，完成了工程管理标准化3.0版、工程技术标准化手册3.0版及安全文明标准化手册3.0版。

编制完成房地产业务法律案例汇编V1.0版，相继出台了多项管理制度，法律风控体系进一步完善。

【成本管控】电建地产公司全面推行集中采购，强制执行成本标准化，不断创新融资，大幅压缩建造成本、资金成本、管理成本和营销费用，综合成本得到有效降低，进一步释放了盈利空间。

在建造成本方面，通过事前初期反应，过程动态管控，竣工结算限额，2017 年结利项目对比目标成本节约金额达 3.3 亿元。

在集中采购方面，组织了配电箱、苗圃、视频会议系统、钢木复合门、木地板、电梯等 6 项设备物资类采购及合同签订。全年集中采购招标计划金额 3.77 亿元，中标金额 2.81 亿元，招标节约投资金额 0.95 亿元，节资率达 25.27%。

在财务管理方面，制定并落实了总部税务筹划方案，税费节约超过 3 亿元；先后对贵阳、长沙及成都等在售项目税务制定了针对性的税务筹划方案，降低税务风险；通过清算土地增值税，实现各类退税超 9000 万元。

在管理费用方面，强化预算过程管理的同时通过信息化平台规范支出审批，非生产费用开支得到有效控制，费效比不断提高，管理费用发生 2.88 亿元，为年度预算 3.32 亿元的 86.89%，占收入比例同比降低 0.13 个百分点。

在营销费用方面，通过落实营销标准化体系要求，2017 年实际发生营销费用 4.72 亿元，较年初制定的目标值 7.45 亿元，整体节约 36.6%。

【党群工作】电建地产公司将深入学习贯彻党的十九大精神及习近平新时代中国特色社会主义思想作为当前首要的政治任务，坚持融入中心，促进党建与生产经营的深度融合，充分发挥党组织的引领和保障作用。一是通过学习贯彻党的十九大精神的实施方案，领导带头深入基层一线讲党课，以上率下，营造了学习宣传贯彻会议精神的良好氛围。二是持续加强基层党组织建设，落实党建工作责任，确保党的组织与经营班子同步设立，党建工作与经营工作同步部署。三是以“两学一做”为抓手，创新工作方法，注重提高党员党性和素质，树立党员先进模范带头作用。四是通过“思想建设”提高党员领导干部政治素质和勇于担当精神。五是加强舆论引导，通过宣传标杆组织和典型个人，传播正能量。六是推进企业文化建设，召开了首届职工运动会，工会、共青团组织通过组织开展各类文体活动增强了员工向心力和凝聚力。七是落实全面从严治党责任，顺利通过股份公司第三巡视组巡视，对巡视问题做到了立行立改。八是推进国家审计署审计、股份公司经济责任审计意见整改落实工作，工作机制进一步健全完善。

（电建地产公司）

中国电建集团铁路建设有限公司

【经营业绩】2017 年，中国电建集团铁路建设有限公司（以下简称电建铁路公司）实现利润 4.51 亿元，完成年度计划的 100.95%，同比增长 1.14%。2017 年末，电建铁路公司资产总额 157.81 亿元，资产负债率 55.18%。企业整体竞争力显著增强。

（张　瑜）

【领导班子】截至 2017 年底，电建铁路公司领导班子成员为：执行董事（法定代表人）、总经理、党委副书记范富国；党委书记、副总经理厉建平；副总经理蒋宗全；副总经理王成；副总经理、总工程师曹玉新；副总经理韩志强、赵春生；副总经理、总会计师、总法律顾问刘光荣；副总经理朱瑞喜、任立志、习仲伟、张海库；党委副书记、纪委书记、工会主席徐达。

（宋伟宁）

【改革发展】2017 年，电建铁路公司不断深化企业改革创新发展，在明晰企业治理结构、公司发展路径等方面取得了积极成效。

围绕企业治理及经营生产实际，不断完善本部与成员企业的治理结构，年内成立了哈尔滨分公司、蒙自分公司、福州轨道公司等机构，同时结合公司发展实际，以资本效益最大化为原则，优化所属南方公司、成都公司、武汉公司、武汉轨道公司资本规模。

积极研判市场经济形势，围绕高质量可持续发展，及时调整“十三五”规划发展目标，明晰战略定位和业务结构，为经营发展提供行动指南。即：坚持以城市建设为中心，坚持以市场为导向，坚持“一业为主，相关多元”的业务结构，坚持“共建、共享、共赢”的经营理念，将电建铁路公司建设成为一流平台公司，实现稳中求进高质量可持续发展。

（赵旭东）

【经营管理】2017年，电建铁路公司自主营销中标项目9项，新签合同额349.60亿元；引领成员企业中标项目5项，新签合同额52.22亿元。

2017年，电建铁路公司加大高端营销、协同经营力度，经营规模再创历史新高，业务领域全面拓展。在城市轨道交通业务领域，依托深圳地铁7号线良好履约的品牌效应，通过竞争性投标中标深圳地铁4号线、10号线、12号线等项目，集群效应明显，其中12号线合同金额176亿元，是中国电建单体合同额最大的施工总承包项目；成功中标福州地铁5号线、6号线及洛阳地铁1号线、2号线等项目；发挥平台公司优势，引领兄弟单位中标郑州、南京、长沙、武汉等国内城市轨道交通项目，合同金额39.45亿元；配合股份公司开发铁路业务，引领成员单位中标兴泉铁路，合同金额12.77亿元；电建铁路公司积极推动合作开发、联合开发，先后中标杭州亚运场馆与临沂市罗庄区湖北路综合改造工程，实现了在专业市场的开拓。

（张　磊）

【重大项目】截至2017年底，电建铁路公司主要在建项目共有20个，包括深圳地铁7号线BT项目、成都地铁4号线二期工程BT项目、成都地铁18号线PPP项目、武汉地铁11号线BT项目、武汉地铁8号线土建一标段BT项目、哈尔滨地铁2号线BOT项目、晋太城际铁路2号线PPP项目、蒙自管廊PPP项目、长春管廊PPP项目、深圳地铁5号线5121标段、5122标段、10号线1013标段、深圳福强路—沙嘴路人行地下通道工程、深圳地铁9号线9130标段、深圳地铁4号线4301标段、深圳地铁文体公园及配套实施工程、深圳110kV皇岗口岸变电所主体工程、深圳光明新区滑坡弃土外运、福州地铁6号线土建3标段和洛阳地铁1号线土建3标段，全年累计完成产值130亿元。

（路　艺）

【科技创新】2017年，电建铁路公司科技创新任务围绕“维护技术中心运行、持续提升公司科研能力”开展工作，较好落实了“十三五”科技发展（创新）规划，完成了“临海地区复杂地层特殊围护结构安全性与防排水综合施工技术”等26项科技项目立项；“大直径盾构长距离穿越石油气地层施工技术研究与应用”获得股份公司立项批准，BIM重大专项已在股份公司完成立项审查；完成了“高水位富漂石地层土压平衡盾构掘进技术”和“重载铁路施工关键技术研究”2项科技项目验收；完成“地铁施工关键技术研究”科技项目和“复杂环境及地质条件下地铁修建关键技术研究”重大专项验收申请；完成了“盾构隧道孤石地层探测及处理关键技术研究”等15项科技成果评价；完成“高水位富漂石地层土压平衡盾构掘进技术”等10项科技项目研究。

2017年，电建铁路公司共获得25项各级科技进步奖。共申报专利45项，发表科技论文44篇。

（杨　斌）

【党群工作和企业文化建设】2017年，电建铁路公司党委全面贯彻党的十八大和十八届三中、四中、五中、六中全会和党的十九大精神，深刻领会习近平新时代中国特色社会主义思想，进一步落实习近平总书记在全国国有企业党的建设工作会议重要讲话精神，坚持党管干部、党管人才原则，将把方向、管大局、保落实作为党委工作的重要内容，成为党委发挥领导核心和政治核心作用的主要方式。坚持党对国有企业的领导不动摇、坚持服务生产经营不偏离、坚持建强国有企业党组织不放松、坚持党组织对国有企业选人用人的领导和把关作用不能变的工作方针和具体举措，围绕项目生产经营中心，两级党委与项目所在地政府部门及参建各方，联合创建了“共建联控”工作平台，通过创建参建单位共同参与的“三方共管、三级协作”党建模式和“不想违、不能违、不敢违”的廉洁工作体系，有效促进了工程建设，提升了整体工作水平，确保了“工程优质、工作高效、干部优秀、资产安全”工程建设目标的实现。围绕改革发展大局，不断健全完善精神文明建设工作制度，不断丰富企业文化建设工作内容与载体，深入推进“三创建”活动，强化企业文化建设“三级两化五统一”工作部署，大力实施“四项工程”，支持群团组织开展特色鲜明的企业文化宣传活动，群团工作成效显著。

（岳　静）

中国水电建设集团新能源开发有限责任公司

【经营业绩】2017年，中国水电建设集团新能源开发有限责任公司（以下简称水电新能源公司）生产经营取得较好成绩，其中：完成发电量26.02亿千瓦时，实现营业收入126945.9万元、利润总额15477.47万元、资产总额131.28亿元，资产负债率77.23%。

【领导班子】截至2017年底，水电新能源公司领导班子由7人组成：执行董事、总经理、党委副书记吴洵；党委书记、副总经理王争鸣；副总经理、总会计师沈沉；党委副书记、纪委书记、工会主席鄢军良；副总经理吴建伟、苏靖、吕冬冬。

【改革发展和经营管理】市场布局不断优化。水电新能源公司积极实施市场开发的“四个转移”战略，成功实现了从“三北”限电地区到不限电区域的战略转移，开创了低风速、海上风电和高海拔光伏新领域，初步形成了华北、东北、华东、华中、华南、西南、西北和海上等8个可再生能源基地。

经营指标稳步增长。水电新能源公司各项主要经营指标稳步增长，累计投产装机容量达到140.5万千瓦，发电量达到26.02亿千瓦时，营业收入达12.69亿元，利润达1.54亿元。

资金运作水平不断提高。水电新能源公司通过加强资本运作，积极落实增量低息贷款，推动存量资产盘活，创新融资模式，引入战略合作者、融资租赁、资产收益权融资、中期票据等新型融资方式，提升价值创造能力，截至年底总资产达144亿，实现了国有资产保值增值。

管理能力不断增强。在不断实践探索中，新能源公司形成了一整套从设计、投资到施工、运维的管控体系，培养了一支资源开发、资本运作、建设管控、电力营销、设备运维的专业人才队伍，为打造法人治理结构科学、文化理念先进、资产技术密集的一流企业奠定了坚实基础。

【重大项目】（1）广东宝山（49.5兆瓦）风电项目：2017年3月正式开工建设，12月实现首台风机并网发电。该项目根据风电场各机位风资源情况，安装了4台国内陆上最大型号的3.0兆瓦机组和19台2.0兆瓦机组，采用高度分别为80米、85米、90米、100米的4种轮毂，风机基础采用4种形式的梁板式锚栓基础，与鸡山风电场相邻，两个风电场共用一座升压站，达到资源配置最优化和成本节约化的目的。

（2）四川攀枝花大宝鼎（30兆瓦）农光互补项目：2017年3月正式开工建设，6月实现并网发电，成为四川农光互补地面式光伏、农光互补大棚光伏阵列和单轴跟踪式光伏的示范基地。

（3）江苏淮安南闸（15兆瓦）渔光互补项目：2017年3月正式开工建设，6月实现并网发电，比计划提前半个月完成并网发电任务。

【党群工作和企业文化建设】2017年，水电新能源公司有3个党工委、7个直属党支部、10个基层党支部，党员206人。党委坚持“把方向、管大局、保落实”的工作方针，以落实党建责任制为主线，以加强两级班子能力建设为重点，以加强基层党组织建设为保证，以抓好自身建设为基础，充分发挥党组织的政治核心作用、党支部的战斗堡垒作用和党员的先锋模范作用，为实现公司中长期发展战略提供了坚强的政治、思想、纪律和组织保证。

水电新能源公司秉承“自强不息、勇于超越，汇德于心，聚力于行，用清洁能源促进社会绿色发展”的文化理念，初步形成了企业在资源开发、投资管控、建设管理、电力营销、设备维护等方面的人才队伍和品牌形象。

新能源公司重新提炼了企业精神和管理理念、人才理念、风险理念、安全理念、员工行为准则，认真总结了2007年至2016年新能源公司十年来的大事记，梳理了公司组织机构沿革。编辑出版了《光荣与担当》摄影集、《拼搏奋进的十年》邮票册，用最直观的方式，向广大员工和社会展现了公司十年发展的辉煌业绩；编辑出版了《我与新能源的故事》一书。

【履行社会责任】水电新能源公司始终自觉履行社会

责任，积极与地方政府开展“地企共建”活动，参与精准扶贫、社会公益、环保等相关活动，其中：四川炉霍公司向炉霍县政府捐款50000元，用于扶贫工作；天津公司向青龙满族自治县政府捐款30000元，用于安老扶贫、助学助教工作；贵州遵义公司参加桐梓县“百企帮百村”活动，支付扶贫款25000元，用于助困扶弱；广东阳江公司向岭南风电场所在地三户特困村民捐款3460元。湖南株洲公司在凤凰山风电项目建设中，坚持文明施工，注重水土保持、植被恢复等工作，做到了资源节约和环境友好，获得2017年株洲市两型社会建设示范项目奖。2017年，水电新能源公司各项目对外捐款共计108460元，认真履行了央企社会责任。

（水电新能源公司）

中电建水环境治理技术有限公司

【经营业绩】2017年，中电建水环境治理技术有限公司（以下简称电建水环境公司）实现营业收入60.32亿元，利润3亿元，资产总额40.67亿元，资产负债率为70%。

【领导班子】截至2017年底，电建水环境公司领导班子为：董事长王民浩；副董事长、总经理、党委副书记郑久存；董事、党委书记、副总经理孔德安；党委委员、副总经理禹芝文；党委委员、副总经理、总工程师陈惠明；党委委员、副总经理陶明；党委委员、副总经理刘鹄；党委委员、副总经理、总会计师宁杰；总工程师芮建良；党委副书记、纪委书记钟石鸣。

【经营管理与改革发展】2017年，电建水环境公司围绕“持续建队伍、重点强技术、决胜茅洲河、奋力拓市场”，较好地完成了年度各项工作任务。

全面守稳守牢安全质量红线，进一步明确安全生产“四个责任体系”，严格监管，强化劳务实名制、分账制和实时位置监控等，全面推行关键工序质量实名制，采用驻厂监造、二维码标识和CCTV检测等手段，并在各在建项目推广，安全质量管理水平持续提升。

全面形成污染底泥处置核心技术。污染底泥处置核心技术趋于成熟，申请专利50项，制订标准14项，形成成熟的污染底泥处理体系。茅洲河1号底泥处理厂连续稳定运行，实现污染底泥处理“减量化、无害化、稳定化、资源化”。

推广应用“EPC+信息化+大兵团协同作战”管控模式。充分发挥平台引领作用，以设计为龙头，汇聚集团内优秀施工企业，采用先进的信息化平台，将管控深入到标段、施工班组，发挥大兵团作战优势，形成“EPC+信息化+大兵团协同作战”管控建设模式。

【重大项目】2017年，在推进项目建设的同时，电建水环境公司努力开拓市场，中标茅洲河光明新区水环境综合整治工程两个标段、茅洲河流域综合整治东莞部分一期工程总承包项目，实现了全流域综合整治，创造了行业领先的治水提质实施模式。

电建水环境公司发挥平台作用，牵头组织西北院、华东院、水电八局等中国电建成员企业，中标茅洲河流域综合整治东莞部分一期工程总承包、大空港片区水环境综合整治项目勘察设计、大空港新城区截流河综合治理工程等9个项目；指导协调华东院、水电六局等，中标福田区排水管网正本清源工程（第五期）第一部分、观澜河流域水环境综合整治工程等15个项目。

【科技创新】作为技术型创新企业，电建水环境公司不断强化研发部等技术部门建设；水环境治理研究实验中心挂牌运行，开展水质及底泥检测，打造水资源与环境治理新技术、新设备、新模式的研发平台、专业技术的科学实验平台，科技研发的体制机制进一步强化。初步建成了一支老中青相结合，含博士13人、硕士26人的专业技术研发人才队伍。

推进技术标准体系和定额体系建设，新编制《城市河湖水环境治理工程可行性研究报告编制规程》等3项企业技术标准、《河湖污泥清淤与处理工程消耗量定额》等3项定额，累计发布企业技术标准14项；编制深圳市地方标准2项。

在“六大技术系统”基础上，创新提出“织网成片、正本清源、理水梳岸、寻水溯源”4条实施路线，完善了“流域统筹、系统治理”技术理念。围绕中国电建重大科技专项，开展了24项课题研究，大部分成果已转化应用。电建水环境公司科研实力得到认可，成为广东省全面推行“河长制”“南粤河更美”行动计划技术支撑单位，《深圳市防洪防潮规划（2014～2020年）中期评估》等4项市级重大课题的研究实施单位。

2017年，施工技术水平不断提高。引进的无人监测船、两栖清淤船、静压植桩机已用于项目建设。微型顶管施工、淤泥质地层管网快速施工、杂填土和流砂层顶管施工、复杂地质顶管及沉井施工、城中村狭窄巷道管网施工等工程技术难关被突破。

【党群工作与和企业文化建设】2017年，电建水环境公司党组织关系正式转入深圳市直机关工委，全面实现了属地化管理。年内正式组建12个党支部和广州公司党工委，基本实现了“四同步”“四对接”。

充分发挥茅洲河项目党工委主导作用，重点实施“堡垒提升”工程，围绕项目建设中心，积极开展电建水环境公司、标段项目党组织、驻地单位党组织参与的多方党建共建、支部共建活动，实现党组织自身价值和党建工作价值创造的共同提升，全面发挥治水提质中基层党组织的战斗堡垒作用和党员的先锋模范作用。

构建党委全面监督、纪委专责监督、部门职能监督、党员民主监督的大监督体系，与股份公司纪委、宝安区纪委和各参建单位构建四方廉政风险联防联控体系，强化开展对关键岗位、关键人员、关键环节的监督，开展劳务分包专项效能监察，开创了与项目属地廉政共建的新模式。

新闻宣传工作继续强化，全年在中央电视台播出专题片2集、新闻报道2条，国务院国资委网站刊发通讯3条，地方重点媒体刊发报道25篇。

定期开展电建水环境公司本部支部与茅洲河标段党组织文明共建结对活动，组织参加社区公益、志愿服务和环境知识、环保法律宣讲活动。彰显央企责任，积极参加辖区内防汛抗台、应急抢险等工作。加快群众组织建设步伐，群团组织桥梁作用得到有效发挥。实现了职工“五必访”，重要节日的座谈、慰问。2017年12月26日，电建水环境公司召开第一次会员代表大会，正式组建工会。共青团组织建设加快推进，正式启动筹建工作。各类文体协会有序建设和开展活动。

（电建水环境公司）

中国电建集团财务有限责任公司

【经营业绩】2017年，中国电建集团财务有限责任公司（简称电建财务公司）全面贯彻落实国家金融监管要求，着力“搭建平台、整合资源、提质增效、共享效益”，各项工作取得良好成绩，为中国电建改革发展和提质增效发挥了应有的重要作用。荣获“年度最具成长性财务公司”荣誉称号，并在2017年中国财务公司协会第20次会员大会上作典型经验交流。

2017年，电建财务公司实现营业收入13.22亿元，实现利润总额4.28亿元。截至2017年底，财务公司资产总额473.51亿元，吸收存款余额418.2亿元，资金集中度43.88%，自营贷款余额184.89亿元，委托贷款余额222.07亿元，各项监管指标运行良好，未发生风险事件。

【领导班子】截至2017年底，电建财务公司领导班子成员为：董事长孙璀；总经理、党委副书记陈波；党委书记、副总经理沈国华；纪委书记、工会主席杨志强；党委委员、副总经理龚健；副总经理张海涛。

【组织机构】电建财务公司设立股东会、董事会和监事会，设立党委、纪委、工会、团委。董事会下设风险控制委员会和设计委员会，总经理下设贷款审查委员会。按照前中后台分离原则设置了7个职能部门，前台部门为计划财务部、资金结算部、信贷管理部，中台部门为风险管理部、审计稽核部，后台部门为综合管理部、信息技术部。审计稽核部与纪委办公室、工会办公室合署办公。

【经营范围】经银监会批准，电建财务公司经营范围为：对成员单位办理财务和融资顾问、信用鉴证及相关咨询、代理业务；协助成员单位实现交易款项的收付；经批准的保险代理业务；对成员单位提供担保；办理成员单位之间的委托贷款；对成员单位办理票据承兑与贴现；办理成员单位之间的内部转账结算及相应结算、清算方案设计；吸收成员单位存款；对成员单位办理贷款及融资租赁；同业拆借；银监会批准的其他业务。

【信贷业务】电建财务公司坚持“立足集团、服务集团”的宗旨，大力实施普惠金融政策，保障成员企业生产经营资金需求，全年累计办理自营和委托贷款757.36亿元。积极发展中间业务，开展票据贴现、内部保函、资信证明等业务，参照商业银行标准，全年为成员企业减少6.66亿元保证金。不断丰富创新金融服务产品，首次推出并承贷新能源项目长期银团贷款0.57亿元；实施应收账款保理业务，发放无追索权内部保理20.35亿元，牵头办理外部保理89.43亿元。装备板块试点金融服务取得新进展，财务公司金融服务综合贡献约占板块利润的10%。

【资金业务】按照“保支付、防风险、期限错配”原则，加强资金头寸管理，2017年实现同业资金运作收入5.36亿元，占电建财务公司收入总额的40.52%。在满足资金流动性需求的同时，资金收益实现持续稳定增长。强化价格引导，灵活利用归集资金向成员企业创效，先后推出7天、14天、20天等跨期通知存款、定制通知存款等产品，为成员企业创效6.51亿元。

【资金集中】资金集中管理范围进一步扩大，按照“横到边、纵到底”的资金归集思路，一方面聚力特殊性资金归集，首次在电建财务公司开立PPP项目共管账户；在商业银行开立异地账户，归集成员企业异地项目监管资金。另一方面对700余家三级企业在公司开户，协助成员企业利用财务公司专业金融平台搭建企业总部资金池。

在中国电建范围内大力推行代理支付业务，成功对接成员企业总部结算系统和财务公司核心业务系统，建立起“三点两线”闭环结算信息系统，打通结算便捷通道，极大提高结算效率，以结算效率提升推动人民币日均存款由2016年的130.08亿元提高至404.63亿元。

【管理创新】2017年，电建财务公司在深化资金归集平台建设基础上，在46家特级和A级成员企业中策划开展了资金集中管理达标竞赛活动。活动综合研判成员企业对集团公司的贡献度，指标综合了国务院国资委、监管机构、行业协会及中国电建相关考核指标，突出考核账户管理、资金结算和资金集中三大类指标，并将考核结果与财务公司金融服务挂钩。历时7个月的竞赛活动对31家达标企业进行了表彰，推动中国电建资金集中度提升3个百分点、财银直连账户新增206个、财务公司日均结算量提升30%，资金集中运营创造增值效益近1亿元。

【风险管理和内部控制】电建财务公司风险管理贯彻“以风险为导向、以流程为纽带、以控制为手段、以制度为保障”的总体思路，建立资金管理科学评价体系，开展“三违反”“三套利”“四不当”等市场乱象自查自纠工作，坚持监测、报告和分离原则，紧盯风险监测指标，全年各项监管指标运行良好，满足监管要求。内部控制全面梳理和优化业务流程，开展内控体系建设项目，及时整改落实内部控制缺陷问题。

【人力资源管理】坚持正确的用人导向，按照德才兼备、以德为先、工作需要和人员特长相结合的原则构建人才队伍。截至2017年底，电建财务公司共有职工39人，全部具有本科以上学历，拥有中级及以上专业技术职称者占77%。财务公司以构建能力导向型培训体系和业绩导向型薪酬体系为抓手，不断提升职工队伍综合素质。在培训方面，将打造学习型团队作为一项重点工作来抓，系统提升人才队伍素质；在薪酬方面，推行工作分析与岗位评价项目，探索实施市场化薪酬政策。

【信息化建设】电建财务公司致力于打造“互联网+金融”的IT治理结构，推动大数据、云计算等信息技术与企业经营管理融合。发布电建财务公司信息科技“十三五”规划，开展核心业务系统三期项目建设和管理驾驶舱系统建设工作。搭建人民银行统一监管报送系统，实现人民银行大集中报表的自动化功能。

【企业文化建设】电建财务公司秉承“责任、创新、诚信、共赢”的价值观，发扬“自强不息、勇于超越”的精神，结合实际加强企业文化建设。以为成员企业提供多元化金融服务、助推中国电建主业发展为己任，以文化建设增强职工素质能力、塑造企业良好形象，充分发挥企业文化的凝聚、导向、规范、激励功能，促进电建财务公司战略远景的落地实现。

【党建工作】深入学习贯彻党的十九大精神，积极推进“两学一做”学习教育常态化制度化，着力加强组织建设和制度建设，全面从严治党。制定党委工作规则，依法合规推动党建工作与中心工作深度融合；不断完善惩治和预防腐败体系，切实织密权力的笼子；积极开展对外宣传，营造有利于发展的良好舆论氛围；群团工作有声有色，搭建职工沟通交流平台，培育和丰富企业文化。

（电建财务公司）

中电建（北京）基金管理有限公司

【概况】中电建（北京）基金管理有限公司（以下简称电建基金公司）于2016年12月21日正式揭牌成立，由中国电力建设股份有限公司（以下简称电建股份）和建信（北京）投资基金管理有限责任公司（以下简称建信投资）出资设立，由电建股份和建信投资共同控制。兼具中国电建项目资源优势、建设银行金融全牌照及基础设施建设领域专业优势。

【领导班子】截至2017年底，电建基金公司领导班子成员为：董事长、法定代表人、党委书记、纪委书记唐定乾；总经理、党委副书记杜明；副总经理、党委委员李平、张宏伟；副总经理房雅琳。

【组织机构与人力资源结构】电建基金公司设股东会，股东会由双方股东各委派一名股东代表组成。股东会下设董事会和1名监事，董事会由5名董事组成，其中：电建股份提名3名董事，建信投资提名2名董事，董事长唐定乾，同时兼任电建股份财务管理部主任；监事由建信投资提名。董事会下设投资决策委员会，根据董事会授权对电建基金公司及被管理基金的拟投资项目及投资方案进行审议、决策。投资决策委员会由5名委员组成，设1名投资决策委员会主任。电建基金公司经营层对董事会负责，总经理杜明，副总经理李平、张宏伟均由电建股份委派；副总经理房雅琳由股东方建信投资委派。电建基金公司下设8个部门，分别为综合管理部与党委工作部（合署办公）、财务管理部、法律事务部与纪检监察部（合署办公）、风险管理部与审计稽核部（合署办公）和投资管理部。

【经营业绩】2017年，电建基金公司资产总额3499.39万元，新设基金规模60.69亿元；管理基金规模60.69亿元；实现收入（收益）1648.91万元；利润总额401.12万元。

2017年，共设立母基金1支，子基金9支，专项基金7支。累计基金规模578.04亿元，已完成备案规模508.06亿元，实现投放规模82.98亿元，其中：平安母基金实现投放22.06亿元，子基金及专项基金直接投放到具体项目上的规模共计60.92亿元。全年累计投放19个项目，其中PPP项目14个，基金募资及投放金额23.42亿元，带动233.67亿元项目总投资；专项投资基金5支，金额37.5亿元。

【企业资质、资信】电建基金公司是经中国证券投资基金业协会等及备案的私募基金管理人。

【经营管理】2017年，电建基金公司积极贯彻落实股东单位的战略部署，以“服务股东单位战略、支持股东单位业务发展”为中心，围绕“抓规范管理、抓项目落地”两条主线，按照“战略导向、市场导向、问题导向”三个维度积极创新开展业务，充分发挥“市场拓展、产融合作、融资创新、资产管理、资本运营、金融服务”六大平台作用，致力实现股东单位战略发展与市场开拓的“增信器、助推器、稳定器”作用。

【党群工作和企业文化建设】2017年7月5日，电建基金公司临时党委获批成立。电建基金公司党委高度重视党的建设在推动企业健康发展中起到的举旗、定向、凝心、汇智、聚力的强大作用。按照“围绕中心抓党建，抓好党建促发展，实现党建与公司同步发展”的目标，着重在加强组织建设，强调理想信念武装，坚持真学真信真用，坚持真抓实干，坚持清正廉洁等方面进行部署、安排与要求，围绕做实党建促进生产力，做强党建提升竞争力，做细党建增强凝聚力开展工作。

通过领导干部集中轮训、党委会议会上学习、视频会议学习、交流学习感受等多种形式开展党的“十九大”精神和习近平新时代中国特色社会主义思想学习。

高度重视企业文化建设，通过打造专业务实、积极向上的企业文化提高凝聚力、竞争力、执行力，以“专业、诚信、务实、共赢”为核心理念，确定了“服务战略、创新发展、开放合作、规范审慎”的经营方针；明确了“矢志成为综合性资产管理平台和产业孵化器，将电建基金公司打造成为在基金规模、盈利能力和管理水平方面具有行业领先地位的基金管理公司，成为中国产业基金的领先品牌”的企业愿景。

（电建基金公司）

中国电建集团港航建设有限公司

【概况】中国水电建设集团港航建设有限公司，于2017年8月更名为中国电建集团港航建设有限公司（以下简称电建港航公司），主要从事港口航道、疏浚吹填、水利水电、市政、房建、水环境治理、公路、基础处理等大型基础设施建设以及相关投资运营业务。

（郑　颖）

【领导班子】截至2017年底，电建港航公司领导班子成员为：执行董事（法定代表人）、总经理、党委副书记随守信；党委书记、副总经理张平；副总经理李振旺、林锋、曲岩、崔永跃、李久春；总会计师林锋；总工程师刘永祥；党委副书记、纪委书记、工会主席曹韬。

（郭　婧）

【经营业绩】2017年，电建港航公司实现营业收入21.48亿元，同比上升1.16%，为年计划（全年预算金额30.26亿元）的70.99%；实现利润总额4470.72万元，为年计划（全年预算金额2500.00万元）的178.83%，年末净利润2855.04万元。2017年，港航公司新签合同额33.59亿元，同比增加15.02%；全员劳动生产率216.97万元/人，同比增加4.22%；资产总额48.07亿元，同比减少12.10%；资产负债率80.01%，同比降低3.50%。

（杨尚露）

【改革发展】推进分公司重组整合。电建港航公司持续推进内部资源整合，2017年先后成立水资源与环境工程公司、建筑工程分公司和毛里塔尼亚分公司，集中优势资源培育水环境治理、市政、房建业务，并进一步加强毛里塔尼亚地区项目履约能力，从而形成港工疏浚、水资源与环境、水利、市政、房建5个专业分公司和1个毛塔区域分公司的格局，切实推进公司可持续发展。

调整总部组织机构。电建港航公司持续推进总部职能改革和能力建设，2017年新设立投资管理部、科技部和国际保障部，并对部门职能进行梳理调整，进一步细化分工、明确职责，切实增强总部管控能力。

深化分配制度改革。根据战略定位和业务重点，进一步优化薪酬结构，开展薪酬体系改革，修订薪酬管理办法，兼顾效率与公平、合理拉开分配差距并向生产一线员工倾斜，形成有效激励和约束机制。

（吴庆敏）

【经营管理】工程管理。结合国内外项目的不同管理需求修订项目管理制度并强化制度落实，同时通过项目履约自查、互查和专项检查等形式及时发现项目管理中存在的共性和特性问题，及时制定整改方案、明确整改责任、跟踪整改落实、闭合管理流程；同时注重分包商入库管理工作，根据发展需要修订分包管理办法，进一步规范分包商履约和招投标管理工作。

财务管理。进一步规范财务管理、防范财务风险、开展退税工作、降低保险成本，在规避税务风险的情况下进行加计扣除，在合理避税的前提下进行纳税筹划；会计类职称考试通过率创新高，提前完成中国电建“十三五”规划对财务人员职称占比要求；获评中国电建“2016年度财务报表编报工作先进单位”以及“纳税信用等级A级企业”等荣誉称号。

资金管理。进一步推进资金集中管理工作，年度融资余额5.83亿元；融资成本3031万元，较上年减少1819万元，降低37.51%，切实做到降本增效；获得股份公司“资金集中管理达标企业”称号及500万元奖励（形成利润），同时获得股份公司“2017年度资金管理工作先进单位”荣誉称号。

（魏　杰　杨尚露　王冬立）

【重大项目】 2017年，电建港航公司共承建项目74项，其中在建项目34项，完工项目18项，停工14项，未开工项目8项；国内项目64项，国际项目10项；新签合同29项，新签合同金额33.6亿元；截至2017年底，合同存量112.2亿元。

主要项目有：

（1）深圳河2016年度清淤工程设计采购施工总承包项目，签约合同金额3135万元，合同工期9个月，2017年9月按期完工。

（2）卢氏县洛河城区段综合治理工程项目一期工程第一标段EPC总承包项目，签约合同金额28774万元，工期300日历天，2017年9月签订合同。

（3）乌鲁木齐市“水进城”项目先导工程，签约合同金额9.7亿元，工期177日历天，2017年9月签订合同。

（4）巴基斯坦卡西姆电厂卸煤码头及航道EPC项目，签约合同金额14.8亿元，工期24个月，2017年8月完成首次卸煤任务。

（5）巴基斯坦卡西姆港卸煤码头运行维护项目，签约合同金额3500万美元，运营维护期5年，2017年4月签订合同。该项目为巴基斯坦卡西姆港燃煤电站码头EPC项目的后期运维工程。

（魏　杰　刘照堃　赵　倩）

【走向海外】 2017年，电建港航公司与中国电建集团海外投资有限公司、中国电建集团中南勘测设计研究院有限公司、中交第三航务工程局有限公司等单位开展合作，注重发展海外“投资+EPC”类业务；协助电建国际公司中标秘鲁亚马逊航道疏浚项目，并特设秘鲁代表处负责该项目前期筹备工作，为中国电建深耕南美区域市场发挥积极作用。

（赵　倩）

【科技创新】 2017年，电建港航公司被天津市政府认定为“天津市企业技术中心”，并成立技术评审委员会，制定《研究开发费管理办法》，修订《安全技术措施管理办法》；参与完成的《海上风电场关键技术及其工程应用》获中国电建科学技术奖特等奖，同时取得2项发明专利证书、1项发明专利授权、18项实用新型专利受理通知书；开展中国电建1项科技立项和电建港航公司22项科技立项研究工作、36本国外标准翻译及3本标准对照等项工作，参与中国电建水环境治理和中外港工标准研究工作。

（邢雪梅）

【党群工作】 党建工作。电建港航公司加强思想政治教育，全面学习宣贯党的十九大精神，深入推进“两学一做”，做到党员教育覆盖面100%；加强基层党组织建设，确保基层党组织应建必建、按期换届；加强党员管理，严格支部“三会一课”等组织生活；积极履行主责主任，修订完善“三重一大”决策制度，党委前置研讨融入公司治理，积极配合完成巡视整改工作，有效发挥党委的领导核心、政治核心作用；持续推进信息公开，建设阳光央企；持续加强精神文明和新闻宣传工作，充分发挥网站及微信公众号等媒体作用，高效开展舆论引导和正面宣传。

工会工作。电建港航公司加强工会组织建设，召开了二届四次职工代表大会；全面深化劳动竞赛，推进经济技术创新活动及项目职工之家建设工作；组织召开第二届工会委员会全体会议，选举产生第二届工会主席，完成工会名称及工会法人变更工作；大力开展“十公里健步走”等项健身活动，积极推进全员健身理念。

纪检监察工作。电建港航公司组织纪检干部教育培训，举办准则条例知识答题，观看警示教育专题片和主题展，开展“企检共建”“港航清风”廉洁文化作品征集活动、“三重一大”效能监察和“小金库”专项治理活动，在重大节日期间加强执纪督导检查，同时落实廉洁谈话制度，制定招标监督制度，加强礼品登记上交管理。

（韩小娟　车旭娟　孟宪峰）

【企业文化建设】 2017年，电建港航公司制定《2017年宣传及企业文化和精神文明工作要点》《精神文明建设实施办法》《企业文化建设“十三五”规划》，组织举办“港航十年”演讲比赛、“聚力建新功，共筑港航梦”征文活动，组织参加“高举旗帜，维护核心，忠诚担当，创新竞进——学习贯彻市第十一次党代会精神知识竞赛”“走进新时代，开启新征程——学习宣传贯彻党的十九大精神知识竞赛”、

《将改革进行到底》集体观看活动，编辑制发“港航十年”宣传画册、《心路十年》纪念文集及“港航十年”宣传片，于2017年9月获评“2015～2017年度天津市文明单位”荣誉称号，至此，电建港航公司已连续三届九年获此殊荣。

（郑　颖）

中国电建集团租赁有限公司

【经营业绩】2017年，中国电建集团租赁有限公司（以下简称电建租赁公司）实现营业收入72557.78万元，实现当期利润总额2673.44万元。截至2017年末，电建租赁公司资产总额37.81亿元，负债总额25.72亿元。

【领导班子】截至2017年底，电建租赁公司领导班子为：党委书记、董事长许贺龙；总经理、党委副书记钱庆云；党委副书记、纪委书记郭华涛；副总经理、总会计师梁浩东；副总经理彭顺海、白魏。

【重大项目】2017年，电建租赁公司的重大项目有：

（1）水电十局毗河供水工程钢筋采购项目：中标金额2.38亿元，于2017年9月开始执行，项目执行情况良好。

（2）成都轨道交通18号线工程钢筋采购项目：该项目是电建租赁公司与水电六局、水电四局分别开展的物资贸易业务合作，项目合同金额分别为4.55亿元、5.3亿元，于2017年12月开始执行，项目执行情况良好。

（3）郑州107辅道PPP工程钢筋采购项目：中标金额1.39亿元，于2017年底开始执行，项目执行情况良好。

【财务资金及项目风险管理】围绕电建租赁公司改革发展目标，以“三大工程”为指引，有序、稳妥地开展了一系列财务资金及风险管理工作。加强财务管控，通过转变财务管理工作思路，不断强化经济行为的事前审批和合规性审核，注重源头风险防控，深入参与项目评审工作，逐步由事后核算转为事前、事中控制，财务管控水平明显提高。以面向经营决策提供有效支撑为目标，不断强化财务分析和重大事项信息披露；拓展融资渠道，创新融资方式，扎实开展资产评估、产权及税务管理工作，进一步夯实公司资产质量，积极清理历史遗留问题；稳步推进财务信息化工作。

开展全面风险排查工作，对在执行融资租赁项目进行全面摸底调查，针对过程中发现的问题，出具整改意见并监督落实整改结果。不断优化融资租赁管理制度，梳理业务操作流程，全流程精细化管理，做到项目全流程清晰可追溯，防控每一环节的风险点，坚持风险控制优先，守住风险底线。

【党建工作】2017年，电建租赁公司党委深入学习贯彻习近平总书记系列重要讲话精神，全面贯彻落实党的十八届六中全会、中央纪委七次全会和全国国有企业党建工作会精神，按照中国电建党委、纪委工作部署工作安排，围绕经营管理中心工作，深入落实“两个责任”，严明政治纪律和政治规矩，严肃党内政治生活，强化监督执纪问责，弛而不息纠正“四风”，坚定不移构建不敢腐不能腐不想腐体制机制，党风廉政建设和反腐败工作取得新的成效，为公司转型升级改革发展提供了有力保证。2017年，电建租赁公司召开党委会23次，决策“三重一大”事项24项，其中重大决策事项5项，重要人事任免9项，重大项目安排8项，大额度资金运作事项2项。

2017年，电建租赁公司工会始终以保证企业的健康发展，增强工会工作活力为工作目标，健全组织机构，配齐工会干部。全面梳理现有工会制度，修订《电建租赁公司文明单位（部室）创建活动实施办法》，制定《电建租赁公司精神文明建设实施细则》。开展困难职工、退休职工慰问活动，全年共慰问职工33人次，发放慰问金和慰问品共计17297.00元；持续开展每日工间操、夏送清凉、冬送温暖、生日送祝福等活动。

电建租赁公司团委认真贯彻上级团组织的各项方针政策，坚持党建带团建，组织开展青年志愿者、爱国主义教育、“喜迎十九大”演讲比赛、“导师带徒”、学习许诺同志先进事迹座谈活动。2017 年 5 月，所属物资公司团支部获得 2016 年度“廊坊市五四红旗团支部”荣誉称号。

（电建租赁公司）

北京华科软科技有限公司

【经营业绩】 2017 年，北京华科软科技有限公司（以下简称华科软公司）实现营业收入 7258.46 万元，实现利润 610.45 万元，新签合同 7885.28 万元，全员劳动生产率 42.20 万元/人，资产总额 6080.65 万元，资产负债率 45.94%。

【领导班子】 截至 2017 年，华科软公司领导班子由 3 人组成：临时党委、临时纪委书记、执行董事、总经理李东风；副总经理黄青；总会计师刘祥。

【改革发展】 2017 年，华科软公司以“十三五”规划和发展战略为指导，深化改革，大力开拓市场，提质增效。建立适合国有企业社会责任和市场化 IT 科技公司特点的绩效考核方式，加大绩效考核力度，加强企业文化建设，注重人文关怀，不断调整薪酬结构、职业规划及公司发展，努力寻找吸引人才、留住人才的解决方案。按照“集团化国企的实力＋市场化机制的活力”的思路，逐步形成富有生机与活力的人才管理机制。截至 2017 年底，华科软公司已在软件开发、系统集成、电子商务和 IT 运维 4 个业务领域培养了一批专业化和复合型人才，团队建设初具规模。

【经营管理】 一是强化对中国电建规章制度的执行，修订完善华科软公司 13 项管理制度，全方位对接、响应中国电建各项工作要求。二是强化经营管理，依据 2017 年生产经营计划，与各事业部签订年度绩效考核责任书，定期开展季度经济活动分析，加强在建项目过程管控。三是规范采购和分包程序，实行项目立项制度，对业务合同及各采购、分包合同实行审核和预算管理。四是突出对重大风险的评估和重大事项的法律审核，促进依法合规经营和规范管理，提升风险防范能力。五是及时将财务数据与商务部、事业部共享，清理债权，提高项目回款率，有效降低两金规模。

【重大项目】（1）PRP 系统应用推广。2017 年，华科软公司成功开发贴合工程局实际需求、运行高效稳定、具有自主知识产权的 PRP 系统得到全面推广和应用。截至 2017 年末，PRP 系统一期实施建设项目全部通过验收，集团公司 96%以上新开工项目纳入 PRP 系统运行。新签中交第三公路工程局有限公司，标志着 PRP 产品得到行业认可，正在从集团内走向集团外。

（2）五大系统构建央企“互联网＋”新生态。深耕中国电建公共资源交易服务领域，由华科软公司承建及运营的公共资源交易平台、集采平台、电子商城、承包商网、招标管理系统五大系统得到进一步深化应用并取得进展，成功构建专业“互联网＋”营销新生态。

（3）党建二期项目。党建二期项目上线，全面提升党务管理和纪检监察的专业性、扩展性，为中国电建党工部及纪委监察部提供专业解决方案。

（4）投资信息管理平台项目。投资信息管理平台一期项目已经验收，二期项目正有序开展。

（5）智能化基础设施建设项目。顺利完成国际公司新办公楼智能化楼宇改造设计工作、新办公大楼信息化建设、对外承包工程商会新办公区信息化建设等项目。得到用户的好评，智能化基础设施建设能力显著提升。

【科技创新】 2017 年，华科软公司加大科技创新力度，加快创新成果转化，提升企业核心竞争力。一是承担《水电工程勘测设计施工一体化信息技术应用研究》“面向一体化的 EPC 项目管理平台”课题研发任务，1.0 版本研发成功。二是“PRP 系统”和“海外基建工地集装箱式信息平台”顺利落地，荣获中国电力企业联合会 2 项“中国电力创新奖一等奖”。三是开发的“工程设备动态分布管理系统”通过验收，开启工地智能化。四是“科技创新管理系统”二期建设完成，具备推广条件。五是以“面向一体化的 EPC 项目管理平台”科研项目为依托，研发具有华科软特色的基于“BIM＋GIS”的一体化项目管理平台，通过在

EPC项目中应用BIM+GIS的模式，实现对工程项目的精细化管理和对施工现场进度、成本、安全、质量的监控。五是完成“营改增”业务一体化管理平台解决方案，以工程项目管理（PRP）为基础，实现合同、发票、资金、物流“四流合一”、业务管理与税务管理“业税一体”，有效应对建筑业“营改增”。

【党群工作】截至2017年底，华科软公司党员19人。7月19日，经集团（股份）公司党委批准，成立北京华科软科技有限公司临时党委、临时纪委，李东风同志任临时党委、临时纪委书记，黄青、刘祥任临时党委委员。规范了党员管理办法和党员发展程序，坚持党务公开和信息公开；为党群工作部配备1名专职党务工作人员；根据党员数量成立机关党支部和事业部党支部。党委充分发挥核心作用和示范作用，强化思想建设，夯实基层组织，落实从严治党，较好地完成了各项工作任务。

（华科软公司）

中国电建集团北京勘测设计研究院有限公司

【概况】中国电建集团北京勘测设计研究院有限公司（以下简称北京院）是中国电建旗下勘测设计咨询骨干企业，主要从事水电、水利、工民建、新能源、市政、路桥等领域的规划、测绘、勘察、设计、科研、咨询、监理、环保、水保、监测、岩土治理、工程总承包、投资以及文物保护工程勘察、设计、施工等业务。截至2017年12月底，注册资本金2.93亿元，资产总额24.75亿元，正式员工1054人，其中，教授级职称207人，高级职称338人，中级职称312人；享受政府特殊津贴的专家6人；各类注册执业资格证书418个，涵盖一级注册建筑师、一级注册结构工程师、注册建造师等18个专业。

北京院拥有工程设计综合甲级，工程勘察综合甲级，测绘甲级，工程咨询甲级，工程造价咨询企业甲级，建设项目环境影响评价甲级，水文、水资源调查评价甲级，水资源论证甲级，水土保持方案编制单位水平评价四星，水利工程质量检测单位甲级，地质灾害治理工程勘查、设计甲级，水利水电、电力、市政、房屋建筑、人防、水保环保、机电及金属结构设备制造等工程监理甲级，文物保护工程勘察设计甲级、施工一级等近20项国家甲级资质证书，具有对外承包工程经营资格证书、海关进出口货物收发货人报关注册登记书及检验检测机构资质认定证书等，在抽水蓄能电站、常规水电站、新能源工程勘察设计领域处于领先地位。

【领导班子】2017年，北京院领导班子成员为：执行董事（法定代表人）、总经理、党委副书记郝荣国；党委书记、副总经理王永虎；总工程师吕明治；监事、党委副书记、纪委书记、工会主席邢文东；副总经理严旭东、雷旭、陈永兴、张志修；总会计师杨淑芝；党委副书记傅勇（挂职）；咨询高明。

【组织机构】北京院按照“项目管理为中心，专业生产为基础，职能管理为保障”的原则设置内部组织机构。设有10个职能部门，4个工程院，15个生产部门和11个分支机构，另有7个全资子公司、1个控股公司和3个参股公司。

【主要经济指标】2017年，北京院实现营业收入20.88亿元，实现利润1.50亿元，新签合同金额86.7亿元，全员劳动生产率56.49万元/人，年末资产总额24.81亿元，资产负债率63.16％。

【主要项目】2017年，北京院承接的国内外水利水电勘测设计项目共60项，正常开展工作的共32项。其中国内常规水利水电项目9项，包括前期项目2项（冷达、仲达可研），在建项目7项（山西中部引黄、山西小浪底引黄、旬阳、苏洼龙、大华桥、去学、木扎提三级招标详图）；蓄能项目16项，包括前期项目10项（交城、尚义预可，庄河、尚义、红石、芝瑞、潍坊、易县、浑源、抚宁可研），在建项目6项（丰宁、敦化、沂蒙、清原、文登、呼蓄招标详图）；国际项目7项，包括前期项目3项（商务部对外援助、几内亚利索、莫桑比克卢里奥可研），在建项目4项（白俄罗斯维捷布斯克、印尼巴丹托鲁、上崔树里、玻利维亚洛西塔施工详图）。

承担的总承包项目5项，包括大华桥水电站移民工程总承包、青海诺木洪光伏发电总承包、朝阳北票光伏发电总承包、湖北黄石筠山风电场工程EPC总承包、南水北调光伏发电总承包。承接的水环境综合治理项目3项，均为在建项目，包括乌素图河综合治理工程、观澜河流域（华龙片区）水环境综合治理项目和广州市车陂涌、棠下涌治理工程总承包项目。

在风电工程勘测设计方面共承担94个项目，已完成30项，已投产708兆瓦。光伏发电勘测设计项目，共承担38项，已完成18项，已投产515.73兆瓦。移民综合监理和环保水保方面正在开展工作的项目共有125项。工程监测方面共承担20个项目。工程监理方面共承担31个项目。岩土工程方面承接文物保护工程勘察、施工项目16项。

【改革发展】2017年，北京院发布了《北京院发展战略及“十三五”发展规划》。围绕国内、国际两大市场，明确行业领域定位和业务定位，通过深入分析市场、技术、资源等内外因素，细化了各业务领域的发展定位、目标、业务模式和发展路径，提出了战略落地核心保障措施，构建了较为具体、务实、操作性强的战略规划体系。以深化改革为契机，通过逐级宣贯、调整组织机构、优化管控模式、完善管理制度等多举措，有序推进企业层级和法人数量压减、“三供一业”分离移交等多方面切实的改革发展工作，扎实推进战略落地。

【管理创新】2017年，北京院以发展战略为引领，以提质增效为目标，立足顶层设计，强化基础管理的服务和保障作用。通过全面完善体制机制建设、持续提升企业软实力、不断加强风险防控能力等多手段，勇于管理创新，生产管理不断完善、科技质量稳步提升、财务管理有效加强、队伍建设不断推进、信息化水平逐步提升、安全生产形势平稳，管理水平持续提升。

【科技进步】2017年，北京院科技投入8500万元，科技投入比4.07%；研发投入7204万元，研发投入比3.45%。作为北京市设计创新中心，通过了北京市科学技术委员会三年一次的复审；承担的国家水能风能研究中心北京分中心、国家能源水电工程技术研发中心山洪灾害研究与防治分中心，开展了小流域暴雨洪水动态预警系统等大量课题研究。有5个项目获省部级科技进步奖，2个项目获省部级及以上咨询奖，有6个项目获省部级四优奖。取得授权发明专利8项、实用新型专利11项，计算机软件著作权登记6项。

【走向海外】2017年，北京院签订了玻利维亚洛西塔、莫桑比克卢里奥2水电站勘察设计合同，几内亚Lisso水电站可研+EPC合同。成功中标几内亚苏阿皮蒂水电站咨询论证项目，并通过该项目，实现了与中国进出口银行等国内主要金融机构的直接对接，增进了对几内亚电力市场的了解，为后续市场开拓积累了经验。同时，结合公司自身经营渠道，进一步加大市场跟踪力度，与北方国际、中国华信新能源、香港联运等公司签署战略合作协议，部分项目已经在协议基础上有了实质性推动；中标成为国电投国际公司的技术长期协作单位，国际市场营销渠道进一步扩展。目前，国际业务跟踪项目70余个，几内亚阿玛利亚水电站、莫桑比克博罗马、中非班吉光伏、喀麦隆恩戈伊瓦水电站等项目的合同正在商签中，部分项目正逐步成熟或即将落地。

【党群工作】2017年，北京院党委在中国电建党委领导下，深入学习贯彻党的十八届六中全会、全国国有企业党建工作会议以及党的十九大精神，认真落实党建工作责任制，发挥领导核心和政治核心作用，坚持“把方向、管大局、保落实”，紧密结合公司实际，扎实开展各项工作，确保了年度目标顺利完成，有力地推动了公司改革发展。一是注重加强党的政治建设，不断增强“四个意识”，坚定“四个自信”，贯彻落实党对国有企业的领导，确保党委领导作用有效发挥；二是全面落实党建工作责任制，各项重点工作稳步推进；三是从“基本组织、基本队伍、基本制度”入手，着力加强基层党组织建设，进一步夯实党建工作基础；四是策划开展“牢记党员身份，争做时代先锋”和“攻坚克难的堡垒”两项主题实践活动，推进“两学一做”学习教育常态化制度化；五是注重加强宣传思想文化工作，不断提升舆论引导能力和水平，提升企业发展软实力；六是深化标本兼治，不断加强党风廉政建设和反腐败工作，把全面从严治党落到实处；七是加强群团和离退休工作，为企业健康发展营造和谐稳定氛围。

【社会责任】2017年，北京院继续开展向河北涞源贫困家庭子女捐资助学的“百人微心愿”活动、义务献血活动，向云南省鹤庆县和兰坪白族普米族自治县各捐赠资金5万元，用于援助当地扶贫事业。

（北京院）

中国电建集团华东勘测设计研究院有限公司

【概况】中国电建集团华东勘测设计研究院有限公司（以下简称华东院）1954 年建院，是中国电建的特级企业，是中国最早成立的勘测设计院之一，为国家大型综合性甲级勘测设计研究单位，国家高新技术企业，中国勘察设计综合实力百强单位，“中国工程设计企业 60 强”（位居前 20 位），“中国承包商 80 强”，我国对外承包工程业务新签合同额百强企业，住建部首批工程全过程咨询试点企业。

业务范围包括水电水利、风电、光伏等新能源开发利用、建筑与景观工程、交通与市政工程、环境与生态工程、水环境综合治理与水务、海洋与水利等领域，具有资源识别、规划设计、投融资、采购管理、建设管理、运行管理等全产业链、系统解决方案的能力和与之相匹配的现代管理架构，努力打造具有为工程全过程提供智慧化服务的一流国际工程公司。

【领导班子】2017 年，华东院设执行董事、监事各 1 人；党委委员 12 人，其中党委书记 1 人，副书记 2 人；经理层 11 人，其中总经理 1 人，副总经理 7 人，总会计师 1 人，总工程师 1 人，高级咨询 1 人。

【组织机构与人力资源结构】2017 年，华东院设有 1 个事业部、2 个项目/工程管理部、10 个工程院、6 个专业中心、10 个职能部门，并在国内外设立了多个分支机构。拥有二级控股公司、参股公司十余家。

华东院现有员工 3700 余人，拥有各类高级专业技术人员 1000 余人，其中院士工作站聘用兼职在站院士 6 人，中国勘察设计大师 1 人，浙江省勘测设计大师 3 人，浙江省人民政府咨询委员会委员 1 人，浙江省有突出贡献中青年专家 2 人，享受国务院政府特殊津贴专家 15 人、杭州市政府特殊津贴 3 人，杭州市杰出人才 1 人，浙江省 151 人才、杭州市 131 人才各层次 60 余人次，持有国家各类注册执业资格证书 1800 余人次。

【企业资质、资信】2017 年，华东院先后获得海洋工程环境调查乙级资质，工业废水处理一级资质，水文、水资源调查评价甲级资质。

【主要经济指标】2017 年，全院实现营业收入 148.24 亿元，同比增长 34.5%，完成目标的 105.9%；实现利润 7.68 亿元，同比增长 1.97%，完成目标的 100.4%；实现控股投资 17.56 亿元。完成主要经营指标并再创新高，发展质量效益持续提高。新签合同 210.36 亿元，同比增长 5.75%，完成目标的 150.26%，其中国际新签合同 53.08 亿元，同比增长 25.07%。

【改革发展】2017 年，华东院完成院“十三五”发展规划修编并通过中国电建评审，强化战略引领，优化顶层设计。加强党的领导，将党的领导融入企业治理体系。以市场为导向调整院组织机构，加快区域总部建设，优化职能架构并定岗定员。完成综合管理体系换版和认证审核，深化卓越绩效模式。按照中国电建统一部署，落实“提质增效”压减“两金”清理和风险防范等重点工作。强化资金集中管理，尝试融资租赁等新融资方式，探索设立产业基金，优化资源配置，助力企业转型升级；持续优化集团型财务管理模式的体系和制度建设。适应市场实际需要，创新预采购模式。初步建立三级 HSE 管理体系，促进安全生产标准化，提升应急管理能力。紧密围绕转型项目做好法律支持，推进法律审核标准化。重视风险管控，全面加强审计监督。着眼院转型发展需要，加大紧缺人才的引进和培养力度，加快高精尖人才队伍建设，新入选市级以上各类专家、人才 32 人次，其中省勘察设计大师 1 人，市科技创新特别贡献奖 1 人。围绕市场和项目，突出业绩导向，完善职业发展通道建设，促进干部有序交流。按照“最多跑一次”要求，提升职能服务水平。

【经营管理】2017 年，华东院市场布局进一步完善，营销能力逐步提升，全产业链发展成效明显。水电及新能源业务稳中有进，签订白鹤滩勘察设计框架协议，抽水蓄能市场业务稳步增长，海上风电持续拓展；基础设施业务领域取得新突破，大型市政、水环境、水利、海洋工程、海水淡化项目经营等取得新成效；工程安全与运营业务领域进展顺利，数字化业务抢占深圳前海和雄安新区两大制高点，形成CIM平台带动城市业务发展。

投资业务进展良好，新获得光伏建设指标4万千瓦，获得水务项目规模10.5万吨/日；小额投资带动EPC承接成效明显；相继中标浙江富阳亚运场馆及北支江、新昌工业园、湖北浠水、安徽阜阳、福建南平等PPP项目。总承包业务大幅增长，行业领域和市场区域逐步扩大。国际优先发展不断深入，新签马来西亚皇京港、以色列抽蓄等项目。巴基斯坦风电总包品牌效应显现，新签特里肯波斯顿15万千瓦风电EPC合同。

【重大项目】2017年，华东院重大项目有：

(1) 金沙江最大跨度悬索桥——金东大桥顺利合龙。金东大桥位于云南昆明，飞跨金沙江与四川凉山州相接，为跨越金沙江的特大桥。大桥建成后，将结束云南东川和四川会东两岸群众依靠轮渡过江的历史。大桥桥长914.1米，主跨730米，桥面宽20米，双向四车道，是目前国内第四大大跨径悬索桥。

(2) 中非博阿利1水电站改造设备成套项目竣工。博阿利1项目是中非的核心电源点，提供了中非整个国家50%的电力，2012年华东院承担博阿利水电站5台水轮机组、调速器及其配件的供货、安装及调试，2017年项目竣工，中非共和国总统参加盛大竣工庆典活动，高度肯定了华东院取得的成果，并为华东院颁发总统勋章。

(3) 浙江宁海、缙云抽水蓄能电站正式通过核准。2017年6月，浙江宁海和缙云抽水蓄能电站正式核准，其中宁海抽水蓄能装机容量1400兆瓦，缙云抽水蓄能装机容量1800兆瓦，建成后主要承担浙江电网的调峰、填谷、调频、调相及事故备用等任务。

(4) 金沙江白鹤滩水电站举行全面开工建设动员大会。2017年8月，金沙江白鹤滩水电站举行全面开工建设动员大会。20世纪90年代初，华东院满怀豪情，千里奔赴金沙江，不畏艰难，荒山筑营地，绝壁凿险径，在沉寂亿万年的巍巍群山中，开展了大量艰苦卓绝的勘测、试验、研究和设计工作。二十多年来，华东院人不懈奋斗，破解了世所罕见的数十个世界级技术难题，在中国电建的指导下，与库区各级政府和三峡集团一道，完成了十万移民安置，圆满完成可行性研究，为工程全面开工建设奠定了坚实的基础。

(5) 完成雄安新区建设创新模式模拟推演工作营相关任务。为积极支援雄安新区建设，根据中国电建领导指派，华东院技术人员在雄安参加了《雄安新区建设创新模式模拟推演工作营》工作，开展了雄安新区建设过程中所需要的相关投资与收益、土地与住房、产业与税收以及配套政策等进行研究和推演，得到了雄安新区特别发来的感谢信和纪念牌。

(6) 柬埔寨桑河二级水电站首台机组发电。柬埔寨桑河二级水电站是柬埔寨王国目前最大的水电站工程，被誉为柬埔寨的“三峡工程”，电站总装机容量400兆瓦，采用8台中国制造的50兆瓦灯泡贯流式机组，其最大水头、单机容量在同类型水电机组中均处于世界前列。电站大坝全长6.5公里，也是亚洲最长的大坝之一。

(7) 苗尾水电站首台机组顺利投产发电。苗尾水电站装机容量1400兆瓦，安装4台单机容量350兆瓦的混流水轮发电机组，2017年10月14日，电站首台机组顺利投产发电，正式投入商业运行。

(8) 马来西亚马六甲皇京港填海造地吹填砂正式开工。该项目由华东院·水电七局联营体承建，是马来西亚国家级重点综合发展项目，囊括3个人工岛屿，总面积2.46平方公里的吹沙回填、护岸及防波堤修筑等工作。2017年10月30日，项目吹沙填海施工正式启动。

(9) 鄂北水资源配置工程15标全线贯通。经过全体参建人员的艰苦奋战，由华东院、中铁十八局联合体承建的鄂北工程2015年第15标全长16.55公里的隧洞工程于11月23日全线安全顺利贯通。该段隧洞是鄂北工程全线最长的隧洞，地质条件复杂，施工难度较大，创造了令业界瞩目的“总承包效应”和“鄂北速度”，先后多个省市水利厅等单位前来观摩调研。

(10) 亚运场馆及北支江综合整治工程PPP项目开工。2017年12月28日，杭州亚运场馆及北支江综合整治工程PPP项目开工，项目包括北支江上游水闸船闸工程，下游水闸船闸工程，北支江大桥工程，堵坝拆除及清淤工程，景观工程，水上激流回旋亚运场馆和赛艇、皮划艇亚运场馆共7个子项。

【走向海外】2017年，华东院国际优先发展不断深入，在市场开拓方面，签订了柬埔寨光缆、穿境陆缆工程、巴基斯坦特里肯波斯顿风电项目等一批总承包合同，以及部分设计咨询合同。

2017年在执行海外项目共计57个。项目区域相对集中，主要分布在亚洲和非洲；业务类型水电、风电、输变电、通信、海洋、贸易等多个领域。其中，巴基斯坦 SACHAL 和泰国 LTK 两个风电项目共 45 台风电机组及柬埔寨桑河二级水电站 1 台水力发电机组顺利投产发电，投产发电机组总容量 123.50 兆瓦，缅甸基础设施建设工程项目 I-3 期如期获得了最终验收证书（FAC）。海外项目履约总体平顺，海外业务收款和营收均保持了较好的增长态势。

【科技创新】2017 年，华东院全面强化创新体系建设，顺利通过国家高新技术企业重新认定，省级创新型企业、省级专利示范企业的通过复核。加大科技创新和研发投入，承担或参与国家级科技项目 10 多项，浙江省自然科学基金委—华东院联合基金正式签约，主编或参编国家、行业、地方技术标准 100 余项，发布实施 9 项。继续加强知识产权管理和科技成果申报，全年申请专利 288 项，获得授权专利 184 项；获得省部级及以上优秀成果、工程奖 70 余项，其中国家级 10 项，《锦屏二级超深埋特大引水隧洞发电工程关键技术》荣获国家科学技术进步二等奖（完成人排名第一），《无过渡段单桩式海上风机基础结构》获得中国专利优秀奖。

【党群工作和企业文化建设】2017 年，华东院将深入学习贯彻十九大精神和习近平新时代中国特色社会主义思想作为首要政治任务，紧密结合“两学一做”学习教育常态化制度化，切实加强思想政治建设，为企业发展提供不竭动力和保障。围绕中心工作落实党的建设各项要求，建立健全长效机制。把好发展方向，充分发挥党组织领导核心和政治核心作用，严格二级干部管理，突出关键少数作用。管好工作大局，党的建设与生产经营深度融合，保障生产经营中心工作，坚持以发展为第一要务，促进企业核心竞争能力提升和国有资产保值增值。保障工作落实，推动企业质量效益协调均衡发展。加强基层党组织建设，为做强做优做大提供组织保障。切实加强党风廉政建设，营造风清气正的发展氛围。从战略角度着眼品牌建设，持续加强文化引领，促进员工理念转变，提升企业软实力。着眼理念认知和知识提升，邀请多位知名专家学者做客西溪讲堂。做好群团、统战、维稳、离退休工作，积极履行社会责任，院的知名度和影响力进一步提高。

2017 年，华东院在中国工程设计企业 60 强中排第 11 位，中国承包商 80 强排第 62 位，“2017 最具效益承包商”排第 10 位。获评第五届“全国文明单位”“全国实施卓越绩效模式先进企业”“中国电力信息化标杆企业”，获浙江省“2016 年度高新技术百强”“高新企业高技术服务行业十强”称号。

（华东院）

中国电建集团西北勘测设计研究院有限公司

【概况】2017 年，中国电建集团西北勘测设计研究院有限公司（以下简称西北院）坚持“创新、集成、合作、风险管控”的工作主线，紧跟国家战略，践行发展目标，适应市场需求，积极推进供给侧结构性改革，扎实落实公司“十三五”规划，持续加强转型升级、业务拓展，加快市场布局调整，强化创新驱动，理顺内部体制机制，各项主要经济指标再创历史高度，较好地完成了各项生产经营改革发展任务，完成了与中国电建签订的党风廉政和安全生产责任制目标。公司综合实力不断增强，2017 年位列住房和城乡建设部勘察设计企业排名第 50 位，在 ENR/建筑时报中国工程设计企业 60 强中排名第 49 位，首次进入中国承包商前 80 强。在陕西省百强企业中排名第 47 位，荣获“陕西省转型升级优秀企业”等荣誉，获省部级以上科技奖 22 项，获得中国电建资金集中达标竞赛 500 万元现金奖励。顺利通过中国电建应急能力建设评估、三标管理体系再认证审核。

【领导班子】截至 2017 年底，西北院领导班子成员由 11 人组成：执行董事（法定代表人）、总经理、党委副书记廖元庆；党委书记、副总经理张现平；党委副书记、纪委书记、工会主席、监事李富红；副总经理白俊光、尉军耀、张枫、李蒲健、赵光竹、武建学；总工程师姚栓喜；总会计师冯涛。

【组织机构与人力资源】截至 2017 年底，西北院设有职能部门 13 个，生产经营单位 10 个，分支机构、子公司9个。

2017年共有在册员工2351人，各类专业技术人员1979人，具有高级职称人员932人（其中，教授级高级工程师386人），国家级高精尖人才共45人，其中国家勘察设计大师1人，享受国务院政府特殊津贴专家12人。国家有突出贡献中青年专家、陕西省工程勘察设计大师、陕西省有突出贡献专家、陕西省优秀勘察设计师以及入选国家级或行业级专家库等共400余人。

【主要经济指标】2017年，实现利润总额3亿元，同比增长16.09%，完成年度计划的105.26%，收入利润率为5.00%；实现营业收入60.01亿元，同比增长17.66%，完成年度计划的107.16%；完成新签合同222项，金额106.11亿元，同比增长48.26%，完成年度计划的115.33%；年末资产总额达75.21亿元，同比增长16.33%；经济增加值2.43亿元，同比增长34.21%。"两金"控制在预算目标之内，资产负债率76%，较年度预算目标低2.59个百分点，较考核目标高0.27个百分点（含并购后的意大利吉泰公司）；2017年全员劳动生产率为52.06万元/人。

【企业资质、资信】2017年，全年共完成资质年检6项，新资质、资格申请（含重新核定）5项，完成投标属地化备案60项，重点开展了水利水电施工总承包一级、电力施工总承包一级、市政施工总承包一级资质的申报，完成了工程设计综合甲级资质延续、安全生产许可证换证等准备工作。

【改革发展】2017年，西北院进一步加快国际和国内的市场布局，大力开展商业模式创新，积极探索PPP、投融资、股权置换等多种模式下的开拓经营，推动能源综合利用、垃圾综合治理、光热发电、海绵城市、安全应急服务（含软件开发）等战略性新兴业务的培育。在深挖西部优势市场的同时，向中东部地区拓展，充实经营力量，成立了深圳分院、安徽分院、河南分院、湖北分院和江西分院。加强战略合作，与中国电建成员企业、地方政府、金融机构、科研院校等广泛签订战略合作协议，资源整合能力进一步增强。努力推进清洁能源开发、水生态环境治理、基础设施建设三大业务协调发展。

大力加强政策研究工作，积极对国家和相关省份"十三五"规划、军民融合、雄安新区等方面的规划进行分析，开展PPP、全过程工程咨询等战略政策研究，及早做好战略安排。围绕西北院战略实施，开展公司总体战略规划宣贯和分子规划编制工作。各二级单位，依托自身优势，找准市场定位，谋划业务组合和核心能力建设，公司整体战略实现能力得到提升。通过开展组织机构调整研究和新机构设立推动，不断强化组织机构对战略目标的支撑。成立了海外事业部，与国际工程公司"一套人马，两块牌子"，进一步增强运用公司整体资源支持国际业务的开展；成立招标采购中心，与生产管理部合署办公；组建独立法人的工程检测公司。继续推动内部资源重组整合，将兰州分院并入西安博水商务有限公司；对水利水电院等6个二级机构下设的三级机构进行了调整。完成了对意大利吉泰公司的战略型并购，并购项目顺利完成正式交割。

积极推进压缩管理层级、减少法人户数专项工作，按计划完成了陕西颉泰安全环保有限公司、昌都西北水电新能源开发有限公司两户法人企业的注销工作；对历史遗留的经营状况异常的分支机构开展了清理规范工作；加快推进"三供一业"分离移交工作，完成了西安三个片区、兰州片区、安康基地、刘家峡基地、西宁住宅区等应移交地方"三供一业"分离移交框架协议的签订。

【经营管理】围绕西北院2017年度重点工作，以市场订单为核心，以区域和业务拓展为重点，以问题为导向，认真研究新区域的特点，结合经营战略确定的方向，在保持西部传统市场稳定的同时，大力拓展新区域新业务，加大企业宣传力度、加大项目策划力度，加大与集团及兄弟单位的沟通力度，在重点省份以区域介入为突破口，以点带面，逐步扩大市场影响力，争取形成项目集群。围绕公司发展战略，在清洁能源、水环境水生态治理、基础设施等业务方向全面布局，致力于打造立体营销体系，在区域上实现了全国覆盖，在组织模式上，将院部各单位、分子公司的市场经营全部纳入市场统筹管理范畴，逐步淡化院部指标，破除本位意识，大力协助各二级单位市场拓展并培育各单位向独立经营核算单位转变。经过一年的努力，巩固传统市场、稳定传统业务、拓展中东部市场、布局水生态治理和基础设施、培育新兴业务、大力提高签约金额增加有效合同储备、稳步提升经营收入等多个目标得到初步实现。

【重大项目】2017年，西北院全年非传统业务新签合同金额达到47.8172亿元，同比增长397.67%，为公司转型发展奠定良好基础。

在水生态环境业务方面，积极策划雄安新区河流水环境治理、深圳大空港片区水环境综合整治项目、甘肃玉门水系水生态环境综合治理规划项目、江西阜阳西湖水系综合治理、内蒙古呼伦贝尔水系规划以及乌梁素海水环境治理项目等。中标深圳大空港片区水环境综合整治、大空港片区正本清源工程、巢湖北岸富磷区域水土流失防治、三原县清河流域三原段综合整治项目设计采购施工总承包，大荔县洛北水系连通生态治理工程 PPP 项目，作为联合体牵头方中标河南新乡长垣县防汛除涝及水生态文明城市建设工程 PPP 项目东区、南区两个标段，是西北院首次作为牵头方中标的水环境 PPP 项目。

在基础设施业务方面，大力寻求和拓展新疆“十三五”交通基础设施市场，与电建路桥公司等中国电建成员企业以联合体形式中标克州 2017 年交通基础设施建设 PPP 项目，该项目是西北院在高等级公路设计和施工业务方面的重大市场突破。在商业模式创新上，以小比例入股，中标西安市小寨海绵城市建设 PPP 项目Ⅱ标段、乐平市洪岩旅游总体开发建设 PPP 项目，取得较高附加值的勘测设计任务。结合汉中实施“双百”城市战略、推进新型城镇化、迎接高铁时代打造全域旅游的需求，启动了汉中市褒城组团国家级旅游度假区项目的策划合作。

在清洁能源业务及抽水蓄能电站选点规划方面，结合各区域正在开展的新能源基地研究及规划工作，积极推动新能源基地的前期工作。完成了青海省抽水蓄能电站选点规划、新疆第二轮抽水蓄能电站选点规划，开展了青海省海南和海西、陕西陕北等地外送基地电源配套方案的策划，进一步巩固了西北院在西北地区抽水蓄能市场的主导地位。不断深化总承包业务，签订了国内第一个由设计院牵头的抽水蓄能总承包项目—新疆阜康抽水蓄能电站 EPC 总承包项目，签订了商南县莲花台水电站项目未完工程 EPC 总承包项目合同。大力拓展分布式新能源市场，成功签订首个光伏扶贫总承包项目——甘泉 2 万千瓦光伏扶贫项目，在屋顶分布式总承包方面也取得新成果。

落实“国际优先”发展战略，顺利完成意大利吉泰公司并购，启动并购后的整合管理工作。结合西北院新兴业务发展的需要，积极探索培育生物质/垃圾制气及综合利用业务，承接首个生物天然气项目——河北定州规模化天然气示范项目，中标四川古叙生活垃圾焚烧发电 PPP 项目，山西神沐生物天然气及有机肥生态循环利用工程设计、部分设备采购安装等项目，为中国电建生物质综合利用业务打开了局面。以西安市提升整体形象和国际化水平要求为契机，策划运作“品质西安架空线缆落地提升工程”，该项目可研报告已通过西安市发展改革委评审，同时已纳入中国电建与西安市的战略投资合作框架中。

【走向海外】2017 年，向重点国别市场派驻经营人员 30 余人，与中国电建区域总部及成员企业开展联合营销、分层营销，在墨西哥和智利等国别开展自主营销。目前形成了以巴基斯坦、尼泊尔、印尼等国别为代表的亚洲市场，以赞比亚、津巴布韦、肯尼亚等国别为代表的非洲市场，以厄瓜多尔、墨西哥、巴西等国别为代表的美洲市场，全球市场营销布局初步形成。

在非洲，依托加纳布维水电站有利条件及当地丰富的光资源，推广多能互补理念，识别并创造项目，向业主提供一揽子能源解决方案，得到电建国际高度认可，并以 PPP 模式参与埃塞哈雷雷水电站项目开发并签署项目可研修编合同、以 IPP 模式开展加纳布维水光互补项目、以 BOT＋EPC 模式开展加纳帕鲁谷水利枢纽发电部分和社会效益部分；在亚洲，依托规划获取绿地项目资源，目前已经就印尼亚齐一揽子水电站项目与当地政府达成一致，为获取开发权奠定基础，以 EPC＋F 模式签约尼泊尔蓝塘水电站总承包项目；在美洲，哥伦比亚博尼 2 水电站的拱坝优化等方面充分发挥技术优势，助推项目尽早落地，同时西北院由此顺利进入哥伦比亚市场；多次组织院副总工在电建国际进行新能源和多能互补技术讲座，提升西北院在电建国际的影响力，收效明显。

40 个履约项目工作稳步开展，巴基斯坦大沃风电总承包项目于 2017 年 4 月 4 日实现 COD，进入了商业运行；赞比亚下凯富峡水电站于当地时间 8 月 9 日顺利截流，进入主体工程施工期；津巴布韦卡里巴南岸扩机工程首台（7 号）机组于当地时间 12 月 25 日成功并网发电；德尔西总承包项目于 8 月 25 日 3 号机组转子顺利吊装，标志着德尔西项目金结及机电大件设备吊装全部完成，安装工作进入总装和调试的冲刺阶段。

全年国际业务新签合同 15 项，合同金额共计约 43.16 亿元人民币，同比增长 41.8%；全年实现营业收入约 8.12 亿元人民币，同比增长 11.7%。

【科技创新】2017 年，全面落实中国电建、西北院“十三五”科技发展规划，制定了科技发展三年滚动（2018～2020）规划，策划组织实施“2017 年科技创新行动计划”，着力完善体制机制，营造创新氛围。根据《西北院科技创新平台体系建设方案》要求，围绕水生态环境治理业务发展需求，申请并获得

"陕西省水生态环境工程技术研究中心"组建资格。进一步健全科技创新管理标准，完善修订、制定发布了西北院《科技进步工作评价办法》《研发人员管理办法》《专业研究所管理办法》等多项制度，科技管理制度体系更加健全。组建了专业技术研究所，使内部研发组织体系、研发实施主体更加明确。

围绕业务发展需求，积极挖掘潜力，结合城市洪涝监测预警预报、地下综合管廊、海绵城市、水生态环境治理等新业务技术发展，组织申报国家、陕西省、中国电建、西安市科技项目，全年策划、申报国家重点专项 1 项，陕西省科技课题 2 项，中国电建科技项目 3 项，西安市科技项目 1 项。积极组织西北院科技立项工作，新立重点专项 11 项，其他项目 34 项，新立科技项目中新兴业务占 2/3。组织策划光热发电重大专项研究相关工作，项目建议书通过中国电建的专家评审。

积极开展科技成果转化应用工作，围绕风电机组钢—预应力混凝土混合塔架技术研究成果的转化应用，成功签订了两单技术转让合同，为科技成果转化积累了成功案例。积极申报中国电建及省部级奖项，整合拉西瓦水电站工程水工钢结构业绩，首次组织申报并获得中国钢结构金奖。2017 年度科技成果获奖颇丰，获中国大坝协会技术发明二等奖 1 项；青海省科技进步一等奖 1 项；大禹水利科学技术一等奖 1 项；中国电力工程科学技术进步一等奖 1 项；水力发电科学技术三等奖 1 项；中国电力建设科学技术三等奖 2 项；中国电建科学技术二等奖 2 项、三等奖 2 项。

重视参与国家、行业标准制修订工作，完成有关技术标准编制大纲评审 8 项，通过审查标准 9 项，报批主编标准 4 项，发布主编标准 3 项。积极开展知识产权策划与申报，全年获得授权发明专利 13 项，软件著作权 13 项。积极推进技术专著编撰工作，策划、出版《GNSS 工程控制网测量技术与应用》《水轮机可靠性的优化》技术专著 2 本。注重强化知识产权管理体系建设，顺利通过陕西省知识产权局贯标验收。围绕生物质能综合利用、水环境治理等新型业务发展，积极策划技术讲座与学术交流活动 4 次，联合中国电建、清华大学组织召开科技交流研讨会，探索校企之间技术交流的新机制。利用西北院技术优势和闲置资源，开展红会路科技大会堂改造，2017 年 12 月与西安华航唯实机器人科技有限公司成功签约，使其成功入驻，为企业实现创新与创业结合奠定了基础。

【党群工作】2017 年，西北院党群工作以学习宣传和贯彻党的十九大精神为主线，以从严治党、落实党建工作责任制为抓手，充分发挥党组织的政治核心作用，主要展开了以下工作：

以学习宣传贯彻十九大精神和推进"两学一做"学习教育常态化为主要内容，提高政治站位、强化思想武装。西北院党委开展"畅谈十八大以来新变化、展望十九大胜利召开"和"建言十九大"活动，采取"1+32"的形式组织广大党员干部收听收看了开幕盛况，印发《西北院党委关于认真学习宣传贯彻党的十九大精神的实施意见》，通过两级理论中心组学习研讨、积极参加上级党组织举办的专题辅导报告视频会、召开十九大精神宣讲会、邀请十九大代表作报告精神宣讲、设置网站学习专栏、发布学习微信、购买《习近平谈治国理政》（第二卷）《习近平的七年知青岁月》等书籍，认真组织学习宣传党的十九大精神。印发《关于推进西北院"两学一做"学习教育常态化制度化实施方案》并认真实施。全年召开院党委中心组学习 4 次、各二级党组织中心组学习合计 158 次，党委（扩大）会 9 次、党建专题会 2 次、全体党员大会 2 次，党政联席会议 15 次，把方向、管大局、保落实，为生产经营目标的完成提供组织保障。

不断加强组织建设。西北院党委下设二级党委 3 个、党工委 2 个、党总支 1 个、党支部 26 个，确保党的组织和党的工作全覆盖。牵头成立西北院历史上第一个项目联合党工委——新疆阜康抽水蓄能电站 EPC 项目联合党工委。修订《发展党员工作实施细则》，全年发展党员 17 人，转正 17 人，接转党员组织关系 418 人次。制定、修订《西北院党建"十三五"规划》《党费收缴、使用和管理工作细则》等重要制度 10 项。

坚持党管干部和党管人才原则。印发《公司直管干部选拔任用管理办法》，修订《中层后备干部管理办法》、《中层干部绩效考核办法》。全年提拔任用中层干部 17 名、轮岗交流 11 名，约谈、任前廉洁谈话、提醒谈话、警示、诫勉谈话 81 人，问责 3 人，引进人才 40 名，400 余人次入围陕西省、中国电建综合评标评审入库专家。印发《博士后创新基地管理办法》，完成首批 4 名博士后答辩进站工作。

持续加强党风廉政建设和反腐败工作。开展巡视前自查自纠工作，配合中国电建第五巡视组完成了对西北院为期 17 天的巡视工作。对中国电建巡视组发现的党费使用不规范、群众接访渠道不畅通等问题及时进行整改。对巡视反馈意见，制定整改方案并逐项落实。重新梳理《西北院信息公开事项清单》，对各二级单位信息公开工作进行全面检查。全年处理违规违纪人员2人，追责党员领导干部3名。

西北院工会围绕中心开展工作，召开院第十一届三次职代会、年中工作报告会，开展劳动竞赛、员工创新创效“金点子”、冬送温暖、夏送清凉、金秋助学、平时送关爱及丰富多彩的文体活动。西北院团委组织开展“畅青春 共分享”团青小课堂、青年突击队、青年科技成果评审等活动，促进团员青年立足岗位、建功立业。西北院工会、团委均为中国电建西北片区团长单位，2017年策划承办了中国电建西北片区职工技能提升工作交流会、乒乓球比赛、摄影展、第五届青年论坛总论坛等活动。西北院工会获评中国电建“2017年度先进工会”。西北院团委获评“陕西省‘五四’红旗团委”，西藏双湖EPC总承包项目部获得陕西省“五四”青年奖章集体，原城建与交通设计院环境与景观研究设计所获评“‘陕西好青年’集体”。

【企业文化建设】2017年，西北院坚持“一横两纵多点”的企宣格局，多渠道、立体式开展宣传工作。开展企业文化故事分享会、企业文化青年辩论赛、办公区域企业形象视觉识别改造等工作，认真落实企业文化“三级两化五统一”相关要求。全年推出西北院微信公众号50期58条，摄制电视片14部，制作专业画册6册、出版公司报纸6期。积极参加中国电建、行业内外各项活动，在多个平台“发声”、“亮相”，展示企业软实力，塑造了企业良好形象。全年获上级和外部党建类奖项16项，其中《双湖精神在电力建设企业中的创新和实践》获中国电力企业联合会中国电力创新奖（企业文化类）一等奖，《信息化视域下改进党员教育管理的路径探析》获得中国电建思想政治课题研究成果一等奖，《坚持党对企业文化的领导，发挥文化引领作用的实践与探索》荣获中国电力规划协会年度课题研究成果一等奖。

扎实开展文明单位创建活动，修订文明建设考核评价办法，评选表彰院级文明建设标兵单位6个，文明单位25个。西北院荣获陕西省国资委“文明单位标兵”称号。

【履行社会责任】2017年，西北院以“两联一包”驻三合村扶贫、助力石泉县产业扶贫为重点履行企业的社会责任和政治责任。在驻村扶贫上，派出扶贫工作队，组织二级单位党组织书记与14户重点贫困户结成帮扶对子。直接投入13.53万元，组织实施了猪苓种植、中蜂养殖、关中黑猪养殖项目及春节、中秋节慰问、困难救助、金秋助学、技术培训等活动。经严格考评，西北院获2017年陕西省两联一包、驻村扶贫工作优秀单位。

在助力石泉县产业扶贫上，确定了“光伏＋PPP”的产业扶贫模式，发挥企业优势，重点进行了1个集中式光伏扶贫电站和5个深度贫困村、9个贫困村的村级光伏电站建设的前期工作。编制《石泉县“十三五”光伏实施方案》，提交了《石泉县1500千瓦光伏扶贫项目预可行性研究报告》及村级电站选址勘察报告。经量化考核，西北院被评定为2017年陕西省国资系统“助力脱贫攻坚良好企业”。

为助力西北院工程所在地——鹤庆县2017年整体脱贫摘帽，西北院向该县脱贫攻坚扶贫济困活动捐款20万元。

（西北院）

中国电建集团中南勘测设计研究院有限公司

【概况】中国电建集团中南勘测设计研究院有限公司是以勘测设计为基础的多专业、综合性的工程公司。2011年9月29日后，成为中国电建集团成员企业；2014年6月5日，由“中国水电顾问集团中南勘测设计研究院有限公司”更名为“中国电建集团中南勘测设计研究院有限公司”（以下简称中南院）。

【领导班子】2017年，中南院领导班子成员为：执行董事（法定代表人）兼总经理、党委副书记冯树荣；党委书记兼副总经理郝鹏；党委副书记、纪委书记、工会主席伏爱萍；副总经理罗俊军、傅胜、容江、狄立勋、周峰、程浩；副总经理兼总工程师潘江洋；总会计师周文好。

【组织机构与人力资源结构】截至2017年12月，中南院设15个管理服务部门，16个内部生产单位，4

个经营性子公司；全资或控股的项目公司 17 个。

【主要经济指标】2017 年，中南院对外新签合同金额 118.02 亿元，同比增长 40%，完成年度目标值的 131.13%。其中：国内业务 73.30 亿元，占新签合同总额的 62.11%，完成年度目标值的 146.6%；国际业务 44.71 亿元，占新签合同总额的 37.89%，完成年度目标值的 111.78%。实现营业收入 66.89 亿元，同比增长 5.75%，完成年度目标值的 100.01%。实现利润总额 3.17 亿元，同比增长 8.19%，完成年度目标的 102.26%。完成投资 12.87 亿元，完成计划率 100%。实现运营收入 3.95 亿元，其中风电运营收入 3.27 亿元，水务运营收入 0.68 亿元。

【企业资质、资信】中南院是全国首批拥有国家工程设计综合甲级证书的勘测设计研究企业。截至 2017 年 12 月，拥有国家有关部委和湖南省颁发的资质证书 31 个，其中工程勘察综合、设计综合、咨询、测绘、监理、质量检测和环境评价等甲级资质 16 项，拥有对外承包工程经营资格证书。

通过相关单位复评，继续被评为全国水利水电勘测设计行业 AAA+信用等级企业、湖南省 AAA 信用等级企业。

【改革发展】2017 年，中南院进一步加大内部机构优化调整力度，新成立研发中心、分立水利与市政工程院、调整水务运营管理移交投资公司、调整造价管理咨询中心主要职责，促使组织机构的业务划分更明晰、技术力量更集中，达到资源的最佳配置。

【经营管理】2017 年，中南院探索和实施如融资租赁、美元借款、永续债、PPP 产业基金等新的融资工具和渠道，优化融资结构，增加财务弹性。完成西藏行 2 亿元优惠贷款续贷工作，完成兰岗山风电场等项目融资租赁通道业务结构方案设计，通过抵税大幅降低融资成本，成立 PPP 项目融资小组，完成 PPP 项目产业基金出表融资方案落地。

中南院按照劳动、人事、分配三项制度改革的要求，制订发布了《青年员工成长管理办法》《岗位岗级管理办法》《生产单位员工绩效指导意见》等管理制度，持续完善审计制度体系，编制完成《审计档案管理办法》等制度；加强经济责任审计工作，强化对权力的监督和制约；紧跟国际优先战略，积极推进境外项目审计监督；着力开展投资项目的专项审计，客观评价项目投资情况；加大工程总承包项目审计力度，促进项目管理的提升；积极配合、主动协调，确保股份公司审计工作全面落实。

【重大项目】2017 年，中南院承担勘测设计任务的江苏溧阳抽水蓄能电站 6 台机组全部投入商业运行、海南琼中抽水蓄能首台机组投产发电；托巴水电站、河南洛宁、湖南平江抽水蓄能电站获得核准并正式开工建设；拉哇水电站可研报告通过审查、筹建工程开工建设，五强溪扩机、五岳抽水蓄能电站可研阶段工作基本完成；奔子栏水电站预可报告通过审查；虎跳峡河段深入研究论证专题完成技术评审，明确了龙盘龙头水库方案。全年签订了托巴水电站可研、拉哇水电站年度协议、河南洛宁抽水蓄能电站招施阶段勘察设计合同和托口水电站变更合同。

国内新能源领域新签合同总额突破 52 亿元，其中技术服务合同超过 2 亿元。在江苏、安徽、河南、山东、内蒙古等 5 省获得 7580 兆瓦国家光伏“领跑者”基地规划业务。成功签订湖南嘉禾生活垃圾焚烧发电工程设计合同，使公司在垃圾发电业务领域具有了设计、设备成套、工程总承包管理业绩。

在湖南、广东、云南等地共获得了 50 余项河湖治理、水环境综合治理、黑臭水体整治、工业废水及生活污水处理、海绵城市等业务的规划、勘察、设计、咨询及工程承包业务。成功承接了目前公司实施的最大的城市湖泊水环境综合治理工程总承包项目——江西鄱阳县环东湖综合治理 EPC 项目。相继在云南、湖南获得蒙自果园土壤污染治理修复示范项目、陆良县西桥工业园区含砷废渣处置项目、湘潭锰矿地区历史遗留废渣综合治理工程等工程承包项目，不断积累公司土壤污染治理方面的专利、技术、业绩优势。在传统水电项目的延伸业务中，利用环保专业技术优势，获得了全国第一个水库低温水治理项目——三板溪水电站低温水治理隔水幕墙试验工程 EPC 总承包项目。

全年共开展了二十余个规划项目，其中，在浏阳河文化旅游产业带基础设施规划的基础上，运作获取了迄今为止最大的课题研究项目。

基础设施 PPP 业务市场经营取得了突破。成功获取了公司迄今为止承揽的规模最大的市政基础设施项目——长沙市雨花区物流园道路 PPP 项目。承担了广东肇庆医专迁建、山东临沂湖北路综合改造、江西赣州港至机场快速路连接线、深圳福田正本清源等市政基础设施业务。

2017 年成功获取了第一个地铁土建设计项目（长沙地铁 1 号线），实现了地铁设计零的突破。

商品砂石料业务稳步增长，开展多个商品砂石料建设项目规划设计工作，承接了目前国内在建规模最大的砂石矿山项目——安徽池州长九（神山）灰岩矿设计。获得了国家第三期战略石油洞库——大兴安岭石油洞库项目，并在地下水封洞库行业规范编制、科技研究、软硬件研发取得了新的成绩，推动公司石化行业呈现可持续发展态势。

成功申报湖南省 BIM 工程技术中心，签订了琼中抽水蓄能综合管线查询系统、中开高速公路施工 BIM 管理系统、五强溪扩机工程实施阶段 BIM 应用管理系统等数字化合同。

【走向海外】2017 年，继续深耕泰国、越南等重点国别，并着力开发伊朗、菲律宾、加纳、巴基斯坦等国别市场，取得显著成效。泰国 EA 二期风电 EPC 项目（256 兆瓦）通过商业模式创新，采取风险覆盖措施，最终在 10 月份顺利签订；摩洛哥 120 兆瓦光伏 EPC 项目在与欧洲及巴西等大公司竞争中成功中标，是公司首个在国际市场公开竞争中标的大型项目，海外新能源市场再添佳绩，继续巩固了集团内海外新能源业务的优势地位。

通过与其他单位合作，中标肯尼亚博士托大坝水利项目、巴基斯坦纳兰水电站特许经营项目，并新签印尼美兰因 4 水电站预可设计合同等。此外，菲律宾名都洛岛综合发展规划、加纳一揽子项目、孟加拉拉杰沙希供水、越南潮间带风电等项目开发有序推进中。

海外建筑市场商业模式正加速向投资和 PPP 模式转变，投资主体也逐步向私人投资为主转变，包括 FEPC 在内的“双优”项目及建设模式急剧减少。及时调整经营策略，充分发挥技术优势，发掘、遴选优质投资项目推荐给投资商，进一步加大与国内外投资商的合作力度，从而获取 EPC 项目。2017 年分别在越南、伊朗、菲律宾、巴西等市场进行较多尝试，目前推荐的泰国投资商已签署越南 700 兆瓦潮间带风电投资协议，2018 年有望取得突破。

【科技创新】2017 年，发布了《研发项目管理办法》等制度；通过湖南省第二批高新技术企业认定；新增湖南省和中国电建科技项目 8 项，完成国家、湖南省、长沙市和中国电建科技项目 9 项，获得电力工程专有技术 2 项，获得中国电建工法 1 项；新增主编行标 12 项，发布主编行标 3 项，标准编制范围逐步拓宽，进入了石油洞库、砂石等非传统业务行业；取得授权专利 87 项，取得国家软件著作权 8 项，获上级科技奖励 40 项。

【党群工作和企业文化建设】截至 2017 年 12 月 31 日，中南院现有党员人数 1422 人，其中在职员工党员 1015 人，2 个党总支，44 个党支部。2017 年新发展党员 14 人。

2017 年初，中南院第九次党代会顺利召开，会议选举产生了新一届的院党委班子和纪委班子；新设立 3 个基层党组织，3 个基层党组织换届，3 个基层党组织增补委员。

通过中南院展览馆讲解员培训，企业宣传片制作和新媒体端发布，逐步增加“中南院”品牌影响力。围绕“一带一路”建设，加强新闻报道策划，在湖南卫视、湖南新闻联播栏目播出中南院总承包泰国 GNP 风电场新闻，长达 2 分钟，在湖南经视、湖南都市频道做了长达 15 分钟专题报道，对中南院在越南、泰国、白俄罗斯等国项目做了深度报道。通过办好企业内部报刊、网站、微信平台，运用好院外红网、腾讯大湘网、湖南卫视等新媒体、传统媒体平台，五位一体深度报道，有效掌握舆论的话语权和主动权。

（中南院）

中国电建集团成都勘测设计研究院有限公司

【概况】中国电建集团成都勘测设计研究院有限公司（以下简称成都院），业务覆盖能源、水利、水务、城建、市政、交通、环保等全基础设施领域，涵盖规划、勘察、设计、咨询、总承包、投融资、建设运营、技术服务等全产业链。成都院高精尖人才众多，拥有 1 名院士（任公司高级顾问）、3 名国家级大师，2 名国家新世纪百千万人才计划、1 名国家监理大师，11 名四川省勘察设计大师在内的 3000 多名高素质人才队伍；拥有国家能源水能风能研究分中心等4个国家级研发机构，四川省城市水环境治理工程技术研究中心等11个高端创新科研中心；工程设计综合甲级、工程勘察综合类甲级与电力、水利水电、市政公用工程施工总承包一级等38项资质证书；50多项国内国际领先技术成果、170多项国家与行业标准、600多项省部级国家级奖项、700多项专利技术。2017年，获得ENR/建筑时报“中国工程设计企业60强”排名第16位、最具效益工程设计企业10强第9位；勘测设计的锦屏一级水电站荣获第十五届中国土木工程詹天佑奖。

【领导班子】截至2017年底，成都院领导班子成员为：总经理、党委副书记黄河；党委书记、副总经理郝元麟；副总经理、总工程师王仁坤；副总经理赵雄飞、贺昌林；总工程师余挺；总会计师陆元务；党委副书记、纪委书记、工会主席刘四平；副总经理王劲夫、王寿根。

【主要经济指标】2017年，成都院实现营业收入55.12亿元，同比增长9.81%；利润总额实现4.23亿元；新签合同实现172.18亿元，增长55.85%；资产总额达到134.71亿元，增长12.66%；经济增加值1.96亿元，完成目标的115.29%。

【改革发展】2017年，成都院启动“深化改革　二次创业”，主动适应市场变化，着眼激发内在活力，科学搭建顶层架构，周密制订实施方案，推动改革举措落地，完成“战略+财务+关键经营要素”类集团化管控框架的构建，打造战略管控型总部、模拟法人制的分公司。精简总部机构，打造“小总部、大服务”管理格局；明确分/子公司市场主体地位，面向“清洁能源、水务环境、基础设施”三大业务领域，成立勘测设计、工程建设、水环境与城建、基础设施四家分公司；鼓励优势专业差异化发展，组建城乡发展、生态环保、数字工程三家分公司。公司经营生产重心下沉，贴近市场需求，积极推进公司营销网络的区域化、全球化布局，补强西南重点区域，成立西昌、西藏公司，巩固优势地位，布局国内空白市场，设立华东、华南、西北分公司，拓展发展空间，优化国际营销网络，成立国际工程分公司，构建面向全球、侧重有序的国际业务营销体系。针对不同区域开展属地化经营，市场营销能力得到强化。

创新发展模式，推进全方位合作。按“风险共担、成果共享、合作共赢”的原则，与产业链上下游单元全方位合作。积极开展政企高端合作，参与集团与广西自治区、成都市、海口市等地方政府的战略合作，与无锡市、威海市、西昌市等地方政府签订战略协议，获取政府高端支持，抢占重大项目资源。联合集团内部优势资源，与平台公司、施工企业开展深度合作，优势互补，提升全产业链一体化服务能力。整合集团外部优势资源，与AECOM等设计企业、四川能投等投资企业、工行农行等银企开展战略合作，补齐短板，带动转型发展。

【业务发展】2017年，国内传统业务稳步增长，全年新签合同38.91亿元。国内水电业务稳步推进，签订各流域大中型电站年度勘察设计支付协议，新签林芝、阿青等水电勘测设计合同、木里河固增水电站EPC合同等一批骨干项目。区域市场拓展至福建、江苏、贵州、江西、安徽等省市。

国内新能源市场进一步增强。新签甘孜州乡城县正斗乡二期光伏项目、谢通门县恩久塘光伏项目、德昌县茨达风电场和铁炉风电场等工程EPC总承包合同。

国内非传统业务成绩突出。基础设施业务不断壮大，国内新签首条高速公路PPP项目一贵州凯里高速公路项目，签订金阳县金阳河特大桥总承包、稻城高海拔宇宙射线观测基地EPC项目等合同，中标贵州岑巩至镇远高速公路PPP项目等；水务环境业务快速发展，承担成都、西昌、自贡、遂宁等城市水环境综合治理方案规划，先后签订江西抚河流域生态保护及综合治理（一期工程）PPP项目设计、西昌邛海周边四乡一镇农村连片整治工程EPC项目、自贡东部新城水系连通勘察设计项目等合同，中标首个国家级PPP示范项目一新都毗河水环境综合治理项目。城乡发展业务签订贵州铜仁异地扶贫搬迁、江西省鄱阳县高标准农田建设EPC项目等合同。环保水保业务新签西藏水土保持方案技术评审第三方服务、绵阳市安州区土壤污染治理等合同。数字工程业务中标智慧抚河信息化总承包工程实施项目，新签乌东德、白鹤滩大坝混凝土施工智能数字控制系统、大渡河工程数据管控中心、双江口地下工程质量与安全监控系统等合同。

天府新区兴隆湖、鹿溪湿地公园与鹿溪智谷湿地等有影响力的项目顺利实施；采用欧盟标准的孟加拉污水处理厂项目设计通过业主与咨询工程师审批。

控股投资项目稳步推进，控股运营电力总装机容量45.1万千瓦、污水及工业废水总规模17.1万吨/日。参股投资的股权项目资产管理良好。投资带动项目作用明显，带动新签勘测设计及 EPC 合同近 50 亿元，有力推动公司转型业务的发展。

【国际市场】 2017 年，全年新签合同金额 85.4 亿元，中西非市场取得重大突破，新签合同金额超过 60 亿元。欧亚市场签订谢列克 60 兆瓦风电场等风电 EPC 项目、中巴经济走廊核心项目—巴基斯坦 PKM-M5 高速公路工程项目，协助业主签署南碧水电站贷款协议促成项目落地。在尼日利亚、巴基斯坦、尼泊尔等重点国别实现突破，新签上马相迪-1 水电站勘察设计合同。以联营方式成功签订首个海外特大型水电总承包项目一蒙贝拉水电站。科特迪瓦苏布雷等水电站、古巴比那德里奥、西恩富戈斯光伏电站投入发电运行。利比里亚、科特迪瓦、塞拉利昂等国别水电规划顺利开展，孟加拉全国流域治理规划、中巴经济走廊能源联合评估规划完成。

【科技进步】 2017 年，承担国家、省部级科技项目 4 项，获省部级科技进步一等奖 9 项、"四优奖" 24 项；承担国家及行业技术标准编制 156 项，发布行业标准 12 项、企业标准 16 项。全年获授权专利 195 项，发明专利 57 项，出版专著 4 部。ERP 系统完成主数据及合同管理等模块实施，取得阶段性成果；三维数字化设计在两河口、双江口、孟底沟、亚曼苏等水电项目深入应用，逐步推广到新能源与水环境等业务；数字档案馆加速推进，完成 1 万册报告数字化工作。

【管理创新】 2017 年，组织完成设计策划 30 余次、评审 70 余次，积极实施经济策划指导与评审控制；坚持关键要素集中管控、具体事务重心下移的原则，稳步推进三项制度改革，积极探索业绩导向的绩效分配体系、适应市场的劳动用工体系、促进企业及个人协同发展的岗位干部体系。优化人力资源配置，加大高端人才引进及培养力度；整合和优化现有财务资源，重建财务制度、重配财务人员、重造管控流程，实施财务职能的集中和财务管控的分级，初步建立集团化财务管控体系；开展效能监察和专项治理，聚焦经营、投资、履约等专项风险，累计完成 10 项审计项目；妥善处置重大法律纠纷案件，重点对江安县市政工程 PPP 项目、凯里环城高速公路北段 PPP 项目等进行全过程跟踪服务。编制并发布重大风险季度警情表与预警分析报告，形成闭环管控，编制《内控评价实操手册》获集团内推广应用；持续完善公司安全责任体系、管理制度体系，保障安全投入，强化教育培训，深入开展隐患排查及安全检查，全面推进应急能力建设，安全信息化系统一期项目全面投入试运行，安全专项活动及三项业务工作有序开展；不断强化质量基础建设和管控，开展质量专项检查、用户满意度调查、QC 小组等质量管理提升活动，完成年度管理体系审核认证。合同履约率、产品合格率 100%，投资项目运营满足合同要求。无生产质量责任事故，无相关方投诉；积极推进厂办大集体改制，电子厂人员分流安置顺利完成，实现"无大集体职工"目标。

【党群工作与企业文化建设】 2017 年，成都院党委以落实党建重点任务为抓手，以基层党组织和党员队伍建设为重点，全面从严治党，为深化改革提供坚强保障。加强思想武装，深入学习宣贯党的十九大精神，常态化、制度化推进"两学一做"学习教育，强化理论武装和思想引领；加强组织建设，随机构调整及时调整基层党组织，在 4 个分/子公司设立党（工）委与纪（工）委，在孟加拉达舍尔 EPC 项目部成立了首个海外党支部，选拔出分/子公司党组织负责人，在部分二级党组织配置专职党务工作者，健全基层组织，建强基层队伍，强化基础保障，夯实了从严管党治党基础；强化巡视整改，坚持立行立改、真抓真改，集中整改的"攻坚战"成效明显；坚持建章立制、构建长效机制，打好了持续改进的"持久战"，整改成效得以巩固；加强党风廉政建设。夯实两个责任，坚持惩防结合，深耕细作廉洁教育，合力防控廉洁风险；严肃执纪问责，正确运用"四种形态"，严格落实中央八项规定精神，连续两年荣获中国电建落实党风廉政建设和反腐败工作先进单位；加强宣传思想文化建设，强化宣传阵地，丰富宣传手段，获全国电力工程宣传先进集体，《壮哉成都院》获中国电力规划协会新媒体大赛一等奖，《卓越·创造更好明天》获全国电力行业优秀影视作品一等奖。工会、共青团组织开展各有特色、富有成效的工作；关心离退休老同志生活，认真落实国家关于离退休老同志的有关政策，成立离退休管理部，统一管理离退休工作。

【履行社会责任】 2017 年，成都院脱贫攻坚显实效，精准扶贫对口帮扶的南充市高坪区邵家坪村实现脱贫摘帽；在"6·24"茂县滑坡抢险救灾与"8·8"九寨沟地震、"11·18"米林地震抗震救灾中，成都院均第一时间派出工作组或专家组，赴现场开展抢险救灾和技术援助。在九寨沟地震中，应九寨沟县国土局要求，急速派出水文专家进入震中区投入救灾工作；组织大型机械及时清理滚石，保证了若尔盖至九寨沟公路多诺库区段的畅通；了解到震区输电线塔严重受损，成都院主动与有关设备厂家进行协调联系；安排无人机成像技术人员为震中塔基毁损测量、地方小水电巡查提供帮助，以保证灾区电力供应线路的及时修复和震中灾区的供电。成都院九寨沟公司九力大厦是白水江梯级水电站的集控中心，地震期间，不仅承担了专家组后勤保障和应急指挥工作，还积极承担九寨沟县应急办安排的国家地震局及供水、供电、医疗等救援队伍40余人的住宿及早餐工作。各类抢险救灾工作获央视、新华网等权威媒体广泛报道，获四川省委致信感谢，大灾大难中彰显央企责任担当。

（邱　云　朱　岩　王柏麟　李　爽
吉华伟　李贝贝）

中国电建集团贵阳勘测设计研究院有限公司

【概况】中国电建集团贵阳勘测设计研究院有限公司（以下简称贵阳院）成立于1958年，是全国勘测设计百强设计院、中国工程设计企业60强，拥有国家水能风能研究中心贵阳分中心、贵州可再生能源院士工作站、贵州省水利水电工程人才基地、贵州碾压混凝土坝工程技术研究中心等科技创新和人才培训平台，持有国家颁发的工程勘察综合甲级、工程设计综合甲级，以及工程咨询、工程总承包、环境评价、工业与民用建筑等23个甲级资格证书。先后获得科技和工程类奖励458项，其中省部级以上337项，包括国家科技进步一等奖2项，二等奖7项，国家优秀工程勘察和设计金奖4项，国家优质工程金奖1项。持有有效专利1158件、软件著作权138项，注册商标5项，是国家知识产权示范企业、国家高新技术企业、贵州创新型领军示范企业，荣获贵州省首届省长质量奖。

贵阳院现有员工1493人，其中各类专业技术人员1401人，主要承担大中型水电水利、新能源、交通、化工、工民建、岩土工程、建筑市政、环保工程等业务领域的规划、勘测、设计、科研、监理、咨询、项目管理工作。业务范围遍布国内30个省区市，并努力地开拓东南亚、南亚、南美、非洲等国际市场。“十二五”以来，贵阳院深入实施“主业西移、多元经营、国际发展”三大战略，努力打造“工程技术服务、工程总承包、投资运营”三大业务板块，加快推进从国内市场向国际市场的转变，加快推进从设计单一核心业务向以设计为龙头、纵向覆盖工程建设全过程、横向跨越相关行业领域的全产业链经营模式的转变，建设全产业价值链服务平台。

2017年2月28日，贵阳院注册资本金由7.8亿元增加到11亿元。

【领导班子】2017年，贵阳院领导班子进行换届，截至2017年底，贵阳院行政班子组成为：执行董事（法定代表人）、总经理潘继录；副总经理许朝政、韦晓明、范福平、杨家修、沈春勇、吕军、庞锋、余波；监事罗友余；总工程师（兼）范福平；总会计师吴磊；咨询蔡金良；高级管理人员张红、余国宏；安全总监李月杰；首席信息官陈祖文。

2017年12月8日，贵阳院召开了第七次党代会，选举产生中共中国电建集团贵阳勘测设计研究院有限公司第七届委员会和纪律检查委员会，经报中国电建党委和贵州省国资委党委批复，至2017年底贵阳院党委和纪委领导班子为：党委委员潘继录、许朝政、韦晓明、范福平、罗友余、杨家修、沈春勇、吕军、吴磊、庞锋、余波，其中党委书记许朝政，党委副书记潘继录、罗友余；纪委委员罗友余、王健、毛铁牛、陈建国、蒋文军，其中纪委书记罗友余，纪委副书记王健。

【组织机构与人力资源结构】2017年，贵阳院根据发展需要对二级机构进行了局部调整，截至2017年底，贵阳院二级机构为：

职能部门：总经理工作部、党委工作部/群团工作部、企业发展部、市场经营部、人力资源部、财务管理部/资金管理部、科技质量管理部/总工办、安全环保部、审计监察部/法务与风险管理部/纪委办公室、招标采购中心、信息中心。

事业部：工程建设事业部、投资运营事业部、海外事业部/国际公司。

研发中心：信息中心/数字工程研发中心、非常规天然气工程中心。

二级生产单位：水电水利工程设计院、生态与环境工程院、工程勘察院、成都分院、机电设计院、规划设计院、市政建筑设计院、交通工程设计院、新能源设计院、工程科研院、工程监理公司、工程移民规划设计院、测绘地理信息院、工程物探测试院、工程造价中心、后勤服务中心。

子公司：中国水利水电建设工程咨询贵阳有限公司、贵州国电科技有限责任公司、中国水电顾问集团贵阳勘测设计研究院岩土工程公司、西藏盛远工程试验检测有限责任公司、中国水电顾问集团贵州惠水龙山新能源有限公司、中国水电顾问集团贵阳花溪云顶新能源有限公司、中国水电顾问集团织金新能源有限公司、中国水电顾问集团道真开发有限公司、中国水电顾问集团贵州普定新能源有限公司、中电建贵阳院晴隆新能源有限公司、中电建贵阳院水城新能源有限公司、中国水电顾问集团贵阳院清镇水务公司。

【主要经济指标】2017 年，贵阳院完成营业收入 351962.62 万元、实现利润总额 28744.32 万元、新签合同金额 1003700.00 万元、全员劳动生产率 48.70 万元/(人・年)、资产总额 613163.89 万元、资产负债率 75.61%、经济增加值 19659.23 万元、应收账款周转率 12.07 次、成本费用总额占营业收入比重 92.62%、“两金”占营业收入比重 21.99%、未完施工占建造合同收入比率 9.17%。

【企业资质、资信】2017 年，贵阳院完成水利工程施工监理甲级、水土保持工程施工监理乙级、监理延续换证工作；完成地质灾害治理工程勘查甲级、地质灾害治理工程设计甲级和地质灾害危险性评估甲级资质延续材料申报工作；完成企业营业执照注册资金变更，以及后续的工程勘察、工程设计、工程监理等资质的变更手续。完成对外承包工程资格证书、进出口货物收发货人报关注册登记证书等证照的年检工作。

取得贵州省工商局省级“守合同重信用”单位荣誉称号（连续 17 年）和贵阳市工商局市级“守合同重信用”单位称号（连续 21 年）；继续蝉联 ENR/建筑时报“中国工程设计企业 60 强”、贵州省企业 100 强。获得中国水利水电勘测设计协会组织的水土保持方案编制企业、水资源论证企业、环境影响评价企业的信用评价最高 AAA+级；经贵州省企业联合会、省企业家协会联合推荐，获得中国企业联合会最高 AAA 级企业信用评价；经中国勘察设计协会组织的诚信复评，获得“全国工程勘察与岩土行业诚信单位”称号；申办中国水利企业协会组织的全国水利企业评选，获得“全国优秀水利企业”称号。

【改革发展】将投资管理部、新能源发电总公司、清镇水务公司 3 个单位重组成立投资运营事业部，缩短管理链条，突出投资项目全生命周期管控；把以国际经营、外事管理为主的职能部门转型升级为“商务+技术”协同发力的海外事业部/国际公司，加大资源配置，优化生产经营环节，加快市场响应速度；取消专职生产管理部，将生产组织职责调整至市场经营部，有效缓解前端市场经营和后方合同履约脱节的矛盾，提升管理效能；新设立招标采购中心，加强分包及采购工作管理力度，提高公开招标采购率，促进企业降本增效。

在管理部门施行员工年度薪酬与业绩贡献联动方案，破除以往岗级定薪酬的限制，充分发挥薪酬的激励作用，鼓励员工爱岗敬业，提倡价值贡献，给员工提供想干事、能干事、干成事的通道和平台。

围绕“质量为本”的管理方针，打破传统模式，将院专业副总工程师“下沉”至各二级生产单位，使其全面融入生产一线开展技术指导和质量把关，突出事前指导确保质量关口前移，加强了关键技术环节的质量管控。

全面梳理已有制度体系，按照业务过程进行分类、完善并分层分级编号管理，确保管理范围覆盖所有业务过程；及时开展管理体系顶层设计，持续优化管理方式和内涵，确保管理体系更科学、更有效；深入推进两化融合，从体系建立入手，以数据驱动管理为目标，以新型能力建设为主线，逐步加强信息化管理手段。

【经营管理】一是工程技术服务业务稳中向好，二是工程总承包业务快速增长，三是投资运营业务稳健发展，四是专业化营销稳定增长。内部生产管理方面，聚焦重点任务，统筹协调资源，技术服务、工程总承包、投资运营三大业务板块生产工作有序推进，年度目标总体实现。

【重大项目】2017 年，贵阳院新签织金县易地扶贫搬迁工程城区安置点 EPC 合同，合同金额 10.32 亿元。

【走向海外】2017 年，贵阳院国际业务组织机构进行了重大调整，由以国际经营为主的“国际经营部”转型为集国际经营与生产管控为一体的“海外事业部/国际公司”。市场响应速度显著提升，国际经营业绩在历年夯实的基础上，再上新台阶，实现新签合同额 7.98 亿元，营业收入 7183.39 万元。签约和跟踪的项目除了传统水电勘测设计以外，在新能源、机电设备成套、技术咨询服务、安全监测、装配式建筑等业务方面亦有所突破。积极对接电建国际公司各区域总部与成员企业、外经企业（华电香港、CWE、北方国际、河北建投、东方电气、天重、重水、河南国际、中国庆安公司）、金融机构（中信保、昆仑银行、进出口银行）等，联合营销和分层营销的业务范围和业绩提升明显。机电设计院、成都分院等生产单位的国际项目自主营销也取得实质性突破和进展。

在亚洲，新签越南 XUAN MINH 机电成套分包，并继越南宝兰、松针 3、如桂 1 等机电成套分包项目之后，首次以 EPC 承包商的身份成功中标越南松针 4 水电站机电成套项目，实现了贵阳院机电成套 EPC 总承包项目零的突破；在非洲，刚果（金）布桑加 Busanga 水电站勘测设计项目终于在耕耘 7 年后成功实现签约，合同金额为 1.62 亿元。在南美，与工程局深度合作，抱团开拓市场，与水电十一局成立联营体，签订了玻利维亚西亚（El Silla）公路项目，贵阳院合同份额为 2.06 亿元；与水电四局成立联营体，签订了阿根廷查科省 13 号省道公路、胡安娜和 100 号省道公路项目，贵阳院合同份额为 3.95 亿元。

【科技创新】 2017 年，贵阳院在创新平台及体系建设、科学研究、知识产权、标准化建设及学术交流等方面取得良好的业绩和效果。全年科技投入 14005 万元（其中，研发投入 11449.8 万元），国家级科研取得重大突破，省级以上科研立项数量与经费资助创历年新高。荣获“国家高新技术企业”“国家知识产权示范企业”“贵州省技术创新示范企业”“全国优秀水利企业”“贵州省服务名牌”等荣誉称号。获得各类工程奖 37 项（其中，集团及省部级以上 31 项），全年获得科研、专利等各类资助 1490.18 万元，享受高新技术企业税收优惠和加计扣除减免税额共计 1871.01 万元。

【党群工作和企业文化建设】 2017 年，党的建设方面。贵阳院党委深入开展学习宣传贯彻党的十九大精神活动，制作印发《贵阳院学习宣传贯彻十九大精神“随身本”》书籍，推进“两学一做”学习教育常态化长效化，定期开展党委中心组学习，结合实际学思践悟，推动发展；完成贵阳院党委换届，领导班子力量得以加强，坚持党管干部、党管人才原则，修订《贵阳院选人用人管理办法》；抓好党风廉政建设，完善主体责任实施细则和清单，全覆盖签订《党风廉政建设和反腐败工作责任书》，完成巡视整改工作，以巡视整改成果推动从严治党主体责任和监督责任更加严格落实。

工会工作方面。经贵阳院工会与行政方平等协商，续签了《贵阳院集体合同》《贵阳院女职工权益保护专项集体合同》《贵阳院工资集体协议》；为全院职工办理工会会员服务卡，探索开展员工健康管理，以工会会员服务卡为基础，对各健康服务中心主要功能及优势进行重新梳理和归纳，为职工设计“贴心”的体检方式和项目；建立新时代职工讲习所，组织开展讲座与交流，提升职工思想素质；创新开展文体活动，职工队伍凝聚力不断增强。贵阳院二级单位获评“全国工人先锋号”，贵阳院职工获评“全国群众体育先进个人”。

共青团工作。贵阳院团委深化“青”字品牌，举办“改革创新、青年先行”青年论坛，承办了西南青年团青年论坛，创新特色活动，重点针对入职一年的员工开展“我的代表作”主题宣讲活动，指导二级单位举办“青年小讲堂”“高原论坛”等活动，为青年成长成才，展示自我搭建良好的平台，作为团省委“青年之声”首批试点单位，开展“青年之声”建设系列活动，贵阳院青年获评“2015～2016 年度中央企业优秀团员”，全团“青年之声”建设专家典型。

贵阳院不断开展企业文化建设深植工作，策划开展各类“山水杯”系列文体活动，引导全院职工认真践行“责任、务实、创新、进取”的核心价值观，全面提高全体职工对企业文化的认知度和认同感，充分发挥企业文化的引领、凝聚作用，努力实现“建设成为以技术和管理为核心竞争力的国际一流工程公司”的愿景。

2017 年，进一步修改完善了贵阳院驻外机构标准化手册，整理企业文化的相关规定和制度。按照“五统一”（统一形象标识，统一价值理念，统一发展战略，统一品牌建设，统一行为规范）指导完成金利大厦贵阳院办公区企业文化建设的方案及相关内容制作，指导织金水环境治理营地企业文化建设的策划、方案审定，指导马岭水利枢纽营地企业文化建设工作，完成了企业文化水纸杯、手提袋的制作。利用院网、微信公众号、电子屏等开展贵阳院核心价值理念宣贯活动，组织开展了“山水杯”五人制足球、气排球比赛，组织开展了院歌创作评选活动。通过申报评选，贵阳院获评“贵州省企业文化建设先进单位”。

（贵阳院）

中国电建集团昆明勘测设计研究院有限公司

【概况】中国电建集团昆明勘测设计研究院有限公司（以下简称昆明院）业务覆盖能源、水利、水务、城建、市政、交通、环保等全基础设施领域，涵盖规划、勘察、设计、咨询、总承包、投融资、建设运营、技术服务等全产业链，具有国家授予的工程勘察设计综合甲级资质以及国家颁发的专项资质证书50余项。作为国家重点高新技术企业，设有国家能源水电工程技术研发中心高土石坝分中心、国家水能风能技术研究中心昆明分中心2个国家级研发平台，主编或参编国家及行业标准逾百项（次），获得授权专利一百余项，取得“HydroBIM”等3项商标注册，获得600余项国家级、省部级科技成果奖励。2017年以来，昆明院认真学习宣传贯彻党的十九大精神和习近平总书记系列重要讲话精神，在中国电建（股份公司）的坚强领导下，持续加强和改进党的领导、加强党的建设，推进深化改革和转型发展进程，推动“十三五”规划落地，在企业改革、生产经营、党的建设等方面均取得了显著成效；完成营业收入52.73亿元，实现利润总额3.81亿元，多元化、国际化发展方向进一步夯实，技术创新能力进一步增强，人才队伍进一步优化，企业管理水平进一步提升，继续入选ENR“中国工程设计企业60强”，并保持云南省勘察设计单位综合实力50强第一名；党建工作被电建股份党委考核为“良好”，被中共云南省委省直机关工委考核为“优秀”，党建工作的价值创造能力进一步提升；为推进院“十三五”规划目标的顺利实现，实现技术创新型、业务集成型、资源整合型、质量效益型的国际一流工程公司的发展战略目标奠定了坚实的基础。

【领导班子】2017年，昆明院领导班子成员为：冯峻林任执行董事、总经理、党委副书记（兼）；何伟任党委书记、副总经理（兼）；杨光亮、祝立群、张宗亮、张成、黄海涛任副总经理；熊云任总会计师；张宗亮兼任总工程师；张子彬任监事、党委副书记、纪委书记、工会主席；杨光亮、祝立群、张宗亮、张成、黄海涛、熊云同时任院党委委员；张平任总经理助理、院安全总监；冯峻林同志兼任中国电建集团市政规划设计研究院有限公司董事长，黄海涛同志兼任中国电建集团市政规划设计研究院有限公司总经理、党支部书记。

【组织机构与人力资源结构】2017年，昆明院设职能管理部门14个，生产经营单位14个，驻外代表机构8个，全资子公司与控股公司15个。截至2017年，有在职员工1758人，其中，正高级职称385人，副高级职称515人，各类注册资格人员800余人次，博士33人，硕士533人；有全国工程勘察设计大师1人，国家百千万人才工程专家1人，光华工程科技奖1人，国家杰出工程师1人，科学中国人（2015）年度人物1人；享受国务院政府特殊津贴的专家12人，国家突出贡献专家1人；云南勘察设计大师7人，享受云南省政府特殊津贴的专家5人；云南省突出贡献专家5人，云南省科技领军人才1人，云岭产业技术领军人才2人；3人入选云南省学术和技术带头人才，9人入选云南省技术创新人才，博士生导师6人，硕士生导师67人。形成年龄结构合理、技术能力强、业界知名度高、实践经验丰富的人才队伍。至2017年，连续14年入选ENR“中国工程设计企业60强”，多年来一直保持云南省勘察设计单位综合实力50强第一名。

【主要经济指标】2017年，昆明院完成营业收入52.73亿元，实现利润总额3.81亿元，新签合同金额128.44亿元，经济增加值2.38亿元；年末资产总额87.97亿元，资产负债率60.28%，累计缴纳各项税费1.59亿元。

【企业资质、资信】2017年，昆明院新增城乡规划编制单位乙级资质、计算机信息系统集成四级资质；完成水资源论证资质规划水资源论证甲级增项；完成中国水利水电勘察设计协会2017年环保、水保信用评价（均为AAA+级信用等级）；荣获中国企业联合会、中国企业家协会企业信用评价（为AAA级信用等级）；获评2017年度昆明市“守合同重信用企业”；荣获ENR/《建筑时报》评比的“中国工程设计企业60强”的第37位。

【改革发展】2017年度在战略发展规划的基础上，进一步明确了“十三五”规划总体目标，以签约、履约一体化为核心，持续开展生产组织模式优化、整合调整组织架构、理顺内部运营管理、激发干部队伍活力等顶层体制机制建设，全面推进深化改革工作。完成压缩管理层级减少法人户数工作，完成斯里兰卡华昆兰卡工程建设有限公司的股权上移工作。控股成立的中国电建市政规划设计研究院有限公司在珠海横琴新区完成工商注册，正式成立。深化干部制度改革，结合院内部机构改革，对全院中层干部进行了轮岗，实施了干部改任非领导职务制度。

【经营管理】2017年，昆明院签订了滇中引水可研阶段勘察设计合同补充协议、深圳市水务发展专项资金建设项目勘察设计、浙江瑞安垦造耕地设计采购施工总承包、安徽安庆小水库除险加固清淤及灌区配套项目、武定县乌东德征地移民安置一标段施工总包、小湾镇康县大柳树田移民安置点单项工程总包等合同。通过规划引领、高端切入，扩大了水环境治理、城市建设领域的市场规模。签订了草海大堤加固提升及水体置换通道建设工程EPC总承包、洱海环湖截污工程（二期）PPP项目、广州市白云区城中村污水治理供水管网、大理古城至下关污水输送应急、肇庆新区水系综合整治等工程的勘测设计、剑湖流域水环境综合治理PPP项目的EPC总承包等水环境治理合同；异龙湖旅游基础设施设计施工总承包、花垣县城乡一体化一期工程PPP项目、青龙街道新型城镇化（PPP）项目、普洱地下综合管廊一期三、四标段、四川峨边交通基础设施EPC项目等城建、交通领域项目相继落地。全年新签合同654项，较上年度增加15.89%。

【重大项目】2017年，昆明院的重大项目有：

（1）勘测设计项目。水电方面，顺利推进澜沧江、金沙江梯级项目设计和收尾工作。黄登水电站实现下闸蓄水目标、回龙山水电站顺利实现大江截流，持续推进曲孜卡、古水水电站勘测设计工作。水利方面，滇中引水楚雄、昆明段初步设计报告顺利通过水利部水规总院审查，正常推进牛栏江红石岩堰塞湖等水利工程的勘察设计工作。新能源方面，开展了贵州青峰、四川大面山、广西六坪顶等风电场勘测设计工作，以及河北北庄堡、四川红格、云南朝阳（二期）等光伏发电项目的勘测设计工作。水环境方面，开展了大理环湖截污（二期）、广州市白云区城中村污水治理供水管网工程、大理古城至下关污水输送应急工程、肇庆新区长利涌下游段水系综合整治等项目的勘测设计工作。市政交通方面，开展了花垣县城乡一体化项目、青龙街道新型城镇化项目、建个元高速公路、普洱地下综合管廊（一期）三、四标段、巫家坝片区土地一级开发、三峡大厦等项目的勘察设计工作。

（2）总承包项目。开展了草海大堤加固提升及水体置换通道建设、剑湖流域水环境综合治理、弄另水电站综合利用、浙江瑞安垦造耕地、岳西小水库除险加固清淤及灌区配套、河北北庄堡、海南屋顶光伏、石屏异龙湖旅游基础设施、黄登库区交通复建工程、贵州凯里市政道路、建个元高速公路12标段、四川峨边交通基础设施等30余项国内在建EPC总承包项目，完成工程总承包结算收入35亿元。

（3）投资项目。全年完成投资2.13亿元。截至2017年底，昆明院全资（控股）公司累计投产装机规模为471.7兆瓦。2017年各项发电工程累计发电量15.12亿千瓦时，实现发电收入4.11亿元，实现利润1.34亿元。

（4）国外项目。老挝市场开展了北本、南桑3、南俄4、南公1等10余项水电站项目的可研和招标阶段的勘测设计工作；正常推进老挝南欧江二期（1、3、4、7级）水电站、南芒、南俄1扩机、东萨宏等在建项目的施工详图设计及现场技术服务工作。南欧江1、7级水电站于11月8日实现截流目标；缅甸市场开展了纳沃葩预可研、满通可研（复核）工作，德林达依班羌水电站、邦龙河梯级电站的预可研工作，若开邦皎漂、洞鸽及丹兑风电场可研阶段工作。非洲市场，开展了尼日利亚宗格鲁水电站施工详图阶段勘测设计工作；推进了尼日利亚警察署房建、约拉供水和马达加斯加拉诺玛法纳水电站项目的融资可研和技术咨询工作。印尼市场，持续推进克鲁伊特1、克鲁伊特2、佩乐能、赛科1等水电项目的预可、可研工作。

【走向海外】2017年，昆明院充分发挥规划设计的龙头引领作用，依托昆明院的技术实力和品牌优势，整合项目所在国资源，大力推进国际化发展步伐，签订了缅甸曼德勒中心车站项目EPC总承包合同、邦龙河梯级水电站EPC合同、瑞丽江二级电站预可、可研勘察设计合同、老挝南公1水电站项目勘测设计及技术服务合同、越南帕科水电站机电设备成套供货、印度尼西亚西姆彭那等3个抽水蓄能电站勘测设计服务等40余项合同，重点跟踪坦桑尼亚曼德拉水电站EPC项目、贝宁三城市供水项目勘测设计设备成套项目、尼日利亚卡诺州100兆瓦太阳能电站EPC项目、老挝万象物流园EPC等项目。2017年国际业务新签订合同39项，合同额占比达30.6%。

【科技创新】2017年，昆明院完成了“十三五”科技发展规划的编制，详细制定了今后3～5年科技工作行动计划及改进措施和具体工作指标。科技项目立项方面，2017年成功获取3项云南省科技项目和2项集团科技项目，总资助经费超过1000万元。科技创新平台建设方面，成功申请了“昆明市水资源与水环境领域院士工作站”和“昆明市岩土与结构工程领域院士工作站”。专利、软件著作权及论著方面，2017年获得授权发明专利12项，实用新型专利及商标9项，软件著作权31项，全年共发表论文153篇，被SCI收录13篇，被EI收录4篇，ISTP收录4篇，出版两部专著。推进科技成果转化方面，充分应用科技成果服务两场，依托滇中引水、红石岩、建元高速、高原湖泊治理等重大工程，不断开展科技成果应用和转化：“土木机电一体化智能系统”在云南首例建筑三维正向设计项目——巫家坝向化村三维设计中成功应用；“高海拔山区长距离引调水工程关键技术问题研究及应用”在牛栏江—滇池补水工程中成功应用。通过运用科技经营一体化重大项目研究转化成果，以及HydroBIM综合平台、三维设计等先进技术获得了一批市场转化合同。

【党群工作和企业文化建设】（1）党建工作。深入学习宣传贯彻落实党的十九大精神，将制度建设贯穿于政治建设、思想建设、组织建设、作风建设和纪律建设，落实全面从严治党要求。一是积极发挥昆明院党委“把方向、管大局、保落实”的作用，全年召开党委会12次，召开党委专题会议2次。二是以学习宣传贯彻党的十九大精神和习近平新时代中国特色社会主义思想为重点，强化党员干部的理论学习和纪律教育。三是以提升组织保障力为重点，强化基层党组织建设。落实“四同步、四对接”要求，根据院组织机构调整及党组织任期情况，对32个基层党组织进行了换届、新建和调整；严格党内组织生活制度，组织开好领导班子民主生活会和党员组织生活会，做好民主评议党员工作；全面推行党员积分制管理，完善党员日常考评；认真落实“党费日”制度，规范党费财务管理。四是坚持“党管干部”原则，突出政治标准，把国企好干部标准落到实处，做好干部考察、培养和管理工作，强化干部轮岗交流力度。五是认真贯彻落实中央八项规定精神，采取日常检查提醒和纠偏等方式，加大重要节假日执纪监督力度，促进八项规定精神的落实。2017年度党建工作被电建股份党委考核为“良好”，被中共云南省委省直机关工委考核为“优秀”。

（2）纪检监察工作。组织召开年度党风廉政建设和反腐败工作会，签订党风廉政建设和反腐败工作责任书，完成年末责任制落实情况检查考核；完成各类招标采购现场监督工作78项，效能监察项目3个；抓好党规党纪和反腐倡廉宣传教育，组织党员干部140余人参观云南省反腐倡廉警示教育基地，制定和修订制度4项。

（3）群团工作。认真做好“送温暖”工程，对一线职工、劳模先进、生活困难职工等经常性进行走访慰问，举办职工喜闻乐见的各类文体活动。以创建合格“职工之家”为抓手，增强基层工会活力。开展创新创效、青年讲坛等系列特色活动，组织好“一学一做”工作。

（4）企业文化建设。建立健全企业文化工作机制，持续创新改进工作内容，拓展企业文化建设载体。筹备召开了纪念昆明院成立60周年纪念大会，全面启动昆明院志（续编）编纂工作，举办了主题演讲比赛、职工趣味运动会等建院60周年庆祝活动。修订昆明院《视觉识别系统管理办法》，全面推广使用形象识别系统。

（5）信访、维稳、保密及企业社会责任等工作。围绕信访维稳工作的重点，及时排查不稳定因素，采取防范措施，主动化解矛盾。完成院保密资质换证，推进涉密信息网络建设，做好涉密项目的保密管理。继续选派4名扶贫干部，驻澜沧县东河乡邦敢村开展精准扶贫工作。严格执行对外捐赠审批程序，年内对外捐赠款项174万元。

（昆明院）

中国电建集团河北省电力勘测设计研究院有限公司

【概况】中国电建集团河北省电力勘测设计研究院有限公司（以下简称河北院）原名河北省电力设计院，1958年7月25日在当时的河北省省会天津成立，隶属于河北省电业局领导；1972年重建，定名为：河北省电力勘测设计院，暂驻正定县，由河北省电力工业局领导；1975年迁入石家庄现址，并拥有了固定的勘测、设计、科研和生活基地，掀开河北院发展新篇章；1998年3月1日，河北省电力勘测设计院扩名为河北省电力勘测设计研究院，隶属河北省电力公司全资子公司；2011年9月29日，河北省电力勘测设计院整体划转为中国电建集团成员企业；2016年8月，实现与宁夏院重组整合；2017年12月29日更名为“中国电建集团河北省电力勘测设计研究院有限公司”。

【领导班子】2017年，河北院领导班子成员10人，分别为：党政正职领导中，院长、党委副书记邵卫东，党委书记、副院长王景廷；党政副职领导中，副院长6人，即吴兴国、邹红、张益国、李智（兼任总工程师）、李维、付江，党委副书记、纪委书记、工会主席张海生，总会计师谭爱群，分管不同业务领域及业务板块。

【组织机构与人力资源结构】2017年，河北院设有14个职能部门，8个业务部门，3个分支机构，3个子公司。院层面设人才交流服务中心，挂靠人力资源部；顾客服务中心对外保留机构，对内挂靠技术质量部。

截至2017年底，河北院共有在册职工947人，按学历构成分类，博士研究生4人，占比0.42%；硕士研究生358人，占比37.80%；大学本科431人，占比45.51%；大学专科及以下154人，占比16.26%。按年龄构成分类，29岁及以下204人，占比21.54%；30～39岁370人，占比39.07%；40～49岁194人，占比20.49%；50～54岁132人，占比13.94%；55岁及以上47人，占比4.96%。按职称构成分类，高级职称364人，占比38.44%；中级职称237人，占比25.03%；初级及以下职称346人，占比36.54%。

【主要经济指标】2017年，河北院实现新签合同金额45.07亿元、营业收入28.82亿元，实现利润总额为0.7亿元。截至2017年末，资产总额为24.56亿元，资产负债率为53.82%，劳动生产率为304.33万元/(人·年)。

【企业资质、资信】2017年，河北院拥有电力工程设计甲级、工程勘察综合类甲级、工程咨询甲级、市政行业（热力工程）甲级、建筑行业（建筑工程）甲级、水文水资源调查评价甲级、测绘甲级、建设项目环境影响评价、建设项目水资源论证资质、编制开发建设项目水土保持方案资质及中华人民共和国特种设备设计许可证等综合类及专项类资质十余项。主要从事电力系统规划，输变电工程、发电工程（燃煤发电、燃气发电、生物质发电、风力发电、垃圾发电、地热发电等）、工业与民用建筑工程的设计、技术咨询、工程勘察、岩土工程及工程总承包等业务。

2017年，河北院在国家电网公司设计企业资信评价中获得第4名，稳定保持在较高的水平。

【改革发展】2017年，河北院以中国电建战略为引领结合自身实际情况，编制完成“十三五”战略规划。规划全面分析了企业所处的战略环境，明确了企业的战略愿景、战略目标，确定了战略实施重点和实施计划。针对企业实际情况划分为3个阶段目标，对每阶段目标均给出了清晰定义，并制定了具体的措施，确保战略目标可量化、可实施、可测量。

按照中国电建统一要求，有序开展企业改制工作。于2017年12月29日取得新营业执照，河北院由全民所有制企业变更为公司制企业，在建立健全现代企业制度，完善公司法人治理结构方面迈出了关键的一步。

压减法人层级。2017年7月25日，注销河北电力勘测设计实业总公司法人主体资格，成立院二级常设机构综合服务部承接相关职能。

持续推进冀宁两院的整合工作。制订整合工作方案，进行全方位对接，成立西北分院，加强市场开发力度，推进整合工作的顺利实施。

【经营管理】2017 年，在供给侧改革、煤电产能过剩、大气污染深度治理、电力市场总需求增速放缓的影响下，河北院积极调整市场战略，加大高端营销力度，强化规划引领市场开发，贯彻“技术＋服务”营销理念，实现经营业绩持续增长。事业部营销协同力度持续增强，加大规划引领市场开发能力。积极参与雄安新区建设，开展《雄安新区能源发展规划研究》课题研究；积极策划“光伏领跑者”项目，海兴光伏领跑者项目成为河北院首个入围的示范项目，为河北院在光伏场区及配套基础设施承揽总承包业务奠定了基础；紧抓国家电网综合能源服务业务开发机遇，加大与河北省建投等企业合作开发增量配网业务。海外业务领域，借助中国电建海外资源和国际平台，加深与电建国际、电建海投等集团平台公司的合作，协同市场开发；继续加深与兄弟单位的密切合作，增强与中国重机等合作伙伴的深度合作；细分客户，精准营销，切实提高项目甄别度。非电业务领域，成立市政分院，取得市政行业热力工程专业甲级资质，为非电业务开发提供资质保障。

【重大项目】2017 年，面对严峻的市场环境，河北院上下积极应对，成功中标华润沈阳浑南热电厂勘察设计项目；河北双峰寺热电堆设计，进入核电小堆勘测设计领域；北京西—石家庄特高压交流输电工程，是河北院首次作为特高压项目牵头汇总单位开展勘测设计工作；张北可再生能源柔性直流电网示范工程，实现了世界首条±500 千伏柔性直流架空输电线路的突破，并作为唯一设计单位中标地下电缆标包；中标宁夏六盘山 750 千伏变电站主变压器扩建工程；中标雄安及雄安东 500 千伏输变电工程可研、雄安高铁牵引站配套工程及昝西 220 千伏输变电工程可研；中标国家电投大城风电等勘察设计项目；中标阜城风电、宁夏中宁隆基光伏等工程总承包项目，有力促进了传统业务的可持续发展。非电业务领域，完成秦皇岛等 3 个水库及烟台海域海上测绘项目，海洋勘察业务取得重大进展；签订了废脱硝催化剂再生及资源化总承包项目等合同。海外业务，签订了孟加拉艾萨拉姆燃煤电站、柬埔寨输电线路二期工程、孟加拉国 GtoG 变电项目等勘察设计合同。

【走向海外】截至 2017 年末，海外足迹遍布巴基斯坦、孟加拉、泰国、柬埔寨、印度尼西亚、印度、刚果（布）、肯尼亚、摩洛哥、波黑、希腊等 23 个国家，搭建起“巩固亚非、挺进拉美、涉足欧洲”的海外市场布局。

2017 年，河北院跟踪项目 77 项，新签勘测设计合同金额 12799 万元。签订了艾萨拉姆 2×660 兆瓦燃煤电站及码头工程勘测设计合同、孟加拉国 GtoG 变电项目勘测设计合同、肯尼亚输变电网升级工程勘测设计合同、盾安柬埔寨 C06 工厂光伏电站一期 30 兆瓦（DC）项目勘测合同，在海外市场树起了河北院品牌。其中，孟加拉艾萨拉姆 2×660 兆瓦超临界燃煤电站项目是孟加拉国最大单机容量火电机组和最大容量的燃煤电站项目，也是河北院与山东电建三公司共同践行国家“一带一路”战略、响应中国电建系统内子公司互补联营战略，大力开展国际化经营所取得的重要成果。盾安柬埔寨 C06 工厂光伏电站一期 30 兆瓦（DC）项目勘测合同的签订填补了河北院海外独立勘测的业务空白。

目前，河北院海外业务板块在巴基斯坦、菲律宾、孟加拉、柬埔寨、摩洛哥、尼泊尔等 6 个国家拥有在建执行项目。其中，巴基斯坦卡西姆港 2×660 兆瓦燃煤电站项目 1 号机组并网发电成功、摩洛哥 Jerada1×350 兆瓦超临界燃煤电站圆满完成 240 小时试运行，获得业主和承包商的一致好评。艾萨拉姆 2×660 兆瓦燃煤电站及码头工程、柬埔寨 230 千伏输电线路项目二期 EPC 工程项目（东部环网第二部分）勘察、盾安柬埔寨 C06 工厂光伏电站一期 30 兆瓦（DC）项目等在建项目进展顺利。

【科技创新】2017 年，河北院共获得专利授权 31 项（其中，发明专利 17 项，实用新型专利 14 项），软件著作权 6 项，全年发表论文 205 篇，SCI 检索 1 篇。

获各类科技奖项 12 项，其中省部级科技奖 4 项，中国电建科技进步奖 3 项。

新增主/参编行业级别以上的标准和规程规范 15 项，《风电清洁供暖专篇（可研）编制规程》《智能变电站智能终端装置通用技术条件》《发电厂供暖通风及空气调节设计规范》《陆上风电场工程安全文明施工规范》《陆上风电场工程可行性研究报告编制规程》发布。

2017 年 3 月，河北省电力勘测设计工程技术研究中心顺利通过河北省科技厅、省财政厅、省发展改革委验收。2017 年 10 月，石家庄市电力勘测设计工程技术研究中心顺利通过经石家庄市科技厅、市财政厅、市发展改革委验收。

【党群工作和企业文化建设】

（1）党建工作。一是认真学习贯彻落实党的十九大会议精神。通过领导宣讲、网上学习专栏、知识答题、“微心得”征集等一系列举措，营造浓厚学习氛围。二是常态化开展“两学一做”学习教育。获得河北省直工委“两学一做”在线答题活动组织奖。开展“走在前、做表率”主题实践活动，通过亮明身份、设岗示范、党员攻关、党员承诺等措施路径，引导广大党员学做结合，细照笃行。三是加强基层党组织建设。健全政工例会、重点检查、年度考核、民主测评、党支部书记述职评议等工作机制，形成落实责任的完整链条。开展“严格党内政治生活年”活动，不断推进党内生活常态化、规范化、制度化。认真开展党员教育培训管理，组织党支部书记培训班和参加国务院国资委网络视频培训。开展“作风建设提升年”活动，强化干部队伍作风建设。

（2）党风廉政建设工作。建立二级部门对主管院领导负责，主管院领导向企业主要负责人负责的两级责任体系，签订《2017年度党风廉政建设和反腐倡廉工作责任书》，中层以上领导干部签订《廉洁从业承诺书》。加强重大节日期间的公务用车、业务招待以及婚丧喜庆事宜的执纪监督，严防“四风”问题反弹回潮。制定并发布《党风廉政建设和反腐败工作责任制考核评价细则》《关于实行领导人员问责的规定》《领导人员廉洁档案管理办法》《全面监督“十三五”规划》，进一步完善党风廉政建设责任制考核，加大监督检查和责任追究力度，构建“大监督”工作格局。完成《廉洁风险防控手册》（2017版）的修编工作。开展巡视发现问题落实整改情况效能监察，确保整改落实到位。开展业务招待费专项检查，开展“小金库”专项治理工作。高度重视纪律审查工作，严格按照制度规定的程序对信访举报案件进行处置。

（3）工会工作。开展“转型升级、增收节支、提质增效”主题系列劳动竞赛，1100余人次参加。河北院荣获“河北省直单位劳动竞赛优秀组织单位”称号。

取得“五小”创新成果39项、创新工作室研发创新成果6项。职工创新工作在中国电建专项工作会议上作了典型经验交流。开展“我为降本增效献一策”合理化建议活动，征集有效建议100条。

全年探望、慰问职工552人次，为10位职工申请上级工会和中国电建救助，共申请救助金29840元。完成“爱心妈妈小屋”“员工邮局”职工活动室建设。开展形式多样文体活动和讲座，扎实做好女工工作。

（4）团青工作。一是认真学习宣贯党的十九大精神、习近平新时代中国特色社会主义思想，召开青年员工座谈会。二是扎实开展“一学一做”教育实践。团委开展形式多样的主题教育和志愿服务活动。各团支部组织集中学习、组织生活会、教育评议。三是搭建青年成长成才舞台。成功举办院级第五届青年论坛及承办北方团青年论坛。号、手、岗、队创建取得佳绩，1个集体获评中央企业“青年文明号”，1名青年获评中国电建“十大杰出青年”，院团委被评为中国电建“五四红旗团委”并获得河北省直“五四红旗团委标兵”称号。

（5）企业文化建设工作。结合实际，修订了企业文化理念体系。认真开展爱国主义教育、主题演讲、歌咏比赛、朗读比赛等形式多样的活动，加强理想信念和社会主义核心价值观教育。深入开展精神文明创建活动，1名个人、1个集体分获河北省、省直学雷锋志愿服务先进典型。企业获得第五届“全国文明单位”称号。

（河北院）

中国电建集团华中电力设计研究院有限公司

【概况】中国电建集团华中电力设计研究院有限公司（以下简称华中院），是具有国家工程设计综合甲级资质的国家大型综合设计企业，是河南省3个综合甲级设计院之一。华中院前身为河南省电力勘测设计院（以下简称河南院），始建于1958年8月。2015年，根据中国电建集团公司总体部署，河南院吸收合并海南电力设计研究院（以下简称海南院），重组成立了华中院，成为集团公司二级骨干企业，打造大华中区域电力工程咨询及建设企业，同时以海南省为辐射占领南方市场。

华中院始终坚持“创新、协调、绿色、开放、共享”五大发展理念，以技术和管理为核心竞争力，以规划咨询、勘察设计、工程总承包、投资运营为四大主营业务，具有承担单机容量1000兆瓦及以下各等级各种燃料火力发电机组，交流1000千伏、直流±800千伏及以下各电压等级输变电工程的勘察设计及工程总承包能力，业务范围涉及发输变电、核电、新能源、建筑、市政、物流仓储、境外工程等多个领域，成立了博士后科研工作站及河南省工程技术研究中心，是国家电网公司授予的具有330千伏以上电压等级输变电工程初步设计审查资格单位之一。

华中院连续多年入选“全国工程勘测设计综合实力百强”和“中国工程设计企业60强”排行榜，2010年被河南省确定为高新技术企业。所完成的工程及科研项目获得多项国家级奖励，其中金奖11项、银奖9项、铜奖8项、国家科技进步奖4项，省部级奖励261项。在国家电网公司和南方电网公司组织的500千伏输电线路和220千伏、500千伏变电站全寿命周期设计竞赛中多次获得一等奖和优秀奖。

【领导班子】2017年，华中院领导班子成员为：党委书记、董事长贾志杰；党委副书记、总经理张小诺；副总经理李景全；副总经理、总会计师徐军；副总经理曹志民、文永团、张继军、张思军、李星君；党委副书记、纪委书记、监事包军；工会主席林洁民；总工程师张先俊。

【组织机构与人力资源结构】2017年，中国电建集团华中电力设计研究院有限公司河南院共设有院长工作部、党群工作部、纪检监察审计部、企业发展部、人力资源部、财务及产权管理部、安全质量部、科技信息部、采购招标中心、后勤服务中心、能源规划咨询院、发电工程公司、电网工程公司、信息通信工程公司、职能配网工程公司、新能源公司、建筑工程院、勘测工程公司、监理公司、总承包公司、海外事业部、数字化工程中心等部门，下属中国电建集团海南电力设计研究院有限公司、河南省华隆电力技术有限公司、河南电力勘测设计迪森实业有限公司、中电建河南新能源有限公司。

截至2017年底，河南院在册职工781人，其中，硕士和博士研究生427人，占职工总数的54.7%，专业技术人才占职工总数的87.5%，教授级高工144人，各类注册师合计278人次，其中注册电气师、注册公用设备师、一级注册建筑师、一级注册结构工程师、注册土木工程师（岩土）共85人，一级注册建造师20人，注册咨询工程师（投资）47人，注册监理工程师23人、注册造价师16人等，已逐步形成了高素质、高学历、年轻化的人才队伍，人员结构处于行业优势地位。

海南院设有公司领导、办公室、财务资产部、市场经营部、电网部、智能配网部、技经部、勘测工程部、工程总承包部、安全质量部、电力规划中心、纪检监察审计部、党群工作部、工程信息部、光伏＋经营部、广东分院。现有员工126人，其中教授级高级工程师5人，高级工程师24人，各类注册师46人。

【主要经济指标】2017年，华中院全年实现营业收入26.24亿元，完成目标的114%，同比增长11%；新签合同额53.49亿元，完成目标的100.2%，同比增长15.7%；利润总额1.33亿元，完成目标的109%，同比增长29%；经济增加值0.79亿元，完成目标的139%。全年投标总量同比增加232项，增长30%；中标金额同比增加95449万元，增长249%；已中标待签合同金额同比增加16291万元，增长48%，较好地完成了中国电建年初下达的考核指标。

【企业资质、资信】2017年，中国电建集团华中电力设计研究院有限公司河南院具有国家颁发的工程勘察综合类甲级、工程设计综合甲级、工程咨询甲级、工程监理甲级、测绘甲级，特种设备（压力管道）许可证书，电力行业工程造价咨询甲级，人民防空工程设计企业资格核准书甲级，编制开发建设项目水土保持方案资格证书乙级，建设项目环境影响评价资格证书乙级，水文、水资源调查评价资质证书乙级，水资源论证乙级，对外承包工程等多项资质。

多年来，河南院高度重视技术创新、科技研发工作，核心技术始终保持行业领先水平。从1999年起连续多年荣获“全国电力行业质量效益型先进企业”及特别奖、“全国电力行业实施卓越绩效模式先进企业”及特别奖。2001年获国家电力公司“一流电力设计企业”称号，连续多年荣获“省级文明单位”称号，荣登“全国工程勘测设计综合实力百强”和“中国工程设计企业60强”排行榜，2007年度荣获“全国电力行业质量奖”，2011～2013连续3年通过中国电力企业联合会“全国电力行业质量奖”复评审核，荣获“全国电力行业质量特别奖”称号。2014年连续十余年蝉联ENR/建筑时报“中国承包商和工程设计企业60强”，河南省勘察与岩土行业

AAA级诚信单位，全国工程勘察与岩土行业诚信单位，河南省工程设计行业AAA级诚信单位，投标履约信用等级AAA级，并获得“中国建筑行业标杆”称号，是河南省高新技术企业，2015年9月获得博士后科研工作站，经河南省发展改革委批复，成立河南省能源规划研究中心。

海南院成立于1994年12月，是海南省唯一具备电力行业专业甲级资质设计院，现拥有电力行业（送电工程、变电工程）专业设计甲级、新能源发电专业乙级、工程勘察专业类（岩土工程）乙级、工程咨询（火电专业）乙级、工程测绘乙级、工程设计与施工（建筑装饰装修）叁级及安全生产许可证资质。

【改革发展】一是战略路线更加清晰。2017年10月，中国电建评审通过了公司“十三五”发展规划，并提出了华中院要成为中国电建“能源技术创新领跑者，国际化发展先行者和转型升级引领者”的定位要求。根据评审意见，及时对总规划、人力资源子规划、科技信息子规划进行修改完善，对海外业务发展、总承包业务发展和非传统业务发展几个行动方案进行科学、细致地编制；根据企业发展战略，继续优化调整组织机构，成立数字化工程中心，在能源规划咨询院下新设咨询处（环保技术中心），设立新能源公司海南公司和能源规划咨询院海南处。

二是公司制改制取得关键进展。2017年初，按照中国电建的总体部署要求，启动公司制改建工作，并以12月31日为期限倒排工作进度，全院多部门密切配合，联合行动。后勤服务中心、财务及产权管理部、院长工作部等部门与郑州市规划局、郑州市国土局、郑州市工商局等政府机构反复对接，圆满完成北院办公区土地分割及南院办公区土地权属的变更，完成了迪森科技大厦二、三层房屋产权回购和公积金大厦土地分割。

2017年底，取得了新的营业执照，企业类型由全民所有制企业变更为有限责任公司，企业更名为中国电建集团河南省电力勘测设计院有限公司。同时，海南院、华隆公司的公司制改制工作也全面完成。

2017年，完成了厂办大集体、关联企业清理规范工作，实业公司工商变更问题得到妥善解决；稳妥完成职工持股关联企业众慧公司的中层干部退股工作；积极推进企业层级压减任务的完成，完成了郑州迪森电力勘测有限公司、郑州迪森电力工程咨询有限责任公司、河南省电力勘测设计海南分院的注销工作和“三供一业”的阶段性移交工作。

三是重组进入深度融合阶段。自2015年河南、海南两院重组整合方案实施以来，不断在组织架构、市场开拓、融资互补、人员交流、管理提升等方面摸索，2017年进入深度融合阶段。在组织协同方面，调整了公司领导班子分工，完善了领导决策机制，为深度融合构建了顶层机制。以新成立的新能源公司海南公司和能源规划咨询院海南处为载体，实现了资源的有效整合和经验的快速推广；在市场协同方面，配电网业务和新能源业务取得了轨道交通配套电网、电网工程监理、渔光互补等多项工作的突破；在技术资源方面，开展了联合编制规划、联合执行项目、互派技术人员交流等工作，特别是总部直接派驻两名技术干部到能源规划咨询院海南处工作后，极大提高了海南院的规划咨询能力，联合完成了多项海南省“十三五”能源和电力规划，得到海南省政府的认可和高度评价，海南院初步成为海南省能源发展的智库。

四是及时完善配套的绩效考核体系。结合组织机构优化和生产经营开展特点，及时完善绩效考核体系，针对各个业务板块在新兴业务方面的开拓力度、院级总承包项目联合考核、新签毛利率较低的总承包项目合同和营收折算、两院深度融合、海外业务配合、业务板块协同配合等方面的内容，制定发布了《数字化工程中心考核方案》《能源规划咨询院考核方案》《应收账款补充考核细则》《院级总承包项目联合考核细则》《院级总承包项目联合执行的实施细则》，进一步增强业绩考核的导向和激励作用。

【经营管理】2017年，华中院技术引领市场的优势持续强化。承担、参与了《河南省“十三五”能源规划》《河南省“十三五”电力规划》等5项省级“十三五”发展规划和20余项能源战略和政策研究以及实施方案的编制工作，推动了高端经营的市场转化能力：通过《河南省“十三五”可再生能源发展规划》等的编制，承接了聚智西华逍遥风电场工程、南召天门乡风电场、叶县光伏扶贫工程等一批咨询和勘测设计项目，总计容量超过300兆瓦；完成了喀麦隆电网规划及3个相关专题、莫桑比克东南非能源基地研究，助力海外市场开拓；和中南院共同完成青海—河南特高压直流驻马店换流站接入系统方案，为争夺特高压A包打下坚实基础；研发了智能园区、智慧小区管理平台，开展了洛阳、漯河和开封配电自动化项目的设计，跟踪开展多个供电公司配电自动化项目可研。全年开展咨询评估项目37项，参与省政府部门及协会组织的工作调研、监督检查等工作60余项次，能源规划研究中心真正成为政府“智囊”，在能源电力领域的话语权和在规划咨询领域的影响力不断提高。在国家电网公司2017年底举行的首次输电线路三维专项设计竞赛中，以优异的成绩获得优胜奖并中标750千伏省外输电项目，巩固了公司输电三维设计的领先品牌，也为电网市场开拓提供了重要技术保障。

电力业务优势持续巩固。电源业务方面，发电工程公司精心组织，平稳渡过2017年生产高峰，集中关门丹河、巩义、濮阳、隆达、周口燃机和万众燃机等一批项目。在国内火电市场不断萎缩的形势下，承接了唐河等一批分布式能源站前期工作，并密切跟踪燃煤、燃气等热电冷三联供项目的前期工作。中标了大唐三门峡煤场封闭改造设计等一批存量电厂的技术改造项目；电网业务方面，中标了张北可再生能源柔性直流电网示范工程等5项500千伏及以上交直流工程和平顶山等11项220千伏输变电工程，确保了在省内高电压等级市场的主力地位；监理业务在主网投标不断实现突破的同时，持续开辟配网监理新市场，2017年主、配网监理项目范围涉及河南省13个地市、海南省5个市县，监理业务全年实现营收1.6亿元，新签合同额、营业收入、收费、毛利润率等经营指标均创监理公司历史最好纪录；配电网、信息通信不断发力，承接了国网河南电力地市网络覆盖和带宽提升项目、国网河南电力平顶山等4个地市县域通信网改造完善工程。积极深化技术创新，中标并承担漯河、洛阳、开封3个主要区域配网自动化试点项目的设计工作，取得了配电网输变电工程近十个项目的设计任务；勘测公司通过改进生产技术手段等，在有效支撑各公司勘测业务的同时，积极开拓市场，全面完成自营指标，减亏成效显著。

新兴业务市场营销取得新突破。开展了鹤壁、禹州和平顶山的光伏领跑项目电力消纳专项报告，积极跟踪兰考、永城等试点项目，在农村能源革命、光伏扶贫等新市场上取得良好开局；积极开拓并中标涉及民用建筑、智能5A建筑、医用公共建筑、保障房、物流、环保、扶贫改造等一批设计及总承包项目，其中，河北龙山煤场棚化改造EPC总承包项目，是华中院联合著名高校共同开发的大型环保项目；邯郸某二甲综合医院项目的跟踪推进，是公司第一次涉足大型医院公共建筑领域。

品牌带动市场效应开始显现。新能源业务实现以示范项目带动市场循环式开发，凭借实施协鑫渔光互补电站总包项目、儋州隆基总承包项目树立的良好口碑，中标了唐山创元分布式光伏项目、白沙隆基生态农业光伏项目，再以此为基础拓展市场，承接了三亚学院分布式光伏发电项目、云南华坪光伏发电项目、三亚市天涯区光伏扶贫项目等，逐步打造了新能源总包的品牌。

商业模式的创新和尝试小有成绩。通过创新合同模式和合作方式获取青海5兆瓦屋顶分布式光伏项目，这是华中首个以租赁融资方式执行的独立全资投资项目；经过多年项目历练，监理业务培育出一批能够承担复杂工程现场管理的复合型人才，在此基础上，创新项目管理模式，充分挖掘有限人力资源，克服框架项目地大面广点多等不利条件，有效控制成本，实现监理了业务市场范围的不断扩展。

【重大项目】2017年，华中院的重大项目有：

（1）国投内乡县2×1000（MW）机组工程。依托中誉国信内乡煤炭战略储备基地建设的大型火力发电项目，厂址位于内乡县湍东镇东部，西南距内乡县城约4.0公里。由华晨电力股份公司和中誉国信投资有限公司出资，规划建设2台1000兆瓦高效超超临界燃煤发电机组，同步建设烟气脱硫、脱硝设施，排放达到超低排放标准。

（2）焦作丹河电厂异地扩建2×1000兆瓦机组上大压小工程。以上大压小方式，异地建设的2×1000兆瓦超超临界燃煤发电机组，厂址位于焦作市所辖的沁阳市沁北产业集聚区，由中电投河南电力有限公司独资开发建设，计划2018年投产。

（3）周口隆达发电有限公司2×600兆瓦级（上大压小）扩建工程。厂址位于周口市商水县汤庄乡傅楼村，建设规模为2×660兆瓦超超临界机组，属“上大压小”建设的公用发电厂。

（4）万基控股电厂上大压小2×600兆瓦超超临界机组工程。以上大压小方式，在拆除小机组场地上建设的2×660兆瓦超超临界燃煤发电机组，厂址位于洛阳市新安县铁门镇庙头村，由万基控股集团有限公司投资建设，计划2019年投产。

（5）濮阳龙丰2×660兆瓦机组工程。厂址位于河南省濮阳市东部，濮阳县柳屯镇渡母寺村西南，建设规模为2×660兆瓦超超临界机组，属“上大压小”建设的公用发电厂，并兼顾濮阳市采暖及工业供热。

（6）平顶山姚孟发电有限责任公司3、4号机组节能综合升级改造工程EPC项目。平顶山姚孟发电有限责任公司3、4号机组节能改造工程，主要包含给水泵改造、真空泵改造、空预器柔性密封改造等内容，改造完成后，将降低机组供电煤耗，产生良好的社会生态及经济效益。

（7）山西漳电王坪热力有限公司朔州市怀仁县65兆瓦分布式发电项目EPC总承包。项目位于山西省朔州市怀仁县金沙滩镇，利用养殖场羊圈的屋顶及空地建设光伏发电系统，装机容量约12.75兆瓦。

（8）昌吉—古泉±1100千伏特高压直流输电线路工程。工程起于河南省南阳市西峡县西坪镇狮子坪的陕豫省界，止于河南省南阳市邓州市裴营乡后丁村北，途经南阳市西峡县、淅川县、内乡县、邓州市共4个县级行政单位，线路全长约134.942千米。

（9）上海庙—山东±800千伏特高压直流线路工程。上海庙—山东±800千伏特高压直流线路工程施工标6-1的设计工作，起于河北魏县的边马乡东北，终于南乐县的代王庄东南，经过河北大名县和河南南乐县，路径长度为39.435千米。本工程2018年上半年已投运。

（10）山西—江苏±800千伏特高压直流线路工程：山西晋北—江苏南京±800千伏特高压直流线路工程标24-2的设计工作。起于安徽省五河县武桥镇丰刘北，止于江苏省盱眙县王店乡南京换流站，路径长度为95.912千米，途经安徽五河县、明光市和江苏盱眙县。

（11）锡盟—南京1000千伏特高压交流工程。锡盟—南京包4段线路全长78.201千米，全段同塔双回路架设。该段线路途径唐山市遵化市、玉田县，天津市蓟县，廊坊市三河市共4个县市。

（12）酒泉—湖南±800千伏特高压直流输电工程。酒湖工程甘6施工标段北起甘肃省定西市通渭县榜罗镇北梁东，南至甘肃省天水市秦州区华岐乡常家沟东，经过甘肃省定西市的通渭县、天水市的武山县、甘谷县和秦州区共4个县级行政区。全长97.605千米。

（13）灵州—绍兴±800千伏直流工程。灵绍工程第14标段线路西起驻马店市汝南县马乡镇东小蔡庄，东至信阳市潢川县来龙乡北高营村，经过汝南县、正阳县、息县、潢川县4县。本标段全长87.392千米。本工程第15标段线路西起信阳市潢川县来龙乡北，东至信阳市固始县庙台子北（豫皖省界），经过潢川县、商城县、固始县3县。本标段全长85.561千米。

（14）榆横—潍坊特高压交流输变电工程。渝横—潍坊工程包9段线路起于河北省新河县石家庄1000千伏变电站，止于冀鲁省界，路径长度60.585千米，双回路架设，途经河北省新河县、冀州市、枣强县和故城县共4个县级行政区。

（15）扎鲁特—山东±800千伏特高压直流输电线路工程。扎鲁特—山东±800千伏特高压直流输电线路工程，起于河北省兴隆县小东沟村南，途经遵化市、丰润区和玉田县，至于玉田与天津交界的大胡庄东北，线路长度103千米。工程规模为新建单回双极±800千伏特高压直流输电线路。

（16）周口西500千伏输变电工程。变电站位于周口市西华县迟营乡，变电规模为主变压器远景规模4×1000兆伏安，本期规模1×1000兆伏安；500千伏规划8回，本期4回，至周口变2回，邵陵变2回。本工程共包含三段线路，邵周Ⅱ线π入周口西变500千伏线路西π段，单回路架设，新建线路长度3.192千米；邵周Ⅱ线π入周口西变500千伏线路东π段，单回路架设，新建线路长度2.997千米；邵周Ⅰ线π入周口西变500千伏线路，单回路长度1.3千米（至剖接点位置），双回路长度2.439千米。

（17）漯河西500千伏输变电工程。变电站址位于漯河市郾城区李弯村，主变压器远期规模4×1000兆伏安，本期规模1×1000兆伏安。本工程共包含两段线路，漯河西π接湛河—邵陵500千伏线路工程，双回路架设，新建线路长度4.747千米；漯河西π接香山—邵陵500千伏线路工程，双回路架设，新建线路长度10.9千米。

（18）鹤壁500千伏输变电工程。变电站位于河南省鹤壁市东南9千米的浚县钜桥镇。远期规模为1000兆伏安主变压器4组、500千伏出线8回、220千伏出线12回。本期规模为1000兆伏安主变压器2组；500千伏出线4回，分别至获嘉2回、洹安2回；220千伏出线5回，分别至灵山2回、浚县2回、滑县二1回。线路段洹获Ⅰ回线π入鹤壁变500千伏线路，新建线路全长25.4千米，其中双回路24.6千米，单回路0.8千米。洹获Ⅱ回线π入鹤壁变500千伏线路，分为洹安侧π接段和获嘉侧π接段两部分。新建线路全长10.3千米，单回路架设，其中洹安侧线路长度5.5千米；获嘉侧线路长度4.8千米。

（19）洛阳东500千伏输变电工程、波密500千伏变电站新建工程。变电站址位于洛阳市伊滨区境内，主变压器远景规模4×12000兆伏安，本期规模1×1200兆伏安；500千伏规划8回，本期至嘉和变1回，郑州变1回。洛阳东500千伏输变电工程的线路部分为2段，合计长度2千米。

（20）驻马店驻东500千伏输变电工程。变电站址位于林芝市波密县境内，500千伏主变压器远景规模2×750兆伏安，本期2×750兆伏安；220千伏主变压器远景规模2×120兆伏安，本期1×120兆伏安；500千伏规划10回，本期4回，至左贡及林芝各2回。

【走向海外】2017 年，华中院共参与海外项目前期配合、投（议）标编标、澄清或合同谈判 34 项。新开拓和签订了菲律宾 GNPD 2 号机组 EPC 总包合同、印尼明古鲁 2×100 兆瓦燃煤电站勘察设计及技术服务合同、津巴布韦旺吉 2×335 兆瓦燃煤电站及输变电工程勘察设计及技术服务合同、赞比亚输变电项目、老挝输变电项目等。此外，越南松厚 2 期 2×1000 兆瓦燃煤电站 EPC 工程联合总包及勘测设计基本落实。配合合作单位中国技术进出口集团与业主方签订阿尔及利亚 100 兆瓦光伏项目 EPC 合同。

【科技创新】2017 年，华中院工程累计获奖 24 项，荣获电力行业“四优”奖 9 项，河南省工程勘察设计“创新奖”特等奖 1 项，河南省优秀工程咨询成果奖 8 项；获国家优质工程奖 2 项，中国电力优质工程奖 3 项。荣获“第六届中国电力信息化标杆企业”，有 6 项科技成果获得各级科技进步奖。2017 年，河南院获“国家工程建设（勘察设计）QC 小组优秀企业”“河南建设行业十佳杰出单位”称号。

【党群工作和企业文化建设】一是学习型党组织建设不断加强。围绕党的十九大开展系列活动，召开学习宣传贯彻党的十九大精神大会，把学习贯彻党的十九大精神融入工作实际。成功召开中共中国电建集团华中电力设计研究院有限公司第一次代表大会，选举产生了华中院第一届党委和纪委领导集体；华中院党委以理论中心组学习为主要抓手，领导班子定期开展集体学习，基层党支部以“三会一课”为基本制度，把“两学一做”作为党员教育的基本内容，长期坚持、形成常态；严格落实党建主体责任和第一责任人责任，强化党建工作责任制考核。党政领导干部认真履行“一岗双责”，将党建工作与生产经营工作有机结合；抓好巡视反馈意见的整改落实，坚持边整改落实、边建章立制，根据时间节点，按要求完成巡视整改工作。

二是企业文化建设逐步落地。加强华中院企业文化理念的落地执行和不断发展，充分发挥企业文化的导向和激励作用。编辑出版了员工手册，构建员工基本行为规范。组织开展“爱我华中”微电影大赛，进一步激发全院干部职工艰苦奋斗、爱岗敬业的工作热情。实施企业文化上墙工作，通过院网站和电子大屏进行企业文化理念的推广宣传，使企业文化理念在广大职工群众中入脑入心。华中院品牌宣传工作不断加强，2017 年共在各级媒体发稿 1297 篇。

三是品牌建设取得阶段成果。形成标准化、规范统一的品牌识别系统。在综合材料、对外传真、立项报告等对外报送材料及内部文字材料中建立了标准化文本范本；通过专业团队对包括基础系统和应用系统在内的华中院品牌视觉识别系统进行了总体设计，并在企业大楼外观、项目现场、企业文化墙、出版物、办公用品、会议室用品、会议标识等载体上开始应用，加强了对华中院品牌的宣传。

四是工会组织的桥梁纽带作用得到充分发挥。深化企业民主管理，维护职工的合法权益。围绕“提质增效”重点工作，开展合理化建议和技术比武活动；与河南片区成员企业开展“文体联赛”，增进兄弟单位的感情交流；开展女职工读书、踏青赏花等活动，丰富职工生活；尊重和关爱离退休及困难员工，做好慰问及帮扶等“送温暖”工作。团青活动围绕中心工作助力企业发展，举办一系列活动，激发青年员工的工作热情，“五四”期间，团青组织集体和个人分别受到上级团组织表彰。

五是自觉履行企业社会责任，持续开展对贫困农村、村庄小学及孤寡老人的困难帮扶工作；与国棉四厂东社区结为文明单位共建单位，开展系列“结对共建”工作；与新密市米村镇孟庄村委会签订了结对帮扶农村精神文明创建协议，结合企业实际开展产业扶贫工作。组织青年志愿者开展“义务理发”、“清洁社区”、“文明交通”、“节日献爱心”等活动。

（华中院）

中国电建集团江西省电力设计院有限公司

【概况】中国电建集团江西省电力设计院有限公司（以下简称江西院）成立于 1958 年，是国家甲级电力勘察设计院。具有电力工程设计、工程勘察综合类、工程总承包、工程咨询、工程监理、工程测绘等多项国家甲级资质及境外工程承包资质。江西院的业务范围包括国内外电力系统规划设计，超超临界大中型火力发电、核电、风电、太阳能、垃圾、生物质能等新能源发电，特高压、超高压等输变电、配网、智能微网，工业与民用建筑、压力管道、环境污染防治、市政公用等工程勘测设计、科研、咨询、监理、总承包和投资。

近五年在工程勘测设计、咨询、科研与新技术开发应用等方面获省（部）级及以上奖119项，其中国家级奖13项。获国家专利132项、国家软件著作权18项、专有技术11项，主编、参编国家标准和电力行业、江西省地方标准多项。

【领导班子】 2017年1月1～10日，江西省电力设计院领导班子成员为：院长、党委副书记唐其练；党委书记、副院长许思龙；党委副书记、纪委书记、工会主席刘汪楠；副院长肖锐；总工程师廖公毅；副院长许克崃；总会计师董莉。2017年1月11日～12月28日，江西省电力设计院领导班子成员为：院长、党委副书记许思龙；党委书记、副院长肖锐；党委副书记、纪委书记、工会主席刘汪楠；副院长许克崃；总会计师董莉；副院长乐海洪；副院长曹小群；副院长沈江；总工程师叶漫红。2017年12月29～31日，中国电建集团江西省电力设计院有限公司领导班子成员为：总经理（执行董事）、党委副书记许思龙；党委书记、副院长肖锐；党委副书记、纪委书记、工会主席刘汪楠；副院长许克崃；总会计师董莉；副院长乐海洪、曹小群、沈江；总工程师叶漫红。

【组织机构与人力资源结构】 截至2017年底，江西院设有职能部门10个，分公司、中心10个，子公司5个。

截至2017年底职工499人，其中：中、高级专业技术人员分别为160人和206人（含教授级高级职称42人），各类注册师158人次。

【主要经济指标】 2017年度，实现营业收入121621万元，确认利润总额10550万元，2017年新签合同额171955万元，全员劳动生产率242.27万元/(人·年)。2017年末，资产总额222626万元，负债总额161895万元，所有者权益60731万元，资产负债率72.72%。

【企业资质、资信】 江西院于2002年获得建设部电力行业甲级、工程勘察综合类甲级资质；2007年获得国家发展改革委电力工程咨询甲级资格质；2012年获得工程测绘甲级资质；2010年获得建筑工程、市政工程、环境工程、轻钢工程设计乙级资质；2010年获得压力管道设计、节能评估、能源审计及对外承包工程资格；2016年获得建设工程质量检测机构资质证书、建筑智能化、建筑幕墙、建筑装饰、照明、消防设施工程设计乙级资质。

【改革发展】

1. 改革改制

按照股份公司《关于火电业务板块企业开展公司制改建工作的通知》（中电建〔2015〕98号）文件要求，历时两年半，经过法人机构清理整合、清理规范关联企业、“三供一业”分离移交、开展土地、房产摸底及权属完善、改制资产评估、改制方案审议、报批及通过国家工商总局的公司名称核准和改制变更登记，于2017年12月29日正式变更为中国电建集团江西省电力设计院有限公司，企业类型由全民所有制变更为有限责任公司。

2. 规划编制

2017年3月，编制完成《江西省电力设计院“十三五”发展规划》，2017年12月，完成《江西省电力设计院“十三五”发展规划》的中期修订。

3. 战略合作

（1）2017年8月，与江西省赣浙能源有限公司签署《战略合作框架协议》。

（2）2017年11月，与中国电建市政建设集团有限公司签署《战略合作框架协议》。

【经营管理】

（1）创新商业模式，在经营工作中强化与地方政府、能源局的对接，通过规划引领项目落地，发挥属地优势，开拓水资源与环境等非电业务。

（2）加强制度建设，提高公司整体营销效率、公司级及各子公司级营销的协同性，进一步完善市场营销管理办法、商务经理考核办法、海外业务经营管理办法等相关的经营管理制度。

（3）持续关注重大经营风险管理与内部控制，编制《江西省电力设计院2017年度内部控制评价工作实施方案》，规范内部控制业务操作流程，制订《江西院重大经营风险风险实施方案》，对重大风险进行动态管控。

（4）完善综合评审，加强项目风险控制，健全总包项目的标前评审、综合评审工作，全面落实项目经理负责制，使总承包项目的安全、质量、进度、费用得到有效管理和控制。

（5）为投融资带动的EPC项目搭建谈判团队，

参考投资项目的程序进行项目评审，并且委托专业律师团队进行尽职调查，为项目决策提供可靠依据。

【重大项目】2017 年，江西院在建项目的生产经营情况均处于受控状态，2017 年，重点发电设计项目在建的有：分宜电厂扩建工程、印尼苏苏二期（2×200 兆瓦）燃煤发电工程、赛得利（中国）公司热电联产项目、青海共和 50 兆瓦光热发电项目、贵溪市生物质热电联产项目、兴国大水山风电场工程；投产的有：印尼广青镍业配套 2×350 兆瓦＋2×150 兆瓦火力发电项目、宁夏电投西夏热电厂二期 2×350 兆瓦热电联产工程、星子沙岭光伏项目、新干七琴城上风电场项目，其中分宜电厂扩建工程已获全国优秀工程咨询成果咨询奖。重点输变电设计项目在建的有：云峰（东乡）500 千伏输变电工程、昌西南 500 千伏输变电工程、新余南部 220 千伏网架优化工程，投产的有：内蒙古锡盟—江苏泰州±800 千伏特高压直流线路工程、广丰（上饶东）500 千伏输变电工程、鹰潭—抚州—罗坊Ⅱ回 500 千伏线路工程、阳明东（动物园）综合管廊工程，其中东乡 500 千伏输变电工程已获全国优秀工程咨询成果咨询奖。重点总包项目在建的有：贵溪二期 50 兆瓦光伏电站项目、都兰金水口东风电场 50 兆瓦工程、广西贺州铝电子 220 千伏线路工程，投产的有：万年县 20 兆瓦渔光电站项目、山东费县朱田 20 兆瓦光伏发电工程。另外 2017 年重点控股投资项目有：新干五老峰风电场、寻乌项山风电场、会昌盘古嶂风电场项目。这些项目履约情况整体良好。

【走向海外】为响应集团国际化发展战略，江西院采取了一系列举措：借助集团及国内大型对外企业，积极整合海外市场资源、构建组织构架，逐步向国际化经营靠拢，尝试承接国外 EPC 总承包业务。根据国别划分进行深耕细作，向电建国际印尼代表处派遣常驻人员，在依托驻外部门、合作伙伴、中介机构等渠道，构建海外市场信息平台；加强对国际商务、国际标准、国际金融等重点人才的引进和能力培养，作为集团海外业务的技术支撑方参与开外市场开发，积累海外业务经验，提高自身能力；从实际条件出发建立适应形势发展、面向国际化经营的体制机制；从组织和人员上，保障海外项目开展，提高海外项目的生产效率，防范海外市场风险。

通过以上措施，助力“走出去”，并取得明显成效。2017 年江西院有 9 个海外项目在执行，10 余个海外项目在跟踪（或已参与投标），其中部分项目已取得实质性进展。在可以预见的未来，海外项目占全院勘测设计产值的比重会越来越高。

【科技创新】2017 年，江西院不断加大科技创新力度，加快科技成果向现实生产力的转化。

1. 科技研发

江西院开展了 33 项科技项目的研发活动，研发资金累计 4079 万元，投入强度达到 3.4%，研发成果获得了 37 项实用新型专利，3 项软件著作权，2 项专有技术，并有 16 项科技成果在各项电力工程咨询和设计技术服务中进行了转化。通过科技成果转化，取得了较好的效益，销售收入和总资产逐年增长。

2. 科技成果

在工程获奖方面，江西院获得省（部）级及以上的优秀工程项目（含优秀勘测、优秀软件、标准设计、优秀咨询成果等）共 22 项。

其中，高参数超超临界二次再热关键技术研究及工程示范工程荣获 2017 年度中国电力创新大奖；互联网＋项目部—海外基建工地集装箱式信息平台荣获 2017 年度中国电力创新大奖一等奖；东乡 500 千伏输变电工程可行性研究报告、中电投分宜电厂扩建工程可行性研究报告荣获 2016 年度全国优秀工程咨询成果优秀奖；抚州一红都 500 千伏线路工程、雷公山—车头 500 千伏线路工程荣获国家电网公司输变电工程优秀设计奖；BIM 技术在高山风电场中的应用 BIM 在苏拉威西 2×350 兆瓦火力发电项目的协同应用荣获第三届中国建设工程 BIM 大赛单项奖三等奖；荣获第八届“创新杯”建筑信息模型（BIM）应用大赛优秀水利电力 BIM 应用奖；阳明东 220 千伏变电站新建工程、江西大唐国际安远九龙山风电场工程、江西省级智能电网调度技术支持系统工程等 7 项工程荣获电力行业优秀设计奖；红都 500 千伏变电站新建工程、凯迪永新 1×30 兆瓦生物质发电新建工程、潭埠—洪源 500 千伏线路工程荣获 2017 年度全省优秀工程勘察设计行业奖优秀工程奖。

2017 年，公司持续加大产学研合作研究力度，与国内各高校、科研院所开展科技项目研发。其中，与南昌大学合作研发“滨海电厂煤场软土地基处理及美标设计”“微电网设计关键技术的研究”“基于地域性特征的电厂去工业化设计研究”项目、与华北电力大学合作研发“送粉管道阻力分析和优化”项目、与华东交通大学合作研发“基于 Monte Carlo 法的大跨越段输电线路绕击计算方法研究”项目等。

【党群工作和企业文化建设】

1. 党群工作

（1）思想建设方面。一是严格落实党委中心组学习制度和年度学习计划、党员教育培训计划，明确了学习要点及篇目、学习目标及方式。年内先后组织了6次党委中心组学习。为全体党员及时配发学习材料。二是深入贯彻落实中国电建年初工作会议、全国国有企业党的建设工作会议和党的十九大精神的学习，组织开展学习讲座。三是组织全体党员参加“学习贯彻党的十九大精神和《中国共产党章程》专题辅导报告会”及“《实践论》《矛盾论》专题辅导报告会”。四是组织开展了纪念建党96周年、“畅谈十八大，建言十九大”、两期井冈山精神培训等活动。五是举办“党员春节回乡调研”活动，1篇调研报告获省直机关工委表彰。六是深入推进“两学一做”学习教育，严明党章党规党纪。

(2) 组织建设方面。一是深入推进“连心、强基、模范”三大工程，大力推行“党建+”工作，强化党建工作引领地位，院党委、团委分别荣获“省直机关党的工作特别优秀单位”“中央企业五四红旗团委”荣誉称号。二是贯彻落实股份公司要求，配强配优基层党组织负责人。三是修订完善党建及党风廉政建设考核指标，建立健全党建工作体系。四是大力开展“四强”党组织、“四优”共产党员创建活动，有4个“四强”党组织、28名“四优”共产党员获院党委表彰。五是严把质量关，加强党员队伍建设，年内发展党员5名。

(3) 作风建设方面。一是制定下发2017年党风建设和反腐败工作要点，把党风和反腐倡廉工作纳入企业改革发展和党的建设总体布局，层层签订《反腐倡廉建设责任书》。召开3次反腐倡廉建设专题会，研究部署党风和反腐倡廉建设工作。二是每季度编制党务公开简报，并在院OA公示，推进党务公开。把贯彻执行民主集中制和参与“三重一大”决策情况列入领导班子成员民主生活会和述职述廉的内容，接受职工群众监督。三是强化离任审计反馈意见整改。四是围绕重点领域、重要环节，贯彻落实中央“八项规定”精神，开展效能监察工作。

(4) 群团工作方面。一是组织开展了各类劳动竞赛和“我们的节日”主题实践活动。组织开展“送清凉”“送温暖”及摄影采风、钓鱼比赛等活动。二是组织青年创新论坛和“青春梦工厂”活动，荣获“中央企业五四红旗团委”荣誉称号；院电网工程公司输电结构部获“2015～2016年度全国青年文明号”荣誉称号。组织开展了浪漫情人节交友及五四青年交友等活动。三是广泛开展学雷锋志愿活动，荣获“第八届江西省青年志愿服务优秀组织奖”。四是严格落实维稳工作责任制，关心离退休职工生活，确保企业和谐稳定。

2. 企业文化建设

一是制定印发2017年宣传思想工作安排，加强精神文明和企业文化建设，荣获“2016～2017年度全国电力行业软实力建设贡献奖”“2017年中国电力创新奖（企业文化建设优秀成果）三等奖”荣誉称号；《浅谈高新技术企业的企业文化创新》《全面从严管党治党新形势下党建工作模式创新实践研究》获中国电建2016年度党建思想政治工作课题研究成果三等奖。组织开展了“身边好人榜”先进典型选树活动。二是在省直机关党建网、中国电建网、中国电力报、中国电建文学、电力设计信息、风范、中国电建报等重要媒体上发稿240篇。荣获“2017年新闻宣传先进单位”荣誉称号，《三步骤推进党建新格局》《江西设计院“身边好人榜”传递正能量》分获中国电力建设报2016年度好新闻获奖作品二等奖和三等奖。三是组织开展向困难党员捐款，慰问探望社区老人，塑造了企业良好社会形象。

【履行社会责任】江西院坚持服务社会、服务企业的理念，积极履行社会责任，引导广大团员青年深入社区、大街小巷，参与扶贫帮困、捐资助学、敬老扶幼、公益植树、捐款献血、文明城市创建服务等志愿者活动，用行动诠释电建青年主动承担社会责任的企业形象。2017年2月，组织向职工邓森父亲爱心捐助活动；3月，开展“美丽南昌 幸福家园”植树活动，以实际行动传播生态文明理念；4月，联合省科学技术馆、青少年发展基金会、南昌小蜜蜂志工协会举办“大手牵小手 爱心助成长”爱心志愿活动，为积极推进青少年儿童思想建设，提供了切实有效的志愿服务；6月，组织党员志愿者和社区服务人员前往南京西路南社区看望慰问社区孤寡老人，发放《公民公共安全知识》书籍，宣讲安全知识；12月，组织志愿者在高安村前村扶贫点开展献爱心活动。公司把乐于奉献的文化内涵转化成团队的凝聚力和竞争力，大力弘扬“奉献、友爱、互助、进步”的志愿精神，全方位履行社会责任，树立青年良好形象，展示青年的激情和风采。一系列的社会公益活动，树立了中央企业良好的社会形象。

（江西院）

中国电建集团福建省电力勘测设计院有限公司

【概况】中国电建集团福建省电力勘测设计院有限公司（以下简称福建院）创建于 1958 年，是一家具备工程总承包、电力系统规划设计，各类大中型发电厂及不同电压等级输变电工程勘测设计综合甲级资质的国家大型科技企业，是大型央企中国电力建设集团（股份）有限公司全资子公司。

福建院设立有福建省能源规划研究中心，协助政府制定福建省能源发展整体规划、相关产业政策，承担省内重点能源工程前期策划，投产前核准评估、咨询，投产后核查、督导、验收等工作。

近 60 年来，福建院秉承“自强不息，勇于超越”的企业精神，凝心聚力谋发展，开拓创新争一流，取得显著成绩。先后荣获中国优秀勘察设计企业、全国勘测设计行业创新型优秀企业，全国精神文明建设工作先进单位、全国五一劳动奖状、全国模范职工之家，全国电力行业质量管理先进单位、电力建设安全生产标准化达标企业、用户服务满意明星单位、全国安康杯优胜单位、国家电力公司一流设计企业、福建省高新技术企业、福建省企业文化示范单位等荣誉称号。在省内勘察设计行业率先通过了质量管理体系标准、环境管理体系标准和职业健康安全管理体系标准的国家认证，档案管理达到国家一级标准，企业信誉等级为 AAA。

福建院现有员工 742 人，其中全民所有制 504 人，集体所有制 54 人，另有劳务派遣 176 人，返聘 8 人，离退休 167 人。员工中教授级高工 47 人，高级技术人员 187 人，中级专业技术人员 127 人；各类专业注册工程师 267 人；工程总承包项目经理 22 人。

福建院服务的项目遍及全国，同时积极开拓海外市场。在印度、印度尼西亚、孟加拉、越南、老挝、安哥拉、赤道几内亚、坦桑尼亚等十多个国家都承接有电力工程。荣获国家级和省部级科技进步奖、工程优秀勘测设计奖、工程咨询将、优质工程奖 300 余项。同时拥有国家专利及专有技术 30 项，参与编制国家及行业标准 20 余项。

【领导班子】2017 年，福建院领导班子成员为：院长、党委副书记周源；党委书记、副院长姚晓芳；副院长谢建华；党委副书记、纪委书记、工会主席陈允明；副院长陈国华、卓郑炜；总工程师郑瑞忠；副院长黄文勇、罗景生。

【组织机构】2017 年，福建院下设 18 个二级部门，分别为工程分公司、发电分公司、电网分公司、勘测分公司、配网分公司、技术经济中心、国际分公司、市场投资部、公司办公室、党群工作部（工会办公室）、企业发展部、人力资源部、财务部、法纪监审部、采购中心、安全质量部、科技信息部、行政事务部。

公司挂牌成立了福建省能源规划研究中心，下设综合管理部、电力规划部、新能源研究部三个工作机构。另有公司全资子公司为福建省电建电力科技有限公司，控股子公司为古田中电建新能源发电有限公司，参股子公司为江西寻乌项山中电建新能源发电有限公司。

【主要经济指标】2017 年，全年实现营业收入 12.97 亿元，同比增长 19.32%；新签合同 15.78 亿元，其中勘测设计 3.11 亿元（含海外 1.05 亿元），总包 12.67 亿元（含海外 1.1 亿元），同比增长 26.22%；实现利润总额 8055 万元，实现经济增加值 10562 万元，应收账款周转率为 7.37，资产负债率为 58.15%，主要指标都保持了稳定增长。

【企业资质、资信】2017 年，福建院具备电力全行业设计甲级、建筑行业甲级、勘察综合甲级、测绘甲级，以及工程咨询、市政热力工程、电力行业工程造价、水土保持方案编制、压力管道设计资质，并取得中华人民共和国对外承包工程资格，是国际咨询工程师联合会会员单位。

【改革发展】

（1）2017 年进一步完善组织机构和资源配置。为适应市场、生产需要，整合资源，提升企业服务能力，行政事务部增加出版职能，增设出版中心；成立国际公司，促进院战略落地，加快转型升级，适应国际业务发展需要。

(2) 企业公司制改革圆满成功，完成了土地、房产的确权工作，避免了相关资产被剥离，并完整纳入改制企业资产范围；取得了改制变更登记后的新营业执照。

(3) 平稳推进了厂办集体改革，取得了阶段性成果。

(4) 在人事制度方面，完成能源中心“实体化”，发布《中层干部管理办法》和《因年龄原因退出干部管理办法》，完成中层干部退出机制；劳动用工方面，改革用工招聘模式，加强各业务单元人事权，发布“成才一骨干一栋梁”人才培养实施办法，成立人才学院；绩效分配方面，修订《部门绩效管理办法》建立业绩考核的战略导向机制，修订《院薪酬一次分配管理办法》，初步探索了业务单元工资总额制度。

【经营管理】2017 年，以“市场”和“健全‘工程公司’基础管理能力”为两条主线，全力推动战略落地，坚定不移推进企业转型发展，在战略落地、人事改革、海外布局、项目履约、依法治企等方面取得了一定的成绩，在传统业务市场低迷的背景下，努力完成了年度工作目标。

【重大项目】2017 年，重大项目如下：

(1) 电网项目，电网方面中标山东德州—高唐500 千伏、厦门集美 500 千伏三维设计竞赛、井门变—竹屿 220 千伏等勘测设计项目，中标兴化湾海上风电 110 千伏送出线路总包；首次牵头 1000 千伏特高压输变电项目可研工作；张北柔直、老挝 230 千伏变电站等重点项目稳步推进。

(2) 发电项目，中标三峡闽清上莲等 4 个陆上风电及华电厦门二期分布式光伏设计项目；中标南平新城、东南电化、永安后畲等多个分布式光伏 EPC 项目，承接上海电建菲律宾 GNPD 火电项目的设计管理业务。

(3) 总承包项目，全年在线项目达 11 个，已完成投运项目 7 项，其中同时在线陆上风电 EPC 项目达 6 个；提前策划，高效高质完成黄厝 110 千伏变电站项目，项目获国网优质工程奖，在首次突破的国网 EPC 领域初战告捷。

(4) 投资项目，泮洋二期项目首批机组 12 月顺利投产并网，一、二期项目全年发电量 1.23 亿千瓦时，项目收益达到预期；参股的江西多个风电场项目稳步推进，目前福建院权益装机容量已达 13 万千瓦；光泽南山风电项目已与地方政府签订投资开发协议，同时新选若干风电场址开展测风工作，与中闽东南售电公司联合中标南平延平新城增量配电网特许经营权，带动后续总承包市场。

【走向海外】2017 年，设立孟加拉、安哥拉和加纳国别代表，获得多个电网、垃圾、LNG 电厂的前期开发优先权，正式签订了安哥拉罗安达城网项目合同，合同额 9600 万元人民币，签订了伊朗赞詹二期电厂 EPC 设计分包合同；与集团施工企业组成利益共同体，推动海外紧密型联营 EPC 模式；深入挖掘福建侨乡资源，联合中闽武夷，积极布局东南亚市场；探索海外小比例投资带动 EPC，与省投达成印度尼西亚克罗拉水电站投资及 EPC 合作协议。

【科技创新】

(1) 2017 年，省级技术研究中心“福建省能源互联网设计企业工程技术研究中心”通过省科技厅评估，获得授牌，同时编制完成研究中心管理规定及创新工作室管理规定。

(2) 科技项目研发立足市场导向，2017 年新策划 33 项科技项目，其中涉及海外市场相关研究 5 项，新能源 5 项，非传统市场 3 项。积极参与国家电网公司依托工程科技项目研究，在柔直、电网三维设计等项目研究取得成果。

(3) 2017 年院获省部级科技进步奖 9 项，其中一等奖 2 项。获得集团科技进步一等奖 1 项。获得全国优秀咨询奖 1 项。获得专利授权 16 项，其中新获得发明专利授权 8 项，占截至目前拥有发明专利授权总数 23 项的 35%。获得软件著作权 6 项。适应总包业务拓展需要，组织申报工法 2 项，参与申报 1 项。

【党群工作和企业文化建设】

(1) 2017 年，认真落实党委中心组学习、支部“三会一课”，民主生活会、组织生活会、党员民主评议各项制度，推进“两学一做”学习教育常态化制度化。开展支部书记述职和支部党建考核。完成党建制度标准化修编，圆满完成支部换届工作。

(2) 2017 年，完善党风廉政建设责任书三层级签署的责任体系。开展对小金库专项治理。下发《惩防体系任务书》，通过《廉洁风险动态分析评估表》围绕新业务和新岗位开展深度识别、滚动识别。以巡视整改为契机，进一步加强“四风”建设，落实中央“八项规定”。

(3) 2017 年，制定企业文化十三五规划，拓展安全文化、廉政文化等分支文化建设。两项成果分获中国电力规划协会媒体大赛一等奖。福建院列入第十三届省级文明单位公示名单。新闻指标完成情况位列事业部前列。微信公众号自媒体宣传进一步加强。围绕古田泮洋风电场、黄厝总承包等重点工程开展外媒重点报道，对转型升级中涌现的先进人物加强宣传，策划开展“转型在路上”系列访谈。

（4）2017 年，工会开展办公大楼美化活动，举办院团队建设暨职工趣味运动会，加强对海外员工身心关爱慰问；团委开展青年思想调研、院领导与青年面对面座谈、青年志愿活动。离退办开展离退休员工重阳、春节慰问走访活动，进一步关心离退休员工。

（福建院）

上海电力设计院有限公司

【概况】上海电力设计院有限公司（以下简称上海院）为中国电力建设集团有限公司控股企业。中国电力建设集团有限公司持股 50%，上海电力设计院有限公司职工持股会持股 40%，上海电力股份有限公司持股 10%。公司注册资本金 20000 万元人民币。

公司主要从事城市电网系统规划、热网规划和清洁可再生能源规划的编制，以及 500 千伏及以下输变电工程和清洁可再生能源工程的设计、咨询和总承包业务，是国内电力行业城市电网设计的领先者和风光储输联合发电系统设计的创新示范者。在五十多年的发展历程中，公司服务于国家经济社会发展和现代化城市电网建设，竭诚为用户提供绿色、安全、高效的电力能源规划和工程咨询、设计及建设总承包全过程服务，成为国内城市电网和清洁能源工程领域新技术的实践者和引领者，并向成为国内领先、国际知名的科技型能源工程咨询公司目标迈进。公司保持上海市质量管理奖、全国质量奖荣誉称号。2017 年获“电力勘测设计行业企业信用评价 AAA 级企业”“五星级诚信创建企业”称号。至 2017 年连续第二十二年荣获“上海市重点工程实事立功竞赛优秀公司”称号。

截至 2017 年底，公司员工总数 305 人（博士、硕士学位员工占 59 %），拥有国家注册执业工程师 265 人次。

【领导班子】2017 年，上海院领导班子成员为：总经理兼党委副书记余寅；党委书记兼副总经理何晖；副总经理蔡光宗、林勇锋；党委副书记兼纪委书记、工会主席朱宏声；副总经理袁晓明；副总经理兼总工程师叶军；公司咨询唐宏德。

【组织机构】2017 年，上海院设置 11 个管理部门：总经理工作部、党群工作部、战略管理部、市场发展部、工程管理部、安全监察部、采购管理部、科技信息部（新技术研究中心）、人力资源部、财务资产部、监察审计部；设置 11 个业务部门：海外业务部、华北区域业务部、西北区域业务部、华东区域业务部、能源（电网）规划中心、技术经济中心、电网部、配网部、新能源部、总承包部、勘测部。

【企业资质、资信】2017 年，上海院拥有国家电力行业工程设计甲级资质，国家对外承包工程资格证书，火电、新能源工程咨询甲级资质，岩土工程（设计）甲级，岩土工程（勘察）甲级、工程测量甲级、岩土工程物探测试检测监测乙级资质，市政行业（热力工程）设计、建筑行业（建筑工程）设计、压力管道设计乙级资质，电力工程监理、输变电设备监理乙级资质，电力工程施工总承包三级资质及《安全生产许可证》，火电专业评估咨询乙级资质，通信信息专业咨询丙级资质，新能源工程项目管理（全过程策划和准备阶段管理）乙级证书，电力行业工程造价咨询甲级证书，上海市无线电固定台（站）和通讯网络技术设计资质，上海市固定资产投资项目节能评估文件编制机构库入库证书。

【主要经济指标】2017 年，上海院实现营业收入 239300 万元，实现利润总额 17100 万元，净利润 14836.81 万元，经济增加值 18057.38 万元，净资产收益率 29.07 %，新签合同额 238478 万元，资产总额 223567.08 万元，资产负债率 73.80 %。

【主要项目】2017 年，上海院为上海特大型电网规划、网架建设及完善做出重要贡献，并承接国内外电力能源的规划咨询、设计和工程建设项目。2017

年，上海院完成上海“十三五”发展规划对接与市场机遇课题研究、面向开放市场的电网发展研究，编制完成上海电网配电网“十三五”滚动规划、上海浦东新区配电网“十三五”滚动规划、上海市南供电公司“十三五”配电网滚动规划。编制完成雄安新区世界一流电网发展规划、雄安新区综合能源规划。编制新疆石河子临空经济区配电网规划、酒泉肃州新能源综合利用开发区电力专项规划、青海海南州风电基地规划、江苏苏州同里新能源小镇能源规划等。完成青海—河南±800千伏特高压直流输电工程中起始段至青海西段132公里的可研咨询项目。中标国家能源局第三批光伏“领跑者”计划13个基地中的5个基地的项目策划。获得青海海西50兆瓦风电项目建设开发权。中标雄安新区电网220、110千伏可研框架招标。中标浙江宁波2017年充电设施建设EPC总承包项目。中标青海水电海南州30兆瓦光伏发电、华润锡铁山50兆瓦风电项目下属标段、华润青海110千伏送出线路、亚洲硅业华隆20兆瓦光伏发电、华隆柴达木能源20兆瓦光伏电站等总承包项目。获得阿根廷300兆瓦光伏设计项目、菲律宾风电光伏互补EP项目、澳大利亚风电场送出线路EP项目等合同。2017年，上海院设计的国内首座与办公住宅相结合建设的500千伏智能型全地下变电站——上海虹杨变电站投运，设计的世界首个具备虚拟同步发电机功能的储能电站在国家风光储输示范电站建成投运，依托国家“863”计划完成的实现对电力潮流分布管控的上海蕴藻浜—闸北220千伏“电力交警”UPFC项目并网投运，总承包建设的青海锡铁山风电一期、二期项目并网发电。完成雄安新区电网基建智慧管控平台开发报告、雄安新区110千伏所有类型变电站典型设计工作。结合国家关于精准扶贫、精准脱贫相关工作部署和光伏产业支持政策，策划“异地联建分布式光伏扶贫电站”的运营模式，一次性解决河北张北128个村整体脱贫目标。

【改革发展】2017年，上海院调整“十三五”战略子规划，使公司业务和管理更好与公司“十三五”整体战略的承接，进一步培育和提升核心竞争力。适应市场变化，建立公司两级营销体系，建立西北、华北、华东三大区域业务部，建立雄安新区工作组，提升市场和服务响应能力。增强快速行动能力，完善项目经理制和项目管理评价机制，健全差异化项目管理模式。作为国内省级以上电力设计行业唯一股份制改革企业，公司保持强有力的发展活力。

【管理创新】2017年，上海院推进生产管理改革，电网、配网和新能源业务部基本成为具有业务获取、合同管理、合同履约、收费结项等全过程管理能力的独立业务单元。持续完善安全生产制度体系。进一步完善以经营管理、工程技术、项目管理、市场营销四条序列为主线的网状职业发展通道，推进开展“三鹰”人才培育计划。持续开展商业模式创新，建立开放的合作平台，与合作伙伴共同营销，实现项目EPC合作共赢、利益共享。持续进行绩效考核指标优化，对业务部门考核从“新签合同”规模指标为主向“价值留存”等效益指标为主转变，并聚焦项目管理、技术创新、人才培养等环节；对职能管理部门考核聚焦于对公司价值创造环节所做贡献和对生产、营销的支撑和服务。

【科技进步】2017年，上海院共获得省部级、集团级工程类奖项14项、科技类奖项6项，其中获得“国家能源局能源软科学研究优秀成果奖”，“城市型变电站设计技术及应用研究”获得中国电建科学技术奖一等奖。新增发明专利8项、实用新型专利34项、外观专利1项、软件著作权5项、专有技术2项、工法1项，发表科技论文37篇。

2017年度上海院完成科技项目101项，重点研发项目集中在特高压、城市输变电、智能配电网、储能及微网、海上风电、太阳能发电、新能源并网等领域，其中有国家重点研发计划项目“高渗透率分布式可再生能源发电集群的规划设计技术”、上海市科委重点项目“上海市深远海域海上风电重大示范工程关键技术攻关”等；完成中国电建项目3项。承担编写国家标准、行业标准17项。其中主编的国内首个电化学储能电站运行的国家标准《电化学储能电站运行指标及评价》通过送审；主编行业标准《光伏发电站直流发电系统设计规范》《配电网初步设计内容深度规定》《配电网施工图设计文件内容深度规定》完成送审稿。

“城市型变电站设计技术及应用研究”获2017年度中国电建科学技术奖一等奖、“户内装配式智能变电站关键技术研究及工程应用”获2017年度中国电建科学技术奖二等奖、“户内变电站设计技术研究及应用”2017年度电力工程科学技术进步一等奖、“城市型模块化装配式智能变电站关键技术研究及工程应用”获2017年度电力工程科学技术进步二等奖、“新一代智能变电站典型设计”获2016年度电力行业优秀标准设计一等奖、“‘十三五’上海配电网建设改造实施方案”获上海市优秀工程咨询成果一等奖；“山西大同采煤沉陷区国家先进技术光伏示范基地基础设施工程（汇集站部分）”获2017年度电力行业优秀工程设一等奖、大渡河 220 千伏变电站获 2017 年国家电网公司输变电工优秀设计一等奖；“上海 220 千伏大渡河变电站全寿命周期数字化运用”获第一届供配电工程数字化设计（EIM）大赛变电工程组第一名；2017 年获得全国电力行业 QC 小组优秀成果二等奖、全国电力勘测设计行业优秀 QC 小组一等奖、2017 年上海市群众性质量管理小组成果显著奖。

【走向海外】2017 年，上海院深耕海外目标市场，布局重点国别市场。发挥城市电网、清洁能源咨询设计领域优势，对接集团全球化发展战略，借力集团国际业务品牌影响力和国际市场营销网络，重点深入开拓澳洲、菲律宾、埃及、土耳其等重点国别市场。加大海外业务资源配置、调整和优化海外市场营销策略。与集团电建国际东南非、亚太、中西非区域部开展协同营销，与上海电建合作，获得阿根廷光伏项目设计合同。签订菲律宾风电项目和澳洲铁塔项目的采购合同，实现海外业务类别的突破。

【党群工作和企业文化建设】2017 年，党的建设工作是公司改革、发展的重要保障。以党的十九大、十八届六中全会精神和全国国有企业党的建设工作会议要求为指引，将党建工作总体要求、党委的职责权限、机构设置等纳入公司章程；将党建工作成效转化为企业发展优势，提升党建工作的价值创造力。健全党委议事决策机制，进一步规范公司重大事项决策程序和方式，把党委研究讨论作为董事会、经理层决策重大问题的前置程序。完成公司党委、纪委换届选举工作。开展选人用人专项课题研究，优化干部选拔机制和流程。加强公司后备青年干部培养，组织开展延安精神红色教育活动。公司工会围绕企业工作大局谋划工作任务，动员员工在企业转型发展中建功立业。公司获得“上海市经信系统工会模范职工之家”称号，技术经济中心获上海市“三八”红旗集体称号、员工张怡获上海市“三八”红旗手称号。公司团委被评为 2017 年度上海市经信系统“五四”红旗团委。

【履行社会责任】2017 年，在山西大同、阳泉国家光伏“领跑者”基地项目的成功实例和经验基础上，继续推行“政府智库＋规划引领”的模式，积极服务青海、山西等多地的新能源规划和基地开发。在国家能源局公布的“第三批光伏领跑者基地”项目中，由公司主持编制并协助申报的项目成功入选数高达 5 项，为国家更多光伏“领跑者”项目的推广，及光伏产业的提质增效提供有益经验和借鉴。在青海、江西、河北、内蒙古、山西、山东等地，设计、建设了一大批风能、光伏等清洁能源工程。积极服务雄安新区建设，为雄安新区电网规划提供先期服务，完成雄安新区变电站典型设计，中标当地电网 220、110 千伏可研框架招标。贯彻国家清洁能源替代政策，精准出击，首次开展燃气机分布式能源设计项目。结合国家关于精准扶贫、精准脱贫相关工作部署和光伏产业支持政策，策划“异地联建分布式光伏扶贫电站”的运营模式，一次性解决河北张北 128 个村整体脱贫目标。继续推进输变电设施建设向人性化、智能化、环保型方向发展；倡导“互利合作、和谐共赢”的服务境界，努力营造良好的社会环境；注重公共关系建设，与用户进行良好的沟通，了解重点客户的工程建设需求，配合推进电网建设前期工作不断向纵深发展；继续努力履行促进建设现代化电网与城市历史文化、人文景观和自然环境和谐共存职责，在降噪、防污染和节约土地资源等方面积极探索、创新及应用新技术。发布 2017 年度《上海电力设计院有限公司社会责任报告》。持续与上海市金山区枫泾镇菖梧村开展共建活动，展现中央企业的社会使命感、责任感。

（上海院）

四川电力设计咨询有限责任公司

【概况】四川电力设计咨询有限责任公司（以下简称四川设计咨询公司），前身四川省电力局设计室，成立于 1979 年，后发展成为四川电力工业勘察设计院。2001 年在全国电力设计行业中率先改制组建股份公司，同时提出由单纯电力设计咨询向电力工程建设全功能转变的发展思路；2006 年，正式确立了“现代工程公司”发展愿景；2010年初经国家电网四川省电力公司重组整合，成为四川省电力公司全资子公司；2011年9月，根据电网企业主辅分离改革及电力设计、施工企业一体化重组改革要求，整体划转至中国电力建设集团有限公司，进入了新的发展时期。

四川设计咨询公司是全国文明单位、国家高新技术企业，获四川省五一劳动奖状荣誉称号、成都市企业服务业“双百强”；连续12次进入全国勘察设计行业工程总承包百强，连续5次获得电力勘测设计企业信用评价AAA等级，两次获得工程总承包金钥匙奖。

【领导班子】2017年1～11月，四川设计咨询领导班子成员共8人：执行董事（法定代表人）、总经理、党委副书记侯磊；党委书记、副总经理周千波；副总经理钟小平、李邱林、李晔；党委副书记、纪委书记、工会主席田洁（女）；总会计师汪莉（女）；总工程师詹宗东。

11月，新提拔副总经理全兵，领导班子成员共9人。

【组织机构与人力资源结构】2017年，四川设计咨询公司共设20个部门：总经理工作部、党群工作部、人力资源部、财务部、市场部、海外部、科技部、安全质量环保部、纪检监察审计部、事务部、信息中心、系统规划中心、技术经济中心、采购中心、发电分公司、电网分公司、勘测分公司、工程分公司、西藏分公司、黔桂分公司。

截至2017年末，员工总数586人，具有硕士研究生及以上学历304人，大学本科及以上学历人数比例94.03%；拥有国家注册执业工程师209人（次），四川省勘察设计大师2名，四川省优秀青年工程勘察设计师3人；高、中级职称人数432人，占比74.23%。平均年龄37.32岁。

【主要经济指标】四川设计咨询公司经营情况良好，在中国电建年度经营业绩考核中继续位居电力勘测设计板块企业前列，综合实力处于集团勘测设计事业部板块第一梯队。2017年，新签合同额56.35亿元，营业收入30.25亿元，利润总额2.14亿元，实现经济增加值1.97亿元。全员劳动生产率527.03万元/人；截至2017年末，资产总额为30.07亿元，资产负债率63.50%。

【企业资质、资信】2017年，四川设计咨询公司拥有工程咨询甲级、工程设计行业甲级、工程勘察综合甲级以及测绘、地质灾害（治理工程勘察、设计、危险性评估）、电力行业工程造价咨询、环境污染防治工程等多项甲级资质，具备对外承包工程资格；在特高压、智能电网、高海拔、重冰区、陡峻山区输电、大跨越输电、循环流化床发电、燃气蒸汽联合循环发电、分布式能源、可再生能源、航测技术等电力工程全领域拥有雄厚技术实力，国内电力工程全生命周期总承包建设能力位于行业领先地位。

主要承担境内外电力系统规划设计、发电工程、输、变电工程及电力系统通信、建筑工程、市政工程等勘测、设计、工程咨询、工程总承包和项目管理及水土保持、环境影响评价等业务。

【改革发展】2017年，四川设计咨询公司“十三五”发展规划顺利通过中国电建评审，战略方向进一步确定；年内编制三年滚动规划和人力资源、财务及投融资、市场营销、科技、信息化建设、党建、全面监督等7项子规划，进一步加强战略目标分解和考核，确保战略落地。同时按照集团重组整合和整体上市要求，有序推进改革改制相关工作。

【经营管理】2017年，四川设计咨询公司坚持规划引领、高端切入，积极创新商业模式，推动分级分类经营能力提升，重点区域经营进入良性循环。国内勘测设计业务保持稳定份额，2017年内四川设计咨询公司加强对接国网特高压市场，深耕省内电网勘测设计市场，延伸设计特色和服务，拓展业务范围，深度开发配网市场，全年签订国内勘测设计咨询合同额2.44亿元。国内总承包业务保持较好业绩，四川设计咨询公司着力高端营销，立足项目全寿命周期策划与业主需求，2017年获得贵州贞丰、广西百色等一批重点工程；同时继续保持省内总承包业务开发力度，并加大对重庆、新疆、云南等区域市场的开发，全年签订国内总承包合同额37.69亿元。新能源业务发展势头良好，四川设计咨询公司坚持以技术创新拓展市场开发，依托履约项目积累实践经验，2017年获得陕西富平、吉林白城、西藏比如等一批光伏项目和国电投马头岩、中节能天台山等一批风电项目；积极参加四川能源局新能源政策研究，完成政策研究、审查及项目实施检查等工作，经营能力及区域经营优势得到提升。新兴业务发展初现成效，四川设计咨询公司准确研判市场趋势，积极拓展分布式能源、生物质发电领域市场，继续发展基础设施业务，全年签订非电业务合同额7.72亿元。

【重大项目】

（1）2017 年，在电力工程总承包领域：

科特迪瓦苏布雷输变电总包工程：该国最大水电站的送出工程。

贞丰县煤电冶一体化工业园热电联产动力车间总承包项目：是四川设计咨询公司创新商业模式典范，刷新四川设计咨询公司国内电厂总承包建设新突破。

兴义至百色 220 千伏输变电工程总承包项目：目前国内以 EPC 总承包方式建设的最大电网项目。

西藏昌都电网与四川电网联网输变电工程：荣获国家优质工程金质奖。

丹巴 500 千伏输变电工程：荣获全国工程勘察设计行业优秀工程项目管理奖铜奖。

贵州省兴义郑鲁万工业园配套 220、110 千伏输变电工程：被誉为兴义质量、兴义速度。

肯尼亚 LAMU 燃煤电站项目（3×350 兆瓦）：目前东非最大的燃煤电站项目，项目规模占肯尼亚总装机容量的 35%。

炉霍贡唐岗 50 兆瓦并网光伏电站：海拔 4200 米，120 天内完成建设，创造了国内海拔最高光伏电站（含升压站）建设周期的纪录。

西藏日喀则岗巴县 20 兆瓦并网光伏电站：世界首个高海拔逆变一体化电站。

（2）在工程设计领域：

准东—华东±1100 千伏特高压直流线路是世界上电压等级最高、送电容量最大的输电工程；雅安—武汉 1000 千伏特高压交流输变电工程、金上—江西±800 千伏、雅中—江西±800 千伏、锡盟—江苏±800 千伏、上海庙—山东±800 千伏、陕北—湖北±800 千伏特高压直流输电工程等代表世界电工技术最高水平的特高压交直流输变电工程。青海—河南±800 千伏特高压直流工程是国家电网公司打造的新时代基建样板工程。雅中±800 千伏换流站工程 B 包市公司变电第一次涉足特高压换流站设计，蒙西—晋中 1000 千伏特高压交流工程线路第一次涉足设计监理工作。

灵州—绍兴±800 千伏特高压直流输电线路工程、酒泉—湖南±800 千伏特高压直流输电线路工程、米易 500 千伏变电站新建工程、玉龙 220 千伏变电站新建工程、邦达 220 千伏变电站新建工程：荣获电力行业“四优”一等奖。

茨巫—乡城 220 千伏线路新建工程：获评国家电网优秀输变电工程设计一等奖。

西藏昌都电网与四川电网联网输变电工程：荣获国家优质工程金质奖。

金桥水电站 110 千伏输变电工程勘测设计：目前国内难度较大、地形极复杂、外业安全风险极大的水电送出工程勘测设计项目。

（3）在基础设施领域：

成都市青白江区安置房及市政道路建设 BT 项目。

成都市邛崃市、蒲江县灾后重建土地增减挂钩项目。

【走向海外】2017 年，四川设计咨询公司通过自主营销与协同、合作开发，拓展国际市场，着力提升项目“一揽子”服务能力。以科特迪瓦电网和印度脱硫项目为试点，积极探索国际化资源配置和属地化经营模式；加强与集团国际公司对接，配合开发了科特迪瓦 BROTO 燃煤电站项目，赢得项目主动开发优势；坚持与优势企业、窗口公司资源互补，参与塞拉利昂项目国际公开竞标，推进黑山南北高速公路永久供电总承包项目；依托优质履约项目经验，2017 年获得科特迪瓦苏布雷水电站输变电项目新增工程，签订肯尼亚拉姆 3×350 兆瓦燃煤电站厂外长距离输煤新增工程。全年新签海外合同额 8.5 亿元。

【科技创新】2017 年，四川设计咨询公司坚持创新驱动，增强发展后劲，科技综合实力得到提升，信息化生产力得到有效转化。全年开展各类科技项目 84 项，研发投入比达 3.03%，为重新认定高新技术企业创造了条件。全年获科技、设计、咨询奖等共 48 项，“输电线路装配式杆塔基础关键技术及标准化研究”获电力建设科技进步一等奖。同时进一步深化中国电建事业部“基于 AVEVA 的发电工程数字化设计”课题研究，逐步推进发电、电网三维数字化设计研究和应用，信息安全体系得到进一步健全。2017 年获得中国电建信息化先进集体称号。

【党群工作和企业文化建设】2017 年，四川设计咨询公司深入落实党的十九大精神，紧扣从严治党要求，扎实开展“两学一做”学习教育，党课宣讲、党性体检等全面覆盖党组织和党员；深入落实管党治党责任，不折不扣完成集团巡视公司各项整改任务；配合完成公司领导班子换届，强化干部管理体系建设；深入开展传承改制精神主题实践活动，加强形势任务宣传教育，引导干部员工转变作风、凝聚合力；落实“两个责任”，完善惩防机制，严格监督问责，党风廉政建设取得实效；聚焦生产经营开展主题传播，推进布拖精准扶贫，创新和谐美好家园建设载体，3项成果分获电力设计行业一等奖等荣誉；弘扬工匠精神，开展优秀勘测设计作品秀活动和青年论坛；落实退休老同志各项待遇，进一步建立健全退休职工管理服务体系；加强保密和信访维稳工作，保持企业和谐稳定。

（四川设计咨询公司）

中国电建集团贵州电力设计研究院有限公司

【概况】中国电建集团贵州电力设计研究院有限公司（以下简称贵州院）成立于1958年，是具有独立法人资格的经济实体，隶属于中国电力建设集团有限公司。企业财务状况良好，是贵州省国家税务局、贵州省地方税务局核定的A级纳税信用单位、全国电力行业3A级信用企业、全国工程勘察与岩土行业诚信单位。

【领导班子】2017年，贵州院领导班子由7人组成：执行董事（法定代表人）、总经理、党委副书记李康忠；党委书记、副总经理康天科；副总经理、总工程师杨立；监事、纪委书记、工会主席钟广黔；副总经理张宇、陈晋；总会计师胡刚。

【组织机构】2017年，贵州院拥有一支专业齐全、技术力量雄厚的工程勘测、设计、咨询和工程管理经验丰富的队伍。全院共有在岗员工813人，其中各类专业技术人员605人，高、中级专业技术人员306人，各类注册工程师183人。贵州院下设23个部（室）及中心，其中生产部门14个：系统规划分院、发电设计分院（新能源部合署）、海外事业部、电网设计分院（西藏分院、电网数据化技术中心挂靠）、配网设计分院、勘测工程分院、建筑设计分院、造价咨询所、咨询分院、总承包分院、监理分院、招标中心、地理信息中心、投融资中心。设职能管理部门9个：总经理工作部（经营开发部）（南方分院、商务会展中心挂靠）、党委工作部、纪检监察部、人力资源部、财务部、技术质量部、安全监察部、工会（离退休办公室）、信息档案部等。

【企业资质、资信】2017年，贵州院具有勘察综合类甲级、电力工程设计甲级、工程咨询甲级、工程监理甲级、测绘资质甲级、建筑工程设计乙级、工程造价咨询乙级、电力行业工程造价咨询甲级、输变电工程专业承包三级、电力承装（修、试）三级、工程招标代理乙级、地理信息系统工程甲级及地灾勘察、评估、设计、施工丙级资质。

【主要经济指标】2017年，贵州院实现营业收入104166.60万元，新签合同额130989.56万元，实现利润7257.72万元，超额完成了中国电建下达的各项经营指标。

【主要项目】2017年，贵州院以“规划研究中心”平台为转型升级抓手，积极主动为省能源局、发展改革委编制了《贵州省中长期电源结构优化研究》等规划报告；首次承接系统总包项目“中国铝业220千伏用户变电力系统通信、调度自动化、安稳EPC总承包”项目。

贵州院承接了“河北永新纸业有限公司资源综合利用发电项目”“东莞玖龙纸业集团及亚太纸业等不同行业的热电联产项目”等项目。“重庆南川水江热电联产工程”总承包项目，为中电建勘测设计事业板块首个独立承接火力发电厂总承包项目，规模为1台350兆瓦超临界燃煤发电机组，合同金额为9.7亿元。

承接的特高压项目有：“滇西北至广东±800千伏特高压直流输变电工程”，是世界上海拔最高，距离最长的±800千伏特高压输电线路，线路造价高，冰区复杂，污区多，跨越难度大，是世界上第一次具备上千公里的直流地线融冰功能的特高压输电线路；“乌东德±800千伏特高压输电工程”是全国第一个多端柔性直流示范工程；500千伏输变电工程市场占有率保持在80%以上，承接的主要项目有：“500千伏碧江变电站工程”“深溪500千伏输变电工程”“500千伏威宁输变电工程”等；220千伏输变电工程市场占有率保持在50%左右。成功进入国网市场，承接了该市场区域内的“雅中—南昌±800千伏直流输电线路工程”。根据市场分析及贵州院“十三五”战略规划的部署，为抢占西藏电网“十三五”

规划市场空间及并积极发展该区域光伏、风电、充电桩等新领域，同时考虑配网、智能电网、光伏、海上风电等投资力度较大的海南市场，9月成立了西藏分院、南方分院。

贵州院积极开拓新能源项目，承接的“贞丰县上水桥光伏电站”“青海省循化光伏电站”两个光伏总承包项目，均于6月30日并网发电。

在保有电网监理业务20%以上的份额外，承接“安龙电厂2×350兆瓦发电工程”“遵义坪桥工业垃圾发电项目”建设监理等，填补了贵州院火电监理业务零的空白；“阳江风电场项目”建设监理，是贵州院第一个省外监理项目，标志着贵州院省外监理市场迈出了实质性的步伐。

勘测业务在向岩土工程治理的方向稳步发展。对贵州电网公司、超高压公司管辖范围内的输电线路地质灾害情况进行评估、监测，并对部分存在危险因素进行地质灾害治理，提供解决方案及施工总承包服务。

贵州院还向非电业务扩展，承接“大理海西心灵家园设计项目”“毕节监狱扩建工程”等设计项目。精准定位电网公司小型基建市场，已承接贵州电网下属县局19个供电所设计施工总承包，全年签订41个以上供电所EPC项目，合同金额达到2.6亿元。

贵州院承接的多个总承包项目，为贵州院的转型升级打下了坚实的基础：“鹅毛寨光伏电站220千伏送出工程”“达棒山风电场220千伏送出工程”“高速公路项目220、500千伏电力线路迁改工程”“四川水电集团农网改造升级项目EPC总承包”“2015年新增农村电网改造升级项目”等。

贵州院承接国家863主动式配网试点项目总承包（集成可再生能源的主动配电网研究及示范），该项目包含：燃气发电机组、风力发电系统、光伏及储能系统、充电桩及电动汽车系统、主动配电网及其控制系统等，2017年通过国家科技部一次性验收。

【改革发展】2017年，为加快贵州院转型升级步伐，通过投资撬动和搭建项目资金资源互联支持平台，将贵州院现有财务结构优势转化为商业优势，趟出一条轻资产企业做优、做强、做大的科学发展之路。2017年成立“投融资中心”开展投资运营业务。联合承接“平塘县公路安全生命防护工程”，该项目是平塘县境内1020公里农村公路交通安全生命防护工程，采购预算为2.55亿元人民币，是贵州院的第一个融资项目。

贵州院积极主动与省发展改革委、能源局进行对接，努力建设成为政府的智囊团，通过超前谋划，积极跟踪落实，贵州院以项目业主身份申报的贞丰县下布克光伏电站，进入2017年贵州省光伏发电项目库并成功拿到了项目开发的资源；贞丰县者相冬妹光伏电站，进入2018～2019年贵州省光伏发电项目库，为贵州院转型升级、多元化经营，开辟了新的上升空间。

贵州院积极创新业务模式，通过自身技术优势和品牌优势，参与省内配网标准的制定，以配网技术引领标准制定，创品牌，发展“高端”智能配网业务，力争成为行业标杆。现阶段配网业务的重点发展策略为：以扩大市场占有份额，提高技术、服务水平为目标，聚焦区域传统配网相关市场，着眼于技术升级、着力提升新型智能配网技术水平；提高服务性价比，以服务和品质赢得客户和市场。

贵州院的地理信息中心是中国电力建设集团有院公司电力设计板块中唯一一家具备地理信息甲级从业资格的单位。通过无人机巡线、数据处理和机巡平台建设三个业务切入了电力设施运维业务，开发研究了人工观冰App，在南网全网范围内进行推广，成为贵州地区首家同时具备无人机和直升机搭载激光LiDAR飞行服务的单位。

【管理创新】2017年，根据中国电建“12358”战略方针，编制完成“贵州电力设计研究院十三五（2016～2020年）发展战略规划”，并顺利通过勘测设计事业部审核。规划明确了“一体两化”的业务总体发展思路，即一体化发展战略：以工程总承包为目标，充分发挥规划设计的引领作用，全面带动咨询、监理、施工、招标代理、民用建筑设计等业务的提升；多元化发展战略：大力开展节能环保、资本运营、融资租赁等相关业务，培育新的业务增长点；国际化战略：不断加强内部建设，有计划地进行海外人才的储备及培养，提升海外经营能力，有效开拓国际市场，逐步推进海外经营。

通过战略指引，制定了多层级、全方位的战略规划体系，使院管理得到调整优化，各业务板块的统筹机制更加科学；使市场协调、产业合作、业务协同能力得到加强；使利益共享、风险共担成为共识。

贵州院将进一步完善信息化管理流程，对贵州院合同收费及外委项目付款流程进行升级，构建完善的合同收费及外委合同付款审批流程，为2018年全面实现收款及外委项目付款工作的信息化做好充分的准备，为全院经营活动分析提供高效、准确的基础数据支撑。

启动总承包管理体系建设工作，不断健全完善总承包管理制度，提升总承包业务管理规范化、标准化和信息化水平，降低安全管理风险，为转型升级夯实管理基础。

【科技进步】2017 年，贵州院大力实施科技兴企战略，积极开展技术创新，以产业政策为导向，针对市场发展需求，形成"产—学—研—用"的联动模式，完成了国家高新技术企业的复评审工作，形成以贵州电力设计研究院企业技术中心为组织管理，贵州省电力勘察信息系统工程技术研究中心、贵州省电力规划研究中心、贵州省分布式能源技术应用工程研究中心、贵州省电力系统规划设计全过程应用研究生工作站等五个平台齐头并进的建设格局。

先后开展和完成了变截面土工格室在高填方边坡中的应用关键技术研究、北斗导航实时定位及大数据分析一体化工程研发及设备产业化研究、基于海量数据的变电站健康运维管技术研究、变电站数字化设计平台研发和火电设计二三维数据贯通技术研究等省部级科技项目 4 项，集团和公司自立项目 14 项。

贵州院注重知识产权及科技进步奖的申报工作，2017 年共获省、部级奖 29 项，其中科技类 12 项、工程勘测设计类 17 项。"覆冰趋势分布计算模型与实时分布计算技术研究及冰区图管理软件开发项目"获 2016 年度中国电力工程科学技术进步奖二等奖、"贵州最大风速风区分布及输电线路防风偏技术研究"获 2016 年度中国电力工程科学技术进步奖二等奖、"架空输电线路覆冰勘测技术研究及标准"获 2016 年度中国电力工程科学技术进步奖三等奖，"南方地区电网实时覆冰与同塔双回线路防冰关键技术研究及工程应用"获 2017 年度中国电力创新奖技术类三等奖，"贵州电网输电线路地质隐患勘察与防治决策系统开发及工程应用"获南方电网公司技改贡献奖二等奖。"凯里（舟溪）500 千伏变电站工程"获 2016～2017 年度第二批国家优质工程奖，"云南金沙江中游电站送电广西±500 千伏直流输电工程直流线路及接地极线路工程"获 2016 年度电力行业优秀工程设计一等奖、南方电网公司 2016 年度基建工程优秀设计奖一等奖，"贵州电网输电线路地质隐患勘察与防治决策系统开发及工程应用"获 2017 年度贵州省电力技改贡献奖一等奖。

2017 年贵州院参编行业标准 2 项、地方标准 2 项，主编地方标准 5 项。授权发明专利 5 项、实用新型专利 13 项、软件著作权 2 项，发表科技论文 40 篇、EI 收录 6 篇，出版专著 2 本。

【走向海外】2017 年，贵州院承接了"非洲刚果（金）布桑加水电站（260 兆瓦）接入系统项目""印度安得拉邦阿马拉瓦蒂首府基础设施总体规划""越南正阳纸厂动力车间工程"等项目。与云南麟昆投资集团签订战略合作协议，积极开发非洲刚果（布）及几内亚的电力市场，并组成非洲调研考察组，深入到该区域的重要城市寻找商机，为公司的海外业务扩展奠定了基础。

【党群工作和企业文化建设】2017 年，贵州院通过中心组、"三会一课"、民主生活会、支部组织生活等加强时事、政治学习，举办党性教育培训班、专题辅导，宣贯党的十九大、习近平总书记系列讲话精神；修订院议事规则和"三重一大"决策制度，制定院中层后备干部管理办法，完成增补党委委员工作，按程序做好后备干部推荐、中干选拔等工作，不断加强班子和干部人才队伍建设；组织签订《党建工作目标责任书》，开展了支部书记述职考评；完成了全国国有企业党建工作会精神 30 项重点任务、巡视整改工作；持续开展党建"五个载体"品牌活动，大力推广"把支部建在项目上"的成功经验，依托新媒体打造"云地支部"，增强基层党组织活力；开展了"畅谈"和"建言"活动；"明礼知耻·崇德向善"贵州好人、"贵州榜样·最美人物"等主题活动；派员参加同步小康驻村工作。

贵州院认真落实党风廉政建设责任制，反腐倡廉教育扎实推进，开展了以"明准则、知条例、守纪律"为主题的廉洁主题教育月活动，对新入职员工进行廉洁文化培训，运用微信等新媒体，宣传反腐倡廉。从调研总包业务、专项检查工资奖金发放、改善管理部门服务水平、监督物资设备采购、外委、工程分包、招标等方面开展效能监察，取得一定成效。制定《贵州电力设计研究院全面监督"十三五"规划实施细则》，构建"大监督"工作格局；制定《贵州院贯彻落实"三个区分开来"要求的实施细则》，建立纠错容错机制并形成鼓励干事创业的环境。

贵州院注重企业文化建设，2017 年再获"贵州省文明单位"称号；获"2016 年度全国电力工程新闻宣传先进单位"。贵州院《工程项目廉洁文化建设的初步探索》课题研究，获得电力规划研究协会课题研究成果特等奖。《乌东德勘察记之大王叫我来巡山》《撸起袖子追梦的小明是不是你》分获电力规划研究协会 2017 年新媒体大赛特等奖和二等奖。工会举办第三届青年论坛活动；开展"读书——助我素质提升"和"注重家教家风·培育家国情怀"主题读书、征文活动；开展PPT制作演讲大赛，为全面锻炼和提升全院职工的综合素质，促进贵州院企业文化的繁荣发展。

完成团委换届选举工作。团委开展“我的青春我的梦——学习总书记讲话 做合格共青团员”主题征文活动及参加省国资委“青春奉献大扶贫 国企改革当先锋”主题演讲比赛；举办“感恩有你”花艺制作活动；组织“无热血不青春”主题新生文艺汇演；开展“青年之声·青春电建大讲堂”活动；开展“温暖冬日 凝结真情”包饺子活动等系列主题活动。

【履行社会责任】2017年，贵州院有序开展帮扶共建、扶危济困活动，积极履行社会责任，通过职工捐款建立“爱心基金”帮助困难职工，节日走访慰问社区特困家庭，送去慰问，主动关怀困难群众、承担社会责任的精神，同时也体现了中华民族互帮互助的传统美德。

2017年，贵州院派出一名驻村干部到遵义县平正乡葛藤村担任第一书记，参加2017年同步小康驻村工作，帮助推动精准扶贫。贵州院向精准扶贫帮扶对象遵义市播州区葛藤村捐赠8万元物资，捐赠物资中包含了台式电脑、笔记本电脑、打印机等办公设备，改善了村里的办公环境。

（贵州院）

中国电建集团吉林省电力勘测设计院有限公司

【概况】吉林省电力勘测设计院（以下简称吉林院），成立于1978年3月。其前身为1955年5月，当时的中央人民政府燃料工业部东北电业管理局成立长春电业局设计科，共计43人。1958年，长春电业局设计科改为吉林省电业管理局设计室，并从水利电力部长春电力设计院调来一批从事火力发电工程设计的人员，设计室从此开始承担起吉林省部分火力发电厂和电网的整套设计工作。1964年5月，吉林省电业管理局设计室更名为东北电业管理局长春设计室，直接隶属于东北电业管理局。1978年3月，设计室正式升格为吉林省电力勘测设计院，成为吉林省电力工业局下属的一个基层单位。2000年，吉林省电力勘测设计院成为吉林省电力有限公司的直属单位。2011年9月29日，根据电网主辅分离改制工作要求，吉林省电力勘测设计院正式划归中国电力建设集团有限公司。2017年底，根据企业公司制改制要求，由吉林省电力勘测设计院更名为中国电建集团吉林省电力勘测设计院有限公司。

【领导班子】2017年，吉林院领导班子8人，咨询2人：院长兼党委副书记姚飞；党委书记兼副院长张力；党委副书记、纪委书记、工会主席李洪磊；副院长孙志亮、孙玉龙、宋嘉峰；总工程师田秀俊；总会计师唐进年；咨询张伟、李吉男。

【组织机构与人力资源结构】2017年，吉林院设置了11个职能部门及12个生产部门。其中：职能管理部门包括院长工作部、经营计划管理部、投资管理部、安全环保部、技术质量管理部、人力资源管理部、财务资产管理部、党群工作部、监察法律管理部、信息管理部、后勤管理部；生产部门包括发电工程部、电网工程部、电网工程二部、系统工程部（新业务发展部）、风电工程部、技术经济部、勘测工程部、工程管理部、广州项目部、监理项目部、咨询部、出版处。

吉林院正式职工总人数344人，其中：在岗人员340人，均为主业人员；离退休193人。学历结构情况：博士学历2人，硕士学历84人，大学本科学历197人，大专学历37人，其他21人。职称结构情况：教授级高级工程师29人，高级工程师136人，工程师95人，助理工程师24人。年龄层次为：29岁及以下40人，30～39岁的142人，40～49岁的60人，50岁及以上102人。企业员工平均年龄40.2岁。

【企业资质、资信】2017年，吉林院具有国家建设部和国家发展改革委颁发的电力行业设计、工程勘察综合、电力工程总承包、工程咨询、工程造价咨询等多项国家甲级资质证书；测绘乙级资质；对外承包工程资格、电力工程监理及建筑、热力工程设计乙级资质、工程勘察土工试验机构资格、特种设备设计许可证（压力管道）等。国家商务部颁发对外承包工程经营资质证书。

【主要经济指标】2017年，营业收入2.11亿元；实现利润2328.84万元；新签合同额7.134亿元；全员劳动生产率60.81万元/人；资产总额3.9亿元；资产负债率31.31%。

【改革发展】2017年是“十三五”规划的第二年。在中国电建改革发展战略的总体要求下，吉林院坚决贯彻落实上级布置的各项改革任务，按照集团公司制改制工作进度，制定了公司制改制方案、有限公司章程、法律意见书，并按照要求召开了职工代表大会，最终通过了改制方案，于2017年底取得了新公司的营业执照。

继续加快推进完善企业土地、房产和车辆等资产权属，加快办理相关确权工作，取得了阶段性成果。

深入开展三项制度改革，深化以绩效考核为核心的内部分配制度改革，制定了《单项目核算奖金管理办法》，强化激励约束机制，充分调动和激励了生产部门的积极性，提高全员管理的效率和水平。灵活开展公开招聘机制，用竞争机制公开招聘引进社会人才等多种用工形式招揽人才为企业服务，为企业发展提供人力资源保障。

2017年吉林院继续采用“大市场”加“一体化”的经营模式，用“大市场”策略引领市场前端，相继跟踪和落实了白城光伏领跑者计划、光伏扶贫计划、鲁能白城千万千瓦风电规划以及大庆可再生能源示范区发展规划等项目。各一体化部门继续巩固深化传统业务，在发电、电网、新能源等传统领域勘察设计及咨询业务业绩均实现逆势而上，取得较好成绩。同时在白城市和河北省分别设立了两个分院，进行战略性切入，开辟新市场，力争在十三五期间给院里带来新的发展机遇。大力积极开展总承包业务，加强员工队伍和部门结构建设，在吉林省内新能源建设领域承揽多项总承包项目合同并实施。

2017年吉林院面对复杂严峻的市场形势和繁重的发展任务，不惧困难，奋力拼搏，卓有成效地圆满完成了中国电建下达的主要经济指标，各项工作呈现出良好的发展态势。

【经营管理】2017年，吉林院采用“市场”加“一体化”的经营模式，每月定期召开市场经营例会，部署经营计划管理部和各一体化部门协调协同开拓市场，明确方向，集中资源，共同开辟市场。今年分别在河北省和白城市设立分院，持续加强市场营销能力。

白城分院旨在重点打造和辐射白城市及周边区域市场，以新能源项目为重点。目前正开展白城市智能微电网示范项目、鲁能白城千万千瓦风电规划；正跟踪吉林省光伏扶贫项目、白城市光伏领跑者基地项目。吉林院与白城市发展改革委、能源办定期互动交流，已就项目开展达成共识，建立了彼此信任的基础。

规划咨询业务，依托吉林院成立的省电力规划研究中心，以编制吉林省能源“十三五”规划为契机，先后编制完成公主岭、四平、松原等省内地市级“十三五”能源规划；与清华大学联合编制的《大庆市可再生能源示范区发展规划》初稿已经完成；编制完成的《白城市光伏发电应用领跑基地规划》《锦州市光伏发电技术领跑基地规划》已上报至国家能源局评审。开展省内生物质发电咨询业务和吉林省弃风供暖、可再生能源清洁取暖、光伏扶贫及电能替代等方面的政策研究，开辟解决吉林省电力消纳问题的有效途径。8月，吉林院成功牵头主办了第二届东北能源经济转型与光伏产业发展论坛。

投资业务，年初成立了投资管理部和新业务发展部，已取得电力生产供应销售资质，并与多家企业签订了合作框架协议。依托拓展投资业务，承揽了部分新能源项目的设计，形成了业务联动。

总承包业务，继续履约双辽庆达服先100兆瓦光伏并网发电项目（本期30兆瓦）；中标了国电电力发展股份有限公司大兴川电站220千伏送出总承包工程，该项目是近年来，通过前期规划带动EPC业务承揽的典型范例。中标国电龙华延吉热电有限公司2号机组供热节能改造EPC项目。承接水电新能源公司吉林长岭王子风电场消防改造项目。2017年底签订了河北景县20万千瓦风电项目EPC总承包合同。

发电方面，进一步加强与五大发电集团等国企的密切联系，发挥吉林院在中小热电的技术比较优势，多元化开展电厂节能环保、技术升级改造、背压机、热水炉及城市热网改造等项目。积极拓展省内市场份额的同时，以内蒙古、新疆、西北地区作为主要开发区域，不断争取300兆瓦及以上机组业务，进一步加强与东方希望、内蒙创源等大型民营、股份制企业的紧密沟通，做好项目的设计与服务工作。进一步加强与武汉凯迪等国内知名新能源公司的合作交流，依托松原生物质发电项目，提升企业市场竞争力。同时，要通过技术引进和创新在相关领域拓展业务，开辟新的市场。2017年先后签订了内蒙古创源金属有限公司4、5、6号机组工程勘测设计合同，签订了内蒙古创源直供电工程、包头直供电工程；承接了吉林化纤2号机及3号炉工程等项目。与此同时，还分别与沈阳中电朗忆科技有限公司、桦甸市仟亿达新能源科技有限公司、四川川锅环保工程有限公司签订了多个蓄热调峰、分布式生物质发电、超高温超高压高炉煤气锅等项目。截至目前，累计签订合同额达5700多万元，发电业务实现了逆势增长。跟踪几内亚比绍生物质项目，并就工程设计、总承包及项目投资等方面深入交换了意见，有待进一步落实。

电网工程方面，立足省内这片根据地，拓展省外市场，以良好的履约，为下一步承揽项目创造条件。以特高压、常规电网和配网市场为重点，密切关注国家电网公司、吉林省电网公司、蒙东电网公司项目进展动向。南网市场开发，在海南电网公司2017年第一次勘察设计招标中，中得第六、七标包，合同总价值约1247万元；吉林院还受海南电网公司邀请，就输电线路专业基础知识及可研评审要点为客户开展相关业务培训。近期，吉林院紧紧抓住海南政府实施“三年行动计划”，电网建设投资有大幅度增加的有利时机，中标了10余个项目，海南地区合同额就累计超过1700多万元。

新能源方面，紧跟国家及吉林省新能源战略发展步伐，借助吉林院在新能源业务领域的影响力，兼顾好省内外市场开发，承揽了《通榆县农村易地扶贫搬迁工程供热项目》；承揽了乾安县佳辰化工多能互补项目前期工作，该项目为光伏、沼气、地热等多能互补，具有示范效应；还承接了省内光伏发电项目2项和中东大市场、长春市461医院屋顶分布式光伏可研等项目；开展了河北大唐国际丰宁大滩风电工程等多个项目；正紧密跟踪天瑞星乾安光热项目。

企业资质是院生产经营的根本，2017年度，经营计划管理部组织完成延续吉林院的工程监理乙级资质、工程测绘乙级资质、压力管道设计资格，并完成全部企业资质的法人更名工作；累计完成注册工程师注册54人次，其中注册电气工程师18人、注册监理工程师13人、注册公用设备工程师（暖通空调）2人、注册咨询工程师（投资）6人、注册一级结构工程师2人、注册一级建造师4人；注册一级建筑师2人；培训压力管道设计人员12人。

【重大项目】2017年吉林院完成或正在进行的重大项目是：

发电方面：内蒙古创源金属有限公司电厂一期4、5、6号3×330兆瓦机组工程；内蒙古创源电厂孤网运行（黑启动）工程；双辽经济开发区（辽东经济园区）生物质热电联产工程；前郭县乌兰图嘎镇生物质热电联产工程。

电网方面：上海庙—山东±800千伏特高压直流输电线路工程［包10：临漳县县界南孔村北—边马乡东北（冀豫省界），电压等级：±800千伏，约72.5公里］；潍坊特高压变电站—密州500千伏输电线路工程（47千米）；准东—华东±1100千伏特高压直流输电工程线路工程（49千米）；扎鲁特—向阳ⅠⅡ回500千伏线路工程（96千米，吉林段）；济南—枣庄—临沂—潍坊特高压交流输变电工程线路（184千米）工程设计监理；扎鲁特换流站—科尔沁变3回500千伏线路工程（折单140千米）；长岭500千伏变电站昌盛开关站间隔扩建工程合作协议（线路3千米，一个开关站）；赤峰青山变500千伏增容工程。

新能源方面：白城市光伏“领跑者”基地项目技术咨询；锦州市光伏“领跑者”基地技术咨询；河北大唐国际丰宁大滩风电场200兆瓦工程。

总承包方面：国电龙华延吉热电有限公司2号机供热节能改造工程EPC总承包；国电电力发展股份有限公司大兴川电站220千伏送出工程EPC总承包。

【走向海外】2017年，积极探索国际业务开拓路径，抓住国家一带一路战略，寻找机会，稳步推进海外业务市场开发，逐步培育海外业务的经营、生产履约能力，为今后走向国外奠定基础。

【科技创新】2017年吉林院紧跟集团“创新驱动”发展战略，认真做好科技创新工作，科技投入1782.86万元，占主营业收入比8%。知识产权方面成果显著，取得突破，2017年吉林院首次获得集团工法1项、获得实用新型专利（授权）3项、取得软件著作权3项；吉林省科技厅创新型项目《基于集约型微观选址技术在风电场设计的应用》通过了省科技厅的验收；科技管理制度建设方面，修编了《科技工作管理办法（暂行）》《科技项目管理办法（暂行）》《优秀科技成果奖励办法（暂行）》《知识产权管理办法（暂行）》；标准管理方面，院本年度主编/参编行业标准3项，其中主编的《风电场工程安全文明施工规范》《风电清洁供暖专篇（可研）编制规程》已获得国家能源局批准发布。

【党群工作和企业文化建设】2017年，每月制定党委工作计划，按时组织召开党支部书记例会，听取各党支部工作汇报，部署当月党委、纪委工作。扎实推进“两学一做”学习育常态化制度化，组织开展形式多样内容丰富的活动，取得了良好的效果。1月18日，召开“两学一做”专题民主生活会。以学习贯彻党的十八届六中全会精神为主题，围绕“两学一做”学习教育要求，重点对照《关于新形势下党内政治生活的若干准则》和《中国共产党党内监督条例》，结合思想和工作实际，进行党性分析，开展批评和自我批评，不断增强领导班子和领导干部发现和解决自身问题的能力。3月15日，组织班子成员、各支部书记、各支部纪检监察员观看电视专题片《打铁还需自身硬》。5月27日，召开第三次党员大会，选举产生了新一届党委、纪委。在省直机关迎接党的十九大优异成绩展中，吉林院选送的两幅摄影作品和一件视频宣传片入选，7月6日组织党员、干部、积极分子到省博物院参观。按照股份公司党委工作部署，各党支部书记8月底之前完成《学习党的基础知识网络培训班》学习培训。7月，按照省直机关工委统一部署，开展并完成了党员基本信息采集录入全国党员管理信息系统工作。8月，完成了院属基层党组织调整，由原来的20个党支部，调整为现在的11个，并在8月末之前完成了所有党支部委员的换届选举工作，各党支部配齐了支部委员，基层组织战斗堡垒作用得到明显加强。9月4日，组织各支部书记、各支部宣传委员，召开吉林院党委宣传工作研讨会，对新闻宣传工作进行安排部署。10月11日，组织党员干部参观《红星照耀中国——外国记者眼中的中国共产党人专题展》。10月18日，组织院班子成员、各支部书记集中听取十九大开幕会直播，各支部组织党员、积极分子通过手机、电脑网络等方式听取十九大报告，深入学习十九大精神。党的十九大胜利召开之际，贯彻落实《中央企业近期重点工作会议》精神，切实做到了“四个确保”，即：要确保不发生重特大安全事故；确保不发生重大群体事件；确保不发生重大舆情事件；确保服务保障有效落实。11月17日，组织党员干部观看电影《守边人》。12月5日，组织院领导、党员干部参加股份公司学习党的十九大精神专题辅导报告视频会。12月26日，按照省直机关工委《关于开展2017年度省直机关党建工作述职述责述廉暨省直党群机关目标责任制年终考评工作的通知》（吉直党发〔2017〕31号），开展党支部书记述职述责述廉考核测评。

全年组织党委中心组开展集体学习六次；党委书记、党支部书记、普通党员讲党课，参加党员近200人次；组织党支部书记、党务工作者20人参加国务院国资委《学习党的基础知识网络培训班》网络培训；组织全院职工451人参加政府工作报告在线答题活动；组织全体党员150余人参加国务院国资委《学习十九大精神网络培训班》、股份公司“电建微言”学习党的十九大精神电建红色答人挑战赛等，充分运用现代媒体等各种方式扩大教育覆盖面。加强思想政治工作，推进社会主义核心价值体系教育，弘扬爱国主义精神，积极引导干部职工践行中国特色社会主义核心价值观，爱岗敬业，勇于奉献；加强精神文明建设，弘扬社会公德、职业道德、家庭美德，教育引导干部职工增强个人品德修养；加强新闻宣传和舆论引导工作，办好企业网站，全年对外宣传共109篇，充分展示了企业良好形象，营造了有利于改革发展的舆论环境。创先争优活动中评比出先进基层党组织6个、优秀共产党员19名、优秀党务工作者2名。年度发展新党员3名，按期转正党员2名，及时规范接转组织关系转入转出。

践行“奉献加共享”企业文化的核心理念，以提高企业效益增加员工收入为目标，倡导全员努力工作的同时共享企业发展成果。评选产生了吉林院2017年度“十件大事”和“十佳人物”，让全体职工都参与进来，树立先进典型，弘扬正能量。深入开展文明单位、文明工程、文明机关“三创建”活动。以长春图书馆公益讲座为平台，弘扬社会公德、职业道德、家庭美德，教育引导干部职工增强个人品德修养，每期讲座前通过院网预告讲座内容，全年共完成43期。每月初召开文明建设考核会，用文明建设考核覆盖全院各项工作，把文明建设与企业管理融为一体，依据月度《文明建设考核通报》兑现奖罚。认真履行社会责任，持续开展“春蕾工程”助学活动、积极参加志愿服务活动等。

（吉林院）

中国电建集团青海省电力设计院有限公司

【概况】中国电建集团青海省电力设计院有限公司（以下简称青海院）于1958年建院，2011年9月，划转到中国电力建设集团有限公司，主要从事青海省内外各种电压等级的送变电工程勘测设计、电力系统规划设计、电力系统通信工程设计和各种工业与民用建筑设计、工程测绘、工程地质勘察、岩土工程、工程水文及气象、工程咨询以及工程总承包等业务。

2017年，青海院在中国电建的正确领导下，全院员工的共同努力和拼搏下，青海院深入学习习近平新时代中国特色社会主义思想，落实国有企业党建工作会议精神和中国电建各项部署。坚持稳中求进工作总基调，突出把握“加强党建、深化改革、精益管理、提质增效”工作主题，积极转变观念，抓住本省新能源发展契机，大力拓展新兴业务，积极涉足新能源、工程总承包领域，走出了一条适合企业发展实际的市场化道路，企业发展态势良好。

【领导班子】2017年，青海院领导班子成员为7人，分别是：院长、党委副书记穆青华；党委书记、副院长高伟斌；副院长、总工程师陆建军；副院长王文学；副院长、总会计师马丽萍；副院长巢阳；党委副书记、纪委书记、工会主席景钦刚。

【组织机构与人力资源结构】2017年，青海院设有管理部室8个：院长工作部、党委工作部、监察审计部、人力资源部、财务资产部、经营管理部、科技信息部、安全质量环保部。生产部室8个：总承包部、系统处、电气处、线路处、技经处、勘测处、土建处、新能源处。

2017年，青海院在册员工199人，研究生26人；大学本科学历139人；大学专科学历29人；中专及以下学历5人；具有教授级高工12人，高级工程师43人、高级经济师4人、高级会计师1人、具有工程师资格的57人、会计师2人、经济师3人、政工师4人；具有各类执业注册师47人次。

【主要经济指标】2017年，青海院完成营业收入67061万元，实现利润总额10419万元，完成新签合同额71986.98万元。

【企业资质、资信】2017年，青海院具有国家颁发的输变电工程设计甲级、工程勘察甲级、工程咨询甲级、测绘乙级、新能源发电乙级、风力发电乙级、工民建工程设计乙级、新能源发电咨询丙级、地质灾害评估丙级、工程项目管理、工程咨询丙级等资质证书。

【改革发展】2017年，青海院完成了公司制改制工作、新公司章程制定报批、工商登记预审核、改制后的公司工商登记、印鉴变更等工作。青海院自然人持股改革工作上报了产权、资产权属报告，委托中介机构对三家单位进行了评估。青海院公务用车制度改革工作基本完成。

【科技创新】2017年，青海院主要科技创新有：

（1）2017年，青海院扎实推进三维设计平台（STD-R）、输电线路数字化设计平台在具体工程中的投入使用。完成了扎西110千伏输变电工程（设计竞赛）、扎西110千伏变电站三维效果展示、大格勒330千伏汇集站等工程数字化设计工作、柴达木—格尔木西330千伏输电线路、陕西神木—陕北换流站Ⅲ回750千伏工程设计竞赛路径的断面提取、模型收集、三维设计建模，并结合平台优势，配合工程进行路径走廊效果的展示。

（2）2017年，青海院建成了EPC总包项目管理信息系统，实现了企业级总承包多项目的协同管理，对各在建项目进行动态的监控，通过项目策划和项目控制，对各类管理工作信息的数据进行及时传递与处理，使各在建项目正常运行，并确保了项目的费用目标、进度目标和质量目标的实现。

（3）2017年，青海院获得省部级科技进步奖1项、集团科技进步奖2项、授权实用新型专利9项、软件著作权2项、工程项目奖项1项、QC质量奖3

项、论文发表39篇。

【经营管理】2017年，青海院持续坚持多元化发展的理念，以规划引领＋项目打造的经营模式，在前期规划、新能源、总承包等领域取得了不凡业绩。

（1）2017年，青海院积极开拓西藏能源电力市场，参与了多个项目的投标工作，开展了措勤110千伏输变电工程、改则110千伏输变电工程两个110千伏输变电工程的可研编制工作。

（2）2017年，500千伏及以上特高压输变电领域，青海院在山东地区开展了德州贝州500千伏输变电工程变电站、山东鲁中500千伏变电站4号主变扩建工程等三项工程的勘察设计工作。

（3）2017年，青海院在新能源领域，重点通过发挥能源规划中心作用，积极与省发展改革委、国网青海省电力公司等单位进行前期沟通。先后完成了陕甘青宁各省区及海南、海西可再生能源基地新能源出力特性分析，青海电网在新能源大规模发展下的调峰需求分析，海南州和海西州可再生能源基地外送需配套需求分析，青海电网建设抽水蓄能电站的必要性分析，青海电网抽水蓄能电站规模及布局初步分析等能源领域的分析方案，作为政府能源规划的平台机构，为解决省内新能源送出提供了专业化的咨询方案。

（4）2017年，青海院总承包业务得到了快速发展，年内中标了格尔木南及海西大格勒330千伏汇集站工程、大美煤业110千伏总变电站及厂外送出线路工程总承包、玛多民族寄宿制中学清洁能源替代项目等总承包项目。

【走向海外】2017年，青海院党委书记高伟斌一行赴上海院参加土耳其拟建试验基地考察及技术交流会议。高伟斌书记与土耳其考察团就试验基地的建设等相关议题进行了深入的交流，并就下一步的工作开展达成了初步的共识。

【重大项目】2017年，青海院承揽的重大项目：

（1）2017年，青海院参与设计的第一条特高压直流线路——酒泉—湖南±800伏特高压直流输电线路成功投运并启动送电。

（2）2017年，被誉为“世界最复杂高原输变电工程”的藏中联网工程在西藏林芝开工，青海院参与了其中拉林铁路的配套工程林芝500千伏变—米林牵引站Ⅰ、Ⅱ回220千伏线路工程、林芝500千伏变—巴宜（布久）变220千伏线路工程。

（3）2017年，青海院总承包工程大格勒330千伏汇集站工程项目开工。

（4）2017年，青海院总承包建设的青海化隆西山光伏产业园区内110千伏邦明变及送出线路顺利投运，也标志着化隆西山光伏产业园区共建设施工程整体投运。

（5）2017年，青海院EPC总承包的格尔木南330千伏汇集站工程110千伏部分顺利竣工投运。

（6）2017年，青海院总承包项目格尔木亚硅20兆瓦光伏电站投运一次成功，该电站也是格尔木光伏园区同期上网的光伏电站中首批投运的电站。

（7）2017年，青海院中标青海海南州水光风多能互补集成优化示范工程光伏发电一期项目330千伏送出线路工程总承包项目。

（8）2017年，青海院中标那曲供电公司申亚110千伏输变电工程可研项目。

（9）2017年，由青海院总承包的国内首个高寒高海拔清洁供暖示范项目玛多县民族寄宿中学清洁能源供暖示范工程试运行成功，12台量子能锅炉顺利供暖。玛多县民族寄宿中学清洁能源供暖示范工程是“以电代煤”电能替代项目，是我国高寒高海拔地区大范围应用的首个示范项目，在促进县域经济社会绿色发展，助推青海生态文明建设与三江源国家公园建设具有重大的现实意义。

（10）2017年，青海院中标三项工程，分别是青海西宁元树330千伏输变电工程勘察、设计项目，元树330千伏变电站110千伏送出工程勘察、设计项目，南川330千伏输变电工程勘察、设计项目。

【党群工作】2017年，青海院党委在集团（股份）公司党委和省国资委党委的坚强领导下，全面加强党的建设，坚持党要管党、从严治党的方针，认真学习贯彻党的十九大精神和习近平新时代中国特色社会主义思想，全面贯彻落实国有企业党的建设工作会议精神和党委主体责任，充分发挥党委领导作用，团结带领广大干部职工，迎难而上，攻坚克难，为企业全年目标任务的完成提供了坚强的政治保证。

2017年，股份公司第二巡视组对青海院进行了巡视，并向青海院反馈了巡视的有关情况，巡视工作领导小组办公室正式印发了《关于巡视青海省电力设计院情况的反馈意见》。青海院党委高度重视巡视组指出的问题和提出的意见建议，坚决落实“党要管党、从严治党”各项要求，加强组织领导、落实目标责任，对股份公司巡视组反馈的4方面14个问题，制定整改措施38条，全面完成整改，共修订完善和出台主要的制度性文件12个，巡视指出问题的整改取得明显成效，全面推进了青海院各项工作再上新台阶。

【企业文化建设】2017年，青海院加大楼宇文化宣传工作，全年制作、更新党的十九大精神宣传、集团及院企业价值理念、安全文化等内容的文化牌80余块；创新开展文化墙创办活动，各部门围绕十九大精神宣传、“安全生产月”活动、学习《准则》和《条例》、部门文化建设、员工风采展示等创办文化墙38块。

（青海院）

上海电力建设有限责任公司

【概况】上海电力建设有限责任公司前身为华东电业管理局修建工程局，成立于1953年1月。1962年7月改为华东电业管理局电力建设局，1964年1月改为水电部华东电力建设局，1983年改为上海电力建设局。1998年8月，上海电力建设局改制为上海电力建设有限责任公司（简称上海电建）。2004年1月，国家电网公司明确上海电力建设有限责任公司由华东电网公司管理，成为华东电网公司的全资子公司。2011年9月29日，整体划归中国电力建设集团有限公司。2014年11月17日，中国电力建设股份有限公司发文明确，将所属福建省电力建设有限公司整体重组整合至上海电建，成为上海电建全资子公司。2016年6月29日，中国电力建设股份有限公司发文明确，将所属青海火电工程公司整体重组整合至上海电建，成为上海电建全资子公司。

上海电建是具有分级法人组织构架的电力施工企业，是集火电施工、调试、送变电、监理、修造、物流、培训于一体的电力施工企业。

【领导班子】2017年，上海电建领导班子成员：执行董事、总经理、党委副书记骆家聪；党委书记、副总经理蒋林弟；副总经理沈刚毅；党委副书记、纪委书记、工会主席林德斌；总会计师汤国强；副总经理、总工程师陆玉明；副总经理田刚；副总经理张玉杰；副总经理林炳润；副总经理张西绪；副总经理江泓；副总经理单仅；副总经理张昶；咨询胡建华。

【组织机构与人力资源结构】2017年，上海电建具有分级法人的组织构架，共有16个本部部门［分别为办公室/党委办公室、人力资源部、财务资金部、经营管理部、市场开发部、项目管理部、工程管理部、安全环保部、监察审计部/纪委、党群工作部（含团委）、工会、设计管理部、设备物资部、信息中心、法律与风险管理部、海外事业部］，有二级子企业13家（分别为上海电力安装第一工程公司、上海电力安装第二工程公司、上海电力建筑工程公司、福建省电力建设有限责任公司、青海火电工程公司、上海电力建设启动调整试验所、上海电力机械厂、上海电力建设修造厂、上海电力建设机械化公司、上海电力建设物资公司、上海电力建设研究所、上海电力建设有限责任公司菲律宾子公司、上海电力建设有限责任公司印尼PT子公司），有分公司6家（分别为上海电力建设有限责任公司波兰分公司、上海电力建设有限责任公司培训中心、上海电力建设送变电工程公司、上海电力建设核电工程公司、上海电力建设有限责任公司印尼工程公司、上海电力建设有限责任公司菲律宾工程公司），上海电建本部和所属二级子企业均为独立法人，本部和主要5个施工企业均具有电力总承包一级资质，所属上电调试所具有特级调试资质。

上海电建本部以战略决策、资产经营、市场营销、监控协调等为中心功能，构筑营销管理体系，管理重大总承包工程，管理所属企业的资产、党组织和干部。

【主要经济指标】2017年，上海电建营业收入共计84.31亿元，实现利润8546万元，新签合同额共计226.63亿元，全员劳动生产率为175.21万元，公司资产总额84.43亿元，资产负债利率为81.13%。

【企业资质、资信】2017年，上海电建具有电力工程施工总承包壹级资质，发证机构为中华人民共和国住房和城乡建设部；房屋建筑施工总承包叁级资质，发证机构为中华人民共和国住房和城乡建设部；建筑机电设备安装专业承包壹级资质，发证机构为中华人民共和国住房和城乡建设部；起重设备安装工程专业承包壹级资质，发证机构为中华人民共和国住房和城乡建设部；承装（修、试）电力设施许可证，承装一级、承修三级、承试二级，发证机构为国家电力监督委员会华东监管局；安全生产许可证，发证机构为上海市城乡建设和交通委员会；ISO 9002质量体系认证证书，发证机构为上海质量体系审核中心；ISO 14001环境管理体系认证证书，发证机构为上海质量体系审核中心；职业健康安全管理体系认证证书，发证机构为上海质量体系审核中心；营业执照，发证机构为上海市浦东新区市场监督管理局；对外承包工程经营资格证书，发证机构为上海市商务委员会；对外贸易经营者备案登记表，发证机构为上海市商务委员会；海关进出口货物收发人报关注册登记证书，发证机构为中华人民共和国浦东海关；市政公用工程总承包壹级资质，发证机构为中华人民共和国住房和城乡建设部；测绘资格证书乙级资质，发证机构为上海市测绘管理办公室；电力行业焊工考核中心资质证书Ⅰ Ⅱ Ⅲ类资质，发证机构为电力行业电力锅炉压力容器安全监督管理委员会；锅炉压力容器压力管道焊工考试委员会A级资质，发证机构为上海市质量技术监督局；电焊工职业技能鉴定许可证初中高资质，发证机构为上海市劳动和社会保障局；合同信用等级认定证书AAA级，发证机构为上海市合同促进会；电力行业信用等级证书AAA级，发证机构为中国电力企业联合会；资信等级证书AAA级，发证机构为上海新世纪资信评估投资服务有限公司；上海市诚信创建企业五星级，发证机构为上海市安装行业协会。

【改革发展】2017年，上海电建与福建省电力建设有限公司（以下简称福建公司）及青海火电工程公司（以下简称青海公司）的重组整合，经过前期的工作对接和业务调研，落实了相关举措，基本实现了融合。公司对两家重组企业的领导班子进行了调整和充实。在高端市场、国际业务等方面为福建公司提供了支持，福建公司业务发展的能动性和活力不断增强，干部职工的精神面貌有了较大的提升。在“帮扶带”思路的指导下，针对青海公司市场开发能力不足，管理模式落后等情况，组织了各专业条线的调研和对标，依托上海电建的平台和资源协助青海公司开发市场、锻炼队伍、提升管理，妥善处理历史遗留问题，努力培育青海公司的造血能力。经过一段时间的调整，福建公司的经营情况有了很大提升，几项主要经济指标创历史新高。青海公司中标了包括国网柴达木换流站调相机工程等11个项目，投产了国内首个高寒、高海拔地区清洁取暖项目，企业发展趋势逐渐向好。

围绕质量效益型的高绩效国际工程公司的发展愿景，公司增强了技术管理部、设备物资部、法律与风险管理部的人员力量，加快了财务资金一体化和设备物资一体化的平台建设，总部的EPC管理能力逐步增强。

【经营管理】2017年，上海电建围绕股份公司相关工作要求，公司着重在项目履约经营能力、成本管控、合规经营、“两金”压降等方面下功夫，促进公司的健康发展。一是全面开展了“经营管理对标”工作，将福建公司、青海公司纳入到了对标体系。二是积极推进项目结算工作。截至12月末完成了39个合同项目结算，累计确认债权4.46亿元。三是强化项目的经营管控。健全有效分包管控体系，强化制度执行力度。四是精细化项目成本管控，建立风险预警机制。五是加大未完施工压降力度，积极采取措施降低潜亏风险，实现年末未完施工占比下降0.5个百分点的目标。六是强化清欠、收资工作，对13个项目进行了专项治理，实现减亏5800万元。

【重大项目】2017年，上海电建重点工程如下：

（1）100万千瓦机组工程。①陕西府谷清水川煤电一体化项目电厂二期（2×1000兆瓦）工程3号机组安装工程；②江苏沙洲电厂2×1000兆瓦机组“上大压小”扩建工程4号机组建筑安装工程；③神华福建罗源湾储煤发电一体化工程；④神华四川天明电厂2×100万千瓦新建工程；⑤江苏华电句容二期（2×1000兆瓦）扩建工程；⑥山西神头发电有限责任公司“上大压小”二期2×1000兆瓦机组工程2号标段；⑦陕西榆能横山煤电一体化项目2×1000兆瓦机组1号机组主体建筑安装工程；⑧甘肃电投常乐电厂调峰火电项目4×1000兆瓦（1、2号机组）工程Ⅰ标段。

（2）60万千瓦机组工程。①神华国华宁东发电厂二期2×660兆瓦扩建工程4号机组建筑安装工程；②周口隆达发电有限公司2×660兆瓦超超临界（上大压小）燃煤机组扩建工程；③华能罗源电厂一期2×660兆瓦机组工程1号机组及部分公用系统安装；④山东邹平一电6×600兆瓦机组工程4号机组土建、安装工程项目；⑤福建华电邵武电厂三期2×660兆瓦工程2号机组建筑安装；⑥神皖合肥庐江2×660兆瓦发电机组工程（Ⅱ标段）；⑦中国神华胜利发电厂 2×660 兆瓦新建工程项目 C 标段。

(3) 燃机项目工程。①江苏华电昆山东部 2×400 兆瓦级燃机热电联产工程；②上海申能奉贤热电建筑安装工程（2×460 兆瓦）；③崇明燃气电厂工程 2×400 兆瓦联合循环燃气机组。

(4) 海外 EPC 项目工程。①菲律宾考斯瓦根（KAUSWAGAN）4×135 兆瓦燃煤电站 EPC 工程；②菲律宾迪格宁（Dinginin）2×668 兆瓦（净功率）超临界燃煤电站 EPC 工程；③印尼棉兰工业园 2×150 兆瓦燃煤电站 EPC 工程；④波兰热舒夫 750/400/110 千伏变电站改造扩展及无功功率设备安装项目；⑤巴西美丽山一期±800 千伏直流输电工程建设项目。

【走向海外】2017 年，上海电建签订了菲律宾 GNPD 燃煤电站 2 号机组、英国比林汉姆 27 兆瓦垃圾气化发电项目、孟加拉 TPEL 2×180 兆瓦+2×180 兆瓦 CCGT 燃气联合循环发电项目等 EPC 合同，国际业务订单较 2016 年提升了 8.7%，继续保持着较高的增长率。同时，公司积极融入股份公司国际业务平台，加强与股份公司相关单位的管理对接和业务对接，强化了越南、孟加拉等重点国别市场的开拓工作，为公司下一步继续开拓国际业务打下了良好的基础。2017 年，全年国际业务新签合同折合人民币 128.52 亿元，占合同总额的 73.6%，成为公司的主要业务板块。

【科技创新】2017 年，上海电建不断加大科技创新投入，将科技创新工作与施工生产实践有机结合，取得了很好的成效。公司与上海电力学院合作的《重型燃气轮机发电机组进气系统关键技术的研究与应用》荣获上海市科学技术奖三等奖、《主厂房钢结构施工管理技术研究》荣获中国电力建设企业协会“2017 年度中国电力建设科技进步奖”二等奖、《塔式锅炉板梁吊吊装关键技术研究》等 3 个项目荣获中国电力建设企业协会“2017 年度中国电力建设科技进步奖”三等奖、《热电母管制背压机组快速减负荷控制技术研究与应用》荣获中国电建 2017 年度科学技术奖二等奖、《减少锅炉空气预热器漏风率》等 8 个项目荣获中国电力建设企业协会 QC 成果奖三等奖、《卧式余热锅炉超重模块吊装工法》入选电力工法、《重大设备的钢质转盘及其制作和使用方法》荣获发明专利、《管道板材卷曲设备》等 8 个项目荣获发明专利。

【党群工作和企业文化建设】2017 年，上海电建党委认真学习宣传贯彻党的十九大精神，持续推进“两学一做”学习教育常态化制度化，不断增强党员干部的政治意识、大局意识、核心意识和看齐意识。认真落实全国党建工作会议精神，在深化企业改革过程中坚持党的领导，加强党的建设，把党组织的领导核心和政治核心作用落到实处。积极开展企业形势任务教育，引领广大干部职工认清企业发展的目标和任务，统一思想、凝聚共识，增强改革发展的信心和决心。注重党建价值创造，结合改革攻坚转型发展的新形势新任务，制定了十二项党建调研课题，群策群力，助推企业发展。牢固树立“党的一切工作到支部”的鲜明导向，培育基层党支部工作品牌。加大党务人才队伍建设，支部书记培训班。发挥党组织在选人用人中的领导和把关作用，严格执行民主推荐、组织考察、集体研究、任前谈话、任前征求纪检监察部门意见和公开公示等程序和要求，切实把好选人用人关。纪委工作突出作风建设，持之以恒纠正“四风”，防止“四风”问题反弹；开展“六大纪律”专项巡查、效能监察、“小金库”专项治理等工作，履行监督职责；注重日常思想教育，以警示教育、工作约谈、集体廉政谈话等方式，防控廉洁风险；狠抓执纪，做好问题线索的处置、梳理，实践好第一种形态。工会工作积极发挥宣传引领作用，做好员工思想工作；重视做好沟通协调工作，畅通表达渠道；重视标准化和常态化建设，提升后勤保障水平；加强帮困救助信息化动态分析，扩大受益面；关心劳模先进的工作、生活，帮助解决实际困难等。

落实中国电建企业文化建设“十三五”规划的要求，发挥企业文化对企业转型发展的引领凝聚作用，举办“转型发展中的文化力量”主题论坛，组织公司系统 6 家单位交流了企业文化建设管理的方法、项目文化特色长廊等工作经验，邀请专家就如何做好电建企业文化工作做辅导报告。运用公司网站、微信号，推出特色鲜明的企业文化宣传活动，征集并发布了“上海电建故事会”优秀事例 14 篇，弘扬企业劳模精神、工匠精神、创造精神。坚持推进《公司品牌标识标准化手册》的落地使用，注重海外项目的品牌管理，树立具有上海电建国际工程公司的新形象。围绕深化“上海电建+”模式，进一步推进福建电建、青海火电的品牌统一、相互融合，基本完成两家企业的品牌管理工作规范对接。

（上海电建）

中国电建集团河北工程有限公司

【概况】中国电建集团河北工程有限公司（以下简称河北工程公司）隶属于中国电力建设集团有限公司，致力于打造具备工程总承包、投融资综合实力的行业领先、国际化工程公司。通过中国电建支持、自主经营，持续提升公司综合实力，逐步具备一定投、融资能力，满足市场竞争对注册资金、净资产的要求；借助平台公司及优势互补的联合开发渠道，实现转型升级，形成传统业务能做精、非传统业务能做大的良好局面。

公司承担过百余项大型电力建设工程，拥有丰富的工程总承包施工经验和技术过硬的高素质专业化队伍，拥有民用核承压设备安装资格和百万级核电电厂建设经验；拥有常规电站、核电站、燃机电站、生物质能电站、光伏、风电、输变电工程、民建、装饰、消防等业务领域的施工能力；拥有电站调试、检修、运维与技术改造的经验和能力；拥有强大的金属检测、焊接培训和信息通信技术开发能力。在海水淡化系统设备安装、烟塔合一技术、直接和间接空冷设备安装等领域具有明显的优势。

【领导班子】2017 年，河北工程公司领导班子成员：总经理、党委副书记靳世林；党委书记、副总经理张心慧；党委副书记、纪委书记、工会主席何朋臣；公司副总经理张凌毅、彭博、李镇、袁建伟；副总经理兼总工程师李晓辉；总会计师周建中。

【组织机构与人力资源结构】2017 年，河北工程公司设职能部室：办公室、人力资源部、监察审计部、市场开发部、财务资金部、经营管理部、工程管理部、设备物资部、安全环保部、质量管理部、党群工作部。

专业公司：建筑公司、热机公司、电仪公司、机械租赁公司、检测公司、保温公司、调试队。分公司：风电分公司、检修分公司、信息技术公司、生活服务公司、培训学院、消防分公司、节能环保分公司、巴基斯坦分公司。

【主要经济指标】2017 年，河北工程公司营业收入 425729 亿元，利润总额 5046.91 万元，新签合同额 792000 万元，资产总额 339724.85 万元，资产负债率 88.43%，比上年下降 1.04%；新签合同额，完成全年预算的 199%。

【企业资质、资信】2017 年，河北工程公司具有建筑工程施工总承包壹级、电力工程施工总承包壹级、国家民用核承压设备安装资格许可证、承装（修、试）电力设施许可壹级、特种设备安装锅炉 1 级、压力管道 GA1 乙级许可证、对外承包工程资格等；拥有电子与智能化工程专业承包贰级、防水防腐保温工程专业承包壹级、建筑装修装饰工程专业承包贰级、起重设备安装工程专业承包壹级、消防设施工程专业承包壹级专业承包等资质；被认定为高新技术企业，质量管理体系、环境管理体系、职业健康安全管理体系运行正常；成功取得电力保温防腐资质、机电工程资质，市政工程施工总承包资质；ASME 认证已通过评审。

【改革发展】河北工程公司完成改制，2017 年 12 月 29 日完成公司工商登记，将本企业从原国有企业整体改制为有限责任公司，改制后新公司的名称为中国电建集团河北工程有限公司，注册资本 2 亿元，为中国电力建设集团有限公司独家持股的有限责任公司。

首次采用 F+EPC 模式，完成张北光伏 200 兆瓦项目，实现了商业模式重大突破。

深入贯彻落实中国电建“三项制度”改革工作精神，实施《公司中层管理人员长期绩效管理暂行办法》，作为薪酬分配、岗位安排、晋升、表彰、奖惩的基础。进一步细化对公司部室管理要求，根据职能职责内容优化各部室绩效管理方式，由“业务考核”调整为“业务评价”，使绩效考核工作实现了全覆盖，保障了年度目标如期实现。

【经营管理】2017 年，河北工程公司将投标报价策略与经营策划相结合，指导项目过程经营结算；规范投标报价审批流程，明确各级责任；完善海外投标办法，形成了以预算定额、分包单价、已完工项目成本数据库测算成本的模式，提高了海外项目报价的准确性；按公司分包标段划分类别，结合定额子目划分原则，整合分包价格库，提高了分包价格库的准确和实用性。

修订项目预算指标下达及对比方法，提高项目预算指标可对比性及准确性，完善项目预算过程控制办法，增加了指标下达、指标对比等审批流程；加强对项目过程预算偏差的管控力度，在指标对比成本偏差上增加了成本类别、发生时间、原因及改进要求，并编入项目PRP系统形成过程记录，作为项目完工后经营评价的依据。对存在预算超支项目，按超支金额制定不同应对策略，分层级与甲方沟通，取得一定效果，全年直管项目预算总体偏差为－0.14％，同比降低0.378％。继续推行降本增效考核制度，全年直管项目成本优化共计688万元。

依据中国电建要求，完善分包商准入评审及推（自）荐制度，改进分包商履约评价办法。修订分包合同范本，明确分包单位关键人员到岗到位考核条款、主材费用考核承包条款、合同签订人等内容，重点加强农民工工资发放管理、海外项目劳务分包工人合同签订。

充实、更新公司级索赔经验库，推行“一对一”专项责任人竣工结算及尾款回收制度，健全完善结算方案、工作措施及考核标准。组织召开滨州项目结算问题讨论会，重点对项目过程结算、签证、甲供材料核对等关键问题及注意事项进行分析、总结，对后续项目的结算工作起到了警示、指导作用。丰富竣工结算及尾款回收方式、方法，解决久拖未决的沧海、任丘等项目结算问题。

【重大项目】2017年，河北工程公司重大项目如下：

（1）中标贵州元豪煤电铝一体化热电联产动力车间EPC总承包项目，合同金额54.29亿元；承揽华北区域最大的新能源项目——张北能环200兆瓦光伏发电EPC项目，合同金额14.88亿元。

（2）京能盛乐项目获得“国家优质工程奖”和“中国电力优质工程奖”；国电投西宁项目获得“中国电力优质工程（单项）奖”。

（3）多元化市场，中标贵州平塘公路安全生命防护工程、国华沧东凝结水泵节能改造、国电宁夏工程2号机组设备日常维护等项目。

（4）海外工程，中标巴基斯坦塔尔燃煤电站项目；安哥拉SOYO一期燃机项目；白俄40万吨纸浆厂工程项目；塔尔煤矿项目部；安哥拉Lauca输变电工程项目。

（5）其他在建工程：贵州兴义商城二期工程总承包、蔚县2×660兆瓦发电工程、山东邹平一电6×600兆瓦工程、邹平一电三厂2×600兆瓦工程、河北华电石热2×400兆瓦天然气热电联产工程、山西京能临县2×350兆瓦工程、河北京能涿州2×350兆瓦热电新建工程、邯郸东郊热电2×350兆瓦上大压小工程、河北大唐国际唐山北郊2×350兆瓦热电联产工程、京能秦皇岛2×350兆瓦热电联产工程、商丘民生2×350兆瓦热电工程。

【走向海外】2017年，河北工程公司中标巴基斯坦ZEPHYR风电项目风机安装工程、巴基斯坦塔尔煤矿项目发电区燃油区工程和运维工程、巴基斯坦吉航燃机项目、安哥拉Lauca 400千伏输电线路项目E1\F1工程。

【科技创新】2017年，河北工程公司成立施工技术管理委员会，制定《施工技术管理委员会章程》，全面领导公司技术创新工作。其中，生物质锅炉防止尾部烟道低温腐蚀的点火方法研究获中国电力建设科技进步三等奖，BIM技术在间接空冷塔施工中的应用获中国电建科学技术进步二等奖；公司获中国电力建设企业协会工法5项、集团工法8项；获得2项发明专利、2项实用新型专利；42项施工工艺标准编制完成初稿。

【党群工作和企业文化建设】河北工程公司党委将2017年确定为“党建基础工作提升年”。制定修订《党委议事规则》《党建工作责任制实施办法》等16项工作制度，编制《党支部工作手册》，推动基层党建工作标准化。以公司总部各部门为单位成立党支部，对党委办公室设置进行调整，成立纪委办公室。明确党委成员职责分工及联系单位，突出党建工作职责发挥。与基层支部签订年度党建工作责任书，开展党建工作责任制落实情况年度专项检查和党支部书记述职评议考核，在实现33个支部全覆盖的基础上，加大问责力度，对2名党支部书记进行约谈警示。

结合实际，研究制定《贯彻落实全国国有企业党的建设工作会议重点任务实施方案》，确定24项重点任务和72条落实措施，建立台账，明确工作目标、责任人和完成时限，确保工作落到实处。根据集团专项巡视反馈意见，成立整改领导小组，制定《巡视意见整改工作方案》，从4个方面制定46条整改措施，逐项销号整改，对4名违规违纪人员进行问责处理。

通过专题辅导、三级负责人讲党课、竞赛答题、编制《十九大精神应知应会手册》口袋书、开辟微信课堂等形式，迅速掀起了学习贯彻党的十九大精神的热潮。注重学做结合，深入推进“两学一做”学习教育，收到了良好成效。组织3期120人次党支部书记轮训班。

以公司聘任中层管理人员为重点，分五个阶段，历时3个月，自行集中开展“遵守组织纪律、强化责任担当、加强作风建设”专题教育，重点解决少数领导干部“‘四个意识’不强、组织纪律观念淡薄、没有责任担当、工作作风懈怠、工作关系不融洽”等问题，扎实推进作风建设。开展党员组织关系集中排查，完成800名党员信息采集，规范了党组织和党员信息管理工作。全年发展8名新党员，9名预备党员按期转正。

印发《企业文化建设“十三五”规划》，编撰出版第一版《企业文化手册》，完成内部网站改版。

全国总工会领导专程到公司调研，对产业工人队伍建设给予高度评价，亮点及典型事迹刊登在《工人日报》头版，人民网、新华网等各大社会媒体进行了转载。

在河北省委省直机关工委组织的“颂歌献给党”诵读比赛中，原创节目《颂歌一曲献给党，风华一代电建人》从省直98个单位108件作品中胜出，荣获决赛二等奖。原创节目《电建人的心愿》入选中国电建首届网络春晚，荣获二等奖。岳青峰被授予河北省“五一劳动奖章”称号，冯志强被命名为第六届河北省“能工巧匠”，张建新代表集团参加全国电力行业焊工职业技能竞赛，被授予“电力行业技术能手”称号。陈松青继捐献造血干细胞后，再次捐献淋巴细胞，入选2017“美丽河北·最美志愿者”

（河北工程公司）

中国电建集团山东电力建设有限公司

【概况】中国电建集团山东电力建设有限公司（以下简称山东电建）成立于1952年，是中国电力建设集团有限公司全资子公司，资产总额17亿美元。山东电建拥有电力、机电、建筑及石油化工施工总承包一级等20余项资质，具有电力能源、油气化工、节能环保和基础设施等工程投融资、勘测设计、设备成套、建筑施工和调试运行全过程总承包能力；是全球最大的250家国际工程承包商之一；是沙特国家电力公司及阿美石油公司认证的EPC总承包商。在中国电力行业享有“电建铁军”的美誉，业务覆盖亚洲、非洲、南美洲的二十多个国家和地区。2016年12月28日，整合原宁夏电建、四川电建二公司、四川电建三公司，并于2017年完成公司制改制，重组为中国电建集团山东电力建设有限公司。

【领导班子】2017年，山东电建领导班子人员：董事长、党委书记刘传明；董事、总经理、党委副书记尹士吉；党委副书记、纪委书记丁培斋；副总经理刘鸿斌、王绍奎；总会计师崔为祥；副总经理胥登峰、李真强、张晋斌、张秋明、廖文兴、杨宝建、姚宏民；咨询侯作新。

【组织机构与人力资源结构】截至2017年底，山东电建现有职工3552人，其中，高中级专业技术人员2200余人，占职工总人数的59.96%，高级职称共244人，中级职称410人，初级职称936人。注册建造师270人，其中一级建造师148人，二级建造师122人。

【主要经济指标】2017年，山东电建全年完成营业收入107亿元，连续两年突破百亿大关，实现利润总额1.2亿元，同比增长3.4%，新签合同额190.8亿元，同比增长12.5%。其中，中电建宁夏工程有限公司（以下简称山东电建宁夏公司）完成营业收入13.07亿元，实现利润总额1612万元，新签合同额24.5亿元；中国电建集团四川工程有限公司（以下简称山东电建四川公司）完成营业收入20.67亿元，实现利润总额67万元，新签合同额15.7亿元。

【企业资质、资信】2017年，山东电建具有住房和城乡建设部颁发的建筑工程施工总承包壹级；电力工程施工总承包壹级；机电工程施工总承包壹级；石油化工工程施工总承包壹级。商务部颁发的《中国对外承包工程经营资格证书》。中国机电产品进出口商会境外成套工程最高评级——AAA级信用企业称号。中质协质量保证中心颁发的《质量管理体系认证证书》《环境管理体系认证证书》和《职业健康安全管理体系认证证书》。

【改革发展】2017年，山东电建坚持战略和问题导向相结合，统筹资源配置，推进深度融合，不断推动改革向纵深发展。围绕"十三五"发展战略，优化业务结构，提升发展质量的总体要求，加快推进产业链一体化和专业化发展，对组织机构进行了调整优化，新设成立了4个职能和业务部门，组建了基础设施、送变电、新能源、节能环保4个专业公司，着力提升专业化发展能力与竞争层次，建立了符合公司战略定位和管控模式的发展架构；在重组整合的基础上，又对四川电建二公司和四川电建三公司进行了二次整合，明确了山东电建四川公司的战略定位和发展路径，掀开了企业发展的崭新篇章。

【经营管理】2017年，山东电建推行经营管理"一本账"，修订完善结算、索赔、招投标等经营管理制度，规范分包商准入资格审查、招标合同管理和履约评价管理。加强经营活动分析，重点对在建项目盈亏、两金压降等内容进行全过程分析，将经营管控范围辐射至下属单位和项目，围绕山东电建四川公司经营发展召开专题会议，全面梳理经营情况，对发现的经营目标偏差、风险资产高、带息负债规模大等问题，制定专项整改方案，督促整改和帮助解决。

【重大项目】2017年，山东电建完工项目86个，现有在建项目90个，其中，国内项目79个，国际项目11个，投产机组容量2321兆瓦，竣工建筑面积107万平方米。MGS一期项目正式获得业主签发的机械完工证书，成为公司首个自主执行并完美履约的国际EPC项目；MGS二期项目由设计采购转向全面施工，项目部与山东电建宁夏公司、山东电建四川公司默契配合，推动项目进展持续加快，项目总体进度完成77.9%；吉赞项目克服设计变更频繁、设备交付延误等困难，多方协调，密切跟进，推动设计、采购快速收尾。赞比亚MCL电厂、越南沿海电厂正式移交业主，委内瑞拉中央电厂获得业主颁发的最终验收证书，成都万兴环保电厂、重庆安稳电厂相继竣工投产，大唐准东电厂、平罗电厂、华能大坝电厂、青白江安置房等项目建设顺利推进。

【走向海外】2017年，山东电建按照"战略导向、市场导向、优势导向"的总体原则，公司设立了市场发展部以及中东、东南亚、中亚和非洲四个区域营销公司，下辖迪拜、沙特、印度、赞比亚、蒙古五个子（分）公司和南非、伊朗、巴基斯坦、印尼、乌兹别克斯坦、智利（南美）、越南七个办事处，依据职能、业务和地域三个维度，搭建起公司总部、所属企业/区域公司、境外办事处"三位一体"的营销网络，形成全方位、多层次、各有侧重和分工协作的营销体系。紧跟"走出去"国家战略进行布局，聚焦深耕沙特、赞比亚、越南、印度、安哥拉、委内瑞拉等成熟市场，拓展中东北非、中亚、东南亚、东南非、南美等潜在市场，国际业务开发的前沿机构基本覆盖了"一带一路"六大重点区域。

按照"大市场、大客户、大项目"的营销策略，通过高端切入、规划先行、融资推动等方式前瞻性地培育市场，做好项目滚动开发。继沙特MGS项目一期正式获得阿美业主签发的机械完工证书之后，沙特MGS项目二期由设计采购转向全面施工，工程进度将持续加快。中东区域公司重点跟踪伊拉克Samawah / Basra沥青项目、伊朗Anahita 15万桶炼厂项目、沙特阿美Ras Al Khair港口项目三个包、沙特Dumat风电项目、沙特电力公司Al Remal 380千伏变电站项目、沙特阿美石油84兆瓦电站项目、伊朗Krom Ⅲ水管线项目。非洲区域公司重点跟踪赞比亚CHILANGA变电站项目、赞比亚MGC 700兆瓦燃煤电站项目、尼日利亚Century Power 495兆瓦燃气电站项目、尼日利亚化肥厂等项目。

山东电建四川公司继续深耕越南区域市场，承建越南芹苴垃圾焚烧电站项目、越南沿海一期检修项目，重点跟踪的越南沿海二期燃煤电站项目，并承接安哥拉LAUCA、DALA两个变电站项目，伊朗马苏化肥配套锅炉本体安装项目。

山东电建宁夏公司继续依托山东电建品牌影响力，与湖南院、特变电工等对接，中标塔吉克斯坦500千伏输电线路、赞比亚卢萨卡输配电改造、加纳博尔加330千伏变电站、蒙古乌兰巴托330千伏输变电项目。

【科技创新】2017年，山东电建四川公司承建的四川白马600兆瓦CFB示范电站，是我国十二五期间为推动洁净煤炭燃烧这项高新技术应用的国家级示范工程，由我国自主研发、设计、制造和安装。该电站采用由东方电气自主研发的世界首台600兆瓦超临界循环流化床燃煤锅炉，具有完全自主知识产权。工程的建成投运，向世界充分展示了我国的洁净煤技术应用和装备制造水平，是我国电力建设领域的一座丰碑，在世界循环流化床锅炉发展史上具有重要的里程碑意义。12月6日，该站荣获国家科学技术进步一等奖，2016～2017年度国家优质工程奖。此外，山东电建积极开展科技创新工作，新取得实用专利证书3项，山东电建技术中心入选山东省级企业技术中心。

【党群工作和企业文化建设】2017年，坚持“把方向、管大局、保落实”，推动党建工作与生产经营管理工作深度融合，深入学习贯彻党的十九大精神和习近平新时代中国特色社会主义思想，用十九大精神武装头脑、指导实践。按照“四同步、四对接”的要求，持续加强党的组织建设，召开了重组整合后第一次党员代表大会，顺利完成了两委委员增补工作，调整设置了1个党总支，7个党支部。积极推动“两学一做”学习教育常态化制度化。全年组织各类专题学习12次，召开了建党96周年“两优一先”表彰大会，开展了延安精神专题党课和反腐倡廉典型案例专题教育，引导广大党员干部牢固树立“四个意识”，坚定“四个自信”。探索“互联网＋党建”新模式，加强党建工作创新，推动党员管理、“三会一课”信息化，连续三年获评山东省直文明单位，机关党委荣获山东省机关党建调查研究与实践创新先进单位。山东电建宁夏公司汽机本体班荣获“全国工人先锋号”，山东电建四川公司万兴环保项目部荣获“中央企业青年文明号”荣誉称号。山东电建组织开展了形式多样的团队建设活动，努力营造和谐、稳定的文化氛围。

山东电建总部、北京分部、迪拜分公司和四川公司新办公楼先后投用，办公环境焕然一新，充分展现了国际化企业的形象。企业展厅建成投用，微信公众平台上线运行，全年在中国电力报、中国电建网站等媒体刊登稿件115篇，有效提升了山东电建的影响力和美誉度。

（山东电建）

中国电建集团山东电力建设第一工程有限公司

【概况】中国电建集团山东电力建设第一工程有限公司（以下简称山东电建一公司）始于1952年，是世界500强中国电力建设集团有限公司骨干成员企业，拥有电力工程施工总承包特级、建筑工程施工总承包壹级、电力行业设计甲级、电站调试甲级，锅炉安装改造1级、起重机械设计制造安装维修A级、市政公用工程施工总承包、环保工程专业承包等30余项资质，持有ASME组织A、PP、U证及NBR资格证，是全国守合同重信用企业和国家高新技术企业，被誉为全国的“电建铁军”。

60多年的风雨砥砺，公司已发展成为集火电、核电、新能源发电、电站设计、电站调试、检修运维、输电变电、基础设施和起重机械设计制造、商贸物流、投资融资于一体的综合性、集团化、多元化国有大型电力工程公司，能够为客户提供集成式、全产业链综合服务。先后建成各类发电机组500余台（套），装机总容量（主体工程）超过106000兆瓦，承建项目遍布南美、南亚、中亚、西亚等10多个国家和国内30多个省、市、自治区，是我国承建项目跨地域最广、经营规模最大的电力工程公司之一。

截至2017年12月31日，公司拥有中方员工5632人，外籍员工2911人。中方员工中，硕士研究生及以上学历88人，大学本科学历2153人，大学专科学历1453人，教授级高级工程师11人，高级职称452人，中级职称726人。

【领导班子】2017年，山东电建一公司领导班子成员：总经理、党委副书记王守民；党委书记、副总经理韩建慧；副总经理、总工程师刘永阳；副总经理吴传南、韩春绿、杨兴伟；总会计师张洪梅；副总经理黄正斌、吴立晴、陈卫东；党委副书记、纪委书记李亚勇；工会主席郭宝辉；副总经理张崇洋。

【组织机构】 2017年，山东电建一公司设立工程、安监、财务等12个管理部门，六类专业化业务公司13个，综合业务公司丰汇、巴西等5个法人公司，物业、医院等3个综合服务单位。

【企业资质、资信】 2017年，山东电建一公司拥有电力工程施工总承包特级、房屋建筑工程施工总承包一级、电力工程调试甲级、电力行业设计甲级、市政公用工程施工总承包二级、承装（修、试）电力设施一级、电站起重设备设计（制造、安装）、电力行业（送电工程、变电工程、新能源发电）设计乙级资质、对外承包工程资格证书、对外经济合作经营资格、援外成套项目A级施工企业资格、美国ASME证书等30多项资质。

公司是中国电力建设企业协会信用评价AAA级企业、中国施工企业管理协会AAA级企业、中国建筑业协会AAA级企业、中国建设银行信用等级AAA级单位，是国家级“守合同重信用”企业。

【主要经济指标】 截至2017年12月31日，山东电建一公司注册资本金16.08亿元，资产总额83.79亿元，资产负债率80.95%，国有资产保值增值率123.02%。2017年，公司实现收入72.86亿元，利润3243.96万元，新签合同额151亿元。全面完成中国电建下达的考核目标。

【改革发展】 山东电建一公司于2017年12月27日完成公司制改制工作，组织形式变更为有限责任公司。公司坚持以战略为引领，以市场为导向，积极搭建内部资源整合平台，将热机、电控、焊接、检修运维合并成立电力工程公司，提升电力工程全产业链竞争能力；将建筑、机械、检测等工程公司运营模式转型为模拟二级法人公司的市场化运营机制。落实中国电建要求，完成北京德益九通经贸有限公司和山东德益消防工程有限公司的“压减”工作，签署完成“三供一业”分离移交框架协议。

持续深化“三项制度”改革。完善干部队伍动态管理制度，畅通干部退出通道，不断优化干部队伍结构。修订完善《薪酬管理办法》，推行工资总额预算核定、业绩考核、自主分配的模式。加大绩效考核力度，强化以业绩为主导的差异化薪酬分配，推动薪酬向关键岗位、贡献大的员工倾斜。实施总部管理部室及子分公司竞争上岗，推进岗位能上能下、员工能进能出。

扎实推进河北电建二公司处僵治困工作。公司认真贯彻国务院国资委和中国电建处僵治困工作要求，完善工作实施方案，通过协商解除劳动合同、内部转岗、劳务输出、内部退养等方式，全年累计安置河北电建二公司员工919人。完成131个在建项目的顺利转接，项目安全质量和经营管控进一步加强。河北分公司的改革平台和发展平台作用逐步显现，两个公司初步实现了队伍融合、管理融合和文化融合，职工队伍稳定，生产秩序平稳。

【经营管理】 2017年，山东电建一公司坚持“市场导向，绩效为先”的经营理念，开展“成本攻坚年”活动，强化成本前期策划和过程成本管控，按月进行成本费用对标，围绕物资、工程分包等成本过程管控薄弱环节攻坚，实现成本费用占营业收入比重较2016年降低0.74个百分点。强化物资集中采购，采购费用降低率3.66%。创新资金集中管理，获得中国电建首批资金集中管理先进单位称号及500万专项奖励。突出业绩导向，修订下发公司《业绩考核管理办法》，实行经营业绩考核与管理评价相结合，全面评价被考核单位经营业绩状况及管理质量。加大绩效考核力度，修订完善《薪酬管理办法》，形成以业绩为主导的差异化薪酬分配模式。加强重大项目风险防范和处置，降低项目运营风险。推进业务管控一体化平台（PRP）建设应用，强化数据治理，有效发挥信息化对决策、管理的支撑作用。

【重大项目】 2017年，山东电建一公司稳固发展传统火电业务，签订内蒙古盛鲁、内蒙古创源、华电吐鲁番、吉林白城、赤峰富龙PC等火电项目。逐步拓展清洁能源业务，延伸电力工程产业链条，中标微山100兆瓦光伏、大唐栖霞风电、国能南部生物质发电等一批清洁能源项目，签约花园电厂维护、大屯能源线路整改、兴达热电调试、迪拜哈翔80吨塔机制造等一揽子多元项目。创新商业模式，拓展基础设施及投融资业务，中标莱阳城镇化建设PPP项目、东营科技职业学院PPP项目及莱阳中西古城棚改项目。

2017年，山东电建一公司投产机组24台（套），总装机容量4072兆瓦；输电线路项目完成10个，架设输电线路总长度634千米；基础设施类项目完成5个，建筑面积9.26万平方米。投产较大项目：大唐临清2×350兆瓦热电联产新建工程2号机组、巴基斯坦萨希瓦尔2×660兆瓦燃煤电站工程、邹平一电6×660兆瓦机组工程1号机组、新疆库尔勒2×350兆瓦热电联产工程2号机组、KMPCL6×600兆瓦亚临界燃煤电站工程2号机组、巴西美丽山一期±800

千伏特高压直流输变电线路工程。

【走向海外】2017年，山东电建一公司持续推进“优先国际”战略，加大市场开发力度，加强项目履约能力建设，国际业务保持良好发展态势。紧跟国家“一带一路”战略，调整国际市场营销思路和方法，优化国际营销机制，在原有9个驻外营销机构基础上，在俄罗斯、坦桑尼亚设立办事处与电建国际联合办公，开拓俄语区和非洲市场。深化国际营销布局，不断增强一线营销力量，大力推动本土化营销，巴西公司设立巴西、墨西哥、秘鲁、巴拿马、智利/厄瓜多尔、阿根廷六个分支营销机构，进一步延伸营销触角。加强投融资在项目开发中的引领作用，积极与五大发电集团、如意集团等大型投资型企业对接，签约土耳其图凡贝伊利2×350兆瓦燃煤机组、如意拉哈尔奎德工业园、墨西哥输电线路、中国驻印大使馆安防及改造等项目，国际业务分布区域和国别实现突破。

【科技创新】2017年，山东电建一公司强化创新驱动，重视科技创新工作的顶层设计和总体谋划，不断加大科技创新资源投入，积极推动科技项目研发和科技成果产出。2017年，公司累计获得省部级科技进步奖27项，省部级工法51项，国家级工法推荐资格3项，发明专利26项，实用新型专利68项，软件著作权3项，国内先进以上水平关键技术成果40项。其中，《异型高耸构筑物施工专用提模技术研究与应用》《大型火电机组四分仓回转式空气预热器安装技术研究》《境外特高压输电线路六分裂导线展放技术研究与应用》等5项关键技术成果经鉴定达到国际领先水平。

【党群工作和企业文化建设】2017年，山东电建一公司坚持以十九大精神和习近平新时代中国特色社会主义思想为指导，加强“两学一做”常态化制度化建设，深入开展“三抓三创”主题实践活动，推进全面从严治党。严格落实“两个责任”，加强廉政教育，认真执行“八项规定”精神，坚决反对“四风”，加强内部审计和效能监察工作，确保廉政安全。发挥群团桥梁纽带作用，改善项目部职工工作生活条件，加强信访、维稳和保密工作，推进和谐企业创建。深化典型机制建设，开展“最美劳动者”“双十佳”评选活动，营造创先争优浓厚氛围。

公司喜获国家最高荣誉全国文明单位称号，被评为“2012～2017年度企业文化建设优秀单位”，推选的品牌案例《“一带一路”上的中国速度》荣获“2012～2017年度中国企业品牌经典故事”称号，连续31年保持全国思想政治工作优秀企业和山东省省级文明单位称号，企业综合实力和品牌影响力进一步提升。

【履行社会责任】2017年，山东电建一公司坚持“奉献社会、共建和谐”的理念，主动承担企业责任，把参与公益事业、回馈社会作为企业发展战略的重要组成部分。扎实开展“精准扶贫”工作，2017年，公司承建的济南市第二批光伏扶贫工程83个村级电站全部并网发电，每年可为贫困户增加收入约1344万元。承建的巴西美丽山±800千伏特高压直流输变电线路项目提前两个多月投产，解决了巴西2200万人的用电需求，同时，为当地提供就业岗位3995个，修复、新建大小桥梁65座、道路1541公里。广泛开展“爱心献血”、“三次创业，勇于担当”义务植树、电建书包、金秋助学等公益活动。公司被评为“中国工业行业履行社会责任五星级企业”。

（山东电建一公司）

中国电建集团核电工程有限公司

【概况】中国电建集团核电工程有限公司（以下简称电建核电公司）前身为山东电力建设第二工程公司，成立于1952年，是中国电力建设集团有限公司的全资A级子公司，具有以PPP、EPCO、EPC、BOO、BT、BOT、PMC等方式实施工程项目的能力，业务范围涵盖了电站、输配电、消防、环保、市政工程、房地产、钢结构制作、天然气销售、投融资、国际贸易等多个领域。

电建核电公司自成立以来，共建成电厂285座，共装机2550台（含核电、火电、燃机、风电、光伏发电、生物发电机组等），总装机容量104700兆瓦。公司先后荣获国家优质工程金质奖、鲁班奖、国家优质工程奖、安装之星、全国优秀焊接工程奖等省部级及以上优质工程奖180多项。

电建核电公司高度重视人才培养工作，在全国性职业技能竞赛中，8次夺得团体冠军，8次夺得个人冠军。公司先后有1人获全国劳模，2人获全国五一劳动奖章，5人获省部级劳模、26人荣获“富民兴鲁”劳动奖章和天津市“五一”劳动奖章，31人被评为全国技术能手。公司荣获“全国五一劳动奖状”、全国“安康杯”竞赛优胜单位，被授予山东省“富民兴鲁劳动奖状”、天津市“五一劳动奖状”。2017年，公司被评为“全国优秀施工企业”“全国电力行业思想政治工作先进单位”。

【领导班子】截至2017年底，电建核电公司领导班子成员：执行董事、总经理、党委副书记张仕涛；党委书记、副总经理肖英；党委副书记、纪委书记、工会主席戚勇；党委副书记梁化忠；副总经理赵启明、赵秀华、侯端美、刘云雷、岳增智；总会计师李轶志；副总经理张大明、石健、杨永恒、王学武。

【组织机构与人力资源结构】2017年，电建核电公司坚持战略导向，顺应形势发展需要，深化改革，进一步调整组织架构体系，成立项目管理中心、设计咨询院、法律与风险管理部、焊接工程公司、章丘培训基地，调整优化组织架构，契合发展需要。组织机构包括：总部管理部室、研究中心、专业公司、区域（业务）分公司、子公司和项目部。其中管理部室14个，研究中心2个，专业公司6个，事业部/区域分公司7个，子公司19个。

公司现有员工4769人，其中技术人员1273人，技能人员2732人，有国际工程施工经验人员2016人。高级职称319人（其中教授级高工14人），中级职称841人，中级以上职称人数占员工总数的24.3%。公司现有一级建造师126人，注册核安全工程师12人，二级建造师107人，注册安全工程师44人，齐鲁首席技师4人。

【主要经济指标】2017年，电建核电公司实现营业收入108.8亿元，利润14982万元，新签合同额159.2亿元，全员劳动生产率为179万/年。至2017年末，企业资产总额103.07亿元，负债总额85.54亿元，所有者权益175.26亿元，资产负债率82.93%，国有资产保值增值率为106.08%。

【企业资质、资信】2017年，电建核电公司是“国家高新技术企业”，拥有省级企业技术中心、山东省核电站常规岛及辅助设施建造工程技术研究中心，是国家级守合同重信用企业，企业信用等级为AAA级。具有民用核安全设备安装许可证，电力工程施工总承包特级，电力行业工程设计甲级，建筑工程施工总承包一级，房地产开发一级，钢结构制造一级，钢结构专业承包二级，承装（修/试）电力设施许可证承装一级、承修一级、承试一级，锅炉安装一级，压力管道GB1和GB2（2）级、GC1级、GD1级，起重机械安装维修A级，金属、土建试验室国家一级，电源工程类调试甲级，消防维保甲级，锅炉化学清洗A级资质，以及工程咨询单位资格证书火电建筑类乙级和新能源类丙级、火力发电站设备监理单位乙级、机电工程施工总承包二级、物业服务企业二级、市政公用工程施工总承包二级、环保工程专业承包三级、石油化工工程施工总承包三级、测绘资质工程测量丙级等资质；通过了国际质量、环境、职业健康安全管理体系认证以及测量管理体系认证（AAA）、知识产权管理体系认证；并取得ASME（美国机械工程师协会）的A、S、U、PP认证证书和建造标记，美国钢结构协会（AISC）认证。

【改革发展】2017年，电建核电公司上下深入贯彻落实中国电建各项决策部署，扎实开展“补短板、控风险、提质效”专项管理提升活动，持续推进“降本提效年”活动，取得了一系列辉煌成绩，年营业收入和新签合同额保持在双百亿以上规模，并持续增长。公司坚定执行集团差异化发展战略，2017年初顺利取得电力工程施工总承包特级和电力行业工程设计甲级资质；2017年12月公司的民用核安全设备安装许可证取证申请通过国家核安全局专家会评审，是目前国内同时拥有核资质和电力特级资质的3家工程企业之一，充分体现了公司的核心竞争力和特色化发展优势。

公司总部2017年搬迁至济南高新区汉峪金谷，获得了良好的区位发展优势，在内质外形建设上实现了质的飞跃。公司职代会于2017年11月13日审议通过了公司制改制方案和改制新章程，并于2018年1月2日顺利完成公司制改制工商变更。

【经营管理】2017年，电建核电公司持续开展“降本提效年”活动，严格执行公司降杠杆、减负债、防风险工作实施方案。完善两金清欠防欠责任体系，成立竣工项目工程结算工作组和工程款清欠工作组，明确责任划分，严肃绩效考核，持续加大两金清理力度，落实减亏扭亏责任制。完善公司风险内控体系，建立风险排查机制，防范规避重大风险。积极应对国内外法律纠纷案件，累计为公司减免损失2000余万元。优化工程分包模式，坚决杜绝分包转包、资质挂靠，采取动态评价和年审相结合的方式，共确定合格分包商169家。完善财务管理制度，修订资金管理办法，上线资金结算系统；下发融资管理办法，获得集团结构调整基金3亿元。严格执行集团公司采购制度程序，规范采购流程，提高效率、降低成本，在集团和公司两级集采平台完成采购金额43.31亿元，集采率达到94.83%，资金节约率分别达到9.8%和12%。成功收购特雷克斯重机公司，获得190亩土地使用权及相关资产，创造了直接经济效益。

【重大项目】

（1）建设情况：电建核电公司2017年共投产各类机组装机容量405万千瓦。十里泉、赤峰、华能沾化光伏、风电等项目，做到了投产速度快、质量好、指标优；图木舒克项目顺利完成了机组移交；南疆项目实现公司燃气机组的新突破，为下一步开发燃机市场打下良好的基础。以F+EPC模式承建的华能巴基斯坦萨希瓦尔项目顺利实现双投目标，22个月的建设工期创造了公司海外项目最快施工记录，受到业主和巴基斯坦政府的高度肯定。

（2）市场开发：国际市场，加强与电建国际及六大区域总部深度对接，签订津巴布韦旺吉项目委托实施协议；首次进入欧洲市场，中标塞尔维亚贝尔格莱德供热管道项目；积极强化自主品牌营销能力，成功签约吉布提燃煤电站项目。国内市场，电力板块中标华电顺德、茌平信源、山钢日照自备电厂、国电投白音华、华能沾化清风湖、鲁能海西州多能互补、微山220千伏线路等工程。

（3）获奖情况：2017年度，电建核电公司承建的华电奉节电厂“上大压小”新建工程1号机组、大唐滨州热电联产新建工程1号机组分别荣获全国优秀焊接工程一等奖和优秀焊接工程奖；建设的广东中山火电热电联产1号机组、华电龙口北马风电场、华电奉节1号机组安装工程、华电大路1号发电机组分别荣获中国电建集团2017年度优质工程奖；公司融资建设的巴基斯坦萨希瓦尔电站工程项目荣获“杰出成就奖”和“设计金奖”。公司被评选为2017年度中国电力优秀施工企业，张仕涛总经理被评选为中国优秀施工企业家称号。

【走向海外】2017年，电建核电公司大力践行“国际优先”战略，以“降本提效年”活动为契机，紧紧围绕公司国际业务各项目标和任务，强化开发、深化执行、提升管理、开拓进取，国际业务取得重大突破。

市场营销成绩斐然。公司继续以“EPC项目和融资项目”为开发重点，同时兼顾投资项目，开拓信息渠道，致力于业务的多元化发展。以区域代表处为依托，全面开展多层次、立体式营销，加强与项目投资方、当地合作方以及电建国际区域总部的对接交流合作。强化资源组织与调配能力，紧随国家“走出去”战略，扩大业务范围，不限于燃煤、燃气项目，对电厂相关的市政供热、电站改造、电厂运维、生物质发电、垃圾发电等项目也进行重点关注和跟进，积极寻求市场机会。充分发挥高端营销作用，结合自身优势，抓住项目机会，携手“命运共同体”共同开发国际市场，实现了欧洲市场的突破。2017年，公司先后中标津巴布韦旺吉项目、塞尔维亚奥布雷瓦茨至贝尔格莱德供热管道项目、吉布提燃煤电站项目，中标额共计91.91亿人民币。

【科技创新】2017，电建核电公司加大科技管理力度，高新技术企业资质通过了全国高新技术企业认定管理工作领导小组办公室的高分认定；省级企业技术中心也顺利通过考核，在近1500家企业中达到优秀等次。全年公司共取得省部级以上工法28项，省部级以上科技进步奖22项，完成专利申报60项，申报软件著作权4项；12项成果立项为山东省技术创新项目，3个科技项目被中国电建立项，1项成果、22项关键技术分别通过中国电建及行业协会组织的专家鉴定验收。目前公司已拥有省部级以上工法100项、国家级工法2项，拥有实用新型专利305项、发明专利17项，软件著作权27项。拥有省部级科学技术进步奖76项，国际先进水平以上科学技术成果10项。公司质量管理小组活动实现新突破，公司3个小组被命名为全国优秀质量管理小组，获全国工程建设质量管理小组活动成果一等奖4项、全国QC成果发布赛成果奖4项、全国电力建设优秀成果一等奖3项、二等奖11项，山东省建筑业优秀成果一等奖3项。公司荣获全国工程建设质量管理小组优秀企业。

【党群工作和企业文化建设】2017年，电建核电公司党委严格落实主体责任，充分发挥政治核心作用，认真学习贯彻党的十九大会议精神。组织召开公司第一届党代会，顺利完成公司党委、纪委的换届选举工作。紧紧围绕中心工作，持续推进“两学一做”学习教育常态化制度化。加强干部员工队伍建设，组织开展了“总部机关领导干部执行力提升活动”、“勤业敬业、忠于企业”主题教育活动、“文明办公室”评比活动，加强总部标准化、规范化建设，充分展示公司实力和影响力。公司获评“全国电力行业思想政治工作优秀单位”，并连续28年保持“省级文明单位”称号；公司荣获“山东省五四红旗团委”、中国电建“五四红旗团委”和“标兵记者站”荣誉称号。张仕涛同志当选济南市政协委员，并参加了济南市政协第14届一次会议；王启峰同志荣获“全国技术能手”称号，黄文荣同志当选中央企业青联委员、荣获“齐鲁首席技师”称号，刘大宾同志荣获“山东电力十大杰出青年”称号。

电建核电公司坚持“奉献社会、共建和谐”的社会责任理念，积极参加了济南市“关爱小清河·你我在行动”、社区卫生服务中心“送医上山”等社会公益活动，组织开展了“慈善捐款日”、帮助当地农民义卖大米和蔬菜等公益活动，在社会上树立了良好的企业形象。作为较早走出去的电力施工企业，公司在海外项目建设过程中，始终坚持诚信经营，保证产品服务质量，保护当地环境，聘用当地员工，积极参与公益事业，为当地社会和经济发展做贡献。越南沿海项目为受到台风灾害的当地员工救助和捐款10000多元人民币；印度尼西亚项目部员工积极参加当地植树绿化、清理道路等社区公益活动，这些举措大大增强了当地政府、居民对公司的认同感。

公司不断加强企业文化建设，深化与中国电建企业文化对接，进一步增强广大干部职工对中国电建企业文化的认同感。继续推广应用《企业文化管理手册》，修订完善《公司企业形象识别手册》，对新开项目工地做好形象建设服务和指导，确保各项企业文化元素正确运用。

（电建核电公司）

中国电建集团河南工程有限公司

【概况】 中国电建集团河南工程有限公司（以下简称河南工程公司）是中国电力建设集团有限公司的全资子公司，注册资本金6亿元。主要承接各种等级火力发电厂、风力电站、太阳能电站、核电站及辅助生产设施、各种电压等级的输变电线路和变电站整体工程的建筑、安装、调试、运行、检修、维护等工程及其相关的投资、融资、EPC、BT、BOT、PPP总承包业务；各类基础设施建设、工业与民用建筑工程、工业设备安装、管道安装、大型设备运输吊装运输、市政工程等业务。

【领导班子】 2017年，河南工程公司领导班子由16人组成：总经理、党委副书记王海波；党委书记、副总经理关杰；党委副书记、纪委书记、工会主席刘长龙；副总经理乔学建、黄关政、金新宇、胡守平、黎军保、于满洪、李庆伟、张钦、苗建兵；副总经理、总经济师郑凯；总工程师孙建华；总会计师徐环；咨询周志强。

【组织机构与人力资源结构】 2017年，河南工程公司设有职能部门13个：办公室、人力资源部、财务资金部、经营管理部、投融资管理部、市场营销部、审计与风险管理部、党群工作部、纪检监察部、安全环保部、工程管理部、物资管理部、资产管理部；4个业务中心：EP管理中心、新闻中心、项目核算中心、物资管理中心；6个事业部：电网和超高压运检公司、检修工程事业部、新能源工程事业部、环保工程事业部、海外工程事业部、基础设施工程事业部；10个技术公司：汽机技术公司、管道技术公司、锅炉技术公司、电气技术公司、热工技术公司、焊接技术公司、调试公司、机械化公司、检测中心、防腐保温技术公司。

【主要经济指标】 2017年，河南工程公司实现营业收入37.13亿元，实现利润306.3万元，资产总额41.52亿元，资产负债率84.47%；全员劳动生产率141.03万元/人；新签合同额753830.45万元。

【企业资质、资信】2017年，河南工程公司具有电力工程施工总承包壹级、房屋建筑施工总承包壹级、送变电工程专业承包壹级资质、防水防腐保温专业承包壹级、承装（修、试）电力设施许可证壹级、调试甲级、发电厂热力设备化学清洗A级、市政公用工程施工总承包贰级、机电工程施工总承包贰级、起重设备安装工程专业承包壹级、钢结构工程专业承包贰级、城市与道路照明工程专业承包贰级、环保工程专业承包叁级、对外承包工程经营许可证等多项资质。公司先后荣获"五一"劳动奖状、全国优秀施工企业、全国用户满意施工企业、全国"安康杯"竞赛优胜单位10连冠等荣誉称号400余项；承建工程先后荣获中国建设工程鲁班奖10项、国家优质工程金质奖2项、国家优质工程奖14项、中国电力优质工程奖23项及其他省部级以上荣誉80余项。

【改革发展】河南工程公司将2017年作为"提质增效年"，以战略管理引领改革发展，以提升发展质量为重中之重，以"三年上台阶、五年大跨越"作为战略基点，实施了"十三五"发展规划，以保障生产经营稳定为基础任务，以精益管理提高发展质量为改革方向，引导全员统一了理想信念，形成了统一的行动指南，凝聚了改革发展的强劲动力。

根据行业形势分析和重组后的资源叠加优势，确定了"强化主业铸品牌、优先国际赢空间、拓展多元促转型、投资带动助发展"的战略业务布局，细分为火电、电网、海外、新能源、基础设施、检修、环保、投融资"7＋1"业务板块，并明确了公司的战略业务单元，新组建了电网、海外、新能源、基础设施、检修、环保6个事业部和北京、新疆、深圳、平顶山、焦作5个区域公司，紧密与战略业务布局相统一。

结合运营模式和改制要求，先后印发了200余项制度和13个标准化管理手册，筑牢了制度化、标准化、现代化的管理基础。总部机关按照"五大职能"作用，积极构建了价值服务平台、战略管控平台、资源整合平台、投融资决策平台、绩效评价平台以及风险研控平台，为公司业务结构调整、资源优化配置、转变经营管控、激活体制机制、防范重大风险等方面，发挥和体现了职能定位的转变作用，提升了运营效率。新增设了投融资管理部和EP中心，主导项目策划、设备采购和投融资工作，有效支撑了业务模式转变。

积极发挥"长板"优势对接上游资源，与业主、设计院、设备厂商扎实构建"价值共同体"，持续提升解决综合方案能力和一体化运营竞争力，公司主业突出、优势多元、协同发展的业务架构愈加成熟。新能源、基础设施等多元业务较2016年合同份额大幅提升，2017年新签合同额占比35.53%，形成"翻两番"的增长势头。国际业务重塑提升，国际业务高端营销和属地化营销不断深入。火电在建项目装机容量为920万千瓦，电网、检修、环保等业务市场份额和合同质量逐步提高。

【经营管理】2017年，按照"做优做强做大"的发展思路和实现"价值创造"的改革发展的本质，河南工程公司明确了坚持"规模和效益"的协同增长，更加注重发展质量和管控能力的协同、发展规模和经营质量的协同。

确定了以"机关部室为价值服务中心，业务中心为职能补充，事业部为战略业务单元，专业技术公司为核心技术支撑"的职能定位。共设13个机关管理部室、4个业务中心、6个工程事业部、10个专业技术公司、5个区域公司，以及工程项目部、多经和后勤服务单位若干。

建立了低成本运营管理体系，以定额为基础开展项目预算成本管理，构建了以"项目责任成本"为中心的管控模式，深入开展项目后评价工作，标准化、精益化经营管控水平持续提升，项目管理能力持续增强，项目创效管理能力持续提高。积极以小额入股形式推进重点区域业务的属地化营销，不断创新商业模式。2017年以EPC、PC等总承包模式新签占比为40.04%，较2016年同比增长100.14%。

加强基于战略发展的管控运营体系建设，深化推进三项制度改革，以"能上能下"为原则，制度性竞聘逐步应用，以"能进能出"为要求，劳动用工统一化管理，以"能增能减"为标准，薪酬分配差异化管理，有效构建了压力传递、动力提升和制度性竞聘的"三大"机制，运营水平和核心竞争力不断提升。

【重大项目】2017年，河南鹤壁鹤淇电厂2×66万千瓦机组"上大压小"新建工程、河南新中益2×66万千瓦超超临界机组工程、华润浙江苍南2×100万千瓦超超临界燃煤发电机组一期工程荣获2017年度中国建设工程鲁班奖。华润电力焦作有限公司2×66万千瓦超超临界机组工程、河南洛阳阳光2×35万千瓦机组"上大压小"热电联产扩建工程荣获2017年度国家优质工程奖。中电投滨海北区1号10万千瓦海上风电项目新建工程荣获2017年度中国电力建设优质工程奖。

【走向海外】2017年，坚持实施国际优先战略，融入"一带一路"倡议，加强市场营销布局，实施市场和资源协同，统筹整合资源，发挥能力优势，创新发展举措，持续聚焦中西非、中东北非、东南非、欧亚等16个重点国别市场，根据海外市场营销机构设置和职责分工，成立了中亚区域营销部、亚太区域营销部，形成了从公司领导、部门领导到海外市场营销人员的市场国别三级负责制，切实坚持深耕核心市场、挖掘潜力市场、把握机会市场的原则，不断深化国际合作、加强与平台、窗口公司的对接联系，先后完成16个国别市场商务信息的搜集和整理工作，建立了海外项目信息库、重点项目信息库，针对不同背景的项目制定不同的营销策略。以在建项目为依托，树立"现场"就是"市场"的理念，深入挖掘和开发现场所在国以及周边国家的电力市场，先后与多家公司在多领域建立了长期的战略合作伙伴关系，与孟加拉军方签署孟加拉Swarnodwip岛500兆瓦光伏项目谅解备忘录。

【科技创新】2017年度，深入贯彻落实中国电建"十三五"创新驱动发展战略，坚持创新、协调、绿色、开放、共享发展理念，制定和发布了《河南工程有限公司十三五科学与技术发展规划》，公司在科技管理体系建设、科技平台建设和运行、科技项目立项、科技成果产出、知识产权保护、科技人才队伍建设、科技增收创效等方面，都取得了骄人成绩。2017年5月获得郑州市第一批科技创新型企业认定，2017年9月通过河南省企业技术中心认定，2017年11月获得通过郑州市科技创新龙头企业认定，获得科技专项研发费用后补助专项资金600万；公司全年共获得省部级以上科技进步奖11项，省部级工法13项，授权知识产权专利证书48项，其中发明型专利3项，同时申报专利获得受理通知书46项，其中发明型专利17项。2017年，正在承担中国电建科技立项研发课题两项：《电站锅炉小径管焊接接头超声相控检测与射线检测的对比研究》和《基于BIM技术的火电EPC项目全过程全要素管控系统研究》；获得中国电建科技立项一项：《受热面管焊接接头中频感应加热焊后热处理成套技术开发与应用》。

【党群工作和企业文化建设】2017年，河南工程公司深入学习贯彻党的十九大精神，充分发挥"把方向、管大局、保落实"领导核心和政治核心作用，以党建创新引领文化创新，以文化凝练引导知行合一，整体工作呈现出服务中心有效、教育引导有力、基层基础扎实、党建活力增强、作风素质提升的良好局面，为公司改革发展、和谐稳定提供了坚强的政治保障。先后获得了中国电力企业联合会颁发的"2016～2017年度全国电力行业软实力建设贡献奖"和中国文化管理协会颁发的"企业党建文化先进单位"、河南省委省直工委"五好"基层党委、2017年度全国电力行业思想政治工作优秀单位等荣誉称号。

全面启动了企业文化建设工作，确立了以"价值创造"为核心的企业文化理念，形成了"创造价值 共赢发展"的企业使命，"责任担当 诚实守信 价值贡献 品质卓越"的核心价值观，"能征善战 精益求精 持续超越"的企业精神，形成了完整、严密、和谐的企业文化体系。大力倡导弘扬劳模精神、工匠精神，大力开展劳模、"最美电建人"、创新工作室、年度艺术节等品牌活动，为职工搭建素质提升平台；围绕公司改革发展中心，大力开展提质增效、创新创效等活动，激发职工群众工作积极性、主动性和能动性；推进网聚青年建功电建、青年论坛、青年"互联网＋"等系列"青字号"品牌活动；认真落实扶贫帮困工作，设立了"职工互助金""爱心互助月"和"爱心互助日"，举行大病医疗救助帮扶互助金捐赠活动；常年坚持开展的"春送帮扶""夏送清凉""秋送助学""冬送温暖""生日祝福"等活动已成为了广大职工口碑传颂的工作品牌。

（河南工程公司）

中国电建集团江西省电力建设有限公司

【概况】中国电建集团江西省电力建设有限公司（以下简称江西电建公司）成立于1958年，是中国电力建设集团（股份）有限公司成员企业，是一家以发电、电网工程施工为主营业务，集火电、电网、可再生能源、机电设备安装等工程施工为一体的大型国企。江西电建公司具有电力工程施工总承包一级、承装承试电力设施一级、市政公用工程总承包二级，机电设备安装工程专业承包一级、火电工程调试甲级、建筑工程施工总承包二级、承修电力设施四级等资质。

江西电建公司现有员工 2142 人，其中具有高级职称人员 72 人，中级职称人员 158 人，高级技师 36 人，技师 57 人，一级建造师 61 人；拥有从国外引进的 600 吨级履带吊、400 吨级履带吊、110 吨固定式塔式起重机、330 吨液压拖车等一系列大型起重运输机械和先进的调试、检测设备。经过几十年的发展，公司已经成长为一支专业配置齐全、技术力量雄厚、施工装备精良、质保体系完善的大型施工企业。

（朱　敏　陆学锋）

【领导班子】2017 年，江西电建公司领导班子成员为：总经理、党委书记邹胜萍；党委副书记、纪委书记、工会主席肖小川；副总经理兼总工程师徐为民；副总经理兼总经济师罗传芳；副总经理李红林、谌守禄、向晓斌；总会计师甘增贞（女）。

领导班子成员，从业经验均在 20 年以上，80％拥有高级职称，100％拥有大学本科及以上学历，是一个年富力强，综合素质高，业务能力强，具有电力工程建设扎实的理论基础和丰富的实践经验，锐意创新进取的领导班子。

（陆学锋）

【组织机构】2017 年，江西电建公司在决策层下设办公室、党群工作部、人力资源部、经营管理部、财务资金部、投融资管理部、市场开发部、监察部、工程运维管理部、设备物资部、安全环保部、审计与法律风险管控部等 12 个总部部门，基层设技术中心、国际工程公司、配售电事业部、分布式能源事业部、调试事业部、电网事业部、市政文旅事业部、项目开发部、新疆分公司、检修公司、机械（风电）公司、电控工程公司、检测中心（江西立信检测有限公司）、机修加工厂、环保分公司、节能分公司、物业管理公司、职工医院、离退休事务中心、鹰潭基地等 20 个事业部、专业公司和辅助性管理服务机构。在工程现场设有若干个项目经理部，下设专业班组。

（陆学锋）

【企业资质、资信】2017 年，江西电建公司具有电力工程施工总承包一级、锅炉安装改造许可证 A 级、发电厂热力设备清洗 A 级、金属试验一级、起重机械安装改造维修许可证、A 级锅炉部件制造许可证（国家级）、一、二类压力容器设计许可证和制造许可证及金属结构制作许可证、管道工程专业承包一级、机电设备安装工程专业承包一级、环保工程专业承包一级、房屋建筑工程施工总承包二级以及火电工程调试甲级等资质。

（胡梦婷）

【主要经济指标】2017 年，江西电建公司实现营业收入 35.78 亿元，实现利润总额 3605 万元。新签合同额为 60.02 亿元。公司资产总额为 32.71 亿元，资产负债率达 92.75％。

（戴　茹）

【改革发展】2017 年，在集团公司、集团电工部的正确领导和大力支持下，江西电建公司认真贯彻集团工作会议精神，落实各项工作部署，夯实基础管理，围绕降本增效，坚持改革创新，稳中求进，加强全面管控，促进产能和效益全面提升，较好地完成了全年工作目标和任务。公司在过去的一年里抓市场、建团队，各板块战略成效初显；强管理、促落地，各项工作取得突破进展；塑文化，凝人心，品牌和党建工作有机融合。

（陶姝娜）

【经营管理】2017 年，江西电建公司紧紧围绕“狠抓制度落地，严格过程考核，确保安全生产持续稳定局面”这条主线，以不断加强制度建设为依托，以安全管理人员队伍建设、班组安全建设和安全考核为抓手，认真开展项目现场安全生产管理的指导、协调、监督、检查和考核工作。通过法律风险控制将工作重心前移，架设履约防火墙。在项目洽谈过程中，法务及投融资部门提前介入，全程参与项目交易协议过程，界定市场营销交易协议中各方权、义、责是否清晰，提升合同质量，提前防范合同履行过程中的重大法律风险和颠覆性风险。

（陶姝娜）

【重大项目】

1. 电源点项目

在电源点项目上，新疆天富机组于 2017 年 12 月 8 日完成 168 小时运行。蒙能锡林热电工程在确保安全、质量的基础上圆满完成施工任务，连续 4 个月获得业主、监理评选的“安全管理先进”流动红旗及“2017 年度重合同守信用单位”“2017 年度单项工程进度奖”等荣誉称号。

2. 新能源项目

在光伏板块，江西电建公司建成了迄今为止装机容量最大的渔光互补并网发电项目——益阳大通湖200兆瓦渔光互补光伏电站；建成了目前国内最先进、跨距最大的柔性光伏支架系统——河北长安汽车分布式光伏发电项目。

在风电板块，建成了全国东部沿海地区一次性建设并一次性投产单体容量最大的风电项目——青岛海西风电项目。

在配售电领域，江西电建公司已顺利通过江西、河北、山东、甘肃、宁夏、新疆六省区售电准入资格，全年交易电量8354万千瓦时。

在环保领域，江西电建公司首次参与集团大型水环境综合整治工程——深圳茅洲河流域（宝安片区、光明新区）水环境综合整治工程，是国内目前单个工程规模最大、流域最广、系统最全的水环境整治工程。环保分公司自行研发了畜禽养殖废水处理一体化设备、一体化生活污水处理设备、一体化黑臭水体处理设备，成功申请了专利，为进军生态水处理市场打下了坚实的基础。

在市政文旅领域，江西电建公司参建了南昌市东湖区PPP重点项目——东湖区（贤士湖小区、光明小区）市政提升改造工程。2017年底，公司中标首个市政PPP项目——南昌经开区桑海产业园道路及污水整治PPP项目。

（何水清）

【走向海外】2017年，江西电建公司在东南亚市场承接了首个海外电厂土建&安装一体化施工工程——印尼东加里曼丹站安装合同及物资设备采购项目；在美洲市场承接了首个生物质电站项目——古巴西罗雷东多1×60兆瓦级；在非洲市场承接了首个超高压变电站土建项目——埃塞俄比亚变电站土建施工承包项目。

（万佚斌）

【科技创新】2017年，江西电建公司形成了技术人员职业通道建设的常态化管理机制，对公司在职在岗400余名技术人员进行了评价，分别授予贡宇等289名同志为2017年度高级、一级、二级、三级的技术职级。大幅提升科技与研发投入，科技投入占营业收入比从2016年的0.25%升至3.04%；研发投入比从0.23%升至3.01%。知识产权授权及受理数量超历年总和，新增科研立项40项，在研科技项目43项；获发明专利授权1项，实用新型专利4项，软件著作权2项，专利受理13项，形成了企业技术核心竞争力。《工业建筑屋顶分布式光伏电站施工工法》《光伏电站组件现场EL检测工法》通过了2017年中国电建工法评审，工法成果在新能源领域有突破。《光伏车棚阵列防水研究》等5项QC成果获省部级以上奖励。公司于2017年12月4日获得国家高新技术企业认证。

（周建美）

【党群工作和企业文化建设】2017年，江西电建公司党委坚持围绕中心、服务大局，把提高企业效益、增强企业核心竞争力作为公司党组织工作的出发点和落脚点，形成了一级抓一级、层层抓落实的党建工作格局。

党委中心组认真研读学习中国电建党委下发的《关于认真学习贯彻党的十九大精神的实施意见》，制定了公司《关于认真学习宣传贯彻党的十九大精神实施方案》，围绕五个聚焦，聚焦四个专题深入学习贯彻十九大精神：一是认真组织开展“不忘初心、牢记使命”专题学习教育；二是积极运用“微党课”进行系列专题宣讲；三是开展系列“学习贯彻党的十九大精神”专题征文活动；四是组织开展“我学十九大”专题生活会。通过微信公众号发布十九大报告原文解读系列新闻10期，组织机关各部门、二级单位召开年度战略分析讨论会，集中学习十九大精神，以党的十九大精神为统揽，积极推动公司各级党组织将十九大精神与实际工作密切结合。

江西电建公司党委加强对群团工作的领导，设立公司团委和工会办公室作为工作机构，配备专职工作人员并提供工作经验以“劳模创新工作室”建设为抓手，把职工蕴藏学技术、强本领的内在要求激发出来，变成实实在在的生产力。2017年春节期间，公司向163名困难员工和离退休老同志下拨慰问金47.6万元。给6位身患重病职工送去10万元救助金，加强和谐企业建设。公司团委开展建功立业、青年论坛活动，青年员工杨清波荣获中国电建青年论坛优秀论文奖。2017年度“提质增效 青年先行”主题活动入选2016年度江西省直机关《共青团和青年工作品牌案例》。

2017年，江西电建公司全面启动企业文化再造工作，通过深入基层开展对企业文化理念体系和公司战略目标及举措的宣传讨论，开展系列企业文化建设活动，利用公司微信平台推出公司劳动模范、英雄人物的先进事迹感染员工，鼓励干部职工积极投身企业改革发展。目前公司已全面完成以“智·

信”文化为核心的企业文化手册编纂工作，逐步形成“开放、创新、诚信、共赢”核心价值观，“勇于开拓、敢于担当、善于协作、乐于奉献”企业精神和“科技引领、开拓创新、快速高效、竞合发展”经营理念，为公司创新可持续发展，注入了新的文化元素和精神动力。

（殷剑波）

（江西电建公司）

中国电建集团江西省水电工程局有限公司

【概况】江西省水电工程局（以下简称江西水电）成立于1956年12月。后几易其名，1979年9月，随着水利、电力系统正式分开，江西省水利水电工程局改名江西省水电工程局并沿用至今，划归原江西省电力工业局管理，其所属的罗湾工程团改名江西省水利建设公司，划归原江西省水利局管理。

1983年，随着柘林水电站竣工销号，以从事水电工程施工为主的江西水电在原江西省电力工业局的支持下，主动转轨变型，进入火电土建和电网工程建设领域。2011年，电力企业主辅分离改革尘埃落定，同年9月29日，中国电建挂牌成立，江西水电从国家电网系统划转移交中国电建。

企业主要从事火电、电网、水电、新能源、房屋建筑、基础设施等工程建设及投资运营管理，业务分布全国各地及海外。

【领导班子】2017年，江西水电领导班子成员共有9人，分别为：局长、党委副书记黄利民；党委书记、副局长熊江华；副局长熊海金、俞国太（兼总工程师）、况朝芳（总会计师）、徐更生；党委副书记、纪委书记、工会主席李坦才；副局长樊红宇、林虎。

【组织机构与人力资源结构】2017年，江西水电本部机关职能部门12个，分别为：办公室（下设信息中心）、党群工作部（下设新闻中心）、人力资源部、市场开发部（下设技术经济中心、驻外办事处）、经营管理部、财务资金部（下设会计事务管理中心）、工程管理部、设备物资部、安全环保部、监察审计部、法律事务部、离退休管理部。

二级单位形成4大板块：业务管理事业部（区域分公司）、专业工程处（厂、公司）、直属项目部、辅助机构。其中业务事业管理部（区域公司）单位4个：电力建设事业部、海外事业部、基础设施（投资管理）事业部、总承包事业部；专业工程处（厂、公司）单位13个：输电工程一处、输电工程二处、变电工程处、建筑工程处、新能源工程处、水利水电与市政工程处、基础处理工程处、机械厂、设备（材料）管理中心、消防工程处、江西省电力装璜有限责任公司、江西省高新混凝土有限公司、江西省南昌科盛建筑质量检测所；辅助机构单位3个：人力资源储备中心、水电医院、物业管理中心。

截至2017年底，江西水电有正式员工2150人、劳务派遣员工183人。员工中职称人员占比41.5%，其中具有高级职称135人、中级职称246人、初级职称512人，具有高级技师18人、技师65人。

江西水电工程技术类人才821人，拥有执业资格人员种类多，施工现场管理人员丰富，其中具有一级建造师124人、二级建造师61人、造价师9人、安全工程师10人。

江西水电人才当量密度较高，具有研究生学历22人；本科学历730人；专科学历421人。

【主要经济指标】2017年，江西水电营业收入256766.80万元，利润总额1775.41万元，新签合同额45.7369亿元，全员劳动生产率127.05万元/人，资产总额209257.51万元，资产负债率84.19%。

【企业资质、资信】2017年，江西水电是中国施工企业协会AAA等级信用企业，中国电力建设企业协会AAA等级信用企业，中国水利企业协会企业水利机械制造AAA等级信用企业，中国水利企业协会企业施工类AA等级信用企业。

具有水利水电工程施工总承包一级、电力工程施工总承包一级、建筑工程施工总承包一级、输变电工程专业承包一级、地基基础工程专业承包一级、消防设施工程专业承包一级、钢结构工程专业承包二级、公路路基工程专业承包二级、电子与智能化工程专业承包二级、市政公用工程施工总承包三级，承装一级承试一级承修四级电力设施许可证、电网类电力工程调试能力甲级、特种设备安装改造维修许可证（起重机械）A级、爆破作业单位许可证（营业性）设计施工四级、全国工业产品生产许可证（水工金属结构），同时具有境外工程承包资格。

子公司拥有资质：江西省电力装璜有限责任公司具有建筑装修装饰工程专业承包一级、建筑幕墙工程专业承包二级、建筑机电安装工程专业承包三级资质；江西省高新混凝土有限公司具有预拌混凝土专业承包资质；江西省南昌科盛建筑质量检测所具有主体结构工程现场检测及见证取样检测资质。

【改革发展】2017年，江西水电全面推进企业整体改制工作，积极配合三供一业分离移交工作。一是按时完成了改制企业名称预核准，上报并经中国电建批准了《江西省水电工程局公司制改建方案》；二是顺利完成了企业资产权属完善、尽职调查、作价出资土地权属和土地评估初审、剥离资产边界确定等各项工作；三是积极做好“三供一业”移交工作，完成了“三供一业”全部4个项目的框架协议签订，其中2个项目正式签订了改造协议；积极推进南昌县向塘镇职工住宅小区供电、供水改造项目和南昌市青云谱区职工住宅小区供水改造项目的组织实施；四是实施压缩管理层级减少法人户数工作，基本完成注销和吸收合并江西省通盛消防工程有限公司工作；五是积极推进关联企业清理规范工作平稳有序进行。

【经营管理】2017年，江西水电持续推进《建造合同准则》实施，及时对项目预计总收入和总成本进行测算、调整，核实项目毛利率的真实性、准确性，以季度经营活动分析会为重要节点，全面把控全局经营状况；注重项目各阶段的经营策划，加大项目二次、三次经营力度，积极推动已完工项目对外结算；针对亏损或潜亏项目，减亏扭亏专项工作小组制定专项工作方案，责任到人进行落实，在尽量保证企业利益的情况下，完成了多个项目的结算；结合企业实际，制定科学合理的经营责任考核目标，并对各单位2016年经营完成情况进行审核，依据经营结果按照企业制度规定进行经营业绩考核和评价；通过积极推动PRP系统中合同管理、成本管理及分包结算等模块的建设及线上运行，提高成本测算的效率及准备性，加强项目成本过程管控水平；通过狠抓“补短板、控风险、提质效”工作的布置和落实，使各单位目标明确，责任到位，进一步理顺了内部经营管理工作。

【重大项目】2017年，江西水电承建的主要工程项目有：

（1）火电：华润电力五间房电厂2×660兆瓦超超临界燃煤发电机组工程主体建筑A标段、贵州黔西二期扩建（1×660兆瓦）工程、京能五间房电厂一期2×660兆瓦机组工程、华能榆神榆林热电联产新建工程五标段（BOP公用系统建筑工程）、中电投白音华自备电厂2×350兆瓦机组建设工程、锡林郭勒热电有限责任公司2×660兆瓦扩建项目、中电投分宜电厂2×660兆瓦机组扩建项目。

（2）电网：滇西北至广东±800千伏直流输电工程东方换流站工程主体A包、滇西北至广东±800千伏直流输电工程第4标段、澜沧江上游梯级电站500千伏送出工程——黄登电站至新松换流站线路工程（四标段）、进贤至东乡500千伏线路工程（4标）、苗尾—新松ⅠⅡ回500千伏线路工程二标段、武汉地铁11号线供电标段工程、宜春前头220千伏变电站新建工程（含保护改造）。

（3）新能源：福建霞浦浮鹰岛风电场土建及机电安装工程、广西灵川县灵田风电场及升压站工程土建与机电设备安装调试、广西兴安县严关一期风电场工程土建施工、风机及塔筒等设备安装及调试、福建古田泮洋风电场二期项目EPC（设计采购施工）施工标段、山东潍坊红河镇乐港养殖厂30兆瓦屋顶分布式光伏发电项目PC工程。

（4）房屋建筑：赣铁九龙府建设工程项目、九江绿地大都会项目工程、武汉洛悦汇一期工程、南昌下罗棚户区改造项目、南昌临空经济区中德4.0产业园项目。

（5）水电：广东梅州抽水蓄能电站上下库连接公路Ⅰ标工程。

【走向海外】2017年完成海外项目新签合同额5.93亿元，同比增长285.31%，加强向重要客户及社会各界的推介力度，在电建国际北京总部举办江西水电国际业务专题推荐会，取得良好反响。秉承差异化、专业化发展原则，成功开拓泰国市场，承接了输电线路、变电站和水电站等多项工程；利用沙特MGS项目履约的良好口碑，积极对接集团国际业务领军企业山东电建三公司，顺利承接沙特延布三期电厂土建分包工程。

强化战略引领作用，颁布《江西省水电工程局国际业务“十三五”规划》，分析企业面临的内外部环境，重点阐述了公司国际化过程中面临的机遇和挑战，强调坚持以土建工程、电网工程承包为主题，紧跟集团公司国际业务发展步伐，提出了“融入融合、合作共享、专业发展、稳中奋进”的发展思路，在更大范围、更广领域、更高层次上参与国际市场合作与竞争。

【科技创新】 2017年，江西水电组织修订完善《典型施工技术方案A版》，并按专业板块划分形成《典型施工技术方案（B版）》合辑。对2015～2016年度施工工法9项、QC成果13项科技成果予以了奖励。

在建筑施工领域，积极引进、吸收、消化、运用建筑行业新技术，成立了建筑板块科技创新课题研究小组。

向国家知识产权局申请的《半自动火焰切割机开坡口新型装置》《一种暗埋压力钢管对接焊缝背面缺陷处理工艺》两项专利分获国家实用新型和发明型专利授权。

组织完成10篇施工工法编写与申报工作，其中《四分裂大截面导线“一牵4”同步展放施工工法》拟被推荐评选国家级工法。组织完成《提高厚板T型接头熔透焊缝一次合格率》《降低场平工程雨季施工工期的损失》《提高深填方区桩基成孔合格率》等三项QC成果编写与发表工作，获江西省成果发表三等奖。

组织完成18篇技术论文集中评审和投稿工作，其中3篇在中国电建主管刊物《机电设备技术与管理》发表，2篇获中国电力企业协会优秀论文奖。重视知识产权和技术标准化工作，加强科技创新成果应用管理，充分发挥科技创新成果的支撑和引领作用。

完成《科技研发费用管理办法》和《工程技术专家评选及管理办法》初稿。

【党群工作和企业文化建设】 2017年，江西水电以提升党建价值创造能力为目标，不断提升党建工作科学化水平。以“两学一做”学习教育常态化制度化为主阵地，深入开展党的十九大精神专题学习。认真开展谈心谈话工作，组织实施党委书记面谈制度，严格干部管理与任用。制定党的建设“十三五”规划，完成党建进章程的制度拟制工作（待集团批准）。在沙特项目、泰国区域项目总部及时设立党支部，配齐配强党组织负责人，实现党建工作全面覆盖。

认真组织学习习近平总书记“7.26”讲话精神，举办了两期党员培训班、一期党群干部培训班。组织人员参加国务院国资委、集团公司学习贯彻十九大精神的专题会议及网络培训班，组织职工参加中国电建十九大精神知识竞赛答题活动。过好党员“政治生日”，推进每月10号的党员活动日开展。组织全局在职党员浏览“砥砺奋进的五年”网上展馆。

坚持党管干部原则，严格按照干部选拔任用四个关键环节开展工作。组织干部任前谈话22人次，考核反馈谈话2人次。2017年，组织选拔任用干部16人（新提拔任用8人，副职提任正职8人），2017年岗位交流干部8人，没有发现在干部选拔任用问题上职工群众反映强烈的问题。

召开新闻宣传工作会。制定完善相关规章制度。积极做好在《中国电力建设报》、集团公司网站等地市以上刊物及网络媒体上稿工作，两篇作品分别获中国电建2016年度好新闻作品二等奖和三等奖。开展“安全在心中，廉洁在路上”为主题的“安全廉洁”文化专题慰问演出。

持续推进党风廉政建设，从严落实八项规定。公司纪委对基层单位公务用车情况和招待费使用情况进行抽查，组织二级单位对本单位“小金库”的情况进行了自查自纠，并做出书面承诺。发放警示教育片，组织干部到江西省豫章监狱进行现场廉政教育。对新提拔的中层干部进行廉政知识测试。组织专职纪检人员深入一线项目部开展廉政党课宣讲活动。

以“先锋创绩、党员争先”为主题开展纪念建党96周年活动，表彰了党内先进集体和个人及“十佳青年”。建立标杆示范机制，设立了标杆党支部。积极组织专项调研，全年向江西省直工委调研室上报3个课题，向中国电建报送2个课题，有2个课题分获中国电建课题二、三等奖。党群工作部获“全国巾帼文明岗”。

（江西水电公司）

中国电建集团重庆工程有限公司

【综述】 中国电建集团重庆工程有限公司（以下简称重庆工程公司）成立于1952年，由重庆电力建设总公司改制更名而来，是中国电力建设集团有限公司直属二级全资子公司，是重庆市高新技术企业，是国家大型一级电力建筑安装综合性施工企业。公司注册资本金4.91亿元，现有资产总额28.82亿元，业务涵盖电力工程、基础设施建设、环境工程、房地产开发、电力服务等领域，具有集投融资、设计咨询、设备采购、工程施工、运维服务为一体的全产业链能力。

（董 静）

【领导班子】 2017年，重庆工程公司领导班子由9人组成，平均年龄49岁，其中研究生学历1人，本科学历8人；教授级高工2人，高级职称6人；一级建造师7人。

执行董事、总经理、党委副书记向贵霖；党委书记、副总经理柯胜金；副总经理张喜、谢涛、杨杰虎、王松、陈文彬；党委副书记、纪委书记、工会主席、监事马军；总工程师王松（兼任）；总会计师叶志刚。

（李昌果）

【组织机构】 2017年，重庆工程公司组织机构总体按照“机关总部＋业务公司＋子公司＋专业公司＋项目经理部”的模式设置。机关总部职能部门12个，分别为：总经理工作部、党群工作部、纪检监察审计部、人力资源部、财务资金部、经营管理部、市场开发部、工程管理部、物资设备部、安全环保部、技术管理部、投资管理部。业务公司8个，分别为：送变电建设工程公司、电力检修运维公司、基础设施建设工程公司、环境工程公司、海外工程公司、物业管理公司、工程监理咨询公司、北京分公司。子公司5个，分别为：重庆秀苑华俊房地产开发有限责任公司、重庆秀苑物业管理有限责任公司（与物业管理公司合署办公）、重庆玖池物流贸易有限公司、重庆龙威达物业管理有限公司、重庆中宇建设工程质量检测有限公司（与检测分公司合署办公）。专业公司8个，分别为：第一机务公司、第二机务公司、电自公司、热控公司、建筑公司、调试公司、检测公司（与中宇质量检测有限公司合署办公）、机械化公司。辅助机构3个，分别为：白市驿基地管理处、职工医院、保卫处。项目经理部，公司根据工程项目规模大小，设置一、二、三、四级项目经理部。

（李昌果）

【企业资质、资信】 2017年，重庆工程公司具有电力工程施工总承包壹级和建筑工程施工总承包壹级资质；消防设施工程专业承包贰级、市政公用工程施工总承包贰级、建筑装饰工程专业承包贰级、隧道工程专业承包贰级资质；机电工程施工总承包叁级、输变电工程专业承包叁级、钢结构工程专业承包贰级资质；公路交通工程（公路安全设施）专业承包贰级；公路交通工程（公路机电工程）专业承包贰级；环保工程专业承包叁级。具有承装（修、试）电力设施一级施工许可证；房地产开发二级；物业管理二级；城市园林绿化三级；金属检测和土建试验一级；电力工程监理乙级资质；电力工程调试资格（电网类甲级、电源类乙级）等资格；保温施工和防腐施工甲级；压力管道安装GC1/GD1级；锅炉安装改造维修1级；起重机械安装维修A级。通过了质量管理体系、环境管理体系、职业健康安全管理体系、测量管理体系认证。公司参股成立中国电建集团环境工程有限公司，将原有资质环保工程专业承包壹级平移到该公司。

（胡亚梅）

【主要经济指标】 2017年，重庆工程公司资产总额287277.74万元，比2016年同期291272.30万元减少3994.56万元，资产规模同比降低1.37%；净资产67228.08万元，比2016年同期55685.29万元增加11542.79万元，同比增长20.73%；资产负债率76.60%，比2016年同期80.88%降低4.28%。2017

年，公司营业收入284448.23万元，比2016年同期269645.46万元增加14802.77万元，同比增长5.49%，持续保持稳健的增长速度；利润总额3691.28万元，比2016年同期581.46万元增加3109.83万元，同比增长534.83%；营业收入利润率1.30%；2017年，公司经营活动净现金流量21395.58万元，应收账款周转次数5.18次，国有资本保值增值率105.26%，净资产周转率4.63次，经济增加值−553.38万元。

（杨　伟）

【主要项目】 2017年1～12月，重庆工程公司共建成投产42个施工项目，涵盖火电、变电站、线路、新能源等建设领域。火电机组3台，装机容量1010兆瓦；线路24条，共408.05千米；变电站12座，变电容量241万千伏安。公司承建的重庆MDI一体化项目配套热岛中心项目主装置建筑安装工程、玖龙纸业（重庆）有限公司三期配套动力车间项目（5号机）工程、国华宁东电厂二期扩建工程3号机组安装工程顺利完工并通过168小时投产试运；承建的青海佑宁750千伏变电站工程、贵州兴义220千伏变电站工程、梁平新城110千伏输变电工程、巫溪马镇坝110千伏输变电工程、沙坪坝新桥110千伏变电站工程、110千伏涪陵石沱输变电工程、机场3号变电站及线路工程及110千伏以下输变电工程等变电、线路顺利带电投运。

（杨　攀）

【走向海外】 2017年，重庆工程公司承接了海外工程塔吉克斯坦丹哥拉经济特区220/35/10千伏变电站工程，该工程在塔吉克斯坦共和国丹哥拉经济特区建设一座满足《220千伏变电站通用设计标准》（Q/GDW 204—2008）要求和当地规范、气候要求的220/35/10千伏户外型AIS常规变电站，该变电站容量为12.5万千伏安；该工程承包范围：设计图纸中厂区围墙外1米内的所有工艺系统及其设施的勘察设计、采购运输、土建安装、检验检测、系统调试、竣工验收、试运行、移交服务（含技术培训）等全过程总承包，达到“交钥匙”工程标准。工程于2017年6月30日开工，计划于2018年6月6日完成竣工验收。

（杨　攀）

【改革发展】 2017年，重庆工程公司坚持股份公司“突出主业、相关多元”的业务结构调整战略，巩固扩大电力工程业务，加快扩展基础设施及环境工程业务，稳健拓展房地产业务，大力开发电力服务业务，公司传统业务占比由2016年的60%降低到2017年的49%，新型业务占比由2016年的40%提高到2017年的51%。公司坚持转型升级，提质增效，强化市场营销和经营生产管控，强化党的建设，各项工作取得新进展，呈现持续稳健发展良好态势。

公司持续优化内部组织架构，科学调整相关部门职责划分；公司制改制工作顺利完成，为建立现代企业制度、规范公司治理、对接资本市场奠定了基础；积极推进电建小区物业移交社会化管理，推进3家自然人持股企业及集体企业的关闭注销工作。公司持续深化三项制度改革，初步形成“能进能出”的劳动用工机制、“能上能下”的人才选拔机制、“能增能减”的薪酬分配机制。

（王　立）

【管理创新】 2017年，重庆工程公司强化一次、二次、三次经营，优化施工组织模式和施工方案，细化目标管理和过程控制，增收节支成效显著；规范分包招标评标程序，分包招标率95.30%，分包价格趋于合理；强化合同规范管理，履约能力和索赔能力逐步增强；完善项目经营责任制，推行工程项目经营成果风险抵押及超额利润分成奖励制度，提升了经营积极性。公司深化《建造合同准则》执行和全面预算管理，强化项目运营分析，提高了项目经营效果；加强资金集中管控，全年资金集中度达89.2%，盘活资金2970万元；公司依托股份公司集中采购电子平台，物资设备集中采购率、上网采购率逐年上升，2017年集中采购率达到86.41%、上网采购率达到71.46%、设备净值创效系数达到1.11；积极研究人事政策，成功申请政府稳岗补贴、培训补贴、岗位补贴、社保费用减免共327万元，降低了人工成本支出。创新审计模式，开展项目前期审计，预防项目风险；强化分包审计，基本做到分包审计资料报送全覆盖，审核方式由重点抽查转变为全面抽查核实，实现了分包审计动态管理，2017年审减额328.25万元。科技创新取得成效。公司加强专利、工法培训，开展科技攻关，提炼关键核心技术成果，荣获省部级工法、实用新型专利、中国电建科技进步奖共13项，被评为重庆市知识产权优势企业；公司加强专利推广应用，插拔式Ⅱ型配电箱和Ⅲ型配电箱等多项专利已应用在工程项目中。

（王　立）

【科技进步】 2017年，重庆工程公司积极开展科技攻关，提炼关键核心技术成果，成功申报省部级工法1

项，申请实用新型专利16项，获得授权11项，获得中国电建科技进步奖1项，公司获得2017年重庆市知识产权优势企业。

（王瑞琼）

【党群工作和企业文化建设】2017年，建立健全基层党组织建设，新成立党（总）支部4个，撤销党（总）支部1个，完成5个党（总）支部改选工作，修订完善7项党内制度。扎实开展党费补缴工作，45个单位，531名党员的党费收缴和补缴工作顺利完成。全年预备党员转正11名，发展党员8名。建立“两学一做”常态化学习机制，指导25个党（总）支部认真组织召开“两学一做”专题组织生活会，公司党委委员分别赴各基层单位督查指导专题组织生活会。发放学习读本2500余册。制定《重庆电力建设总公司党委关于认真学习贯彻党的十九大精神实施方案》，在《电建之声》报上开设“深入学习贯彻党的十九大精神”专栏，旗帜鲜明的引导职工。

强化新闻宣传策划，编辑出版《电建之声》报22期，更换宣传橱窗换版36块，制作集团电工部《电工党群》电子杂志1期。创新工作载体，完成公司“中国电建集团重庆工程有限公司”微信公众号认证，并在公众号上开设“公司要闻”“电建论坛”等固定栏目，制作推出“您好，我是重庆电建”公司名片微信，图文并茂、简明扼要的对外展示了公司形象及业绩，阅读量达到6000＋，初步实现媒介融合。组织开展职工思想政治暨工会理论研究工作，组建公司政研课题组，撰写《从严从实抓好新形势基层党建工作》一文。完成公司Ⅵ视觉系统建设工作，并在全公司范围内进行推广。高质量制作完成公司宣传画册。发布公司企业文化理念，广泛征集企业文化案例故事，深刻诠释公司的文化内涵。筹划公司《企业文化手册》制作相关工作，完成公司2016年度“年鉴”相关工作。

成功召开公司十一届五次职代会和十届五次会员代表大会。召开十一届六次职代会，审议通过公司制改制方案，民主管理工作稳步推进。组织开展劳动竞赛，两名员工在全国电力行业焊工职业技能竞赛中获奖。参加“中电建协第五届吊装技能竞赛”并获名次。举办QC小组成果竞赛及发布会，指导二级单位开展技能竞赛活动12项，提升员工技术技能。夯实基础，推动自身建设，荣获能源工会“优胜单位”“先进基层工会”荣誉。荣获股份公司工会“先进工会工作者”“工会积极分子”“优秀工会干部”荣誉。开展“炎夏送清凉”和“生日送祝福”活动。开展慰问和精准帮扶活动，共计关爱434人。开展团内“一学一做”活动，引领广大团员自觉向党中央看齐，听党话跟党走，成立青年突击队3支，开展团员青年思想调研。开展创先争优活动，荣获股份公司“2016年度五四红旗团委”“2016年度五四红旗团支部”“青年岗位能手”荣誉称号。

（董　静）

【履行社会责任】2017年，重庆工程公司顺应市场发展，积极调整产业结构，强化全员社会责任意识和可持续发展理念，将履行社会责任融入到企业生产运营各个环节。坚持“诚信经营，依法纳税”原则，2017年上缴税收共计9267.95万元，为社会创造了财富。公司深入开展“向雷锋学习　树电建新风”雷锋月志愿服务活动，走进敬老院关爱老人，携手社区共同开展志愿者活动。2017年公司共招收大学毕业生53人，劳务派遣39人，通过劳务分包等形式使用农民工2000余人，为几千人提供了就业机会。公司关爱帮扶工作持续深入，2017年继续开展“一线看职工、炎夏送清凉”活动，投入资金45万元，慰问一线员工、外来施工人员共计5000多人次，慰问劳模、离退休老干部19人，慰问困难职工及生病住院、长病、工伤人员、孤寡老人178人次。2017年，公司工程一次验收合格率100%，客户满意度100%。全年未发生一般及以上质量事故，未发生因质量问题的投诉事件。公司坚决贯彻执行国家节能减排和环境保护方针政策，落实节能减排社会责任。2017年，公司完成节能减排投入133.4万元；能源消费总量0.4669万吨标准煤，比2016年同期降低22.93%；万元营业收入综合能耗（可比价）0.0173吨标准煤/万元，比2016年减少4.35%。公司在建各工程均未发生任何环境投诉事件，未受到各级政府部门考核。公司严格履行企业安全生产主体责任，2017年投入安全生产费用4989.73万元，现有注册安全工程师29名，专职安全员68名，实现了安全生产零事故目标。

（王小韩）

中国电建集团贵州工程有限公司

【概况】中国电建集团贵州工程有限公司（以下简称贵州工程公司）作为电力工程及基础设施投融资，新能源项目资源识别、规划设计、投融资服务、工程施工、运营管理为一体的综合性工程管理公司，致力于为社会创造财富、为客户创造价值，围绕新能源业务、海外业务、基础设施业务和电源传统业务、传统衍生业务五大市场板块，以专业的技术能力、卓越的项目管理，以新能源领域创新模式为引领实现跨越式发展，品牌影响力日益扩大。

结合近年来在新能源EPC项目总承包管理经验，贵州工程公司通过模式创新和品牌再造，资源配置能力、市场竞争能力和价值创造力显著增强，已成为新能源领域的品牌领跑者和国内清洁能源项目开发、建设、运营一体化的领军企业。公司以EPC、BT、BOT等总承包方式和投融资运营、全产业链联动，在国内二十余个省、市、区，为100多个光伏、风电工程提供全产业链运营运维服务，截至2017年底，光伏、风电等新能源项目总装机容量已达3000兆瓦以上。

贵州工程公司积极响应国家“一带一路”倡议，积极进军海外市场。2017年先后签订了纳米比亚光伏项目、柬埔寨光伏项目、伊朗风电项目等合同。同时，公司作为国际新能源解决方案平台常务副理事长、中国光伏绿色生态合作组织（PGO）执行会长和国家现代农业光伏产业联盟会员单位，先后与招商新能源、华为技术有限公司、中国光伏产业协会以及各大型金融机构等建立战略联盟，与业主、监理、投融资公司建立良好协同和长期战略合作伙伴关系，共同致力于新能源电站高新设备和技术的推广应用与研究。

2017年9月，贵州工程公司所属的新能源电力有限公司挂牌运营，新的业务平台，更增添了公司为社会各界提供新能源项目一体化定制服务的信心和能力。赋予了公司在新能源投资、开发、建设、运营的新使命，为未来公司在全球新能源市场开拓中提供了更广阔的空间。

【组织机构与人力资源结构】2017年，根据战略定位和业务需要，贵州工程公司组建12个职能部门，5个事业部、6个区域分公司和7个专业化公司，对应5大业务板块分层设置项目部，构建了效率优先、管控高效的扁平化组织结构。

12个职能部门：办公室、党委工作部、战略发展部、人力资源部、财务资金部、经营管理部、市场开发部、监察审计部、工程管理部、物资装备部、安全环保部、群众工作部（含工会、团委）。

5个事业部：电网工程事业部、检修运维事业部、新能源事业部、海外事业部、基础设施事业部。

6个区域分公司：北京区域分公司、江苏区域分公司、广东区域分公司、云南区域分公司、重庆区域分公司、新疆区域分公司。

7个专业化公司：汽机工程公司、锅炉工程公司、电自工程公司、调试专业公司、机械工程公司、焊接工程公司、建筑工程公司。

贵州工程公司现有职工2200余人，其中教授级高工1人，高级专业技术职称81人，中级专业技术职称230人，初级职称577人，具有研究生学历11人，大学本科及以上学历685人，大学专科学历989人，一级建造师76人，二级建造师154人，其他注册类工程师48人。

【领导班子】2017年，贵州工程公司领导班子：总经理、党委副书记郭玮；党委书记、副总经理陈万勋；副总经理、总工程师简朝晖；副总经理余豪、蒙庆文、朱兆强、秦廷翔、王远辉；总会计师聂小军；党委副书记、纪委书记陈泽霜；工会主席李朝君。

【主要经济指标】截至2017年12月31日，贵州工程公司完成营业收入73.04亿元，新签合同额179.68亿元，实现利润总额6136万元，公司资产总额64.58亿元，资产负债率84%。

【企业资质、资信】2017年，贵州工程公司拥有国家电力工程施工总承包一级、建筑工程施工总承包一级等资质，主要从事国内、外各类火力发电厂的整体建筑、安装工程，高压、超高压变电站及电网建筑、安装，光伏电站、风力发电场EPC总承包，各类工业及民用建筑安装，各种压力等级锅炉及管道安装等。曾获中国建筑工程鲁班奖、詹天佑土木工程大奖、全国优秀施工企业、全国五一劳动奖状等荣誉。

【走向海外】2017年，贵州工程公司积极响应国家“一带一路”倡议，从2016年签订肯尼亚基苏木220千伏输电线路项目实现零突破以来，海外业务增长迅速。2017年先后签订了纳米比亚6兆瓦光伏、柬埔寨暹粒300兆瓦光伏、与阿特斯公司在意大利米兰签订一揽子战略合作协议以及非洲中东欧洲500兆瓦光伏项目、巴基斯坦奎达100兆瓦光伏、伊朗尼姆努150兆瓦风电等EPC总承包项目，合同总金额突破50亿元。

【科技创新】2017年，贵州工程公司紧紧围绕“实施创新驱动发展战略”这一中心，积极开展各项科技工作，在科技管理体系建设、科技活动开展、科技成果等方面取得成效。

2017年，贵州工程公司成立了以公司总经理为主任的技术中心，明确了技术中心技术委员会及专家委员会成员构成、职责和分工。还分别与贵州机电研究设计院及贵州省机械工程学会、贵州大学先进技术研究院签署《科学技术合作框架协议》，开展技术合作和交流，共同合作开展科技项目研究，与此同时，还积极加强科技研发及推广应用工作，就高新技术企业申报事项开展了系列的调研、走访学习、专家咨询等工作，争取在2018年成功申报高新技术企业。

在遵照执行中国电建相关科技管理制度的同时，结合贵州工程公司实际情况和特点，制定了科技奖励制度，设立公司级科技奖励，对立项批准的项目及时拨付款项，对获奖成果及时发放奖励，截至17年底，累计发放科技创新奖励20万元。2017年取得实用新型专利、软件著作权、工法、科学技术进步奖等成果。全年共获省部级以上行业标准、软件著作权、施工工法等科技成果14项，申报知识产权17项，省级企业技术中心认定成功。

【党群工作和企业文化建设】2017年，在中国电力建设集团（股份）有限公司党委的正确领导下，贵州工程公司党委坚持“把方向、管大局、保落实”，服务生产经营，推动党建与生产经营深度融合，充分发挥领导核心和政治核心作用，为公司改革发展稳定提供了坚强保障。

深入学习、宣传、贯彻党的十九大精神。制定实施方案，开展“不忘初心、牢记使命”主题活动，安排各党支部通过三会一课、主题党日、工人讲习所、站班会、部门工作会等形式，推动党的十九大精神进一线、进班组，实现全覆盖。扎实开展“两学一做”学习教育。以形势宣讲、上党课、观看电教片等形式，对党章、条例及习近平总书记重要讲话进行集中辅导。全年组织党委中心组学习6次，邀请党校教授讲座共计4场次，党委委员讲课11次，支部书记轮流上党课20余次，举办党务培训、通讯员培训2期。加强基层党组织和党员队伍建设。重新对党支部进行调整设置，设立了32个在职党支部、2个离退休党总支，下设10个退休党支部；并对所属42个党支部、1059名党员的基本信息展开信息采集、校核、入库工作。全面推进基层党建工作标准化建设，建立党支部书记抓党建工作责任制，开展党支部书记述职述廉评议，加强对党支部工作检查考核力度。开展评先选优活动，表彰先进党支部5个，优秀党员55人，优秀党务工作者5人。加强党风廉政建设和反腐败工作。层层落实党风廉政建设责任制，签订反腐倡廉责任书173份。召开2次党委会、1次党政联席会，7次纪委会专题研究党风廉政建设工作。严格遵守“中央八项规定”，防止“四风”问题反弹。全年组织4次联合巡检，发出19份监察建议书，提出整改建议68条。全年处理2例越权行为，并追究3个负责人直接领导责任，确保制度刚性约束。加强新闻宣传和群团工作。坚持正确舆论导向，充分利用网站、微信公众号、《贵州工程》报、数字多媒体展厅等自媒体，宣传公司改革发展新成果、新经验，讲好电建故事，展示企业形象。加强对群团工作的领导，以文体活动为载体，举办誓师大会、喜迎十九大文娱汇演、文体棋牌比赛等，充分展示了公司员工积极健康、开拓进取、蓬勃向上的精神风貌。2017年公司荣获贵州省文明办“2015～2017年度贵州省文明单位”。

企业文化建设：2017年，贵州工程公司党委着眼于重组整合企业的定位和发展思路、加强顶层设计，坚持战略引领和文化再造的原则，兼容并蓄、循序渐进、以人为本，大力推进文化融合，凝聚发展合力。

贵州工程公司以明代著名的哲学家、思想家、教育家王阳明先生的“致良知，知行合一”的心学理论为基石，挖掘、吸收阳明心学精髓，以心学为本源，全员上下知行合一，不断锻造强大内心，共同为企业创造价值。2017年年初，公司正式提出“知行合一、价值创造”的核心价值理念，倡导“凝心聚力是心即理”“战略给力是良知”“管控有力是致良知”“提级升力是知行合一”的四力文化，以此塑造公司崭新的企业文化。同时，在公司文化核心价值观——“知行合一、价值创造”的引领下，挖掘传统文化，结合企业生产实际、行业特点、服务需求等因素，完成了公司《企业文化大纲》和《企业文化宣传手册》，逐渐构建起初步的企业文化体系。

（贵州工程公司）

中国电建集团长春发电设备有限公司

【概况】中国电建集团长春发电设备有限公司（以下简称长春设备公司）成立于1950年，由当时的东北人民政府工业部电业管理局基本建设局以其所属长春工区为基础进行筹建，名称为长春工程队。直至2017年近70年时间，随着电力建设事业的不断发展和企业生产规模的逐步扩大，企业名称多次更换，隶属关系几经演变。至2017年12月25日，正式定名为中国电建集团长春发电设备有限公司。

长春设备公司是国家大型重点机械制造企业，国家一级计量单位，吉林省省级技术中心企业，是国内唯一拥有德国巴高克—日立欧洲公司新技术MPS-HP-Ⅱ型号磨煤机授权设计、生产MPS中速磨煤机的专业企业，并拥有自营进出口权。产品在国内市场占有率多年稳居第一。

长春设备公司设有技术中心和生产制造中心，总面积约27万平方米。生产制造中心设有四大生产基地：钢结构车间、机械车间、铸造车间和电气车间。长春设备公司集科研、设计、生产、安装、调试、技服为一体，能自行研发、设计、制造，安装2×1000兆瓦机组以下火力发电配套辅机设备。长春设备公司开发、制造的大型设备广泛应用于火力发电、冶金、矿山、港口和建材等各个行业。主要产品有：悬臂式斗轮机、门式斗轮机、圆形料场堆取料机、桥式斗轮取料机、中速磨煤机、风扇磨煤机、桥式抓斗卸船机、装船机、装卸桥、斗链卸车机等。产品遍布全国，已为全国500多家用户提供了1000余台各类辅机设备，并出口欧洲、美国、德国及南亚、东南亚国家。

【领导班子】2017年，长春设备公司领导班子由7人组成：总经理兼党委副书记陶楠；党委书记兼副总经理邓兆印；副总经理刘亚鹏、李战国、舒凌；总工程师迟振刚；党委副书记、纪委书记；工会主席魏萌。

【组织机构与人力资源结构】2017年，长春设备公司设有9个管理部门，8个业务部门，4个生产车间，1个全资子公司（已经停产）。

2017年末，公司有职工799人，其中大专以上高学历人才447人，占职工总量的55.94%，中级以上职称189人，高级工以上技能人才36人。人才当量密度47%。

【主要经济指标】2017年，长春设备公司共完成斗轮机整机26台，磨煤机整机181台，共计207台设备，完成产值8.59亿元，产量2.87万吨，实现主营业务收入81011.99万元，同比增长15.66%，实现营业毛利11186.25万元，毛利率13.81%。2017年累计实现营业收入81019.72万元，完成年度预算的124.65%，实现利润总额1185.16万元，完成年度预算的296.29%，企业资产负债率100.57%，同比下降0.93%。

2017年，长春设备公司累计新签合同11.84亿元，完成年度计划的109.63%；其中国内传统业务新签合同10.04亿元，海外市场新签1.8亿元。2017年合同存量24亿元，合同存量充裕度达到321.29%。

【企业资质、资信】2017年，资质机构代码证、税务登记证、机构信用代码证、质量管理体系认证书、职业健康安全体系和环境体系认证证书、知识产权管理体系认证证书、斗轮机及磨煤机系列产品CE认证证书、全国工业产品生产许可证（名称：港口装卸机械）、中华人民共和国特种设备制造许可证（门式起重机），中速磨《节能技术评价证书》、吉林省高新技术企业。

【改革发展】2017 年，改革发展不断推进，一是完成了对关联企业股权的收购工作和厂办大集体企业的注销工作，实现了国务院国资委下达的阶段目标；二是积极开展了家属区“三供一业”移交工作，水电气热全部完成移交，并签订了物业移交《框架协议》，最终协议进入审批流程，“三供一业”工作进入最后的收官阶段；三是完成了企业公司化改制的工商变更工作，搭建了公司化治理的新组织机构和管理框架，为公司今后的发展奠定了基础。

【科技创新】2017 年，长春设备公司持续加强科技研发投入，大力开展新产品、新技术研发，取得了一定成果。

一是基于国内用户对中速磨节能降耗的需求，公司对引进中速磨技术进行了优化设计，采用了更低耗的新型碾磨型线技术、叶片旋转喷嘴环技术、液压变加载阻尼控制技术等三大技术，更耐磨的新材料新工艺、更节能的软启动技术，以及更人性化、低劳动强度的磨煤机检修技术等，这些新技术、新材料新工艺的应用，不但满足了用户的需求，还达到了降低企业制造成本、提高产品质量、降低设备运行维护费用的多重效果，受到新老用户的一致好评。

二是公司紧追国际散料装卸机械的发展方向，通过与国际知名企业合作，引进了一批大型化、智能化的斗轮堆取料机先进技术，增强了公司在电厂、港口、码头及大型煤炭储运基地等行业的市场竞争力。

三是完成了 FMH 大型风扇磨煤机的开发，并成功应用到北方胜利电厂项目中，填补了国内超高水分（60%）褐煤破碎无大型机械设备的空白，该技术于 2017 年获得了全国电力职工技术成果奖一等奖。

四是以产学研合作形式完成了干雾抑尘技术的开发。干雾抑尘技术能够有效降低设备运行过程中大气粉尘污染，同时对职业健康安全也有一定的促进作用。目前，公司已完成蚌埠电厂的一台设备改造，受到用户的认可。

截止 2017 年末，公司拥有专利达到 27 项，其中发明专利 6 项，2017 年度新申请专利 13 项，其中申请发明专利 3 项。2017 年度公司职工发表科技论文 27 篇，其中被核心期刊收录 10 篇。截至 2017 年末，已发表的论文总量达到 194 篇。

【党群工作】2017 年，按照中国电建党委的决策部署，长春设备公司认真学习宣传贯彻了党的十九大精神，积极推进“两学一做”学习教育常态化制度化，坚持做到党建工作和业务工作相融互促，取得了良好的成绩。按照中国电建党委的部署和要求，严格落实“三会一课”制度，深入推进“两学一做”学习教育常态化制度化。

一是抓党员。公司党委要求各党支部定期召开支部党员大会、支部委员会、党小组会议，定期组织安排学习。扎实开展“两学一做”学习教育活动，将“三亮三比”（“三亮”即亮标准、亮身份、亮承诺；“三比”即比技能、比作风、比业绩。）主题活动落实到工作中来。通过举办支部书记学习、专题研讨会和开展“做表率、当先锋”故事会等活动形式，提高党员干部的政治理论水平和业务能力，充分发挥党员的先锋模范作用。

二是抓学习。公司党委积极开展关于《党中央在延安十三年及延安整风和延安精神》的党课学习。另外，全年共安排党委理论中心组学习 6 次，各党支部组织学习十余次，并要求各党支部不断加强基层党组织负责人队伍建设，认真开展党支部标准化建设。

三是党建入章程。全国国有企业党的建设工作会议明确提出，把党建工作要求写入国有企业公司章程，这是落实党组织在公司法人治理结构中的法定地位的重要制度安排，是把加强党的领导和完善公司治理统一起来、建设中国特色现代国有企业制度的重要举措。公司党委高度重视党建入章程工作，结合企业公司化改制，严格按照中国电建拟订的条款和规定，将党建工作纳入到新的公司章程中。该项工作已于 2017 年 12 月完成。通过章程修改，公司将顺利推动企业党建工作制度化、规范化，有效促进党组织围绕生产经营开展活动、发挥作用。

（长春设备公司）

长春龙源电力设备有限公司

【概况】 长春龙源电力设备有限公司（以下简称长春龙源公司）是集变压器制造、输变电工程施工、机电设备安装于一体的专业生产企业，是中国电建内部最高电压等级的变压器专业生产制造企业。占地面积20000平方米，坐落于吉林省长春市经济技术开发区。多年来，公司秉持“小而精、小而优”的经营理念，为国家电网、发电企业、中国电建及社会用户提供着可靠的产品和满意的服务。近年来，先后为中国电建内部多家成员企业的国内外市场提供产品服务及技术支持，得到了广大用户的好评及认可。

长春龙源公司主要产品分油浸、干式两大类，具备145千伏级及以下油浸电力变压器，35千伏级及以下干式变压器、配电变压器、箱式变电站等生产能力，具备独立设计、研发能力。公司最初曾作为吉林省电力有限公司变压器改造中心，先后改造了220千伏级120兆伏安变压器8台，均在电网安全运行，最早的一台已安全运行二十余年之久。作为特种变压器专业制造厂家，公司生产的产品种类还涉及多个领域，包括：油浸整流变压器、油浸电炉变压器、66千伏油浸消弧线圈、10千伏智能消弧系统（包括消弧线圈、接地变压器、接地选线装置、中心控制屏）、干式牵引整流变压器、箱式变电站、调容变压器、单相10千伏干式变压器等。2004年，公司自行研制开发的SZ11系列全密封、免维护、低损耗、低噪声、低局放、高抗短路能力、有载调压（无励磁调压）电力变压器一次性通过国家变压器检测中心全部例行及型式试验项目，在国内66千伏级产品属首家。

2015年，为拓宽经营渠道，实现转型升级，长春龙源公司申办了输变电施工三级资质、承装（修、试）四级资质，现可承接110千伏级及以下输变电工程施工。近期公司依托多年的输变电施工经验，先后承揽了中国电建水电新能源长岭王子风电场变电站三期扩建和场外风机基础施工项目、中金江鼎光伏项目设备供货及安装施工、华能临江聚宝“风光水互补”光伏发电项目、安图大兴川电站送出线路工程等，以设备制造带动施工总承包的发展思路现已成为公司独有的经营模式。

【领导班子】 截至2017年底，长春龙源公司共有领导班子成员4人：总经理兼党委副书记潘利；党委书记兼副总经理曹建国；副总经理兼纪委书记杜海；咨询蒋林苏。

【组织机构与人力资源结构】 长春龙源公司设有“六部两中心”，包括5个职能部门（即综合部、财经部、生产部、物资供应部、安全质量环保部）、3个业务部门（即工程管理部、市场营销中心和研发中心）。截至2017年底，长春龙源公司现有从业人员174人，在职员工95人，离退休人员19人。

【主要经济指标】 截至2017年底，长春龙源公司完成新签合同26217万元、完成产值18302万元、实现营业收入15643万元、实现利润115万元；全员劳动生产率171.9万元，资产净额2227万元，资产负债率108.72%。

【企业资质、资信】 长春龙源公司先后通过ISO 9002、ISO 9001、ISO14001、ISO18001质量体系认证。1996年被推选为全国变压器协会理事单位；1997年被评为高新技术企业；1999～2002年连续四年被长春经济技术开发区评为50强企业和“小巨人”企业。2010年，成为国网吉林省电力有限公司变电检修和电气试验培训基地。产品除在电网安全稳定运行多年外，远销亚洲国家（印尼、新加坡、越南、泰国、菲律宾、韩国、朝鲜、巴基斯坦、伊朗）、非洲国家（赞比亚、刚果、尼日利亚、加蓬）等地。在中国电建的领导下，公司积极实施“大集团、大市场、大品牌”战略，努力为集团提供综合性基础设施建设服务。2014年成功申请获批长春市城乡建设委员会下发的“输变电工程专业承包叁级资质”。2015年成功申请获批国家能源局东北监管局下发的“承装（修、试）电力设施四级许可证”。2017年9

月成功获得吉林省高新技术企业称号。

【改革发展】2017年，长春龙源公司在深耕细作传统产品的同时，加大了非传统业务领域拓展，以设备制造带动的施工总承包现已成为公司的又一利润增长点。

【经营管理】2017年，长春龙源公司深入学习贯彻党的十九大、全国国有企业党的建设工作会议精神，以全面落实集团（股份）公司和装备制造事业部2017年工作会议精神为主线，紧紧围绕“变革攻坚年”重点任务，立足做精做优，持续提质增效，以政治理论带行动实践，以制度带动组织建设，以责任带动廉政建设，以激励带动人才培养，贯彻落实“五大发展理念”、完成“五大任务”紧扣“五大发展理念”主题，全面提升企业核心竞争力，在产品上实行以66千伏电压等级电力变压器为主导，110、35千伏电压等级电力变压器为重点，风电、光伏及配电变压器为辅助的市场产品定位；在用户方面实行确保中国电建内部主导地位，稳定国网公司优势地位，大力发展社会用户的市场方针；在经营形式方面实行以电力变压器产品制造为主导，带动公司发展的变压器产品维修、维护服务，全力发展以产品带动变压器等系列产品安装、施工服务。同时，结合股份公司组织开展的“降本节支、提质增效”活动，积极开展了产品优化设计、物资集中招标采购以及全面预算管理等活动，公司降本增效成果显著。

全年各项工作量质并举，经营业绩稳步提升，较好地完成了股份公司和装备制造事业部下达的经营指标，取得了令人满意的工作成效。未发生安全生产责任事故，实现了划归集团后的第六个安全年。公司上下团结奋进，风清气正，各级领导干部廉洁从业，职工无违法违纪现象发生，经营形势持续保持平稳上升态势。

【重大项目】2017年，长春龙源公司顺利通过国网110千伏级一纸证明复评及国网、省网年度保证金证明，持续中标国网110千伏级主变压器，创造了市场营销史上的四个“首度”，即首度获得泰州1000千伏级特高压站用变合同、首度成为上海思源、南瑞、南自的变压器合作供应商；首度中标国网10千伏级柱上变压器（三相立体卷铁芯）成套项目；首度取得国网单批次最高中标额度3527万元佳绩。先后承揽了华能临江聚宝风光水互补15兆瓦光伏发电、大兴川电站送出工程、长岭王子风电场线路维护、代维及预试、三期箱变压器维修、消防系统改造等项目。

【走向海外】2017年，海外项目依托中国电建整体优势形成“借船出海”良好势头，成功通过水电四局、水电一局两批国外专家现场考察及验收，产品质量及性能得到认可。

【科技创新】

（1）经过两年的精心推进，现长春龙源公司66～110千伏级产品已全面实施新设计理念，公司研发中心耗时两年对两个系列产品生产用图进行了重新调整，新设计更符合国网招标规范和客户需求。经过多次对标，公司采用的新结构、新设计在材料成本、器身重量、整体重量等指标方面均已处于业内领先水平。

（2）体现长春龙源公司新设计理念的《66～110千伏级变压器设计原则》已初步编制完成。

（3）2017年9月长春龙源公司成功获得吉林省高新技术企业称号。

（4）长春龙源公司结合生产实际，编制了《变压器线圈及器身迫压力计算方法》《变压器铁芯结构件表面处理及喷漆要求》，对现行的线圈、器身等全套检查记录进行升级换版，发挥了工艺对生产的支持和保障作用。

【党群工作和企业文化建设】2017年，在长春市国资委和股份公司党委的正确领导下，长春龙源公司党委认真贯彻落实党的十九大及习近平总书记系列重要讲话精神，以贯彻落实全国国有企业党的建设工作会议精神为主线，积极推进党建工作重点任务落实，以标准化党支部创建为抓手，着力夯实基层党建工作基础，以主题活动开展为依托，着力打造党建“融入工程”，充分发挥“把方向，管大局，保落实”的领导核心和政治核心作用，为公司实现稳中求进、做强做优提供了坚强保障。全年共组织中心组学习8次、党员干部集中学习8次，公司党政主要负责人分别讲党课1次。巧妙利用“龙源党建”微信群、“龙源智造”微信公众号、支部微信群等开展党员“微课堂”，打造“指尖上的党课”。层层推进反腐倡廉建设责任制落实，共签订反腐倡廉建设责任书15份。加强责任制考核力度，规范召开年度反腐倡廉联席会。通过党委扩大会、中心组学习、党员教育培训等进行反腐倡廉专题学习。制定活动实施方案，以党支部为基本单位，以“三会一课”为基本制度，努力在“学”和“做”上深化拓展，把

"两学一做"作为党员教育的基本内容，长期坚持、形成常态，积极引导党员做到"四个合格"。结合企业实际和特点，建立"龙源智造"微信公众号，做到每周发布一篇精彩图文，努力使其成为企业对外宣传的重要窗口和阵地。围绕公司年度重点工作安排，组织开展贯穿全年的"做表率、当先锋、争排头"主题活动。通过开展"一线办公日"、"依岗亮责、双向承诺"、设立党员先锋岗、组建党员攻坚队、开展主题党日活动等，号召党员干部职工积极投身变革攻坚战，形成凝心、聚力、干事的良好氛围。重新修订《中层干部选拔任用管理办法》，规范选人用人工作流程，做好各环节工作纪实，全年共提拔中层干部13人次。印发《实施方案》，成立领导小组，建立支部工作台账，利用楼道空余位置，打造标准化党支部活动阵地2个。为支部配备档案柜、书柜、活动桌椅、宣传展板等，建立"支部书苑"，为支部订阅党建杂志，购买党建书籍，供支部党员随时借阅学习。第一时间组织干部职工收看党的十九大大会盛况，聆听习近平总书记重要讲话，充分利用各类展板、LED屏全面宣贯十九大精神，通过中心组、党员干部集中学习、党建工作会、专题党课、下发辅导书籍等方式深入学习十九大精神内涵，利用公司"龙源党建"微信群推送习总书记讲话全文和十九大精神学习链接，并自行制作3期有关十九大精神的微信公众号文章，营造了浓厚学习氛围。

工会方面认真落实职代会制度，完善职工之家建设，坚持开展送温暖、慰问走访等困难职工帮扶活动，为职工办理互助险，组织开展职工健康体检，续办"女工课堂"，组织开展职工徒步、羽毛球赛等文体活动。

团委方面打造"青工素质工程"，通过开展"赢在职场"青年员工素质培训、"对话青年"座谈交流、"敬岗爱企"青年志愿者服务、青年论坛等活动，引导青年立足本岗、建功立业，为公司实现稳中向好贡献青春力量。

长春龙源公司党委十分注重企业文化建设工作，每年均结合企业实际制定年度工作计划，进行检查考核，并有效利用公司网站、宣传栏、短信平台、LED显示屏等传统宣传阵地，广泛宣贯股份公司企业文化理念和公司企业精神，通过制作3期专题展板，明晰发展方向，统一干群思想，努力实现思想上的等高对接，行动上的奋勇争先，并制作多面企业文化彩旗，在公司院内长期宣传。公司在办公楼三楼、四楼分别设立安全警示教育文化长廊和廉洁警示教育文化长廊。积极参与集团公司团委青春故事汇编制工作，公司工程管理部副主任董福柱事迹作为优秀青年代表入选其中。

（长春龙源公司）

中国电建集团四平线路器材有限公司

【概况】中国电建集团四平线路器材有限公司原名四平线路器材厂（以下简称四平器材公司），始建于1951年，是国内第一家生产电力金具的企业，拥有全国同行业中第一家原电力部授权批准的电力金具研究所，是国家电力金具标准的起草单位之一。是同行业中第一家获得进出口经营权，也是首家通过"三标一体化"管理体系认证的企业。经过六十多年的发展壮大，现已发展成为我国集科研、开发、生产于一体的电力金具龙头企业。注册资本金9300万元，坐落于吉林省四平市，新厂区位于经济开发区东泰大街298号，占地面积79830.64平方米；老厂区位于铁东区北一经街703号，占地面积84204.13平方米。

【领导班子】2017年，执行董事、总经理兼党委副书记王宝东；党委书记兼副总经理关维平；监事、党委副书记、纪委书记、工会主席吴学猛；副总经理杜继红、李凤和。

【组织机构】2017年四平器材公司下设13个机构，包括10个职能管理部门、3个业务部门以及1个全资子公司。

10个职能管理部门：办公室、人力资源部、财务资金部、市场经营部、安全质量环保部、生产部、设备物资部、经营管理部、党群工作部、监察审计部。

3个业务管理部门：金具研究所、铝制品分厂、机锻分厂。

1个全资子公司：辽宁特高电气有限公司。

【企业资质、资信】2017年，四平器材公司生产的电力金具主要包含1000千伏交流、±800千伏直流、750千伏交流、500千伏交、直流及以下电压等级线路金具、变电金具、电厂金具。

四平器材公司有效专利共34个，其中发明专利1个，实用新型专利33个。2015年“四”字牌商标被国家工商总局认定为“中国驰名商标”，公司成为国内唯一一家拥有中国驰名商标的电力金具企业。2016年公司获得“国家高新技术企业”认证。2017年“四”字电力金具获荣获“吉林省名牌产品”称号，进一步提升了公司电力金具的市场品牌形象及核心竞争力。

【主要经济指标】2017年，四平器材公司全年实现营业收入23575万元，较2016年同比减少6.82%，实现利润总额38万元，较2016年同比减少74.5%，上缴税费690万元，增67.88%。

【改革发展】2017年，依据中电建〔2017〕181号《关于火电业务板块改制企业开展名称预核准工作的通知》的要求，9月27日厂获得四平市工商行政管理局下发的《企业名称变更核准通知书》，核准厂名称变更为：中国电建集团四平线路器材有限公司。依据11月14日中国电建下发中国电建集团四平线路器材有限公司章程，于2017年12月27日取得了四平市工商行政管理局颁发的改制后的公司营业执照，企业公司制改制工作圆满完成，结束了厂66年全民所有制企业历史，开始公司化运作新征程。

【经营管理】2017年，四平器材公司国际市场实现订货近1300万元。本期实现订货800多万元。完成科技项目验收3项，分别是：架空输电线路耐低温金具研制、1000千伏特高压交流工程金具串型优化设计及耐张串引流跳线改进方案研究、一种用于1000千伏系统的新型导线配套金具研发。开展科研项目9项，分别是：±1100千伏直流阀厅配套金具的研制、特高压倒V串金具研制、快速施工用装配式耐张线夹的研制、输配电网节能金具研发项目、特高压变压器高压套管专用金具的研究、巴基斯坦卡拉奇TP1000输电线路配套金具研制与应用、电力工程、水利水电工程用橡胶制品的开发研制、±800千伏乌东德电站送电广东广西（昆柳龙直流）输电线路工程配套金具研制。申请9项实用新型专利，分别是：一种悬吊型金具、接地开关静触头位置可调的阀厅金具、一种ϕ450管母引流六分裂防电晕金具、一种ϕ450管母滑动支撑金具、低损伤型铜导线耐张线夹、整体式预制耐张线夹、特高压变压器高压套管的引出线金具、特高压变电站管型母线引出线金具、一种调距线夹，其中前5项已经获得授权。在产品研发方面取得较好业绩，得到上级有关部门认可，2009年被认定为省级技术中心，2017年复审合格。获得奖励：“1000千伏特高压交流工程耐张串引流线改进方案专题研究”项目荣获中国电力建设集团有限公司2017年度科技进步三等奖；吉林省电机工程学会科技进步三等奖。“±800千伏直流阀厅配套金具研制”项目获中国电力企业联合会颁发的2017年度中国电力创新二等奖。

【重大项目】2017年1月正式上报了《四平线路器材厂重组并购辽宁德信线路器材有限公司的方案》。6月5日，中国电建下发了《关于四平线路器材厂清理规范关联企业辽宁特高有限公司有关事项的批复》，正式批复同意以924万元作为对价重组并购辽宁特高电气有限公司。9月25日，向604名股东支付了并购对价，完成了对辽宁特高的并购重组，即解决了困扰企业多年的遗留问题，维护了广大职工的利益，同时又确保国有资产不流失。

【走向海外】2017年，四平器材公司国际市场实现订货近1300万元。在保证巩固原有的客户基础上，发展新的客户，取得了较好的成绩。与埃塞俄比亚电力工业局、厄瓜多尔供电局、乌干达电力局、越南国家电网等多个国家达成共识，建立良好的合作伙伴关系。中电装备的埃塞俄比亚项目是国家电网重点工程，本期实现订货800多万元，并派专人赴埃塞俄比亚售后，实现了该项目的按时履约；拓展国际营销思路，依托中国电建在海外的EPC总承包工程为突破口，带动金具产品“走出去”，积极与海外用户直接沟通，寻求多样化的市场渠道，逐步建立国际合作关系，发展国际化能力，加快国际市场拓展，实现双赢。

【党群工作和企业文化建设】2017年6月29日，四平器材公司党委召开创先争优表彰大会，表彰了先进单位和个人，公司党委书记关维平为大家上了党课。2017年6月1日，四平器材公司党委制定下发了《关于推进“两学一做”学习教育常态化制度化实施方案》。要求各党支部严格执行方案的规定要求，做出经常学、长期学的安排布署，做到年度有安排、月月有计划，努力在“学”上深化拓展。各支部紧密联系党员思想工作和生活实际，每季度至少开一次全体党员会议，每次围绕一个专题组织学习讨论。公司党委以党委会、党委中心组等形式，定期组织学习，每次确定一个专题开展交流研讨。全年共组织理论中心组学习6次，每个季度的学习都涵盖了两学一做的学习内容，班子成员依次做交流发言分享学习体会。创新开展“两学一做”学习活动，七一前夕举办了“党在我心中”知识竞赛。题库涵盖了党章、准则、条例、政府工作报告等相关内容。共有60人参加了六月中旬的笔试，18名优秀选手分别代表5个基层党支部参加了最终的团体擂台赛。通过比赛，在广大党员干部中形成了学党章程、党规和系列讲话的热潮，推动了“两学一做”学习教育的持续深入开展。

四平器材公司经常性开展形式多样的文体活动来活跃员工的生活，为企业的企业文化建设提供了有力支撑，在凝聚人心、增强活力上夯实了基础。开展了2017年精英团队拓展培训，增加了企业的凝聚力和战斗力。在得知水电一局遭受洪水袭击后第一时间送去物资。

（四平器材公司）

河北电力装备有限公司

【概况】河北电力装备有限公司（以下简称河北装备公司）成立于1969年4月，位于河北省邯郸市，隶属于中国电力建设集团有限公司，注册资本金1.6亿元，占地9.25万平方米，是河北省企业技术中心、全国输配电技术协作网技术共建单位、国内中低压配电装备研发与制造基地、国家高新技术企业、安全生产标准化国家二级达标企业。

主要产品有交流金属封闭开关设备（10、35千伏开关柜、环网柜）、户内真空断路器、户外柱上断路器、110千伏隔离开关、箱式变电站、箱式配电站、各种固定式或抽出式低压开关柜和交直流配电屏等低压成套设备、智能保护测控装置等。公司业务涵盖电网、电站、轨道交通、新能源、工程配电等领域范围，在所属配电产品核心领域具有完全自主知识产权，包括：中低压配电工程设计、制造、施工的EPC总包；35千伏及以下全系列电气配电产品成套；轨道交通智能配电设备成套；装备物资进出口业务等。市场已覆盖全国26个省、自治区和直辖市，并出口东南亚、中亚、中东、南美洲、非洲等地区。

公司拥有全自动端子压着机、ABB焊接机器人、自动检漏充气设备、开关设备磨合检测装置、数控转塔冲床、数控折弯机、数控剪板机、母排加工机等各类大中型设备500余台，形成了“二线、三中心”的生产能力格局。其中环网柜、高压断路器生产线实现了产品的工业自动化生产；壳体加工中心、母排加工中心、产品装配中心形成了稳定批量生产能力。公司已建立起经过认证并成熟运行的质量、环境和职业健康安全整合型管理体系、3C产品体系。“智库达”牌系列高压成套开关设备及箱式变电产品获得河北省名牌产品称号。

企业坚持以科学发展观为统领，大力弘扬“汇聚、柔韧、进取、奉献、和谐”的核心价值观，努力践行“顺势而变，诚信守诺，科技领先，管理图强”的经营理念，先后获得“河北省优秀发明创造单位”、“守合同重信用企业”、市级“文明单位”和“河北省诚信企业”等荣誉称号，在中国电建和社会公众中塑造了良好形象。

【领导班子】2017年，河北装备公司领导班子由6人组成，分别是：执行董事、总经理、党委副书记赵宏伟；党委书记、副总经理李广田；副总经理、党委委员何荣军；党委副书记、纪委书记、工会主席、监事杨志强；副总经理、党委委员王君海；副总经理、党委委员、总会计师周志华。

【组织机构】截至2017年12月，河北装备公司共有在职员工388人。组织机构设置情况为职能管理部门6个，分别为办公室、党群工作部（含监察审计、工会、纪委、团委）、财务资金部、人力资源部、安全质量环保部、合同履约部。业务管理部门8个，分别为：国内事业部、国际事业部、轨道交通事业部、海外贸易事业部、研发中心、一分厂、二分厂、三分厂，下属两个子公司：邯郸欣茂科技有限公司、邯郸市丛台金能物业服务有限公司。

【企业资质、资信】2017年，河北装备公司拥有较为齐全的产品资质，已经取得164项中、高压电气产品的型式试验报告和23项低压国家强制性产品CCC认证证书。涵盖从35千伏高压开关柜、箱站、0.4千伏低压成套开关设备等诸多产品。

截至2017年底，河北装备公司取得发明专利5项，实用新型专利78项，软件著作权登记3项；专利总数达86项。2016年公司企业技术中心被河北省发展改革委评定为河北省优秀企业技术中心。

【主要经济指标】2017年，河北装备公司实现新签合同45181万元；实现营业收入32301万元，较年度目标任务32100万元增加201万元，完成计划的100.63%，较2016年的30152万元增加2149万元，增幅为7.13%；实现利润总额401万元，较年度目标增加43万元，较2016年同比增加69万元。

【改革发展】2017年，按照中国电建改制工作中完善土地、房产资产权属相关要求，完成了东厂区、西厂区、职工生活区14本不动产权证的办理工作，实现上述三宗土地上的房地产权统一。稳健推进“三供一业”改革工作，通过与改革相关方的前期调研与沟通，明确了“三供一业”分离移交改造工作的流程及政策，并按规定完成了改造方案、资金预算和移交计划等关键程序的上报。

【管理创新】2017年，不断深化绩效改革，强化绩效导向作用，促进经营部门市场化改革。在市场人员中推行“量化绩效薪酬”，将个人收入与中标额、回款额等关键指标直接挂钩。在生产领域全面引入外部对标对象，在生产分厂按社会同行业水平重新核订产品提奖标准，将工期、质量指标纳入对分厂领导的绩效考核。通过对标提高了市场传导感应效果，发现了制约生产履约效率的短板，促进了公司生产资源向核心制造、应急制造进行转型。

持续推进流动资产管理，大力降低存货资金占用及应收账款带来的资金风险，确保不断提高资产运营效率。同时不断优化二次营销工作，保证二次营销成果落实到位，二次营销后成本预算的执行力管控能力不断增强。公司继续加强以现金预算为核心的全面预算管理，并持续推进滚动预算制度，坚持实施以现金流为重点的年度预算、月度预算和“排一望三”预算管理，保证企业各土项工作有条不紊地进行。

【重大项目】2017年7月5日，河北装备公司中标中国通号（郑州）电气化局集团有限公司河南渑池热电铁路专用线工程箱式变电站项目，实现轨道交通市场新领域的突破。

公司在国网总部实现连续三年中标。在国网新源抽水蓄能电站领域中标湖北黄冈、河北丰宁、河北潘家口、吉林郭化4个高品质、综合性供电配套项目，不仅开拓了新的市场领域，也提升了企业的知名度和品牌影响力。在黑龙江新增批次、河北节能二批协议库存、河北配网二批协议库存3个批次中实现了柱上变台的中标突破，巩固了配电、变电一体化产业链。在安徽、浙江两个新兴市场领域实现了连续中标。

【走向海外】2017年6月21日，河北装备公司中标南苏丹朱巴配网改造项目线路变压器及其配套设备，此次中标填补了公司在海外配电市场的又一个空白，至此公司电气产品已覆盖全球24个国家。

2017年10月23日，公司中标以色列克卡夫·哈亚邓抽水蓄能电站施工箱式变电站，这是公司箱式变电站产品首次进入中东高端市场。

2017年11月25日，公司负责生产的阿曼IBRI、SOHAR独立电站项目E-House顺利验收发货。该项目由中国电建和中东最大私人IPP开发商沙特水电（ACWA）共同承建。此项产品为公司自主设计、制造，是新市场开拓、新产品开发领域的又一重大突破。

2017年11月29日，巴基斯坦卡西姆港燃煤电站正式投产发电，公司承担了此项目两台机组和公用部分中低压开关设备、卸煤码头中低压开关设备、脱硫中低压开关设备的供货，共计KYN28中压开关柜181面、MNS低压开关柜459面、厂用电管理系统设备1套，是公司境外最大单体项目。作为中国电建“互联网+项目部”科技项目的承担单位，还供应了该项目信息化集装箱。

【科技创新】2017年，河北装备公司申报的“一种环网柜用SF_6气体绝缘PT柜”获得发明专利授权，专利号ZL201610157044.4；“一种模拟放电子装置”和“一种带母线桥铠装移开式开关柜的泄压通道”等10项获得实用新型专利授权。完成了国家配网一二次融合中开闭所内应用的站所配电终端和户外开关智能控制器的研发。

2017年12月，河北装备公司申报的“河北省中压配电开关工程技术研究中心”被河北省科技厅列入“2018年度省级重点实验室、工程技术研究中心、产业技术研究院建设名单（第一批）”；公司申报的“河北省智能电网一二次融合装备技术工程实验室”被河北省发展改革委列入2017年省级工程实验室筹备建设计划。

【党群工作和企业文化建设】2017年，河北装备公司党委高度重视十九大精神宣贯，制订了《学习贯彻党的十九大精神实施方案》，组织全体党员收看党的十九大开幕会现场直播，利用宣传展板、网站、黑板报等对会议精神进行宣贯，组织员工参加集团“红色答人”挑战赛，组织党员干部参加集团召开的十九大精神专题辅导报告会。6名党委委员到挂点党支部讲党课，宣贯十九大精神。

推进“两学一做”常态化制度化，把学习贯彻习近平总书记系列重要讲话精神，特别是关于国企国资改革发展的重要讲话精神，作为加强思想政治建设的首要任务，开展党委委员以及支部书记讲党课活动，全年党委中心组进行学习6次、党群工作例会召开12次，每个挂点党委委员对各支部讲党课2次。督导各党支部落实“三会一课”制度，开展为党员过“政治生日”活动，把学习党章党规、学习党的创新理论、做合格党员作为党员教育的长期任务。

加强基层党组织建设，完成了7个党支部的换届选举工作，新增设基层党支部1个，全年接收11名同志成为预备党员，公司党委被评为邯郸市国资委2017年“先进党组织”。

先后修订下发了《“三重一大”决策制度实施细则》《职务消费管理办法》《公务接待管理办法》《公务车辆管理办法》等规章制度，对坚持和贯彻民主集中制原则、公务接待、会议活动、职务消费等各个方面和环节做出了具体要求。开展了“小金库”专项治理、企业留存礼品清查处置、违规公款购买消费高档白酒问题排查治理工作，进一步巩固了纠正“四风”工作成果。

抓实巡视反馈问题整改，成立了以党委书记为组长，总经理、纪委书记为副组长的巡视整改工作领导小组，深入推进巡视意见整改落实工作，完成了30项问题的整改，还有1项“压降两金”问题已制定措施正在持续整改中。

加强党对群团工作的领导。推进厂务公开，充分保障职工群众和社会公众的知情权、参与权和监督权。关心年轻员工的生活，联系社会单位组织了“金秋联谊活动”，组织了迎新春文艺汇演、国庆节趣味运动会、质量提升辩论赛以及“我与公司共发展”征文活动，为青年成长成才搭建平台。

【履行社会责任】2017年9月，河北装备公司积极助力邯郸市全国文明城创建工作，组织人员对两个职工家属院进行了房建物外墙粉刷、垃圾清除、拆除私搭乱建违建物、清除小广告等活动，并在“创城”期间派出专人协助所在地区政府、街道办事处做好检查和服务工作，委派专人每日对厂区、家属院及周边地带马路洒水，减少扬尘污染，为邯郸市被评为全国文明城做出了积极贡献。

公司积极响应政府号召，履行央企责任。2017年，通过公开招聘、双向选择的方式，3名见习大学生正式上岗，对接毕业后见习岗位24个，这是河北装备公司作为集团直属企业，积极响应当地政府号召，缓解大学生就业压力、承担国有企业社会责任的第三个年度。

（河北装备公司）

江西省电力设备总厂

【概况】江西省电力设备总厂（以下简称江西电力设备厂）是中国电力建设股份有限公司的全资子公司。企业经营范围有A级锅炉承压部件、钢结构、起重设备、铁塔、变压器、混凝土电杆等，服务对象涉及电力、水利、机械、建筑等行业。企业注册资金8000万元，新老厂区总占地面积为619亩，其中：本部（新厂区）位于江西省南昌市新建区望城新区，占地面积371亩；老厂区位于南昌市青山湖区，占地面积248亩。

2017年，江西电力设备厂成功通过全国文明单位复查工作，继续保留全国文明单位荣誉称号。并荣获了江西省直机关党的工作特别优秀奖、江西省高新技术企业等荣誉称号。

【领导班子】2017年，江西电力设备厂领导班子成员：厂长、党委副书记李洪应；党委书记、副厂长何平贵；副厂长龙洪兴；党委副书记、纪委书记秦晓林；副厂长、总工程师王英杰；副厂长胡文龙；工会主席张一平（7月24日改为咨询）。

【组织机构】2017年，江西电力设备厂企业本部设有5个职能部门，即：综合管理部、党群工作部、财务资金部、生产技术部、安全质量环保部；6个业务管理部门，即：市场经营部（国际业务部）、科研设计研究所、物流中心、充电机事业部、医疗护理事业部；拥有全资企业2家，即：江西森田电力设备有限公司和江西华电电力设备有限公司；控股企业1家，即：南昌东源蓄电池有限公司；3个非法人经营实体，即：重型机械分厂、锅炉工程分厂、分宜电杆分厂（委托森田公司管理）。

【企业资质、资信】2017年，江西电力设备厂获得资质、资信9项，分别为：江西省“高新技术企业”称号；南昌市城乡建设委员会颁发的建筑机电安装工程专业承包叁级资质；中国质量认证中心颁发的动力配电柜（低压成套开关设备）资质；中国质量认证中心颁发的配电箱（配电板）资质；江西省食品药品监督管理局颁发的Ⅱ类6856-2-病床医疗器械生产许可证；江西省质量技术监督局颁发的第二类压容器制造许可证；江西省质量技术监督局颁发的1级锅炉安装改造维修资质；南昌市城乡建设委员会颁发的建筑机电安装工程专业承包三级；获得南昌市安全生产监督管理局颁发的危险化学品经营许可证。

【主要经济指标】2017年，江西电力设备厂实现营业收入52407.6万元，净利润337.09万元；资产总额109604.94万元。

【改革发展】2017年累计签订合同75520万元，较2016年同期的71308万元增长5.9%，累计完成年度计划75500万元的100%；2017年1～12月累计营业收入52401万元，同比2016年的49731万元增加了5.4%，累计完成年度计划52380万元的100.04%；2017年因市场竞争激烈、产品毛利率下降，全年累计利润总额337.87万元，较2016年同期的477.36万元减少了139.49万元，同比减少了29.22％。

减少管理层级，提高管理效率。2017年12月18日，完成了江西华电电力设备有限公司的工商注销工作，成功实现了江西森田电力设备有限公司吸收合并江西华电设备有限公司，完成了集团（股份）公司下达的“压减”任务。“三供一业”分离移交工作有序进行，2017年4月27日，与南昌市青山湖区供电公司签订供电分离移交框架协议，2017年9月25日，与南昌市青山湖区罗家镇人民政府签订了物业分离移交框架协议，供电分离移交项目获得国务院国资委和集团（股份）公司资金支持720万元，为后期工作的开展提供了有利条件。危房改造工作经过“十年抗战”，于2017年取得集团（股份）公司和青山湖区政府的认可，同意土地变性并进行改造，2018年，保证危房改造按时间节点推进，促使“三供一业”的顺利移交。2017年12月28日取得新公司营业执照，正式更名为中国电建集团江西装备有限公司。

【科技进步】2017年，江西电力设备厂再获由江西省科技厅、江西省财政厅、江西省国家税务局、江西省地方税务局联合评审的“高新技术企业”称号。继江西电力设备厂后，全资子公司森田公司也获此殊荣。该称号的获得，对江西电力设备厂自我发展能力的培养和凝聚具有深远意义。

此外，江西电力设备厂根据股份公司发展战略和“十三五”科技发展规划、装备制造事业部科技专题会议精神，结合总厂发展实际，修编江西省电力设备总厂发展规划科技子规划及江西省电力设备总厂十三五科技发展规划，对江西省电力设备总厂中长期发展做好部署，为技术创新制定政策保障。

1. 协同创新情况

为解决高耐蚀耐磨抗辐照铁基非晶合金层关键技术开发与应用问题，江西电力设备厂协同北京科技大学及南昌航空大学进行研究开发。2017年主要开发了以AlPO4封孔剂和聚四氟乙烯封孔剂，对比分析封孔前后的腐蚀性能，证明了采用AlPO4和聚四氟乙烯封孔剂封孔，涂层的腐蚀电流密度均减小，表明腐蚀速度降低，耐蚀性能提高。

2. 科技成果

2017年，江西电力设备厂获得“植物绝缘油风力发电专用变压器”实用新型专利和“一种防腹部挤压及人体下滑的起背自适应电动翻身床”发明专利授权。另有“高过载植物和光伏发电专用变压器”“电炉电流”“高过载植物油立体断口式卷铁芯配电变压器”等三项专利已经提交专利初稿。

软件著作权方面，“舒伴卧床病患智能护理系统”获得国家版权局授权。

论文方面，2017年江西电力设备厂在《表面处理》《焊接技术》等核心期刊发表论文三篇。为更好的交流科技信息，全面提升该厂竞争力，加快知识成果的转化，江西电力设备厂在《中国电建装备》内刊上投稿关于“植物油环保型高过载风电、光伏箱式变电站”和“卧床病患全方位护理系统开发及应用关键技术研究”两个结题项目的论文五篇。

【重大项目】2017年，江西电力设备厂新签合同为10份，主要是：青海火电工程公司中宁隆基喊叫水光伏园区50兆瓦光伏发电项目；南京天友环境科技有限公司安徽昊源化工集团有限公司烟气脱硫装置；江苏新域环境修复有限公司工程施工合同；中国电建集团核电工程公司华能威海海埠19.75兆瓦光伏电站项目；中国电建集团核电工程公司华能新泰100兆瓦光伏；中国电建集团贵州工程公司赤峰经济开发区2×350兆瓦自备热电联产项目烟气余热回收装置及其附属设备；甘肃中水电水工机械有限公司兰州分公司鲁能格尔木80兆瓦并网光伏发电工程项目檩条采购合同；杭州锅炉集团股份有限公司锅炉管道合同；国网江西省电力公司；江西省行道实业有限公司咸宁市咸安区沿湖蔬菜种植专业合作社钢结构大棚，其中除江西省行道实业有限公司咸宁市咸安区沿湖蔬菜种植专业合作社钢结构大棚、江苏新域环境修复有限公司工程施工合同还未启动；中国电建集团贵州工程公司赤峰经济开发区2×350兆瓦自备热电联产项目烟气余热回收装置及其附属设备中标后对方业主已取消外，其余全部完工。

【走向海外】2017年签订海外合同两份：越南SONG TRANH3水电站110千伏钢构架、设备支架及其附件采购；喀麦隆曼维莱225千伏输变电工程Ebolowa站15千伏电流互感器及附属设备。

【党群工作和企业文化建设】截至2017年12月，江西电力设备厂党委共组织召开12次中心组理论学习会。

利用“江西设备党工交流”QQ群、微信群开展党员“微课堂”，随时随地引导党员干部坚定理想信念。按照工作要求，编写了《关于推进江西省电力设备总厂“两学一做”学习教育常态化制度化的工作方案》，购买了指定读物《全面从严治党面对面》《十九大报告辅导百问》《十九大党章修正案学习问答》等。

围绕生产经营，牢牢把握政治方向和舆论导向，发挥宣传喉舌作用。有效利用网站、宣传栏、短信平台、LED显示屏、《江西电力设备》、OA系统等宣传阵地加大宣传鼓动工作力度。截至12月编辑微信公众号45期，厂刊9期。

组织基层党支部书记及党员干部分别参加了国务院国资委干部教育培训网党的基础知识网络培训及省直工委轮训学习。

按照“坚持标准、保证质量、改进结构、慎重发展”的原则，严把党员发展质量，优化了党员队伍结构，认真做好了入党积极分子和发展党员的教育培养和考察引导。

根据省直工委要求，开展慰问困难党员活动，两次下拨专项党费共计7.2万元，慰问了12名生活困难党员。

制定印发年度《2017年党风廉政建设和反腐败工作要点》，并与七个党支部签订党风廉政建设责任书，切实履行“一岗双责”。江西电力设备厂党委、纪委按照股份公司党委的要求，从内部选派两名具有长期党务纪检、审计工作经验的同志，参与了股份公司党委内部巡视工作。

盯住重要节假日，要求各级领导干部坚决执行“十个严禁”。开展了节日发送短信提醒、开设廉洁微信微课堂等多种形式的监督检查，坚决防止“四风”问题反弹。完善并出台了《江西省电力设备总厂关于加强中层管理人员考核细则》，制定了55条红线、底线、高压线，为切实转变厂中层管理人员思想和工作作风，增强规范、规矩、服务意识和服务本领。

江西电力设备厂纪委对锅炉车间山东滨州施工项目、华电车间、东源公司等三家二级单位出现的产品质量和管理问题，先后组织相关人员进行线索问题排查，并按照执纪监督四种形态，分别给予了相应的处理。同时，对近三年的信访案件进行重新排查、起底，共梳理出信访案件线索三件，其中反映失实的为2件，反映属实的1件报上级纪委和江西电力设备厂党委批准后，对当事人给予了适当的处理。

重点监督企业生产经营过程中的人、财、物等关键岗位上的易发多发关键风险点及风险岗位，并对企业生产经营重点领域、问题多发领域和重大风险领域开展管理专项审计和内部控制审计。全年，参加物流中心日常的物资存货、固定资产的盘点工作中，开展38项内部审计事项。组织进行中层干部任职、转职前廉政谈话12人次、日常谈话5人次、诚免谈话 2 人次。

宣扬“三风”精神。近年来，江西电力设备厂积极融入南昌市政协“兴家风、淳民风、正社风”建设进企业活动中，在企业内不断掀起“三风”活动新热潮，研究制定了江西电力设备厂《2017 年度“兴家风、淳民风、正社风”进企业活动工作方案》。隆重表彰了一批在护厂事件中表现突出的个人，用先进典型鼓舞士气。开展“正企风·强作风”教育实践活动。围绕该厂改革与发展中存在的突出问题，紧密结合当前干部、职工的思想和工作实际，进一步激励和引导工作积极性和干事创业热情。此项工作已于 10 月召开了动员大会暨专题讲座，目前，正在持续开展中。从部门（团队）履职情况，年度、月度、周工作计划；落实专题会议布置工作的实施完成情况；落实上级、本企业文件；落实厂领导交办的临时性、重大性工作；五个方面抓好执行力建设，截至 11 月，总计督办 313 条事项。

进一步建立健全企业选人用人制度，认真研究并修订出台了五项干部管理制度，对干部选人用人管理工作进行了规范。

2017 年，根据工作需要，组织开展民主推荐 10 人次、谈话 31 人次，审核人事档案 10 份，按照“逢提必核”的原则，将拟提拔人选信息报集团公司对个人事项报告进行核查，并以“一人一袋”的标准将各类纪实材料整理归档。

通过坚持构建学习型班组“学以致用”；坚持开展班组劳动保护检查轮值制度“安全保障”；坚持开展班组建设检查工作“以查代促”进一步夯实班组建设工作。打造“智慧工会”，以服务中心工作，提高生产工作效率为重点，以劳动竞赛、职工代表听证会、群众性经济创新等活动为抓手，激励职工为企业提高生产经营效益贡献智慧。开展群众性经济技术创新活动。广泛的开展了“金点子”和“五小”等活动，推动“科技强企”目标。江西电力设备厂 1 项技术成果获得 2017 年度（第九届）全国电力职工技术成果三等奖。夯实女工工作。组织 130 名女职工在省幼保健医院进行了健康体检，开展了“书香三八”征文活动、“兴家风·书香六一”为主题的亲子活动和赠书活动，号召女职工争做“溢彩女性”。加强团青组织建设。全面推动“一学一做”教育，开展了“青年文明号”创建活动，组织青年志愿者组成的外联团队参加黄埔军校江西省纪念抗战爆发 80 周年书画展。开展了“朗读者”TA 阅读沙龙、“青年论坛”等活动，激发青年员工为企贡献青春力量的热情。

严格执行集团公司《信息公开管理办法》。利用宣传平台对江西电力设备厂发生的重要事件进行披露。重视信访稳定工作。信访是民主管理的重要方式，江西电力设备厂全年总计处理了 3 项信访事件。

2017 年制定了《江西省电力设备总厂声像档案管理办法》《江西省电力设备总厂实物档案管理办法》。完成了 2015、2016 年各部门归档材料的分类、整理和归档，整理案卷 54 盒，文书档案 2277 件，合同档案 216 件。完成了 21 名干部档案更新，23 名干部档案建立，2 名干部档案转递。

全年组织开展两次档案联络员内部培训，不断提高完善档案管理人员的业务素质。

（江西电力设备厂）

中国电建集团上海能源装备有限公司

【概况】中国电建集团上海能源装备有限公司（以下简称上海装备公司，原上海电力修造总厂有限公司）前身为成立于 1956 年的上海电业管理局备品厂，是世界 500 强企业中国电力建设集团有限公司旗下，注册资本金 5 亿元。公司秉承“自强不息、勇于超越”的企业精神，长期致力于研发、制造电站调速锅炉给水泵组、高温高压电站阀门、焊接材料、散料装卸机械、特种车辆、生物质发电、脱硫脱硝、光热熔盐泵、电网电气产品、城市及道路建设、电站节能改造整体方案的提供等，产品远销海外三十多个国家地区，业务涵盖电力、水利、军工、航天、交通、运输、造船、港口、核工业、石油化工、矿山冶金、光热光伏、节能环保等领域。中国电建集团上海能源装备公司以领先的技术，诚信的理念，全方位的顾客服务方案，全球性的战略视野，现已发展成为集产品研发、设备制造、工程成套和技术服务四大功能为一体的现代化能源装备制造企业。

【领导班子】2017年，上海装备公司领导班子未有变动，程道俊为执行董事、总经理（法定代表人）、党委副书记；潘国民为党委书记兼副总经理；黄建华、袁向阳、吕建南、吴广臣为副总经理；林永祥为副总经理兼总工程师；周列宾为党委副书记、纪委书记、工会主席；刘耀忠、周建钢任咨询。

【组织机构与人力资源结构】截至2017年12月底，上海装备公司职工人数887人，拥有博士研究生员工4人，硕士研究生员工73人，研究生占8.2%；本科学历员工269人，占30.3%；大专学历员工177人，占20%。拥有副高级职称及以上专业技术人员59人，其中教高级9人；中级职称专业技术人员141人；高级工及以上技能人员37人。科技活动及研发人员占总人数的28%，人才密度75%。

【主要经济指标】2017年，上海装备公司本部主要经营指标较2016年同期均有所提升，经营业绩稳中有进。本部实现营业收入17.79亿元，利润总额实现，7080万元，新签合同完成28.45亿元，圆满完成各项任务指标。

【企业资质、资信】2017年，上海装备公司荣获“中国工业大奖提名奖”“上海市工人先锋号荣誉”“上海市专利工作试点企业”“装备承制单位注册证书”等荣誉。蝉联“全国文明单位”“上海市文明单位”，“上海市纳税信用等级A类企业”“上海市守合同、重信用企业”“企业合同信用AAA级单位”等称号。获得“国军标质量认证体系证书”“新时代质量管理体系认证中文版”“新时代武器装备质量管理体系认证”“IS14001—2004证书”“ISO 9001—2008证书”“OHSAS18001—2007证书”“电力工程总承包三级”“高新技术企业证书”“合格供方证书”“中国合格评定国家认可委员会实验室认可证书”“特种设备制造许可证”等证书。

【改革发展】2017年，改革举措稳步推进。按照中国电建“瘦身健体，提质增效”要求，年底启动公司与上海电力环保设备总厂有限公司（以下简称上电环保公司）的重组整合，探索子企业海南电力设备厂由传统制造向互联网+经营服务型企业的转型发展方向，逐步推进“三供一业”划转移交，子企业公司制改制，厂办大集体企业等多项改革措施。

子企业“处僵治困”稳步推进。按照中国电建“瘦身健体，提质增效”总要求，扎实开展两家子企业的脱困解困工作。对上电环保公司领导班子配置进行了调整补充；广泛调研听取干部员工诉求；抽调本部骨干资源大力开拓市场；实行全员绩效考核加强干部作风建设；开展以毛利率为核心的项目成本管控；降本工作成效明显，2017年累计下降各类生产费用、业务费用、采购外协费用、综合管理费用等3720.96万元，净利润较2016年同期实现减亏3000万元，主要经营指标均向好发展。海南电力设备厂年内完成公司制改制，正式更名为“海南电力设备有限公司”（以下简称海南设备公司），向海南设备公司派驻了执行董事、监事，并对公司管理层人员进行了任命。同时，全面推进“三项制度”改革，减员8人，内退24人，留下了能干事、肯干事的员工，年内海南设备公司恢复生产，开工率超过80%；出台以订单、资金、项目毛利为核心的绩效考核办法，绩效与创效绑定，干部员工工作作风发生积极改变。自2015年重组以来，海南设备公司经营活动逐步恢复正常，2015～2017年利润总额分别为−814.34万元、−425.37万元、−295.71万元。2018年，海南设备公司将实现扭亏为盈，完成重组“三步走”的既定规划。

“十三五”战略修订完善。紧紧围绕企业创新驱动转型升级战略，结合公司重组整合上电环保公司、海南电力设备厂，打造“新”能源装备公司，修订新的“十三五”发展规划，努力实现“为用户创造价值，为社会创造效益，实现企业可持续增长”，打造“国内一流、国际先进”的有核心竞争力的现代化能源装备制造及成套服务商为企业愿景。

谋划“五位一体”顶层设计。重组后的新上海能源装备公司以“资源整合、优势重构、协同发展”为目标，开展组织框架、职责梳理、流程优化、绩效考核和ERP实施的全面全方位内部优化调整，对内实现资源共享，对外提高综合竞争力。

组织框架优化6步推进。立足1+N的多体企业实际情况，探索总部化运作、扁平化管理、集约化发展之路。拟将原设12个职能部门压缩为9个、10个业务部门调整为8个。构建总部管理平台，成立市场营销中心、招标采购中心、财务管理中心、产品研发中心，整合本部泵、阀、军工、核电等产品生产体系相关部门成立泵阀事业部，形成总部、事业部/子公司两级组织机构，进一步确认部门职责，为公司管理上升，业务下沉构建总部—子企业管控模式做好组织准备。

流程优化深入开展。以客户导线、核心环节、关键因素、整体设计为关注点，对公司各项流程进行一、二、三级分类，突出重点业务流程，界定部门职责，统一编号、完善流程，明确现有制度和表单，先后梳理管理流程95项，业务流程82项。重新制定公司《规章制度和流程管理制度》《公司关键事项权责划分表》《职责对应表》《流程修改建议汇总》，实现了内容精简、条例清晰、格式规范。

全员绩效考核纵深推进。建立全员参与、逐级负责的绩效管理模式，梳理设计了“两个层次、四类对象、五大维度”的绩效考核体系方案，重修修订《公司绩效管理制度》，建立《公司成员单位及所辖部门绩效考核指标库》《公司绩效管理体系优化报告》等文件12个，通过优化完善绩效考核体系，将定性和定量指标同时纳入考核范围，推进二级考核力度，增强对员工的能力素质考核，实现职能部门与经营单位的全面绩效管理。

企业资源计划系统ERP全面启动。完成焊材成本核算模块，规范了原来焊材生产成本的统计流程；启动泵修生产模块，增加生产进度管控功能；阀门、军工产品生产模块9月提前启动，累计完成90余个合同的生产任务；泵类生产模块试运行大唐雷州、巴基斯坦塔尔项目，完成了从设计到工艺、合并投料、备料计划生成与发布、车间派工，检验扫码，工时统计，成本核算的全流程闭环，为公司全面实施ERP获取了宝贵的经验。

【经营管理】2017年，着力加强财务管控。通过统一归集资金、优化整合资产以及建立规范高效的产业管控模式等途径，构建本部财务运营成本中心；强化全面预算与成本管理，明确子企业、各部门预算编制责任，将业务、项目活动全部纳入预算管理，将预算的事后控制延伸到事中和事前控制，坚持“事前算赢”，实现由费用预算向全面预算管理转变；结合ERP系统的全面推进，对成本进行密切监控和分析，向精益管理要效益。着力提升成套履约。遵循“履约为先、管理为重、创效为本”的原则，着力抓好项目成套的组织和协调工作，完善资金回笼项目成套协调例会制。构建大物流格局，通过仓库的统一集中管理和调配，进一步整合资源，加大对产品交付的支撑力度，全局把控从合同签订到项目成套交付的全过程。着力深化质量管理。强化落实质量追溯制度和质量管控体系建设，确保产品和服务质量满足履约要求；紧跟企业战略转型步伐，同步做好工程项目承包管理，转型产品生物质发电、光伏、光热产品的质量控制和实施；夯实质量计量标准化、质量管理例会、质量教育培训等基础性质量管理工作，加强全员、全过程、全方位质量管理。着力加强HSE管理。坚守安全环保“红线”意识，全面落实安全生产和“三项业务”主体责任。建立健全安全环保管理制度，强化安全生产四个责任体系的履职；加强对子企业HSE工作的监督与指导，梳理制度、统一标准，共同进步；注重日常隐患的排查治理，进一步加强对现场项目的安全管控力度，不断提升公司“本质安全”管理水平。着力提升风险防控。完善全面风险管理体系，加大效能监察的力度和范围，实现风险管理全过程管控。深入推进依法治企，全面实施法制工作新五年规划，大力加强法治宣传教育，着力深化依法治企责任体系和法律风险防范机制建设，提升公司系统风险防范能力，打造阳光央企。

【重大项目】2017年，高端营销和区域营销积极推进。依托中国电建、事业部层面在战略引领与服务支持领域的放大效应，加大与地方政府、五大发电集团、高等院校、研究机构、地方性企业的合作力度，公司领导组织带领本部和子企业负责人，深入重点区域市场调查研究，与石首市、无锡市、荆州市等地方政府，与英国Energy10、俄罗斯SUMMA、德国SBP、KELLER、乌克兰NEW等重要合作伙伴建立战略合作关系，达成合作共识；紧密依靠集团新能源公司、华东院合作天津河北分布式光伏项目、荆州水环境PPP项目；携手西北院中标三原县清河湿地项目；与武汉电力设备厂合作石首市城市道路照明EMC改造项目。

国内传统业务持续巩固。注重传统业务的国产化推广和产品线的延伸。加大国产化350兆瓦和660兆瓦50%容量锅炉给水泵的市场开拓，中标贵州贞丰、孟加拉艾萨拉姆、烟台万华、华电白音华、中核巴彦诺尔项目等。积极拓展节能改造、光热、燃机市场，签订了山西保德昔阳、哈密光热、兴能二期、华电蒲城等项目；高端阀门占比继续提高，先后签订佛山恒益、国电谏壁、大唐彬长等项目合同；加大力度推进百万等级超（超）临界机组重要阀门的攻关，签订华电句容二期给水泵配套再循环阀、主蒸汽疏水阀等标段合同，实现销售收入580万元；拓展生物质电站高温高压阀门市场，先后签订光大绵竹、国祯美洁、中粮安徽等14个生物质项目合同，累计新签订单1160万元；注重服务产业一体化优势发挥。1～12月，完成备品销售收入2.2亿，资金回笼8000多万，派出服务电厂228家次，其中调试产品34家次、泵修服务42家次、抢修服务79家次及指导服务73家次，以0投诉率得到了用户的一致认可，维护了企业的良好形象。

新业务、新商业模式多点发力。探索集团内部焊材配送模式，试点西南片区，覆盖水电五局、七局、十局、十三局、十四局等；在上海电建菲律宾项目中首次尝试并成功完成焊材总包，实现销售利润双增长；重工业务实现新突破，上电环保公司海外业务新签合同1亿元，签订的马来西亚关丹斗轮机项目，作为第一个自营出口项目，为公司实现自主走出去奠定扎实基础。

军民融合战略实施多点开花。加强需求对接和战略合作，积极参与国防工程建设。顺利取得中央军委装备发展部颁发的“装备承制单位注册证书”(二类装备承制单位)。在巩固原有701所、704所市场的前提下，积极开拓708所、719所等新市场，实现新签合同1134万元。完成了704所主汽门、速关调节阀的生产任务和某训练基地的产品试验工作，开展了719所船用空排止回阀的科研任务，积极参与到701所核动力平台建设工作。配合上海市政府大船计划，成功申请了2017年度上海市经信委国防科工办大船资金资助项目和军民融合项目，并获得了国防科工办200万的资金资助。

【走向海外】紧跟集团国际优先“三步走”战略。2017年实现海外业务新签合同3.73亿，较2016年的2.12亿增加75.94%。借船出海加强与集团内外总包的紧密合作，全年中标海外项目印度比罗德和巴新萨、印尼卡尔腾和Kaltim、菲律宾GNPD、孟加拉艾萨拉姆等项目。参与“一带一路”巴基斯坦卡西姆港燃煤电站项目建设，2台机组圆满完成168小时满负荷运行；坚持以用户为导向，积极响应海外现场，共计向印度、印度尼西亚、菲律宾、巴基斯坦等现场派出服务人员18人次；印度商务服务中心运作良好，完成多例海外现场的芯包大修任务，直面业主需求走访10多家印度当地电厂，全年实现新签合同1680万元；依托中国通用机械工业协会，紧密各相关泵业单位，试点搭建印度尼西亚海外服务中心大平台，推动“以服务为先导”的先进装备走出去落地；积极与国外拥有先进技术的科技公司和新能源企业进行交流合作探索，1～12月派出战略合作、项目洽谈、培训学习、调试维修等出国团组26次，共计50余人次，接待外事来访20余次。

传统业务精耕细作。保持和扩大350兆瓦、660兆瓦50%容量锅炉给水泵的国产化优势，签订大唐雷州等多项全国产芯包锅炉给水泵合同。大机组市场重点出击，揽获华能内蒙古上都660兆瓦全容量改造项目，1000兆瓦50%容量二次再热句容二期。扎实推进中高端阀门技改和成套市场，探索直供销售模式。发挥电力牌焊接材料的品牌效应，与集团成员企业建立了良好的合作意向。立足印度商务服务中心辐射东南亚售后维修市场，推进服务产业化。

相关业务多元延伸。泵类产品积极试水开拓光热、燃机、节能改造和军工市场，成功签订了摩洛哥NoorⅡ、摩洛哥NoorⅢ、阿曼苏赫和益贝利燃机、上海电气五河和淮北生物质能等项目；与集团内部西北院就熔盐泵阀达成合作协议，将参与国内首个示范性电站国产化研制和设备成套；阀门产品加大力度开拓新能源、低温省煤器等新板块；焊材产品谋求石化市场的开拓。

产融结合创新商业模式。探索具有装备产业特色的总承包业务，武威润峰光伏项目、宁波6兆瓦光伏分布式发电项目顺利并网且通过验收、盐城余热发电改造项目稳步推进；注重节能改造市场拓展，成功签订山西宏光2×300兆瓦机组电改汽等项目；新能源业务开局良好，牵手美国PGT公司，实现脱硫项目的国内技术转移，首个项目于盐城落地后又顺利中标首个英国船舶脱硫项目；扎实推进与美国SynTech生物制气发电设备的国产化合作，授权成为其产品在全球唯一的制造基地。

【科技创新】2017年，深化供给侧结构性改革，培育发展新动能。

深入推进供给侧改革。整合资源向机组全生命期服务、节能改造升级、光热燃机、军工路桥、石化管道等泵阀、焊材、重工产品线的延伸；加快推进生物质发电设备首台样机的制造和性能鉴定，抢占市场制高点；内联外合加快首台光热泵阀的样机制造坚定，联合西北院，推动青海光热示范项目的落地；扩大深化与PGT公司在船用脱硫、高效脱硫设备的合作成果，积极承接集团公司内部及各火电厂燃煤发电机组脱硫工程节能改造项目，整合资源组织好订单任务的生产和队伍建设。

推进科技体制机制创新。加强研发平台建设，打造创新技术优势。逐步构建本部研发中心承担核心技术、系统集成技术开发、协同研发，事业部、子企业研发部门承担相关具体产品的研发设计、工艺改进等工作的两级研发体系；深入探索产学政研的合作模式，加强与中国电建装备研究院、高校、科研院所、国内外先进企业等的合作；发挥创新科技园孵化效应，提高创新成果转化能力，培养科技创新带头人和科技创新团队。

着力开展“双创”活动。集聚中国电建、海南政府、北京院和公司本部多方合力，加快推进“海南互联网＋创新科技产业园”落到实处，构建众创共享空间和创新科技孵化平台。大力支持职工创新工作室、劳模工作室建设，积极推动职工技能比武、QC小组等活动，激发群众性创新热情，营造良好创新文化和氛围。

公司积极实施创新驱动发展战略，强化人才强企，研发人员占公司总人数的30%，先后获得67项发明专利和实用新型专利。不断加大研发投入，引进并应用UG、ANSYS等国际先进设计软件和高速粒子成像测试（PIV）技术，提升产品领先研发手段。自主研发的核电站常规岛主给水泵产品获上海市重大技术装备首台业绩突破。

坚持“数字化加工、智能化检测、信息化管理”理念，大力推进硬件设施的完备，现拥有大中型精密数控加工机床、先进智能化检测设备及各类通用、专用设备500余台。建有目前国内最先进的全工况大型调速给水泵组、液力偶合器、阀门产品试验台，检测中心取得国家实验室（CNAS）资质认证。在产品焊接工艺过程中引入焊接机器人。企业先后通过三标一体体系、GJB 9001B国军标质量管理体系、武器装备科研生产单位三级保密单位、武器装备承制单位资格、电力工程施工总承包三级资格的认证，助力公司转型升级、多元化发展步伐加快。

公司建立了较完整的政、产、学、研、用体系，不断提升企业自主创新能力、提高产品技术含量和附加值，与上海交通大学、同济大学、哈尔滨焊接研究所、苏州热工院、上海发电成套设计研究所常年开展紧密合作。与美国FLOWSERVE、美国SYNTECH、美国PGT、日本MHI、德国西门子、德国VOITH等国际先进公司在百万等级火电核电、新能源、生物质发电等领域缔结战略伙伴关系。

【党群工作和企业文化建设】2017年，深入学习宣传贯彻党的十九大精神，用习近平新时代中国特色社会主义思想武装头脑。十九大召开后第一时间组织开展党委中心组学习，以视频学习、集中学习、自学等多种途径组织全体党员干部开展十九大会议精神的传达学习。

全面落实“把方向、管大局、保落实”职责。认真贯彻全国国有企业党的建设工作会议精神，制定《贯彻落实会议重点任务实施方案》，确定公司年内完成的18项重点任务和43项落实措施并逐一落实。党委发挥国有企业党组织领导核心和政治核心作用，严格执行“三重一大”集体决策，修订《公司党委议事规则》，共召开公司党委会议21次，党委理论中心组学习6次。坚持党管干部、党管人才，推进干部管理工作的科学化、民主化、规范化。为党委在选人用人方面要发挥好领导和把关作用，做到“三定三把”。

坚持党要管党，全面从严治党。聚焦两个责任，制定公司2017年度党委工作要点、公司2017年度党委中心组学习计划，形成公司年度党建“十二个一”重点工作。与基层党支部签订2017年党建责任制责任书，开展月度基层党支部书记工作例会，提升和强化党支部建设，“三会一课”、民主评议党员、评先评优、党员教育管理、党支部工作手册等基本制度和基础性工作得到不断坚持和完善，发挥党支部战斗堡垒作用和党员先锋模范作用。

和谐企业建设不断加强。完成车间工业用空调通风设备的安装投用，大大改善员工的作业环境，提高生产效率；推进公司“明星党员”工程，开展先进人物的塑造和展示，2017年共推出明星党员24名。坚持实施“送温暖”工程，发放慰问金13.98万元；组织“爱心一日捐”活动，共募得善款72748元；为新进员工办理上海市工会会员服务卡，为全体员工提高四大类重病保障金，高温季节提前落实劳动保护和防暑降温措施，尽力提高员工保障和福利；开展2017年度“SPEM优胜者杯”系列文体活动陆续组织开展职工棋牌、电竞、飞镖等比赛项目，开展游泳协会活动，完成篮球、羽毛球、钓鱼等文体协会招募工作，丰富职工文化生活，营造以人为本、和谐发展的文化环境。

（上海装备公司）

中国电建集团透平科技有限公司

【概况】中国电建集团透平科技有限公司（原名成都电力机械厂）是中国定点生产电站辅机及配件的机

械制造骨干企业，是中国风机行业协会的副理事长单位，是中国机械工程学会流体工程学会会员单位，西南地区最大的电站风机及备品配件专业制造公司。原隶属于国家电网公司四川省电力公司全资子公司，2011年9月29日后，企业隶属于中国电力建设集团有限公司。

公司原位于成都市武侯区红牌楼，建于1958年10月，其前身是龙溪河水电工程局机械所。此后又更名水电工程管理局机械修配厂，1966年5月，公司一分为二，一部分人员和设备组建省水利电力厅修配厂，留下的348人与哈尔滨电力修造厂入川的100余人组建成都电力修制厂，1983年更名为成都电力机械厂。2009年11月18日，公司整体搬迁到成都市武侯区武侯工业园，新厂占地134亩，其中净用地108亩，建筑面积46260平方米。

2017年6月9日，根据《关于成都电力机械厂与都江电力设备厂重组整合的通知》（中电建〔2017〕137号）文件规定，中国电建集团透平科技有限公司（原成都电力机械厂）与中国电建集团都江电力设备有限公司（原都江电力设备厂）重组整合，中国电建集团都江电力设备有限公司（以下简称都江设备公司）成为中国电建集团透平科技有限公司全资子公司。

2017年12月26日，根据《关于河北省电力勘测设计研究院等全民所有制企业公司制改制有关事项的批复》（中电建〔2017〕256号）文件精神，经四川省工商局核准，成都电力机械厂经全民所有制企业公司制改制更名为“中国电建集团透平科技有限公司”（以下简称电建透平公司）。

【领导班子】2017年，电建透平公司领导班子人员为：执行董事、党委书记蒋健麟；总经理、党委副书记周科；副总经理方伟；党委副书记、纪委书记、监事、工会主席杜康；总工程师张勇；副总经理、党委委员周小平、赵旭；副总经理蔡藜；副总经理、党委委员陈继忠；咨询唐幼勤。

【组织机构与人力资源结构】2017年，电建透平公司职能管理部门7个，包括：综合管理部、人力资源部、安全环保部、物资供应部、生产技术部、财务资金部、质量控制部。

业务部门10个，包括：设计咨询部、透平机械研究所、项目部、仓储中心、后勤服务中心、电力事业部、地铁隧道事业部、工业风洞矿山事业部、水处理事业部和检修分公司。

生产车间4个：金工车间、铆焊一车间、铆焊二车间、装配车间。

全资子公司：中国电建集团都江电力设备有限公司。

【企业资质、资信】2017年，电建透平公司是根据《企业信用评级考核办法》评定的AA级企业。

都江设备公司于1998年通过ISO 9000质量管理体系认证并持续通过认证审核，2011年5月取得美国机械工程师协会ASME“S”钢印及证书，2013年12月取得国家A级锅炉制造许可证。

【主要经济指标】2017年，电建透平公司营业收入143411.31万元，实现利润3876.08万元，新签合同额174452万元，全员劳动生产率203.27万元，资产总额224197.49万元，资产负债率59.25%。

【改革发展】2017年，电建透平公司启动了公司制改革，建立现代企业制度、完善法人治理结构，通过体制机制创新实现管理提升，提升企业竞争能力、实现企业长远可持续发展。

电建透平公司以三体系改版为契机，夯实基础、提升管理，推动着2017年公司“制度建设年”各项目标的实施，按时完成了三体系的全面修编工作，并结合公司生产经营的需要，持续改进，不断建立健全和完善相关规章制度，在整个“制度建设年”中公司制定并下发了《成都电力机械厂信息公开管理办法》《成都电力机械厂党建工作责任制实施细则》《成都电力机械厂中层管理人员选拔任用廉洁从业结论性评价暂行办法》《成都电力机械厂“三重一大”决策制度实施办法（2017版）》《成都电力机械厂差旅管理暂行办法》《成都电力机械厂公务机票实施集中采购管理规定》《成都电力机械厂岗位绩效工资考核办法》等多项规章制度；以创新驱动、助力转型逐步夯实围绕以风机技术为核心的业务板块和逐步形成的以传统市场为核心的节能环保新兴业务板块，公司适时的调整了经营系统的组织机构，撤销了市场营销部，组建了“电力事业部”“地铁隧道事业部”“工业风洞矿山事业部”和“水处理事业部”。同时，为了突破人才瓶颈，快速推动企业转型，公司加大社会人才的招聘力度。公司由原来单一产品、单一行业和单一市场发展模式正逐步转型为一个产品多元、行业多元和市场多元的发展模式。

【经营管理】电建透平公司把2017年定义为“制度建设年”，完善现代企业制度，以此为契机，三体系文件改版完成。各部门重新修订和完善了部门职责和岗位职责，对相关部门的机构设置进行调整，拆分了市场营销系统，成立了四个事业部，修订了客户资产部职责和名称，建立了检修4S店，满足公司转型升级的发展和需要。

深化三项制度改革，制度规范是企业改革的基础和根本保证，为建立办事效能、运转协调、行为规范的管理体系，从工作职能和具体业务事项出发，结合公司的实际情况，完善各项制度和流程，使岗位职责划分更加合理，岗位权限更加明确具体，不断实现以制度管人，按流程做事。

加快金融资本布局，公司充分发挥了财务公司作为金融平台的作用，截至2017年12月末，公司有80%的对外付款在财务公司金融平台上完成。加快内部资源整合，按中国电建要求，完成了对都江电力设备厂的企业重组整合手续，完成了公司全民所有制企业公司制改制工作，成功注册了新名称“中国电力建设集团透平科技有限责任公司”，并于年底拿到了新营业执照。

大客户平台框架搭建完毕，通过对客户的关键数据录入，将极大提高公司产品的全生命周期管理水平。

都江设备公司2017年经营管理方面，在项目管理能力得到了提升，适应公司商业模式变化的需要，EP、EPC项目管理重点从四控制（安全、质量、进度、成本）、两管理（信息管理、合同管理）和一协调入手，以良好的服务促进市场的二次开发。特别是湖北华电襄阳EPC项目、广东惠来电厂EP项目、盘山电厂EPC项目，获得了业主的高度评价；基础管理得到进一步加强，实现了安全标准化二级达标，质量、安全、职业卫生健康和环境保护“三标合一”通过认证复查，A级锅炉制造许可证换证在11月2日通过了专家组现场评审。推进精益生产，在产品结构变化、生产任务不均衡的情况下，产量与2016年持平，产值同比提升8.77％。深入做好成本管控，建立了成本管理考核责任制，加大了分包管理和集采力度，合理压降人工和资金成本，实施了公车改革和机票集中采购。加强队伍建设，组织了形式多样的培训班；倡导“工匠精神”成立了“首席技师工作室”，放大了标杆效应；新引进技术和技能人才7人。加强经营风险管控，企业债务风险、市场风险、安全质量风险和职业健康风险可控；全面深化改革稳步推进，企业公司制改建，在规定时限满足了改制土地房屋确权要求。企业重组，实现了职工思想稳定和队伍稳定。“三供一业”分离移交，在9月底已全部完成分离移交协议的签订。公司办大集体改革，劳动服务公司改制完成了产权界定职代会确定程序和集团的批复工作，正在办理工商登记变更手续；关停钢窗厂和启明星门窗公司，两企业实现实质性歇业。

【重大项目】2017年，电建透平公司正在努力开拓新市场，大力发展以风机技术为核心的业务板块和以传统市场为核心的节能环保新业务板块，现在都已经取得了一定进展。公司还完成了新型动叶不可调风机1-42/20的研制、成都地铁4号线风机部分、2×215兆瓦秦皇岛电厂、2×600兆瓦上安电厂、2×600兆瓦蚌埠电厂，2×300兆瓦承德电厂等电厂风机EPC改造工程。标志着电建透平公司从提供产品向提供系统转型，从制造向制造服务转型，从供应商向运营商、服务商转型，逐步成为电站风机装备制造产业领军产业。其中重要项目有：天津风洞项目、天津津宝乐器公司MVR废水处理工程项目、与美国GE公司签订首个美国工业风机订单、完成海外首个660兆瓦机组——越南沿海电站一期工程。

2017年，都江设备公司先后中标湖北华电襄阳低低温省煤器、兰州西固超低排放锅炉改造等系列EPC总承包项目，实现了EPC商业模式的突破；天津盘山电厂烟气旁路改造EPC项目，在超低排放和节能改造接近尾声的市场环境下，为公司取得了火电灵活性改造下一步主战场的敲门砖；非传统业务取得突破，获得云南建投台车、模板框架年度合同订单、中标了台塑集团后石电厂CP3锅炉烟道省煤器和南亚电子材料（昆山）有限公司KS3 MGGH EP项目，为公司拓展海外市场奠定了基础；开辟了武汉锅炉、江苏峰业环保、贵州工程、中原电力设计等新的锅炉、环保、施工、设计客户资源，建立了合作关系，项目订单落地实现遍地开花的喜人之势。

【走向海外】2017年，电建透平公司加快推进和TLT的协同发展，有效整合资源，突出各自优势，为实现“强大的全球风机领导集团”而努力。经过3～5年时间，公司成功实现升级转型，TLT业绩复苏后，中国电建所属三家风机企业将实现“全球风机领导集团”的深度融合。最终把公司打造成三个中心：全球制造中心、全球供应链中心和全球服务中心。

【科技创新】2017年，电建透平公司以市场需求为导向，以开拓和创新为中心，以服务于国家经济发展和现代化建设为目的，加强研发平台建设、科技课题研发，提升企业核心竞争力，逐步推进现代化企业建设，为科技成果转化为实际应用构建良好的平台，全力打造一流的现代化企业。

(1) 叶片密封优化。设计优化改进叶片密封结构，提高密封环材质，不仅提高了钢制密封环的质量，缓解了叶片卡涩。比 2016 年卡涩同比下降 47%。同时更换了第三层组合密封圈也使密封件成本大幅下降。

(2) 完成了天赐理文项目第二台新型动叶不可调风机 UA1-31/16 的研发设计工作。针对动叶不可调风机的结构特点已同时申请实用新型和发明专利，目前正在审批阶段。完成了鄂州项目脱硫废水零排放项目第三台新型动叶不可调风机 UA1-28/13 的设计，经过多次评审后已完成设计。

(3) 完成了罗源湾 1000 兆瓦三大风机（引 AP2-37/22，送 AP1-28/18，一次 AP2-19/13）、兰州热电送风机 AP1-19/10 等共 7 个项目多种风机的变频+动叶可调风机的研发设计工作，借鉴 AN 风机的使用经验梳理建立了轴系的计算标准，同时重新建立了动调叶片的设计标准，通过叶片调频使用常用工作区域避开共振区，积极为后续动调风机深度节能做好技术储备。

(4) 完成了广安 AP2-31/18+变频的研发设计工作。目前在原有设计系列风机基础上开发的新风机产品，完善了 AP 风机系列。

(5) 流量 10 吨，18 摄氏度温升的 MVR 风机设计、试制已全部完成，是公司整个技术转型从通风机到鼓风机迈出的重要一步。

(6) 公司第一台 MVR 蒸发结晶系统，在 2017 年 3 月设计完成，顺利联调联试，各项技术指标达到设计要求，已投入商业运行，是公司战略转型进入环保行业的零的突破。

都江设备公司在科技创新方面，不断厚植产品设计能力、积极推进科技项目研发、积极开展非传统领域的产品研发。

(1) 全面推广三维设计和系统成套配置标准化选型，传统产品系统成套能力和标准化设计能力明显提升，具备了省煤器烟气旁路改造设计能力，掌握了大型换热器防震设计方法。

(2) 2017 年完成科技研发项目 5 项，其中 3 项已通过验收，特别是《百万火电机组 MGGH 系统新型换热器研制》项目，获得了鉴定委员会“项目研究成果达到了国内领先水平，具有推广应用价值”的评价。新申报专利 7 项。

(3) 开展了余热锅炉、钢模台车、分离型热管换热器在地热领域应用的研发，为企业转型发展发挥技术先导作用。积极融入电建透平公司产业链，着手开展水处理设备的产品开发。

【党群工作和企业文化建设】2017 年，在股份公司党委的正确领导下，电建透平公司坚定贯彻党的路线方针政策，以马列主义、毛泽东思想、邓小平理论、三个代表重要思想、科学发展观和习近平新时代中国特色社会主义思想作为行动指南。党的十九大召开以来，公司党委把认真组织学习宣传贯彻好十九大精神作为当前和今后一个时期首要政治任务。制定了《成都电力机械厂党委关于认真学习宣传贯彻党的十九大精神的实施细则》，规定了采取多种方式，运用多种载体，加大宣传力度，迅速掀起学习宣传贯彻党的十九大精神热潮；积极落实全国国企党建会精神，认真学习和贯彻全国国企党建会精神，及时组织中心组对会议精神进行学习，多次召开专题会议，研究细化实施方案，促进会议精神和公司党建工作融合；把落实好党建工作作为第一职责，认真贯彻执行党和国家方针政策，落实党建工作责任制，认真研究制度公司 2017 年度党建工作计划。党委工作坚持“把方向、管大局、保落实”，找准公司发展方向，始终坚持在国有资产保值、市场地位、行业影响力等方面彰显党建工作价值创造力作为衡量和检验党建工作的重要标准，着力公司价值提升，打造核心竞争力，2017 年公司实现营业收入 110000 万，新签合同 131500 万元，有效地推进公司提质增效、转型升级，党建工作价值创造得到体现；认真贯彻落实中央推进“两学一做”学习教育常态化制度化工作座谈会精神，按照国资委党委、中国电建党委文件要求，结合公司实际，制定了《成都电力机械厂推进“两学一做”学习教育常态化的具体方案》；并于 2017 年增补了第六届党委委员 3 名，结合公司部室调整实际，将公司原来十个党支部整合成了八个，且全部进行了改选。公司还组织了工厂首届青年论坛、“齐心协力”竞步走、“职工羽毛球赛”等文娱活动。

（电建透平公司）

中国电建集团成都电力金具有限公司

【概况】中国电建集团成都电力金具有限公司（原成都电力金具总厂）始建于1958年，是世界500强中国电力建设集团有限公司旗下二级成员企业，中国电力建设集团有限公司B级企业，注册资本4亿，资产总额22亿元，生产基地总占地448亩，建筑面积约13.3万平方米。公司是国内一流的电力金具、输电铁塔专业生产企业，拥有3家全资子企业——中电建成都铁塔有限公司、四川启明星电力装备制造集团有限公司、四川全牌电力金具配件有限公司。

公司科技研发实力雄厚，拥有国内领先的生产设施、完备的全系列生产线及试验中心，软硬件设施居于国内先进水平。历年来，参与了国内几乎所有重点输变电项目的设计和建设，是国内唯一一家在每条特高压线路都有供货产品业绩的线路器材企业。近年来，公司成功进军风电、光伏光热发电等新能源建设和轨道交通建设非传统领域，产品畅销全国各省市、自治区，工程业绩遍及美洲、亚洲、欧洲、非洲的38个国家及地区，产品及服务质量得到了用户的一致好评。中国电建集团成都电力金具有限公司（以下简称成都金具公司）正努力朝着国际一流企业的目标不断发展壮大。

【领导班子】2017年，成都金具公司领导班子成员为：党委书记、董事长刘杰；总经理、党委副书记王继华；监事、党委副书记、纪委书记、工会主席杨奇辉；副总经理兼总工程师熊维持；副总经理明凌、向勇、鲜力、付强、肖聪、陈华明、罗雪成。

【组织机构与人力资源结构】2017年，成都金具公司下辖3个全资子公司，14个直属部门、6个生产车间。其中，全资子公司有中电建成都铁塔有限公司、四川启明星电力装备制造集团有限责任公司、四川全牌电力金具配件有限公司；直属部门含公司办公室、党群工作部、人力资源部、纪监审计部、财务部、销售公司、海外事业部、非传统产业部、研究所、生产部、安全环保部、项目部、质检计量部、后勤部；生产车间有锻压车间、铜铝车间、模具车间、准备车间、光纤变电车间、配送中心。

公司共有职工756人，主业在岗702名，劳务人员26名。其中，专业技术人员共有325人，其中中高级占45.8%；技能操作人员381人，其中中高级占34.1%。

【主要经济指标】2017年，成都金具公司（含子企业）新签合同17.86亿元，完成全年计划100.33%；营业收入14.92亿元，完成全年计划107.94%；实现利润5853万元，完成全年计划100.57%；应收账款周转率1.75次，完成率111.46%；存货周转率3.18次，完成率134.18%；资产负债率为68.24%，优于全年74.83%的指标。

【企业资质、资信】2017年，成都金具公司是全国电力金具标准化委员会成员单位，国内电力金具、铁塔制造行业骨干企业，具备中国钢结构制造一级资质，设备监理甲级单位资质，拥有1200千伏交流、±1100千伏直流及以下电压等级电力金具的生产设计资质，拥有1100千伏及以下等级输电线路铁塔、1000千伏及以下钢管塔、500千伏及以下钢管变电构支架、220千伏及以下多棱形钢管杆的生产、设计（转换设计）和服务等各项资质；拥有工程勘察专业类（工程测量）乙级资质，工程设计电力行业（送电工程、变电工程）乙级资质，具有独立承担勘察、设计能力。公司是国家级高新技术企业，四川省级企业技术中心，ISO 9001国家质量、ISO 14001环境管理、OHSAS 18001职业健康安全管理三体系认证企业，国家安全生产二级认证企业，英国国家电网公司中国境内唯一一家NG全球合格供应商，四川省省级先进企业，四川省省级文明单位，中央企业团工委“青年文明号”单位，四川省青年文明号单位。

秉承“全优、全新、全方位”服务的宗旨，公司向客户提供全电压等级交直流“全”牌电力金具和“银角”牌输电线路角钢铁塔、钢管铁塔、变电站构架及类似钢构架产品的设计、制造、销售服务。业务范围包括：电力金具、电网输配电铁塔、钢管塔、热浸镀锌、铁附件、各类钢结构产品、线路器材集成设备、电气化接触网零部件及其他配件、地铁管片螺栓、光伏光热支架、交通安全设施、设备监造、工程勘察、电力设计咨询等，其中电力金具、电网输配电铁塔等产品是公司的优势产品。

【改革发展】2017 年，持续推进全面强化企业管理。一是修订“十三五”发展规划，提出“12231 战略框架”、制定“2311”发展目标，为企业的发展明确了方向。二是改革公务用车制度，制定《成都电力金具总厂公务用车管理办法》，大力推进公务用车社会化、市场化改革，降低行政成本。三是出台《成都电力金具总厂公务机票集中采购管理办法（试行）》，实施公务机票集中采购，更加高效地为员工提供乘机服务，规范公务乘机。四是深入推进“三项制度”改革，制定《成都电力金具总厂劳动用工管理办法》《成都电力金具总厂二级企业领导班子和领导人员综合考核评价暂行办法》等办法 10 余项，将二级企业纳入管理考核。五是完善安全生产“党政同责”和“四个责任体系”，狠抓安全生产管控与整改落实。

【经营管理】2017 年，企业发展稳中有升。一是市场开拓奋力前行，在国家电网公司、南方电网公司两个主网市场中，电力金具中标合同量均排名全国行业第一，同时，商业模式创新突破，创造性地将线路器材等物资进行总承包，为公司的商业经营模式打开新思路；成功取得由国家铁路局颁发的铁路运输基础设备生产企业许可证等相关证书，产品取得挂网试运行合格证明，提升了公司轨道交通领域的市场开拓能力和品牌知名度；海外市场逐步扩大，新增 5 个新兴开发市场，实现 12 个项目 14 批次的合同供货，产品销往全球 38 个国家和地区。二是生产与质量双管齐下。一方面，通过加强生产组织协调，内部挖潜等方式，保证了内部生产稳中有升。公司本部全年生产产量超出年度目标 17.24%；总产值超出年度目标 24.5%；另一方面，通过严格的质量检验、试验，产品全检控制和严肃质量处罚等手段，产品平均一次交验合格率达 99.22%。三是物资采购有效保障。公司通过理顺公司物资采购管理流程，优化采购方式，加强成本分析及采购价格控制等措施，有效地控制了成本。

【重大项目】2017 年，重大项目如下：

（1）成功中标巴西 TP 二期工程中全部 500 千伏和 230 千伏输电线路，合同金额 3000 余万元。巴西 TP 二期工程是巴西特里斯皮尔斯河流域水电站的配套送出工程，是巴西南北电力通道重要组成部分。

（2）中标国家电网公司昌吉—古泉±1100 千伏特高压线路金具及 2017 年输变电项目第一次线路装置性材料招标，合计中标金额 8300 余万元。并完成自主研发的世界最高电压等级±1100 千伏昌吉—古泉线大跨越铝管跳线串型电气试验。

（3）成功中标南苏丹朱巴配网改造工程线路 33 千伏、0.4 千伏金具及附件项目，合同金额达约 884 万元，标志着顺利打开了该国的电力金具市场。

（4）参建的成都地铁 4 号线二期及同步工程试运营基本条件评审会在成都举行。工程顺利通过专家评审，并获得专家组“具备开通条件”的最高标准评价。

（5）在国网西藏电力有限公司 2017 年通大网电供电工程竞争性谈判采购项目中，工厂喜获西藏阿里供电公司、林芝供电公司、山南供电公司、日喀则供电公司、昌都供电公司通大网电工程线路材料项目合同，金额 7000 余万元。

（6）在万象与 RONGXING TRADE IMPORT AND EXPORT SOLE CO.，LTD 签订国别市场战略合作框架协议，双方将在老挝轨道交通、电网及能源建设领域展开全方位战略合作。

（7）内蒙古扎鲁特—山东青州±800 千伏特高压直流工程：该工程起于内蒙古自治区通辽市扎鲁特换流站，止于山东省潍坊市青州换流站，途经内蒙古、河北、天津、山东 4 省（市、区），线路总长度 1234 公里。

（8）成都天府国际机场“桃资、山桃”输电线路迁改工程：其中，500 千伏桃资一、二线迁改还建工程，是成都天府国际机场整体建设进程的大动脉，全线路按同塔双回路架设，迁改线路全长 65.335 千米。500 千伏山桃一、二线迁改工程起于 500 千伏尖山战外 1 号终端塔处，止于原线路 47 号耐张塔，新建线路路径长度为 28.9 千米，全线同塔双回架设；500 千伏山桃三、四线迁改工程起于 500 千伏尖山站外 1 号终端塔处，止于原线路 49 号耐张塔，新建线路路径长度为 29.2 千米，全线同塔双回架设。

（9）左右江革命老区电力扶贫项目“兴义—百色”220 千伏输变电工程：该工程为 6 条同塔双回架空输电线路，全线共计约 520 千米。

（10）陕北风电基地 750 千伏集中送出工程（陕北—关中 750 千伏第二输电通道工程）：该线路长度 2×86.1 千米，按并行的两个单回路设计。

（11）西藏昌都丁青 110 千伏输变电工程：该线路起自待建的桑多 220 千伏变电站，止于待建的丁青 110 千伏变电站，全长约 118.6 千米，含单回路 118

千米，双回路单侧挂线0.6千米。

【走向海外】2017年，成都金具公司取得巴西美丽山二期±800千伏直流输变电工程线路金具合同，成为该项目最大的线路金具供货企业，也是中国唯一进入巴西特高压领域的电力金具企业。中标巴西TPT二期500千伏交流输变电项目，取得全部3个标段500千伏和1个230千伏线路的金具合同，巩固了公司在巴西的市场地位。中标66千伏南苏丹城农网改造项目及变电金具供货合同、安哥拉66千伏配网金具供货项目，成为两国全球最大的金具供应商。获取英国国家电网公司5500套间隔棒订单，并再次签订2017～2025长达8年框架协议，将全面参与英国电网下一阶段电网改造项目。新增冈比亚、南苏丹、塞内加尔、加纳、厄瓜多尔等5个新兴开发市场，实现12个项目14批次的合同供货，产品销往全球38个国家和地区。

成都铁塔公司2017年，共计新签国际业务合同金额4580万元，完成年度指标113.6%，较2016年同比增长235%。先后与水电十局、十一局等单位合作，产品出口至赞比亚、安哥拉、加纳、巴基斯坦等国家。

【科技创新】2017年，成都金具公司全年获得新授权知识产权专利12项，公司本部6项，铁塔公司6项，其中1项发明专利，11项实用新型专利。截至2017年，该公司拥有有效专利共有48项，其中5项发明专利，42项实用新型专利，1项外观专利。

公司申请的成都市院士（专家）创新工作站获成都市科学技术协会批准成立，为企业科技创新的内外部交流搭建了平台。引入ANSYS三维仿真计算软件应用于新产品设计开发，极大缩短产品研发周期，减少模具开发频次，降低生产成本，有力推动该公司对金具产品进行数字化仿真技术的深入探索。全部完成巴西TPT二期工程所有金具串型及产品性能试验，首次系列化地优化了金具产品的连接尺寸，金具产品相比于TPT一期平均减重20%，成功通过验收。

完成碗头整体锻制开档、球头成型加工、锻制件表面质量、铝制件表面处理（型材、铸铝件）、氩弧焊二氧化碳保护焊、模具钢热处理、35CrMo调制处理等重大工艺改进7项。编制修订《铜合金熔模铸造工艺规程》《工艺管理制度及考核办法》等工艺规范文件13项；完成《球头工艺图册》《碗头工艺图册》等产品、工艺图册文件16项，进一步规范了产品生产流程，增强产品生产工艺管控。

【党群工作和企业文化建设】2017年，成都金具公司党委深入学习贯彻党的十八大及其系列全会精神和习近平总书记系列重要讲话精神，贯彻落实全国国有企业党的建设工作会议精神，落实全面从严管党治党责任，融入中心、服务大局，紧紧围绕公司2017年明确“136”总体工作思路，充分发挥“把方向，管大局，保落实”的领导核心和政治核心作用，为公司改革发展提供坚强保障，以优异成绩迎接党的十九大胜利召开。

（1）落实新时代党的建设总要求。深入贯彻党的十九大精神，深刻领会习近平新时代中国特色社会主义思想，全面落实新时代党的建设总体要求，加强党的建设。认真落实“把方向、管大局、保落实”职责，充分发挥国有企业党委领导作用，按照两个“一以贯之”的要求，加强体制机制建设，把党的领导与完善企业治理结构统一起来。坚持和加强党的领导，坚持党要管党、从严治党，加强党的执政能力建设、先进性建设为主线，不忘初心，牢记使命，全面推进党的政治建设、思想建设、组织建设、作风建设、纪律建设、把制度建设贯穿其中，深入推进反腐败斗争，不断提高党的建设质量，推动工厂党建工作迈上新台阶。

（2）深化党风廉政建设和反腐败工作。持续贯彻落实中央八项规定精神实施细则，继续整治“四风”问题，防止反弹回潮。坚持问题导向，发扬钉钉子精神，抓住“关键少数”，盯紧享乐主义和奢靡之风，实践运用好监督执纪“四种形态”，努力构建作风建设畅销机制。强化落实纪委监督责任，把抓改革，建作风和工厂的生产经营管理、深化改革、管理提升、企业改制等工作紧密结合起来，为企业的改革发展营造风清气正的环境。

（3）进一步发挥群团工作优势。加强党对群团工作的领导，充分发挥工会和共青团等群团组织的作用，大力弘扬劳模精神、工匠精神，引导广大干部职工更多建功立业。工会继续组织围绕工厂发展中心，团结带领广大干部职工积极投身工厂转型升级、管理提升、提质增效、科技创新，推进企业民主管理，维护职工合法权益，在推动工厂改革发展中发挥更加重要的作用。

（成都金具公司）

湖北省电力装备有限公司

【概况】湖北省电力装备有限公司（以下简称湖北装备公司）隶属于“世界500强”——中国电力建设集团有限公司，是一家大型电力设备、电力工程、铁塔制造、电力服务、新能源建设及商贸服务于一体的大型公司。公司前身是既济水电公司大王庙电厂，始建于1906年（清光绪三十二年）。

公司本部位于湖北武汉。以铁塔、钢结构为主的中电建武汉铁塔有限公司，位于武汉市江岸区，占地面积350亩，始建于1958年，能够从事10～1000千伏范围内全部等级输电线路铁塔、通信塔、钢结构件、热浸镀锌、钢管杆塔、智能式模块化立体停车库的制造、销售和服务，是国内首家进入欧洲市场的铁塔制造企业。以电力工程总包为主的武汉汉源既济电力有限公司，拥有多项电力工程总包和专业分包、设计资质，针对各省市城农网改造项目、用户工程类项目、电力承装修（试），提供电力工程总包、设计、施工、运维检修一体化服务。经营公司主要负责电网及电力用户市场的开拓和营销工作。以电气设备生产为主的生产公司，位于武汉市硚口经济发展区，厂区面积2万平方米，是行业内核心竞争力强、影响力大的现代化电力设备制造企业。武汉既济电力商城有限公司，位于武汉市汉正街核心商圈，占地面积28亩，拥有6万5千平方米的商厦，能够为近500家商户提供商贸租赁、物流等服务。武汉汉镇既济电力设备有限公司，长期与ABB、施耐德、西门子等国际知名公司从事开关设备及电力元器件的代理销售，是房地产电力成套设备的重要供应商，是西门子公司2015、2016年度华中区最佳分销商、ABB（中国）公司2015、2016年度金牌合作伙伴。经营公司提供电动汽车充电桩制造、安装、运维、售后于一体的全产业链服务。

公司为国家二级企业，产品均通过武汉高压电器研究所型式试验，武汉市质量技术监督局产品强制认证，高低压成套设备3C认证，GB/T 19001质量管理体系、GB/T 24001环境管理体系、GB/T 28001职业健康安全管理体系认证，产品荣获湖北省名牌产品和武汉市名牌产品等荣誉称号。

此外，公司近年来先后荣获中国AAA级信用企业、全国模范职工之家、湖北省劳动模范、湖北省文明单位、湖北省“五一”劳动奖状、湖北省国资委文明单位、湖北省高新技术企业、湖北省安全生产标准化二级企业、湖北省劳动关系和谐企业、湖北省模范职工之家、湖北省厂务公开民主管理示范单位、湖北省文明诚信市场、武汉市清洁生产企业、武汉市硚口区创新创业先进企业、武汉市硚口区营业收入百强优秀企业等荣誉称号。

【领导班子】2017年，湖北装备公司领导班子成员为：董事长、党委书记万青；总经理、党委副书记左军；副总经理、党委委员余琼、梁六华；副总经理、总会计师、党委委员王仁文；监事、党委副书记、纪委书记、工会主席周虹；副总经理、总工程师、党委委员邹斌；副总经理、党委委员陈红武；咨询陈晓晖。

【组织机构与人力资源结构】2017年，湖北装备公司共有10大职能部门：办公室、党群工作部（工会、团委）、计划经营部、人力资源部、财务资金部、监察审计部（纪委）、设备物资部（招标中心）、安全质量环保部、科技信息部（研究所）、基建办公室（后勤服务公司）。

拥有3个子公司：武汉铁塔厂、汉源公司、汉镇公司。

旗下有4个分公司：商贸公司、电气生产公司、经营公司、总包公司。

【主要经济指标】2017年，湖北装备公司主业实现营业收入112136万元，同比增长0%；利润总额1794万元，同比增长11.82%；新签合同158955万元，同比增长13.3%；资产总额149128.85万元，同比下降2.59%；资产负债率65.42%；全员劳动率147.7万元/人。

【企业资质、资信】2017年，湖北装备公司具有电力工程施工总承包贰级，输变电工程专业承包贰级，五层机械式停车设备制造许可证，钢结构工程专业承包叁级，高新技术企业证书，武汉市企业研究开发中心，中国市场信用AAA级信用企业，排污许可证，环境管理体系认证证书，表面工程工艺生产资质证书，500千伏及以下钢管构支架产品质量合格证书，220千伏及以下多棱形钢管塔产品质量合格证书，1100千伏输电线路铁塔产品质量合格证书，安全生产标准化二级企业，ABB低压开关柜合作伙伴，施耐德电气（中国）有限公司Blokset开关柜技术及商务合作伙伴，西门子（中国）有限公司中低压产品授权，施耐德电气协议成套厂，西门子低压配电箱业务紧密合作伙伴，施耐德电气产品授权分销商，承装（修、试）电力设施许可证，环保工程专业承包叁级，城市及道路照明工程专业承包叁级，建筑机电安装工程专业承包叁级，市政公用工程施工总承包叁级，建筑工程施工总承包叁级。

【改革发展】去库存：全面推行生产“发令枪”制度；压缩产品制作周期，增强产品元器件替代率；加强供应链管。公司压减材料、在产品库存2000万元。

去产能：逐步树立起公司发展以经营创利为主，生产应该是经营工作的必要支撑和保障的观点。旗帜鲜明的提出建设经营型平台公司的目标。

去杠杆：建立资金池；引进战略合作伙伴。2017年底外部负债0.85亿元，降低了3.1亿元，资产负债率由69.61%下降到65.54%。

降成本：化小核算单位；全面梳理工程项目运作流程；完善供应链的管理，压缩生产时间和供货周期；优化设计工艺，降低材料成本；清理长期不在岗人员，降低用工成本。

补短板：加强对营销人员的培训；加大对科技技术的投入力度，2017年公司科技费用投入达到3665万元，比2016年增长106%；消化吸收ABB、西门子、施耐德经典柜型，引进DHB二次线生产技术。

改机构：在母公司层面，实施了部分管理部室的合并，精简了后勤服务人员，新设置了电力总包公司，寻找新的利润增长点。在分子公司层面，全面推进子公司管理部室加专业部室的管理模式，明确了划分成本中心和利润中心，形成了一大批有任务有指标的创收单元。

解难题：全面启动并完成了对武汉汉电既济科技有限公司、武汉利达电业有限公司的注销工作，继续推进对山东鲁能工程控制公司、中电建（湖北）环境科技公司的股权转让工作，圆满完成了既济电力商城不动产权证的确权办理工作，较好地处理了铁塔厂老厂区土地收储工作，11.5亿元的收储资金将为装备公司的下一步的搬迁转型发展提供强有力的保障。“三供一业”的社会化转型按进度完成，商城的住户办证已落实相关路径，正有序地推进。

【经营管理】2017年，在总部管理上，实施公司本部搬迁，引入现代化公司的管理格局，形成良好的公司管理氛围。加强对各分子公司管理的指导和督查。各职能部门建立了各自的管理体系，使公司的管理文件在基层有落实、有反馈、有督查。开展管理提升工作。2017年公司对管理文件进行清理，对管理制度进行汇编。为解决制度和实用性“两张皮”的问题，在管理部门开展了制度学习和考试，进一步提高了公司各项管理制度的使用率和实用性。在安全质量管理上，抓安全生产检查，全面开展了“两节”安全大检查工作、春季安全大检查和设备物资安全管理专项整治、“安全生产月”等活动，通过这些检查活动，落实了企业安全生产主体责任，推进“四个责任体系”履职到位，强化了从业人员风险意识，规范了从业人员操作行为。抓隐患排查治理，建立了公司隐患排查管理制度，完善公司内部隐患排查、统计上报流程。根据各分子公司安全管理特点，深入开展隐患排查治理，形成分子公司特有的安全管理模式。抓质量及售后管理，制定了《外包产品质量控制办法》和《质量考核管理办法》；加强了产品检验制度的落实，大幅提升生产公司电气产品一次受检合格率。“三项业务”工作长足发展。在经营管理上，公司年初对经营组织结构进行调整，重新划分了经营单位的市场业务范围。总经理与各分子公司负责人签订了经营考核责任书，明确了经营目标。建立了以利润为核心的经营考核管理模式。设置超利润奖和总经理特别奖，引导各分子公司在市场经营上以规模指标为基础，以利润指标为核心，以风险控制指标为保障，形成利润优先、规模适度、风险可控的经营管理模式。针对“两金”指标存在的风险，公司制定了《“两金”压降大战100天的活动方案》，明确“两金”压降的责任单位和各项目的责任人员。确定压降任务，并在3个多月的时间里，本部组织相关部门和人员对各单位活动开展情况进行了四次督查，使各经营单位“两金”管理水平得到提升，“两金”压降工作效果显著。在财务管理上，强化预算管理，以预算为抓手，通过强化预算，利用考核的指挥棒，来贯彻集团的精神、落实公司领导的经营理念和意图。并在控制融资规模、降低融资成本，解决存贷双高、提高资金使用效率、降本增效等方面都取得较大的成果。通过大幅减低贷款规模，争取武汉市政府对铁塔厂与装备公司利息补助，和银行沟通减低平均融资成本等措施，2017年公司累计利息支出1136万元，较2016年2597万元相比下降1461万元，下降率56%。在人资管理上，制定和完善薪酬管理方式，逐步将收入发放调整为上岗凭能力，一是规范了劳动用工管理制度。制定了劳动用工管理办法，加大了各分子公司用人自主权，理清人员劳动关系与用工部门之间的关系。完成了49名集体人员划转主业工作，充实和稳定了职工队伍。二是加强了薪酬考核管理力度。工资总额实行总量预控和分块发放模式，员工绩效考核按照“上岗凭能力，在岗有考核，收入凭贡献”的分配原则。各分子公司充分利用薪酬分配的“指挥棒”作用，把职工的收入与岗位职责、工作业绩和实际贡献直接挂钩，建立了形式多样、自主灵活的二次分配方式，拉开收入差距，实现了业绩升薪酬涨，业绩降薪酬跌的激励分配目标。三是开展了全员竞聘上岗、双向选择工作。在公司范围内营造出了一种能者上、庸者下、平者让的用人氛围，形成了“岗位能上能下、工资能高能低”的动态管理机制，增强了员工危机感和紧迫感。在招投标管理上。继续加强建章建制和招标工作管理程序、体系创新工作。分、子公司集采工作依法合规性进一步增强。重点加强设备物资招标管理，全面深化公司招标工作范畴，使招标工作向纵深领域挖掘和拓展，全面提高效率效益。完善和规范了评审专家库，提高了评标质量，2017年参与评标工作专家751人次。加强对主要产品和项目供应链的构建和培育，进一步规范供方管理，实现对合格供方分级管控和动态管理，对年度评价不合格分包商和供应商，坚决列入不合格名单及黑名单，淘汰出去。积极依托中国电建集采平台，继续加强采购“四率”管理力度，对标先进、查找差距率，切实提高公司整体“四率”水平。2017年公司累计完成招投标118批次（其中含框架招标21次，零星招标34次），整体节资率1.93%。在法律风控管理上，深入开展法律与风险防控工作，不断强化各职能及业务部门风险防范意识和水平。根据公司机构调整，重新梳理调整部分关键业务流程，完成了《公司全面风险管理与内部控制手册》换版工作。对年度风险评估工作中发现的重大风险事项的管控情况进行跟踪、监察和审计，及时发现问题，有效防范风险。增强制度管人，流程管事的力度，以发挥业务部门风险防控“第一道防线”作用。围绕企业经营工作重心和高风险领域开展法制宣传教育，增强运用法律手段维护企业权益和防范风险的能力。不断加强企业重大经济事项、重要决策前置法律咨询和审核工作，从源头上防范法律风险。

【重大项目】 2017年，重大项目如下：

（1）十堰市竹山县光伏扶贫发电EPC项目，10898万元。

（2）国网湖北省电力公司2017年第三批零星物资电商化采购（螺栓、电缆接头挂钩），5437万元。

（3）科特迪瓦电网发展和改造项目，4381万元。

（4）宝鸡铁塔厂铁塔项目，4380万元。

（5）武汉市轨道交通11号线东段低压配电箱项目，2294万元。

（6）上海庙换流站—沙湖Ⅰ、Ⅱ回750千伏线路工程（内蒙古段），2138万元。

（7）统建新干线供电工程总承包，2119万元。

【走向海外】 2017年，铁塔公司共承接出口订单15笔，订单总金额7800万元，集团内部市场3142.06万元，占比40.23%。供货范围涵盖亚洲、非洲、美洲等8个国家和地区。在集团内部，与中国水电建设集团国际工程有限公司签订了埃塞俄比亚城网升级改造工程、安哥拉罗安达入户连接项目及刚果（金）水电站钢结构等重点工程项目；与中国电力工程有限公司签订了科特迪瓦电网发展和改造项目4400万元供货合同，有效弥补了两网市场的不足；同河南鼎力电力设备有限公司合作，签订了220千伏玻利维亚输电线路项目，继续夯实南美洲用户工程市场。

【科技创新】 2017年，加大科技投入，科技创新持续发展，为全面推进公司科技创新，在保证科技投入达到营业产值3%的基础上逐年递增，建立了科技投入稳定增长的长效机制。有效利用国家、地方政府对高新企业的扶持、优惠政策，积极争取政府资助，确立了税务筹划与科技创新同步进行的思路。重点做好研发项目税前加计扣除工作，实现政府补助与税收减免额度的增加。完成了《500千瓦光伏并网逆变器》《铁塔试组装仿真软件》等两个项目的研制工作，并申报了2项实用新型专利和1项软件著作权，并已通过中国电建科技部验收。2017年公司共获得知识产权15项，其中发明专利1项，实用新型专利13项，软件著作权1项。截至2017年底，公司累计各类知识产权共63项。

【党群工作和企业文化建设】 2017年，狠抓政治理论学习，在推进深入学习贯彻十九大精神上下功夫。公司党委在学习十八届六中全会精神的同时，积极组织党员干部收看党的十九大开幕式盛况，利用LED大屏幕循环播放十九大精神、张贴十九大宣传板报、制作十九大专题橱窗、下发《十九大报告》《中国共产党章程》等相关书籍。成立了以公司领导为主要成员的十九大精神宣讲团，利用周末的时间深入公司基层一线宣讲十九大精神。加强党建责任制落实，在统筹推进、责任落实上下功夫。党建责任制出台后，公司成立了党建工作领导小组，制定了《党建工作责任制实施办法》，逐级明确了抓党建工作主体责任、第一责任、“一岗双责”，建立了责任清单，明确了工作时限要求，首次开展了年度基层支部书记述职考核工作，努力将党建责任制落到实处。落实“两学一做”常态化制度化教育，在推进党员干部作风转变上下功夫。一是突出特色活动，避免“一阵风”。把学习教育与生产经营有机结合，一年来组织开展了“七大系列”活动。二是突出问题导向，避免“空对空”。坚持把生产经营中存在的问题导向贯穿学习教育始终，共查出少数党员消极怠工、对产品重数量轻质量、遇到急难险重任务推诿等问题18个，还做到了立即改、坚决改、彻底改。三是突出联系群众，避免“走过场”。公司充分发挥民主生活会、总经理信箱、微信微博等平台作用，第一时间原汁原味地了解职工的意见和需求。四是突出改进作风，避免“不担当”。对13名不作为的责任人进行教育批评和经济处罚，同时结合民主评议党员，有2名党员被评为不合格党员。强化党风建设及反腐败工作，公司上下，党风建设和反腐败工作的意识明显增强。积极构建反腐倡廉的制度体系，在党委的统一领导下，建立了党委负主体责任、纪委负监督责任、部门各负其责，充分依靠职工群众参与的反腐倡廉领导体制和工作机制。积极抓住廉洁风险点防控及全面监督这根主线，对公司的重点岗位及关键人员重新进行了明确，各分子公司通过签订《承诺书》、规范办事流程、定期组织约谈、开展专题教育等多种方式，使公司的党风建设及反腐败工作做到重心下移、重点突出和防患及时。指导群团工作，营造和谐氛围。切实加强对工会、团组织工作指导，要求工会、团组织融入公司中心工作，积极组织广大员工尤其是团员青年认真学习理论和专业知识，加强职业道德教育，发扬求真务实的精神，鼓励他们创新创业，为培养高素质的员工队伍打下坚实的基础。同时，根据公司各单位特色和实际，积极组织开展员工喜闻乐见文体活动，增强广大员工和团员青年的凝聚力与战斗力，积极服务于企业生产经营工作的发展。

（湖北装备公司）

中国电建集团武汉重工装备有限公司

【概况】中国电建集团武汉重工装备有限公司（以下简称电建重工公司）成立于1958年，前身为武汉列车电站基地，隶属于原水利电力部列车电业局，主要任务是为保证国家的国防安全、国防试验、大型基础工业建设、重大灾情的援助、援救等所需要电能提供移动电站发电、调迁及检修等。

1982年，随着我国国民经济快速发展的需要和大批电源点的建成投产，能流动、小容量的列车电站退出了发电机组系列，列车电业局随之撤销，中国电建集团武汉重工装备有限公司划归电力工业部华中电业管理局管理，更名为华中电管局武汉电力设备修造厂，转型生产翻车机等大型散装物料装卸输送设备，继而成为国家电网华中电网有限公司的全资公司。1994年，更名为武汉电力设备厂。2011年9月29日，划归中国电力建设集团有限公司。2017年完成公司制改制，更名为中国电建集团武汉重工装备有限公司。目前仍为国有独资公司。

【领导班子】截至2017年，电建重工公司领导班子成员为厂长、党委副书记陈义国；党委书记、副厂长杜惠明；副厂长杜勇、付春霞、韩军杰；工会主席付青；纪委书记刘思信。

【组织机构与人力资源结构】2017年，电建重工公司设有综合管理部、党群工作部、纪委办公司/监察审计部、人力资源部、财物资产部、市场开发部、经营计划部、生产管理部、设备（基建）管理部、物资管理部 、安全质量环保部、技术中心、售后服务部、后勤服务中心、结构车间、备料车间、机械加工车间、钢结构车间、安装工程公司、钢结构工程公司、智能停车事业部、节能环保事业部。

【主要经济指标】 2017 年完成营业收入 3.38 亿元、实现利润 2007 万元、新签合同 5.81 亿元、全员劳动生产率 59.24 万元/人、资产总额 4.67 亿元、资产负债率 57.72%。

【企业资质、资信】 2017 年，电建重工公司是国家级高新技术企业，设有“省级技术中心”。公司坚持“自主创新、重点跨越、支撑发展、引领未来”方针，力求通过技术体制机制创新，推动技术管理创新，加快科技创新，以创新驱动提升公司核心竞争力。公司的产品技术以自主开发设计为主，整体技术达到国内领先水平，部分达到国际先进水平。如：CFH-Ⅱ型侧倾式翻车机为国内独有技术、运行于浙能兰溪电厂的翻车机设备为国际上首套折返式双车翻车机系统；马来西亚古晋电站的移动式悬链斗卸船机为世界首创；印度尼西亚风港电站悬链斗卸船机接卸 8000～10000 吨甲板驳船吨位为同类产品世界之最等。

“华能”牌翻车机被评为“中国机械工业优质品牌”，同时曾获评湖北省名牌产品、武汉市著（驰）名商标、湖北省著名商标等称号，新型折返式两用单车翻车机系统荣获“中电建科技进步一等奖”，悬链斗卸船机被评为“中国电力科学技术进步奖三等奖”及“中电建科技进步一等奖”，12 层立体车库荣获 2016 年中电建“优质产品奖”及第十八届中国高交会“智造创新银奖”。

公司目前具有钢结构生产制造一级资质、特种专业工程专业承包资质、钢结构工程专业承包二级资质、建筑幕墙工程专业承包二级资质、建筑工程施工总承包三级、机电工程施工总承包三级、建筑机电安装工程专业承包三级、城市及道路照明工程专业承包三级资质、桥式抓斗卸船机特种设备制造资质和安装维修资质、特种设备安装改造维修许可证、特种设备制造许可证，正在积极申报轻钢设计乙级资质、钢结构专业承包一级资质等。

【改革发展】 2017 年，电建重工公司完成“十三五”战略规划的制定。编制了《武汉电力设备厂“十三五”发展规划》，确定了公司的战略定位、战略目标、主要任务及保障措施，为“十三五”期间提升公司经济效益、经营质量、运营效率，实现转型升级提供了决策依据。

稳步推进“三供一业”分离移交工作。根据中国电建要求，为加快移交工作进程，结合公司实际情况，制定了公司“三供一业”移交方案，确定了“三供一业”移交工作目标。于 2017 年 6 月和 9 月分别与供水、供电、物业公司签订了移交框架协议。

开展公司制改制工作。按照中国电建改制工作要求，成立了公司内部改制工作机构，明确了改制过程中各环节任务和时间节点。在中国电建改制办的指导下，完成公司改制上市前的资产确权及处置工作，解决了公司多年来房产证、土地证名称不一致的问题，经过一年多的艰苦努力，取得了《不动产权证》，在此基础上完成工商登记变更。

传统业务平稳发展，新兴业务快速增长。在国际市场，新签印尼明古鲁门座式卸船机项目，印尼东加悬链斗卸船机项目；钢结构业务上，承接越南芹苴垃圾发电厂钢构及网架项目；节能环保业务上，积极主动与国际公司联系，参与罗马项目、埃塞俄比亚等项目的技术支持和投标报价，探索为集团国际化业务提供增值服务。在集团内部市场，积极开展深圳茅洲河、江苏盐域港等项目的市场营销；钢结构业务上，与河北省电力勘测设计研究院签署了战略合作协议，承接武汉轨道交通 11 号线长岭山、大唐平罗电厂等；节能环保业务上，加强与集团路桥公司、十四局等公司的联系，承接武汉轨道交通 11 号线两个标段的照明项目；智能停车业务上，与武汉南国置业股份有限公司续签了为期两年的立体停车设备集中采购协议。

持续营销创新，实现新领域、新产品、新客户多点突破。新领域上，成功注册“电建智光”商标，取得了相应系列产品的“CCC”认证（国内）、CE 认证（欧盟国家、亚非大部分国家）、FCC 认证（北美地区）；实施高端切入，与中国国电集团就翻车机备件签订长期框架协议，拓展了延伸业务领域的市场空间；通过青海火电工程公司的螺旋管桩项目，首次进入光伏产业市场；坚持商业模式创新，承接多个机械式停车设备的维保合同。新用户上，抓住国家政策补贴带来的市场机遇，承接黑龙江伊品能源有限公司，黑龙江绥化象屿金谷农产有限责任公司合同 1799 万元，在粮食加工行业领域实现突破。新产品上，抓住市场机遇，与中国水电建设集团国际工程公司签订门座式抓斗卸船机合同，成功实现新产品的销售。

【经营管理】2017年，完善制度建设。严格执行重点工作安排，完成公司管理制度更新换版工作。对原有159个制度进行了“立废改”，最终发布了146个制度，其中新增76个制度。通过“立废改”工作，有效解决了与中国电建管理对接的问题，同时也进一步规范了内部管理流程，更好地适应了公司发展的新常态。

完善全面预算管理，强化财务分析与成本管控。制定并执行公司预算方案，对重要指标建立完善的专项管控措施，确保重点费用指标实时受控。出台《经营指标完成情况与预算执行情况季度报告管理实施细则》，建立了预算评价的季度分析纠偏、年度总结考核的机制，规定了公司预算执行情况报告编制、汇报及管理工作的具体要求。

扎实推进三项制度改革。加强制度建设，打通人员退出通道，2017年正向淘汰6人。努力发掘人员潜力，岗位动态管理效果明显，历经两年的生产辅助人员优化全部完成，生产辅助人员在车间人数占比由原来的近40%，下降为25%左右。积极开展物资管理部和招议标中心岗位竞聘和轮岗工作。

加强队伍建设，落实培训成效。不断拓宽人才引进渠道，重点培养公司核心人才队伍，通过引进和轮岗等方式，改善了公司员工结构。2017年，公司员工平均年龄43.21岁，与2016年度持平，本科及以上学历164人，占比30.82%，相比2016年度提高1.07%。强化培训力度和效果，加大培训成果的评价考核，把培训作为核心骨干人员的激励。

资质管理取得突破。年内取得建筑工程施工总承包三级资质、机电工程施工总承包三级资质、建筑机电安装工程专业承包三级资质。公司资质更加完善，进一步增强了市场竞争力。

做好项目全过程管理工作。建立公司商务信息数据报表体系，通过对现有项目管理环节进行梳理，将项目前期投标、中标、外协策划、履约、竣工等管理串成一条线，形成标准化管理报表，指导现有市场及现场工作。同时，建立延伸服务项目合同履行数据库，逐月更新，动态反映合同的投产、发运、竣工、销售、收款考核结算状态。

完成“三标”管理体系转版工作。北京中安质环认证中心审核组完成了对公司“三标”管理体系的再认证审核。公司取得了新版的“三标”一体化再认证审核证书。

【科技创新】2017年，进一步巩固翻车机传统产品的优势。研发并推广应用了我国未来120吨C96重载敞车的翻车机产品，使翻车机产品技术始终处于国内领先地位，超前完成了翻车机产品的市场布局。在双车翻车机产品上，多个创新性、核心技术得到转化和应用，实现了双车翻车机系统的高效化，完善了高端翻车机市场的产品系列，进一步增强了产品的市场竞争力。完善了老产品的升级换代改造技术，结合现有翻车机产品的先进技术，推动并实现了在原有基础上对O型、新月型、C2型翻车机系统的升级换代改造，进一步拓宽了翻车机市场。

新产品研发取得突破。打造先进的数字化研发平台，三维设计软件、计算机辅助分析软件、产品数据管理软件全面上线推广，实现了二维设计向三维设计、手动分析向计算机辅助分析、人工管理数据向软件管理数据的转变，使产品设计开发手段更先进，效率更高。研发的液压静力植桩机，取代进口、填补了国内空白，目前处于现场试验阶段；根据国家新型城镇化规划（2014～2020年），研发的管涵施工及维护机器人目前完成图纸设计，准备样机试制；两栖移动式遥控远程供水系统成功通过国家消防装备质量监督中心专家的验收；在港机方面，继900吨悬链斗卸船机研发成功后，又开发了固定式/门座式抓斗卸船机，并成功在印尼明古鲁项目中得到转化。

扎实推动专利与奖项申报。2017年获得发明专利2项、实用新型专利3项，软件著作权2项，目前公司拥有专利总数54项，其中发明专利13项。2017年度获得全国电力员工技术成果一等奖、二等奖；获得中国电力创新奖三等奖；获得中国电建2017年度科技进步二等奖；获得2017年度湖北省青年公司团工委创新创业大赛银奖等多项奖励。技术中心获得集团公司“信息化先进集体”称号。

【党群工作和企业文化建设】2017年，认真履行抓党建工作第一责任人职责，逐级签订“两个责任书”和三个“承诺书”，层层传导压力 。认真贯彻落实《党政干部选拔任用工作条例》和中国电建规定，严格考察选拔干部。制定“人力资源十三五规划”，明确了五支人才队伍建设方向，全面助推公司转型升级。夯实基层党建，助推业务工作新发展。充分发挥党员模范带头作用，在公司形成互学互助、比拼赶超的良好格局。各党支部、党员勇于作为，积极把党的优势转化为促进公司改革发展的核心竞争力，增强了广大员工建设质量效益型公司的信心。

扎紧制度的笼子，构建廉洁风险防控新机制。重新修订纪检监察体系所有制度，进行删、并、改、增，形成公司制度与中国电建制度有效衔接。修订公司《廉洁风险识别手册》，构建起密集的廉洁“防火墙”。集中开展系列廉洁文化宣传活动，通过看电教片、企检共建、参观监狱等多种形式，加强反面警示教育，实施党建与党风廉政联合检查，工作融合度大幅提高。

强化公司文化建设，新闻宣传工作迈上新台阶。对外，在湖北日报、长江日报等党报上实现了上稿零突破。中国电建网站上稿突破100篇，首次位列装备板块第一，极大地提升了公司在社会和中国电建的知名度和美誉度。“电建重工”微信公众号推文达120余条，点击量和评论量创历史新高，全员品牌营销意识不断增强。对内，充分利用《列电人》报等传统宣传媒介，弘扬了责任、担当、创新、奉献的“列电人”精神。出版了第一本人物类书籍《最美列电人》，拍摄的第一部综合类宣传片得到广泛认可，振奋了员工信心，品牌影响力不断扩大。

关爱服务员工，凝聚公司人心。开展冷作工火焰切割、PPT制作、焊工比武等一系列技能竞赛，磨炼了员工的职业技能，培养了“工匠精神”。开展演讲比赛、“学雷锋、进社区”，参加湖北省国企青年创新创业大赛、青年论坛等系列活动，激发青年员工创新热情，引导培育员工健康向上的兴趣爱好，丰富员工业余文化生活。完善困难员工帮扶管理办法，开展“大病救助”、“双节慰问”、三级劳动保护检查、“夏送清凉”、“金秋助学”、为女员工购买安康保险等活动，将关爱员工落到实处，构筑和谐劳动关系。积极与社区联系沟通，为员工生活小区争取资金，用于小区环境改造。

（电建重工公司）

郑州电力机械厂

【概况】郑州电力机械厂始建于1966年5月1日，其前身是水电部郑州阀门修配厂，1972年划归河南省电力工业局，1974年更名为郑州电力修配厂，1981年更名为郑州电力机械厂，2011年9月底整体划转至中国电力建设集团有限公司。公司聚焦能源电力、水资源与环境、基础设施三大业务领域，致力于成为泵类流体输送解决方案专家，多元化能源装备集成商。目前已发展成为集研发销售、设备制造、技术服务、电力安装、工程成套等功能为一体的电力装备制造企业。截至2017年底，公司工商注册资本8000万元，资产总额5.20亿元，负债总额为4.11亿元。年末职工人数352人。

地处河南省会郑州市管城区陇海东路九号，地理位置优越，交通便利，信息通达，区位优势明显。公司占地面积88.93亩，分为南北两院，以陇海东路相隔。南厂区主要为水泵试验车间和电力安装公司；北厂区有精密加工、机加工、组装三个车间，厂部及职能部门、主要机构均设在北厂区。现有精密加工、机加工、热处理、组装等生产工序，拥有各类生产设备460台（套），具有国内先进出厂试验和型式试验条件的水泵试验台。

【经营范围】2017年，火力发电厂锅炉给水泵、凝结水泵、循环水泵、热网水泵、烟气脱硫浆液循环泵的设计、生产、销售、调试安装、技术咨询及辅机产品配套服务、节能改造；化工用泵、海水淡化泵、城市给排水泵站设备、水务工程设备的设计、生产、销售及配套服务，电网类产品的生产与销售，太阳能光伏发电设备的设计、生产、安装及销售；电力安装、城市及道路照明工程、公路声屏障、槽道以及综合管线支撑系统产品、公路桥梁支座及伸缩装置系列、内燃发电机组的生产加工销售；厂房及设备租赁；人才中介服务；建筑劳务分包；从事货物和技术的进出口业务；电站辅机配套设备批发零售。

【领导班子】2017年，郑州电力机械厂领导班子由5人组成：总经理、党委副书记杨德柱；党委书记、副厂长蔡志刚；副厂长付刚；党委副书记、纪委书记、工会主席田建涛；总工程师李宏乔。

【组织机构】至2017年底，郑州电力机械厂下设7个职能部门，9个业务部门和2个车间。其中：职能部门有总经理工作部、财务资金部、人力资源部、合同履约部、安全质量环保部、党群工作部（监察审计部）、市场经营部；业务部门有技术开发部、能源电力事业部、国际业务部、物资采购中心、基层设施事业部、电力安装公司、电力检修公司、水务工程事业部、售后服务中心；2个车间有金工车间、组装车间。

【企业资质、资信】 2017年，郑州电力机械厂拥有全国工业产品生产许可证、中国通用机械泵行业协会会员单位、GB/T 19001—2008 idtISO 9001:2008标准质量管理体系；GB/T 28001—2001标准职业健康安全管理体系；GB/T 24001—2004 idtISO 14001:2004标准环境管理体系；货物和技术的进出口贸易经营权、生产许可证AAA级资质、给水泵CE证书。电力工程300兆瓦/200兆瓦火电机组主要辅助设备推荐供应商；电力工程安装承装三级、承修三级、承试三级，送变电工程专业三级承包、机电工程施工三级、钢结构工程专业承包三级、城市及道路照明工程专业承包三级、输变电工程专业承包三级等多项资质。入围中国石油和化工行业采购服务平台首批泵行业设备合格供应商。

【主要经济指标】 2017年，郑州电力机械厂主要经济指标完成情况：营业收入完成2.82亿元，完成考核目标的86.42%；利润总额完成429万元，完成考核目标的104.63%；新签合同完成4.56亿元，完成考核目标的107.29%。

【重大项目】 2017年，郑州电力机械厂为“中巴经济走廊”首批落地项目之一，巴基斯坦卡西姆港燃煤电厂项目提供给水泵设备。

为塔吉克斯坦杜尚别二期2×150兆瓦电厂提供的配套150兆瓦机组锅炉给水泵组，系统简捷，技术领先，安全稳定，经济高效，维护快捷，为业主降低投资和运行维护成本。

中电建水环境治理技术有限公司茅洲河流域（宝安片区）水环境综合整治项目单级双吸离心泵、潜污泵采购项目，本次中标项目为松岗水质净化厂再生水补水工程以及沙井污水处理厂再生水补水工程供货。

【走向海外】 2017年，郑州电力机械厂不断加强与中电建国际公司对接、沟通和协商，中标印尼东加里曼丹EMBALUT2X100兆瓦电厂扩建工程电动给水泵等合同项目。

【科技创新】 2017年，郑州电力机械厂建立新产品生产、研发和储备战略，制定市场需求的多元化产品方案，确定技术含量高、高附加值产品的发展方向，加速产品发展的标准化、系列化进程，形成以市场为导向、产学研相结合的技术创新体系，科技创新成果引领企业业务发展。

（1）配套600兆瓦超（超）临界机组给水泵设计工艺及运行方案进一步优化提升，已在姚孟电厂安装运行。荣获河南省名牌产品、河南省百项职工技术优秀创新成果奖。

（2）自主研发制造的燃气电站余热泵荣获中国电建优质产品、中国电建科技进步二等奖。产品形成系列化，抢占了国产化燃气电站余热泵市场有利先机。

（3）自主研发制造的管道输油泵实现进口设备国产化替代，已与中国石化联合会供应商委员会达成合作意向。荣获中国电建科技进步二等奖。

（4）海水淡化泵在舟山六横海水淡化示范工程安全稳定运行，设计效率达到同类产品国际先进水平。荣获中国电建科技进步二等奖、河南省百项职工技术优秀创新成果奖。

（5）完成900QZ型潜水轴流电泵的设计及制造，并已完成项目交付；完成水库调水用BB3型多级水平中分离心泵的研发制造，中标贵州油沙河水库项目。

【党群工作和企业文化建设等】 2017年，郑州电力机械厂多措并举深入学习宣传贯彻党的十九大精神。利用党委中心组、党委会、“三会一课”等形式，认真学习、准确把握、全面贯彻十九大精神，将“两优一先”“首席员工”“创新论坛”等活动及各种劳动竞赛、技术比武与提质增效工作有机结合起来，激发广大党员、群众、青年职工的劳动热情和创造活力，确保提质增效工作的扎实推进。“两学一做”学习坚持常态化。下发三期73份学习参考资料。组织110余名党员到“全国爱国主义教育示范基地”“全国廉政教育基地”林州红旗渠开展纪念建党96周年主题党日活动。做好党建监督检查工作。围绕生产实际，针对合同履约全过程做好督查工作，对照合同开展专项督查，寻求解决方案和整改措施，为领导决策提供依据，为生产经营做好保障。认真落实党风廉政建设两个责任。抓好五一、中秋等重要节点教育，受教育党员达1500多人次。组织开展“家企共建、亲情助廉”廉洁文化作品征集活动，征集作品50余条。组织观看反腐影片《第一大案》、历史廉政教育影片，参观省廉政文化教育馆、新郑监狱，组织开展《人民的名义》百字点评活动，廉洁文化深入人心。加强新形势下群团工作。组织开展郑州市职工技能运动会组装钳工选拔活动，选拔郑州市技术状元、五一劳动奖章，举办2017年职工创新成果发布会、选拔首席员工活动，因地制宜地开展丰富多彩职工文化活动。公司工会先后荣获河南省电力工会、郑州市总工会先进基层工会、公司女工委荣获中国电建先进女工委。组织青年职工烈士陵园祭奠忠魂、参观河南省爱国主义教育基地、开展“不忘初心跟党走”五四户外团课拓展活动和“一学一做”青春大讲堂暨青年座谈会、技术创新论坛及QC成果发布等活动。

【履行社会责任】2017年，社会捐助。通过健全完善困难职工生活保障机制、急难救助机制和爱心助学机制，坚持开展“五必访”“九必报”“金秋助学”“夏送清凉冬送关爱”等系列送温暖活动，帮助职工解决实际问题，为职工排忧解难，全年慰问职工50人次，送去慰问资金8万多元。为社会进行慈善捐款。2017年为郑州市管城区慈善总会捐款，为社会公益事业及危困职工奉献一片爱心，做出积极的贡献。社会志愿服务。企业不断加强与社区组织的联系力度，积极为社区做出力所能及的贡献，共建社区。教育职工在单位做个好职工，在社区要搞好邻里关系，做个好邻居，每年组织开展“文明家庭”“双文明职工”评比活动，促进了职工队伍的稳定。企业积极开展关爱空巢老人、关爱农民工和关爱孤儿（留守儿童）活动，2017年利用传统节日开展送温暖活动，在冬至、端午、正月十五等传统节日，组织开展企业外来务工人员及单身职工包饺子、猜谜语等活动，增强企业凝聚力。

（郑州电力机械厂）

中国电建集团装备研究院有限公司

【概况】中国电建集团装备研究院有限公司（简称装备研究院），成立于2014年，注册资金6000万元，是中国电力建设集团有限公司旗下的全资子公司和直属科研单位。主要从事电站装备、电力建设工程装备、水环境治理装备、新能源和战略性新兴产业装备、电网输配电设备、物料输送设备、节能减排和绿色环保设备、新型材料的研究开发、技术服务、设备成套、项目设计、试验检测、质量监造等业务。

装备研究院的专家管理委员会有多名中国工程院院士、国际知名专家、国务院特殊津贴享受者、著名教授和专业领军人物等，规划、指导和推进各领域的研究、咨询与管理工作。设立水泵研究所、装卸设备研究所、中低压电气装备研究所、风机研究所、制粉设备研究所、成都金具研究所、自动化控制研究所、电力金具试验中心、泵阀检测中心、输配电设备试验检测中心等26家分支研究机构，打造具有专业优势和行业特色的电力装备研发平台。

【领导班子】2017年，装备研究院领导班子4人，分别为党委书记、院长、纪委书记汪胡根；党委委员、院长助理乔飞、金小谷、叶平。

【组织机构与人力资源结构】装备研究院设有党委办公室、院长办公室、财务管理部、人力资源部、科技信息部、工程安全环保部、科技成果转化部、智能装备部（研究所）、新兴产业部（研究所）、节能环保部（研究所）、水环境部（研究所）等部门。

截至2017年末，装备研究院人力资源构成为37人，其中研发人员27人。按学历构成划分，博士学历人5，占比14%；硕士学历15人，占比40%；本科学历10人，占比27%。按专业技术职务划分，高级专业技术人员7人，占比18%；中级专业技术人员9人，占比24%。分支研究机构拥有研发人员560余人。按学历构成划分，博士学历5人，占比0.8%；硕士学历88人，占比16%；本科学历241人，占比43%。按专业技术职务划分，高级专业技术人员119人，占比21%；中级专业技术人员176人，占比31%。

【主要经济指标】2017年，装备研究院完成营业收入3961万元，实现利润总额23.67万元，新签技术成果转化合同7813万元，年末资产总额10007万元，净资产7751万元，账面货币资金6350万元，纳税总额262万元。在研科技项目共20项，包括1项国家级科研项目与11项省部级科研项目，部分项目已完成结项，其他项目按计划推进并取得阶段性成果，申报发明专利4项、实用新型专利6项、软件著作权1项。

【企业资质、资信】2017年5月，获环保工程专业承包三级资质。2017年6月，获社会责任发布证书。

【经营管理】2017年，在发展战略方面，装备研究院经过三年起步创业期的摸索，进一步明晰发展宗旨、战略定位，制订了“十三五”时期发展规划，围绕“创新驱动、特色鲜明、研用结合、引领行业、成就价值”的发展宗旨，明确以研发为第一生产力，服务于“能源电力”“水资源与环境”“基础设施”三大领域。

在决策系统方面，坚持依法治企，完善运作机制，由党委委员会议集体决策三重一大事项，高层管理人员协助院长按职能分管综合院务、科技研发、推广应用工作。

在规则系统方面，完善现代科研院所制度。持续完善创新管理制度体系，主要制度涵盖科技工作的目标规划、过程控制、考核激励、资金保障等方面，不断推进“管理制度化、制度流程化、流程表单化”，确保科技创新等各项工作规范有序进行。以市场需求为导向，探索更为科学的考核管理体系，建立有利于吸引人才、留住人才的绩效激励机制。

【重大项目】2017年，噪声综合治理技术中标特高压直流800千伏青州站换流变BOXIN、特高压交流1000千伏苏通电力廊道降噪等国家重点项目。在上海地区承揽了十几个变电站噪声治理，解决了城市电网噪声扰民问题。在交通领域，承揽了川藏铁路、成都地铁18号线、武汉地铁11号线的噪声治理，使中国电建铁路建设全产业链更加完善。

车载式底泥处理一体化设备已通过深圳水环境公司验收，实际运行达到预期设计效果，并正式签订合同。现正在上海及周边地区推广这一技术成果，通过与市政方面积极沟通联系，扩大其产品知名度以及市场影响力。

行星丝杠现阶段已初步形成一定市场订单，并与中国石油勘探开发研究院采油采气装备研究所、武汉重型机床集团有限公司等大型企业合作开展试验，对行星丝杠的各项性能数据进行临场测试。

【科技创新】2017年，在节能环保领域，“燃煤烟气脱硝废弃催化剂的贵金属回收循环经济资源化利用技术研发”项目进入工业试验阶段，与上海市固体废物处置中心合作，开展产业化应用研究。“城市电网大型变电站噪声治理关键技术研究及应用”在上海地区十几个大中型变电站得到推广应用。在水环境领域，成功研制“移动式底泥处理一体化设备”，该产品即将在上海河道治理的样板工程中应用。积极推广磁絮凝藻类捕集船、底泥洗脱船等新型水环境治理装备的应用。开展分布式污水处理一体化装置、畜禽养殖废水处理、土壤修复以及用于水体内源污染治理的“微生态活水（HDP）直接净化工艺”等系列技术的研究。在新能源领域，开展垃圾制气相关研究，重点关注“垃圾焚烧飞灰螯合固化技术及装备”。开展“富余水电制氢与氢能综合应用”研究，重点布局氢能燃料电池发电系统和氢气储运相关技术；参编了《我国氢能产业基础设施发展蓝皮书》，与上海电力设计院合作完成了浙江台州氢能小镇氢能综合应用示范项目规划设计。开展光热电站DCS智能控制系统和太阳能高温熔盐储罐研究。在四基建设领域，参与中国兵器工业集团201研究所现代陆战装备火控随动系统、中国兵器工业集团内蒙古第一机械集团智能无人步战车行走转向控制系统的研制，研发设计了配套的行星滚柱丝杠，已完成产品试制、优化升级和生产制造。产品在中石油采油柱塞泵、大型数控龙门镗铣机床、全电注塑成型设备与粉末冶金设备等具有高效、高承载与高可靠性要求的装备制造领域得到了应用。在智能制造领域，研究集成智能制造系统一体化方案，推动实现板块传统企业生产制造模式的升级转型。制定了上海能源装备公司数字化焊接工厂方案，逐步实现自动化、数字化、智能化的智能工厂建设。研究优化风力发电机组智能控制及提升效率关键技术，有效提升了风力发电的效率。在信息化建设领域，开展中国电建装备电商平台建设，一期网站已上线试运行。装备板块协同创新研发平台的研究与建设项目取得初步成果。开展大型电站装备远程运维服务、健康管理与大数据分析技术的研究，技术方案完成内部评审。

【党群工作和企业文化建设】2017年，装备研究院临时党委成立，临时党委认真贯彻中国电建党委决策部署和安排，坚持全面从严治党，狠抓党的建设，为研究院创新发展提供了坚强保障。深入学习贯彻党的十九大精神，把学习宣传贯彻党的十九大精神同做好当前各项工作结合起来，深刻领会习近平新时代中国特色社会主义思想，“不忘初心、牢记使命”。开展“两学一做”学习教育，落实“三会一课”制度，强化支部集中学习、专题党课和形势任务教育，开展争做“四讲四有”合格党员活动，全体党员干部切实增强了理想信念，牢固树立“四个意识”，增强“四个自信”。推进全面从严管党治党责任的有效落实，制订《企业经营活动廉洁协议》，规范装备研究院经营活动的廉洁管理，制订《关于落实“两个责任”加强党风廉政建设和反腐败工作的实施方案》，切实落实党员领导干部“一岗双责”。加强党风廉政建设和反腐败工作，认真贯彻落实《中国共产党问责条例》，持续抓好作风建设和纪律建设，全面贯彻落实中央“八项规定”精神，用纪律管住全体党员。以集团公司的巡视检查工作为契机，进一步严守政治纪律和政治规矩，坚持党委委员“三重一大”集体决策，切实履行好党风廉政建设和反腐败工作责任制，在制度流程上，查缺补漏、建立长效机制，消除风险和隐患，把巡视组对装备研究院各项工作的要求，转化为加强和改进工作的强大动力，全面推进装备研究院持续、健康、稳定地发展。

（装备研究院）

第十篇

人物及先进集体

先 进 人 物

省（部）级劳动模范

姓名	单位	荣誉称号	授奖部门	授奖时间
杨联东	水电三局	陕西省劳动模范	陕西省劳动竞赛委员会	2017 年 4 月
宋本宇	水电十四局	云南省劳动模范	云南省政府	2017 年 4 月
马红钧	水电十四局	云南省劳动模范	云南省政府	2017 年 4 月
王宁远	水电十五局	陕西省劳动模范	陕西省委、省政府	2017 年 4 月
蔡　斌	电建海投公司	央企楷模	国务院国资委	2017 年 4 月

省级五一劳动奖章获得者

姓名	单位	荣誉称号	授奖部门	授奖时间
陈政彬	水电七局	四川省五一劳动奖章	四川省总工会	2017 年 2 月
辜　健	水电七局	四川省五一劳动奖章	四川省总工会	2017 年 4 月
李　伟	水电七局	四川省五一劳动奖章	四川省总工会	2017 年 6 月
张学彬	水电七局	四川省五一劳动奖章	四川省总工会	2017 年 6 月
赵志伟	水电八局	四川省五一劳动奖章	四川省总工会	2017 年 8 月
胡中阔	水电九局	贵州省五一劳动奖章	贵州省总工会	2017 年 4 月
党国安	水电九局	贵州省五一劳动奖章	贵州省总工会	2017 年 4 月
喻其福	水电九局	贵州省五一劳动奖章	贵州省总工会	2017 年 4 月
高宗文	水电十三局	天津市五一劳动奖章	天津市总工会	2017 年 5 月
杨建洲	水电十四局	云南省五一劳动奖章	云南省总工会	2017 年 4 月
钱　建	水电十四局	云南省五一劳动奖章	云南省总工会	2017 年 4 月
黄国超	水电十六局	福建省五一劳动奖章	福建省总工会	2017 年 4 月
翁训龙	水电十六局	山东省富民兴鲁劳动奖章	山东省总工会	2017 年 10 月
季海元	水电基础局	天津市五一劳动奖章	天津市总工会	2017 年 4 月
谈宏力	湖北省设计院	湖北省五一劳动奖章	湖北省总工会	2017 年 4 月
彭佳豪	湖北工程公司工程建设公司	2017 年劳动竞赛“湖北五一劳动奖章”	湖北省总工会	2017 年
郭　兴	北京院	四川省五一劳动奖章	四川省总工会	2017 年 4 月
赵晓利	河北设计院	河北省五一劳动奖章	河北省总工会	2017 年 5 月
吴　昊	四川设计咨询公司	四川省五一劳动奖章	四川省总工会	2017 年 4 月
潘丽娟	贵州设计院	贵州省五一劳动奖章	贵州省总工会	2017 年 4 月
郝长山	山东电建一公司	山东省富民兴鲁劳动奖章	山东省总工会	2017 年 4 月
柴茂海	山东电建一公司	山东省富民兴鲁劳动奖章	山东省总工会	2017 年 12 月
朱东升	上海电建一公司	上海市五一劳动奖章	上海市总工会	2017 年 4 月
乔　宇	四平器材公司	吉林省五一劳动奖章	吉林省总工会	2017 年 4 月

获国家、省、部（委）荣誉先进个人

姓名	单位	荣誉称号	授奖部门	授奖时间
付开红	水电四局	金沙江白鹤滩水电工程优秀建设者	全国总工会等	2017 年 10 月
刘　凡	水电四局	金沙江白鹤滩水电工程优秀建设者	全国总工会等	2017 年 10 月
杨　勇	水电七局	金沙江白鹤滩水电工程优秀建设者	全国总工会等	2017 年 10 月
朱素华	水电八局	国务院特殊津贴专家	国务院	2017 年 2 月
何　刚	水电十四局	优秀共产党员	云南省委	2017 年 6 月
罗显伟	水电十四局	金沙江白鹤滩水电工程优秀建设者	全国总工会等	2017 年 10 月

先　进　集　体

文　明　单　位

单位	荣誉称号	授奖部门	授奖时间
水电四局	全国文明单位	中央精神文明建设指导委员会	2017 年 11 月
水电六局	辽宁省文明单位	辽宁省精神文明创建指导委员会	2017 年 12 月
水电十三局	全国文明单位	中央精神文明建设指导委员会	2017 年 11 月
水电十三局	天津市文明单位	天津市精神文明建设委员会	2017 年 9 月
水电基础局	天津市文明单位	天津市委、市政府	2017 年 9 月
湖北省电力勘测设计院	省级文明单位	湖北省委、省政府	2017
湖北工程公司工程建设公司	省级文明单位	湖北省委、省政府	2017
电建港航公司	天津市文明单位	天津市精神文明建设委员会	2017 年 9 月
华东院	全国文明单位	中央精神文明建设指导委员会	2017 年 11 月
中南院	湖南省文明单位	湖南省委、省政府	2017 年 3 月
河北院	全国文明单位	中央精神文明建设指导委员会	2017 年 11 月
河北院	河北省文明单位	河北省委、省政府	2017 年 8 月
河北工程公司	全国文明单位	中央精神文明建设指导委员会	2017 年 11 月
河北工程公司	河北省文明单位	河北省委、省政府	2017 年 8 月
山东电建一公司	全国文明单位	中央精神文明建设指导委员会	2017 年 11 月
电建核电公司	山东省级文明单位	山东省文明委	2017 年 9 月
四川公司	四川省文明单位	四川省文明办	2017 年
重庆工程公司	全国文明单位	中央精神文明建设指导委员会	2017 年 11 月
宁夏电建	全国文明单位	中央精神文明建设指导委员会	2017 年 11 月
贵州工程公司	贵州省文明单位	贵州省文明委	2017 年 12 月
江西电力设备厂	全国文明单位	中央精神文明建设指导委员会	2017 年 11 月
上海装备公司	上海市文明单位	上海市政府	2017 年 6 月

省级工人先锋号获得单位

单位	荣誉称号	授奖部门	授奖时间
水电一局苏洼龙项目部	四川省工人先锋号	四川省总工会	2017 年 11 月
水电三局第二分局苏洼龙施工局综合加工班	四川省工人先锋号	四川省总工会	2017 年 11 月
水电四局白鹤滩施工局缆机大队安装中队	四川省工人先锋号	四川省总工会	2017 年 10 月
水电六局西南分局上通坝水电站引水 5 标项目部	四川省工人先锋号	四川省总工会	2017 年 5 月
水电六局四分局鄂北宝林隧洞项目掘进二工区	湖北省工人先锋号	湖北省总工会	2017 年 10 月
水电八局沙坪二级水电站项目部	四川省工人先锋号	四川省总工会	2017 年 8 月
水电九局二分局遵义农村公路正安项目部	贵州省工人先锋号	贵州省总工会	2017 年 5 月
水电十局基础工程分局西昌片区项目部	四川省工人先锋号	四川省总工会	2017 年 4 月
水电十四局江习项目部 1-1 号梁场	重庆市工人先锋号	重庆市总工会	2017 年 7 月
水电十六局丰满电站重建工程大坝项目经理部	福建省工人先锋号	福建省总工会	2017 年 4 月
水电十六局河北高速公路项目经理部	福建省工人先锋号	福建省总工会	2017 年 8 月
水电十六局北京新机场项目经理部	福建省工人先锋号	福建省总工会	2017 年 8 月
水电十六局青岛新机场项目部	山东省工人先锋号	山东省总工会	2017 年 10 月
水电基础局西藏山南雅砻项目部	天津市工人先锋号	天津市总工会	2017 年 4 月
电建铁路公司哈尔滨地铁 2 号线工程指挥部	黑龙江省工人先锋号	黑龙江省总工会	2017 年 5 月
电建港航公司卡西姆项目部	天津市工人先锋号	天津市总工会	2017 年 4 月
华东院鄂北工程 15 标总承包项目部	湖北省工人先锋号	四川省总工会	2017 年 5 月
华东院长龙山抽蓄设代处地质组	浙江省工人先锋号	浙江省总工会	2017 年 5 月
贵阳院上通坝水电站监理项目部	四川省工人先锋号	四川省总工会	2017 年 4 月
福建院勘测分公司岩土室	福建省工人先锋号	福建省总工会	2017 年 4 月
宁夏电建汽机本体班	宁夏自治区工人先锋号	宁夏回族自治区总工会	2017 年 4 月

获国家、省（部）集体荣誉称号单位

单位	荣誉称号	授奖部门	授奖时间
水电一局托巴项目经营管理部	全国巾帼文明岗	全国妇联	2017 年 4 月
水电三局第二分局苏洼龙施工局	四川省五一劳动奖状	四川省总工会	2017 年 11 月
水电四局水电工程公司黄登项目部拌合楼运行班	全国巾帼文明岗	全国妇联	2017 年 4 月
水电四局白鹤滩施工局建工大队	金沙江白鹤滩水电工程建设先进单位	全国总工会等	2017 年 10 月
水电四局白鹤滩施工局质量管理部质检科	金沙江白鹤滩水电工程建设先进单位	全国总工会等	2017 年 10 月
水电四局白鹤滩施工局缆机大队安装中队	金沙江白鹤滩水电工程建设先进班组	全国总工会等	2017 年 10 月
水电四局白鹤滩施工局溪洛渡项目部水垫塘检修班	金沙江溪洛渡水电工程建设先进班组	全国总工会等	2017 年 10 月
水电五局一分局	全国青年文明号	共青团中央等	2017 年 3 月

续表

单位	荣誉称号	授奖部门	授奖时间
水电五局白鹤滩泄洪洞项目部混凝土三队	金沙江白鹤滩水电工程建设先进单位	全国总工会等	2017年10月
水电五局白鹤滩支护队机械设备班	金沙江白鹤滩水电工程建设先进班组	全国总工会等	2017年10月
水电七局夹江水工机械有限公司金属结构分厂	全国工人先锋号	全国总工会	2017年4月
水电七局白鹤滩施工局	四川省五一劳动奖状	四川省总工会	2017年10月
水电七局白鹤滩施工局	金沙江白鹤滩水电工程建设先进单位	全国总工会等	2017年10月
水电七局白鹤滩施工局文明施工大队台车班	金沙江溪洛渡水电工程建设先进班组	全国总工会等	2017年10月
水电七局南方分公司	四川省五一劳动奖状	四川省总工会	2017年4月
水电八局上通坝电站厂房项目部	四川省五一劳动奖状	四川省总工会	2017年4月
水电九局夹岩毕大1标项目部	贵州省五一劳动奖状	贵州省总工会	2017年4月
水电十一局	全国五一劳动奖状	中华全国总工会	2017年4月
水电十四局白鹤滩项目经理部右岸工程部尾水组	金沙江白鹤滩水电工程先进班组	全国总工会等	2017年10月
水电十四局白鹤滩项目经理部	金沙江白鹤滩水电工程先进单位	全国总工会等	2017年10月
水电十四局白鹤滩项目经理部锚索一队二班	金沙江白鹤滩水电工程先进班组	全国总工会等	2017年10月
水电十六局工会女工委员会	全国巾帼建功先进集体	全国妇联	2017年5月
水电基础局	天津市五一劳动奖状	天津市总工会	2017年4月
电建海投公司财务资金部	全国青年文明号	共青团中央等	2017年3月
电建水电开发公司团委	全国五四红旗团委	共青团中央	2017年5月
电建铁路公司武汉公司	湖北五一劳动奖状	湖北省总工会	2017年4月
中南院新能源工程设计院资源经济室	全国青年文明号	共青团中央等	2017年3月
中南院团委	全国五四红旗团委	共青团中央	2017年5月
成都院环保处环境评测室。	全国青年文明号	共青团中央等	2017年3月
贵阳院工程勘察院水电勘察所	全国工人先锋号	中华全国总工会	2017年4月
江西院电网分院输电结构部	全国青年文明号	共青团中央等	2017年3月
江西院经济评价工程公司	全国巾帼文明岗	全国妇联	2017年4月
江西水电党群工作部	全国巾帼文明岗	全国妇联	2017年4月
江西水电经营管理部	江西省巾帼建功先进集体	江西省妇联	2017年3月
贵州工程公司	贵州省五一劳动奖状	贵州省总工会	2017年4月
上海电建上海电力安装第一工程公司热机分公司本体班	全国青年文明号	共青团中央等	2017年3月
上海电建调试所	上海市五一劳动奖状	上海市总工会	2017年4月

获学（协）会集体荣誉称号单位

单位	荣誉称号	授奖部门	授奖时间
宁夏电建汽机本体班	全国工人先锋号	中华全国总工会	2017 年 4 月
水电一局	全国优秀施工企业	中国施工企业管理协会	2017 年 3 月
水电六局	全国优秀施工企业	中国施工企业管理协会	2017 年 3 月
水电八局	全国优秀施工企业	中国施工企业管理协会	2017 年 3 月
湖北省电力建设第二工程公司	全国电力建设优秀施工企业	中国电力建设企业协会	2017 年 3 月
华东院	全国实施卓越绩效模式先进企业	中国质量协会	2017 年 12 月
昆明院	全国实施卓越绩效模式先进企业	中国质量协会	2017 年 12 月
山东电建一公司	中国工程建设诚信典型企业	中国施工企业管理协会	2017 年 10 月
山东电建一公司	中国施工企业管理协会科学技术奖科技创新先进企业	中国施工企业管理协会	2017 年 11 月
电建核电公司	全国电力建设优秀施工企业	中国电力建设企业协会	2017 年 3 月
电建核电公司	全国优秀施工企业	中国施工企业管理协会	2017 年 3 月
河南工程公司	全国电力建设优秀施工企业	中国电力建设企业协会	2017 年 3 月

工 程 奖 项

2017 年优质工程奖

单位	荣誉称号	获奖工程	授奖单位	授奖时间
水电三局	郑州市市政基础设施优良工程	郑州市陇海路快速通道工程 BT 项目桥梁工程	郑州市城乡建设委员会	2017 年 4 月
水电三局	河南省工程建设优质工程	郑州市陇海路快速通道工程 BT 项目桥梁工程	河南省工程建设协会	2017 年 7 月
水电三局	河南市政金杯奖	郑州市陇海路快速通道工程 BT 项目桥梁工程	河南省市政公用业协会	2017 年 8 月
水电三局	河南省市政优良工程	郑州市陇海路快速通道工程 BT 项目桥梁工程	河南省市政公用业协会	2017 年 8 月
水电四局	中国钢结构金奖	青海拉西瓦水电站水工钢结构工程	中国建筑金属结构协会	2017 年 5 月
水电四局	湖北省建筑结构优质工程	武汉市轨道交通 11 号线东段二标段光谷六路站、光谷五路站、豹澥站工程	湖北省建设工程质量安全协会	2017 年 8 月

续表

单位	荣誉称号	获奖工程	授奖单位	授奖时间
水电四局、水电一四一联营体、水电十四局、水电八局、水电四三联营体、水电七局、水电一局	国家优质工程金质奖	云南澜沧江小湾水电站工程	中国施工企业管理协会	2017年11月
水电八局	柬埔寨王国电高工程质量奖	斯伦河流域水利开发工程	柬埔寨王国	2017年4月
水电八局	第二批湖南省优质工程	长沙洋湖片区蓝天保障性住房项目二期	湖南省建筑业协会	2017年5月
水电八局	中国建设工程鲁班奖	马来西亚沐若水电站工程	中国建筑业协会	2017年11月
水电八局	中国建设工程鲁班奖	加纳布维水电站工程	中国建筑业协会	2017年11月
水电八局	国家优质工程金质奖	金沙江龙开口水电站工程	中国施工企业管理协会	2017年11月
水电八局	国家优质工程奖	塘承高速公路二期工程	中国施工企业管理协会	2017年11月
水电八局	国家优质工程奖	水电八局科研综合楼	中国施工企业管理协会	2017年11月
水电十局	四川省“天府杯”金奖	南水北调中线一期工程汤阴1标工程	四川省建设监理与工程质量协会	2017年6月
水电十一局	云南省优质工程奖	云南小中甸水利枢纽工程	云南省建筑业协会	2017年2月
水电十一局	郑州市市政基础设施优良工程	郑州陇海路快速通道工程BT项目桥梁工程	郑州市城乡建设委员会	2017年4月
水电十一局	河南省优质工程奖	商登高速公路商丘市境段土建2标	河南省工程建设协会	2017年7月
水电十一局	河南省优质工程奖	四川古学水电站主体Ⅲ标工程	河南省工程建设协会	2017年7月
水电十一局	河南省优质工程奖	云南梨园水电站发电厂房工程	河南省工程建设协会	2017年7月
水电十一局	河南省优质工程奖	南水北调中线一期工程总干渠黄河北—美河北段焦作1段2标	河南省工程建设协会	2017年7月
水电十一局	河南省市政工程金杯奖	郑州市陇海路快速通道工程BT项目桥梁工程	河南省市政公用协会	2017年8月
水电十一局	河南省优质工程奖	南水北调中线一期总干渠焦作1段2标	河南省工程建设协会	2017年7月
水电十一局	湖北省建筑结构优质工程	武汉地铁11号线三标段工程	湖北省建设工程质量安全协会	2017年8月
水电十一局	江西省结构示范工程	赣州市章江新区农民返迁房项目（BT建设）	江西省建设厅	2017年12月
水电十二局	全国优秀焊接工程优秀奖	仙居抽水蓄能电站机组尾水事故闸门	中国工程建设焊接协会	2017年10月
水电十二局	中国建设工程鲁班奖	扩大杭嘉湖南排杭州三堡排涝工程	中国建筑业协会	2017年11月

续表

单位	荣誉称号	获奖工程	授奖单位	授奖时间
水电十三局	全国优秀焊接工程优秀奖	青戈江分洪道工程金属结构设备制造项目	中国工程建设焊接协会	2017年10月
水电十三局	全国优秀焊接工程优秀奖	辽宁朝阳北票西山风电场项目塔筒制作项目	中国工程建设焊接协会	2017年10月
水电十三局	国家优质工程奖	神华陕西甲醇下游加工项目	中国施工企业管理协会	2017年11月
水电十四局	国家优质工程金质奖	无锡市轨道交通1号线工程	中国施工企业管理协会	2017年11月
水电十四局	国家优质工程奖	加蓬大布巴哈160兆瓦水电站项目	中国施工企业管理协会	2017年11月
水电十四局	云南省优质工程一等奖	云南大理宾川干海子风光互补光伏电站工程	云南省建筑业协会	2017年4月
水电十四局	四川省优秀安装质量奖（蜀安杯）	成都地铁4号线二期	四川省建筑业协会	2017年2月
水电十四局	成都市结构优质工程（芙蓉杯）	成都地铁4号线二期（万年场站）	成都市工程质量建设协会	2017年4月
水电十四局	广东省建设工程优质结构奖	江门市南山路（江海路—五邑路）建设工程之隧道工程	广东省建筑业协会	2017年1月
水电十五局、水电十六局	中国建设工程鲁班奖	马里费鲁水利水电工程	中国建筑业协会	2017年11月
水电十六局	福建省“闽江杯”优质工程奖	华安水电站扩建工程引水系统后段及厂房（含开关站）土建施工及机电设备安装工程	福建省工程建设质量安全协会	2017年9月
水电基础局	中国建设工程鲁班奖	老挝南俄5水利水电工程	中国建筑业协会	2017年11月
山东电建三公司	全国优秀焊接工程一等奖	国电哈密大南湖煤电一体化2×660兆瓦工程2号机组	中国工程建设焊接协会	2017年10月
山东电建三公司	全国优秀焊接工程优秀奖	河北建投邢台热电工程1、2号机组	中国工程建设焊接协会	2017年10月
山东电建三公司	全国优秀焊接工程优秀奖	神华国华寿光电厂一期工程1号机组	中国工程建设焊接协会	2017年10月
山东电建三公司	全国优秀焊接工程优秀奖	印度古得洛尔电站工程1、2号机组	中国工程建设焊接协会	2017年10月
山东电建三公司	国家优质工程金质奖	国电哈密大南湖煤电一体化2×660兆瓦工程	中国施工企业管理协会	2017年11月
湖北省电力勘测设计院	国家优质工程奖	山东高青500千伏变电站工程	中国施工企业管理协会	2017

续表

单位	荣誉称号	获奖工程	授奖单位	授奖时间
湖北省电力建设第一工程公司	国家优质工程奖	华能荆门“上大压小”热电联产新建工程	中国施工企业管理协会	2017
湖北省电力建设第一工程公司	中国电力优质工程奖	华能荆门“上大压小”2×350兆瓦热电联产新建工程1号机组安装工程	中国电力建设企业协会	2017
湖北省电力建设第一工程公司	中国电力优质工程奖	陕西华电杨凌一期2×350兆瓦热电工程2号机组建筑安装工程	中国电力建设企业协会	2017
电建国际公司、水电十一局	中国建设工程鲁班奖	赞比亚卡里巴北岸水电站扩机工程	中国建筑业协会	2017年11月
电建海投公司、水电十局、水电十五局	中国建设工程鲁班奖	老挝南俄5水利水电工程	中国建筑业协会	2017年11月
电建路桥公司、水电三局、水电五局、水电十一局	国家优质工程奖	郑州市三环路快速化工程北三环（南阳路—中州大道）BT项目桥梁工程	中国施工企业管理协会	2017年11月
电建路桥公司、水电十一局	中国钢结构金奖	郑州陇海路快速通道工程BT项目钢结构工程	中国建筑金属结构协会	2017年5月
电建路桥公司、水电十一局	河南省优质工程奖	郑州市陇海路快速通道工程BT项目桥梁工程	河南省工程建设协会	2017年6月
电建路桥公司	河南省市政工程金杯奖	郑州市陇海路快速通道工程	河南省市政公用业协会	2017年6月
电建路桥公司	河南省市政优良工程	郑州市陇海路快速通道工程	河南省市政公用业协会	2017年6月
电建路桥公司	广东省“南粤之星”银奖	广中江高速公路礼乐出入口连接线（胜利南路延长线）工程	广东省质量协会	2017年6月
电建路桥公司	广东省建设工程优质结构奖	广东省江门市迎宾西路建设工程	广东省建筑业协会	2017年6月
电建路桥公司	广东省建设工程优质结构奖	广东省江门市南山路（江海路—五邑路）建设工程之隧道工程	广东省建筑业协会	2017年6月
电建路桥公司	陕西省建筑优质结构工程	西咸新区沣东新城富裕路跨沣河桥工程	陕西省建筑业协会	2017年6月
电建路桥公司	输变电优质工程	福州220千伏华能电厂至凤坂线路开断进排尾线路土建工程	国家电网公司	2017年6月

续表

单位	荣誉称号	获奖工程	授奖单位	授奖时间
电建铁路公司、水电一局、水电十三局、水电七局、水电十一局、水电八局、水电十四局、建筑集团、水电四局	国家优质工程金质奖	深圳市城市轨道交通7号线工程	中国施工企业管理协会	2017年11月
电建港航公司	国家优质工程奖	毛里塔尼亚努瓦迪布新矿石码头工程	中国施工企业管理协会	2017年11月
北京院	国家优质工程奖	津源信德西青辛口镇一期18兆瓦渔光互补光伏发电项目	中国施工企业管理协会	2017年11月
华东院	国家优质工程金质奖	中电投滨海北区H1号100兆瓦海上风电项目	中国施工企业管理协会	2017年11月
华东院	国家优质工程金质奖	南昌轨道交通1号线一期工程	中国施工企业管理协会	2017年11月
华东院	国家优质工程奖	东阳市江滨景观带湿地公园工程	中国施工企业管理协会	2017年11月
华东院	国家优质工程奖	华东勘测设计研究院办公楼、健身中心、餐饮会议中心、地下室工程	中国施工企业管理协会	2017年11月
西北院	国家优质工程奖	哈密鑫天烟墩七（C）区200兆瓦风电场工程	中国施工企业管理协会	2017年11月
西北院	中国电力优质工程奖	哈密鑫天烟墩七（C）区200兆瓦风电场工程	中国电力建设企业协会	2017年6月
西北院	中国电力优质工程奖	格尔木华能4.5万千瓦并网光伏发电项目	中国电力建设企业协会	2017年6月
中南院	国家优质工程金质奖	黄岛国家石油储备地下水封洞库工程	中国施工企业管理协会	2017年11月
河北院	国家优质工程奖	唐山华润西郊热电厂三期2×350兆瓦“上大压小”扩建工程	中国施工企业管理协会	2017年11月
河北院、江西水电	国家优质工程奖	华润电力渤海新区2×350兆瓦热电联产机组工程	中国施工企业管理协会	2017年11月
河南院	国家优质工程奖	河南汝州500千伏变电站工程	中国施工企业管理协会	2017年11月
河南院	国家优质工程金质奖	浙北—福州特高压交流输变电工程	中国施工企业管理协会	2017年11月
河南院、河南工程公司、江西水电	国家优质工程奖	华润电力焦作有限公司2×660兆瓦超超临界机组工程	中国施工企业管理协会	2017年11月
河南院、江西水电、河南电建二公司	国家优质工程奖	河南洛阳阳光“上大压小”热电联产扩建工程	中国施工企业管理协会	2017年11月

续表

单位	荣誉称号	获奖工程	授奖单位	授奖时间
江西院、江西火电	国家优质工程金质奖	华能安源电厂“上大压小”新建工程	中国施工企业管理协会	2017年11月
湖北院	国家优质工程奖	缅甸达贡山镍矿工程	中国施工企业管理协会	2017年11月
福建院	国家优质工程奖	厦门柔性直流输电科技示范工程	中国施工企业管理协会	2017年11月
上海院	国家优质工程金质奖	国家风光储输示范工程一期工程	中国施工企业管理协会	2017年11月
四川设计咨询公司	国家优质工程金质奖	西藏昌都电网与四川电网联网输变电工程	中国施工企业管理协会	2017年11月
贵州院	国家优质工程奖	凯里（舟溪）500千伏变电站工程	中国施工企业管理协会	2017年11月
河北工程公司	全国优秀焊接工程优秀奖	鹤壁鹤淇电厂工程2号机组	中国工程建设焊接协会	2017年10月
河北电建一公司、河南工程公司	中国建设工程鲁班奖	河南新中益“上大压小”扩建工程	中国建筑业协会	2017年11月
河北电建一公司、山东电建二公司	国家优质工程奖	国投哈密电厂一期（2×660兆瓦）工程	中国施工企业管理协会	2017年11月
山东电建一公司	全国优秀焊接工程一等奖	华电十里泉电厂2×600兆瓦工程8号机组	中国工程建设焊接协会	2017年10月
山东电建一公司	全国优秀焊接工程优秀奖	大唐临清热电工程1、2号机组	中国工程建设焊接协会	2017年10月
山东电建一公司	国家优质工程金质奖	巴西马托格罗索500千伏输变电工程	中国施工企业管理协会	2017年11月
山东电建一公司	国家优质工程奖	江苏徐矿“上大压小”热电联产新建工程	中国施工企业管理协会	2017年11月
山东电建一公司	国家优质工程奖	神华神东电力河曲2×350兆瓦低热值煤发电新建工程	中国施工企业管理协会	2017年11月
山东电建一公司	国家优质工程奖	国电宁夏石板泉风电场99兆瓦工程	中国施工企业管理协会	2017年11月
电建核电公司	全国优秀焊接工程一等奖	华电奉节电厂“上大压小”2×660兆瓦新建工程1号机组	中国工程建设焊接协会	2017年10月
电建核电公司	全国优秀焊接工程优秀奖	大唐滨州热电工程1号机组	中国工程建设焊接协会	2017年10月
山东电建二公司	国家优质工程奖	国电哈密大南湖煤电一体化2×660兆瓦工程	中国施工企业管理协会	2017年11月
电建核电公司	杰出成就奖	巴基斯坦萨希瓦尔2×660兆瓦燃煤电站工程	巴基斯坦政府	2017年12月

续表

单位	荣誉称号	获奖工程	授奖单位	授奖时间
河南工程公司	中国电力优质工程奖	河南鹤壁鹤淇电厂2×660兆瓦“上大压小”新建工程	中国电力建设企业协会	2017年6月
河南工程公司	中国电力优质工程奖	华润浙江苍南2×1000兆瓦超超临界燃煤发电机组一期工程	中国电力建设企业协会	2017年6月
河南工程公司	中国电力优质工程奖	华润电力焦作有限公司2×660兆瓦超超临界机组工程	中国电力建设企业协会	2017年6月
上海电建一公司、上海电建调试所	中国电力优质工程奖	上海华电奉贤南桥新城能源中心项目	中国电力建设企业协会	2017年6月
贵州工程公司	“黄果树杯”优质施工工程奖	贵州盘县电厂2×660兆瓦机组“上大压小”改建工程	贵州省建筑业协会	2017年4月
上海电建一公司、上海电建建筑公司、上海电建调试所	中国电力优质工程奖	安徽淮北平山电厂2×660兆瓦超超临界机组新建工程	中国电力建设企业协会	2017年6月
上海电建、上海电建调试所、重庆电建	国家优质工程金质奖	重庆神华万州电厂2×1050兆瓦新建工程	中国施工企业管理协会	2017年11月
上海电建调试所、上海电建一公司	国家优质工程奖	安徽淮北平山电厂2×660兆瓦超超临界机组新建工程	中国施工企业管理协会	2017年11月
上海电建一公司、上海电建调试所	国家优质工程奖	上海华电奉贤南桥新城能源中心项目	中国施工企业管理协会	2017年11月
上海电建上海电力安装一公司	国家优质工程金质奖	华能长兴电厂“上大压小”工程	中国施工企业管理协会	2017年11月
上海电力建筑工程公司	国家优质工程奖	华能湖南苏宝顶风电（150兆瓦）新建工程	中国施工企业管理协会	2017年11月
上海电力建筑工程公司	国家优质工程奖	晋城华港燃气有限公司沁水煤层气液化调峰储备中心工程	中国施工企业管理协会	2017年11月
湖北电建二公司、湖北电建一公司	国家优质工程金质奖	土耳其阿特拉斯2×600兆瓦伊斯肯德伦火电厂	中国施工企业管理协会	2017年11月
湖北电建二公司、江西水电	国家优质工程奖	湖北华润宜昌猇亭“上大压小”热电联产新建工程	中国施工企业管理协会	2017年11月
河南工程公司	中国建设工程鲁班奖	河南鹤壁鹤淇电厂“上大压小”新建工程	中国建筑业协会	2017年11月
河南工程公司	中国建设工程鲁班奖	华润浙江苍南电厂	中国建筑业协会	2017年11月
江西火电、河北电建一公司	国家优质工程奖	内蒙古京能盛乐2×350兆瓦冷热电联供机组工程	中国施工企业管理协会	2017年11月

续表

单位	荣誉称号	获奖工程	授奖单位	授奖时间
江西水电、湖北电建一公司	国家优质工程奖	华能荆门“上大压小”热电联产新建工程	中国施工企业管理协会	2017年11月
江西水电、山东电建二公司	国家优质工程奖	霍林河循环经济示范工程电力项目	中国施工企业管理协会	2017年11月
江西水电	国家优质工程奖	华能太原东山2×F级燃气热电联产项目	中国施工企业管理协会	2017年11月
四川工程公司	四川省优秀安装质量奖（蜀安杯）	成都市祥福生活垃圾焚烧发电项目安装工程	四川省建筑业协会	
四川工程公司	四川省建设工程天府杯奖（省优质工程）金奖	万兴环保发电工程	四川省建设工程质量安全与监理协会	
四川电建三公司	国家优质工程奖	四川白马600兆瓦循环流化床机组发电示范工程	中国施工企业管理协会	2017年11月

2017年国家科学技术进步奖

单位	荣誉称号	获奖工程	授奖单位	授奖时间
水电七局	国家科学技术进步二等奖	锦屏二级超深埋特大引水隧洞发电工程关键技术	国务院	2017年12月
规划总院	国家科学技术进步二等奖	高混凝土坝结构安全关键技术研究与实践	国务院	2017年1月
华东院	国家科学技术进步二等奖	锦屏二级超深埋特大引水隧洞发电工程关键技术	国务院	2017年12月
四川电建三公司	国家科学技术进步一等奖	四川白马600兆瓦循环流化床机组发电示范工程	国务院	2017年12月

（李霞林汇总）

第十一篇

附　录

2017年集团（股份）公司重要文件题录

发文日期	发文编号	文件标题
3月16日	中电建党〔2017〕8号	关于印发《中国电力建设集团（股份）有限公司党委理论学习中心组学习实施办法》的通知
8月24日	中电建党〔2017〕18号	关于印发《中国电力建设集团有限公司成员企业纪委书记履职考核评价办法（暂行）》的通知
11月10日	中电建党〔2017〕24号	关于印发《中国电力建设集团有限公司党委落实开展自查自纠深化巡视整改专项督查意见工作方案》的通知
1月19日	中电建股党〔2017〕1号	关于印发《中国电力建设集团（股份）有限公司党的建设"十三五"规划》的通知
1月19日	中电建股党〔2017〕2号	关于印发《中国电力建设集团（股份）有限公司党委2017年工作要点》的通知
1月24日	中电建股党〔2017〕7号	关于认真学习贯彻十八届中央纪委七次全会中央企业党风廉政建设和反腐败工作会议精神的通知
2月17日	中电建股党〔2017〕11号	关于印发《中国电力建设股份有限公司党委中心组2017年学习安排意见》的通知
2月23日	中电建股党〔2017〕14号	关于印发《中国电力建设集团（股份）有限公司2017年党风廉政建设和反腐败工作要点》的通知
2月28日	中电建股党〔2017〕16号	关于印发《中国电力建设股份有限公司党委2017年重点工作任务清单》的通知
2月28日	中电建股党〔2017〕17号	关于印发《中国电力建设股份有限公司党委贯彻落实全国国有企业党的建设工作会议重点任务实施方案》的通知
3月30日	中电建股党〔2017〕21号	关于印发《中国电力建设（集团）股份有限公司2017年宣传思想文化工作要点》的通知
4月5日	中电建股党〔2017〕23号	关于印发《中国电力建设集团（股份）有限公司党建思想政治工作课题研究管理办法》的通知
4月11日	中电建股党〔2017〕24号	关于印发《中国电力建设股份有限公司"畅谈十八大以来变化、展望十九大胜利召开"和"建言十九大"活动实施方案》的通知
5月17日	中电建股党〔2017〕37号	关于印发《关于推进电建集团（股份）公司"两学一做"学习教育常态化制度化的具体方案》的通知
7月4日	中电建股党〔2017〕41号	关于印发《中国电力建设集团（股份）有限公司在京党组织党费收缴、使用和管理办法》的通知
8月23日	中电建股党〔2017〕50号	关于印发《中国电力建设集团（股份）有限公司关于职工接受组织调查、被采取强制措施、受到行政处罚和被追究刑事责任期间管理的规定（试行）》的通知
9月6日	中电建股党〔2017〕53号	关于印发《中国电力建设集团（股份）有限公司党委议事规则（2017年版）》的通知
9月5日	中电建股党〔2017〕57号	关于印发《中国电力建设集团（股份）有限公司企业文化建设"十三五"规划》的通知
9月18日	中电建股党〔2017〕61号	关于印发《中国电力建设集团（股份）公司2017年年中工作会党建重点工作及任务分工》的通知
10月19日	中电建股党〔2017〕65号	关于印发《中国电力建设集团（股份）有限公司"三重一大"决策制度实施办法（2017年版）》的通知

续表

发文日期	发文编号	文件标题
10月31日	中电建股党〔2017〕68号	关于印发《中国电力建设集团（股份）有限公司精神文明建设实施办法（2017版）》的通知
11月7日	中电建股党〔2017〕69号	关于印发《中国电力建设集团（股份）有限公司贯彻落实〈中央企业主要负责人履行推进法治建设第一责任人职责规定〉的实施办法》的通知
11月10日	中电建股党〔2017〕70号	中国电力建设集团（股份）有限公司党委关于认真学习宣传贯彻党的十九大精神的实施意见
11月14日	中电建股党〔2017〕74号	中国电力建设集团（股份）有限公司党委关于进一步加强舆情监测和危机应对工作的意见
12月12日	中电建股党〔2017〕82号	关于印发《中国电力建设集团（股份）有限公司党建思想政治工作研究会章程》的通知
1月5日	中电建〔2017〕3号	关于印发《中国电力建设集团有限公司“十三五”科学与技术发展规划》的通知
7月13日	中电建〔2017〕153号	关于印发《中国电力建设集团（股份）有限公司国家安全小组工作暂行规定》的通知
1月19日	中电建股〔2017〕2号	关于印发《中国电力建设股份有限公司总部补充医疗保险管理办法》的通知
1月23日	中电建股〔2017〕3号	关于印发《中国电力建设集团（股份）有限公司国际项目设备资源调剂与转让管理办法（暂行）》的通知
1月23日	中电建股〔2017〕4号	关于印发《中国电力建设股份有限公司增值税会计处理指导意见》的通知
2月4日	中电建股〔2017〕5号	关于印发《中国电力建设集团（股份）有限公司2017年职业健康、环境保护、节能减排工作指导意见》的通知
2月15日	中电建股〔2017〕8号	关于印发《中国电力建设集团（股份）有限公司2017年度重点工作及任务分解表》的通知
2月15日	中电建股〔2017〕9号	关于印发《中国电力建设集团（股份）有限公司2017年安全生产工作要点》的通知
3月7日	中电建股〔2017〕11号	关于印发《中国电力建设集团（股份）有限公司成员企业国际工程履约能力评价管理办法》的通知
3月7日	中电建股〔2017〕12号	关于印发《中国电力建设集团（股份）有限公司国际业务市场布局管理办法》的通知
3月10日	中电建股〔2017〕13号	关于印发《中国电力建设集团（股份）有限公司国际业务品牌管理办法》的通知
3月10日	中电建股〔2017〕14号	关于印发《中国电力建设集团（股份）有限公司海外区域总部运行规定》的通知
3月11日	中电建股〔2017〕15号	关于印发《中国电力建设集团（股份）有限公司基础设施PPP投资项目施工收入利润监督考核管理办法》的通知
3月21日	中电建股〔2017〕18号	关于印发《中国电力建设股份有限公司安全生产标准化建设管理办法》的通知
3月24日	中电建股〔2017〕20号	关于印发《中国电力建设股份有限公司PPP项目法律审核指引》的通知
3月29日	中电建股〔2017〕21号	关于印发《中国电力建设集团有限公司社会责任“十三五”规划》的通知
3月29日	中电建股〔2017〕23号	关于印发《中国电力建设集团有限公司国际业务“十三五”规划》的通知
3月30日	中电建股〔2017〕24号	关于印发《中国电力建设集团有限公司资金管理“十三五”规划》的通知
3月30日	中电建股〔2017〕25号	关于印发《中国电力建设集团有限公司金融业务“十三五”规划》的通知
4月1日	中电建股〔2017〕26号	关于印发《中国电力建设集团有限公司总部管理类文件材料归档范围和档案保管期限表》的通知
4月10日	中电建股〔2017〕28号	关于印发《中国电力建设集团有限公司全面深化改革“十三五”规划》的通知

续表

发文日期	发文编号	文件标题
4月11日	中电建股〔2017〕30号	关于印发《中国电力建设集团有限公司投资业务“十三五”规划》的通知
4月11日	中电建股〔2017〕31号	关于印发《中国电力建设集团有限公司房地产业务“十三五”规划》的通知
4月12日	中电建股〔2017〕32号	关于印发《中国电力建设集团有限公司财务“十三五”规划》的通知
4月13日	中电建股〔2017〕33号	关于印发《中国电力建设集团有限公司2017年度瘦身健体提质增效工作实施方案及重点工作任务分解表》的通知
4月14日	中电建股〔2017〕34号	关于印发《中国电力建设集团有限公司水资源与环境业务“十三五”规划》的通知
4月17日	中电建股〔2017〕36号	关于印发《中国电力建设集团有限公司法律与合规管理“十三五”规划》《中国电力建设集团有限公司全面风险管理与内部控制“十三五”规划》的通知
4月17日	中电建股〔2017〕37号	关于印发《中国电力建设集团（股份）公司应急能力建设评估实施方案》的通知
4月26日	中电建股〔2017〕40号	关于印发《中国电力建设集团有限公司市场营销“十三五”规划》的通知
4月27日	中电建股〔2017〕41号	关于印发《中国电力建设集团（股份）有限公司2017年度财务工作要点》的通知
4月28日	中电建股〔2017〕42号	关于印发《中国电力建设集团（股份）有限公司国际业务独立保函法律风险管理指引》的通知
5月15日	中电建股〔2017〕48号	关于印发《中国电力建设集团（股份）有限公司资产交易管理办法》的通知
5月19日	中电建股〔2017〕52号	关于印发《中国电力建设集团有限公司2017年度全面风险管理报告》的通知
5月22日	中电建股〔2017〕53号	关于印发《中国电力建设集团有限公司信息化发展“十三五”规划》的通知
5月22日	中电建股〔2017〕54号	关于印发《中国电力建设集团有限公司安全环保“十三五”规划》的通知
5月24日	中电建股〔2017〕55号	关于印发《中国电力建设股份有限公司总部部门三位一体（RQE）绩效考核实施办法（2017年版）》的通知
5月25日	中电建股〔2017〕56号	关于印发《中国电力建设股份有限公司设备物资集中采购管理办法》（2017年修订版）的通知
5月25日	中电建股〔2017〕57号	关于印发《中国电力建设股份有限公司设备物资采购中心集中采购实施细则》（2017年修订版）的通知
5月25日	中电建股〔2017〕59号	关于印发《中国电力建设股份有限公司供应商管理办法》（2017年修订版）的通知
6月5日	中电建股〔2017〕60号	关于印发《中国电力建设集团有限公司装备制造业务“十三五”规划》的通知
6月7日	中电建股〔2017〕61号	关于印发《中国电力建设集团有限公司全面监督“十三五”规划》的通知
6月8日	中电建股〔2017〕62号	关于印发《中国电力建设股份有限公司章程（2017年版）》、《中国电力建设股份有限公司股东大会议事规则（2017年版）》和《中国电力建设股份有限公司董事会议事规则（2017年版）》的通知
6月8日	中电建股〔2017〕63号	关于印发《中国电力建设股份有限公司关联交易管理制度（2017年版）》的通知
6月20日	中电建股〔2017〕64号	关于印发《中国电力建设股份有限公司企业年金方案实施细则》的通知
6月26日	中电建股〔2017〕65号	关于印发《中国电力建设集团有限公司2017～2019年滚动规划》的通知
7月10日	中电建股〔2017〕69号	关于印发《中国电力建设集团（股份）有限公司房地产开发企业、国际业务、铁路建设企业等三个安全生产标准化评价标准》的通知
7月17日	中电建股〔2017〕70号	关于印发《中国电力建设股份有限公司规章制度管理办法》的通知
7月25日	中电建股〔2017〕71号	关于印发《中国电力建设股份有限公司子企业负责人薪酬管理暂行办法》的通知
7月25日	中电建股〔2017〕72号	关于印发《中国电力建设股份有限公司子企业负责人基薪核定暂行办法》的通知

续表

发文日期	发文编号	文件标题
7月25日	中电建股〔2017〕73号	关于印发《中国电力建设股份有限公司会计基础工作管理办法（2017年修订版）》的通知
7月31日	中电建股〔2017〕76号	关于印发《中国电力建设股份有限公司境外非经营性固定资产投资管理办法（试行）》的通知
8月10日	中电建股〔2017〕87号	关于印发《中国电力建设股份有限公司特种设备管理办法》（2017年修订版）的通知
8月29日	中电建股〔2017〕130号	关于印发《中国电力建设股份有限公司对外捐赠管理办法（2017年版）》的通知
8月29日	中电建股〔2017〕131号	关于印发《中国电力建设股份有限公司与私募基金合作投资事项信息报送暂行办法》的通知
8月30日	中电建股〔2017〕132号	关于印发《中国电力建设股份有限公司地震灾害应急救援预案（2017年版）》的通知
8月30日	中电建股〔2017〕133号	关于印发《中国电力建设股份有限公司生产安全事故和自然灾害综合应急预案（2017年版）》的通知
8月30日	中电建股〔2017〕134号	关于印发《中国电力建设股份有限公司突发环境事件应急预案（2017年版）》的通知
9月11日	中电建股〔2017〕139号	关于印发《中国电力建设股份有限公司工作规则（2017年版）》的通知
9月11日	中电建股〔2017〕140号	关于印发《中国电力建设股份有限公司信息披露暂缓与豁免管理制度（2017年版）》的通知
9月11日	中电建股〔2017〕141号	关于印发《中国电力建设股份有限公司信息披露管理制度（2017年版）》的通知
9月11日	中电建股〔2017〕142号	关于印发《中国电力建设股份有限公司重大事项内部报告制度（2017年版）》的通知
9月19日	中电建股〔2017〕144号	关于印发《中国电力建设股份有限公司授权管理暂行办法（2017年版）》的通知
10月9日	中电建股〔2017〕148号	关于印发《中国电力建设股份有限公司总经理工作细则（2017年版）》的通知
10月17日	中电建股〔2017〕149号	关于印发《中国电力建设股份有限公司境外投资财务管理办法（2017年版）》的通知
10月19日	中电建股〔2017〕150号	关于印发《中国电力建设股份有限公司档案保管保密管理办法（2017年版）》的通知
11月15日	中电建股〔2017〕157号	关于印发《中国电力建设集团（股份）有限公司国际业务授权委托管理办法》的通知
11月15日	中电建股〔2017〕158号	关于印发《中国电力建设集团（股份）有限公司境外工程合同风险事件应急管理办法》的通知
11月15日	中电建股〔2017〕159号	关于印发《中国电力建设集团（股份）有限公司国际业务市场营销管理办法》的通知
11月16日	中电建股〔2017〕160号	关于印发《中国电力建设集团（股份）有限公司境外在建工程项目履约管理办法》的通知
11月16日	中电建股〔2017〕161号	关于印发《中国电力建设集团（股份）有限公司国际工程项目职业健康安全与环境管理办法》的通知
11月17日	中电建股〔2017〕162号	关于印发《中国电力建设集团（股份）有限公司境外工程承包项目投（议）标管理办法》的通知
11月17日	中电建股〔2017〕163号	关于印发《中国电力建设集团（股份）有限公司境外工程承包项目投（议）标方案评审实施细则》的通知

续表

发文日期	发文编号	文件标题
11月17日	中电建股〔2017〕164号	关于印发《中国电力建设集团（股份）有限公司境外项目劳务用工管理办法》的通知
11月17日	中电建股〔2017〕165号	关于印发《中国电力建设集团（股份）有限公司国际业务合规管理办法》的通知
11月17日	中电建股〔2017〕167号	关于印发《中国电力建设集团（股份）有限公司境外工程承包项目内部委托实施管理办法》的通知
11月17日	中电建股〔2017〕168号	关于印发《中国电力建设集团（股份）有限公司国际工程项目技术评审管理办法》的通知
11月21日	中电建股〔2017〕169号	关于印发《中国电力建设集团（股份）有限公司企业资本金管理暂行办法》的通知
11月22日	中电建股〔2017〕171号	关于印发《中国电力建设集团（股份）有限公司国际业务管理费管理办法》的通知
11月24日	中电建股〔2017〕172号	关于印发《中国电力建设集团有限公司履约管理“十三五”规划》的通知
11月24日	中电建股〔2017〕173号	关于印发《中国电力建设股份有限公司招聘管理暂行办法（2017年版）》的通知
11月24日	中电建股〔2017〕174号	关于印发《中国电力建设股份有限公司在京单位高校毕业生招聘管理暂行办法（2017年版）》的通知
11月27日	中电建股〔2017〕175号	关于印发《中国电力建设集团（股份）有限公司国际咨询顾问服务业务管理办法》的通知
11月28日	中电建股〔2017〕176号	关于印发《中国电力建设集团有限公司设备管理与采购管理“十三五”职能规划》的通知
12月12日	中电建股〔2017〕178号	关于印发《中国电力建设股份有限公司审计信息化管理办法（2017年版）》的通知
12月12日	中电建股〔2017〕179号	关于印发《中国电力建设股份有限公司设备物资管理评优活动管理办法（2017年版）》的通知

索　　引

说　明

1. 本索引采用主题分析法编制，按索引栏目第一字汉语拼音顺序排列，同音字按声调排列，声调相同按下一字音序排列；中国电建成员企业最后按序索引。

2. 索引标引词后“（）”中的内容表示对标引词的限定，图、表均注明“图”或“表”字样。

3. 标引词后的阿拉伯数字表示内容所在的页码。

4. 本年鉴的“特载”“文献·文件”“专论”“大事记”篇目均未作索引。

F

G

H

J

K

W

X

Y

Z

编 后 语

《中国电力建设集团有限公司年鉴（2018)》是中国电建编纂出版的第五部年鉴。中国电建党委工作部承担了年鉴的编辑任务。在年鉴的整个编纂过程中，始终得到中国电建领导的关心和指导，总部各部门、事业部、各企业（单位）对年鉴编纂工作给予了大力支持和热情帮助，总部各部门、事业部和各企业（单位）领导亲自部署年鉴撰稿工作，亲自把关审阅稿件内容，使全体编辑人员深受鼓舞。各单位组稿撰稿人克服困难，辛勤耕耘，付出了艰辛努力。在此，谨表示衷心感谢。

年鉴的编纂工作，实行文责自负的原则，所提供的文字内容和图片由提供单位负责审定。编辑过程中在主编孙德高、副主编魏立军负责总纂的前提下，各篇目的编辑工作由相关编辑负责。第一篇“特载”、第二篇“文献·文件”、第三篇“专论”、第四篇“概况”、第七篇“党群工作和企业文化建设”由邴颂东负责；第五篇“大事记”、第六篇“企业管理”、第八篇“检查监督”、第十篇“人物及先进集体”、第十一篇“附录”由李霞林负责；第九篇“成员企业要览”由李霞林、邴颂东负责，图片彩页由邴颂东负责。

编纂中国电建年鉴是企业改革发展的需要。全体编辑人员勤奋工作，努力完成编纂任务。但水平所限，如有疏漏之处，敬请读者批评指正。

《中国电力建设集团有限公司年鉴》编辑部

2018 年 12 月